U0896338

2008

# 广西调查年鉴

# GUANGXI SURVEY YEARBOOK

国家统计局广西调查总队 编

Compiled by Survey Office of the National Bureau of Statistics in Guangxi

（京）新登字 041 号



**图书在版编目(CIP)数据**

广西调查年鉴.2008/国家统计局广西调查总队编.北京：中国统计出版社,2008.10
ISBN 978-7-5037-5554-5

Ⅰ.广... Ⅱ.国... Ⅲ.统计资料-广西-2008-年鉴 Ⅳ.C832.67-54

中国版本图书馆 CIP 数据核字(2008)第 149862 号

# 广西调查年鉴—2008

作　　者/ 国家统计局广西调查总队
责任编辑/ 郑森淼
E - mail/ yearbook@stats.gov.cn
责任校对/ 邱洪刚
封面设计/ 王　涛　张海燕
出版发行/ 中国统计出版社
通信地址/ 北京市西城区三里河月坛南街 57 号　中国统计出版社
邮　　编/ 100826
电　　话/ (010)63376907
印　　刷/ 广西壮族自治区民族印刷厂
经　　销/ 新华书店
开　　本/ 890×1240 毫米 1/16
字　　数/ 1300 千字
印　　张/ 28.5
印　　数/ 1-2000 册
版　　别/ 2008 年 10 月第 1 版
版　　次/ 2008 年 10 月第 1 次印刷
书　　号/ ISBN 978-7-5037-5554-5/F·2773
定　　价/ 260 元

# 《广西调查年鉴—2008》

## 编委会和编辑工作人员



# GUANGXI SURVEY YEARBOOK-2008

## EDITORIAL BOARD AND STAFF

# 编者说明

一、《广西调查年鉴-2008》是国家统计局广西调查总队编辑出版的大型资料性年刊，本《年鉴》收录了2003—2007年全自治区农村、城市和企业等方面的各项统计调查数据，以及全国重要年份和中国、韩国、日本、印度与东盟国家的主要统计数据。

二、全书内容分为5个篇章，即：1.综合；2.城乡人民生活；3.价格调查；4.企业调查；5.农业调查；附录一.全国及各省市区主要统计调查指标；附录二.中国、韩国、日本、印度与东盟国家主要经济指标。为方便读者使用，主要篇章末附有《主要统计指标解释》。

三、资料中所使用的度量衡单位均采用国际统一标准计量单位。

四、本《年鉴》总量指标计算所采用的价格均为现行价格。

五、本《年鉴》部分数据合计数或相对数由于单位取舍不同产生的计算误差均未作机械调整。

六、本《年鉴》中中国、韩国、日本、印度与东盟国家统计资料由国家统计局国际统计信息中心提供，广西调查总队进行编辑。

七、资料中部分药品、化学、矿产品名称采用中文汉语拼音拼写。

八、符号使用说明：

"…"表示数据不足本表最小计量单位数；

"#"表示其中的主要项；

"—"表示没有、不详或未掌握该项数据；

"①"表示本表下有注解。

九、在本年鉴的编辑过程中，得到了许多单位和同志的大力支持，在此我们深表谢意。限于我们的水平，年鉴中的错误和不足之处在所难免，恳请广大读者给予批评指正。

# Editor's Explanatory Notes

Ⅰ. Guangxi Survey Yearbook-2008 is an annual statistics survey publication Survey Office of the National Bureau of Statistics in Guangxi was founded. The Yearbook has various statistical survey data about agriculture, city and enterprises as main statistical data the National and China, Korea,Rep., Japan, India and Asean Countries.

Ⅱ. The yearbook contains the following five chapters: 1.General Survey; 2.Urban and Rural of People's Livelihood; 3. Price Survey; 4. Enterprises Survey; 5. Agriculture Survey; Appendix I.Main Statistical Survey Indicators by Province, Municipality and Autonomous Region;Appendix II.Main Economic Indicators of China, Korea, Rep., Japan India and ASEAE Countries.Main Chapters are Equipped with Explanatory Notes of Main Statistical Indicators at the end.

Ⅲ. The units of measurement used in this yearbook are internationally standard measurement units.

Ⅳ. The computation of all the gross indicators in the Yearbook is equipped with current prices.

Ⅴ. The data about Ili Kazak Autonomous Prefecture in the present Xinjiang Survey Yearbook covers counties (cities) direct under Ili Prefecture, Tacheng Prefecture and Altay Prefecture.

Ⅵ. The Yearbook in China, Korea,Rep., Japan, India and the Asean Countries statistics from the National Bureau of Statistics International Statistical Information Center, Guangxi Survey Organization for editing.

Ⅶ. Some of the materia medica, chemistry, mining product is adpoted by chinese spelling translation.

ⅦⅠ. Description of signs or symbols in the yearbook:

"…" for data with insufficient decimal place;

"#"stands for interim item;

"-" for absence of data indicators or ignorance of them;

"①"indicates footnotes at the end of the table.

Ⅸ. During the editions of this yearbook, we have won wide support from many departments and comrades,and we deeply thanks for thes all. Based on our limited level, perhaps there are some mistakes in the book, we welcome all candid comments and criticism from our readers.

# 国家统计局广西调查总队

## 权威调查　准确数据　有力参谋

自治区人民政府副主席林念修（右一）听取广西调查总队工作汇报。左二为总队长邹伟忠

2007年，在国家统计局和自治区党委、政府的正确领导下，全区调查队系统坚持以科学发展观为统领，认真贯彻全国统计工作会议精神，发挥队伍整合后的优势，组织开展“优质服务年”活动，不断拓宽服务领域，围绕队伍建设、业务建设和制度建设，实现了调查工作新跨越。

**基本完成市县级调查队管理体制改革**　一是完成了市县级调查队领导班子的组建和人员、机构的调整工作。按照《国家统计局广西市县级调查队组建方案》的工作步骤，完成了11个市级调查队的合并与改建工作，新建了3个市级调查队，改建了29个县级调查队。同时，调整和充实了部分市级调查队的内设机构科级以上干部，完成了各市县级调查队的法人登记、单位代码登记、参照公务员登记等工作。二是初步理顺了外部关系，建立工作联系。市县级调查队成立后，遵照总队的工作部署，积极向当地党委、政府领导汇报工作，加强与有关部门沟通联系，初步理顺了外部工作关系。在市级调查队和县级调查队的成立大会上，当地政府领导出席大会作重要讲话并为调查队的成立揭牌。28个市县级调查队在当地政府的帮助下解决了办公用房。调查队所在的当地党委、政府明确将调查队纳入中直机关序列管理。当地政府下发有关文件，部署调查工作，为调查工作开展创造了有利条件。三是建立和完善内部管理制度。市县级调查队都制定了岗位目标责任制、财务管理等基本的工作制度。同时，按照党内监督的有关规定，建立了党风廉政建设责任制、民主管理、民主生活会、述职述廉等监督制度，调查队内部日常的办文、议事等管理工作逐步实现规范化。

时任自治区常务副主席郭声琨为总队题词

**圆满完成国家统计局布置的各项调查任务** 一是把常规调查放在首位，突出抓好“两个收入”和“四个价格”调查工作。根据2007年初全国统计工作会议的要求，切实抓好城乡住户收入调查，以及居民生活消费、工业品、房地产、农产品等价格指数的编制工作，同时做好农产量调查、规模以下工业、企业（集团）和企业景气调查、部分服务业抽样调查等常规业务工作。各项专业的报表数据都能按时按质按量上报国家统计局。二是周密组织，及时启动了新的调查项目。5月份，根据国家统计局的部署，在南宁、柳州实施限额以下批零住餐业调查试点工作；9月份，部署退耕还林（草）监测

国家统计局副局长徐一帆为总队题词

调查工作；11月份，组织开展广西城镇低收入居民基本生活费用价格指数编制和房地产价格指数调查扩点工作。三是完成各项快速调查和专项调查。完成了“生猪生产快速调查”、“食品放心工程消费者满意度评价调查”、“城市公众对环境保护满意度调查”、“全区快递服务统计调查”、“邮政普遍服务需求调查”、“农村居民旅游调查”、“2007年全国电视观众抽样调查”等10多项快速调查和专项调查工作。同时，还积极配合做好农业普查的相关工作。

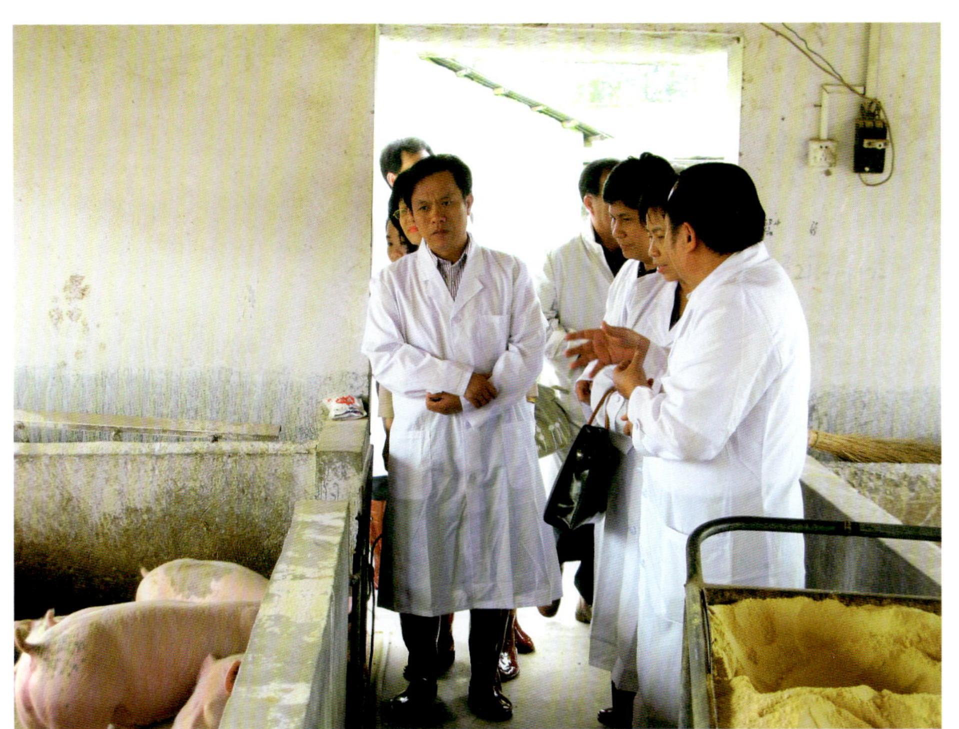

总队长邹伟忠到养殖户调研

**基础工作进一步加强，数据质量有所提高** 一是完善制度，强化责任。总队把基础建设、数据质量作为对市县级调查队工作考核的重要内容，建立和规范数据质量检查、数据评估制度。各市县级调查队根据总队的工作要求，采取各种切合实际的具体措施，确保源头数据的准确性。如，扶绥调查队坚持“三抓”、“四审”质量评估制度；马山调查队采取“四把关”方式；贵港调查队制定了调查数据“三审制度”；合浦、象州、全州、岑溪等调查队对住户调查工作实行定点包干，责任到人；象州调查队每季对调查员进行集中培训，等等。这些措施都有效地提高了调查数据质量。二是扎实开展数据质量检查。根据国家统计局的统一部署，组织开展了全区城市调查专业数据质量的检查与评估，完成了农村专业数据质量检查工作。三是积极改善市县级调查队的工作条件。为全区43个市县级调查队下拨了计算机和传真机，为14个市级队、2个县级队配备了工作用车。四是信息化建设稳步推进。在自治区统计局的支持下，信息化建设有了新的进展。2007年，南宁、柳州、桂林、梧州、北海、钦州、玉林、贵港、百色、河池、来宾、贺州等市级调查队建立了自己的工作网站，并且已经通过验收。县级调查队的网站建设也进入验收发布阶段。

**统计执法工作有了良好开端** 市县级调查队进行了统计执法培训和考试，并对考试合格者发放了《统计执法检查证》。总队下发了专门文件，加强统计执法基础建设，要求各地从调查表的下发、上报做起，对调查对象开展普法、执法宣传教育活动，规范调查队的行政行为，完善执法基础。据不完全统计，在完善“双签”制基础上，基层调查队向调查对象发出了催领、催报通知书近80份。同时，总队完成了对不规范调查表的清理工作。2007年，在国家统计局开展的国家调查队系统统计法制工作评比活动中，总队荣获先进单位。

**队伍建设和管理工作初见成效** 一是机关党建工作进一步规范。总队机关党委贯彻落实中央保持党的先进性四个长效机制文件，制定了党支部目标管理考核办法、组织生活制度等四项党建工作制度，促进了机关党建工作进一步规范。同时，开展了评先活动，表彰了2个先进支部、18名优秀共产党员和7名优秀党务工作者。二是党风廉政建设不断加强。在2007年初的全区调查工作会议上，总队与市、县调查队队长签订了《党风廉政建设责任书》。加强对人、财、物的监督，对人员招聘、评优、晋级、财务收支、基建工程、大宗物品采购、接待和用车等重大事项，做到政策、办事过程和结果“三公开”。三是实行目标管理责任制，工作责任得到增强。在认真总结2006年各项规章制度执行情况的基础上，分别修改和完善了总队机关处室和市县级调查队目标管理责任制以及其他规章制度。按照《公务员法》要求，重新制定了岗位责任制、绩效登记制、干部作风的监督检查制等三项制度，认真做好干部职工的考核奖惩等管理工作。四是强化培训，队伍的业务水平得到了提高。完成了2007年年初制定的培训计划，全年共计举办15期各类培训班，培训干部达600人次。与国家统计局统计教育中心合作，开办了一期市县级调查队队长

副总队长何永东到基层队核实城镇住户调查数据

（负责人）和处长培训班。五是作风效能建设取得初步成效。根据自治区党委、政府的部署，结合全区调查队系统的实际，以解放思想、更新观念为先导，扎实开展各阶段的活动，建立健全三项制度，制定绩效考评和争先创优等具体措施，积极推进干部作风转变和机关行政效能建设，取得了工作作风明显改进、服务能力明显增强、办事效率明显提高、发展环境明显优化的初步成效，服务基层、服务群众的良好风气逐步形成。

同时，根据自治区转变干部作风加强机关行政效能建设活动领导小组的要求，选派新农村建设指导员到定点联系帮扶点南丹县八圩瑶族乡八圩村工作。经过多方努力，今年的新农村建设工作取得了较好的成果。总队被南丹县推荐为“先进后盾单位”，单位派出的驻村指导员被推荐为“优秀先进个人”。六是对外协调工作得到加强。将服务地方经济建设与贯彻落实国家统计局布置的任务有机地结合起来，积极主动地与政府及相关职能部门沟通、联系，各相关部门支持总队落实国家统计局下达的工作任务。如，经自治区政府同意总队与自治区发展改革、统计、物价、建设等部门开展城镇低收入居民基本生活费用价格指数编制工作、扩充房地产价格调查工作，总队与自治区发展改革、农业、林业、财政、监察、西部办等七部门开展退耕还林调查监测，总队与统计、总工会、财政等部门部署开展2007年城镇住户基本情况抽样调查工作。总队分别联合自治区党委组织部、财政厅等开展农村党员培训和财税调查等。

## 【优质服务成果显著】

2007年，广西调查总队在全区调查队系统开展“优质服务年”活动，制定了专门的工作方案，采取多种措施，狠抓落实，推动了优质服务水平上新台阶。

副总队长梁开光在了解农业生产情况

**切实采取有效措施，扎实开展优质服务工作** 为了充分发挥广西调查总队的统计调查，统计分析，及时提供统计资料和统计咨询意见的职能作用，更好地为国家统计局和自治区党委、政府的决策提供优质服务，2007年国家统计局广西调查总队从以下方面做好调查优质服务工作：一是成立优质服务年工作领导小组，加强组织领导，增强优质服务意识；二是举办广西调查队系统优质服务工作培训会议，加强培训指导，提高优质服务水平；三是通过加强专题调研和课题研究，强化信息约稿，打造精品品牌，提升服务质量；四是健全考评奖惩制度和通报制度，提高服务效率，同时规范调查信息和调查资料的管理；五是丰富服务内容，编辑出版《广西调查年鉴—2007》、《广西调查研究报告—2007》和《广西调查课题研究2007》等汇编

资料，向党委、政府和社会各界及时提供《调查季报》、《企业景气监测》等统计调查资料，开展对外合作专项调查业务等形式进一步拓展服务领域，多层次提高服务水平。

**优质服务工作成效显著** 2007年总队共编发调查信息475期，调查报告146期，完成了约稿信息55篇次，通过网络向国家统计局上传的约稿信息被国家局采用27篇次，被中办与国办采用共15篇次，得到国家领导人批示7篇次。如《农村耕地撂荒情况及撂荒原因》，《基层畜禽防疫工作面临的困难》等约稿信息得到了国务院领导的批示。在为地方服务方面工作也卓有成效，共完成组稿、审核和上报自治区党委办公厅和自治区政府办公厅的信息被采用150篇次，自治区领导批示信息与报告共17篇次，信息采用率在区直机关位于前列，成为“两办”的主要信息源之一。另外，通过塑造总队独具特色的专题经济形势分析品牌，提高社会影响力。一是根据总队的调查业务职能，按季、年度提供了独具特色的专题经济形势分析报告。并且根据自治区党委、政府的要求和需要的变化，不断完善经济形势分析的形式和内容；二是提高信息的时效性。总队从居民消费价格及生产价格、农民收入与农民消费、城镇居民收入和消费、企业景气、主要农产品生产及价格和规模以下工业等六个方面进行分析，及时向党政领导及有关部门提供季度专题经济形势分析，取得了较好的效果，产生较大的影响力。

纪检组长李建茂在广西调查队系统
纪检监察干部培训班上讲话

**课题研究能力和水平进一步提升** 2007年，总队立项开展了《泛北部湾经济合作推动下的广西房地产价格走势分析及对策》、《规模以下工业抽样方法应用研究》、《广西有色金属产品价格形成机制研究》等三项课题研究，自治区政府有关领导对总队的课题给予了高度的评价。同时，总队还开展了《新形势下提升调查队系统统计分析水平的对策研究》、《当前市县级调查队管理体制模式研究》、《新时期调查工作思路和工作特点》等四项工作课题的研究，对探索新条件下激励、调动和提升调查队的工作水平起到了很好的促进作用。

**围绕地方政府的中心工作开展专项调查** 一年来，在自治区人民政府的大力支持下，总队组织开展的地方性常规调查项目有“广西投资环境及企业投资成本收益状况监测调查”、“农村小康监测调查”、“全区党风廉政建设民意调查”、“广西农村党员培训情况调查”、“全区企业所得税税源调查”、“重点产品国际竞争力调查”、“中国—东盟经贸合作意向调查”、“ 中国—东盟博览会参会人士满意度专项调查”、“农产品加工抽样调查”、“糖料蔗生产情况抽样调查”等10多项。协助自治区效能办开展了万人评议自治区级机关作风活动。市县级调查队在完成上级布置的专项调查任务的同时，结合当地社会经济发展的需要，开展专项调查，取得了较好的成绩。如：南宁调查队开展了专项调查等七项；北海调查队与当地旅游局合作开展了旅游调查；钦州调查队开展了“全市百名市民对创优看法的调查”、“钦州市黄瓜皮产业情况调查”等多项专题调查。

巡视员韦世良在广西调查总队第三期党务干部
学习班上讲话并授课

### 主要年份城镇居民家庭人均可支配收入（元）

Per Capita Disposal Incom of Urban Households in Main Years（RMB）

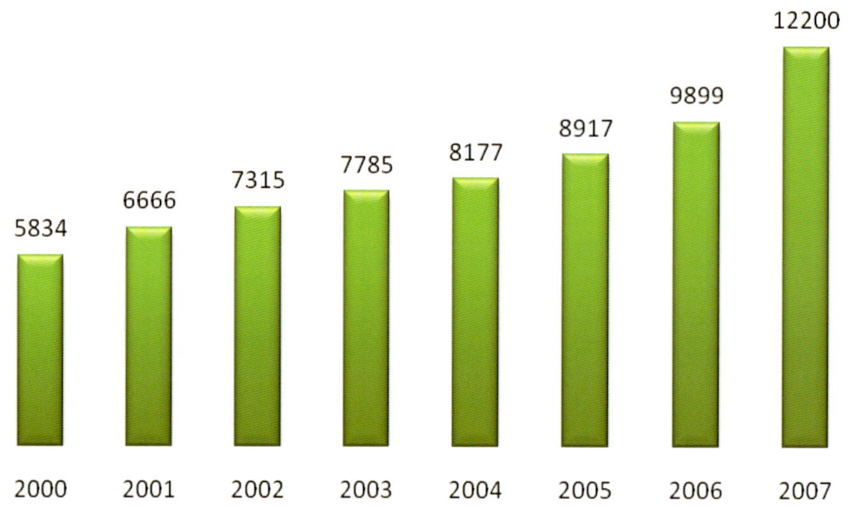


### 主要年份农村居民家庭人均纯收入（元）

Per Capita Net Income of Rural Households in Main Years（RMB）

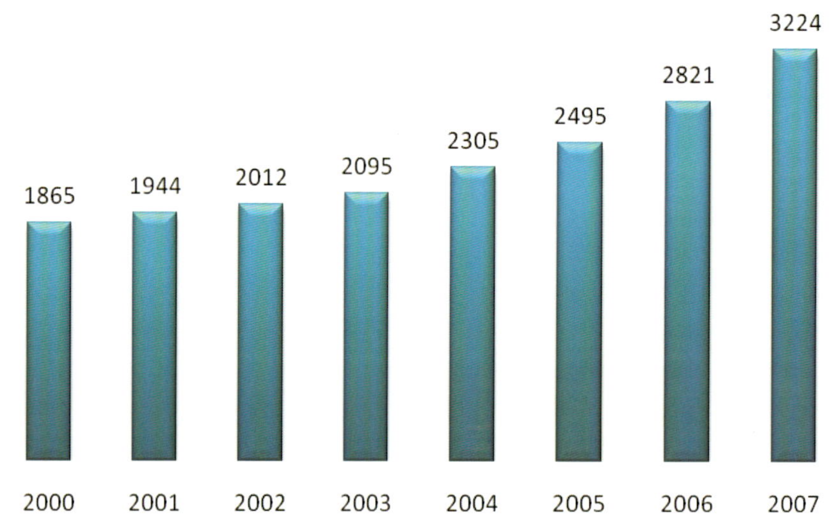


### 主要年份城镇居民家庭人均消费支出（元）

Per Capita Consumer Expenditure of Urban Households in Main Years（RMB）

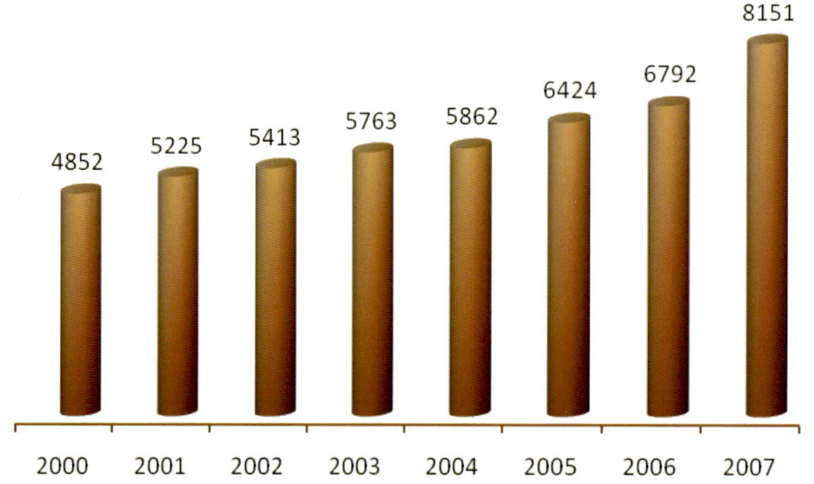

## 主要年份农村居民家庭人均消费支出（元）

Per Capita Consumer Expenditure of Rural Households in Main Years（RMB）

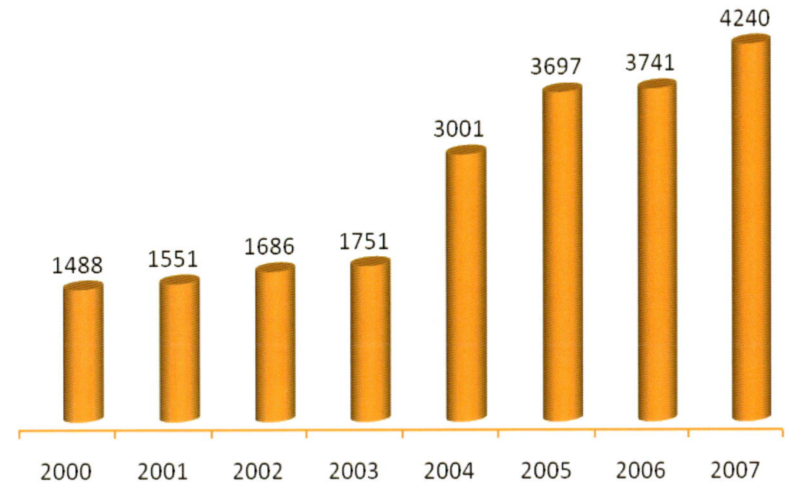


## 主要年份城镇居民家庭人均住房面积（平方米）

Per Capita Floor Space of Urban Households in Main Years（sq.m）

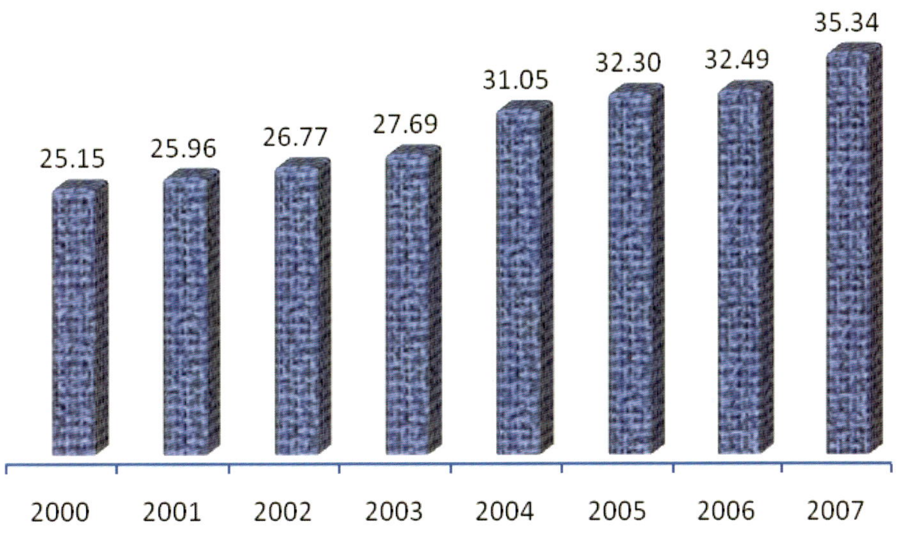


## 主要年份农村居民家庭人均住房面积（平方米）

Per Capita Floor Space of Rural Households in Main Years (sq.m)

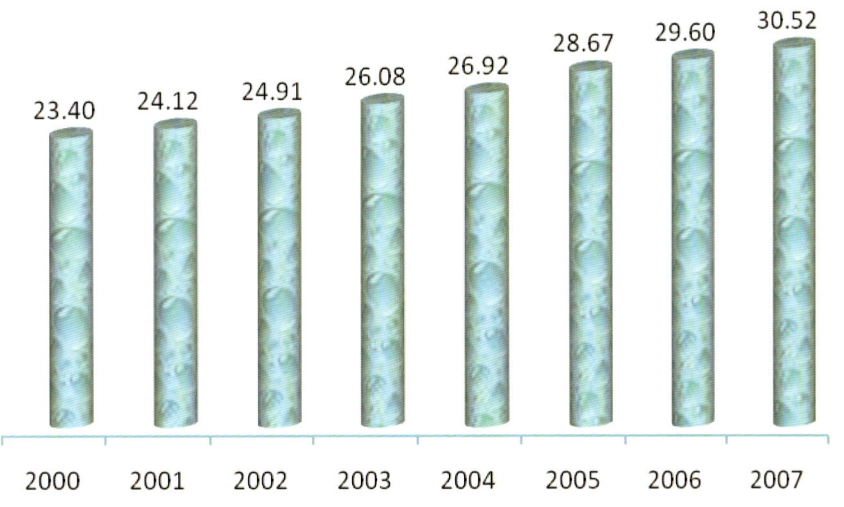

## 主要年份居民消费价格指数（上年=100）

Consumer Price Indices of Households in Main Years（Preceding Year=100）

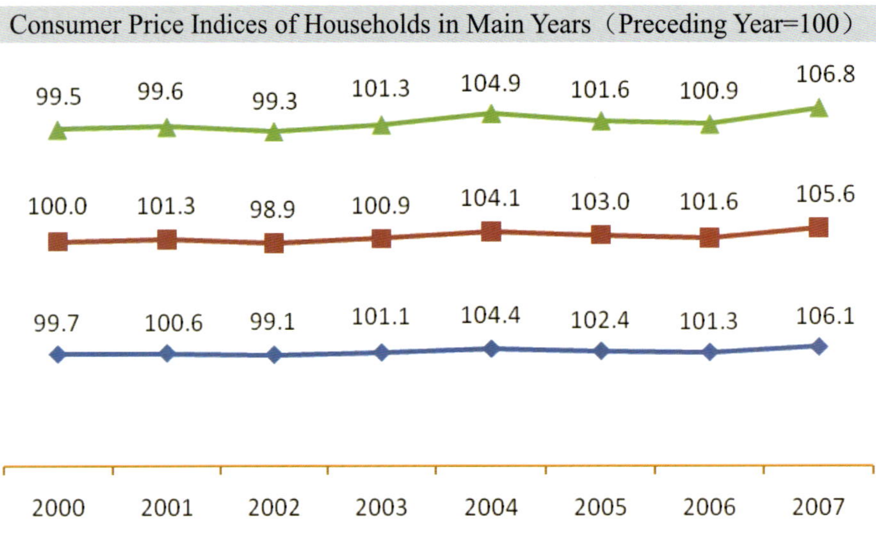


## 主要年份城市商品消费价格指数（上年=100）

Retail Price Indices of Households in Main Years（Preceding Year=100）

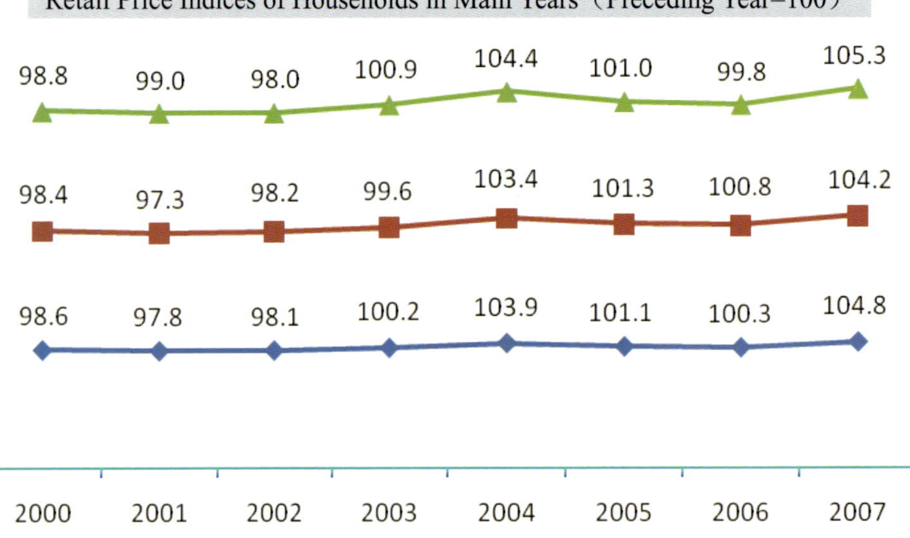


## 主要年份农业生产资料价格指数（上年=100）

Price Indices of Farming Production Material in Main Years（Preceding Year=100）

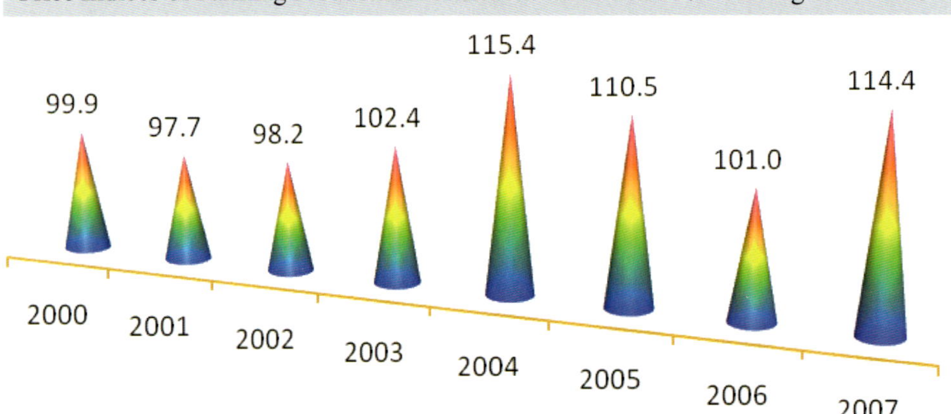

## 生产投资价格指数（上年=100）

Price Indices of Investment（Preceding Year=100）

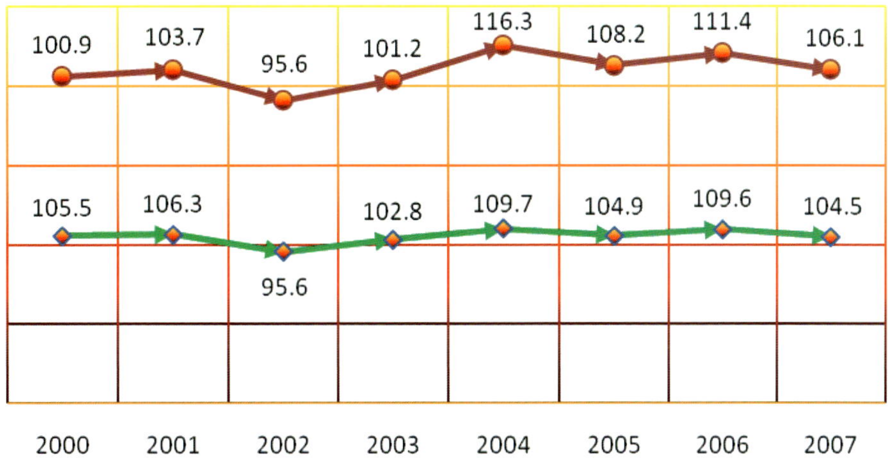


## 房地产价格指数（上年=100）

Price Indices for Real Estate（Preceding Year=100）

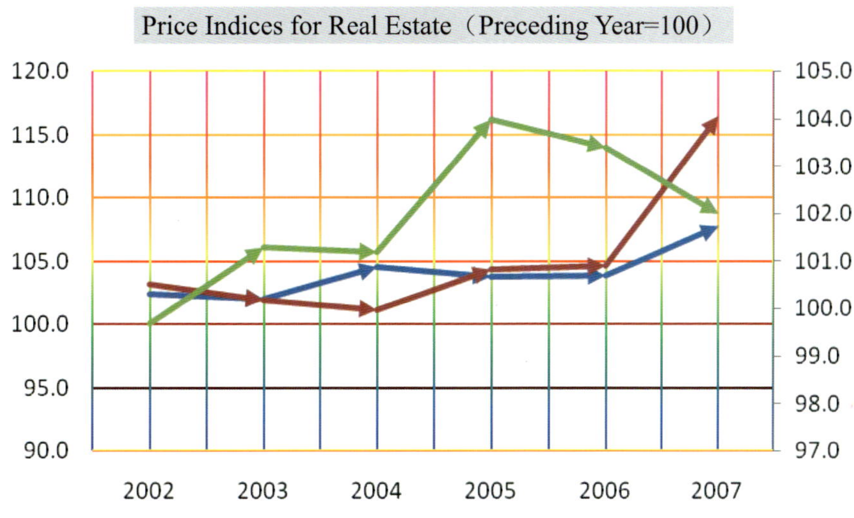


## 企业集团资产总计（亿元）

Total Assets of Enterprises Group（hundred million RMB）

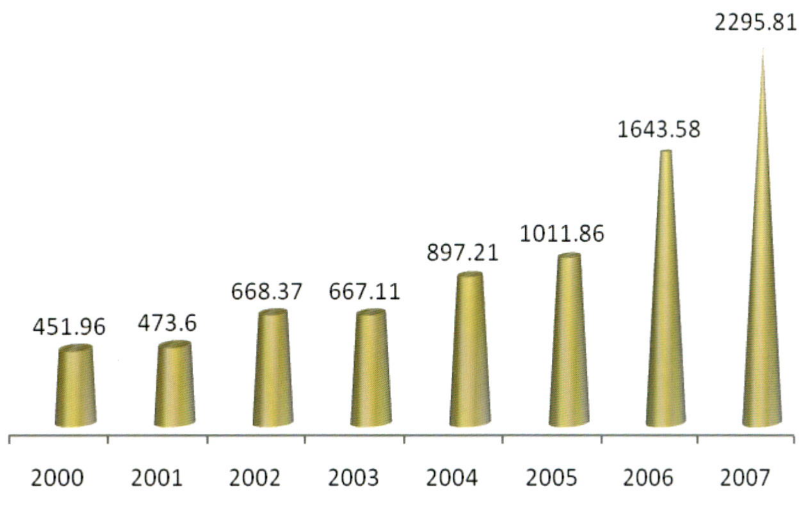

**企业集团从业人员（万人）**

**Staff Engaged in Enterprises Group（10 000 persons）**

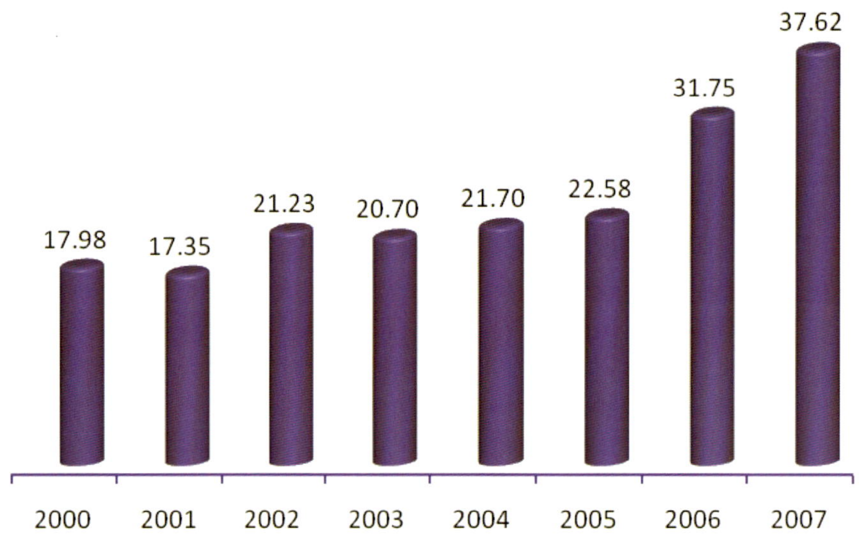


**企业集团营业收入（亿元）**

**Business Income in Enterprises Group（hundred million RMB）**

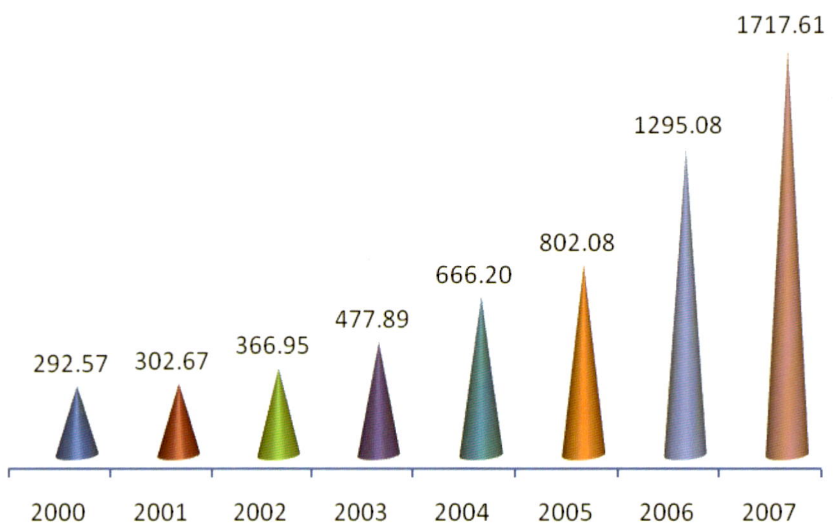


**企业集团利润总额（亿元）**

**Total Sum of Profits in Enterprises Group（hundred million RMB）**

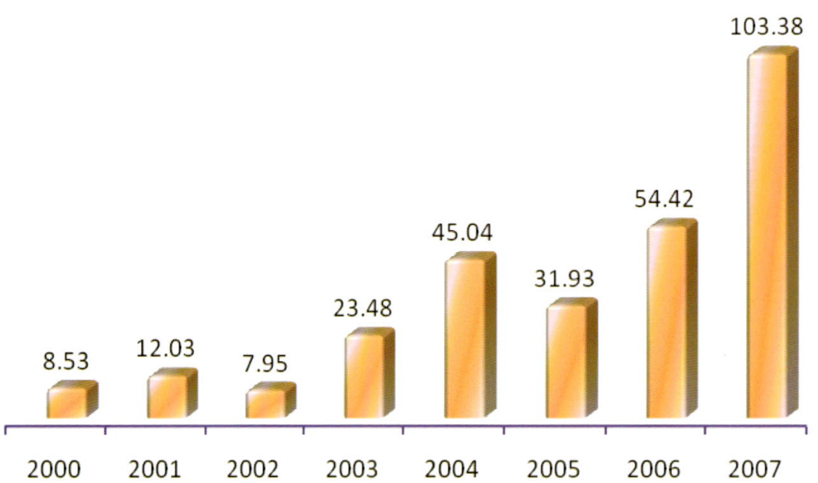

# 目　录

# CONTENTS

## 第一篇　综　合

CHAPTER 1 GENERAL SURVEY

# 第二篇　城乡人民生活

CHAPTER　2　URBAN AND RURAL OF PEOPLE'S LIVELIHOOD

## 第三篇 价格调查

CHAPTER 3 PRICE SURVEY

# 第四篇 企业调查

CHAPTER 4 ENTERPRISES SURVEY

# 第五篇　农业调查

CHAPTER 5 AGRICULTURE SURVEY



# 附录一、全国及各省市区主要统计调查指标

APPENDIX I. MAIN STATISTICAL SURVEY INDICATORS BY PROVINCE, MUNICIPALITY AND AUTONOMOUS REGION

## 附录二、中国、韩国、日本、印度与东盟国家主要经济指标

APPENDIX II. MAIN ECONOMIC INDICATORS OF CHINA, KOREA, REP., JAPAN INDIA AND ASEAN COUNTRIES

# 1

# 综合

## General Survey

## 1—1　城镇居民生活调查报告

# 2007 年广西城镇居民生活迈上新台阶，低收入家庭生活值得关注

2007 年广西国民经济得到又好又快的发展，城镇居民收入首次突破万元大关，收入、消费双双快速增长。据国家统计局广西调查总队调查结果显示，2007 年广西城镇居民人均可支配收入达到 12200.4 元，比上年增加 2301.7 元，增长 23.2%，增幅比上年快 12.2 个百分点，创 1995 年以来新高，各项收入全面增长。居民消费实现同步增长，2007 年广西城镇居民人均消费支出 8151.3 元，比上年增加 1359.3 元，增长 20%；扣除价格上涨因素，实际增长 13.1%。值得注意的是，由于物价上涨较快，特别是肉禽蛋等副食品价格上涨较大，对城镇低收入居民影响较大。

### 一、收入快速全面增长

**1、工资性收入增长 22.2%。**2006 年以来，国家对机关和事业单位进行了工资制度调整，广西各地机关和事业单位从 2007 年按照新的工资标准发放到位，并补发了 2006 年的增资部分；2007 年 7 月，自治区出台了规范公务员津补贴办法，并陆续发放到位；随着经济的发展，一些地方提高了职工的各种补贴标准。与此同时，一些效益较好的企业也提高了企业职工的工资水平，并发放了较大数额的奖金，促进了工资性收入的大幅度提高。如某市从 2007 年 4 月起，给市直单位职工人均增加补贴 260 元，崇左某制糖企业给职工人均发放奖金约 6000 元。2007 年广西城镇居民人均工资性收入 9075.2 元，比上年增加 1655.8 元，增长 22.3%，拉动可支配收入增长 16.7 个百分点。其中，人均工资及补贴收入 8660.1 元，比上年增加 1571.8 元，增长 22.2%；其它劳动收入 415.1 元，增加 84.0 元，增长 25.4%。

**2、经营性收入增长 26.4%。**近几年来，随着宏观经济的又好又快发展，经营环境不断改善，经营性收入已成为我区城镇居民的重要收入来源之一。2007 年，广西城镇居民人均经营性收入 1125.8 元，比上年增长 26.4%。不少居民把购买多套住房出租作为经营投资项目，加上近年房屋租赁价格的不断上涨影响，城镇居民出租房屋收入大幅增长。2007 年，人均出租房屋收入 234.1 元，比上年增长 2.2 倍。

**3、财产性收入增长 13.5%。**2007 年，资本市场繁荣，进入股市和投资基金等行为被城镇居民看好，特别是股市一再突破新高和银行不断上调存款利率，居民从中获得了较高的收益。2007 年，广西城镇居民人均财产性收入 215.3 元，比上年增长 13.5%。其中，利息收入 22.6 元，增长 45.0%；股息与红利收入 139.5 元，增长 62.2%；保险收益 18.4 元，增长 2.1 倍；其他投资收入 27.9 元，增长 15.5 倍。

**4、转移性收入增长最快，增幅为 30.27%。**2007 年，广西城镇居民人均转移性收入 2767.22 元，比上年增加 642.9 元，增长 30.27%。主要原因：一是提高机关事业单位和企业离退休人员的养老金，并足额按时发放，2007 年广西城镇居民家庭养老金或离退休收入人均达到 2272.1 元，增长 35.02%；二是政府提高居民家庭的最低生活保障标准，发放副食品价格补贴，增强社会救助等，使得 2007 年广西城镇居民家庭得到的捐赠收入人均达到 147.4 元，比上年增长 32.6%；社会救济收入 16.9 元，增长 18.17%；三是企业职工买断工龄获得大笔收入，使辞退金收入人均达到 43.0 元，比上年增长 1.9 倍。

## 二、居民消费旺盛，增长平稳

收入决定消费，在居民收入快速增长的同时，消费支出实现了同步增长，居民消费质量得到了进一步提升，消费亮点纷呈。2007 年广西城镇居民人均消费支出 8151.3 元，比上年同期增长 20.0%。在调查的八大类消费支出中，按消费增长幅度大小排列，依次为衣着消费 656.7 元，同比增长 37.5%、家庭设备用品及服务 491.0 元，同比增长 36.2%、医疗保健 542.1 元，同比增长 35.2%、教育文化娱乐服务 1050.0 元，同比增长 23.4%、其他商品和服务 277.4 元，同比增长 19.4%、食品支出 3398.1 元，同比增长 18.9%、交通和通讯支出 932.9 元，同比增长 18.8%。居住消费支出 803.0 元，同比下降了 2.9%。具体情况列表如下：

**1、食品消费受价格上涨影响，支出增长 18.9%。** 2007 年，广西城镇居民人均食品支出 3398.1 元，比上年增长 18.9%。恩格尔系数为 41.7%，比上年降低了 0.4 个百分点。其中，糖烟酒饮料类支出 220.3 元，增长 36.9%，增长最快；糕点、奶及奶制品支出 174.5 元，增长 23.7%；干鲜瓜果类支出 234.4 元，增长 22.5%；肉禽蛋水产品类支出 1326.4 元，增长 14.9%；粮油类支出 423.6 元，增长 14.6%；蔬菜类支出 300.0 元，增长 6.8%。粮油、猪肉等主要食品价格大幅上涨是造成居民食品消费支出快速增长的重要原因。2007 年人均购买食用植物油支出 105.9 元，比上年增长 26.4%；猪肉、牛肉、羊肉支出分别为 493.8 元、93.7 元、18.13 元，分别增长 14.2%、56.1%、12.1%；禽类支出 361.5 元，增长 23.3%；鲜蛋支出 57.1 元，增长 28.9%。由于主要食品价格上涨过快，城镇居民消费数量有所下降，见附表：

2007 年广西城镇居民主要食品消费情况

| 指标 | 消费量（千克/人） | 比上年增长±% | 金额（元/人） | 比上年增长±% |
|---|---|---|---|---|
| 大米 | 52.68 | -5.86 | 172.76 | 2.37 |
| 食用植物油 | 7.06 | -0.56 | 105.87 | 26.43 |
| 猪肉 | 27.11 | -16.81 | 493.83 | 14.22 |
| 鸡 | 10.73 | -3.68 | 212.14 | 19.13 |
| 鲜蛋 | 6.15 | 4.59 | 57.07 | 28.86 |
| 鱼 | 12.66 | -9.12 | 146.15 | -3.58 |
| 鲜菜 | 106.11 | -1.28 | 264.84 | 7.83 |
| 鲜果 | 42.85 | 19.33 | 165.18 | 18.79 |

**2、衣着消费支出增长 37.5%。** 2007 年，广西城镇居民人均衣着消费支出 656.7 元，比上年增长 37.5%，增幅跃居八大类消费支出之首。其中，购买服装支出 489.8 元，增长 38.2%；衣着材料支出 7.7 元，增长 54.8%；鞋类支出 139.9 元，增长 40.3%。调查显示，服装消费品市场价格并没有下降，商家以换季和节假日等理由推出各种促销方式来招揽消费者，加之消费市场的日益繁荣和多元化的趋向，城镇居民的衣着消费需求档次更加讲究，追求时尚及舒适，促进了衣着消费的大幅增长。

**3、住房面积增加，居住环境得到改善。** 据调查资料显示，2007 年广西城镇居民人均住房面积（建筑面积，下同）35.3 平方米，比上年增加 2.8 平方米，增长 8.6%。随着收入的增加，居民对

"住"的要求越来越高，宽敞舒适的房子被越来越多的有经济实力的居民作为选项。从住宅的建筑样式看，单栋住宅的比重从2006年的12.2%增加到2007年的13.5%，提高1.3个百分点；居住4居室的家庭比例与上年大体相当，为3%左右；居住3居室的家庭从上年的29.0%增加到33.2%，提高4.21个百分点；居住2居室的家庭从41.5%下降为37.4%，减少4.1个百分点；居住1居室的家庭占3.6%，与上年大体持平。

从住房的卫生条件看，居民住房卫生条件得到了改善。2007年，广西城镇居民住房有厕所浴室的家庭从上年的89.2%增加到2007年的95.5%，提高6.3个百分点。2007年有98.5%的家庭独用自来水，比上年提高6.9个百分点。从燃料的使用情况看，2007年使用管道煤气的城镇居民家庭从上年的4.5%增加到4.8%，提高了0.3个百分点。

**4、教育文化娱乐服务支出增长23.4%。**2007年，广西城镇居民人均教育文化娱乐服务支出1050.0元，比上年增长23.4%。值得关注的是教育类支出，其中特别是由于学校减免了义务教育学生的学杂费，使得义务教育学杂费支出较去年下降了52.3%，文娱用品消费增加，主要是城镇居民购买家用电脑、摄像机和照相机增多。老百姓对高科技产品的使用越来越普及，消费需求由传统型文娱用品转向数字型高科技产品。

**5、家用汽车消费持续升温，交通和通讯支出平稳增长。**2007年，广西城镇居民人均交通和通讯支出932.9元，比上年增长18.8%。其中，交通支出512.3元，增长23.3%；通讯支出420.6元，增长13.8%。在交通工具中，家用汽车消费持续升温，人均购买家用汽车支出达到128.6元，比上年增长43.2%。截至2007年年底，广西城镇居民家庭每百户拥有家用汽车3.8辆，比上年增长1.4辆，居民家庭每百户家用汽车拥有量比上年增长了58.7%。随着居民家庭汽车拥有量的增加，以及燃油价格、原材料价格不断上涨，人均车辆用燃料及零配件支出、人均交通工具服务支出分别增长17.6%和12.9%。此外由于生活内容日益丰富，居民旅游渐成时尚，在长途旅行中，居民对飞机、火车等远距离交通需求旺盛，长途公路客运也受到普遍欢迎。交通费中的乘坐飞机支出比上年增长1.5倍，乘坐长途汽车支出比上年增长56.6%，乘坐火车支出比上年增长12.2%。

## 三、完善社保体系，社会保障支出大幅增长

近年来，各级政府着力建立完善稳定的社会保障体系，取得了显著成效，居民社保投入增加。据调查资料显示，2007年广西城镇居民社会保障支出大幅度增长，人均社保支出861元，比上年增加251元，增长41.2%。其中，交纳个人养老金302元，增长39.5%；个人交纳住房公积金444元，增长47.5%；交纳医疗基金89元，增长31.6%；交纳失业基金25元，增长7.2%。体现了政府加大转移支付的力度，让每个社会成员享受改革发展的成果。

## 四、值得关注的问题

### 1、不同收入阶层收入差距有所扩大

据调查资料显示，2007年，10%的最高收入群体人均可支配收入30014.3元，比上年增长20.5%；10%的最低收入群体人均可支配收入3748.3元（未达全区平均水平的三分之一），比上年增长13.2%，比高收入群体收入增幅低7.3个百分点。从收入比看，高低收入群体收入差距由2006年的7.52：1，扩大到2007年的8.01：1。不同收入阶层居民由于家庭基础、工作条件等因素的不同，收入增幅有较大差别。由于低收入家庭中有固定工作的人员很少，国家新的调资政策并没有使低收入群体得到太多实惠。2007年低收入家庭人均得到工资性收入只有2419元，比上年增长5.0%。

不同收入阶层之间的收入差距的存在是客观的、必然的，因此，努力缩小和控制收入差距的继

续扩大，是各级党委政府构建社会主义和谐社会中面临的一个重大课题。

**2、物价上涨给居民特别是低收入家庭增加压力**

2007 年以来，市场物价持续走高，特别是食品价格逐月攀升，给人们日常生活带来压力，特别是低收入家庭生活压力更为沉重，生活质量有所下降。从各类食品消费细项看，2007 年广西城镇居民大米、猪肉、鲜菜的消费量较上年分别下降了 5.9%、16.8%和 1.3%。从 10%最低收入家庭消费量上看，大米、猪肉、鲜菜分别比上年下降了 20.2%、22.4%和 1.7%，而食品消费支出却上升了 22.8%。

从恩格尔系数变动趋势看，2007 年广西城镇 10%的最低收入居民家庭恩格尔系数为 57.8%，比上年增加了 2.2 个百分点，表明其消费水平降低。

**3、低收入家庭收入增加少，消费支出增加大，家庭积蓄减少。**

2007 年广西城镇低收入居民家庭人均可支配收入 3748 元，比上年的 3311 元增加 437 元，增长 13.2%；人均消费性支出 3588 元，比上年的 3034 元增加 554 元，增长 18.3%，收入增幅小于支出增幅 5.1 个百分点，增加的收入还不足以应对消费支出的增长，使得 2007 年可支配收入扣除消费支出的余额仅有 160 元，比上年少 17 元，低收入居民家庭积蓄减少。

**五、关注低收入居民生活，构建和谐社会**

1、由于当前副食品价格居高不下，对城镇低收入居民生活带来了较大影响。政府应着力于提升低收入群体的生活质量，减小收入分配差距。提高职工最低工资标准和最低生活保障标准，逐步扭转收入差距扩大趋势。

2、有关部门要继续加大扶持力度，使低收入家庭能自力更生，开办一些力所能及的经营活动，增加收入，增强自身保障能力。

3、建立健全居民基本生活消费品价格变动应急救助制度，采取切实可行的应对措施，保障低收入居民的基本生活。对低保对象实施临时性价格补贴，保障低收入居民家庭不因物价持续上涨而导致生活水平下降。

此外，要继续推进和完善教育、医疗卫生的体制改革，缓解关系群众切身利益的上学难和看病难的两大难题。要从进一步减轻教育成本、巩固和扩大医疗参保覆盖面做起，加大财政对教育和医疗卫生的投入，减轻居民尤其是低收入群体的教育和医疗负担。

# 2007 年广西农民收入增加额创历史最高水平

2007 年广西各级党委、政府认真贯彻落实中央一号文件精神以及党在农村的各项助农增收政策，围绕新农村建设、农业增产、农民增收，进一步加强农业和农村工作，农村经济保持较好的发展态势，农民收入呈现加快增长的势头。

据对广西 2310 户农村农民家庭调查结果表明：2007 年广西农民人均纯收入突破 3000 元，达到 3224.1 元，比上年增加 453.6 元，增长 16.4%，增速加快 5.3 个百分点，高于全国 15.4%的增长幅度，是 1997 年以来广西农民收入增长速度最快的一年。

## 一、农民人均总收入和现金收入均保持稳步增长

2007 年，农民人均总收入达到 4586.6 元，比上年增加 588.4 元，增长 14.7%。其中，工资性收入 1128.8元，增加156.4元，增长16.1%；家庭经营总收入 3296.7 元，增加 398.1 元，增长 13.7%；财产性收入 29.1 元，增加 6.7 元，增长 29.8%；转移性收入 132.0 元，增加 27.2 元，增长 26.0%。农民人均现金收入 3769.9 元，增加 515.4 元，增长 15.8%。

## 二、农民人均纯收入增加额创历史最高

2007 年，农民人均纯收入为 3224.1 元，比上年增加 453.6 元，增长 16.4%，人均纯收入增加额创历史最高。

从纯收入来源看，工资性收入 1128.8 元，比上年增加 156.4 元，增长 16.1%；家庭经营纯收入 1973.4 元，增加 267.7 元，增长 15.7%。财产性纯收入人均 29.1 元，比上年同期增长 29.8%；转移性纯收入人均 92.8 元，比上年同期增长 32.6%。

在工资性收入中，本地劳动得到的纯收入为 383.8 元，比上年增加 80.5 元，增长 26.5%；外出从业得到的纯收入为 636.9 元，比上年增加 64.9 元，增长 11.4%。

在家庭经营纯收入中，第一产业纯收入 1761.4 元，比上年增加 222.9 元，增长 14.5%；第二产业纯收入 56.0 元，增加 12.9 元，增长 30.0%；第三产业纯收入 156.1 元，增加 31.9 元，增长 25.7%。

从第一产业内部看，农业（种植业）纯收入 1164.4 元，增加 155.1 元，增长 15.4%；林业纯收入 69.1 元，减少 17.1 元，下降 19.9%；牧业纯收入 486.0 元，增加 81.8 元，增长 20.2%；渔业纯收入 41.9 元，增加 3.2 元，增长 8.2%。

## 三、2007 年影响广西农民收入的因素分析

### （一）拉动农民收入增长的主要因素

**1、工资性收入继续保持增长。**近年来，广西各级党委、政府把发展劳务经济作为新兴产业来抓，农村富余劳动力向二三产业和小城镇转移步伐加快，农民工资性收入逐年增长。带动工资性收入增长的主要原因，一是工资报酬明显提高，随着农业生产经营效益提高、区域之间用工竞争加剧和劳动力市场日趋规范，农民工工资报酬水平较以往明显上升；二是本地就业机会增多劳务收入增加，县域经济的蓬勃发展，为农民提供了更多的就业机会。据了解，今年日工工人的工资由原来的每天 25—30 元上升到现在的 50—60 元，人工费不断上涨，并且年轻力壮的工人非常短缺；三是乡村干部、乡村教师以及行政事业单位的工资收入有不同程度的提高，从而拉动了全年农民工资性收入的快速增长。

**2、大宗农产品出售量大增。**近年来，广西的甘蔗生产得到较快发展；2007 年广西甘蔗种植面积比上年增加 214 万亩，增长 14.1%。调查资料显示，农民人均出售甘蔗 1468.4 公斤，比上年增加 396.4 公斤，增长 37.0%；人均出售蔬菜 158.7 公斤，比上年增加23.6公斤，增长17.5%；人均出售水果49.6 公斤，比上年增加 5.7 公斤，增长 13.0%；人均出售粮食 152.1 公斤，比上年增加 15.7 公斤，增长 11.5%；人均出售蚕茧 10.7 公斤，比上年增加 3.3 公斤，增长 44.6%；大宗农产品产量增加是农民增收的坚实基础，有力拉动农民收入稳步增长。

**3、部分主要农产品价格明显上扬。**今年以来，广西农产品生产价格持续上涨，农畜产品价格持续在高位运行，保持了坚挺的态势，从主要农产品来

看，猪肉价格上涨55.1%、牛肉价格上涨5.8%、羊肉价格上涨15.4%、家禽价格上涨30.3%、粮食价格上涨 6.1%、油料价格上涨 20.7%和鱼类价格上涨8.1%，对于提高农民收入、增强农民从事农业生产的信心起到了重要的作用。据调查资料显示:2007年人均出售肉猪为0.47头,同比下降29.5%,由于价格上涨农民出售肉猪的收入人均增加35.6元,增长8.1%；出售仔猪价格每只高达215.6元，比上年增长82.6%。对调查的17种农产品测算，因价格上涨，使农民人均增收113.3元，成为拉动农民收入增长的主要因素。

**4、惠农政策全面落实，促进农民增收。**随着各项支农、惠农政策落实和力度加大，农民负担大幅减轻,农民不但免交农业税和九年义务教育学费，同时还享受粮食直补、良种补贴、农机具购置补贴、退耕还林补贴等多项补贴。据调查,2007 年各项惠农补贴农民人均18.1元，比上年同期增加5.6元，增长 44.9%。这些惠农政策不但减轻农民负担，拉动农民收入增加，而且大大地鼓励了农民的生产积极性。

**5、来自家庭经营的二、三产业纯收入全面快速增长。**随着县域经济的蓬勃发展和农村产业结构的调整，农村的经营模式发生变化；来自家庭经营的二、三产业发展快速，为农民增收注入了新的活力。2007年农民家庭经营的二、三产业纯收入人均212元，增加44.8元，增长26.8%，比第一产业纯收入的增长速度14.5%高12.3个百分点，对纯收入增长的贡献比上年提高5个百分点；其中家庭工业收入人均35.5元，增长26.8%，建筑收入20.5元，增长36.1%，交通运输业收入44.5元，增长30.9%，批发零售贸易、餐饮业收入77.0元，增长23.8%。

**6、农民现金纯收入的增长速度加快，所占比重提高。**随着农村商品经济的快速发展，市场化程度越来越高。2007年广西农村居民现金纯收入增长速度加快，由上年的2184.7元提高到2571.6元，增长了17.7%，占全年纯收入的比重达到79.8%，比上年提高1个百分点。现金收入各季增长都在两位数以上,第一季度增长14.2%,第二季度增长17.5%,第三季度增长11.0%。

**（二）制约农民收入增长的主要因素**

**1、受国际糖价波动影响，原料蔗的价格下降。**2007 年农民出售原料蔗价格由上榨季的 290 元/吨降为280元/吨，每吨减少10元；由于价格下降，使农民人均减少收入12.9元。

**2、蚕茧价格下跌。**2007 年农民出售蚕茧价格为每公斤17.1元，比上年下降28.1%；由于蚕茧价格下跌，使农民人均减少收入71.5元。

**3、农业生产资料价格不断攀升，生产成本增加。**种籽、农肥等农业生产资料价格继续上涨，饲料原料价格、劳动力价格以及土地、运输、能耗等因素影响，造成农业生产成本及畜牧产品生产成本提高，抵消了农户收入的部分增收，生产者获利的空间明显偏小，制约了农民收入提高。据调查，化肥价格上涨10.6%，稻谷种子上涨15.7%，仔幼畜上涨75%。

**4、出售量减少，生猪存栏下降。**今年以来，虽然生猪的出售价格一路走高，但由于爆发的高致病性猪蓝耳病疫情，致使大量生猪死亡，养猪户损失惨重；加之生猪养殖成本的提高，农民对养猪的信心不足，生猪存栏出现下降。调查资料显示，今年农民人均出售猪肉的数量比上年减少14.7公斤，减 30.2%；由于出售量减少，使农民人均减少收入206.8元。

**5、气候干旱严重。**2007 年下半年以来，我区的气候干旱严重，一些地方持续出现高温少雨干旱天气，给农作物生长造成一定影响。

**四、农民生产投入保持增长势头**

由于农产品价格的大幅上扬，促使农民生产积极性高涨，农民生产投入整体保持增长势头，全年广西农民人均生产费用支出 1357.1 元，同比增加139.9元，增长11.5%。2007年我区农民生产投入的主要特点：

1、第一产业投资增长9.5%。2007年广西农民对第一产业生产投资人均为1139.6元,其中种植业生产投资589.2元,增长13.4%;林业生产投资11.4元,增长38.4%;牧业生产投资504.2元,增长6.0%;渔业生产投资下降6.6%。

2、第二、三产业的投资增长速度快。2007 年广西农民对第二产业的投资增长 25.2%，第三产业的投资增长33.2%，均高于第一产业投资增长速度。

3、购买生产性固定资产支出增加。2007 年广西农民人均购置生产性固定资产支出为113.2元，比上年同期增加16.1元，增长16.6%。从购置情况看，农民固定资产投资的热点主要集中在农林牧渔业机械、运输机械和役畜，分别比上年增长 3.0%、13.7%和 21.1%。

4、主要生产资料购买数量普遍增加。2007 年广西农户在生产投入额增加的同时，生产资料投入的数量也随之增加，平均每人购买化肥 215.5 公斤，比上年增长 7.9%；购买燃料 6.2 公斤，比上年增长 26.4%；购买农业用薄膜 0.6 公斤，比上年增长 10.5%。

## 五、生活消费水平进一步提高

2007 年广西农村居民人均生活消费支出 2747.5 元，比上年增加 333.5 元，增长 13.8%。消费水平进一步提高，消费结构继续优化，生活质量明显改观。

**1. 食品消费结构日益改善，质量逐步提高**

随着农民生活水平进一步提高，食品消费结构日益改善，向营养、健康方面发展。2007 年农村居民人均食品消费支出 1378.8 元，比上年增加 182.7 元，增长 15.3%。主副食品合理搭配，主食支出比重下降，肉、蛋、奶、鱼、水果、蔬菜等消费支出增多，蔬菜消费支出人均 123.9 元，增长 17.1%，肉、禽、蛋、奶人均 417.6 元，增长 28.2%，水产品支出人均 36.6 元，增长 21.3%；烟、酒消费支出人均 72.0 元，增长 8.6%。从消费的数量上看，人均消费粮食 186.5 公斤，增长 1.4%；豆制品 1.6 公斤，增长 9.5%；水果 9.7 公斤，增长 3.9%；蛋类 1.3 公斤，增长 18.1%；水产品 4.2 公斤，增长 8.2%；猪肉 12.7 公斤，减少 15.3%；动植物油 4.3 公斤，减少 6.4%。

**2. 衣着消费支出继续增长**

2007 年农村居民用于衣着的消费支出人均 86.9 元，增长 8.8%，全年人均用于购买服装的消费支出 62.8 元，增长 7.4%；购买鞋类的消费支出 17.4 元，增长 19.6%。

**3. 居住消费支出增幅居首，居住环境不断改善**

2007 年农民居住消费支出人均 554.1 元，比上年增加 129.3 元，增长 30.4%；建筑生活用房材料支出 262.4 元，增长 28.7%；装修生活用房材料支出 33.3 元，增长 46.1%。2007 年农民年末住房面积人均为 30.5 平方米，比上年增长 3.1%，其中，楼房面积人均 17.2 平方米，增长 6.5%，钢筋混凝土房屋面积人均 20.1 平方米，增长 3.8%，同时，新建住房大多设施齐全，注重内部装修装饰，住房舒适洁净，布置优雅美观。居住环境和卫生设施得到了进一步改善，在调查的 231 个行政村中，有 96.1% 的村通了公路，有 97.8%的村通了电话，有 100%的行政村通了电；有 25.5%的家庭使用水冲式厕所，59.0%的家庭用上了安全饮用水，比重均比上年略有提高。

**4. 家庭拥有高档耐用品增多**

随着居民收入的持续增加，家庭拥有耐用消费品不断增加。2007 年末，平均每百户家庭拥有洗衣机、电冰箱、摩托车和彩色电视机分别为 7.86 台、12.45 台、67.16 台和 92.10 台，分别比上年增长 22.6%、44.6%、8.0%和 5.6%；平均每百户拥有住宅电话 64.11 部，移动电话 86.80 部，分别增长 2.8% 和 20.1%。农村居民耐用品普及率的迅速提高，给家庭带来了浓厚的现代化生活气息。农村居民消费需求呈现日益多样化和层次化，2007 年农村居民家庭吸尘器、微波炉、摄像机、照相机、家用计算机等时尚耐用品的拥有量稳步上升。

**5. 医疗保健支出快速增长**

2007 年农民用于医疗保健消费支出快速增长，人均为 149.0 元，比上年增加 25.1 元，增长 20.3%。随着农村合作医疗制度的推进，农村居民看病就医压力减轻，农民对自身健康及保健的意识大大增强，参加新型农村合作医疗的户数占全部户数的 89.1%，比上年提高一倍。

**6. 文化教育娱乐消费支出下降，教育负担减轻**

2007 年农民人均文化教育娱乐消费支出 172.5 元，比上年减少 25.7 元，下降 13.0%；受中小学校书本费及其他学杂费普遍减免的影响，学杂费支出人均 108.2 元，同比减少 14.3%，一定程度上减轻了农村居民的负担。

## 1—3 居民消费价格调查报告

# 2007年广西居民消费价格总水平持续高位运行

2007年，在粮、油、肉、禽、蛋等食品价格不断上涨的影响下，我区居民消费价格总水平持续在高位运行，同比涨幅呈逐月攀升的态势。据国家统计局广西调查总队调查统计，2007年各月，我区居民消费价格总水平同比涨幅分别达 2.8%、3.6%、4.3%、4.5%、4.6%、4.9%、7.5%、7.9%、8.1%、8.1%、8.4%和 8.2%；全年累计平均高达 6.1%，仅比 1996年的涨幅低 0.4 个百分点，创 10 年来新高；超出全年 3%控价目标 3.1 个百分点，涨幅在全国排第三位；而扣除鲜菜鲜果价格的影响，其上涨幅度则高达 6.3%；其中，城市上涨 5.6%，农村上涨 6.8%。

### 一、2007年我区居民消费价格总水平运行情况

2007年，我区居民消费价格总水平持续上涨，特别是进入第三季度以后涨幅加剧。

（一）八大类居民消费价格呈七涨一跌运行态势，食品类涨幅居首。

据调查统计，与 2006 年度价格相比，2007 年度所调查统计的八大类商品及服务中，除交通和通信类微降 0.1%外，食品、居住、医疗保健和个人用品、衣着、家庭设备用品及维修服务、烟酒及用品、娱乐教育文化用品及服务等七大类商品及服务的消费价格均呈上涨态势，其中，食品涨幅居首，高达 14.1%，其余六大类的涨幅分别达 5.6%、3%、2.7%、1.4%、1.1%和 0.1%。

（二）食品价格大幅上涨，是我区 2007 年 CPI 增幅创 10 年新高的主要因素。

1、在食品类所调查的 48 个基本分类中， 2007 年累计平均，除食糖类和鲜瓜果类消费价格分别比 2006 年下降 4.9%和 2.7%外，其余粮油肉禽蛋等 46 类食品价格均呈上涨态势。其中，涨幅最高的为猪肉类，达 49.4%，涨幅最低的为巴氏杀菌奶或消毒奶类，仅为 0.7%。

2、肉禽蛋价格大幅上涨。自 2006 年 12 月份开始，我区肉禽蛋价格同比涨幅呈 2 位数的运行态势后，2007 年以来持续以 2 位数的涨幅高位运行，尤其是下半年以来，更是以 20%以上的高幅持续高涨。据调查统计， 2007 年我区的食用畜肉及副产品类、禽类和蛋类的消费价格分别比 2006 年上涨 37.9%、28.6%和 23.8%。

3、粮价高位平稳上升，油价持续高幅上涨。自 2006 年 9 月份开始，我区的粮油价格呈现以高于居民消费价格总水平涨幅态势运行后，2007 年来，由于受原材料价格的上升和各种相关成本提高的影响，我区粮价持续以 5%-9%的涨幅高位平稳运行，而油脂价格则以两位数涨幅持续高涨。据调查统计，2007 年我区的粮食类和油脂类的消费价格分别比 2006 年上涨了 6.4%和 22.3%。

4、在外用膳食品价格居高不下，且 12 月份达到全年最高水平。受粮油肉禽蛋价格大幅上涨以及劳动力成本上升的影响，2007 年来，我区的在外用膳食品价格持续高位运行。据调查统计，2007 年各月，我区的在外用膳食品消费价格分别比 2006 年各月上涨了 3.4%、3.6%、3.3%、4.5%、4.1% 、4.3%、5.8%、6.2%、6.8%、6.8%、7.5%和 8.4%，全年累计平均比 2006 年上涨了 5.4%。

5、受到国际大豆期货价格上涨的影响， 2007 年我区干豆及其豆制品类消费价格持续上涨，尤其是进入 9 月份后更是以 2 位数的涨幅上升，到 12 月份涨到全年最高水平，全年累计平均比 2006 年上涨了 9.2%。

6、受气候环境的变化，以及外地货源购进、运输成本增加等因素影响，2007 年，我区菜类市场呈现：鲜菜季节性高幅上涨、干菜及菜制品价格居高不下的特点。全年累计平均，2007 年我区菜类消费价格比 2006 年上涨了 6.1%。

在以上因素的共同影响下，我区 2007 年食品类消费价格比 2006 年上涨了 14.1%，由此拉动居民消费价格总水平同比上升 4.74 个百分点，占居民消费价格总水平同比涨幅的 77.8%，成为推动我区 2007

年CPI增幅创10年新高的主要因素。

（三）居住类价格涨幅居八大类商品及服务第二。

1、受国际油价高位运行，液化石油气进口价格继续上调以及燃料需求量上升，供应紧张加之2007年1、2、6月份部分城市相继提高了垃圾和污水处理费的收费标准等因素影响，从而使得我区2007年租房费用、水、电、液化石油气和蜂窝煤的消费价格分别比2006年上涨了10.6%、8.2%、0.7%、6.3%和2.8%。

2、建材需求旺盛、供应偏紧，价格持续攀升。受房地产业投资规模持续高速运行和2007年实行征收木材消费税以及农村和农场擅自乱砍木材现象得到有效遏制，木材市场供应偏紧，加上进口木材价格升幅较大，从而拉动了木材市场整体价格的上升；而成品油价格上涨又导致相关建材产品成本增加等等。在以上因素的共同影响下，2007年我区建房及装修材料类价格一路高走。据调查统计，2007年我区建房及装修材料类消费价格比2006年上涨了7.1%。其中，胶合板、玻璃、砖、木材价格涨幅较大，分别上涨了14.8%、11.2%、9.8%和9%。

3、房屋贷款利率连续上调。2007年为了抑制投资过热，3、5、7、8、9、12月份央行连续6次上调房屋贷款利率。全年综合平均，我区2007年房屋贷款利率比2006年上升了13.8%。

4、受2007年1、2、6月份部分城市相继提高了垃圾和污水处理费的收费标准等因素影响，2007年我区垃圾处理费和水费收费价格高位运行。全年综合平均，我区2007年垃圾处理费和水费收费价格分别比2006年上升了51.6%和8.2%。

受以上因素影响，2007年我区居住类价格比2006年上涨了5.6%，并由此动居民消费价格总水平同比上升0.73个百分点，占居民消费价格总水平同比涨幅的12%，成为推动我区2007年CPI涨幅创10年新高的第二因素。

（四）医疗保健和个人用品类涨幅度居八大类前列。

1、受生长过程、种植地理环境、人工栽培技术以及质量、收获季节和需求、供应等因素的影响，自2006年12月份以来，我区的中药材价格一路上涨，2007年7月份为年内最高水平。据调查统计，2007年各月，我区的中药材价格分别比2006年各月上涨了12.6%、10.7%、9.8%、26.3%、41.4%、45.1%、56%、43.4%、39.6%、39.9%、38.5%和34.9%，全年累计平均比2006年上涨了33.3%。其中今年来的新涨价幅度就高达27个百分点，占中药材价格涨幅的80.8%，由此拉动居民消费价格总水平同比上升0.28个百分点。

2、首饰类价格居高不下。受2006年国际、国内黄金、铂金和银价走高、原材料价格上涨以及制造加工成本上升等因素的影响，2007年我区金银珠宝市场价格延续去年的势头，居高不下。据调查统计，2007年累计平均，我区的首饰类消费价格比2006年上涨了9%。

3、由于2007年部分城市相继提高手术收费、理疗收费，2007年累计平均，我区的理疗费和手术费也分别比2006年上涨了9%和6%。

4、受人工费、水电燃料上提的影响，个人服务成本提高，收费标准高涨。据调查统计，2007年累计平均，我区个人服务类收费价格比2006年上涨了2.8%。

在以上因素的共同影响下，2007年累计平均，我区的医疗保健和个人用品类消费价格比2006年涨了3%，其中，新涨价幅度达2.6个百分点，占了该类涨幅的86.7%。

（五）衣着类商品价格居高不下。

受上年底市场价格高位运行的滞后影响，以及我区日用品工业不发达，衣着类商品大多来自区外。而2007年以来，成品油价格居高不下，导致运输费用只增不减，从而导致我区2007年度衣着类价格处于高位运行态势。据调查统计，2007年我区衣着类商品综合平均价格比2006年上涨了2.7%。

（六）学杂托幼费高位运行。

虽说义务教育杂费规范收费后，乱收费现象得到有效遏制，但非义务教育学杂费、技能培训学费以及托幼费仍存在高收费现象。据调查统计，2007年我区非义务教育学杂费、托幼费以及技能培训学杂费分别比2006年上涨了0.9%、3.2%和8.5%。

（七）交通费持续高幅上涨。

受运输紧张，运输成本增加，以及2006年油价、出租车燃油附加费、公交车费等一系列政策性调价的影响，从而使得2007年来我区的交通费持续高幅上涨。据调查统计，2007年我区市区公共交通费和城市间交通费分别比2006年上涨了0.9%和3.2%。

（八）农村CPI涨幅高于城市。

2007年各月与2006年对比，除1月份和11月份外，2007年2至10月和12月，我区农村CPI涨幅分别为4.2%、5.1%、5.3%、5.6%、6.2%、9.2%、9.2%、9.1%、8.7%、和8.5%、分别高于城市1、1.3、1.3、1.6、2.1、2.8、2.1、1.6、0.9和0.5个百分点；全年累计平均为6.8%，高于城市1.2个百分点。

**二、2007年我区居民消费价格总水平同比涨幅创10年新高的原因分析**

居民消费价格总水平的持续上涨，原因是多方面的，有粮价上涨的带动、成本上升的推动、还有供需失衡(如生猪)的推动等，具体分析如下：

（一）食品价格持续高涨是主因

1、2006年四季度开始的新一轮以粮、油、肉为龙头的食品涨价，对2007年来我区居民消费价格变动产生巨大的滞后影响；

2、饲料价格的不断上涨以及防疫成本的增大，养猪成本较之过去有较大的增长，而2007年4、5月份一种被称为急性高致死性疫病“高热病”的猪病的发生，给养猪业带来很大损失，种种原因的存在，最终导致猪肉价格持续上涨；

3、猪肉价格的高幅上涨，带动禽、蛋类食品价格持续上升；

4、原材料价格的上升和各种相关成本的提高，也带动了粮油类价格的不断上涨。

5、由于石油价格持续高涨，美国等一些国家利用玉米加工燃料乙醇、用大豆制造生物柴油，从而导致玉米、大豆等粮食需求大幅增加，国际市场粮价上升，更进一步加大了我国粮价的上升幅度；同时也加剧了以粮食为原料的油肉禽蛋价格的上涨。

（二）经济快速发展对物价上涨的拉动作用明显

目前广西正处于近10年来经济发展的最好时期，面临难得的历史发展机遇。“中国—东盟博览会”长期落户南宁，不但对广西的经济发展以巨大促进，还将对广西社会产生深远影响。一大批重特大项目落户广西，经济发展形势喜人。

1、GDP增幅创近10年来新高。据自治区统计局统计，2007年前三季度我区的经济增长速度达15.0%。

2、投资活跃。2007年1-11月全区城镇投资额为2293.97亿元，同比增长34.4%，增速排西部12省市自治区第二位。

3、城镇居民收入大幅增加。据国家统计局广西调查总队抽样调查统计，2007年前三季度我区城镇居民人均可支配收入达9116元，同比增长21.8%，增幅创1995年以来新高。

4、消费品销售快速增长。2007年1—11月，全区消费品市场继续保持快速增长势头，实现社会消费品零售总额1724.45亿元，同比增长18.2%，增速排西部12省市自治区第四位。

5、工业生产持续加快，增速创近10年来同期新高。2007年1—11月，全区规模以上工业累计实现增加值1234.53亿元，已超过2006年全年增加值累计量，同比增长26.3%，增速为近10年同期最高，增速排西部12省市自治区第二位。

国民经济呈现较快、健康发展的态势，需求旺盛，对价格指数上涨的拉动作用明显。

（三）2006年我区居民消费价格基数低

由于2006年全年广西居民消费价格累计上涨1.3%，而全国平均涨幅为1.5%，广西居民消费价格上涨低于全国平均水平0.2个百分点。因此，给2007年广西居民消费价格创造了上涨空间。

（四）毗邻省区价格上涨的连动效应影响

与2006年价格相比，2007年累计平均，广西毗邻省的居民消费价格涨幅分别为：贵州省6.4%、云南省5.9%、湖南省5.6%、海南省5%、广东省3.5%（1至11月累计）。广西毗邻省的居民消费价格涨幅高，对广西居民消费价格总水平的快速上涨产生较大影响。

（五）生产经营成本上升，导致消费价格涨幅

增大

1、种植成本增加。据自治区价格成本调查队调查，2007年广西早稻生产每亩物质与服务费用上升了4.96%。种植成本的增加，最终反映到粮食价格上。而粮食是基础性产品，粮价上涨必然带动食品价格上升，进而推动部分餐饮业及粮油制成品的价格上涨。

2、畜禽饲养成本提高。以生猪饲养为例，猪苗价格从2006年底开始一路走高，至2007年8月份价格高达12.12元/500克，同比增长218.95%；饲料用粮价格持续攀升，使饲料价格水涨船高。据调查，2007年我区每头生猪的饲养成本大约比2006增加60元。

3、经营成本增加。以肉猪销售为例，从生猪收购、屠宰再到市场销售，中间环节多，税费高，加上成品油价格的上涨带动运输费用增加，猪肉价格也随之水涨船高。猪肉价格的上升又进一步传导到其它畜禽及其制品上。

可见，生产经营成本的上升是拉动我区居民消费价格上涨的又一重要因素。

（六）资源性产品的大量输入等于输入物价上涨

虽然广西目前正处于近10年来经济发展的最好时期，但经济发展所需的资源性产品，大多数需从区外、国外购进。据南宁海关统计，2007年前3季度，广西进口煤炭3.32亿美元，比2006年同期（下同）增长96.2%；液化石油气及其他烃气3892万美元，增长2.2倍；成品油2101万美元，增长2.6倍；原木8133万美元，增长7.3倍；矿产品11.12亿美元，增长55%；废纸1045万美元，增长67.1%；废铜3609万美元，增长59.5%；废钢1143万美元，增长2.8倍。在全球都处于资源性产品价格上涨时期，大量输入资源性产品就相当于输入国外及区外的物价上涨。

正是上述多方面因素的共同作用，致使2007年我区居民消费价格总水平同比涨幅创10年新高。

## 三、2008年我区居民消费价格总水平变动预测

通过对我区2007年居民消费价格总水平变动原因分析，并对可能影响2008年价格总水平变动的宏观、微观因素的分析，我们认为，2008年我区居民消费价格总水平将呈现平稳上涨态势。

（一）拉动居民消费价格总水平上涨的因素。

预计明年拉动居民消费价格总水平上涨的因素有以下方面：

1、粮食价格仍将呈上涨态势，并引领相关食品价格上涨。

2、人民币升值预期继续存在、高储蓄率和股市房市高收益率对投资的吸引力很大，人民币流动性依然很大，虽然央行已经多次采取措施减少人民币流动性，但在产生流动性基础还存在的情况下，虽然央行已经采取相应的货币政策，并取得一定效果，但持续的效果还有待观察。人民币流动性过多导致的直接结果就是物价上涨。

3、2008年中国举办奥运会带来的消费潮可能会使北京及其毗邻地区的物价上涨，而北京及其毗邻地区物价的上涨可能会向全国辐射，引发其它地区价格上涨。

4、两税合并，明年外资企业和内资企业将实施统一所得税税率，外资企业税率将会提高和内资企业税率的降低。企业所得税率的调整将会对企业生产成本、原材料采购、产品的价格定位产生直接或间接的影响。

5、明年国家将继续加大节能减排工作力度，推进资源性价格改革和提高节能环保价格的收费标准，如提高污水处理费、二氧化硫排放收费标准等，对保持价格总水平基本稳定会产生一定的影响。

6、近年来农产品生产成本上升，部分农产品价格仍会出现一定幅度的上涨。

7、城乡居民收入不断提高，消费需求增长，对保持价格总水平基本稳定也形成了一定的压力。

8、近年来原材料、燃料、动力购进价格呈刚性上涨，企业消化上游产品涨价的能力不断减弱，尤其是以农副产品为主要原材料的加工企业，成本增支的压力加大，客观上要求涨价。

9、燃油价格上涨给运输业带来很大的压力，目前，部分地区的城区内交通费用已经上涨，如提高出租车起步价；且其它的道路客运价格不排除上涨

可能性，如城区间客运、长途客运等，很有可能在春运期间提价，尔后不再回调到原来价位。

10、2008年元月1日开始实施的新修改的《劳动法》必将进一步规范劳动用工价格，使得劳动者工资有序增长。

（二）抑制消费价格上涨的因素

预计 2008 年抑制我区居民消费价格总水平上涨的因素有以下方面：

1、进出口关税及出口退税政策的调整会对未来价格带来一定的下行压力。

2、部分生产资料与消费品的产能过剩会带来价格下降的压力。

3、未来GDP增长缺口趋于缩小，有利于缓解价格上涨的压力。

4、货币政策将平抑物价涨势。

2008 年我国将实施稳健的财政政策和从紧的货币政策，这有利于控制物价上涨势头。稳健的财政政策和从紧的货币政策将会加大对货币信贷投放的控制，抑制总需求过快扩张带来的物价上涨压力。

5、国家采取一系列扶持生猪生产政策，将在年内或明年早些时候见效，猪肉价格有望逐步回落，进而带动副食品价格的下降。

6、随着农产品价格的上涨及种粮收入增加，加上减免农业税等一系列惠农政策落实，农民的生产积极性也进一步提高，农业生产规模进一步扩大，农产品产量增加将有利于抑制农产品价格大幅上扬。

（三)保持我区2008年居民消费价格总水平基本稳定的对策建议

1、稳定食品价格，资源性产品价格政策的出台要适时适度。

2007年5月份以来，猪肉价格的大幅上涨，将给我区 2008 年的消费价格总水平运行带来很大的翘尾影响。尤其是下半年后6个月，我区居民消费价格同比涨幅的新涨价因素呈现出逐月扩大的态势。其中，食品类和居住影响比较大，而食品价格的上涨，农民利益得到了一定保障，因此，建议2008年的食品价格应调控在 2007 年的水平或是略高于2007年，才有利于调动农民的种养积极性，保护农民的利益。那么，要确保2008年的价格涨幅略低于2007年，关键就是要控制资源性产品价格的上涨，因此建议 2008 年资源性产品价格政策的出台要有适度，既要考虑控价目标，更要考虑居民的承受能力，以确保政府制定的2008年CPI涨幅略低于2007年目标的实现。

2、确保粮食直补、良种补贴、农机具购置补贴、农资综合直补、测土配方施肥补贴等财政支农资金及时足额发放到农民手中；进一步落实好粮食最低价收购政策；继续积极稳妥地推动农业保险保费补贴试点工作。

3、加强农资价格监管工作，稳定农资价格；建立健全监控、打击假冒伪劣农资的长期监控体系，保护农民利益，增强农民的种养积极性，确保农民增产增收。

4、搞好禽畜防疫疫苗的推广使用工作，尤其是对小型养殖场和零散饲养户的免费疫苗使用工作，充分发挥其对市场的辅助作用。

5、拨出专项基金，实施保护种养积极性政策。一是实施种养成本补贴政策，即按种养比例给农户补助种养及防病款；二是实施农产品最低保护收购价政策，以确保种养户无论遇到任何市场风险，都能保证他们有种养获利不亏本；三是搞好科学种养科技人员的配备和技术培训工作，确保乡镇乃至村农科、兽医站（所）的人员、设备、办公环境、技术、药物等方面条件的进一步改善，让广大种养户能够放心、安全、保障种养。

6、大力扶持生猪规模化养殖和完善“公司+农户+协会”等农村经济型发展模式，要巩固和发展省外生猪市场，要注意研究制定防止猪肉供应过多，价格下降过大的应对措施，保护农民的养猪积极性和真正得到实惠。

7、积极做好应对粮价上涨的准备工作，从资金等方面确保收购企业应收尽收，加强农村粮食流通渠道的监管，避免涨价收益仅存在于流通环节。

## 1—4 农业生产资料价格调查报告

# 2007年我区农业生产资料价格走势及成因分析

2007年是不平凡的一年，由于周期性的影响，我国市场上部分食品价格出现结构性的上涨，肉禽蛋价格的上升，波及到农产品中幼禽家畜产品价格的上升—上涨—暴涨。反过来市场肉禽蛋价格飚升。特别是11月份秋播过后，以化肥为主的农资价格更是较着劲地涨，出现了销售淡季化肥价格不降反升的奇怪现象。接着农用柴油涨、雇工工资涨、饲料价格涨。2007年我区农业生产资料价格在高价位上运行，与上年同期相比，各月价格指数分别为104.9、105.2、104.6、108.5、107.5、108.3、121.6、123.4、122.4、118.7、122.8、123.9，全年累计上涨14.4%。

### 主要特点

1、产品畜价格高涨，引领着我区农资价格一路上扬。2006年9月份开始，市场幼禽家畜产品供不应求，以至供求脱节，价格一路飚升，进入今年特别是从5月份开始，市场猪肉零售价格涨势强劲，我区市场幼禽家畜产品价格上升势头更猛，7、8、9三个月，幼禽家畜产品价格同比分别以1.56倍、1.67倍、1.4倍的速度上涨。全年累计同比涨幅上升82%，影响广西农资总水平上涨10.69个百分点。占总涨幅的74.2%，是推动我区农业生产资料价格上升的主要因素之一。

2、化肥价格的飙升，使我区农民对农业生产投入形成压力。2007年1-10月份我区化肥价格比较稳定，但11、12两个月正直淡季时节，化肥价格却象长膘一样，淡季不淡，不降反大幅度上升。如贵港市家加大产中化牌含60%的氯化钾，从去年的下半年开始到今年的10月份每公斤都在2.1元至2.25元之间徘徊，但进到11月份，每公斤一下子提到3.6元，涨幅达60%--71.4%；尿素价格由去年一直维持到今年10月份，每公斤为1.68元，11月份提到1.95元，12月份又提高到2.08元，11月份比10月份上升16.1%，12月份又比11月份上涨6.7%；其他品种价格也都作了大幅度的提高，在淡季时节，化学肥料价格出现大幅度的不降反升，而且上升势头比较强劲。与上年同期相比，2007年11月份、12月份我区化学肥料价格分别上涨了22.5%、28.3%，2007年比2006年上升7.3%，影响农业生产资料价格总水平上涨2.46个百分点，占总涨幅的17.1%，是推动农业生产资料价格上升的又一因素之一。

3、受粮食及相关产品价格上升的影响，2007年我区饲料价格比2006年上升1.6%，其中混合饲料上升3.8%。影响总指数涨幅上升0.2个百分点，占总涨幅的1.4%。

4、农用手工工具、半机械化农具、机械化农具、农机用油价格，2007年分别比2006年上升9.4%、3.8%、1.8%、3.9%，累计影响总指数上升0.54个百分点，占总涨幅的3.8%。

5、农业服务2007年比2006年上升4.7%，影响总水平上涨0.11个百分点，占总涨幅的0.8%。其中雇工工资上升16.6%，排灌费收费价格上升4.8%。

6、化学农药、农药器械、农用种子价格，市场供大于求的格局没有改变，价格有所下降。与上年同期相比，2007年我区化学农药、农药器械、农用种子价格分别下降1.2%、0.7%、4.5%。这些产品价格的下降，有力的牵引了我区农资价格总水平的进一步上升。

### 主要成因分析

（一）从市场供需的角度看，上半年的5、6月份是我区产品畜价格、饲料价格上涨的开始，那么下半年的11、12月份，是产品畜、饲料价格形成新一轮涨势了。1、仔猪价格的上涨，是由于饲养周期性的原因及猪“蓝耳病”的发生，导致我区乃至全国猪源存栏减少，市场上货源严重不足，供需脱节，市场上猪肉价格暴涨，由于有利可图，养殖户养殖的积极性被调动起来，从而出现一边大量掩埋死、病猪，一边大量购进种猪。但市场的需求量又远远满足不了消费者的消费需求，从而导致市场猪肉价格、仔猪价格暴涨的现象。自今年4月低5月初发生生猪疫情后，如我区贺州市、贵港市等市县有一些乡镇的生猪发病感染率达 60%以上，一些村生猪发病后，形成空栏，要从外面购进猪肉、仔猪。连锁反映的结果就是：市场上仔猪交易价格暴涨，如贵港市的港城镇隆井村，自疫情发生后，猪苗死亡达50%，大猪死亡达80%，市场猪肉价格（肥瘦一刀切，包括猪骨）在 5 月底 6 月份，每公斤达 32 元，一些村甚至一度升到每公斤36元，比广西首府南宁市猪肉价格还高。贵港市的仔猪价格更是高涨，15公斤重仔猪每头平均价格，2007年1—4月份各月均为 180 元，5月份由于生猪疫情的影响，价格下降为138元，6月份开始到12月份，价格一直维持在390元；没有发生生猪疫情的百色市，15公斤重仔猪，2007年每头价格各月分别为140元、140元、150元、175元、210元、265元、350元、380元、375元、360元、340元、400元，5、6、7、8月份的环比涨幅均超20%以上，8月份曾经出现每头780元的天价，。9月、10月、11月价格有所下降，但 12 月份价格又开始上涨；最高价与最低价格相比，相差240元，涨幅达1.86倍至4.57倍。2、饲料价格上升。据8月中旬国家统计局统一布置的生猪存栏快速调查统计，我区对钦州等8个市县抽取800户生猪养殖户和400户家禽养殖户进行调查，我区生猪存栏呈现快速增长态势，由于生猪疫情得到了控制，按养殖户预测，第三季度比第二季度末增长 45.6%，第四季度比第三季度末还将增长11.9%。产品畜饲养量的增加，饲料的需求量增加，从而促使我区饲料价格上涨。如米糠价格，在8月份前一直在低价位上运行，进入9月份后，规模养殖户和散养户的存栏一下子增加，每公斤价格由0.2元上升到0.4元。贵港市花生麸每公斤的平均价格由4月份的2元，升到8月份的2.3元，到11月涨到3.05元，12月又提到3.1元，12月份比1月份升幅达55%，比8月份上升34.8%。据农业部对8 月份猪饲料原料测算，单玉米价格的上升，出栏一头肥猪，仅饲料成本就增加50元左右。

（二）资源性产品价格上涨。2007年我区除电价格没有上调外，煤、油、运价格都进行了上调，特别是11月份汽油价格的上调，给我区农业、渔业带来了影响。11月份我区化学肥料中原材料硫酸钾出厂价格每吨比 10 月份上涨 7%，12 月份又比 11月份上涨16.27%；磷肥每吨出厂价格11月份比10月份上升5.6%，12月份比11月份上升2.5%；氯化铵每吨出厂价格 11 月份比 10 月份上涨 4.8%，12月份比11月份上涨10.6%。生产成本的推动，从而促使我区乃至全国化学肥料价格一路上升，涨势强劲。农业手工工具、机械化农具和半机械化农具价格受上游产品钢铁、煤炭价格上升的影响，市场传导作用促使其价格上涨。

（三）受市场价格上涨推动的影响，2007年我区商品零售价格比上年上涨4.8%，其中农业生产资料价格上涨起到了一定的带头作用，但也不排除厂家借机涨价炒作因素。

**存在问题：**

农业生产成本大幅度增加，影响了农民扩大生产的积极性。①农资价格持续上涨。进入12月份以来，我区产品畜价格又形成新一轮上涨，涨势比2007年8月份更高，如15公斤重仔猪，2007年一些市县虽然有过短暂的780元/头，但只是一瞬间，最高只是每头 380 元，但 12 月份一下子就卖 400元，且势头猛。同时在粮食价格持续上涨及农民对幼禽家畜需求趋旺的拉动下，饲料价格开始回升。②由于出厂价格和进价的上涨，10、11、12月份三个月我区市场农资零售价格特别是化学肥料价格均出现大幅度上升的态势。③农村雇工工资大幅度上涨，农民措手不及。如每年的11、12月份到来年的3、4月份是我区糖厂榨季，但一些地方很难请到雇工砍伐甘蔗，工钱由原来的每天35元，升到50元，再到70元，也找不到人。④我区大多数农村一直保持着传统种植及耕作方法，种植效益低，农民种养积极性不高，与从事第二、三产业相比，打工收入大大高于种植收入。

**对策与建议**

农业生产资料是农业生产的保障，其价格的不断上升在一定程度上加大了农业生产费用的支出、影响了农业生产的后劲；加大了农业生产的成本，降低了生产效益；减缓了农民增收的步伐，削弱了惠农政策的部分成效，从而制约了农村经济的可持续发展，也制约了我区新农村经济建设的步伐。总的来说，农资价格的上涨，影响着农民的增收。

国家领导人也充分认识到我国消费品市场价格、农资市场价格的上涨对农村、农民生活及农业生产及多方面带来了负面的影响。为了减轻我国农民的负担、促进农民增收，国家实行了一系列惠农政策，如2007年农民购买农用机械、农民养猪，国家补贴给农户，国家还实行化肥储备等等。经国务院批准，财政部自2008年1月1日至12月31日，对部分化肥及制肥原料调整出口关税税率，国家为了部分缓解国内通胀的压力，降低农民生产成本、减轻农民负担，出台了部分上调化肥出口关税的政策。

因此，针对我区农资及其价格存在的问题，我们认为必须做好以下几方面的工作。

1、进一步加强农资价格的管理。农资价格过高，农民会减少对农业的投入，这样必然影响到厂家、经销者的利益，反之亦然。因此，国家实行对农资生产企业的各项优惠政策落实到实处的同时，企业也必须利用国家的各种优惠政策，加大对企业本身的技术改造，降低生产成本，提高产品质量，提高产出率，推动价格下降。与此同时，运用目前许多大型厂家的做法，采用直销的方式，不定时的送饲料、农具、化肥、农药、农膜到田头、村头，这样做：(1)、减少了流通环节，防止经销商变相提价的可能。(2)、农民买到货真价值的东西，避免假冒猥劣产品；(3)、方便了农民，减轻了农民的劳动力。

2、健全和进一步完善农资市场监管体系，加大对农资违法违纪行为的执法力度和处罚力度。由于我国特定的地理环境和人文关系，在许多乡镇，一些经营者，也是执法者，或者是经营者和执法者有着千丝万缕的关系，农民是弱势群体，因此，既要防止执法不作为，又要防止知法犯法行为。切实保护广大农民的利益。

3、上级部门必须经常派人员到地方，加强对国家有关农资政策落实情况进行检查和纠违工作，发现问题，对违规企业及经营者，不管是谁，该处罚的就一定处罚，该取缔的就取缔，维护市场秩序，促进我区农资市场的健康发展。

## 1—5 工业产品出厂价格调查报告

# 2007年广西工业品价格持续上涨“高进低出”现象依然存在

2007 年，广西经济发展继续保持高速增长势头，经济环境不断改善。在投资和消费两旺的推动下，工业品市场活跃，产品价格持续上涨。据国家统计局广西调查总队抽样调查资料显示，2007 年广西工业品出厂价格同比上涨 4.5%，连续第五年呈上涨态势。

### 一、2007 年广西工业品价格总体走势情况

1、从工业品出厂价格总水平方面看，在经历了 2006 年一波迅猛上涨走势后，2007 年广西工业品市场进入调整期，工业品出厂价格 1 月至 8 月上涨平稳，同比分别上涨 4.4%，3.5%，3.1%，3.1%，3.2%，3.6%，2.3%，4.0%。从 9 月份起，在钢材、石油等产品价格拉动下有所抬升，广西工业品出厂价格涨势加快，9 月至 12 月分别上涨 5.9%，6.5%，6.9%，8.1%。全年 PPI 呈持续上涨，涨速先稳后升的走势。

2、从全部工业品轻重工业分类看，轻工业产品出厂价格从 1 月起连续 9 个月同比下降，1 月至 9 月同比分别下降 2.7%，5.1%，5.6%，4.4%，3.7%，3.9%，4.4%，1.7%，0.2%；10 月份由降转升，10 月至 12 月同比分别上涨 1.0%，0.7%和 2.2%，1-12 月轻工业产品出厂价格累计同比下降 2.3%。重工业产品出厂价格仍然延续了 2006 年的上升势头，保持较快的上涨。1 月至 12 月重工业产品出厂价格同比分别上涨 8.3%，8.1%，7.9%，7.3%，7.0%，7.7%，6.0%，7.1%，9.2%，9.5%，10.3%，11.4%，1-12 月同比累计上涨 8.3%。

### 二、2007 年广西工业品价格运行特点和成因

1、经济增长态势良好，投资和消费两旺是广西 PPI 持续上涨的核心因素。（1）2007 年，广西经济持续平稳快速发展，呈现出质量好、增长快、运行稳的良好态势，各项主要经济指标均保持较快增长势头。快速发展的经济形势为工业发展提供了优越的环境，企业生产经营良好，工业品市场活跃，为广西 PPI 上涨提供了有力支持；（2）投资高速增长是广西 PPI 上升的主推动力。2007 年广西固定资产投资继续高速增长，1-11 月同比增长达 34.4%。全区统筹推进的重大项目共 848 项，重大项目全年完成投资 710 亿元，完成额超过年初制定的计划。固定资产的高投资和高增长刺激了水泥、钢材等工业核心产业产品的市场需求，推动工业品价格上升；（3）2007 年 1-11 月广西实现社会消费品零售总额同比增长 18.2%，消费品零售市场持续繁荣昌盛，社会再生产循环顺畅，为广西 PPI 提供了充足的上升空间。经济形势良好，投资和消费两旺构成了 2007 年广西 PPI 持续上涨的核心因素。

2、重工业产品出厂价格涨势持续，轻工业产品出厂价格逆势下降。在固定资产投资的强势拉动下，2007 年广西重工业产品出厂价格继续保持较高增速，同比上涨 8.3%。其中采掘类重工业产品出厂价格同比上涨 17.8%，原料类重工业产品出厂价格同比上涨 6.9%，加工类重工业产品出厂价格同比上涨 9.1%。2007 年广西轻工业产品出厂价格同比下降 2.3%。其中以非农产品为原料的轻工业产品出厂价格 1-12 月同比累计上涨 2.9%，以农产品为原料的轻工业产品出厂价格连续 12 个月呈下降走势，1-12 月同比累计下降 4.4%。2007 年广西农副食品加工业产品出厂价格同比下降 8.0%。其中，由于产存量充足，供过于求，2007 年食糖价格高位回落，制糖业产品出厂价格较去年下降了 16.4%。纺织业产品出厂价格同比下降 8.6%，其中受丝绸市场持续低迷，蚕丝价格大幅下降影响，丝绢纺织及精加工业产品出厂价格较去年下降了 18.6%。农副食品加工业和纺织业是广西轻工业中的重要行业，其产品出厂价格下降是导致轻工业产品出厂价格逆势下降的主要原因。

3、全球市场一体化明显，国内外市场影响大。随着全球经济一体化进程加快，国内工业品市场逐渐与世界市场实现同步，国内外工业品市场对广西工业品价格走势的影响也在加深。市场供求信息高度共享，贸易壁垒逐渐消除，通关、运输便利，使得全球工业品市场一体化特征日益明显。市场供求平衡关系不再局限于某一地区，供求信息的影响范围扩大到世界范围，同类工业品在不同地区的价格也不断趋近。2007 年年初，国际食糖组织 06/07 榨季全球食糖增产，供过于求的信息公布后，食糖价格全球范围内下降，广西食糖出厂价格不断下调。5 月份印度出台铁矿石出口征税政策引发国际铁矿石价格狂涨，广西锰矿石、铁合金出厂价格立即上调，当月锰矿石出厂价格环比上涨 29.9%，铁合金出厂价格环比上涨 19.8%。2007 年全球肥料需求量激增

及硫磺主要出口国加拿大国内工人罢工引发国际硫酸、硫磺供应短缺，其价格飞涨。由于硫酸、硫磺进口减少，国内产能不足，硫酸、硫磺及硫铁矿供不应求，广西硫酸、硫铁矿价格暴涨。2007年广西硫铁矿出厂价格全年同比上涨40.5%，硫酸出厂价格全年同比上涨38.5%，涨幅最大的12月硫铁矿出厂价同比上涨1.83倍，硫酸出厂价同比上涨了1.02倍。此外，食用油、化肥、钢材、石油等多种产品2007年也受到了国内外市场价格的影响有所波动。

4、原材料、燃料、动力价格上涨推高工业品出厂价格。2007年广西原材料、燃料、动力价格同比上涨6.1%，涨幅超过工业品出厂价格。2007年由于粮食、食用油料、矿产、化学物质、电力等上游原料、动力价格提高，以此为原料的相关产品价格也有所上升。2007年广西以粮食作物为主要原料的小麦粉出厂价格同比上涨9.9%，淀粉制品出厂价格同比上涨8.4%，配合饲料出厂价格同比上涨8.1%；以食用油料为主要原料的棕榈油出厂价格同比上涨50.5%，大豆油出厂价格同比上涨42.2%，花生油出厂价格同比上涨23.7%；以矿石为主要原料的铅出厂价格同比上涨52.8%，锡出厂价格同比上涨50.4%，铁合金出厂价格同比上涨32.2%，普通中型钢材出厂价格同比上涨14.5%；以化学物质为主要原料的硫酸出厂价格同比上涨38.5%，电石出厂价格同比上涨8.5%。原材料、燃料、动力价格上涨，尤其是上游原材料价格上涨使得工业生产成本提高，企业为维持正常的生产经营只能提高产品出厂价格，将广西PPI推高。

**三、2007年广西工业品价格运行存在的问题及对工业生产的影响。**

1、"高进低出"现象普遍存在，部分支柱行业"高进低出"严重。2007年广西原材料、燃料、动力价格同比上涨6.1%，涨幅超过工业品出厂价格。广西35个大类行业中有24个大类行业原材料购进价格涨幅高于工业品出厂价格，存在"高进低出"的大类行业占到全部大类行业的68.6%。这24个大类行业中，农副食品加工业原材料购进价格指数109.5，工业品出厂价格指数92.0，指数差达17.5；纺织业原材料购进价格指数103.3，工业品出厂价格指数91.4，指数差为11.9；饮料制造业原材料购进价格指数109.0，工业品出厂价格指数99.4，指数差9.6；通用设备制造业原材料购进价格指数106.2，工业品出厂价格指数100.4，指数差5.8；交通运输设备制造业原材料购进价格指数107.8，工业品出厂价格指数102.1，指数差5.7，"高进低出"较为严重。"高进低出"现象存在意味着行业产品提价不能完全消化原材料涨价带来的成本提高，必须通过其他途径解决成本提高问题才能保持正常的盈利效率。上述列举行业均为广西工业的支柱型行业，其"高进低出"现象严重必然影响工业效益增长，成为广西工业发展的障碍。

2、世界工业品市场发展出现新形势，价格暴涨暴跌频繁发生，工业品价格应急预警机制有待完善。随着全球经济一体化进程的加快，世界范围内发生的供需关系失衡都有可能引起相关产品在当地的价格大幅波动，这在2007年的工业品市场领域尤为突出。由于利益空间大，国际投机集团对工业品市场的炒作也日益猖獗。2007年全球工业品市场供求关系变化剧烈，工业品价格频繁波动。在投机集团的推波助澜下，多种工业品的价格发生暴涨或暴跌走势，进而使整个工业品市场受到影响。由于政府对工业品市场价格波动的应急预警机制还不完善，而国内外工业品市场对本地工业品价格走势的影响越来越强，广西部分工业品在国内外市场影响下发生大涨或大跌现象。在国内外市场影响下，2007年5月份锰矿石和铁合金出厂价格大幅上涨；12月硫铁矿，硫酸出厂价格大幅上涨；2007年年底，多种有色金属矿石在期货市场影响下大幅降价。工业品市场价格短时间内大涨或大跌使相关企业非常被动，正常的生产经营会受到影响，一旦缺乏引导错判形势导致决策错误，将会给企业造成重大损失。因此，必须建立和完善价格预警应急机制，对企业生产经营进行合理引导，才能避免工业品价格暴涨或暴跌带来的负面影响。

**四、2008年广西工业品价格走势格局预测**

2007年广西工业品价格走势相对平稳，但下半年尤其是年底提速上涨的趋势明显。预计2008年在有色金属、钢材、水泥、硫酸等重工业产品价格上涨拉动下，广西重工业产品出厂价格仍将保持较快上涨走势。轻工业产品方面，预计2007年年底以非农产品为原料类轻工业产品快速上涨的走势将在2008年持续，而以农产品为原料类轻工业产品方面，由于2007年甘蔗增产将使重要轻工业产品食糖07/08榨季产量继续增长，2008年广西食糖价格走势仍不容乐观。综合两大类轻工业产品价格走势，轻工业产品出厂价格总体预计将略微上涨。2008年广西工业品出厂价格总水平仍将保持上涨态势，涨幅较2007年有所增加。

## 1—6 原材料、燃料、动力购进价格调查报告

# 2007年广西原材料、燃料、动力购进价格上涨6.1%

据国家统计局广西调查总队调查资料显示，2008年1月广西工业原材料、燃料、动力购进价格总水平同比上涨13.6%。沿袭了2007年工业原材料价格涨幅较高的态势，2008年1月份仍以两位数的高起点上涨。具体运行特点如下：

调查统计的九大类原材料购进价格全部上涨。其中涨幅最大的是有色金属材料和电线类，同比上涨29.8%；其次是化工原料类同比上涨23.9%；黑色金属材料类同比上涨20.3%；还有建筑材料及非金属矿类、燃料及动力类、其他工业原材料及半成品、纺织原料类、农副产品类，分别比上年同期上涨16.2%、10.3%、10.2%、3.8%、3.1%。

有色金属材料购进价格本月再创新高。由于需求缺口不断扩大、资源型短缺和国际市场价格上涨，有色金属材料和电线类购进价格同比上涨29.8%。其中：铅精矿、锡精矿、铝原矿、钛原矿、锡、铅、镍同比分别增长109.5%、69.2%、53.9%、17.4%、67.5%、48.9%、10.7%。但是，由于有色金属出口退税政策的影响，自2007年我国锌的市场价格出现拐点以来，锌的价格持续下跌，产能过剩和出口受阻成为导致其价格下跌的主要原因；锌、铅锌矿、锌精矿、锌焙砂同比分别下降：8.9%、19.6%、29%、30%。

因2007年海运价格不断上涨，使钢铁和铁矿石等行业成本不断提高，加之国内需求旺盛与国际市场价格走高导致锰矿石、铁精矿和钢材价格一路飙升。锰矿石同比上涨57.1%，铁精矿粉同比上涨89.7%。普通大型钢材、普通中型钢材、中厚钢板、优质型钢材、线材、普通小型钢材购进价格分别比上年同期上涨33.9%、19.3%、17.9%、17.7%、16.6%、15.0%。

## 1—7 房地产价格调查报告

# 广西五市房地产价格仍在上涨，但波动性大

2007 年，广西北部湾经济区域建设的开放开发，吸引了很多外地投资商到广西投资建设，特别是房地产投资市场更是火爆，广西房地产投资呈现快速上涨态势。而南宁市获得的“联合国人居奖”，以及北海以良好的旅游休闲度假设施和国内滨海城市的最低房价的优势，吸引了越来越多的异地房产商在此投资置业。北海、南宁市的房地产价格上涨引人注目，特别是北海房地产的复苏，房价涨势之快，幅度之猛，引起了国家发改委及建设部的高度重视。全年广西五市（下同）房屋销售价格上涨 7.8%，创下了历史新高。

**一、房地产价格涨势强劲**

1、广西房屋销售价格创新高

2007 年，广西房地产销售价格上涨十分迅猛，并不断创出历史新高，全年房屋销售价格同比上涨 7.8%，上半年房屋销售同比价格以 5%左右的幅度在上涨，下半年则以 8%以上的幅度上涨，特别是 12 月份价格涨幅为 13.7%，达到全年最高点；其中：在 2007 年新建住房中高档住宅销售价格同比上涨 11.4%，普通住宅销售价格同比上涨 9.2%，经济适用房销售价格同比上涨 4.8%，非住宅销售价格同比则上涨 6.4%；而二手房上涨幅度相对低一些，但全年涨幅也达 4.5%。

2、主要城市房屋销售价格上涨幅度大

——南宁市，2007 年南宁市房地产发展很快，房地产价格在前两年上涨的基础上继续快速上涨。据调查资料显示：2007 年房屋销售同比价格上涨 7.6 %，上半年房屋销售同比价格以 3.6-6.7%左右的涨幅在上涨，下半年则以 7.4-14.4%以上的幅度上涨，特别是 12 月份价格涨幅达 14.4 %，达到全年最高点；其中：在 2007 年新建住房中普通住宅销售价格同比上涨 10 %，高档住宅销售价格同比上涨 8.5%，经济适用房销售价格同比上涨 5.6%，非住宅销售价格同比则上涨 6.1%；而二手房上涨幅度相对低一些，但全年涨幅也达 2.9%。

——北海市，2007 年北海房地产的发展最为引人注目，4 月份北海新建商品住宅价格涨幅以 23.6%的大幅度上涨引起了国家发改委的高度重视。从 4 月份开始，新建商品住宅价格涨幅连续四个月在全国 70 个大中城市中排在第一，有 7 个月涨幅超 15%。调查资料显示：2007 年房屋销售同比价格上涨 13.3 %，上半年房屋销售同比价格以 7.3-15.7%左右的涨幅在上涨，下半年则以 12-18%以上的幅度上涨，特别是 12 月份价格涨幅达 18%，达到全年最高点；其中：在 2007 年新建住房中高档住宅销售价格同比上涨 17.7%， 普通住宅销售价格同比上涨 17.4%；非住宅销售价格同比则上涨 10.8%；而二手房上涨幅度相对低一些，但全年涨幅也达 6.8%。

——桂林市，桂林市房地产经过前几年的快速发展，房地产价格相对趋稳，上涨幅度较小。据调查资料显示：2007 年房屋销售同比价格上涨 4.4%，上半年房屋销售同比价格以 3.3-4.4 %左右的涨幅在上涨，下半年则以 3.6-6.4 %以上的幅度上涨，涨幅最大的月份为 11 月，同比价格涨幅达 6.4 %；其中：在新建住房中高档住宅销售价格同比上涨 6%， 普通住宅销售价格同比上涨 4.8%；非住宅销售价格同比则上涨 3.9%；而二手房上涨幅度相对低一些，但全年涨幅也达 3.3%。

——柳州市，2007 年来柳州市房地产投资增长较快，房地产价格呈现快速上涨势头。据调查资料显示：2007 年房屋销售同比价格上涨 7.6 %，上半年房屋销售同比价格以 4.7-8.7 %左右的涨幅在上涨，下半年则以 6.4-12.3 %以上的幅度上涨，特别是 12 月份价格涨幅达 12.3 %，达到全年最高点；其中：在 2007 年新建住房中普通住宅销售价格同比上涨 9.6%，经济适用房销售价格同比上涨 3.1%，高档住宅销售价格同比上涨 2.7%，非住宅销售价格同比则上涨 5.6%；而二手房全年涨幅为 3.2%。

——梧州市，往年总是一片沉寂的梧州房地产市场，进入 07 年下半年后，上涨势头较猛。2007 年梧州市房地产开发投资、商品房销售均出现了较大幅度的增长，房地产价格上涨比较快，特别是下半年房地产价格上涨比较强劲。据调查资料显示：

2007年房屋销售同比价格上涨8.3%，上半年房屋销售同比价格以1.1-5.4%左右的涨幅在上涨，下半年则以10.1-16.9%以上的幅度上涨，特别是11月份价格涨幅为16.9%，达到全年最高点；其中：在新建住房中高档住宅销售价格同比上涨21.3%，普通住宅销售价格同比上涨6.2%，经济适用房销售价格同比上涨1.6%，非住宅销售价格同比则上涨8.7%；而二手房销售价格全年上涨11%，涨幅高于房屋销售2.7个百分点。

3、土地交易价格涨势迅猛

2007年广西土地交易价格涨势非常迅猛，全年上涨幅度达16.5%，比房屋销售价格涨幅高出8.7个百分点。1-4季度上涨幅度在11.4-20.2%之间，在土地交易价格中居住用地上涨幅度最大，上涨25.3%。其中高档住宅用地上涨30%，普通住宅用地上涨17.9%，而商业、旅游、娱乐用地上涨14.8%。

在主要城市中，北海土地交易价格上涨最快，全年土地交易同比上涨39.5%，其次是南宁市和桂林市，土地交易同比价格分别上涨21.5%及12.2%。而单宗土地交易价格上涨比较大的城市有南宁市和桂林市，东盟商务区的土地竞拍受到了本地和外地开发商的追捧，成交的两块办公、商住用地中，竞拍价格首次突破每亩千万元，成交价格在1200—1215万元/亩之间；桂林市的步行商业街一块土地竞拍价格也高达1300万元/亩，达到历史最高点。

**二、广西房地产价格快速上涨的主要原因**

广西房地产价格快速上涨主要是受国内房地产形势及广西自身发展的双重影响。

1、国内大环境影响。1-11月全国房地产开发投资突破2万亿元，比去年同期增长31.8%。全国房地产价格呈现不断上涨的态势，全国房屋销售价格上半年以5.3-7.1%的涨幅在上涨，下半年则加速，7-11月份以7.5-10.5%幅度在上涨。其特征是涨幅超15%的城市在不断扩大，二线城市房屋销售价格涨势在不断提高，房地产市场呈现轮动与跟随发展的趋势。

2、广西内部环境变化的影响

（1）广西房地产投资快速增长的影响

今年以来，广西房地产投资增速始终保持在43%-45%之间。1-10月，全区房地产开发完成投资突破400亿大关，1-11月，房地产开发投资462.82亿元，比去年同期增长44.1%，增幅分别比去年同期提高9.7%；商品房销售面积为1568.10万平方米，增长45.1%，增幅同比提高32.2个百分点；商品房销售额405.54亿元，增长70.4%，增幅同比提高57.6个百分点。

（2）北部湾经济区域建设加快的影响

2007年，广西北部湾经济区的开放开发建设热火朝天，泛北部湾经济区开发建设深入、沿海基础设施大会战、重大项目、园区产业建设，特别是港口、铁路、水电、航道等基础设施建设不断加大，南宁市、北海市作为广西北部湾经济区的重要城市，“龙头”作用显现，开放开发程度越来越高，城市化进程加快，作为配套设施的房地产业也在不断扩大，全年房地产投资增长强劲，商品房供求两旺，房地产价格上涨较快。

（3）荣获“联合国人居奖”效应的影响

近年来，南宁市坚持以人为本，致力于建设生态宜居、环境优美的现代化和谐城市，对城市进行了有史以来最大规模的建设改造，人居环境明显改善，市民居住环境和生活质量显著提高，特别是荣获“联合国人居奖”之后，南宁市更成为外地人购置房地产的首选城市，从而推动南宁市房地产价格的不断上涨。

（4）经济发展基础和历史原因

相对全国其他经济发达省份，广西经济基础相对薄弱，房地产业大规模开发起步较晚，房地产价格水平总体来说相对较低，目前处于开始高速发展阶段。这种价格发展的特征，在广西不同城市之间也都表现得十分显著。南宁、桂林两市先后在前几年进入一波发展高潮后，目前南宁房地产利用有利条件继续快速上涨，桂林市房地产则处于稳步上涨阶段。而柳州市一两年来也快速追上，进入价格大幅上涨阶段。北海市则经过房地产泡沫破裂后，通过多年的消化，从去年年底开始强势复苏。北海房地产的复苏充分说明了中央所给予的特殊政策的有效性，其新一轮的房地产价格上涨，实属带有“还债”性质的“补涨”，是北海房地产价格在沉睡多年之后复苏的表现，其价格可以用“价格低，指数高”加以概括，应该说与中央的宏观调控政策并无冲突。原来处于一片安静之中的梧州市，现在似乎也大有迎头跟上之势。

## 三、房地产存在的问题不容忽视

目前，广西经济不断增长，泛北部湾的开放开发建设使广西城市化建设步伐加快，房地产需求不断加大，房地产快速发展有其合理性，但房地产存在的问题也不容忽视。

1、土地价格上涨过大

土地价格的过快上涨不利于房地产的健康发展。目前，土地价格涨幅以比房屋销售价格成倍增长的势头上涨，这必将大大提高房屋建设的成本，从而进一步推动房屋销售价格的上涨，不利于房地产的健康发展，因此对土地过快上涨的调控显得尤为必要。

2、经济适用房的减少加大供需矛盾

自从取消福利分房，特别是近年的集资建房制度的取消，市场房屋的需求就日益加大。尤其是城市化进程加快的城市，大户型、豪华型住宅越来越多，小户型、经济适用房的供应越来越少，可供选择性也越来越低，供需矛盾进一步加大。

3、二手房市场不规范

目前广西二手市场很不规范，二手房的买卖得不到应有的保障，很多市民买房首选新建住房，这也在一定程度上增加了新建住房的需求量。

4、预售房制度推动房价的上涨

广西当前新建住房销售大多实行预售房制度，预售房制度为房地产商人为哄抬房价提供了便利，使购房者盲目跟风购房的机会加大，不利于房地产价格的稳定上涨。

5、居民感觉房价上涨快于收入，承受能力越来越低

2007年广西的房屋销售价格上涨7.8%,而城镇居民可支配收入上涨 23.3%，扣除物价因素还上涨了 16.1%。从数据上看收入大大高于房屋销售价格的涨幅,人们应该说对买房预期越来越高才是,但事实并非如此。城市房地产价格的上涨过快单单从上涨幅度看还不能真实感受，主要是收入总额的基数大大低于房屋总额，那怕收入涨幅高出房价许多，最终增加的绝对总值还是房屋总值大。因此居民感觉房价的承受能力越来越低，与实际收入相差越来越大。还有住房补贴制度落实滞后也是居民感觉比较大的一个问题。

## 四、2008年广西房地产价格走势

近年来，房地产价格在不断上涨，国家针对房地产市场不断出台了一系列调控措施，房地产价格拐点何时到来众说纷云。

从2007年房地产市场的内外形势看:美国的次级债风波，央行的连续加息，房贷新政的出台，各地土地招拍挂带来的地价狂飙,物业税的悄然提速,资本市场的高市盈率，所有的一切都使得整个房地产行业风险积累在2008年集中释放。部分一线城市房价已经出现拐点，这也将对二线城市房地产业产生不可估量的影响。

而且进入第四季度，广西房地产的新建住房以及二手房成交量有所萎缩，但量减价升成为房地产业的普遍现象，而成交量的萎缩是拐点出现的重要前奏。在房价持续上涨远离人民实际购买力的情况下，其回调是必然的。远远高出人民实际购买力的房价在持续上涨多年后出现稳步调整房地产是一件好事，但在炒房热持续高烧的情况下，调整只有在相关调控政策的外力作用下才可能展开。而国家2008 年的重点调控对象从物价转为房价，如 2008年出台力度大的房地产调控措施，对房地产价格涨幅将会有所抑制。

## 1—8 固定资产投资价格调查报告

# 广西固定资产投资价格上涨，建筑企业压力加大

近年来广西经济建设的快速发展、东盟国家区域合作、基础设施建设步伐的加快给广西建筑企业带来了无尽的商机，建筑市场的火暴给建筑企业提供了诸多机遇。2007年广西投资环境趋好，固定资产投资持续增长，广西城镇固定资产投资同比增长31.7%，房地产投资同比增长 45.1 %；建筑材料需求不断加大，建筑材料价格快速上涨， 2007 年广西固定资产投资价格上涨2.3%，涨幅比上年同期上涨了1.1个百分点，且涨幅呈现逐季加大趋势，一季度同比上涨1.8%，二季度同比上涨1.7%，三季度同比上涨2.1%，四季度同比上涨3.7%。从主要构成类别看，建筑安装、装饰工程类价格同比上涨3%，设备工器具购置价格同比上涨1%，其它费用价格同比上涨1.1%。建筑企业建筑成本不断上升，价格波动对整个建筑行业产生了很大的影响。

**一、材料费价格快速上涨拉动固定资产投资价格上扬**

2007年广西重点项目投资增多，房地产投资增速加快。随着中央对广西支持力度不断增加，广西的投资，特别是广西交通投资增长迅速， 2007 年广西交通业预计完成固定资产投资239亿元，其中公路182亿元、水运20亿元、铁路35亿元、民航2亿元。2007年自治区统筹推进的重大项目包括自治区和市级层面的新开工重大项目、续建重大项目以及沿海基础设施大会战项目共848项，完成重大项目投资710亿元。房地产投资增速加快，2007年广西房地产开发投资量猛增，广西全区房地产开发完成投资突破400亿元大关，达到536.67亿元，比上年同期增长45.1%，涨幅比上年增加16.1个百分点，房地产开发投资继续保持高速发展态势。

投资需求拉动固定资产投资价格上扬。其中材料费、人工费价格快速上涨是主要原因。由于投资持续快速增长，建筑材料需求不断加大，拉动了建筑材料投资价格的上扬，特别是第四季度，受投资及资源性价格上涨的双重拉动，建筑材料价格全面快速上涨。其主要原因：

1、钢材价格上涨迅猛

受我国钢材需求保持快速增长的影响，上半年，钢材出口大幅上升，使国内资源，特别是钢材市场的库存始终维持在较低的水平上，使国内钢材市场价格从年初开始就出现不断攀升的走势。下半年，尽管钢材出口逐月下滑，但是铁矿石、焦炭等原料价格暴涨，钢铁成本不断攀升，加上钢材需求强劲，特别是进入第四季度，淘汰落后炼钢产能，导致市场资源不足，钢材价格大幅走高。2007年广西钢材价格全年同比上涨3.9%，1-4季度同比价格除1季度下降0.4%外，2-4季度同比价格分别上涨2.4%、3.3%、10.2%；

2、木材价格上涨强劲

近年来，我国木材需求越来越强劲，受国内砍伐木材的限制，中国木材进口量越来越大，而各个国家对原木采伐控制，致使国内外木材供给量大幅减少，进口木材价格不断上涨。 2007 年广西木材价格与上年同期比上涨 6.6%，1-4 季度分别上涨6.1%、7.2%、7.1%及 6%；其中原木价格同比上涨4.5%，普通锯材价格同比上涨9.3%。

3、水泥价格快速回升

2007年初水泥价格出现季节性下滑，下半年开始上涨，第四季度受淘汰落后产能影响供需缺口加大、议价能力提升转移成本上升，华南和西南地区价格涨幅迅猛，受此影响，广西水泥价格2007年同比上涨1.4%，1-2季度同比分别下降0.2%及0.3%，3-4季度同比则分别上涨1%及5.1%。

4、化工材料价格高位运行

2007年年初，受欧美地区暖冬、取暖用油需求下降，及美国成品油库存大幅增加等因素影响，国际市场油价出现大幅回落，国家下调了汽油价格。而随着国际油价的不断攀升，国际石油价格曾突破每桶100美元，国内石油批发价格也不断上扬。受此影响，国家决定11月将汽油、柴油和航空煤油价格每吨各提高500元。由于原油价格的不断上涨，广西化工材料价格全年同比上涨 5.1%； 其中汽油同比上涨5.6%，柴油同比上涨8.6%。

5、人工费不断升高

随着广西大开发的推进，建筑业人工需求越来越大，劳动力供应相对紧张，还有社会消费水平上涨的带动，以及原材料价格的强劲推动，建筑行业人工费逐步上涨，人工费持续高位运行。2007年广西人工费同比上涨了4.5%，涨幅比上年同期提高了1.8个百分点。其中：1季度上涨3.2%、2季度上涨3.5%、3季度上涨4.5%、4季度上涨6.6%。而管理

人员工资同比上涨 4.7%，技术人员工资同比上涨 4.2%，普通工人工资同比上涨 4.4%。

## 二、原材料价格及人工费上涨对建筑企业的影响

据最近对广西部分建筑企业的问卷调查数据显示：在物价普遍看涨的 2007 年，施工企业深深感受到建材价格上涨的压力。以钢铁、水泥等为代表的主要建筑材料的价格，是决定施工企业工程造价的重要因素，钢材价格对企业影响最大，其次是水泥价格。从调查结果看，因原材料价格上涨对企业成本影响较大的占 96%；企业经营成本比 2006 年增加的占 88%；企业用工紧缺的占 52%，管理人员工资比上年增加的占 35%，技术人员工资比上年增加的占 46%，普通工人工资比上年增加的占 73%。

1、原材料价格及人工费上涨使企业资金周转更加困难。公司经营成本中 60%是材料费，因此，原材料价格波动对公司总成本及盈利水平产生直接的影响。直接导致企业备料款的增加，资金周转更加困难。特别是建设工期延后的工程，物价通常都是逐年上涨，工期越长，亏损越大，而工期延后，大多数是因拆迁、征地不及时或资金不到位产生的。

2、原材料的价格波动使人工成本增加，劳务队伍不能接受原来的承包价格，很容易使完工工期延后，延期交付工程被罚，原定的施工合同造价太低，使施工方的利润受到影响和亏本。由于投标款中一般由承包人承担物价上涨的风险，因此价格波动对企业的经营造成负面的影响，同时价格上涨，材料供应紧张，有些材料供应商要求现金现付，造成企业资金压力。

3、材料供应紧张造成工程成本增加，部分材料不能满足需要，停工现象有所增加。企业签订的工程合同多数是合同总价包干，对材料价格的调整，不在合同调整范围。原材料价格的波动使企业生产成本大幅增加，给企业的生存和发展带来巨大影响。例如柴油不能满足施工需要，原材料价格上涨，导致材料成本增大，机械使用费增大，利润减少，对企业造成较大的资金压力。材料占工程成本比重较大（约占 60%），部分价格上升较大，甲方虽有部分补差，但对工程成本影响较大，直接影响企业效益，造成项目的亏损，严重的将造成工程停工，合同不能如期履行。

4、原材料价格涨势强劲使招投标中存在的问题凸现。目前在建筑企业中对招投标存在的问题反映最大：（1） 投标市场不够规范，个体老板挂靠投标的现象依然存在，影响正规的大企业投标。（2）市场竞争激烈，且部分工程不规范，为保证中标，经常被压低标价，中标工程大多是低价中标，合理单价中标较少，施工单位低价中标，实际施工的人工费、材料费高于中标的费用，因此施工中难于承受价格上涨带来的风险，施工单位承接的项目利润很低，增加经营难度，致使施工企业经营亏损严重，企业压力大。（3）存在恶性竞争现象：明招暗定、招标文件不规范、有些采取邀请招标方式、评标不公正、标底不准泄露、招标有些不符合法定程序、部分招标半招半定、投标单位地位被动出现陪标现象。（4）有部分项目在勘探设计阶段较粗糙，对项目的概算、预算材料的调查及预算书不严谨，导致上限价偏低，与实际相差较大。（5）原材料价格变动较大，而项目工程的施工期一般很长，这使得施工企业的价格风险比较大，价格因素考虑不好确定。（7）竞争激烈，市场占有率下降。外省大中型施工企业进驻广西，抢占市场，私营施工企业不断发展壮大，加入激烈的招投标竞争当中。

5、企业间工程款拖欠情况仍然存在，民工工资发放大有好转。

由于国家加大了对民工工资的发放监督和对策，民工的工资发放比以前大有好转，但企业间工程拖欠情况不容乐观，主要原因是业主基本不象以前给足备料，还有许多项目要求施工方垫资到他们所定的进度，实际完成的工程款并不是一次给完，还要再乘上一定比例的扣减系数，正常的只给 80-85%，少的则给 60-70%。而工程项目竣工验收后，不能及时结算付款，拖延现象严重，影响到企业的生存。

## 三、减缓投资价格上涨对建筑企业压力的建议

在 2008 年，建材涨价的压力将持续存在，直接影响到其竞争力水平和赢利水平，希望有关部门加大建筑市场的宏观调控力度，有效控制建筑材料价格市场，加强对投标单位资料真实性的审查，发现有造假现象的应严肃处理，加大处罚力度，严肃投标市场，多为企业的良性竞争创造好的环境，减轻企业的压力。企业方面则应积极面对，优化施工方案，针对材料供应紧张，要做好材料计划，提前备料，适当储备涨价大的物资，合理选择供应商，签订供销合同。工程投标时正确预测价格走势；规避价格上涨风险区，签订可调价格合同。加强材料采购、发放、使用管理，加强用量控制，减少涨价造成的成本压力，以确保各工程项目施工得以顺利进行。

## 1—9 农产品生产价格调查报告

# 广西2007年农产品生产价格总水平上升21.49%

据国家统计局广西调查总队对全区36个县（区）主要农产品价格调查，2007年广西农产品生产价格总水平上升21.49%，其中牧业产品价格上升40.42%，渔业产品价格上升7.9%，林业产品价格上升5.26%，种植业产品价格上升0.35%。与上年相比（下同）种植业产品价格稳中微升，牧业产品、渔业产品、林业产品价格上升幅度较大，尤其是牧业产品中的活猪价格上升幅度最大，直接拉升农产品价格总水平。

### 一、2007年广西农产品价格运行的特点

1. 农产品生产价格普遍上涨。2007年农户出售的171个农产品品种中价格水平上涨的达130个，占76%，价格水平下降的39个，占22.8%。牧业产品、渔业产品出售价格几乎全面上涨。

2. 活猪和糖料蔗等权重产品价格升降对农产品价格总水平升降有重大影响。在农产品中活猪和糖料蔗是广西农户出售量最大的农产品，其中活猪价格上升42.41%，直接拉升农产品价格总水平，而糖料蔗价格略降，糖料蔗价格下降则对农产品价格上涨起了抑制作用。

### 二、原因简析

1. 国内市场活猪供给偏紧，生猪价格由回升进入上涨周期。从农产品价格调查户出售活猪情况看，2006年三季度活猪价格开始回升，2006年4季度以后，活猪价格开始进入逐季上升阶段。2007年1季度活猪价格比上年4季度上升17.93%，活猪出售量却比上年4季度下降14.88%；二季度活猪价格比一季度上升18.94%，活猪出售量却比1季度下降6.19%；三季度活猪价格比二季度上升14.96%，活猪出售量比二季度又下降15.78%。直到四季度活猪出售量的环比才增长了59.73%，活猪价格上涨速度也初步得到抑制，四季度活猪价格同比虽然高达61.42%，但比三季度仅上升0.84点。

2. 成本上涨推动畜禽产品出售价格普遍上涨。一方面由于粮食价格上涨，导致畜禽产品养殖成本上升。今年农户出售谷物的价格上涨15.32%，其中稻谷价格上涨8.88%，玉米价格上涨17.04%。另一方面，仔猪价格上涨，进一步导致养殖成本上升，价格上涨。2007年四季度农户实际购买仔猪的平均价格仍高达21.59元/公斤，同比上涨1.8倍。

3. 猪肉价格上涨带动其它畜牧水产品价格上涨。猪肉价格上涨后，受其影响，其它畜牧水产品价格也跟着上涨。本年度牛、羊、鸡、鸭、蛋品价格分别上涨10.57%、21.29%、17.21%、16.27%、19.65%。海水产品价格和淡水鱼类价格分别上涨4.24%和9.01%。

4. 受国际市场影响，食糖价格进入回调盘整阶段。2006年3月，国际市场食糖价格升至阶段性高位，然后逐波回调到谷底，9月触底反弹，2006年12月至今仍处在盘整过程中。受其影响，广西糖料蔗年收购平均价格从2006年290元/吨逐步回落，上半年糖料蔗收购平均价格降至270元/吨(不含联动价)；下半年，食糖价格虽然有所反弹，但走势未定，糖料蔗收购平均价格仍然维持270元/吨的水平。

5. 受国际粮油期货价格持续上涨影响，国内农产品价格上涨。2006年9月，国际粮油期货市场价格开始上涨，12月底主要大宗粮食品种的期货价格处于全年次高位，小麦、玉米、大豆、豆油期货合约价格分别比上年上涨了56%、76%、19%、26%。2007年国际粮油期市价格继续上涨，小麦、玉米、大豆、豆油期货合约价格分别比上年约上涨了80%、25%、70%、72%。在国际国内粮油价格上涨的影响下，2007年，农户出售稻谷、玉米、油料、大豆等主要粮油价格分别上涨8.88%、17.04%、19.99%、10.99%。

### 三、走势分析

对影响2007年产品生产价格总水平的两大产品——生猪价格和糖蔗价格的走势判断：

1. 生猪价格仍将在较高价位运行。

一方面，由于生猪生产存在周期性，产量的恢复及发展需要一定的时间，才能使供求达到相应的平稳点；另一方面，由于养殖成本刚性上涨，导致生猪出售价格仍将保持一段时间高位运行。

2. 糖蔗价格将回落。

主要受种植比较效益影响，我区农民在种蔗收益上仍有相对利益。因此，2008年全区甘蔗种植量仍将保持上升趋势；如果国际食糖需求不发生大变化的话，下个榨季糖蔗价格将回落的可能性增大。

# 制度建设趋于完善，规范运作有待加强

## ——广西企业集团现代企业制度建设情况调查报告

建立现代企业制度，是发展社会化大生产和推进市场经济的必然要求，也是我国国有企业改革和发展的方向。自上世纪九十年代初，随着《公司法》的颁布实施，以及九十年代中期我国企业集团的纷纷组建，企业集团的现代企业制度建设就纳入日程并不断走入正轨。广西企业集团经过十多年的改革与探索，其发展也从无到有，由少到多，从弱到强。截至2007年底止，企业集团个数已发展到71家。企业集团规模在不断扩大、实力在逐渐增强的同时，集团的现代企业制度建设也在日臻完善。为了系统全面了解广西企业集团的现代企业制度建设状况，发现企业集团现代企业制度存在的问题，本文结合2007年广西企业集团的调查结果，作一些分析和探讨。

### 一、企业集团现代企业制度建设的判别标准

依据国家统计局企业集团调查的制度设计，衡量一个企业集团的现代企业制度建设情况标准，可以从以下四个方面来进行：（一）集团母公司的体制改制情况。集团内部是否建立了以资本为纽带的母子公司体制，母子公司体制建设是否规范，企业集团是否真正成为具有凝聚力的集团而不是松散的企业群体；（二）产权明晰状况。母公司是否按照《公司法》的要求，建立了出资人制度，明确出资人，理顺集团内外部产权关系，促进母公司层次上的政企分开；（三）公司治理结构的建立和完善情况，以及相应职权是否得到充分行使；（四）企业内部的各项管理制度包括决策监督机制、劳动用工制度、收益分配制度等是否建立和健全，执行效果如何。

### 二、广西企业集团现代企业制度建设情况调查结果

截至2007年底，广西企业集团共71家，比2006年增加11家，增长18.3%。从集团的现代企业制度建设来看，情况如下：

**（一）企业集团改制工作取得较大进展**

表现在：

**1、母公司的改制面继续扩大**

截止2007年底，企业集团母公司改制面已达到94.4%，比上年上升1.1个百分点。其中，其他有限责任公司有30家（增加9家），占已改制企业集团母公司的44.8%，比上年上升7.3个百分点；国有独资公司有19家（增加16家），占28.4%，比上年上升23个百分点；股份有限公司12家（增加2家），占17.9%，比例与上年持平；中外合资及港、澳、台合资企业有两家，比上年增加1家。

**2、母子公司体制已基本建立，母公司主体地位进一步加强。**

调查结果显示，截至2007年底，全区71家企业集团中有67家建立了产权关系为纽带的母子公司体制，占94.4%，比上年上升1.1个百分点。其中，有56.7%的企业集团建立了母公司和子公司二个层次，有43.3%的企业集团建立了母公司、子公司和孙公司三个及以上层次。在71家企业集团中，67家登记注册类型为公司制。母子公司体制已基本建立

从集团母公司出资人行使职权情况来看，71家企业集团中有70家母公司对企业集团发展战略等重大事项进行统一决策，占98.6%，上升1.9个百分点；在重大投融资项目上，有63家（占88.7%）企业集团母公司进行统一决策，上升0.4个百分点；在科研开发和财务管理制度上，分别有46家（占64.8%）和61家（占85.9%）企业集团母公司有统一决策权，分别上升11.5个百分点和下降2.4个百分点。母公司的主体地位得到进一步加强

**3、集团产权明晰**

在67家建立母子公司体制的企业集团中，企业集团母公司出资人已明确的65家，占97%。同时，84.5%的母公司出资人能够行使重大经营决策权，76.1%的母公司出资人有权选择企业经营者，67.6%的母公司出资人能获得资产收益。集团产权明晰。

**4、投资主体多元化的格局已形成** 从成员企业注册资本的构成来看，国有、法人、集体、个人以及外商资本的多元化产权结构基本确定。2007，企业集团成员企业的注册资本中含国家资本金的企业占总数的46.5%，含法人资本金的占43.7%，含集体资本金的占7%，含个人资本金的占49.3%，含外商资本金占4.2%。

调查显示，已经实施多元化经营战略的企业集团55家，占77.5%，比上年上升2.5个百分点。有9家企业集团正在计划实施多元化经营战略，占12.7%。

**（二）企业集团成立"新三会"的比例较高，公司治理结构进一步完善**

股东大会、董事会和监事会称为"新三会"，在现代企业制度中，它的设置体现一个企业的决策权、执行权和监督权的运行，因此，在《公司法》中，它是完善公司治理结构的重要组织保障。

**1、"新三会"成立的比例较高**

调查显示，2007年底，在67家建立了母子公司体制的企业集团中，依照《公司法》有关规定成立股东大会的母公司占95.8%，成立了董事会的集团母公司占95.5%，成立了监事会的集团母公司占80.6%。在已成立董事会的企业中，有23.4%的企业在董事会成员中设立独立董事，其中，独立董事比例高于三分之一的企业占40%。有53.1%的企业董事会成员中有职工代表，其中，职工代表经民主选举产生的占91.3%。

**2、"新三会"权力得到有效行使，公司治理结构进一步完善**

首先，从股东大会职权的行使来看。调查结果显示，100%的股东大会能够决定公司的经营方针和投资计划，97.8%的股东大会能够选举和更换由职工代表担任的董事、监事及报酬事项，95.7%的股东大会能批准和审议董事会的报告，87%的股东大会能够审议和批准监事会报告，95.7%的股东大会能够审议批准公司的年度财务预、决算方案、利润分配方案和对公司增加或者减少注册资本作出决议，93.5%的股东大会能够对公司发行债券作出决议，97.8%的股东大会能够对公司合并、分立解散、清算等事项作出决定，100%的股东大会能够修改公司的章程。因此，总体上看，股东大会的绝大部分职权均得到有效行使。

其次，从集团董事会职权的行使来看。按照《公司法》的规定，董事会行使的职权包括：负责召开召集股东会会议并向股东会报告工作、执行股东会的决议、决定公司的经营计划和投资方案、制订公司的年度财务预算和决算方案、制订公司的利润分配方案和弥补亏损方案等十一个方面的职权，调查结果显示，2007年已成立董事会的64家广西企业集团中，70.3%的董事会能够召开股东大会和执行股东会的决议；98.4%的企业集团董事会能够决定公司的经营计划和投资方案；95.3的企业集团董事会能够制定公司的年度财务预算、决算方案；96.9%的董事会能够制定公司的利润分配方案和弥补方案。此外，制定公司注册资本及发行债券（占92.2%）、制定公司合并、分立解散方案（96.9%）、决定公司内部管理机构设置（占98.4%）以及决定聘任或者解聘公司经理及其报酬事项（89.1%）、制定公司基本管理制度（占93.8%）等方面的职权比例也都在90%以上或接近90%。由此看来，广西企业集团已成立的公司董事会中，其职权的行使除"召开股东大会"和"执行股东大会决议"两项只有七成外，其它各项职权的行使比例已占九成。

第三，从企业集团监事会的职权行使来看。监事会是企业的监督机构，其职权的正确行使，能够有效地监督企业的规范运行，对企业董事、高级管理人员的权力使用起到监督和制衡作用。按照《公司法》的规定，监事会主要行使的职权包括：检查公司财务；对董事、高级管理人员执行公司职务的行为进行监督并对违纪人员提出罢免的建议；对董事、高级管理人员的损害公司利益的行为予以纠正；提议召开临时股东会会议和向股东会议提出提案等。调查结果显示，2007年广西设立监事会的企业集团中，有98.1%的监事会能够检查公司的财务，有96.3%的企业集团监事会对董事、高级管理人员进行监督，并提出罢免的建议，94.4%的监事会能对董事会、高级管理人员的违纪行为进行纠正，有90.7%的企业监事会 能依照《公司法》的规定对董事、高级管理人员提起诉讼。但能够提议召开临时股东会议和向股东会议提出提案的分别只有70.4%和72.2%。

第四，从企业集团总经理职权行使情况看。根据《公司法》的规定，有限责任公司可以设经理，由董事会决定聘任或者解聘。经理对董事会负责，行使下列八个方面的职权：包括主持公司的生产经营管理工作，组织实施董事会决议；组织实施公司年度经营计划和投资方案；拟订公司内部管理机构设置方案；拟订公司的基本管理制度；制定公司的具体规章；提请聘任或者解聘公司副经理、财务负责人；决定聘任或者解聘除应由董事会决定聘任或者解聘以外的负责管理人员及董事会授予的其他职权等。调查结果显示，2007 年广西 71 家企业集团母公司总经理职权的行使中，"主持公司的生产经营管理工作，组织实施董事会决议"、"组织实施公司年度经营计划和投资方案"、"拟订公司内部管理机构设置方案"均达到 100%，能够拟订公司的基本管理制度和制定公司的具体规章的比例分别达到 98.6%和 97.2%，能够聘任或者解聘管理人员的比重达到 91.5%。总经理的职权绝大部分得到行使。

总的来看，"新三会"能较好地发挥决策、执行、监督、权利相互制衡职能，有效促进了企业集团持续健康发展。

**（三）集团内部各项管理制度基本建立但不健全**

**1、决策监督制度的建设情况**

调查结果显示，2007 年 77 家企业集团中，有明确的重大事项决策程序制度的 63 家，占 88.7%；建有预算管理制度的单位数占 83.1%。但有财务总监委派制、有产权代表管理制度和施行事业部制的单位数较少，分别只有 42 家、40 家和 27 家，各占 59.2%、56.3%和 38%。

**2、劳动用工制度的建设情况**

2007 年，企业集团继续推进转换经营机制，深化企业集团劳动人事和收入分配制度改革，为企业改革发展创造了良好的环境并取得了积极的成效。企业劳动用工制度趋于完善。调查结果显示，2007 年，100%的企业集团全面实行员工劳动合同制度；94.4%的企业集团已实行全员竞争上岗，职工能进能出；90.1%的企业集团内部管理人员实行了公开竞聘、择优录取、能上能下制度；按时足额缴纳社会保险费的比重达到 97.2%。

**3、收益分配制度建设情况**

2007 年，企业集团收入分配制度呈现多元化发展。调查显示，有 64.8%的企业集团实施经营者年薪激励机制，其中，有 87%的企业有明确的效益年薪评价考核体系；经营者持有股权、期权的比例已占总数的 25.4%，企业员工实行以岗位工资为主体的占 91.5%；科技人员实行收入分配激励机制的占 45.1%，科技人员工资大约是其他岗位的 2.6 倍。

**三、广西企业集团现代企业制度建设的主要问题**

**1、管理层次过多，母子公司体制改制还需继续**

2007 年，广西企业集团得到逐步发展壮大，在规模扩大的同时也带来管理层次过多的问题。据调查显示，目前企业集团母子公司有三个层次及以上的达到 39 家，占已建立母子公司体制企业集团的 43.3%。管理层次过多，势必带来执行力弱、执行不到位等问题

**2、"新三会"职权行使还不够充分，公司治理结构需继续完善**

一些已改制的企业集团母公司虽然建立了"新三会"，但还不能全面行使职能，主要表现在：有 6.5%的股东会不能对发行公司债券做出决议；约 20%的集团母公司没有成立监事会，在成立了监事会的企业集团中，约 30%的监事会不能够行使提议召开临时股东会会议和向股东会会议提出提案，10%的监事会不能按规定对董事、高级管理人员提起诉讼；约 30%的董事会不能召集股东会会议和执行股东会的决议，11%的董事会不能决定聘任或者解聘公司经理及其报酬事项，8.5%总经理不能提请聘任或者解聘公司副经理、财务负责人和决定聘任或者解聘管理人员；同时，董事长和总经理由一人兼任的企业集团占 50%，不利于权利制衡机制的发挥。

**3、决策监督机制尚不健全。**

调查结果显示，2007 年 77 家企业集团中，占 11.3%的企业集团没有明确的重大事项决策程序制度，占 16.9%的企业集团没有预算管理制度，有财务总监委派制、产权代表管理制度和施行事业部制的单位数分别只占 59.2%、56.3%和 38%

**4、收益分配制度需要完善。**调查显示，占 35.2%的企业集团没有实施经营者年薪激励机制，占 54.9%的企业集团科技人员没有实行收入分配激励机制。

**5、企业集团内部管理仍需进一步规范**

对于企业集团内部管理存在的主要问题，有 77.4%的企业认为是缺乏对企业经营者的激励和约

束机制；有 49.3%的企业认为是母子公司体制不健全；有 60.5%的企业认为是产权管理部门职能弱；有 29.6%的企业认为是内部产权关系尚未理顺；有 30.9%的企业认为是受上级行政部门干预较多。

**四、进一步完善广西企业集团现代企业制度建设的对策意见**

**（一）政府要高度重视企业集团的现代企业制度建设工作**

企业集团现代企业制度的建设，不仅仅是企业自身的事，更是政府的事。作为发展中国家，我们应首先认识到，我国（也包括广西）企业集团的成长与发达国家不同，发达国家的企业集团是经过相当长的时间产生、发展起来的，有着良好的市场经济基础，其现代企业的管理制度也相应比较健全，管理理念比较成熟。而我区企业集团的成长是伴随社会主义市场经济的初步建立、在各级政府的推动、引导下，通过兼并重组等手段使资产迅速扩张、经营规模不断扩大逐渐建立起来的，时间短，规模小，相应的制度建设也不够完善。当前各级政府和企业对集团在发展中如何“做大”方面可谓给与了足够的重视，但在企业集团如何完善现代企业制度方面，重视程度还要提高。因此只有在政府高度重视和引导下，企业集团的现代企业制度建设才能不断完善，企业集团才能既“大”又“强”。而作为政府来说，至少应做好三个方面的工作：

一是进一步加强对企业集团的宣传引导和推动服务。虽然广西企业集团改制面已达到 94.4%，但与现代企业制度要求相比，还存在不足，部分企业对健全企业现代制度的认识还不到位。为此，要加强政策的宣传与引导，大力开展现代企业制度基本知识的业务培训，特别是要对企业高层管理人员进行宣传和培训，使企业家真正懂得健全现代企业制度的重要性、必要性和紧迫性，使企业家深入了解健全现代企业制度对企业持续快速发展、做大做强的积极作用。

二是要重视对企业完善现代企业制度的跟踪调查，掌握企业现代企业制度的规范与实现的具体情况，总结成功的经验并及时推广

三是努力帮助企业解决进一步健全现代企业制度过程中出现的一些实际问题，在政策措施方面为企业加大支持力度，为企业进一步改制做好服务。

**（二）从加强董事会建设入手，继续完善企业集团公司治理结构，推进制度创新**

完善公司治理结构是企业建设现代企业制度的核心。也是企业体制创新的关键所在。而建立健全科学的法人治理结构，最重要的是要建立起以董事会治理为核心，出资人、董事会、监事会、经理层各负其责、协调运转、有效制衡的公司治理结构，在此基础上形成相应的决策机制、激励机制和约束机制，不断提升企业的现代化管理水平。在这里，要加强董事会的建设，发挥董事会的作用和潜能，以充分保护股东及团体的利益。管理阶层要科学管理及形成良好的管理风格，包括整个企业管理方式、企业管理阶层对法规的反应、对企业财务的重视程度以及对人力资源的政策及看法，营造有利于内部控制的企业文化；提高经营者的素质；建立明确的分派体系、良好的信息沟通体系。

同时，要规范母子公司体制关系。变行政隶属关系为产权关系，集团公司对权属企业由管企业变为管资产，不能用行政方法来管理子公司。要缩减母子公司的层次，提高管理效率。根据国务院国资委的要求，母子公司管理层次一般应控制在三层以内。

**（三）继续完善企业集团各项管理制度，提升企业的制度化管理运行能力**

调查表明，广西大部分企业集团虽已按《公司法》的规定建立了相应的内部管理制度，但并不健全。如从决策监督制度来说，77 家企业集团中，占 11.3%的企业集团没有明确的重大事项决策程序制度，占 16.9%的企业集团没有预算管理制度。这说明一些企业的重大决策、财务管理等方面，仍然存在个人说了算、决策不科学、不规范的情况，重大事项决策风险和财务管理风险没有降低到最低程度。

另外，从收益分配的制度来看，占 35.2%的企业集团没有实施经营者年薪激励机制，有 55 家企业集团（占 77.5%）反应企业集团内部管理的主要问题是缺乏对企业经营者的激励和约束机制，占 54.9%的企业集团科技人员没有实行收入分配激励机制。

这说明完善企业集团各项管理制度，提升企业的制度化管理运行能力仍然任重道远。

## 1—11　规模以下工业调查报告

# 2007年广西规模以下工业增长较快，但存在问题较多

国家统计局广西调查总队调查表明：2007年广西规模以下工业总产值为1515.5亿元，按现价计算增速为16.6%，剔除价格上涨因素，按可比价计算增速为12.6%。现将运行情况分析如下：

### 一、运行特点

**1、增长逐季提速，企业增速高于个体**

2007年广西规模以下工业总产值逐季提速，全年规模以下工业总产值现价增速为16.6%，比前三季度高出2.7个百分点。规模以下工业中，企业现价增速为18.7%，比个体增速高出3.1个百分点。

**2、部分行业增长迅速**

据调查，2007年广西规模以下工业88%以上的大类行业呈增长势头。增势较好的个体工业大类行业有：金属制品业，电力、燃气及水的生产和供应业，黑色金属冶炼及压延加工业，黑色金属矿采选业，木材加工及木、竹藤、棕、草制品业，交通运输设备制造业，医药制造业等，其总产值现价增速均超过30%以上。增长较快的规模以下工业企业行业有：专用设备制造业，其他采矿业，化学原料及化学制品业，皮革、皮毛、羽毛（绒）及其他制品业，电器机械及器材制造业，黑色金属矿采选业，黑色金属冶炼及压延加工业，有色金属冶炼及压延加工业，有色金属矿采选业，水的生产和供应业，非金属矿物制造业，废弃资源和废旧材料回收加工业等行业，增速均超过30%。

**3、企业经营状况良好**

调查结果显示：2007年规模以下工业企业营业利润比上年同期增长12%，产品销售率为94.3%，同比提高1.3个百分点。规模以下工业38类行业中共有31个行业属于盈利企业，仅有7个行业亏损，行业获利面为82%，比上年同期扩大了5个百分点。其中皮革、皮毛、羽毛（绒）及其他制品业，电器机械及器材制造业，有色金属矿采选业，废弃资源和废旧材料回收加工业，饮料制造业，化学纤维制造业，造纸及纸制品业等行业的营业利润增速超过50%以上。另外，黑色金属矿采选业，印刷业和记录媒介的复制，金属制品业等三个行业2007年实现了扭亏转盈。

**4、占全部工业比重逐季下降**

2007年广西规模以下工业增速虽然不低，但由于一些规模以下工业在年内已上规模等自身特点，增速不如规模以上工业，因此，规模以下工业占全部工业比重呈下降趋势。据初步预计，2007年广西规模以下工业增加值占全区全部工业比重为30%左右，比上年约下降2个百分点。

### 二、规模以下工业的有利增长因素

**1、人均收入增长和物价逐期上涨刺激消费带动生产**

2007年，广西人均收入增长较快，与此同时，物价也逐日上涨，增加了消费支出，刺激了生产。例如，粮食、花生、豆类、生活用水等价格一路上涨，致使该行业工业生产量大幅增长。又如，由于建房材料大幅涨价，一些小型建房材料产品供不应求，仅浦北县10个调查样本村年内就新增了2个水泥砖加工场，铝合金门窗制作个体户从去年的2个发展到目前的6个，水泥砖加工和铝合金门窗产量迅速增长。

**2、城镇化建设、新农村建设带动小型工业发展**

2007年，广西各地城镇化建设步伐不断加快，城市改造和基础设施建设投入也逐渐加大，市场对水泥预制件，砖瓦砂石等建筑材料的需求快速增长。如南宁市2007年市区的城乡结合地带片石粉碎加工产品自上年来经常脱销；北海市受公路基础建设发展和建房升温，建筑材料所用的红砖、复粉、石料等生产上升，产品供不应求，砖厂基本满负荷生产。另外，新农村建设掀起了农民建房热，带动了农村建材工业发展。

**3、承接产业转移对广西小型工业经济增长贡献明显**

近年，一些周边沿海省如广东、福建、浙江等地的一些小型工业转移到广西落户生产，外来企业在广西的落户成为广西规模以下工业经济增长的一个亮点。如浦北县针织品业是接受东部产业转移的一个产业，主要是生产毛线衣、毛线裤等，该行业从2005年的2个企业发展到现在的6个，2007年生产已走上正轨，产量迅速放大，总产值比上年同期增长71.76%。

**4、气候条件有利于生产发展**

2007年广西气候条件也比上年好，没有出现大的水灾和旱灾，一些靠天吃饭的小型工业因天气好而利于生产，特别是露天锰矿、陶瓷用品和砖场生

产明显加快。

## 三、存在问题

2007年，广西规模以下工业增速虽然较快，但也存在不少问题，主要有：

**1、劳动力不足影响小型工业发展**

2007年广西一些小型工业陷入招工困难境地，造成工业开工不足，产量下降。如梧州某制衣厂因招不到工人订单减少；北海一些砖厂请不到工人停产或待产。博白县因计生工作受“黄牌”警告而狠抓计生工作致使一些育龄妇女不愿到岗影响当地编织企业的正常生产。

**2、松散型家庭作坊个体发展受限**

广西有不少松散型家庭作坊个体非专业性工业，如个体碾米、蒸酒、榨油等，从事工业时间较短或者季节性生产，有部分不愿意办证和上缴税收等问题，销售地域极其有限，生产规模难以扩大。

**3、一些传统落后工业被生活方式所淘汰**

随着生活水平的提高，一些传统落后工业被淘汰。最明显是个体粮食来料加工、个体服装来料加工、个体木材加工。自广西实行农村电网改造后，农民生活方式逐渐转变，越来越多的农户自购家用小型打米机、粉碎机、磨浆机等自行对豆、谷等农副食品进行加工，而不再到专业的打米厂进行加工，由此造成个体打米厂个数和产量逐年下降。如宜州市六寨村480户就有85户购家用小型打米机，椤底村白山屯就购进家用打米机26台，由于粮食加工店客户逐渐减少，专业粮食加工量逐渐萎缩，广西其它县份也普遍出现类似情况。另外，居民穿衣方式由过去买布加工转变为购买成衣，来料裁缝店的服装来料加工也逐步萎缩。还有，居民建筑方式和居住方式也发生了巨大转变，更多地使用铝合金或塑料代替木材，家庭使用的家具也逐步以成品购买为主，对木门窗加工行业、农村家具制造业等造成一定影响。

**4、环境污染、安全隐患等问题影响生产**

2007年，广西一些塑料加工、铁合金冶炼、造纸、煤矿、煤窑、沙石场、爆竹等工业因环境污染、安全隐患、浪费资源等问题影响时常被停业整顿或关闭。如宾阳县一些塑料加工、全州县一些炼冶厂因环境污染被政府部门有所限制，北海市一些陶瓷加工场、宜州市一些红砖厂因环保污染问题被责令搬迁；贺州市一些炮竹厂因安全生产问题使得《生产安全许可证》未获审批而停产整改，田阳县一些煤矿、浦北县一些石场、矿场因安全隐患被停业整顿甚至关闭。

**5、人民币升值压缩小型工业出口空间**

2007年，人民币升值较快，压缩了广西小型工业产品的出口空间。如浦北县的外贸编织品由于人民币兑美元一路升值，外贸编织品的出口受到严重影响，外贸编织品的订单逐季减少，造成该行业减幅较大。

**6、资源条件限制一些个体工业发展**

2007年广西一些小型工业受资源条件的限制，发展受阻。如岑溪石业、选矿等14家企业因缺乏原料停产或迁移；北海市一些加工户因海产品资源逐年减少而收不到货，小型海产品加工比去年同期减少了 9.23%；南丹县一些木材拼板厂因木材资源减少而停产；象州县一些重晶石矿因采竭而停业。

**7、物价上涨同时也制约某些工业的发展**

2007年，广西物价上涨过快，物价上涨尽管刺激生产，但同时也带来了成本和费用的提升，一定程度压缩工业利润空间。如北海市一些镀膜厂、纸箱厂、药厂等受原材料提价而增加了企业经营成本，使企业生产经营陷入困境；又如浦北县某木器厂受原材料、运输、人工工资等主要生产成本大幅度增加，亏损严重，于 9月份停产并解散工人，该业主表示今后不再生产，将于近期取消一般纳税人资格，注销营业执照。

**8、设备落后，产品技术含量低**

广西规模以下工业企业有不少是以前镇办或集体办企业，现多数是以私人承包进行生产经营，生产场所简陋，机器设备落后，没有高素质的管理人员和技术人员，产品得不到创新，销售比较困难，一些企业停产或者半停产。如扶绥县某生物科技投资有限公司是该县5年前招商引资引进的项目，厂址是在原来一个集体企业，由于该公司技术原因，引进后一直没有投产。

## 四、几点建议

2007年广西规模以下工业发展虽然较快，但出现的问题也比较多。为确保2008年广西规模以下工业健康发展，建议：(1) 国家宏观调控政策在调控物价的同时，对广西小型工业生产也有一定影响，各级政府应积极采取措施防止小型工业生产骤然下降，让小型工业生产保持较好、稳定的发展趋势；(2) 继续做好环境保护和安全生产措施，营造节能减排生产氛围，确保工业和谐发展；(3) 充分利用广西政治、经济和地理的优势，积极培植一批小型优势龙头工业产业；(4) 积极把握奥运会在我国举办给广西工业经济发展带来的机遇，进一步宣传广西小型工业名、特、优产品，提高广西小型工业产品市场竞争力

## 1—12　粮食产量调查报告

# 2007年广西粮食产量调查报告

2007年，广西各地深入贯彻落实科学发展观，按照中央“一号文件”和全区农村工作会议精神，在推进农业结构调整，优化农村种植结构，加快优势产业发展的同时，决不放松粮食生产发展。面对粮食播种面积逐年缩减的实际情况，通过提高单位面积粮食产量，保持粮食总产量的基本稳定。

### 一、粮食产量调查结果

根据抽样调查推算并经国家统计局审定，2007年广西粮食播种面积2984.0千公顷，每公顷单位面积产量4680千克，总产量1396.6万吨，与2006年相比，播种面积减少149.2千公顷，减4.8%；每公顷单位面积产量增加123.6千克，增长2.7%；粮食总产量减少31.0万吨，减2.2%。主要品种粮食产量调查结果：

（一）早稻：播种面积991.5千公顷，每公顷单位面积产量5414千克，推算全区早稻总产量536.8万吨，比上年减少17.4万吨，减3.1%。

（二）晚稻：播种面积986.7千公顷，每公顷单位面积产量4969千克，推算全区晚稻总产量为490.3万吨，比上年减少23.3万吨，减4.5%。

（三）玉米：播种面积490.4千公顷，每公顷单位面积产量4162千克，推算全区玉米总产量为204.1万吨，比上年增加5.6万吨，增2.8%。

### 二、单位面积产量再创新高

单位面积粮食产量连续三年创新高，成为2007年广西粮食生产的主要亮点。根据粮食产量调查实测样本推算，每公顷粮食作物面积产量为4680千克，比2006年提高124千克，增长2.7%，连续三年创历史新高，其中早稻、晚稻和玉米每公顷实测产量分别比2006年提高152千克、22千克和317千克，增幅为2.9%、0.5%和8.3%，均属于21世纪单位面积产量的最高年份，为广西粮食总产量基本稳定，促进农村种植结构调整，大力发展农业优势产业提供更大的潜力和空间。

### 三、粮食生产利弊分析

**（一）粮食生产有利因素**

1、政策性扶持对粮食生产起到积极的促进作用。2007年，广西继续实行粮食直补、良种补贴、农机补贴等粮食生产政策性扶持，其中良种推广补贴为早稻10元/亩、中稻15元/亩、晚稻7元/亩，有效地促进粮食优良品种的普及推广。据自治区农业厅农情统计，杂交品种占粮食播种面积的比重：早稻79.6%、晚稻达81.4%、玉米达到了86.7%。

2.科技普及落实到位。各级农业技术服务部门提高服务效率，把农业实用技术推广应用作为农村工作重点，春耕期间，全区各地举办各类农业技术培训班30459期，培训农技人员304.54万人次，印发各种农业技术资料362.6万份；科技普及面广，旱育秧插秧面积比重超过50%，防寒育秧插秧面积比重达83.95%，抛秧面积比重达82.6%；病虫测报、预防及时，避免大范围病虫害危害，有利于粮食产量提高。

3.农业气象条件较为有利，受灾程度轻。从实测调查村受灾情况看，204个早稻调查村早稻受灾面积比重为20.64%，成灾面积比重为8.07%，绝收面积比重为0.14%，分别比上年下降12.75、3.98、0.25个百分点；210个晚稻调查村的调查，晚稻受灾面积比重为24.15%，成灾面积比重为9.93%，绝收面积比重为0.01%，分别比上年下降2.45、0.06、0.33个百分点；168个玉米调查村的调查，玉米受灾面积比重为16.06%，成灾面积比重为6.03%，绝收面积比重为0.04%，分别比上年下降22.94、10.19、0.35个百分点。

**(二）粮食生产不利因素**

1.播种面积大幅度减少，造成总产量下降。近几年广西甘蔗、蔬菜、桑树等优势产业快速发展，占用耕地面积不断增加，2007年，广西甘蔗播种面积突破1000千公顷。甘蔗等经济作物占用耕地逐年增加，经粮“争地”矛盾日益突出，2007年，仅稻谷播种面积减少了111.4千公顷，全年粮食播种面积的减幅达到4.8%，连续两年呈现大幅度减少，给广西粮食总产量的增长增加难度。

2. 农田水利设施陈旧老化、年久失修、导致灌溉能力下降，仍然是粮食生产稳产、高产、增产的制约因素。

## 四、粮食生产面临的主要问题

（一）播种面积降到解放以来最低点。近两年，农村种植结构调整不断深化，粮食播种面积连续两年出现大幅度减少，2007年，广西全年粮食播种面积首次降到了3000千公顷以下，比1998年（改革开放以来粮食播种面积最多的年份）粮食播种面积少773.7千公顷，减少20.6%。随着农村产业结构调整不断深化，近期内粮食播种面积增长的可能性不大。

（二）经营模式不利于产业效益的提高。广西粮食生产的主体主要是农户，受耕地资源和经营权的制约，目前，广西粮食生产仍然属于松散型的经营模式。根据广西调查总队2007年对2319户农民水稻种植情况调查，户均水稻面积为4.08亩，其中种植面积10亩以上的仅有109户，占调查农户的4.7%，5亩以下的1627户，占总农户的70.2%，绝大部分农户的粮食生产基本属于一种自给性的生产经营状态，其目的主要是为了解决自身的生活需要，并没有把粮食生产提高到产业发展的高度。

（三）比较效益缺乏优势，粮食生产积极性下降。比较效益低是影响广西粮食生产发展的重要原因，以玉米和甘蔗的生产效益为例，据广西调查总队主要农产品中间消耗调查，2007年每亩耕地玉米产值（按每年播种两次计算）为906元，比甘蔗少306元，扣除中间消耗后每亩玉米收益为589元，比甘蔗低57元。近两年，国家虽然采取相应措施扶持粮食生产发展，如对粮食生产进行直补等，但是，农资价格上涨弱化了粮食直补政策的实际效果，粮食生产低效益的状态基本没有得到改变。

（四）农业生产劳动力不足的问题日益突出，直接影响粮食生产的发展。农村劳动力输出数量逐年增长，且越来越年轻化，留守在家的大多是年老体弱人员，从事繁重的农业生产劳动的同时，还要承担起扶老携幼的家庭事务，在一些劳动力主要输出地区，对粮食生产而言，不求发展只求自保，耕地丢荒现象逐年增多。

## 五、建议与对策

（一）保持粮食播种面积的基本稳定。播种面积是构成粮食总产量的主要因素，保持粮食播种面积的相对稳定，对粮食总产量平稳增长起到重要作用。2007年粮食播种面积已经降到了解放以来的最低水平，按广西总人口计算，人均粮食播种面积不足一亩，人均粮食产量不到300公斤，均低于全国的平均水平，粮食安全隐患应该引起高度重视。

（二）加快粮食产业化进程，提高市场竞争力。粮食产业化的发展，不但有利于稳定粮食生产，更重要的是通过产业化水平的不断提高形成规模效益，增强市场竞争力。

（三）大力推进农村劳动服务体系的建立和发展。当前，农村劳动服务业属于起步阶段，服务的领域和及时性满足不了农村经济发展的需要。通过建立和完善农村劳动服务体系，充分利用不同行业、不同地区之间的物资和劳动力资源，加强协助联系，对缓解农业生产，特别是粮食生产季节性劳动力紧缺将会起到积极的作用。

（四）增加农业基础投入，改善基本生产条件。农业基础设施老化对广西粮食生产产生较大影响，广西粮食生产主要以稻谷为主，改善粮食生产条件要以水利灌溉设施为重点，多方筹措资金做好病险水库加固以及灌溉渠道清淤补漏，确保粮食生产能够播得下，有得收。

（五）加大商品粮基地粮食生产支持力度。商品粮基地是粮食主要调出地区，商品粮基地粮食生产的稳步发展，对粮食市场供给起到重要作用。农业基础设施投资、粮食生产补贴等适当向商品粮基地倾斜，有利于粮食产业化的发展。

## 1—13 部分服务业企业调查报告

# 完善广西个体服务业发展的对策分析

近期，国家统计局广西调查总队对全区部分个体服务行业2007年1-11月经营情况进行了抽样调查。调查显示，随着国家和广西关于加快服务业发展的有关政策措施的贯彻落实，广西各地对服务业的支持力度的加大，加上个体服务业以其经营方式灵活、投入少、见效快、创造就业岗位多的优势，吸引了众多个体经营者纷纷投资服务行业，从而使广西个体服务业呈现稳定、健康发展。2007年全年，我区个体服务业实现营业收入68.3亿元，比上年增长15%，个体服务业增加值增长7%。但与发达地区相比，我区个体服务业发展水平仍有较大差距，水平亟待提升，发展潜力有待挖掘。

### 一、调查样本的基本情况

本次调查涉及全区范围内41个村（居）委会全部个体户3389个，实际调查948户个体户。

1、从样本的行业分布来看，服务业个体行业发展不平衡，主要集中在居民服务业和其他服务业，具体分布为：装卸搬运和其他运输服务业42户、仓储业4户、计算机服务业28户、商务服务业51户、科技交流和推广服务业3户、居民服务业448户、其他服务业287户和娱乐业53户。如下图：

2、 从服务业个体的城市和农村分布来看，城市和农村个体服务业的发展不平衡。41个村（居）委会中全部个体户总数为3389个的分布情况为：其中城市社区居委会服务业个体2640个，平均每个居委会94个；农村村委会服务业个体户749个，平均每个村委会58个。

### 二、个体服务业发展状况和特点

1、服务业个体发展稳定，总体规模增大。调查的948户个体服务业资产总计为3951.8万元，固定资产原价2935.7万元，从业人员2307人，营业面积46235平方米，户均值分别为4.2万元、3.1万元、2.43人、58.8平方米，户均值分别比上年增长53%、50%、35%、45%。

2、服务业个体经营状况良好，经济效益提升。调查结果显示，实现营业收入、营业利润大幅度增长。调查的948户个体服务业实现营业收入5451.6万元，上缴各种税和费用 327.8 万元，实现利润2937.3万元，户均值分别为5.8万元、0.35万元、0.31 万元，户均值分别比上年增长 45%、2.5%、23.3%。

3、服务业个体吸纳就业人数比上年明显增长。调查数据显示，调查的948户个体户中，年平均从业人数为2307人，户均人数为2.43人，比上年增长 35%。从各行业户均人数来看，仓储业，商务服务业娱乐业处在前三位分别为11人、3人和3人，除租赁业外其他行业户均人数与上年都有较大增长，增幅超过 30%，其中计算机服务业户均人数比上年增长 108%，装卸搬运和其他运输服务业增长69%、仓储业增长68%。从外雇人员情况看，948家个体共聘请外雇人员1107人，户均1人，户均值比上年增长106%，其中，仓储业、娱乐业和商务服务业外雇人员户均值处于各行业的前三位。外雇人员户均值与上年比较来看，计算机服务业、居民服务业、娱乐业和科技交流与推广服务业增长较大，分别为上年的4.2倍、2.9倍、2.7倍和2.3倍。以上数据表明，服务业个体在吸纳就业方面逐年增长，在解决就业压力方面发挥的作用不可忽视。

4、雇员报酬和上缴税金稳定增长。调查的948户个体户共聘用外雇人员1107人，2007年1-11月雇员报酬累计814.5万元，人均月报酬669元，比上年人均月平均工资 529 元增长26.5%。调查的个体服务业2007年1-11月上缴税金327.8万元，比上年的291.5万元，增长12.6%。

5、服务业个体经营成本有所增加。所调查的服务业个体 2007 年 1-11 月营业支出共计 2514.3 万元，户均支出 2.7 万元，户均值比上年增长 80%。营业成本支出增长主要是由于支付租金和其他支出增加，个体服务业用于租金支出户平均增长近1倍，其他支出户平均增长68%。

### 三、个体服务业发展值得关注的问题

通过调查，发现我区个体服务业存在规模小，行业分布不平衡，竞争力不强等问题值得关注，个体服务业的发展水平亟待进一步提升。

1、服务业个体主要集中在传统的服务业行业，智力服务业发展相对滞后。调查发现，服务业个体主要集中在居民服务业和其他服务业，在调查的948户个体户中，居民服务业有448家，实现营业收入2076.8万元，上缴税金126.7万元，分别占调查个体户的47.3%、38.1%和38.7%；其他服务业有287家，实现营业收入1584.9万元，上缴税金116.5

万元，分别占调查个体户的30.3%、29.1%和35.5%。而从事与现代服务业相关的娱乐业和计算机服务业、租赁业、商务服务业、科技交流等智力服务业行业的个体户较少，发展速度缓慢，调查显示，从事娱乐业和计算机服务业、软件业、商务服务业、体育的服务业个体户数分别为28家、32家、51家和3家，仅占调查个体户的3%、3.4%、5.4%和0.3%；实现营业收入分别为157.8万元、68.9万元、469.1万元、9.3万元，仅占调查个体户的2.9%、1.3%、8.6%和0.17%；上缴税金分别为12.9万元、6.8万元、35.6万元和0.1万元，仅占调查个体户的3.9%、2.1%、10.9%、0.03%。

2、规模偏小、竞争力需要提高。调查的948家服务业个体户中，共有从业人员2307人，户平均从业人员2.43人，其中从业人员为1人的有406户，占调查户数的42.8%，从业人员为2人的有284户，占30%，从业人员为3人的有113户，占11.9%，从业人员为4人的有47户，占5% ，从业人员大于等于5人的有98户，占10.3%。七成多的服务业个体从业人员达不到调查的户均人数2.43人，多为一人店或"夫妻店"；从实现营业收入来看，调查的个体服务业户均营业收入为5.8万元，小于户均营业收入的服务业个体户728个，占76.8%；调查个的体服务业户均资产总计为4.2万元，小于户均值的服务业个体为759户，占80%。大多数服务业个体由于过低的资产装备和过小的经营规模，缺乏内部管理和财务制度不健全等因素使个体服务业赢利能力普遍不高，对市场风险的抵御能力和竞争力相当薄弱。

3、服务业个体地区间差异大。由于受当地生活水平、生活习惯等各方面因素的影响，广西个体服务业发展差异较大，呈现一定的区域性。南宁、桂林、柳州等经济相对发达的市服务业个体发展相对发达，特别是智力服务业的比重相对较大。农村大部分地区服务业发展严重滞后，诸如理发、照相等传统居民服务业和其他服务业在农村尚未发展起来，服务业，特别是科技交流和推广服务业在农村发展缓慢，合理引导为农民提供信息、技术服务的服务业的发展，对农村经济的发展和农民致富来说意义重大。

4、缺乏行业规范，服务水平亟待提升。服务业个体准入门槛相对较低，从业人员文化水平也不是很高，岗前培训基本没有，加上大部分服务业个体所处的行业没有形成一定行业规范，服务标准不统一，服务水平参差不齐，整体服务水平明显不高，在市场竞争中体现为竞争力不强，容易被市场淘汰，很难做大做强。

**四、完善个体服务业发展的对策建议**

个体服务业是与老百姓日常生活联系最为紧密的行业，服务业个体发展的好坏直接关系居民日常生活的方便程度和质量；服务业个体在提供就业岗位方面的潜力很大，有待深入挖掘；服务业个体参与者一般为普通的居民或农民，服务业个体经济发展的好坏对建设和谐社区，增加居民或农民收入，促进小康社会的形成有着较大的意义。从当前广西服务业个体的特点和现状看，规模小，从业人员人数、收入、素质偏低，结构性矛盾突出等问题，在一定程度上也制约了服务业的发展。为此，对进一步完善个体服务业的发展对策提出以下建议：

1、合理布局，科学规划。以城市社区居委会和农村村委会为基本单元，对服务业个体进行合理的规划和布局，大力发展和完善社区服务业和为农民提供种养，技术、信息服务的服务业，引导个体服务业业主掌握市场经济规律，逐步走产业化经营的道路，以满足无论从量上还是从质上要求都越来越多、越来越高的社区和农村服务需求市场。

2、加强引导、完善配套政策，形成行业自律规范。政府进一步加大对个体服务业的扶持力度，完善各种配套政策和设施。各地政府应在广西壮族自治区人民政府关于加快发展服务业的实施意见的指导下，根据实际情况制定具体的实施办法，进一步落实各项关于服务业个体的优惠政策；帮助服务业个体拓展融资渠道，加快技术改造和员工的培训，提高自身素质；促进部分行业协会的形成，在协会的平台上，形成行业规范，提高行业的服务水平。

3、完善服务网络，提高服务质量。一要努力做大做强个体服务业，通过发展连锁经营等先进的管理方式，树立品牌服务意识，规范经营管理水平，提高服务质量，促进个体服务企业的规模化和产业化发展；二要完善社区服务网络，不断拓宽社区服务新领域，加强新型社区建设，为居民提供快捷、方便的服务；三要加大职业培训力度，培养高素质、训练有素、有专业知识技能的服务人员。

4、创新体制，转变观念，大力发展智力型服务业个体。智力型服务业通常具有很高的附加值。大力发展知识型服务业，一是要吸收高级优秀专业人才，加强创新服务人才队伍建设，重点培养一批业务能力强、服务水平高的优秀创新服务人才队伍。二是要加强专业服务中心的建设，鼓励引导社会力量创办技术创新急需的各类专业服务中心，逐步形成多层次、多渠道、多元化的专业化服务队伍。

# 1—14 地区生产总值（1978—2007年）

## Gross Domestic Product（1978—2007）

本表按当年价格计算

Data in this table are calculated by current prices.

单位：亿元 (100 million yuan)

| 年份 Year | 地区生产总值 Groos Domestic Product | 第一产业 Primary Industry | 第二产业 Secondary Industry | 工业 Industry | 建筑业 Construction | 第三产业 Tertiary Industry | # 交通运输、仓储及邮政业 Transport, Storage and Post | # 批发和零售贸易餐饮业 Wholesale,Retail Trade & Catering Services | 人均地区生产总值（元/人） Per Capita GDP (yuan/person) |
|---|---|---|---|---|---|---|---|---|---|
| 1978 | 75.85 | 31.01 | 25.81 | 23.29 | 2.52 | 19.03 | 2.91 | 4.43 | 225 |
| 1979 | 84.59 | 37.57 | 27.98 | 25.12 | 2.86 | 19.04 | 2.94 | 3.98 | 246 |
| 1980 | 97.33 | 44.07 | 30.79 | 27.78 | 3.01 | 22.47 | 3.80 | 5.00 | 278 |
| 1981 | 113.46 | 52.58 | 33.01 | 29.71 | 3.30 | 27.87 | 4.01 | 10.40 | 317 |
| 1982 | 129.15 | 63.15 | 34.72 | 30.98 | 3.74 | 31.28 | 4.25 | 11.36 | 354 |
| 1983 | 134.60 | 63.59 | 37.09 | 32.39 | 4.70 | 33.92 | 4.70 | 11.17 | 363 |
| 1984 | 150.27 | 66.26 | 43.26 | 36.97 | 6.29 | 40.75 | 5.46 | 12.31 | 399 |
| 1985 | 180.97 | 77.49 | 54.69 | 45.92 | 8.77 | 48.79 | 6.11 | 14.56 | 471 |
| 1986 | 205.46 | 85.62 | 69.03 | 58.41 | 10.62 | 50.81 | 7.17 | 12.30 | 525 |
| 1987 | 241.56 | 99.94 | 81.79 | 70.96 | 10.83 | 59.83 | 9.14 | 13.55 | 607 |
| 1988 | 313.28 | 118.25 | 100.69 | 86.38 | 14.31 | 94.34 | 12.46 | 28.23 | 770 |
| 1989 | 383.44 | 149.98 | 109.97 | 97.11 | 12.86 | 123.49 | 16.21 | 44.41 | 927 |
| 1990 | 449.06 | 176.77 | 118.45 | 104.79 | 13.66 | 153.84 | 20.45 | 57.53 | 1066 |
| 1991 | 518.59 | 195.17 | 141.02 | 123.66 | 17.36 | 182.40 | 30.65 | 62.03 | 1211 |
| 1992 | 646.60 | 233.03 | 187.48 | 161.44 | 26.04 | 226.09 | 38.96 | 74.92 | 1490 |
| 1993 | 871.70 | 250.11 | 321.10 | 273.03 | 48.07 | 300.49 | 48.49 | 101.66 | 1982 |
| 1994 | 1198.29 | 333.79 | 469.81 | 404.59 | 65.22 | 394.69 | 55.12 | 130.96 | 2675 |
| 1995 | 1497.56 | 453.15 | 535.86 | 461.25 | 74.61 | 508.55 | 73.76 | 168.97 | 3304 |
| 1996 | 1697.90 | 534.88 | 587.37 | 503.32 | 84.05 | 575.65 | 88.77 | 200.72 | 3706 |
| 1997 | 1817.25 | 582.74 | 614.07 | 524.49 | 89.58 | 620.44 | 95.20 | 223.52 | 3928 |
| 1998 | 1911.30 | 586.70 | 667.29 | 561.34 | 105.95 | 657.31 | 98.65 | 247.04 | 4346 |
| 1999 | 1971.41 | 567.72 | 682.34 | 570.76 | 111.58 | 721.35 | 114.07 | 267.96 | 4444 |
| 2000 | 2080.04 | 557.38 | 732.76 | 612.33 | 120.43 | 789.90 | 125.36 | 290.02 | 4652 |
| 2001 | 2279.34 | 576.34 | 771.18 | 639.55 | 131.64 | 931.82 | 145.86 | 312.68 | 5058 |
| 2002 | 2523.73 | 601.99 | 846.89 | 699.15 | 147.74 | 1074.85 | 174.63 | 342.28 | 5558 |
| 2003 | 2821.11 | 658.78 | 984.08 | 813.79 | 170.29 | 1178.25 | 184.12 | 375.96 | 6169 |
| 2004 | 3433.50 | 817.88 | 1253.70 | 1044.80 | 208.90 | 1361.92 | 211.15 | 416.50 | 7461 |
| 2005 | 4075.75 | 912.50 | 1510.68 | 1264.84 | 245.84 | 1652.57 | 225.20 | 501.25 | 8788 |
| 2006 | 4828.51 | 1032.47 | 1878.56 | 1592.33 | 286.23 | 1917.47 | 261.14 | 568.57 | 10296 |
| 2007 | 5955.65 | 1241.35 | 2425.29 | 2090.10 | 335.19 | 2289.00 | 311.22 | 672.56 | 12555 |

# 1—15 财政、金融（1978—2007年）

## Finance & Financial Intermediation（1978—2007）

单位：亿元　　　　(100 million yuan)

| 年份 Year | 财政 Finance | | | 金融 Banking | | |
|---|---|---|---|---|---|---|
| | 总收入 Total Revenue | 总支出 Total Expenditure | 收支差额 Income & Expenditure | 各项存款年底余额 Total Saving Deposit Balance | 各项贷款年底余额 Total Loan Balance | 城乡居民储蓄存款年底余额 Urban and Rural Savings Deposits |
| 1978 | 14.32 | 20.78 | -6.46 | | | |
| 1979 | 12.05 | 20.60 | -8.54 | | | |
| 1980 | 12.58 | 17.44 | -4.86 | | | |
| 1981 | 12.73 | 16.04 | -3.32 | | | |
| 1982 | 13.03 | 17.44 | -4.41 | | | |
| 1983 | 13.58 | 18.84 | -5.26 | | | |
| 1984 | 13.47 | 23.06 | -9.59 | | | |
| 1985 | 20.18 | 29.75 | -9.57 | 94.96 | 118.38 | 34.23 |
| 1986 | 25.23 | 42.22 | -16.99 | 124.85 | 152.47 | 48.40 |
| 1987 | 30.54 | 47.70 | -17.16 | 160.54 | 186.26 | 67.64 |
| 1988 | 33.89 | 53.27 | -19.39 | 165.67 | 210.61 | 81.73 |
| 1989 | 41.41 | 57.74 | -16.33 | 211.22 | 277.75 | 107.35 |
| 1990 | 46.83 | 65.00 | -18.17 | 271.17 | 326.29 | 152.29 |
| 1991 | 55.92 | 71.61 | -15.69 | 351.85 | 389.76 | 201.39 |
| 1992 | 61.20 | 78.48 | -17.28 | 501.66 | 499.20 | 277.02 |
| 1993 | 95.93 | 107.49 | -11.56 | 662.74 | 664.72 | 406.04 |
| 1994 | 62.26 | 124.93 | -62.67 | 915.24 | 835.52 | 572.34 |
| 1995 | 79.44 | 140.59 | -61.15 | 1152.32 | 1055.67 | 735.50 |
| 1996 | 90.51 | 157.01 | -66.50 | 1361.17 | 1203.41 | 884.55 |
| 1997 | 99.16 | 170.83 | -71.68 | 1568.83 | 1423.48 | 1013.14 |
| 1998 | 119.67 | 198.36 | -78.69 | 1792.10 | 1516.49 | 1150.08 |
| 1999 | 133.56 | 224.98 | -91.41 | 2010.14 | 1719.19 | 1257.26 |
| 2000 | 147.05 | 258.49 | -111.43 | 2269.06 | 1613.25 | 1374.42 |
| 2001 | 178.67 | 351.65 | -172.98 | 2518.94 | 1764.05 | 1538.95 |
| 2002 | 186.73 | 419.86 | -233.13 | 2784.14 | 1941.07 | 1736.60 |
| 2003 | 203.66 | 443.60 | -239.94 | 3175.34 | 2320.66 | 1971.66 |
| 2004 | 237.77 | 507.47 | -269.70 | 3673.19 | 2759.65 | 2240.11 |
| 2005 | 283.04 | 611.48 | -328.44 | 4202.84 | 3056.86 | 2561.34 |
| 2006 | 342.58 | 729.52 | -386.94 | 4971.86 | 3595.25 | 2946.22 |
| 2007 | 418.83 | 985.94 | -567.12 | 5749.94 | 4287.79 | 3185.28 |

注：总收入、总支出和收支差额为地方财政口径。

Note: Total Revenue、Total Expenditure and Income & Expenditure Balance of Local Financial Caliber

# 1—16 人口（1978—2007年）

## Population（1978—2007）

单位：万人 （10 000 persons）

| 年 份<br>Year | 总户数（万户）<br>Total Households<br>（10 000 households） | 总人口<br>Total Population | 按性别分 By Sex | | | | 按城乡分 By Residence | | | |
|---|---|---|---|---|---|---|---|---|---|---|
| | | | 男 Male | | 女 Female | | 城镇 Urban | | 乡村 Rural | |
| | | | 人口数 Population | 比重（%）Proportion | 人口数 Population | 比重 Proportion | 人口数 Population | 比重（%）Proportion | 人口数 Population | 比重（%）Proportion |
| 1978 | 661 | 3402 | 1753 | 51.5 | 1649 | 48.5 | | | | |
| 1979 | 666 | 3470 | 1786 | 51.5 | 1684 | 48.5 | | | | |
| 1980 | 676 | 3538 | 1822 | 51.5 | 1716 | 48.5 | | | | |
| 1981 | 694 | 3613 | 1862 | 51.5 | 1751 | 48.5 | | | | |
| 1982 | 706 | 3684 | 1902 | 51.6 | 1782 | 48.4 | | | | |
| 1983 | 718 | 3733 | 1930 | 51.7 | 1803 | 48.3 | | | | |
| 1984 | 734 | 3806 | 1970 | 51.8 | 1836 | 48.2 | | | | |
| 1985 | 757 | 3873 | 2005 | 51.8 | 1868 | 48.2 | | | | |
| 1986 | 783 | 3946 | 2044 | 51.8 | 1902 | 48.2 | | | | |
| 1987 | 808 | 4016 | 2082 | 51.8 | 1934 | 48.2 | | | | |
| 1988 | 831 | 4088 | 2119 | 51.8 | 1969 | 48.2 | | | | |
| 1989 | 867 | 4150 | 2152 | 51.9 | 1998 | 48.1 | | | | |
| 1990 | 896 | 4242 | 2205 | 52.0 | 2037 | 48.0 | 641 | 15.1 | 3601 | 84.9 |
| 1991 | 918 | 4324 | 2250 | 52.0 | 2074 | 48.0 | | | | |
| 1992 | 950 | 4380 | 2285 | 52.2 | 2095 | 47.8 | | | | |
| 1993 | 973 | 4438 | 2317 | 52.2 | 2121 | 47.8 | | | | |
| 1994 | 997 | 4493 | 2346 | 52.2 | 2147 | 47.8 | | | | |
| 1995 | 1020 | 4543 | 2377 | 52.3 | 2166 | 47.7 | 838 | 18.5 | 3705 | 81.6 |
| 1996 | 1040 | 4589 | 2398 | 52.3 | 2191 | 47.7 | | | | |
| 1997 | 1069 | 4633 | 2421 | 52.3 | 2212 | 47.7 | | | | |
| 1998 | 1092 | 4675 | 2442 | 52.2 | 2233 | 47.8 | | | | |
| 1999 | 1110 | 4713 | 2463 | 52.3 | 2250 | 47.7 | | | | |
| 2000 | 1140 | 4751 | 2484 | 52.3 | 2267 | 47.7 | 1337 | 28.2 | 3414 | 71.9 |
| 2001 | 1178 | 4788 | 2506 | 52.3 | 2282 | 47.7 | | | | |
| 2002 | 1197 | 4822 | 2521 | 52.3 | 2301 | 47.7 | 1365 | 28.3 | 3457 | 71.7 |
| 2003 | 1235 | 4857 | 2542 | 52.3 | 2315 | 47.7 | 1411 | 29.1 | 3446 | 70.9 |
| 2004 | 1285 | 4889 | 2559 | 52.3 | 2330 | 47.7 | 1550 | 31.7 | 3339 | 68.3 |
| 2005 | 1329 | 4925 | 2587 | 52.5 | 2338 | 47.5 | 1656 | 33.6 | 3269 | 66.4 |
| 2006 | 1374 | 4961 | 2612 | 52.7 | 2349 | 47.3 | 1718 | 34.6 | 3243 | 65.4 |
| 2007 | 1416 | 5002 | 2634 | 52.7 | 2368 | 47.3 | 1728 | 36.2 | 3040 | 63.8 |

# 1—17 行政区划（2007年底）

## Division of Administrative Areas（End of 2007）

单位：个 (unit)

| 市 | City | 市 City | 地级市 Cities at Pefecture Level | 县级市 Cities at County Level | 县 County | 市辖区 Districts under the Jurisdiction of Cities |
|---|---|---|---|---|---|---|
| 全区合计 | Total | 21 | 14 | 7 | 68 | 34 |
| 南宁市 | Nanning | 1 | 1 | | 6 | 6 |
| 柳州市 | Liuzhou | 1 | 1 | | 6 | 4 |
| 桂林市 | Guilin | 1 | 1 | | 12 | 5 |
| 梧州市 | Wuzhou | 2 | 1 | 1 | 3 | 3 |
| 北海市 | Beihai | 1 | 1 | | 1 | 3 |
| 防城港市 | Fangchenggang | 2 | 1 | 1 | 1 | 2 |
| 钦州市 | Qinzhou | 1 | 1 | | 2 | 2 |
| 贵港市 | Guigang | 2 | 1 | 1 | 1 | 3 |
| 玉林市 | Yulin | 2 | 1 | 1 | 4 | 1 |
| 百色市 | Baise | 1 | 1 | | 11 | 1 |
| 贺州市 | Hezhou | 1 | 1 | | 3 | 1 |
| 河池市 | Hechi | 2 | 1 | 1 | 9 | 1 |
| 来宾市 | Laibin | 2 | 1 | 1 | 4 | 1 |
| 崇左市 | Chongzuo | 2 | 1 | 1 | 5 | 1 |

| 市 | City | 镇 Towns | 乡 Township | 街道办事处 Street Communities | 居民委员会 Neighborhood Committees | 村民委员会 Village Committees |
|---|---|---|---|---|---|---|
| 全区合计 | Total | 702 | 366 | 104 | 1651 | 14364 |
| 南宁市 | Nanning | 84 | 15 | 21 | 335 | 1394 |
| 柳州市 | Liuzhou | 43 | 37 | 31 | 233 | 939 |
| 桂林市 | Guilin | 64 | 54 | 12 | 206 | 1655 |
| 梧州市 | Wuzhou | 53 | 2 | 9 | 131 | 862 |
| 北海市 | Beihai | 21 | 2 | 7 | 83 | 343 |
| 防城港市 | Fangchenggang | 14 | 9 | 2 | 39 | 282 |
| 钦州市 | Qinzhou | 57 | | 4 | 74 | 952 |
| 贵港市 | Guigang | 53 | 17 | 2 | 68 | 1075 |
| 玉林市 | Yulin | 95 | 7 | 8 | 79 | 1372 |
| 百色市 | Baise | 59 | 61 | 2 | 68 | 1807 |
| 贺州市 | Hezhou | 45 | 7 | 2 | 57 | 707 |
| 河池市 | Hechi | 48 | 79 | 1 | 146 | 1497 |
| 来宾市 | Laibin | 29 | 37 | 3 | 44 | 725 |
| 崇左市 | Chongzuo | 37 | 39 | | 88 | 754 |

# 主要统计指标解释

**生产总值（原国内生产总值）** 指一个国家（或地区）所有常住单位在一定时期内收入初次分配的最终结果。一国常住单位从事生产活动所创造的增加值在初次分配中主要分配给该国的常住单位，但也有一部分以生产税及进口税（扣除生产和进口补贴）、劳动者报酬和财产收入等形式分配给非常住单位；同时，国外生产所创造的增加值也有一部分以生产税及进口税（扣除生产和进口补贴）、劳动者报酬和财产收入等形式分配给该国的常住单位，从而产生了国民生产总值的概念。它等于国内生产总值加上来自国外的初次分配收入净额。与国内生产总值不同，国民生产总值是个收入概念，而国内生产总值是个生产概念。 国民生产总值（GNP） 指一个国家（或地区）所有常住单位在一定时期内生产活动的最终成果。国内生产总值有三种表现形态，即价值形态、收入形态和产品形态。从价值形态看，它是所有常住单位在一定时期内生产的全部货物和服务价值超过同期中间投入的全部非固定资产货物和服务价值的差额，即所有常住单位的增加值之和；从收入形态看，它是所有常住单位在一定时期内创造并分配给常住单位和非常住单位的初次收入分配之和；从产品形态看，它是所有常住单位在一定时期内最终使用的货物和服务价值与货物和服务净出口价值之和。在实际核算中，国内生产总值有三种计算方法，即生产法、收入和支出法。三种方法分别从不同的方面反映国内生产总值及其构成。根据国家统计局有关我国GDP核算和数据发布制度的规定，广西国内生产总值自2004年起更名为“广西生产总值”，简称“广西GDP”。

**三次产业** 是根据社会生产活动历史发展的顺序对产业结构的划分，产品直接取自自然界的部门称为第一产业，对初级产品进行再加工的部门称为第二产业，为生产和消费提供各种服务的部门称为第三产业。

我国的三次产业划分是：

第一产业：农业（包括种植业、林业、牧业和渔业）。

第二产业：工业（包括采掘业，制造业，电力、煤气及水的生产和供应业）和建筑业。

第三产业：除第一、第二产业以外的其他各业。由于第三产业包括的行业多、范围广，根据我国的实际情况，第三产业可分为两大部分；一是流通部门，二是服务部门。

**财政收入** 是指国家财政参与社会产品分配所取得的收入，是实现国家职能的财力保证。财政收入所包括的内容几经变化，目前主要包括：（1）各项税收，包括增值税、营业税、消费税、土地增值税、城市维护建设税、资源税、城市土地使用税、印花税、房产税、车船使用税、屠宰税、个人所得税、企业所得税、关税、契税、农牧业税和耕地占用税等。（2）专项收入：包括征收排污费收入、城市水资源费收入、教育费附加收入、矿产资源补偿费收入。（3）其他收入，包括国有资产经营收益、国有企业计划亏损补贴、基本建设贷款归还收入、基本建设收入、罚没收入、行政性收费收入、其他收入等。

**财政支出** 是指国家为行使其职能，对筹集的财政资金进行有计划的分配使用的总称。国家财政支出，体现政府的活动范围和方向，反映财政资金的分配关系。财政支出主要包括：（1）基本建设支出；（2）企业挖潜改造资金；（3）地质勘探费；（4）科技三项费用；（5）流动资金；（6）支援农村生产支出；（7）农林水利气象等部门的事业费；（8）工业交通等部门事业费；（9）商业部门事业费；（10）城市维护费；（11）文教卫生事业费；（12）科学事业费；（13）其他部门事业费；（14）抚恤和社会福利救济费；（15）国防支出类；（16）行政管理费；（17）公检法支出；（18）价格补贴支出；（19）支援不发达地区支出；（20）专项支出；（21）农业综合开发支出；（22）行政事业单位离退休经费；（23）其他支出等。

**存款** 指企业、机关、团体或居民根据资金必须收回的原则，把货币资金存入银行或其他信用机构保管并取得一定利息的一种信用活动形式。根据存款对象的不同可划分为企业存款、财政存款、机关团体存款、基本建设存款、城镇储蓄存款、农村存款等科目。它是银行信贷资金的主要来源。

**贷款** 指银行或其他信用机构根据资金必须归还的原则，按一定利率，为企业、个人等提供资金的一种信用活动形式。我国银行贷款分为流动资金贷款、固定资产贷款、城乡个体工商户贷款以及农业贷款等科目。

**户数** 包括家庭户(含单身独居)和集体户。

**人口数** 指一定时点、一定地区范围内有生命的个人的总和。

**市人口** 指居住在：

（一） 市辖区人口密度在1500 人/平方公里及以上的全部行政区域人口；

（二） 市辖区人口密度不足1500 人/平方公里的市辖区人民政府驻地和区辖其他街道办事处地域人口；

（三） 市辖区人民政府驻地的城区建设延伸到周边建制镇（乡）的全部行政区域人口。

**镇人口** 指居住在：

（一）镇人民政府驻地和镇辖其他居委会地域人口；

（二）镇人民政府驻地的城区建设延伸到周边村民委员会驻地的全部区域人口。

**市镇人口** 指市人口和县辖镇人口。

**乡村人口** 指县辖乡的全部人口。

# Explanatory Notes on Main Statistical Indicators

**Gross Domestic Product (GDP)** refers to the final products of all resident units in a country (or region) during a certainperiod of time. Gross domestic product is expressed in three different forms, i.e. value added, income, and products respectively. Theform of value added refers to the total value of all products and services produced by all resident units during a certain period of timeminus total value of input of materials and services of the nature of non-fixed assets of the summation of the value added of allresident units; the form of income includes all the income created by all resident units and distributed primarily to all resident andnon-resident units; the form of products refers to all final goods and services minus imports of goods and services. In the practice ofnational accounting, gross domestic product is calculated with three approaches, i.e. product approach, income approach, andexpenditure approach respectively to reflect gross domestic product and its composition from different aspects.

**Three Industries** Industry structure has been classified according to the historical sequence of development. Primary

industry refers to extraction of natural resources; secondary industry involves processing of primary products; and tertiary industryprovides services of various kinds for production and consumption.

Industry in China comprises:

Primary industry: agriculture (including farming, forestry, animal husbandry and fishery).

Secondary industry: industry (including mining and quarrying, manufacturing, and electricity, gas and water production and supply).

Tertiary industry: all other industries not included in primary or secondary industry. Since tertiary industry includes various trades and is with extensive coverage, it is divided into 2 parts according to our country's actual situation: circulation department and service department.

**Government Revenue** refers to the revenue of the government finance by means of participating in the distribution of the social products, which are the financial resources for ensuring the government to function. The contents of government revenue havebeen changed several times. Now it includes the following main items: (1) Various tax revenues, including value added taxes, business tax, consumption tax, land value added tax, tax on city maintenance and construction, resources tax, tax on use of urban land, stamp tax, tax on real estate, tax on the use of vehicles and ships, slaughter tax, personal income tax, enterprise income tax, tariff, contract tax, tax on agriculture and animal husbandry and tax on occupancy of cultivated land, etc. (2) Special income: including revenue collected from imposing fee on sewage treatment, revenue collected from imposing fee on urban water resources, extra-charges for education, and revenue collected from imposing fee on mine resources. (3) Other revenues, including profits from management of state-owned assets, subsidies to loss-making state-owned enterprise, revenue from the repayment of capital construction loan, revenue from capital construction, p enalty, administration income and other incomes.

**Government Expenditure** refers to the (1) Expenditure for capital construction; (2) Innovation funds of the enterprises; (3) Geological prospecting expenses; (4) Expenditures for science and technology promotion; (5) Circulating funds; (6) Expenditure for supporting rural production; (7) Operating expenses of the departments of farming, forestry, water conservancy and meteorology etc; (8) Operating expenses of the departments of industry, transport; (9) Operating expenses of the department of commerce; (10)Expenditure for city maintenance; (11) Operating expenses of the departments of culture, education and public health; (12) Operating expenses of the department of science; (13) Operating expenses of the other departments; (14) Pension for the disabled or for the families of the bereaved and relief funds for social welfare; (15) Expenditures for national defense; (16) Administrative exp enses (17)Expenditure for public security agency, procurator agency and court of justice; (18) Expenditure for price subsidies; (19) Expenditure for supporting under-developed areas; (20) Special expenditure; (21) Expenditure for comprehensive development of agriculture; (22)Expenditure for retired persons in administrative department; (23) Other expenditures.

**Deposit** is a form of credit by which enterprises, institutions, organizations or residents can put money into banks and other credit institutions for safekeeping and interest earning under the principle of free withdrawal. According to different depositors, deposits are divided into enterprise deposits, treasury deposits, deposits of government agencies and organizations, capital construction deposits, urban savings deposits, rural deposits and other deposits. Deposits are major sources of the credit funds of banks.

**Loan** is a form of credit by which banks and other credit institutions provide funds at certain interest rate to enterprises and individuals in the light of the principle of unconditional repayment. Loans from Chinese banks include circulating capital loans, fixed assets loans, loans to urban and rural individuals engaged in industrial and commercial business and agricultural loans.

**Households** include family household (including single household) and collective households.

**Total Population** refers to the total number of people alive at a certain point of time within a given area.

**City Population** refers to the population living in:

1. the total administrative areas which have the population density of and above 1500 persons/sq.km.
2. the seat of municipal districts government and the seat of other substrict offices, which have the population density below 1500 persons/sq.km.
3. the total administrative areas, which extend urban construction of the seat of municipal districts governments to the organizational villages and towns around.

**Town Population** refers to the population living in:

1. the seat of town governments and the other neighborhood committees ruled by the towns.
2. the total administrative area s, which extend urban construction of the seat of town governments to the seat of village committees around.

**Urban Population** refers to city population and town population.

**Country Population** refers to the total population under the jurisdiction of country.

# 2

# 城乡人民生活

## Urban and Rural of People's Livelihood

## 2—1 城镇居民家庭人均收支及恩格尔系数（1980—2007年）

## Per Capita Annual Income and Expenditure & Engle's Coefficient of Urban Households（1980—2007）

| 年　份 Year | 城镇居民家庭人均可支配收入 Per Captita Annual Disposable Income of Urban Households | | 城镇居民家庭人均消费性支出 Average Urban Household Consumption Expenditure | | 恩格尔系数（%） Engel's Coefficient（%） |
|---|---|---|---|---|---|
| | 绝对数（元） Value（yuan） | 比上年±% Growth Rate Over Preceding Year（%） | 绝对数（元） Value（yuan） | 比上年±% Growth Rate Over Preceding Year（%） | |
| 1980 | 114 | | 103 | | 57.4 |
| 1981 | 429 | | 423 | | 58.7 |
| 1982 | 427 | -0.6 | 442 | 4.5 | 60.4 |
| 1983 | 444 | 4.1 | 466 | 5.3 | 61.4 |
| 1984 | 563 | 26.8 | 542 | 16.4 | 57.9 |
| 1985 | 683 | 21.4 | 664 | 22.5 | 56.6 |
| 1986 | 784 | 14.7 | 740 | 11.4 | 58.0 |
| 1987 | 899 | 14.7 | 861 | 16.4 | 59.1 |
| 1988 | 1159 | 28.9 | 1198 | 39.2 | 54.6 |
| 1989 | 1304 | 12.5 | 1296 | 8.2 | 59.3 |
| 1990 | 1448 | 11.0 | 1338 | 3.2 | 58.6 |
| 1991 | 1614 | 11.4 | 1584 | 18.4 | 55.3 |
| 1992 | 2104 | 30.4 | 1740 | 9.9 | 55.9 |
| 1993 | 2895 | 37.6 | 2303 | 32.4 | 53.7 |
| 1994 | 3981 | 37.5 | 3327 | 44.5 | 50.4 |
| 1995 | 4792 | 20.4 | 4046 | 21.6 | 51.0 |
| 1996 | 5033 | 5.0 | 4339 | 7.3 | 50.4 |
| 1997 | 5110 | 1.5 | 4453 | 2.6 | 47.5 |
| 1998 | 5412 | 5.9 | 4381 | -1.6 | 46.3 |
| 1999 | 5620 | 3.8 | 4587 | 4.7 | 44.3 |
| 2000 | 5834 | 3.8 | 4852 | 5.8 | 39.9 |
| 2001 | 6666 | 14.3 | 5225 | 7.7 | 37.7 |
| 2002 | 7315 | 9.8 | 5413 | 3.6 | 40.7 |
| 2003 | 7785 | 6.4 | 5763 | 6.5 | 40.0 |
| 2004 | 8177 | 5.0 | 5862 | 1.7 | 44.0 |
| 2005 | 8917 | 9.0 | 6424 | 9.6 | 42.5 |
| 2006 | 9899 | 11.0 | 6792 | 5.7 | 42.1 |
| 2007 | 12200 | 23.2 | 8151 | 20.0 | 41.7 |

注：1、1980年度数据仅为第四季度；2、1992年前可支配收入为生活费收入。

Note:The fourth quarter of the year 1980 only a few degrees;1992 disposable income beforeDisposable Income for Living Expenses Income

# 2—2 城镇居民家庭基本情况（2007年）

| 项 目 | Item | 合计 Total | 最低收入户（10%）Lowest Income Households（first decile group） |
|---|---|---|---|
| 调查户数（户） | Households Surveyed（household） | 1340 | 134 |
| 家庭居住人口数（人/户） | Household Size（person/household） | 2.94 | 3.29 |
| 现住房总建筑面积（平方米/人） | Total Floor Space for Current Housing（sq.m/person） | 35.34 | 24.19 |
| 现住房屋总使用面积（平方米/人） | Total Utility Space for Current Residence（sq.m/person） | 26.57 | 18.19 |
| 房屋产权（%） | House Property Right（%） | | |
| 租赁公房 | Rental Public Housing | 9.41 | 24.00 |
| 租赁私房 | Rental Privately Owned Housing | 0.64 | |
| 原有私房 | Original Privately Owned Housing | 18.22 | 30.67 |
| 房改私房 | Privately Owned House After Housing Reform | 52.46 | 33.06 |
| 商品房 | Commidity House | 15.69 | 8.87 |
| 其他 | Others | 3.58 | 3.40 |
| 住宅建筑式样（%） | House Styles（%） | | |
| 单栋住宅 | One-family House | 13.50 | 12.40 |
| 四居室 | Four Room Flat | 3.00 | |
| 三居室 | Three Room Flat | 33.16 | 9.37 |
| 二居室 | Two Room Flat | 37.39 | 35.97 |
| 一居室 | One Room Flat | 3.61 | 9.20 |
| 普通楼房 | OrdinaryBuildings | 3.81 | 5.44 |
| 平房及其他 | One-storey House | 5.53 | 27.61 |
| 建筑年份（户） | Construction year（household） | 15.17 | 21.73 |
| 装修状况（%） | Decoration Situation | | |
| 有装修 | Decoration | 48.80 | 27.87 |
| # 最近一次装修年份（户） | # Latest Year of a Renovation（household） | 51.20 | 72.13 |
| # 最近一次装修花费（元/户） | # Most Recent Renovation Cost（yuan/household） | 3.43 | 2.22 |
| 未装修 | No Decoration | 10240.21 | 2851.76 |
| 现有住房按市场价估计值（元/户） | Existing Housing at Market Value Estimates（yuan/household） | 122009.80 | 86659.95 |
| 租赁房房租（元/户） | Rental Housing Rent（yuan/household） | 10.85 | 15.98 |
| 自有房房租折算（元/户） | Housing Rents Own Conversion（yuan/household） | 465.69 | 350.84 |
| 购房年份（户） | Purchase Year（household） | 6.69 | 5.54 |
| 购房总金额（元/户） | Purchase House Total Amount of Money（yuan/household） | 44396.73 | 22369.16 |
| 购房实际支出金额（元/户） | Actual Expenditures for Purchase Amount（yuan/household） | 39303.85 | 18082.35 |

# Basic Conditions of Urban Households（2007）

| 按收入等级分 （Grouped by Percentile of Households） | | | | | | | |
|---|---|---|---|---|---|---|---|
| # 困难户（5%）Poor Households（first five percent group） | 低收入户（10%）Low Income Households（second decile group） | 中等偏下户（20%）Lower Middle Income Households（second quintile group） | 中等收入户（20%）Middle Income Households（third quintile group） | 中等偏上户（20%）Upper Middle Income Households（fourth quintile group） | 高收入户（10%）High Income Households（ninth decile group） | 最高收入户（10%）Highest Income Households（tenth decile group） | # 更高收入户（5%）Higher Income Households（five percent） |
| 67 | 134 | 268 | 268 | 268 | 134 | 134 | 67 |
| 3.17 | 3.18 | 3.21 | 2.87 | 2.76 | 2.78 | 2.54 | 2.47 |
| 23.69 | 27.10 | 30.98 | 35.57 | 41.75 | 37.88 | 50.42 | 52.82 |
| 17.81 | 20.38 | 23.29 | 26.74 | 31.39 | 28.48 | 37.91 | 39.71 |
| | | | | | | | |
| 21.98 | 18.11 | 9.21 | 8.11 | 6.26 | 1.40 | 5.30 | 7.72 |
| | 0.86 | 0.26 | 0.93 | 0.70 | 0.91 | 0.70 | 0.94 |
| 35.26 | 22.47 | 20.34 | 17.28 | 16.82 | 9.39 | 12.85 | 11.12 |
| 31.91 | 49.82 | 51.13 | 53.79 | 57.93 | 59.32 | 54.02 | 48.29 |
| 7.18 | 6.38 | 13.60 | 15.82 | 15.94 | 23.76 | 25.67 | 31.93 |
| 3.67 | 2.35 | 5.46 | 4.07 | 2.35 | 5.23 | 1.46 | |
| | | | | | | | |
| 9.55 | 18.05 | 13.20 | 12.76 | 14.61 | 9.91 | 13.32 | 12.06 |
| | 0.26 | 3.28 | 1.08 | 2.90 | 4.22 | 10.49 | 12.21 |
| 9.58 | 15.50 | 20.72 | 30.61 | 45.65 | 55.45 | 51.10 | 49.79 |
| 33.40 | 44.48 | 46.87 | 46.86 | 30.64 | 26.78 | 20.44 | 17.43 |
| 12.95 | 11.65 | 3.63 | 1.37 | 0.88 | 3.40 | 0.98 | 1.94 |
| 3.06 | 4.89 | 7.02 | 4.98 | 2.19 | | 0.35 | |
| 31.46 | 5.16 | 5.27 | 2.35 | 3.13 | 0.23 | 3.31 | 6.56 |
| 22.68 | 17.09 | 16.12 | 15.62 | 13.35 | 11.05 | 12.77 | 13.53 |
| | | | | | | | |
| 28.58 | 39.38 | 46.08 | 40.91 | 51.25 | 73.34 | 67.40 | 64.90 |
| 71.42 | 60.62 | 53.92 | 59.09 | 48.75 | 26.66 | 32.60 | 35.10 |
| 2.40 | 2.59 | 3.19 | 3.13 | 3.60 | 4.73 | 4.66 | 4.59 |
| 3132.22 | 5044.65 | 7012.97 | 7369.83 | 11753.75 | 19293.96 | 21105.89 | 21360.35 |
| 88220.53 | 87914.75 | 109190.91 | 108607.25 | 134188.44 | 156481.93 | 176315.59 | 188479.10 |
| 16.20 | 20.06 | 8.37 | 13.96 | 6.27 | 5.89 | 9.84 | 13.46 |
| 374.45 | 384.66 | 450.92 | 404.77 | 488.74 | 603.69 | 607.50 | 626.32 |
| 5.35 | 5.66 | 6.57 | 7.39 | 6.86 | 7.09 | 6.78 | 6.38 |
| 16129.30 | 24360.38 | 39473.54 | 38615.78 | 47662.60 | 78422.80 | 63117.01 | 73615.38 |
| 15198.63 | 23235.45 | 35540.80 | 32061.10 | 42566.47 | 72907.56 | 54705.51 | 62640.97 |

2—2 续表 1

| 项 目 | Item | 合计 Total | 最低收入户（10%）Lowest Income Households（first decile group） |
|---|---|---|---|
| 饮水情况（%） | Drinking Water（%） | | |
| 自来水 | Tap Water | 82.96 | 88.21 |
| 矿泉水 | Mineral Water | 4.72 | 3.39 |
| 纯净水 | Pure Water | 11.14 | 4.32 |
| 井、河水 | Well or River Water | 1.18 | 4.07 |
| 其他 | Others | | |
| 用水情况（%） | Wataer Utilization（%） | | |
| 独用自来水 | Privater Tap Water | 98.53 | 94.42 |
| 公用自来水 | Public Tap Water | 0.66 | 1.51 |
| 井、河水 | Well or River Water | 0.46 | 0.26 |
| 其他 | Others | 0.35 | 3.81 |
| 卫生设备（%） | Sanitary Install ation（%） | | |
| 无卫生设备 | Withour Sanitary Installation | 1.55 | 9.19 |
| 有厕所浴室 | With Toilet and Bathroom | 95.55 | 77.90 |
| 有厕所无浴室 | Only With Toilet | 1.23 | 5.56 |
| 公用 | Pulic Toilet and Bathroom | 1.67 | 7.35 |
| 取暖设备（%） | Warming Facility（%） | | |
| 无取暖设备 | No Warming Facility | 61.94 | 85.35 |
| 空调设备 | Air-conditioned | 22.84 | 1.61 |
| 暖气 | Central Heating | 0.12 | |
| 其他 | Others | 15.10 | 13.04 |
| 炊用燃料使用情况（%） | Cooking Fuel（%） | | |
| 管道煤气 | Pipeline Gas | 4.83 | 2.33 |
| 液化石油气 | Liquified Petroleum Gas | 89.05 | 74.56 |
| 煤 | Coal | 3.10 | 16.02 |
| 其他 | Others | 3.02 | 7.10 |
| 通信设备使用情况 | Communications Facilities | | |
| 固定电话（部/百户） | Fixed-line Telephone（set/100 household） | 85.22 | 69.81 |
| 移动电话（部/百户） | Mobile Phone（set/100 household） | 163.26 | 90.96 |
| 使用互联网（条/百户） | Network-connected Telephone（set/100 household） | 38.90 | 7.21 |

Continued

| 按收入等级分 (Grouped by Percentile of Households) | | | | | | | |
|---|---|---|---|---|---|---|---|
| # 困难户 (5%) Poor Households (first five percent group) | 低收入户 (10%) Low Income Households (second decile group) | 中等偏下户 (20%) Lower Middle Income Households (second quintile group) | 中等收入户 (20%) Middle Income Households (third quintile group) | 中等偏上户 (20%) Upper Middle Income Households (fourth quintile group) | 高收入户 (10%) High Income Households (ninth decile group) | 最高收入户 (10%) Highest Income Households (tenth decile group) | # 更高收入户 (5%) Higher Income Households (five percent) |
| 84.39 | 86.29 | 83.08 | 87.70 | 83.64 | 74.54 | 72.59 | 75.24 |
| 2.63 | 2.35 | 4.23 | 4.48 | 4.02 | 6.22 | 9.42 | 7.25 |
| 5.08 | 7.45 | 12.69 | 7.48 | 12.34 | 19.25 | 14.67 | 10.95 |
| 7.90 | 3.91 | | 0.34 | | | 3.31 | 6.56 |
| | | | | | | | |
| 89.69 | 96.06 | 99.74 | 97.72 | 99.89 | 99.77 | 100.00 | 100.00 |
| 2.42 | 0.26 | 0.26 | 1.94 | 0.11 | 0.23 | | |
| 0.51 | 3.67 | | 0.34 | | | | |
| 7.39 | | | | | | | |
| | | | | | | | |
| 13.67 | 1.05 | 1.11 | 1.59 | 0.33 | | | |
| 65.82 | 95.19 | 94.91 | 97.01 | 98.15 | 100.00 | 100.00 | 100.00 |
| 10.77 | 0.47 | 2.40 | 0.47 | 0.64 | | | |
| 9.75 | 3.29 | 1.58 | 0.93 | 0.88 | | | |
| | | | | | | | |
| 87.40 | 74.80 | 67.74 | 59.60 | 56.87 | 48.61 | 46.67 | 43.42 |
| 2.61 | 15.66 | 16.68 | 21.09 | 23.90 | 40.79 | 42.85 | 42.81 |
| | | 0.45 | | | | 0.32 | 0.64 |
| 10.00 | 9.54 | 15.12 | 19.31 | 19.22 | 10.60 | 10.16 | 13.13 |
| | | | | | | | |
| 2.61 | 3.31 | 3.50 | 3.37 | 3.09 | 13.57 | 8.64 | 8.02 |
| 65.19 | 90.03 | 90.33 | 92.86 | 95.51 | 82.69 | 84.28 | 89.09 |
| 22.19 | 5.01 | 2.95 | 2.64 | 0.19 | | | |
| 10.01 | 1.65 | 3.22 | 1.12 | 1.22 | 3.75 | 7.08 | 2.89 |
| | | | | | | | |
| 59.57 | 80.82 | 81.89 | 86.49 | 87.41 | 93.60 | 93.72 | 94.17 |
| 74.41 | 113.17 | 158.24 | 167.21 | 189.33 | 198.37 | 189.03 | 208.96 |
| 3.82 | 13.77 | 28.81 | 37.53 | 46.72 | 67.76 | 67.38 | 75.88 |

2—2 续表 2

| 项目 | Item | 合计<br>Total | 最低收入户（10%）<br>Lowest Income Households（first decile group） |
|---|---|---|---|
| 住房情况（套/户） | Housing Condition of Urban Households（set/household） | 0.09 | 0.02 |
| 出租房（套/户） | Rental Housing（set/household） | 0.06 | 0.01 |
| 建筑面积（平方米/户） | Building area（sq.m/household） | 5.17 | 0.59 |
| 偶尔居住房（套/户） | Occasionally Living Room（set/household） | 0.01 | |
| 建筑面积（平方米/户） | Building area（sq.m/household） | 1.05 | |
| 其它用途房（套/户） | Other Uses Room（set/household） | 0.02 | 0.01 |
| 建筑面积（平方米/户） | Building area（sq.m/household） | 0.95 | 0.35 |
| 家庭人口数（人/户） | Family Population（person/household） | 2.94 | 3.29 |
| 家庭类型（世代层次）（%） | Family Type（Generation Level）（%） | | |
| 单身户 | Single Households | | |
| 一对夫妇户 | A Couple Households | | |
| 两代人单亲 | Two Generations Single | | |
| 两代人一个小孩 | Two, A Child | | |
| 两代人两个小孩 | Two, two Children | | |
| 两代人多个小孩 | More than two Generations of Children Who | | |
| 与父母 | Parents | | |
| 三代人 | Three generations | | |
| 其他 | Others | | |
| 人口就业情况 | Employment Situation of Population | | |
| 有收入者人数 | Income Earner | 2.07 | 1.76 |
| 就业人口数 | Number of the Employed | 1.54 | 1.34 |
| 国有经济单位职工人数 | Employees in the State-owned Enterprises | 0.91 | 0.31 |
| 城镇集体经济单位职工人数 | Employees in Urban Collective Economy | 0.06 | 0.10 |
| 其他各种经济类型单位职工 | Employees in Other Forms of Economy | 0.17 | 0.21 |
| 城镇个体经营者人员数 | Rural Self-employed Individual | 0.17 | 0.33 |
| 城镇个体被雇人员数 | Population Hired by Rural Self-employed Individual | 0.13 | 0.18 |
| 离退休再就业人员数 | Number of the Retired and Reemployed | 0.01 | |
| 其他就业人员数 | Other Employed Population | 0.08 | 0.20 |
| 离退休人数 | Number of the Retired | 0.50 | 0.26 |
| 其他有收入者人数 | Number of Other Income Earner | 0.03 | 0.17 |
| 无收入者人数 | Number of persons with no Income | 0.87 | 1.53 |

Continued

| 按收入等级分 （Grouped by Percentile of Households） | | | | | | | |
|---|---|---|---|---|---|---|---|
| # 困难户 （5%） Poor Households （first five percent group） | 低收入户 （10%） Low Income Households （second decile group） | 中等偏下户 （20%） Lower Middle Income Households （second quintile group） | 中等收入户 （20%） Middle Income Households （third quintile group） | 中等偏上户 （20%） Upper Middle Income Households （fourth quintile group） | 高收入户 （10%） High Income Households （ninth decile group） | 最高收入户 （10%） Highest Income Households （tenth decile group） | # 更高收入户 （5%） Higher Income Households （five percent） |
| 0.04 | 0.02 | 0.03 | 0.07 | 0.13 | 0.13 | 0.21 | 0.27 |
| 0.02 | 0.01 | 0.01 | 0.05 | 0.10 | 0.08 | 0.16 | 0.21 |
| 0.91 | 0.45 | 0.50 | 3.34 | 11.14 | 5.48 | 13.21 | 16.37 |
|  | 0.01 | 0.02 | 0.02 |  | 0.02 | 0.02 | 0.01 |
|  | 0.13 | 2.50 | 0.78 | 0.38 | 1.68 | 1.54 | 1.48 |
| 0.01 |  |  | 0.01 | 0.03 | 0.03 | 0.04 | 0.05 |
| 0.67 |  | 0.13 | 0.43 | 1.69 | 1.68 | 2.69 | 3.63 |
| 3.17 | 3.19 | 3.21 | 2.87 | 2.76 | 2.78 | 2.54 | 2.47 |
| 1.60 | 1.97 | 2.11 | 2.14 | 2.13 | 2.17 | 2.02 | 1.98 |
| 1.34 | 1.42 | 1.48 | 1.53 | 1.65 | 1.63 | 1.65 | 1.75 |
| 0.22 | 0.49 | 0.76 | 0.86 | 1.16 | 1.25 | 1.37 | 1.39 |
| 0.09 | 0.06 | 0.05 | 0.06 | 0.07 | 0.03 | 0.04 | 0.07 |
| 0.28 | 0.27 | 0.20 | 0.16 | 0.13 | 0.12 | 0.10 | 0.16 |
| 0.34 | 0.20 | 0.17 | 0.23 | 0.11 | 0.12 | 0.08 | 0.11 |
| 0.18 | 0.28 | 0.18 | 0.15 | 0.10 | 0.04 | 0.01 |  |
|  |  |  | 0.01 | 0.03 | 0.02 | 0.03 | 0.01 |
| 0.23 | 0.11 | 0.12 | 0.06 | 0.04 | 0.04 | 0.02 | 0.01 |
| 0.13 | 0.49 | 0.61 | 0.59 | 0.47 | 0.54 | 0.37 | 0.23 |
| 0.14 | 0.06 | 0.02 | 0.02 | 0.01 | 0.01 |  |  |
| 1.57 | 1.22 | 1.09 | 0.73 | 0.63 | 0.61 | 0.52 | 0.50 |

# 2—3 城镇居民家庭人均现金收支情况（2007年）

单位：元

| 项　目 | Item | 总平均 Total Average | 最低收入户（10%） Lowest Income Households （first decile group） |
|---|---|---|---|
| **家庭总收入** | **Total Income** | **13183.56** | **4249.04** |
| # 可支配收入 | # Disposable Income | 12200.44 | 3748.27 |
| 工薪收入 | Wages Income | 9075.18 | 2419.33 |
| 工资及补贴收入 | Income and Subsidies | 8660.11 | 2003.24 |
| 其他劳动收入 | Other Labor Income | 415.07 | 416.09 |
| 经营净收入 | Net Operation Income | 1125.83 | 773.48 |
| 财产性收入 | Property Income | 215.33 | 4.01 |
| 利息收入 | Interest Income | 22.57 | 3.28 |
| 股息与红利收入 | Dividend and Bonus | 139.49 | |
| 保险收益 | Insurance Proceeds | 18.04 | |
| 其它投资收入 | Income from Other Investments | 27.87 | |
| 出租房屋收入 | Rental Income | 4.89 | |
| 知识产权收入 | Intellectual Property Income | 2.46 | 0.73 |
| 其他财产性收入 | Other Property Income | 2767.22 | 1052.22 |
| 转移性收入 | Transferred Income | 2272.08 | 692.31 |
| 养老金或离退休金 | Pensions and Retirement Pay | 16.91 | 133.26 |
| 社会救济收入 | Social Relief | 5.31 | 33.81 |
| 辞退金 | Dismiss Pensions | 42.99 | |
| 赔偿收入 | Compensation Income | 0.43 | |
| 保险收入 | Insurance | 34.24 | 51.85 |
| # 失业保险金 | # Unemployment Insurance | 27.42 | 47.44 |
| 赡养收入 | Supporting Income | 87.72 | 42.83 |
| 捐赠收入 | Donation | 147.37 | 33.78 |
| 提取住房公积金 | Withdraw House Accumulation Fund | 38.56 | |
| 其他转移性收入 | Other Transferred Income | 54.04 | 31.47 |
| **出售财物收入** | **Property Sale Income** | **41.87** | **0.67** |
| 出售住房收入 | House Sale Income | 35.16 | |
| 出售其他物品收入 | Other Atriclese Sale Income | 6.72 | 0.67 |
| **借贷收入** | **Lending and Loaning Income** | **2642.52** | **796.18** |
| 提取储蓄存款 | Saving Deposit | 2193.24 | 611.91 |
| 借入款 | Borrowed funds | 295.81 | 176.58 |
| 收回借出款 | Recall ed Loan | 70.33 | 0.64 |
| 收回储蓄性保险本 | Recall ed Endowment Assurance | 10.23 | 1.05 |
| 兑售有价证券 | Against the Sale of Securities | 23.52 | |
| 收回投资本金 | Recalled Original Capital of Investment | 12.65 | |
| 住房贷款 | Accomadation Loan | 20.99 | |
| 汽车贷款 | Automobile Loan | | |
| 教育贷款 | Rerurned Education Loan | | |
| 其他贷款 | Other Loans | 12.52 | 6.00 |
| 其他借贷收入 | Other Income on Loan | 3.23 | |

## Per Capita Cash Income and Expenditures of Urban Households（2007）

（yuan）

| 按收入等级分（Grouped by Percentile of Households） | | | | | | | |
|---|---|---|---|---|---|---|---|
| # 困难户（5%）Poor Households（first five percent group） | 低收入户（10%）Low Income Households（second decile group） | 中等偏下户（20%）Lower Middle Income Households（second quintile group） | 中等收入户（20%）Middle Income Households（third quintile group） | 中等偏上户（20%）Upper Middle Income Households（fourth quintile group） | 高收入户（10%）High Income Households（ninth decile group） | 最高收入户（10%）Highest Income Households（tenth decile group） | # 更高收入户（5%）Higher Income Households（five percent） |
| **3683.48** | **6278.59** | **8402.77** | **11172.15** | **15856.21** | **21236.20** | **32420.83** | **39409.37** |
| 2987.14 | 5806.37 | 7838.70 | 10419.84 | 14713.32 | 19458.86 | 30014.29 | 36399.91 |
| 2199.35 | 3913.15 | 5432.66 | 7379.18 | 11638.22 | 15213.43 | 22635.68 | 26583.66 |
| 1753.10 | 3579.44 | 5083.58 | 7111.84 | 11255.38 | 14659.14 | 21720.98 | 25133.27 |
| 446.25 | 333.71 | 349.08 | 267.34 | 382.84 | 554.28 | 914.70 | 1450.39 |
| 679.82 | 570.55 | 751.56 | 1036.15 | 1015.00 | 1552.15 | 3032.00 | 5528.89 |
| 2.68 | 8.06 | 42.49 | 93.47 | 140.89 | 132.57 | 1621.51 | 2470.07 |
| 1.20 | 3.35 | 6.21 | 6.80 | 22.58 | 41.22 | 119.88 | 202.05 |
| | 1.19 | 31.92 | 83.10 | 91.90 | 74.03 | 1009.15 | 1500.86 |
| | | 1.09 | 0.34 | 11.89 | 13.41 | 156.76 | 86.39 |
| | 2.78 | 2.34 | 3.24 | 12.03 | 2.90 | 264.32 | 535.98 |
| | | 0.15 | | | | 54.07 | 109.64 |
| 1.48 | 0.74 | 0.77 | | 2.49 | 1.01 | 17.34 | 35.15 |
| 801.63 | 1786.82 | 2176.07 | 2663.34 | 3062.10 | 4338.05 | 5131.65 | 4826.75 |
| 383.46 | 1438.22 | 1910.84 | 2338.69 | 2618.51 | 3536.41 | 3619.67 | 2619.51 |
| 175.95 | 23.41 | 2.14 | 0.23 | 1.44 | | | |
| 30.53 | 16.63 | | 0.23 | | | | |
| | | 3.98 | 6.44 | 14.16 | | 423.38 | 858.53 |
| | | | | | 4.44 | | |
| 33.57 | 44.27 | 28.74 | 25.26 | 13.52 | 61.60 | 51.34 | 69.84 |
| 25.11 | 43.53 | 26.31 | 24.67 | 12.77 | 52.08 | | |
| 80.45 | 103.61 | 57.73 | 92.55 | 68.94 | 193.41 | 104.63 | 66.56 |
| 37.31 | 88.87 | 59.11 | 87.50 | 190.22 | 261.98 | 462.17 | 600.01 |
| | 2.22 | 6.03 | 1.38 | 1.56 | 130.46 | 266.64 | 97.04 |
| 21.82 | 18.41 | 41.75 | 37.16 | 78.75 | 72.55 | 113.76 | 188.92 |
| **0.90** | **7.07** | **5.85** | **2.29** | **7.71** | **376.67** | **18.60** | **32.66** |
| | | | | | 363.90 | 2.23 | |
| 0.90 | 7.07 | 5.85 | 2.29 | 7.71 | 12.77 | 16.37 | 32.66 |
| **1028.82** | **683.77** | **1181.93** | **1961.62** | **3204.12** | **6099.61** | **6984.18** | **8028.37** |
| 693.64 | 628.10 | 1028.34 | 1828.84 | 3029.42 | 3742.42 | 5812.28 | 6340.54 |
| 333.81 | 53.57 | 42.89 | 19.66 | 71.13 | 1732.78 | 875.32 | 1190.41 |
| | 2.10 | 96.70 | 70.76 | 79.90 | 64.39 | 157.10 | 259.68 |
| | | 0.72 | 25.00 | 0.62 | 50.18 | | |
| | | 3.01 | | | 238.51 | | |
| | | | | | 93.18 | 41.10 | 78.53 |
| | | | | | 174.93 | 46.60 | 85.16 |
| | | | | | | | |
| | | | | | | | |
| 1.37 | | 10.27 | 15.70 | 22.17 | 3.24 | 21.57 | 17.23 |
| | | | 1.68 | 0.87 | | 30.21 | 56.82 |

2—3 续表

单位：元

| 项　目 | Item | 总平均<br>Total Average | 最低收入户（10%）<br>Lowest Income Households（first decile group） |
|---|---|---|---|
| **家庭总支出** | **Total Expenditures** | **10941.51** | **4415.83** |
| 消费支出 | Expenditure for Consumption | 8151.26 | 3587.89 |
| # 服务性消费支出 | # Consumption Expenditures in Service | 2017.44 | 651.07 |
| 通过互联网购买商品或服务 | Purchase of Goods by Internet | 0.03 | |
| 食品 | Food | 3398.09 | 2072.07 |
| 衣着 | Clothing | 656.69 | 150.65 |
| 家庭设备用品及服务 | Household Facilities Articles and Services | 491.03 | 132.43 |
| 医疗保健 | Medicine and Medical Services | 542.07 | 176.78 |
| 交通和通信 | Traffic and Communications | 932.87 | 217.07 |
| 教育文化娱乐服务 | Education, Culture and Recreation Articles and Services | 1050.04 | 305.13 |
| 居住 | Residence | 803.04 | 467.97 |
| 杂项商品和服务 | Miscellanecus Commodities and Services | 277.43 | 65.78 |
| 购房与建房支出 | Expenditure on House-purchase and Building | 422.16 | |
| 购房 | House-purchase | 381.39 | |
| 建房 | House Building | 40.77 | |
| 转移性支出 | Tranferred Expenditure | 1492.76 | 393.94 |
| 交纳的个人收入税 | Paid Individual Income Tax | 48.53 | 0.07 |
| 捐赠支出 | Donation | 819.33 | 142.34 |
| 购买彩票 | Purchase of Lottery | 6.07 | 0.43 |
| 赡养支出 | Support Expenditure | 540.61 | 216.58 |
| 各种非储蓄性保险支出 | Non-saving Insurance | 20.28 | 6.77 |
| 其他转移性支出 | Other Transferredred Expenditure | 57.94 | 27.74 |
| 财产性支出 | Property Expentiduture | 13.63 | |
| 非生产性利息支出 | Payout of the Non-Productive Interests | 6.35 | |
| 其他 | Others | 7.28 | |
| 社会保障支出 | Social Security Expentiduture | 860.71 | 434.00 |
| 个人交纳的养老基金 | Personal Paid Pension Fund | 301.94 | 343.51 |
| 个人交纳的住房公积金 | Personal Paid Housing Accumulation Fund | 444.27 | 53.16 |
| 个人交纳的医疗基金 | Personal Paid Medical Care Fund | 88.53 | 30.56 |
| 个人交纳的失业基金 | Personal Paid Unemployment Fund | 25.11 | 6.73 |
| 其他社会保障支出 | Others | 0.86 | 0.04 |
| **借贷支出** | **Lending and Loaning Expenditures** | **4544.11** | **395.68** |
| 存入储蓄款 | Savings | 3882.81 | 368.99 |
| 借出款 | Lended Funds | 43.21 | 0.17 |
| 归还借款 | Rreturned Loan | 87.81 | 10.59 |
| 储蓄性保险支出 | Endowment Assurance Expentiduture | 129.61 | 5.42 |
| 购买有价证券 | Purchase of Securities | 107.33 | |
| 其它投资支出 | Other Investment Expenditure | 13.26 | |
| 归还住房贷款 | Returned Accomadation Loan | 227.20 | 10.51 |
| 归还汽车贷款 | Returned Automobil Loan | | |
| 归还教育贷款 | Returned Education Loan | | |
| 归还其它贷款 | Returned Others Loan | 46.51 | |
| 其他借贷支出 | Others | 6.37 | |

Continued

(yuan)

| 按收入等级分 (Grouped by Percentile of Households) | | | | | | | |
|---|---|---|---|---|---|---|---|
| # 困难户 (5%) Poor Households (first five percent group) | 低收入户 (10%) Low Income Households (second decile group) | 中等偏下户 (20%) Lower Middle Income Households (second quintile group) | 中等收入户 (20%) Middle Income Households (third quintile group) | 中等偏上户 (20%) Upper Middle Income Households (fourth quintile group) | 高收入户 (10%) High Income Households (ninth decile group) | 最高收入户 (10%) Highest Income Households (tenth decile group) | # 更高收入户 (5%) Higher Income Households (five percent) |
| **4283.46** | **5691.18** | **7163.11** | **9196.77** | **13443.20** | **18800.08** | **23174.48** | **26787.58** |
| 3208.38 | 4730.91 | 5750.36 | 7372.57 | 9928.45 | 12286.30 | 16261.19 | 17913.34 |
| 492.76 | 948.08 | 1262.00 | 1586.32 | 2562.45 | 3667.85 | 4557.35 | 4618.52 |
| | | | | | | 0.36 | 0.74 |
| 1931.17 | 2563.68 | 2902.24 | 3344.80 | 3938.11 | 4347.24 | 4937.31 | 5016.78 |
| 84.28 | 205.40 | 390.03 | 564.44 | 885.41 | 1114.30 | 1588.42 | 1997.20 |
| 123.49 | 213.84 | 270.18 | 508.70 | 614.54 | 885.66 | 995.54 | 1085.66 |
| 182.54 | 260.67 | 307.93 | 439.91 | 571.69 | 599.66 | 1925.75 | 1064.99 |
| 143.86 | 319.54 | 522.78 | 629.55 | 1176.02 | 1750.01 | 2678.38 | 4030.61 |
| 203.38 | 457.47 | 638.98 | 879.13 | 1345.04 | 1937.40 | 2318.90 | 2608.60 |
| 482.61 | 618.78 | 589.45 | 798.03 | 1063.82 | 936.95 | 1176.68 | 1336.29 |
| 57.03 | 91.53 | 128.76 | 208.01 | 333.81 | 715.09 | 640.21 | 773.22 |
| | 61.50 | 39.60 | 107.05 | 306.39 | 2190.36 | 1272.16 | 1848.55 |
| | 61.50 | | 107.05 | 276.27 | 2034.81 | 1140.70 | 1581.97 |
| | | 39.60 | | 30.12 | 155.56 | 131.46 | 266.57 |
| 447.81 | 495.18 | 884.11 | 1044.75 | 2188.90 | 2651.25 | 3540.52 | 4359.67 |
| | 6.74 | 12.24 | 10.46 | 53.95 | 100.68 | 253.30 | 322.30 |
| 111.13 | 327.68 | 402.82 | 760.70 | 1078.30 | 1713.50 | 1721.96 | 1681.17 |
| 0.78 | 4.60 | 1.65 | 5.80 | 6.60 | 21.09 | 7.55 | 6.07 |
| 274.74 | 125.70 | 399.33 | 210.95 | 973.14 | 691.04 | 1348.27 | 2141.91 |
| 10.59 | 3.85 | 5.03 | 14.58 | 20.78 | 46.73 | 73.24 | 45.97 |
| 50.56 | 26.62 | 63.04 | 42.26 | 56.14 | 78.21 | 136.21 | 162.24 |
| | 5.92 | 2.95 | 4.68 | 5.51 | 72.70 | 37.43 | 75.89 |
| | 5.65 | 2.04 | 4.68 | 0.34 | 11.07 | 36.12 | 73.25 |
| | 0.28 | 0.91 | | 5.16 | 61.63 | 1.30 | 2.64 |
| 627.27 | 397.67 | 481.63 | 667.57 | 1013.78 | 1599.46 | 2062.91 | 2589.59 |
| 547.37 | 217.44 | 241.56 | 270.39 | 296.02 | 466.68 | 400.97 | 527.83 |
| 32.65 | 121.19 | 165.19 | 299.44 | 589.88 | 900.44 | 1421.53 | 1765.81 |
| 38.79 | 47.26 | 57.36 | 76.79 | 97.75 | 187.85 | 174.16 | 219.46 |
| 8.38 | 11.73 | 17.44 | 20.03 | 27.46 | 43.92 | 65.48 | 76.42 |
| 0.07 | 0.06 | 0.08 | 0.90 | 2.67 | 0.57 | 0.77 | 0.07 |
| **223.92** | **923.31** | **2051.68** | **3446.26** | **5317.20** | **8656.61** | **15598.27** | **20052.27** |
| 213.58 | 720.29 | 1905.50 | 3017.22 | 4613.91 | 7100.01 | 13032.47 | 15975.05 |
| 0.34 | | 11.80 | 65.56 | 63.82 | 140.62 | 15.30 | 17.00 |
| 0.31 | 19.49 | 28.22 | 55.68 | 159.39 | 128.48 | 262.11 | 528.30 |
| 9.70 | 91.85 | 35.32 | 78.85 | 136.19 | 156.26 | 598.78 | 709.53 |
| | | 1.96 | 58.42 | | 430.74 | 598.18 | 1165.33 |
| | 5.87 | 10.97 | | | 100.64 | 8.19 | 13.34 |
| | 71.87 | 57.51 | 140.32 | 340.66 | 598.76 | 588.99 | 666.55 |
| | | | | | | | |
| | | | | | | | |
| | | | 25.25 | 0.55 | 0.58 | 458.87 | 930.48 |
| | 13.93 | 0.41 | 4.96 | 2.67 | 0.52 | 35.38 | 46.71 |

# 2—4 城镇居民家庭人均消费支出情况（2007年）

单位：元

| 项　目 | Item | 总平均 Total Average | 最低收入户（10%） Lowest Income Households (first decile group) | # 困难户（5%） Poor Households (first five percent group) |
|---|---|---|---|---|
| **消费支出** | **Total Consumption Expenditure** | **8151.26** | **3587.89** | **3208.38** |
| # 服务性消费支出 | # Consumption Expenditures of Service | 2017.44 | 651.07 | 492.76 |
| **食品** | **Food** | **3398.09** | **2072.07** | **1931.17** |
| 粮油类 | Grain and Oil | 423.54 | 340.69 | 311.40 |
| 粮食 | Grain | 255.65 | 209.03 | 192.84 |
| 大米 | Rice | 172.76 | 152.64 | 134.61 |
| 面粉 | Flour | 3.53 | 2.85 | 1.72 |
| 其它粮食及制品 | Others Grain & Products | 79.36 | 53.53 | 56.51 |
| 淀粉及薯类 | Starches and Tubers | 17.43 | 12.83 | 12.72 |
| 干豆类及豆制品 | Bean and Its Products | 41.01 | 31.06 | 29.84 |
| 油脂类 | Oil or Fat | 109.45 | 87.77 | 75.99 |
| 食用植物油 | Edible Oil | 105.87 | 84.71 | 71.84 |
| 食用动物油 | Consumption of Animal Oil | 3.58 | 3.06 | 4.15 |
| 肉禽蛋水产品类 | Poutry, Eggs and Quatic Products | 1326.40 | 921.01 | 891.26 |
| 肉类 | Meat | 678.84 | 480.86 | 460.40 |
| 猪肉 | Pork | 493.83 | 370.29 | 361.82 |
| 牛肉 | Beef | 93.68 | 57.14 | 50.88 |
| 羊肉 | Lamb | 18.13 | 10.11 | 6.93 |
| 其它肉及制品 | Others Stewed & Products | 73.19 | 43.33 | 40.77 |
| 禽类 | Poultry | 361.50 | 255.05 | 252.05 |
| 鸡 | Chicken | 212.14 | 154.76 | 153.66 |
| 鸭 | Duck | 79.58 | 53.19 | 50.73 |
| 其它禽类及制品 | Others Poultry Processed & Products | 69.78 | 47.10 | 47.65 |
| 蛋类 | Eggs | 60.94 | 40.03 | 38.79 |
| 鲜蛋 | Fresh Eggs | 57.07 | 38.03 | 37.32 |
| 蛋制品 | Eggs Processed Products | 3.88 | 2.00 | 1.47 |
| 水产品类 | Aquatic Products | 225.11 | 145.06 | 140.02 |
| 鱼 | Fish | 146.15 | 102.94 | 95.15 |
| 虾 | Shrimp | 25.92 | 15.06 | 17.61 |
| 其它水产品及制品 | Others Aquatic & Products | 53.04 | 27.07 | 27.25 |
| 蔬菜类 | Vegetables | 300.01 | 220.60 | 224.82 |
| 鲜菜 | Fresh Vegetables | 264.84 | 197.88 | 202.13 |
| 干菜 | Dried Vegetables | 17.57 | 10.77 | 9.59 |
| 菜制品 | Vegetable Products | 17.59 | 11.95 | 13.11 |

Per Capita Consumption Expenditure of Urban Households (2007)

(yuan)

| 按收入等级分 (Grouped by Percentile of Households) | | | | | | |
|---|---|---|---|---|---|---|
| 低收入户 (10%) Low Income Households (second decile group) | 中等偏下户 (20%) Lower Middle Income Households (second quintile group) | 中等收入户 (20%) Middle Income Households (third quintile group) | 中等偏上户 (20%) Upper Middle Income Households (fourth quintile group) | 高收入户 (10%) High Income Households (ninth decile group) | 最高收入户 (10%) Highest Income Households (tenth decile group) | # 更高收入户 (5%) Higher Income Households (five percent) |
| **4730.91** | **5750.36** | **7372.57** | **9928.45** | **12286.30** | **16261.19** | **17913.34** |
| 948.08 | 1262.00 | 1586.32 | 2562.45 | 3667.85 | 4557.35 | 4618.52 |
| **2563.68** | **2902.24** | **3344.80** | **3938.11** | **4347.24** | **4937.31** | **5016.78** |
| 381.14 | 400.88 | 427.16 | 447.86 | 456.95 | 522.16 | 513.40 |
| 232.11 | 238.23 | 261.42 | 267.53 | 272.94 | 318.51 | 311.20 |
| 164.20 | 162.43 | 183.15 | 176.94 | 170.64 | 198.92 | 188.35 |
| 3.44 | 3.32 | 3.26 | 3.97 | 3.25 | 4.76 | 4.37 |
| 64.47 | 72.48 | 75.00 | 86.62 | 99.04 | 114.83 | 118.47 |
| 14.94 | 15.07 | 16.61 | 20.28 | 20.06 | 23.65 | 21.88 |
| 39.19 | 37.84 | 41.14 | 45.18 | 46.53 | 46.22 | 45.18 |
| 94.90 | 109.75 | 107.99 | 114.86 | 117.41 | 133.78 | 135.13 |
| 91.76 | 105.93 | 103.75 | 109.84 | 116.00 | 131.94 | 132.58 |
| 3.15 | 3.82 | 4.24 | 5.02 | 1.41 | 1.84 | 2.56 |
| 1134.24 | 1210.47 | 1334.82 | 1522.02 | 1461.40 | 1683.07 | 1696.67 |
| 592.79 | 625.80 | 677.73 | 770.33 | 749.17 | 851.46 | 855.13 |
| 437.98 | 457.14 | 489.78 | 553.45 | 542.71 | 608.87 | 600.88 |
| 81.26 | 86.57 | 99.18 | 106.06 | 96.05 | 123.90 | 139.56 |
| 14.01 | 14.70 | 18.75 | 22.32 | 24.88 | 22.09 | 23.12 |
| 59.53 | 67.39 | 70.03 | 88.50 | 85.54 | 96.59 | 91.58 |
| 304.80 | 329.43 | 360.34 | 424.92 | 390.11 | 454.55 | 469.21 |
| 181.70 | 195.48 | 205.94 | 244.15 | 233.13 | 272.11 | 276.72 |
| 68.39 | 73.77 | 82.58 | 93.84 | 79.37 | 98.05 | 105.03 |
| 54.71 | 60.18 | 71.82 | 86.93 | 77.62 | 84.39 | 87.46 |
| 52.10 | 56.52 | 66.07 | 68.31 | 65.42 | 72.74 | 75.02 |
| 47.24 | 53.87 | 61.86 | 63.28 | 61.20 | 68.83 | 71.00 |
| 4.85 | 2.66 | 4.20 | 5.03 | 4.22 | 3.91 | 4.02 |
| 184.55 | 198.72 | 230.68 | 258.45 | 256.69 | 304.31 | 297.33 |
| 125.53 | 134.05 | 148.80 | 163.23 | 153.08 | 196.17 | 192.81 |
| 20.03 | 22.66 | 25.94 | 30.11 | 33.87 | 34.90 | 31.75 |
| 38.99 | 42.01 | 55.93 | 65.12 | 69.74 | 73.23 | 72.77 |
| 266.28 | 273.17 | 294.18 | 344.22 | 332.84 | 371.26 | 367.95 |
| 236.22 | 241.30 | 257.96 | 302.05 | 292.77 | 331.47 | 327.61 |
| 13.37 | 16.48 | 16.89 | 21.41 | 21.38 | 21.79 | 21.81 |
| 16.69 | 15.38 | 19.33 | 20.75 | 18.69 | 18.00 | 18.53 |

2—4 续表 1

单位：元

| 项　　目 | Item | 总平均<br>Total Average | 最低收入户（10%）<br>Lowest Income Households（first decile group） | # 困难户（5%）<br>Poor Households（first five percent group） |
|---|---|---|---|---|
| 调味品 | Flavoring | 30.16 | 22.66 | 21.50 |
| 糖烟酒饮料类 | Suger, Tobacco, Wine and Beverages | 220.26 | 112.26 | 93.59 |
| 糖类 | Carbohydrate Products | 35.67 | 19.47 | 16.19 |
| 烟草类 | Tobacco | 86.11 | 44.37 | 39.06 |
| 酒类 | Liquors | 56.47 | 28.27 | 19.62 |
| 白酒 | Liquors | 36.73 | 15.70 | 12.27 |
| 果酒 | Wine | 3.64 | 1.79 | 1.51 |
| 啤酒 | Beer | 11.56 | 8.48 | 4.45 |
| 其他酒 | Others | 4.53 | 2.31 | 1.39 |
| 饮料 | Beverage | 42.00 | 20.14 | 18.73 |
| 碳酸饮料 | Carbonated Beverages | 4.83 | 3.26 | 2.88 |
| 瓶装饮用水 | Bottled Drinking Water | 8.46 | 3.08 | 2.27 |
| 茶叶 | Tea | 8.79 | 3.74 | 3.94 |
| 其他饮料 | Other Beverages | 19.92 | 10.06 | 9.64 |
| 干鲜瓜果类 | Dried and Fresh Melons and Fruits | 234.38 | 123.34 | 109.39 |
| 鲜果 | Fresh Fruits | 165.18 | 88.55 | 79.46 |
| 鲜瓜 | Fresh Melons | 26.57 | 13.09 | 11.86 |
| 其它干鲜瓜果类及制品 | Others Melon and Fruits & Products | 42.63 | 21.70 | 18.07 |
| 糕点、奶及奶制品 | Pastry, Milk and Milk Products | 174.53 | 86.83 | 80.84 |
| 糕点 | Pastry | 56.25 | 28.30 | 27.02 |
| 奶及奶制品 | Milk and Its Products | 118.27 | 58.54 | 53.82 |
| 鲜乳品 | Fresh milk | 76.12 | 38.55 | 35.30 |
| 奶粉 | Milk Powder | 15.96 | 6.29 | 6.91 |
| 酸奶 | Yogurt | 5.15 | 2.96 | 2.40 |
| 其他奶制品 | Other Dairy Products | 21.05 | 10.73 | 9.22 |
| 其他食品 | Others Food | 67.21 | 32.28 | 30.36 |
| 饮食服务 | Food Service | 621.62 | 212.40 | 168.00 |
| 食品加工服务费 | Food Processing Cost | 2.03 | 0.15 | 0.27 |
| 在外饮食 | Dinars | 619.59 | 212.25 | 167.73 |
| **非食品类** | **Non-food** | | | |
| **衣着** | **Clothing** | **656.69** | **150.65** | **84.28** |
| 服装 | Garments | 489.82 | 106.03 | 58.46 |
| 衣着材料 | Clothing Material | 7.66 | 1.67 | 0.18 |

Continued

(yuan)

| 按收入等级分 (Grouped by Percentile of Households) | | | | | | |
|---|---|---|---|---|---|---|
| 低收入户 (10%) Low Income Households (second decile group) | 中等偏下户 (20%) Lower Middle Income Households (second quintile group) | 中等收入户 (20%) Middle Income Households (third quintile group) | 中等偏上户 (20%) Upper Middle Income Households (fourth quintile group) | 高收入户 (10%) High Income Households (ninth decile group) | 最高收入户 (10%) Highest Income Households (tenth decile group) | # 更高收入户 (5%) Higher Income Households (five percent) |
| 25.24 | 29.18 | 28.76 | 32.85 | 33.22 | 40.75 | 38.34 |
| 139.96 | 165.11 | 224.06 | 266.88 | 331.98 | 332.89 | 332.53 |
| 23.99 | 29.01 | 35.86 | 42.51 | 49.59 | 52.77 | 57.56 |
| 52.23 | 60.82 | 96.18 | 101.59 | 131.39 | 126.13 | 89.66 |
| 38.19 | 43.84 | 51.24 | 69.63 | 90.78 | 84.94 | 103.96 |
| 23.92 | 27.85 | 34.42 | 44.31 | 66.51 | 52.70 | 71.58 |
| 2.34 | 3.27 | 3.01 | 3.86 | 6.62 | 5.86 | 5.03 |
| 9.00 | 8.78 | 10.21 | 16.41 | 14.26 | 13.85 | 14.21 |
| 2.93 | 3.94 | 3.60 | 5.04 | 3.40 | 12.53 | 13.13 |
| 25.56 | 31.44 | 40.79 | 53.15 | 60.21 | 69.05 | 81.35 |
| 4.32 | 4.41 | 4.02 | 5.86 | 5.33 | 7.14 | 8.33 |
| 3.85 | 4.85 | 8.20 | 14.24 | 9.13 | 15.37 | 14.44 |
| 5.14 | 7.04 | 8.94 | 11.05 | 10.06 | 16.15 | 22.46 |
| 12.25 | 15.14 | 19.63 | 21.99 | 35.68 | 30.39 | 36.12 |
| 168.68 | 199.60 | 229.19 | 276.92 | 309.90 | 354.82 | 381.18 |
| 115.45 | 141.60 | 161.68 | 194.24 | 220.71 | 249.53 | 261.19 |
| 19.53 | 22.62 | 26.78 | 33.13 | 32.55 | 37.83 | 44.82 |
| 33.70 | 35.38 | 40.73 | 49.54 | 56.64 | 67.47 | 75.17 |
| 115.16 | 150.75 | 164.93 | 193.27 | 247.00 | 301.99 | 346.30 |
| 37.46 | 43.41 | 57.32 | 65.01 | 76.72 | 95.97 | 112.84 |
| 77.70 | 107.34 | 107.61 | 128.27 | 170.28 | 206.02 | 233.45 |
| 53.44 | 64.16 | 64.19 | 83.04 | 113.46 | 144.65 | 176.17 |
| 10.23 | 23.34 | 16.61 | 14.11 | 15.27 | 20.65 | 11.95 |
| 4.15 | 4.74 | 4.97 | 5.33 | 5.65 | 9.20 | 12.25 |
| 9.87 | 15.11 | 21.84 | 25.78 | 35.90 | 31.52 | 33.09 |
| 51.82 | 53.82 | 54.40 | 78.73 | 88.95 | 135.52 | 136.28 |
| 281.16 | 419.27 | 587.29 | 775.37 | 1084.99 | 1194.85 | 1204.12 |
| 0.26 | 1.49 | 1.13 | 2.84 | 6.92 | 2.49 | 1.34 |
| 280.90 | 417.78 | 586.15 | 772.53 | 1078.07 | 1192.36 | 1202.78 |
| **205.40** | **390.03** | **564.44** | **885.41** | **1114.30** | **1588.42** | **1997.20** |
| 138.26 | 288.16 | 403.00 | 665.55 | 853.32 | 1221.66 | 1567.19 |
| 1.71 | 4.78 | 10.85 | 12.09 | 6.73 | 12.13 | 13.00 |

2—4 续表 2

单位：元

| 项目 | Item | 总平均 Total Average | 最低收入户（10%） Lowest Income Households（first decile group） | # 困难户（5%） Poor Households（first five percent group） |
|---|---|---|---|---|
| 鞋类 | Shoes | 139.86 | 38.62 | 21.82 |
| 其他衣着用品 | Other Clothing Articles | 15.00 | 3.47 | 2.89 |
| 衣着加工服务费 | Clothes Processing Service Cost | 4.34 | 0.85 | 0.93 |
| **家庭设备用品及服务** | **Household Facilities, Articles and Service** | **491.03** | **132.43** | **123.49** |
| 耐用消费品 | Durable Consumer Goods | 229.47 | 31.00 | 16.86 |
| 家具 | Furniture | 65.66 | 2.26 | 0.02 |
| 家庭设备 | Household Facilities | 160.64 | 28.74 | 16.85 |
| 洗衣机 | Washing Machine | 16.67 | 4.32 | 3.15 |
| 电冰箱 | Refrigerator | 14.62 | 0.39 | |
| 微波炉 | Microwave Oven | 3.01 | 0.46 | |
| 空调器 | Air Conditioner | 36.82 | 0.24 | |
| 淋浴热水器 | Shower Water Heaters | 15.90 | 1.72 | 0.99 |
| 消毒碗柜 | Xiaodaiwangui | 4.74 | | |
| 洗碗机 | Dishwashers | | | |
| 其他 | Others | 68.87 | 21.61 | 12.71 |
| 室内装饰品 | Interior Decorations | 6.78 | 0.38 | |
| 床上用品 | Bed Articles | 38.03 | 6.65 | 5.73 |
| 家庭日用杂品 | Daily Use Household Articles | 176.99 | 81.09 | 87.46 |
| 家具材料 | Furniture Material | 13.70 | 5.93 | 9.31 |
| 家庭服务 | Household Service | 26.06 | 7.39 | 4.13 |
| 家政服务 | Domestic Service | 6.76 | 1.18 | 0.95 |
| 加工维修服务费 | Processing Maintenance Services | 19.06 | 6.21 | 3.19 |
| **医疗保健** | **Medical Care** | **542.07** | **176.78** | **182.54** |
| 医疗器具 | Medical Appliances | 3.25 | 0.77 | 0.01 |
| 保健器具 | Constitutional Appliances | 4.62 | 1.53 | 0.02 |
| 药品费 | Medicine Expense | 304.73 | 110.27 | 113.59 |
| 滋补保健品 | Nourishing Healthful Products | 32.65 | 4.19 | 7.27 |
| 医疗费 | Medical Care Expense | 191.49 | 59.70 | 61.37 |
| 其他 | Others | 5.33 | 0.33 | 0.29 |
| **交通和通讯** | **Transportationation and Communication** | **932.87** | **217.07** | **143.86** |
| 交通 | Transportationation | 512.25 | 75.00 | 47.72 |
| 家庭交通工具 | Household Transportation | 196.35 | 4.85 | 8.18 |
| 摩托车 | Motor | 17.22 | | |

Continued

(yuan)

| 按收入等级分 (Grouped by Percentile of Households) | | | | | | |
|---|---|---|---|---|---|---|
| 低收入户 (10%) Low Income Households (second decile group) | 中等偏下户 (20%) Lower Middle Income Households (second quintile group) | 中等收入户 (20%) Middle Income Households (third quintile group) | 中等偏上户 (20%) Upper Middle Income Households (fourth quintile group) | 高收入户 (10%) High Income Households (ninth decile group) | 最高收入户 (10%) Highest Income Households (tenth decile group) | # 更高收入户 (5%) Higher Income Households (five percent) |
| 56.83 | 85.26 | 133.90 | 181.87 | 220.66 | 312.11 | 367.61 |
| 6.95 | 9.17 | 13.45 | 19.41 | 27.05 | 31.80 | 37.39 |
| 1.65 | 2.66 | 3.25 | 6.48 | 6.53 | 10.72 | 12.00 |
| **213.84** | **270.18** | **508.70** | **614.54** | **885.66** | **995.54** | **1085.66** |
| 86.48 | 91.84 | 274.32 | 297.20 | 465.32 | 434.89 | 470.12 |
| 21.85 | 21.54 | 132.36 | 84.24 | 55.37 | 110.24 | 115.11 |
| 64.64 | 69.24 | 134.72 | 208.86 | 405.54 | 321.73 | 355.01 |
| 6.73 | 8.16 | 20.36 | 23.08 | 42.36 | 11.97 | 12.53 |
| 0.90 | 4.93 | 10.29 | 25.56 | 36.47 | 31.23 | 4.51 |
| 0.29 | 3.98 | 1.97 | 4.25 | 6.71 | 2.69 | 0.29 |
| 33.69 | 7.19 | 19.79 | 37.10 | 153.23 | 61.86 | 66.16 |
| 4.76 | 5.14 | 15.10 | 27.16 | 37.34 | 23.65 | 34.89 |
| | 0.42 | 1.68 | 0.23 | 11.46 | 35.28 | 44.91 |
| | | | | | | |
| 18.27 | 39.42 | 65.51 | 91.48 | 117.96 | 155.05 | 191.71 |
| 1.85 | 1.38 | 3.26 | 5.11 | 16.80 | 33.02 | 40.94 |
| 16.04 | 16.50 | 24.40 | 49.04 | 82.37 | 107.41 | 144.84 |
| 98.39 | 144.88 | 180.88 | 220.67 | 201.10 | 322.02 | 337.34 |
| 1.75 | 1.03 | 7.47 | 5.44 | 86.11 | 20.42 | 6.20 |
| 9.34 | 14.55 | 18.36 | 37.10 | 33.95 | 77.79 | 86.22 |
| 1.01 | 3.14 | 3.94 | 12.14 | 11.11 | 17.92 | 14.88 |
| 8.29 | 11.02 | 13.98 | 24.72 | 22.63 | 59.74 | 71.18 |
| **260.67** | **307.93** | **439.91** | **571.69** | **599.66** | **1925.75** | **1064.99** |
| 3.41 | 0.94 | 1.27 | 5.12 | 6.67 | 7.66 | 15.12 |
| 4.22 | 0.76 | 1.27 | 12.66 | 6.96 | 4.43 | 7.83 |
| 181.02 | 215.11 | 251.70 | 306.57 | 306.10 | 990.10 | 489.36 |
| 4.31 | 8.29 | 48.20 | 45.79 | 46.27 | 75.62 | 97.99 |
| 56.18 | 78.84 | 135.57 | 195.53 | 228.00 | 835.67 | 435.14 |
| 11.53 | 3.99 | 1.91 | 6.03 | 5.67 | 12.27 | 19.55 |
| **319.54** | **522.78** | **629.55** | **1176.02** | **1750.01** | **2678.38** | **4030.61** |
| 118.84 | 233.98 | 270.73 | 616.49 | 1126.11 | 1765.30 | 2888.88 |
| 14.55 | 56.92 | 83.95 | 212.38 | 455.37 | 887.19 | 1774.33 |
| 6.20 | 16.08 | 7.92 | 32.36 | 12.35 | 45.12 | 82.32 |

2—4　续表 3

单位：元

| 项　　目 | Item | 总平均 Total Average | 最低收入户（10%）Lowest Income Households（first decile group） | # 困难户（5%）Poor Households（first five percent group） |
|---|---|---|---|---|
| 助力车 | Moped | 35.69 | 2.66 | 5.34 |
| 家用汽车 | Domestic Car | 128.61 | | |
| 其他交通工具 | Other Modes of Transport | 14.84 | 2.20 | 2.84 |
| 车辆用燃料及零配件 | Fuel and Accessories for Vehicle | 88.46 | 20.55 | 10.09 |
| 燃料 | Fuel | 79.54 | 16.11 | 4.21 |
| 零配件 | Accessories | 7.47 | 2.30 | 1.78 |
| 其他 | Others | 1.45 | 2.13 | 4.11 |
| 交通工具服务支出 | Transport Services Spending | 73.04 | 11.77 | 6.00 |
| 维修费 | Maintenance Costs | 21.16 | 5.43 | 3.32 |
| 车辆使用税费 | Vehicles Using Tax | 15.61 | 1.94 | 0.04 |
| 其它车辆使用费用 | Other Vehicles Cost | 36.15 | 4.38 | 2.65 |
| 交通费 | Transport | 154.40 | 37.83 | 23.44 |
| 飞机 | Aircraft | 8.55 | 0.49 | 0.50 |
| 火车 | Train | 28.28 | 3.39 | 1.70 |
| 长途汽车 | Long-distance Coach | 51.09 | 16.18 | 10.73 |
| 市内公共交通 | City Bus Transport | 32.99 | 9.64 | 4.95 |
| 出租汽车费 | Taxi Fees | 14.91 | 3.91 | 2.84 |
| 其他交通费 | Other Traffic Charges | 18.59 | 4.21 | 2.73 |
| 通信 | Communication | 420.62 | 142.07 | 96.14 |
| 通信工具 | Communication Tools | 82.55 | 11.36 | 2.44 |
| 电话机 | Telephone | 2.70 | 0.18 | |
| 移动电话 | Mobile Telephone | 67.11 | 10.68 | 2.00 |
| 其他通信工具 | Other Communications Tools | 3.26 | 0.40 | 0.25 |
| 通信服务 | Communication Service | 338.07 | 130.71 | 93.70 |
| 电信费 | Communications | 326.24 | 127.45 | 90.56 |
| 邮费 | Postage | 2.65 | 1.51 | 2.04 |
| 其他 | Others | 9.18 | 1.76 | 1.11 |
| **教育文化娱乐服务** | **Recreation, Education and Cultural Services** | **1050.04** | **305.13** | **203.38** |
| 文化娱乐用品 | Recreation, and Cultural Facilities | 301.42 | 47.44 | 51.05 |
| 彩色电视机 | Color TV | 41.06 | 4.26 | 1.17 |
| 家用电脑 | Home Computer | 113.60 | 15.32 | 27.64 |
| 整机电脑 | Unit Computer | 96.28 | 13.79 | 26.47 |

Continued

(yuan)

| 按收入等级分 (Grouped by Percentile of Households) | | | | | | |
|---|---|---|---|---|---|---|
| 低收入户 (10%) Low Income Households (second decile group) | 中等偏下户 (20%) Lower Middle Income Households (second quintile group) | 中等收入户 (20%) Middle Income Households (third quintile group) | 中等偏上户 (20%) Upper Middle Income Households (fourth quintile group) | 高收入户 (10%) High Income Households (ninth decile group) | 最高收入户 (10%) Highest Income Households (tenth decile group) | # 更高收入户 (5%) Higher Income Households (five percent) |
| 6.43 | 33.52 | 20.32 | 45.69 | 102.43 | 54.46 | 110.43 |
| | | 41.71 | 93.20 | 336.04 | 771.22 | 1563.85 |
| 1.91 | 7.32 | 13.99 | 41.13 | 4.55 | 16.39 | 17.74 |
| 25.85 | 43.57 | 51.89 | 106.85 | 184.25 | 281.16 | 350.36 |
| 21.52 | 39.87 | 45.84 | 95.32 | 169.38 | 255.61 | 314.38 |
| 4.16 | 3.34 | 5.80 | 9.85 | 12.08 | 20.14 | 26.25 |
| 0.17 | 0.36 | 0.25 | 1.68 | 2.79 | 5.41 | 9.72 |
| 18.25 | 34.63 | 29.10 | 73.00 | 180.08 | 279.55 | 423.66 |
| 5.15 | 10.31 | 8.77 | 19.31 | 82.18 | 49.46 | 64.73 |
| 2.00 | 5.26 | 1.76 | 4.96 | 12.53 | 128.85 | 237.65 |
| 11.08 | 19.03 | 18.56 | 48.71 | 84.42 | 101.13 | 121.07 |
| 60.19 | 98.87 | 105.79 | 224.26 | 306.40 | 317.40 | 340.53 |
| 1.97 | 2.05 | 2.07 | 18.41 | 15.16 | 25.93 | 24.30 |
| 11.11 | 15.16 | 16.02 | 40.03 | 55.62 | 78.98 | 87.47 |
| 19.19 | 37.46 | 44.32 | 70.38 | 97.64 | 82.69 | 82.33 |
| 17.76 | 24.33 | 21.45 | 37.50 | 67.95 | 75.92 | 86.37 |
| 5.16 | 9.52 | 8.05 | 19.22 | 39.30 | 31.07 | 36.80 |
| 5.01 | 10.36 | 13.87 | 38.73 | 30.74 | 22.81 | 23.25 |
| 200.70 | 288.79 | 358.82 | 559.52 | 623.90 | 913.08 | 1141.72 |
| 21.58 | 33.80 | 70.58 | 97.78 | 131.00 | 288.18 | 431.26 |
| 0.19 | 2.32 | 1.01 | 2.19 | 8.34 | 8.38 | 2.65 |
| 10.18 | 25.01 | 58.40 | 85.33 | 82.48 | 257.56 | 414.28 |
| 2.45 | 1.11 | 3.44 | 1.54 | 7.58 | 11.14 | 4.65 |
| 179.12 | 255.00 | 288.25 | 461.74 | 492.90 | 624.90 | 710.47 |
| 174.76 | 248.12 | 281.56 | 443.65 | 468.05 | 599.46 | 676.30 |
| 1.30 | 1.47 | 1.68 | 3.30 | 4.27 | 7.26 | 9.23 |
| 3.07 | 5.41 | 5.01 | 14.80 | 20.58 | 18.18 | 24.93 |
| **457.47** | **638.98** | **879.13** | **1345.04** | **1937.40** | **2318.90** | **2608.60** |
| 64.66 | 117.27 | 298.74 | 400.62 | 511.70 | 852.23 | 1058.55 |
| 1.30 | 9.71 | 77.24 | 43.56 | 44.28 | 111.56 | 117.04 |
| 18.11 | 38.52 | 105.93 | 150.47 | 212.84 | 339.08 | 487.47 |
| 16.87 | 28.52 | 88.45 | 119.93 | 192.85 | 300.49 | 444.67 |

## 2—4 续表 4

单位：元

| 项 目 | Item | 总平均 Total Average | 最低收入户（10%）Lowest Income Households（first decile group） | # 困难户（5%）Poor Households（first five percent group） |
|---|---|---|---|---|
| 计算机外部设备 | Computer Peripheral Equipment | 6.61 | 0.62 | 0.38 |
| 各种零配件及耗材 | Various Parts & Supplies | 10.71 | 0.91 | 0.79 |
| 组合音响 | Machines | 0.15 | | |
| 摄像机 | Cameras | | | |
| 照相机 | Cameras | 16.99 | 1.23 | 0.72 |
| 钢琴 | Piano | | | |
| 其他中高档乐器 | Other Middle-grade Instruments | 3.94 | 0.03 | 0.04 |
| 健身器材 | Fitness Equipment | 0.02 | | |
| 电子辞典 | Electronic Dictionary | 0.53 | | |
| 音像制品及软件 | Audio-video Products and Software | 6.36 | 1.22 | 1.56 |
| 体育用品 | Sports | 4.04 | 1.20 | 2.14 |
| 书报杂志 | Newspapers and Magazines | 39.10 | 9.11 | 7.13 |
| 纸张文具 | Paper Stationery | 10.08 | 4.56 | 4.37 |
| 其他文娱用品 | Other Cultural Items | 65.55 | 10.51 | 6.26 |
| 文化娱乐服务 | Recreation, and Culrural Service | 299.22 | 39.13 | 31.36 |
| 参观游览 | Tourists | 26.72 | 3.04 | 0.95 |
| 健身活动 | Fitness Activities | 3.45 | 1.03 | 0.47 |
| 团体旅游 | Tourist Groups | 159.22 | 7.53 | 5.88 |
| 其它文娱活动 | Other Cultural Activities | 98.35 | 25.19 | 22.69 |
| 文娱用品修理服务费 | Civic Supplies Repair Services | 11.49 | 2.35 | 1.38 |
| 教育 | Education | 449.39 | 218.56 | 120.97 |
| 教材 | Text-book | 62.09 | 38.26 | 26.49 |
| 课本及参考书 | Textbooks and Reference Books | 47.07 | 31.09 | 19.40 |
| 教育软件 | Educational Software | 0.12 | | |
| 其它教材 | Other Materials | 13.56 | 5.47 | 7.10 |
| 教育费用 | Education Expense | 387.31 | 180.30 | 94.48 |
| 非义务教育学杂费 | Non-compulsory Education Fees | 204.44 | 94.68 | 35.35 |
| 义务教育学杂费 | Compulsory Fees | 40.39 | 31.47 | 26.33 |
| 托幼费 | Nurseries Charges | 25.59 | 11.75 | 3.80 |
| 成人教育费 | Adult Education Fees | 17.51 | 6.58 | 5.91 |
| 家教费 | Tutor Fee | 5.19 | 1.51 | 0.87 |
| 培训班 | Courses | 70.73 | 15.44 | 13.82 |
| 学校住宿费 | Boarding Schools | 9.51 | 4.54 | 1.51 |
| 其他 | Others | 13.94 | 14.34 | 6.90 |

Continued

(yuan)

| 按收入等级分 (Grouped by Percentile of Households) | | | | | | |
|---|---|---|---|---|---|---|
| 低收入户 (10%) Low Income Households (second decile group) | 中等偏下户 (20%) Lower Middle Income Households (second quintile group) | 中等收入户 (20%) Middle Income Households (third quintile group) | 中等偏上户 (20%) Upper Middle Income Households (fourth quintile group) | 高收入户 (10%) High Income Households (ninth decile group) | 最高收入户 (10%) Highest Income Households (tenth decile group) | # 更高收入户 (5%) Higher Income Households (five percent) |
| 0.39 | 4.51 | 3.70 | 13.27 | 5.07 | 19.01 | 20.57 |
| 0.85 | 5.50 | 13.78 | 17.27 | 14.92 | 19.59 | 22.22 |
| | | 0.24 | 0.51 | | | |
| | | | | | | |
| 1.03 | 4.09 | 7.36 | 15.63 | 38.98 | 84.35 | 59.67 |
| | | | | | | |
| 0.16 | 0.29 | 2.88 | 11.47 | 8.71 | 1.73 | 2.88 |
| | | | 0.11 | | | |
| | | | | 4.53 | 1.00 | 2.04 |
| 2.05 | 3.18 | 4.59 | 11.37 | 8.84 | 14.79 | 22.25 |
| 1.22 | 1.68 | 5.06 | 6.81 | 2.47 | 9.27 | 13.96 |
| 16.13 | 20.15 | 32.63 | 48.29 | 67.84 | 107.02 | 119.92 |
| 5.25 | 6.36 | 7.44 | 14.20 | 14.77 | 22.31 | 31.20 |
| 19.40 | 33.28 | 55.37 | 98.19 | 108.43 | 161.12 | 202.12 |
| 89.99 | 169.12 | 249.38 | 378.00 | 577.97 | 779.84 | 787.01 |
| 10.31 | 13.74 | 17.82 | 38.08 | 42.88 | 80.15 | 125.29 |
| 1.43 | 0.97 | 1.05 | 3.44 | 4.02 | 18.98 | 20.84 |
| 24.24 | 87.83 | 127.37 | 201.19 | 351.66 | 428.29 | 355.22 |
| 49.01 | 61.60 | 96.18 | 120.94 | 157.17 | 215.69 | 239.38 |
| 4.99 | 4.98 | 6.95 | 14.35 | 22.24 | 36.74 | 46.28 |
| 302.83 | 352.59 | 331.01 | 566.43 | 847.73 | 686.83 | 763.04 |
| 45.67 | 61.46 | 42.26 | 65.51 | 103.71 | 102.82 | 128.72 |
| 35.84 | 45.47 | 37.33 | 43.94 | 77.44 | 78.70 | 97.65 |
| | 0.59 | 0.01 | | | | |
| 9.56 | 14.88 | 4.50 | 20.40 | 18.86 | 24.12 | 31.06 |
| 257.16 | 291.13 | 288.75 | 500.92 | 744.01 | 584.00 | 634.32 |
| 137.21 | 157.94 | 144.63 | 251.93 | 421.05 | 312.29 | 262.90 |
| 45.10 | 42.00 | 34.04 | 37.39 | 60.82 | 40.22 | 50.48 |
| 12.84 | 25.86 | 21.44 | 28.36 | 54.13 | 28.84 | 40.45 |
| 8.77 | 10.86 | 10.28 | 16.38 | 42.26 | 47.68 | 69.78 |
| 1.86 | 1.92 | 5.39 | 4.01 | 12.93 | 14.66 | 13.59 |
| 38.84 | 34.08 | 56.36 | 132.04 | 103.73 | 115.51 | 169.46 |
| 6.92 | 8.70 | 4.43 | 10.78 | 26.12 | 10.97 | 8.10 |
| 5.62 | 9.76 | 12.19 | 20.01 | 22.98 | 13.83 | 19.56 |

2—4 续表 5

单位：元

| 项目 | Item | 总平均 Total Average | 最低收入户（10%） Lowest Income Households（first decile group） | # 困难户（5%） Poor Households（first five percent group） |
|---|---|---|---|---|
| **居住** | **Residence** | **803.04** | **467.97** | **482.61** |
| 住房 | Accomadation | 217.29 | 77.11 | 113.33 |
| 租赁房房租 | Rental Housing Accommodation | 30.78 | 44.25 | 53.41 |
| 自有房租金折算 | Own Room Rent Commuted | | | |
| 住房装潢支出 | Housing Expenditure Decorating | 141.29 | 6.80 | 13.68 |
| 维修用建筑材料 | Maintenance Materials | 23.04 | 25.88 | 46.03 |
| 其他 | Others | 22.19 | 0.18 | 0.22 |
| 水电燃料及其他 | Water, Electricity and Other Fuels | 547.62 | 375.97 | 351.89 |
| 水 | Water | 77.81 | 58.15 | 57.52 |
| 电 | Electricity | 260.91 | 163.59 | 146.10 |
| 燃料 | Fuels | 203.73 | 153.70 | 147.91 |
| 煤炭 | Coal | 4.88 | 9.80 | 9.88 |
| 液化石油气 | Liquefied Petroleum Gas | 184.78 | 136.61 | 123.86 |
| 管道煤气 | Piped Gas | 8.68 | 0.52 | 1.04 |
| 其他燃料 | Others Fuel | 5.39 | 6.77 | 13.13 |
| 其他 | Others | 4.84 | 0.41 | 0.11 |
| 居住服务费 | Esidence Service Fees | 38.14 | 14.88 | 17.39 |
| 物业管理费 | Property Management Fees | 14.29 | 8.67 | 13.59 |
| 维修服务费 | Maintenance Services | 12.31 | 2.43 | 1.89 |
| 其它 | Others | 11.53 | 3.78 | 1.91 |
| **杂项商品和服务** | **Miscellaneous Commodities and Services** | **277.43** | **65.78** | **57.03** |
| 杂项商品 | Miscellaneous Commodities | 171.17 | 50.53 | 40.10 |
| 金银珠宝饰品 | Gold and Silver Jewelry | 16.03 | 3.19 | 1.86 |
| 手表 | Watches | 1.30 | 0.16 | 0.06 |
| 理发美容用具 | Barber Beauty Appliances | 0.95 | 0.16 | 0.17 |
| 化妆品 | Cosmetic Products | 56.13 | 16.11 | 10.46 |
| 其他杂品 | Other Groceries | 96.77 | 30.91 | 27.55 |
| 服务 | Services | 106.26 | 15.25 | 16.93 |
| 旅馆住宿费 | Hotel Accommodations | 9.68 | 1.82 | 1.05 |
| 理发洗澡费 | Barber Bathing | 18.18 | 2.69 | 2.55 |
| 美容费 | Beauty | 17.49 | 1.08 | 1.02 |
| 其他服务 | Other Services | 60.91 | 9.65 | 12.31 |

Continued

(yuan)

| 按收入等级分 (Grouped by Percentile of Households) | | | | | | |
|---|---|---|---|---|---|---|
| 低收入户 (10%) Low Income Households (second decile group) | 中等偏下户 (20%) Lower Middle Income Households (second quintile group) | 中等收入户 (20%) Middle Income Households (third quintile group) | 中等偏上户 (20%) Upper Middle Income Households (fourth quintile group) | 高收入户 (10%) High Income Households (ninth decile group) | 最高收入户 (10%) Highest Income Households (tenth decile group) | # 更高收入户 (5%) Higher Income Households (five percent) |
| **618.78** | **589.45** | **798.03** | **1063.82** | **936.95** | **1176.68** | **1336.29** |
| 109.02 | 86.10 | 231.96 | 415.79 | 193.84 | 354.62 | 497.53 |
| 61.64 | 31.93 | 18.70 | 17.57 | 25.50 | 37.39 | 57.09 |
| | 0.01 | | | | | |
| 38.30 | 30.20 | 140.19 | 329.42 | 117.84 | 278.91 | 382.94 |
| 8.59 | 12.07 | 54.39 | 17.98 | 15.56 | 10.95 | 11.83 |
| 0.50 | 11.90 | 18.67 | 50.82 | 34.93 | 27.37 | 45.68 |
| 483.06 | 475.51 | 533.44 | 614.17 | 643.91 | 763.96 | 757.90 |
| 67.09 | 64.07 | 73.60 | 93.99 | 95.91 | 98.23 | 98.97 |
| 214.08 | 225.60 | 239.91 | 293.48 | 340.67 | 397.11 | 423.21 |
| 195.87 | 184.03 | 210.25 | 224.21 | 201.94 | 256.19 | 230.94 |
| 10.41 | 5.05 | 4.48 | 2.73 | 0.85 | 2.18 | 1.70 |
| 173.22 | 168.23 | 197.59 | 207.23 | 177.76 | 219.64 | 205.36 |
| 4.51 | 7.46 | 6.08 | 5.16 | 21.41 | 25.79 | 21.44 |
| 7.72 | 3.29 | 2.09 | 9.08 | 1.92 | 8.58 | 2.44 |
| 5.77 | 1.48 | 9.38 | 2.12 | 4.53 | 12.43 | 4.78 |
| 26.69 | 27.84 | 32.63 | 33.86 | 99.20 | 58.09 | 80.85 |
| 7.76 | 11.71 | 5.52 | 15.54 | 31.43 | 32.96 | 46.23 |
| 0.32 | 8.64 | 18.89 | 4.74 | 52.09 | 5.90 | 7.03 |
| 18.61 | 7.49 | 8.22 | 13.58 | 15.69 | 19.24 | 27.59 |
| **91.53** | **128.76** | **208.01** | **333.81** | **715.09** | **640.21** | **773.22** |
| 59.69 | 93.79 | 141.74 | 220.69 | 334.88 | 398.46 | 477.90 |
| 1.97 | 5.72 | 19.63 | 13.88 | 37.21 | 44.87 | 69.35 |
| 0.18 | 0.20 | 0.68 | 2.73 | 2.58 | 3.24 | 5.74 |
| 0.24 | 0.56 | 0.70 | 1.23 | 1.61 | 2.80 | 3.82 |
| 18.42 | 30.29 | 42.16 | 73.98 | 89.81 | 161.13 | 210.28 |
| 38.87 | 57.02 | 78.58 | 128.88 | 203.67 | 186.42 | 188.72 |
| 31.84 | 34.97 | 66.27 | 113.12 | 380.21 | 241.75 | 295.32 |
| 2.59 | 1.50 | 8.01 | 19.16 | 24.78 | 12.15 | 14.43 |
| 8.47 | 10.19 | 13.94 | 21.70 | 40.32 | 43.51 | 45.40 |
| 4.74 | 3.56 | 12.28 | 23.95 | 38.70 | 57.58 | 60.65 |
| 16.05 | 19.72 | 32.04 | 48.32 | 276.41 | 128.51 | 174.84 |

## 2—5 城镇居民家庭人均购买商品数量（2007年）

| 项　　目 | Item | 总平均 Total Average | 最低收入户（10%） Lowest Income Households（first decile group） | # 困难户（5%） Poor Households（first five percent group） |
|---|---|---|---|---|
| **消费支出（元）** | **Total Consumption Expenditure（yuan）** | **8151.26** | **3587.89** | **3208.38** |
| **食品（元）** | **Food（yuan）** | **3398.09** | **2072.07** | **1931.17** |
| 粮油类（千克） | Grain and Oil（kg） | | | |
| 粮食（千克） | Grain（kg） | | | |
| 大米 | Rice | 52.68 | 47.60 | 41.79 |
| 面粉 | Flour | 1.08 | 0.96 | 0.57 |
| 其他粮食及制品 | Others Grain & Products | | | |
| 淀粉及薯类（千克） | Starches and Tubers（kg） | | | |
| 干豆类及豆制品（元） | Bean and Its Products（yuan） | 41.01 | 31.06 | 29.84 |
| 油脂类（千克） | Oil or Fat（kg） | | | |
| 食用植物油 | Edible Oil | 7.06 | 5.63 | 4.88 |
| 食用动物油 | Consumption of Animal Oil | | | |
| 肉禽蛋水产品类（千克） | Poutry, Eggs and Quatic Products（kg） | | | |
| 肉类（千克） | Meat（kg） | | | |
| 猪肉 | Pork | 27.11 | 20.96 | 21.07 |
| 牛肉 | Beef | 4.58 | 2.88 | 2.68 |
| 羊肉 | Lamb | 0.76 | 0.41 | 0.28 |
| 其他肉及制品 | Others Stewed & Products | | | |
| 禽类（千克） | Poultry（kg） | | | |
| 鸡 | Chicken | 10.73 | 8.09 | 8.28 |
| 鸭 | Duck | 5.82 | 3.97 | 3.89 |
| 其他禽及制品 | Others Poultry Processed & Products | | | |
| 蛋类（千克） | Eggs（kg） | | | |
| 鲜蛋 | Fresh Eggs | 6.15 | 4.28 | 4.24 |
| 蛋制品 | Eggs Processed Products | | | |
| 水产品类（元） | Aquatic Products（yuan） | 225.11 | 145.06 | 140.02 |
| 鱼（千克） | Fish（kg） | 12.66 | 10.26 | 9.76 |
| 虾（千克） | Shrimp（kg） | 1.08 | 0.64 | 0.75 |
| 其它水产品及制品 | Others Aquatic & Products | 53.04 | 27.07 | 27.25 |
| 蔬菜类（元） | Vegetables（yuan） | 300.01 | 220.60 | 224.82 |
| 鲜菜（千克） | Fresh Vegetables（kg） | 106.11 | 85.27 | 88.01 |
| 干菜（千克） | Dried Vegetables（kg） | | | |
| 菜制品 | Vegetable Products | 17.59 | 11.95 | 13.11 |

## Per Capita Annual Purchases of Commodities of Urban Households（2007）

| 按收入等级分 (Grouped by Percentile of Households) | | | | | | |
|---|---|---|---|---|---|---|
| 低收入户 (10%) Low Income Households (second decile group) | 中等偏下户 (20%) Lower Middle Income Households (second quintile group) | 中等收入户 (20%) Middle Income Households (third quintile group) | 中等偏上户 (20%) Upper Middle Income Households (fourth quintile group) | 高收入户 (10%) High Income Households (ninth decile group) | 最高收入户 (10%) Highest Income Households (tenth decile group) | # 更高收入户 (5%) Higher Income Households (five percent) |
| **4730.91** | **5750.36** | **7372.57** | **9928.45** | **12286.30** | **16261.19** | **17913.34** |
| **2563.68** | **2902.24** | **3344.80** | **3938.11** | **4347.24** | **4937.31** | **5016.78** |
| | | | | | | |
| 51.81 | 49.36 | 56.56 | 54.05 | 49.85 | 58.21 | 55.01 |
| 1.11 | 0.94 | 0.98 | 1.21 | 1.01 | 1.48 | 1.23 |
| | | | | | | |
| 39.19 | 37.84 | 41.14 | 45.18 | 46.53 | 46.22 | 45.18 |
| | | | | | | |
| 6.23 | 7.07 | 7.12 | 7.30 | 7.72 | 8.34 | 8.22 |
| | | | | | | |
| 24.05 | 25.03 | 26.93 | 30.37 | 29.64 | 32.88 | 32.40 |
| 3.95 | 4.23 | 5.03 | 5.10 | 4.54 | 5.88 | 6.55 |
| 0.59 | 0.61 | 0.77 | 0.97 | 1.00 | 0.94 | 0.96 |
| | | | | | | |
| 9.71 | 9.95 | 10.56 | 12.14 | 11.59 | 13.06 | 13.38 |
| 5.16 | 5.43 | 6.07 | 6.87 | 5.53 | 7.06 | 7.53 |
| | | | | | | |
| 5.33 | 5.80 | 6.58 | 6.63 | 6.71 | 7.37 | 7.65 |
| | | | | | | |
| 184.55 | 198.72 | 230.68 | 258.45 | 256.69 | 304.31 | 297.33 |
| 11.53 | 11.99 | 12.75 | 13.57 | 12.74 | 15.93 | 15.65 |
| 0.85 | 0.96 | 1.14 | 1.28 | 1.28 | 1.36 | 1.25 |
| 38.99 | 42.01 | 55.93 | 65.12 | 69.74 | 73.23 | 72.77 |
| 266.28 | 273.17 | 294.18 | 344.22 | 332.84 | 371.26 | 367.95 |
| 97.39 | 97.44 | 104.18 | 117.38 | 115.85 | 128.70 | 125.50 |
| | | | | | | |
| 16.69 | 15.38 | 19.33 | 20.75 | 18.69 | 18.00 | 18.53 |

2—5 续表 1

| 项　　目 | Item | 总平均 Total Average | 最低收入户（10%） Lowest Income Households （first decile group） | # 困难户（5%） Poor Households （first five percent group） |
|---|---|---|---|---|
| 调味品（元） | Flavoring（yuan） | 30.16 | 22.66 | 21.50 |
| 糖烟酒饮料类（元） | Suger, Tobacco, Wine and Beverages（yuan） | 220.26 | 112.26 | 93.59 |
| 糖类 | Carbohydrate Products | 35.67 | 19.47 | 16.19 |
| 烟草类 | Tobacco | 86.11 | 44.37 | 39.06 |
| 酒类（千克） | Liquors（kg） | | | |
| 白酒 | Liquors | 3.15 | 1.62 | 1.10 |
| 果酒 | Wine | 0.13 | 0.06 | 0.05 |
| 啤酒 | Beer | 2.28 | 1.75 | 0.88 |
| 其他酒 | Others | | | |
| 饮料（元） | Beverage（yuan） | 42.00 | 20.14 | 18.73 |
| 碳酸饮料（千克） | Carbonated Beverages（kg） | 0.91 | 0.61 | 0.53 |
| 瓶装饮用水（千克） | Bottled Drinking Water（kg） | 9.57 | 4.60 | 3.08 |
| 茶叶（千克） | Tea（kg） | 0.10 | 0.05 | 0.06 |
| 其他饮料（元） | Other Beverages（yuan） | 19.92 | 10.06 | 9.64 |
| 干鲜瓜果类（元） | Dried and Fresh Melons and Fruits（yuan） | 234.38 | 123.34 | 109.39 |
| 鲜果（千克） | Fresh Fruits（kg） | 42.85 | 24.53 | 21.76 |
| 鲜瓜（千克） | Fresh Melons（kg） | 13.11 | 6.90 | 6.15 |
| 其他干鲜瓜果类及制品 | Others Melon and Fruits & Products | | | |
| 糕点、奶及奶制品（元） | Pastry, Milk and Milk Products（yuan） | 174.53 | 86.83 | 80.84 |
| 糕点（千克） | Pastry（kg） | 3.51 | 1.77 | 1.66 |
| 奶及奶制品（元） | Milk and Its Products（yuan） | 118.27 | 58.54 | 53.82 |
| 鲜乳品（千克） | Fresh milk（kg） | 11.77 | 6.27 | 6.06 |
| 奶粉（千克） | Milk Powder（kg） | 0.51 | 0.12 | 0.09 |
| 酸奶（千克） | Yogurt（kg） | 0.78 | 0.45 | 0.35 |
| 其他奶制品（元） | Other Dairy Products（yuan） | 21.05 | 10.73 | 9.22 |
| 其他食品（元） | Others Food（yuan） | 67.21 | 32.28 | 30.36 |
| 饮食服务（元） | Food Service（yuan） | 621.62 | 212.40 | 168.00 |
| 食品加工服务费 | Food Processing Cost | 2.03 | 0.15 | 0.27 |
| 在外饮食 | Dinars | 619.59 | 212.25 | 167.73 |
| **非食品类（元）** | **Non-food（yuan）** | | | |
| **衣着（元）** | **Clothing（yuan）** | **656.69** | **150.65** | **84.28** |
| 服装（件） | Garments（piece） | 7.83 | 2.32 | 1.22 |
| 衣着材料（元） | Clothing Material（yuan） | 7.66 | 1.67 | 0.18 |

Continued

| 按收入等级分 | (Grouped by Percentile of Households) | | | | | |
|---|---|---|---|---|---|---|
| 低收入户 (10%) Low Income Households (second decile group) | 中等偏下户 (20%) Lower Middle Income Households (second quintile group) | 中等收入户 (20%) Middle Income Households (third quintile group) | 中等偏上户 (20%) Upper Middle Income Households (fourth quintile group) | 高收入户 (10%) High Income Households (ninth decile group) | 最高收入户 (10%) Highest Income Households (tenth decile group) | # 更高收入户 (5%) Higher Income Households (five percent) |
| 25.24 | 29.18 | 28.76 | 32.85 | 33.22 | 40.75 | 38.34 |
| 139.96 | 165.11 | 224.06 | 266.88 | 331.98 | 332.89 | 332.53 |
| 23.99 | 29.01 | 35.86 | 42.51 | 49.59 | 52.77 | 57.56 |
| 52.23 | 60.82 | 96.18 | 101.59 | 131.39 | 126.13 | 89.66 |
| | | | | | | |
| 3.52 | 2.52 | 2.58 | 4.51 | 3.62 | 3.67 | 3.61 |
| 0.08 | 0.12 | 0.15 | 0.13 | 0.21 | 0.20 | 0.20 |
| 1.84 | 1.72 | 1.98 | 3.18 | 2.77 | 2.82 | 2.94 |
| | | | | | | |
| 25.56 | 31.44 | 40.79 | 53.15 | 60.21 | 69.05 | 81.35 |
| 0.79 | 0.82 | 0.72 | 1.12 | 0.99 | 1.44 | 1.72 |
| 5.17 | 7.14 | 10.82 | 13.23 | 12.28 | 12.22 | 12.10 |
| 0.05 | 0.08 | 0.13 | 0.13 | 0.10 | 0.16 | 0.22 |
| 12.25 | 15.14 | 19.63 | 21.99 | 35.68 | 30.39 | 36.12 |
| 168.68 | 199.60 | 229.19 | 276.92 | 309.90 | 354.82 | 381.18 |
| 32.17 | 36.96 | 42.69 | 50.02 | 55.20 | 61.06 | 62.15 |
| 10.27 | 11.54 | 12.98 | 15.71 | 15.63 | 18.97 | 22.55 |
| | | | | | | |
| 115.16 | 150.75 | 164.93 | 193.27 | 247.00 | 301.99 | 346.30 |
| 2.32 | 2.62 | 3.53 | 4.14 | 4.91 | 6.01 | 7.34 |
| 77.70 | 107.34 | 107.61 | 128.27 | 170.28 | 206.02 | 233.45 |
| 8.50 | 10.16 | 9.94 | 12.50 | 16.68 | 22.83 | 26.93 |
| 0.24 | 1.36 | 0.35 | 0.25 | 0.38 | 0.44 | 0.27 |
| 0.61 | 0.74 | 0.77 | 0.80 | 0.83 | 1.33 | 1.69 |
| 9.87 | 15.11 | 21.84 | 25.78 | 35.90 | 31.52 | 33.09 |
| 51.82 | 53.82 | 54.40 | 78.73 | 88.95 | 135.52 | 136.28 |
| 281.16 | 419.27 | 587.29 | 775.37 | 1084.99 | 1194.85 | 1204.12 |
| 0.26 | 1.49 | 1.13 | 2.84 | 6.92 | 2.49 | 1.34 |
| 280.90 | 417.78 | 586.15 | 772.53 | 1078.07 | 1192.36 | 1202.78 |
| | | | | | | |
| **205.40** | **390.03** | **564.44** | **885.41** | **1114.30** | **1588.42** | **1997.20** |
| 3.26 | 5.12 | 6.45 | 9.84 | 14.11 | 17.68 | 20.71 |
| 1.71 | 4.78 | 10.85 | 12.09 | 6.73 | 12.13 | 13.00 |

## 2—5 续表 2

| 项　　目 | Item | 总平均 Total Average | 最低收入户（10%） Lowest Income Households（first decile group） | # 困难户（5%） Poor Households（first five percent group） |
|---|---|---|---|---|
| 鞋类（双） | Shoes（pair） | 2.26 | 0.99 | 0.71 |
| 其他衣着用品（元） | Other Clothing Articles（yuan） | 15.00 | 3.47 | 2.89 |
| 衣着加工服务费（元） | Clothes Processing Service Cost（yuan） | 4.34 | 0.85 | 0.93 |
| **家庭设备用品及服务（元）** | **Household Facilities, Articles and Service（yuan）** | **491.03** | **132.43** | **123.49** |
| 耐用消费品（元） | Durable Consumer Goods（yuan） | 229.47 | 31.00 | 16.86 |
| 家具（元） | Furniture（yuan） | 65.66 | 2.26 | 0.02 |
| 家庭设备（元） | Household Facilities（yuan） | 160.64 | 28.74 | 16.85 |
| 洗衣机（台/百户） | Washing Machine（set/100 household） | 3.16 | 1.28 | 0.57 |
| 电冰箱（台/百户） | Refrigerator（set/100 household） | 2.12 | 0.10 | |
| 微波炉（台/百户） | Microwave Oven（set/100 household） | 1.78 | 1.01 | |
| 空调器（台/百户） | Air Conditioner（set/100 household） | 5.06 | | |
| 淋浴热水器（台/百户） | Shower Water Heaters（set/100 household） | 6.62 | 1.67 | 1.05 |
| 消毒碗柜（台/百户） | Xiaodaiwangui（set/100 household） | 1.74 | | |
| 洗碗机（台/百户） | Dishwashers（set/100 household） | | | |
| 其他（元） | Others（yuan） | 68.87 | 21.61 | 12.71 |
| 室内装饰品（元） | Interior Decorations（yuan） | 6.78 | 0.38 | |
| 床上用品（元） | Bed Articles（yuan） | 38.03 | 6.65 | 5.73 |
| 家庭日用杂品（元） | Daily Use Household Articles（yuan） | 176.99 | 81.09 | 87.46 |
| 家具材料（元） | Furniture Material（yuan） | 13.70 | 5.93 | 9.31 |
| 家庭服务（元） | Household Service（yuan） | 26.06 | 7.39 | 4.13 |
| 家政服务 | Domestic Service | 6.76 | 1.18 | 0.95 |
| 加工维修服务费 | Processing Maintenance Services | 19.06 | 6.21 | 3.19 |
| **医疗保健（元）** | **Medical Care（yuan）** | **542.07** | **176.78** | **182.54** |
| 医疗器具 | Medical Appliances | 3.25 | 0.77 | 0.01 |
| 保健器具 | Constitutional Appliances | 4.62 | 1.53 | 0.02 |
| 药品费 | Medicine Expense | 304.73 | 110.27 | 113.59 |
| 滋补保健品 | Nourishing Healthful Products | 32.65 | 4.19 | 7.27 |
| 医疗费 | Medical Care Expense | 191.49 | 59.70 | 61.37 |
| 其他 | Others | 5.33 | 0.33 | 0.29 |
| **交通和通讯（元）** | **Transportationation and Communication（yuan）** | **932.87** | **217.07** | **143.86** |
| 交通（元） | Transportationation（yuan） | 512.25 | 75.00 | 47.72 |
| 家庭交通工具（元） | Household Transportation（yuan） | 196.35 | 4.85 | 8.18 |
| 摩托车（辆/百户） | Motor（set/100 household） | 3.02 | | |

Continued

| 按收入等级分 (Grouped by Percentile of Households) | | | | | | |
|---|---|---|---|---|---|---|
| 低收入户 (10%) Low Income Households (second decile group) | 中等偏下户 (20%) Lower Middle Income Households (second quintile group) | 中等收入户 (20%) Middle Income Households (third quintile group) | 中等偏上户 (20%) Upper Middle Income Households (fourth quintile group) | 高收入户 (10%) High Income Households (ninth decile group) | 最高收入户 (10%) Highest Income Households (tenth decile group) | # 更高收入户 (5%) Higher Income Households (five percent) |
| 1.31 | 1.63 | 2.24 | 2.60 | 3.43 | 4.32 | 4.83 |
| 6.95 | 9.17 | 13.45 | 19.41 | 27.05 | 31.80 | 37.39 |
| 1.65 | 2.66 | 3.25 | 6.48 | 6.53 | 10.72 | 12.00 |
| **213.84** | **270.18** | **508.70** | **614.54** | **885.66** | **995.54** | **1085.66** |
| 86.48 | 91.84 | 274.32 | 297.20 | 465.32 | 434.89 | 470.12 |
| 21.85 | 21.54 | 132.36 | 84.24 | 55.37 | 110.24 | 115.11 |
| 64.64 | 69.24 | 134.72 | 208.86 | 405.54 | 321.73 | 355.01 |
| 1.36 | 1.59 | 3.34 | 4.23 | 7.18 | 2.88 | 3.61 |
| 0.09 | 1.04 | 1.27 | 3.53 | 4.02 | 4.76 | 1.83 |
| 0.17 | 2.01 | 1.51 | 2.60 | 3.04 | 1.19 | 0.12 |
| 4.31 | 0.89 | 2.63 | 5.93 | 15.71 | 10.16 | 6.80 |
| 1.94 | 3.58 | 7.05 | 7.93 | 13.27 | 10.93 | 12.82 |
| 0.09 | 0.69 | 1.15 | 0.16 | 6.60 | 6.28 | 6.01 |
| | | | | | | |
| 18.27 | 39.42 | 65.51 | 91.48 | 117.96 | 155.05 | 191.71 |
| 1.85 | 1.38 | 3.26 | 5.11 | 16.80 | 33.02 | 40.94 |
| 16.04 | 16.50 | 24.40 | 49.04 | 82.37 | 107.41 | 144.84 |
| 98.39 | 144.88 | 180.88 | 220.67 | 201.10 | 322.02 | 337.34 |
| 1.75 | 1.03 | 7.47 | 5.44 | 86.11 | 20.42 | 6.20 |
| 9.34 | 14.55 | 18.36 | 37.10 | 33.95 | 77.79 | 86.22 |
| 1.01 | 3.14 | 3.94 | 12.14 | 11.11 | 17.92 | 14.88 |
| 8.29 | 11.02 | 13.98 | 24.72 | 22.63 | 59.74 | 71.18 |
| **260.67** | **307.93** | **439.91** | **571.69** | **599.66** | **1925.75** | **1064.99** |
| 3.41 | 0.94 | 1.27 | 5.12 | 6.67 | 7.66 | 15.12 |
| 4.22 | 0.76 | 1.27 | 12.66 | 6.96 | 4.43 | 7.83 |
| 181.02 | 215.11 | 251.70 | 306.57 | 306.10 | 990.10 | 489.36 |
| 4.31 | 8.29 | 48.20 | 45.79 | 46.27 | 75.62 | 97.99 |
| 56.18 | 78.84 | 135.57 | 195.53 | 228.00 | 835.67 | 435.14 |
| 11.53 | 3.99 | 1.91 | 6.03 | 5.67 | 12.27 | 19.55 |
| **319.54** | **522.78** | **629.55** | **1176.02** | **1750.01** | **2678.38** | **4030.61** |
| 118.84 | 233.98 | 270.73 | 616.49 | 1126.11 | 1765.30 | 2888.88 |
| 14.55 | 56.92 | 83.95 | 212.38 | 455.37 | 887.19 | 1774.33 |
| 0.26 | 0.29 | 11.82 | 1.32 | 0.36 | 2.03 | 4.03 |

2—5 续表 3

| 项　目 | Item | 总平均 Total Average | 最低收入户（10%） Lowest Income Households（first decile group） | # 困难户（5%） Poor Households（first five percent group） |
|---|---|---|---|---|
| 助力车（辆/百户） | Moped（set/100 household） | 3.18 | 0.29 | 0.57 |
| 家用汽车（辆/百户） | Domestic Car（set/100 household） | 0.60 | | |
| 其他交通工具（元） | Other Modes of Transport（yuan） | 14.84 | 2.20 | 2.84 |
| 车辆用燃料及零配件（元） | Fuel and Accessories for Vehicle（yuan） | 88.46 | 20.55 | 10.09 |
| 燃料 | Fuel | 79.54 | 16.11 | 4.21 |
| 零配件 | Accessories | 7.47 | 2.30 | 1.78 |
| 其他 | Others | 1.45 | 2.13 | 4.11 |
| 交通工具服务支出（元） | Transport Services Spending（yuan） | 73.04 | 11.77 | 6.00 |
| 维修费 | Maintenance Costs | 21.16 | 5.43 | 3.32 |
| 车辆使用税费 | Vehicles Using Tax | 15.61 | 1.94 | 0.04 |
| 其它车辆使用费用 | Other Vehicles Cost | 36.15 | 4.38 | 2.65 |
| 交通费（元） | Transport（yuan） | 154.40 | 37.83 | 23.44 |
| 飞机 | Aircraft | 8.55 | 0.49 | 0.50 |
| 火车 | Train | 28.28 | 3.39 | 1.70 |
| 长途汽车 | Long-distance Coach | 51.09 | 16.18 | 10.73 |
| 市内公共交通 | City Bus Transport | 32.99 | 9.64 | 4.95 |
| 出租汽车费 | Taxi Fees | 14.91 | 3.91 | 2.84 |
| 其他交通费 | Other Traffic Charges | 18.59 | 4.21 | 2.73 |
| 通信（元） | Communication（yuan） | 420.62 | 142.07 | 96.14 |
| 通信工具（元） | Communication Tools（yuan） | 82.55 | 11.36 | 2.44 |
| 电话机（部/百户） | Telephone（set/100 household） | 12.08 | 0.99 | |
| 移动电话（部/百户） | Mobile Telephone（set/100 household） | 24.51 | 7.10 | 0.95 |
| 其他通信工具（元） | Other Communications Tools（yuan） | 3.26 | 0.40 | 0.25 |
| 通信服务（元） | Communication Service（yuan） | 338.07 | 130.71 | 93.70 |
| 电信费 | Communications | 326.24 | 127.45 | 90.56 |
| 邮费 | Postage | 2.65 | 1.51 | 2.04 |
| 其他 | Others | 9.18 | 1.76 | 1.11 |
| **教育文化娱乐服务（元）** | **Recreation, Education and Cultural Services（yuan）** | **1050.04** | **305.13** | **203.38** |
| 文化娱乐用品（元） | Recreation, and Cultural Facilities（yuan） | 301.42 | 47.44 | 51.05 |
| 彩色电视机（台/百户） | Color TV（set/100 household） | 3.44 | 1.05 | |
| 家用电脑 | Home Computer | 113.60 | 15.32 | 27.64 |
| 整机电脑（台/百户） | Unit Computer（set/100 household） | 5.85 | 1.34 | 2.61 |

Continued

| 按收入等级分 (Grouped by Percentile of Households) | | | | | | |
|---|---|---|---|---|---|---|
| 低收入户 (10%) Low Income Households (second decile group) | 中等偏下户 (20%) Lower Middle Income Households (second quintile group) | 中等收入户 (20%) Middle Income Households (third quintile group) | 中等偏上户 (20%) Upper Middle Income Households (fourth quintile group) | 高收入户 (10%) High Income Households (ninth decile group) | 最高收入户 (10%) Highest Income Households (tenth decile group) | # 更高收入户 (5%) Higher Income Households (five percent) |
| 1.80 | 3.50 | 0.88 | 4.33 | 6.30 | 5.61 | 11.13 |
| | | 0.45 | 1.65 | | 1.56 | 3.09 |
| 1.91 | 7.32 | 13.99 | 41.13 | 4.55 | 16.39 | 17.74 |
| 25.85 | 43.57 | 51.89 | 106.85 | 184.25 | 281.16 | 350.36 |
| 21.52 | 39.87 | 45.84 | 95.32 | 169.38 | 255.61 | 314.38 |
| 4.16 | 3.34 | 5.80 | 9.85 | 12.08 | 20.14 | 26.25 |
| 0.17 | 0.36 | 0.25 | 1.68 | 2.79 | 5.41 | 9.72 |
| 18.25 | 34.63 | 29.10 | 73.00 | 180.08 | 279.55 | 423.66 |
| 5.15 | 10.31 | 8.77 | 19.31 | 82.18 | 49.46 | 64.73 |
| 2.00 | 5.26 | 1.76 | 4.96 | 12.53 | 128.85 | 237.65 |
| 11.08 | 19.03 | 18.56 | 48.71 | 84.42 | 101.13 | 121.07 |
| 60.19 | 98.87 | 105.79 | 224.26 | 306.40 | 317.40 | 340.53 |
| 1.97 | 2.05 | 2.07 | 18.41 | 15.16 | 25.93 | 24.30 |
| 11.11 | 15.16 | 16.02 | 40.03 | 55.62 | 78.98 | 87.47 |
| 19.19 | 37.46 | 44.32 | 70.38 | 97.64 | 82.69 | 82.33 |
| 17.76 | 24.33 | 21.45 | 37.50 | 67.95 | 75.92 | 86.37 |
| 5.16 | 9.52 | 8.05 | 19.22 | 39.30 | 31.07 | 36.80 |
| 5.01 | 10.36 | 13.87 | 38.73 | 30.74 | 22.81 | 23.25 |
| 200.70 | 288.79 | 358.82 | 559.52 | 623.90 | 913.08 | 1141.72 |
| 21.58 | 33.80 | 70.58 | 97.78 | 131.00 | 288.18 | 431.26 |
| 0.94 | 11.22 | 4.06 | 9.26 | 43.89 | 24.25 | 11.85 |
| 3.21 | 16.92 | 24.24 | 30.15 | 35.63 | 51.93 | 66.80 |
| 2.45 | 1.11 | 3.44 | 1.54 | 7.58 | 11.14 | 4.65 |
| 179.12 | 255.00 | 288.25 | 461.74 | 492.90 | 624.90 | 710.47 |
| 174.76 | 248.12 | 281.56 | 443.65 | 468.05 | 599.46 | 676.30 |
| 1.30 | 1.47 | 1.68 | 3.30 | 4.27 | 7.26 | 9.23 |
| 3.07 | 5.41 | 5.01 | 14.80 | 20.58 | 18.18 | 24.93 |
| **457.47** | **638.98** | **879.13** | **1345.04** | **1937.40** | **2318.90** | **2608.60** |
| 64.66 | 117.27 | 298.74 | 400.62 | 511.70 | 852.23 | 1058.55 |
| | 0.97 | 5.42 | 4.22 | 3.11 | 8.11 | 10.09 |
| 18.11 | 38.52 | 105.93 | 150.47 | 212.84 | 339.08 | 487.47 |
| 1.90 | 3.20 | 5.76 | 5.86 | 8.60 | 15.75 | 22.76 |

2—5 续表 4

| 项　　目 | Item | 总平均 Total Average | 最低收入户（10%） Lowest Income Households （first decile group） | # 困难户（5%） Poor Households （first five percent group） |
|---|---|---|---|---|
| 计算机外部设备 | Computer Peripheral Equipment | 6.61 | 0.62 | 0.38 |
| 各种零配件及耗材 | Various Parts & Supplies | 10.71 | 0.91 | 0.79 |
| 组合音响（台/百户） | Machines （set/100 household） | 0.15 | | |
| 摄像机（架/百户） | Cameras（set/100 household） | | | |
| 照相机（架/百户） | Cameras （set/100 household） | 19.07 | | |
| 钢琴（架/百户） | Piano（set/100 household） | | | |
| 其他中高档乐器（件/百户） | Other Middle-grade Instruments （piece/100 household） | 0.77 | | |
| 健身器材（件） | Fitness Equipment（piece） | 0.03 | | |
| 电子辞典（部） | Electronic Dictionary（set） | 0.12 | | |
| 音像制品及软件 | Audio-video Products and Software | 6.36 | 1.22 | 1.56 |
| 体育用品 | Sports | 4.04 | 1.20 | 2.14 |
| 书报杂志 | Newspapers and Magazines | 39.10 | 9.11 | 7.13 |
| 纸张文具 | Paper Stationery | 10.08 | 4.56 | 4.37 |
| 其他文娱用品 | Other Cultural Items | 65.55 | 10.51 | 6.26 |
| 文化娱乐服务（元） | Recreation, and Culrural Service（yuan） | 299.22 | 39.13 | 31.36 |
| 参观游览 | Tourists | 26.72 | 3.04 | 0.95 |
| 健身活动 | Fitness Activities | 3.45 | 1.03 | 0.47 |
| 团体旅游 | Tourist Groups | 159.22 | 7.53 | 5.88 |
| 其它文娱活动 | Other Cultural Activities | 98.35 | 25.19 | 22.69 |
| 文娱用品修理服务费 | Civic Supplies Repair Services | 11.49 | 2.35 | 1.38 |
| 教育（元） | Education（yuan） | 449.39 | 218.56 | 120.97 |
| 教材 | Text-book | 62.09 | 38.26 | 26.49 |
| 课本及参考书 | Textbooks and Reference Books | 47.07 | 31.09 | 19.40 |
| 教育软件 | Educational Software | 0.12 | | |
| 其它教材 | Other Materials | 13.56 | 5.47 | 7.10 |
| 教育费用（元） | Education Expense（yuan） | 387.31 | 180.30 | 94.48 |
| 非义务教育学杂费 | Non-compulsory Education Fees | 204.44 | 94.68 | 35.35 |
| 义务教育学杂费 | Compulsory Fees | 40.39 | 31.47 | 26.33 |
| 托幼费 | Nurseries Charges | 25.59 | 11.75 | 3.80 |
| 成人教育费 | Adult Education Fees | 17.51 | 6.58 | 5.91 |
| 家教费 | Tutor Fee | 5.19 | 1.51 | 0.87 |
| 培训班 | Courses | 70.73 | 15.44 | 13.82 |
| 学校住宿费 | Boarding Schools | 9.51 | 4.54 | 1.51 |
| 其他 | Others | 13.94 | 14.34 | 6.90 |

Continued

| 按收入等级分 (Grouped by Percentile of Households) | | | | | | |
|---|---|---|---|---|---|---|
| 低收入户 (10%) Low Income Households (second decile group) | 中等偏下户 (20%) Lower Middle Income House-holds (second quintile group) | 中等收入户 (20%) Middle Income Households (third quintile group) | 中等偏上户 (20%) Upper Middle Income House-holds (fourth quintile group) | 高收入户 (10%) High Income Households (ninth decile group) | 最高收入户 (10%) Highest Income Households (tenth decile group) | # 更高收入户 (5%) Higher Income Households (five percent) |
| 0.39 | 4.51 | 3.70 | 13.27 | 5.07 | 19.01 | 20.57 |
| 0.85 | 5.50 | 13.78 | 17.27 | 14.92 | 19.59 | 22.22 |
| | | 0.25 | 0.47 | | | |
| | 3.79 | 4.06 | 5.60 | 21.40 | 134.97 | 237.34 |
| | 0.02 | 0.76 | 1.79 | 1.29 | 0.94 | 1.87 |
| | | | 0.16 | | | |
| | | | | 0.90 | 0.25 | 0.50 |
| 2.05 | 3.18 | 4.59 | 11.37 | 8.84 | 14.79 | 22.25 |
| 1.22 | 1.68 | 5.06 | 6.81 | 2.47 | 9.27 | 13.96 |
| 16.13 | 20.15 | 32.63 | 48.29 | 67.84 | 107.02 | 119.92 |
| 5.25 | 6.36 | 7.44 | 14.20 | 14.77 | 22.31 | 31.20 |
| 19.40 | 33.28 | 55.37 | 98.19 | 108.43 | 161.12 | 202.12 |
| 89.99 | 169.12 | 249.38 | 378.00 | 577.97 | 779.84 | 787.01 |
| 10.31 | 13.74 | 17.82 | 38.08 | 42.88 | 80.15 | 125.29 |
| 1.43 | 0.97 | 1.05 | 3.44 | 4.02 | 18.98 | 20.84 |
| 24.24 | 87.83 | 127.37 | 201.19 | 351.66 | 428.29 | 355.22 |
| 49.01 | 61.60 | 96.18 | 120.94 | 157.17 | 215.69 | 239.38 |
| 4.99 | 4.98 | 6.95 | 14.35 | 22.24 | 36.74 | 46.28 |
| 302.83 | 352.59 | 331.01 | 566.43 | 847.73 | 686.83 | 763.04 |
| 45.67 | 61.46 | 42.26 | 65.51 | 103.71 | 102.82 | 128.72 |
| 35.84 | 45.47 | 37.33 | 43.94 | 77.44 | 78.70 | 97.65 |
| | 0.59 | 0.01 | | | | |
| 9.56 | 14.88 | 4.50 | 20.40 | 18.86 | 24.12 | 31.06 |
| 257.16 | 291.13 | 288.75 | 500.92 | 744.01 | 584.00 | 634.32 |
| 137.21 | 157.94 | 144.63 | 251.93 | 421.05 | 312.29 | 262.90 |
| 45.10 | 42.00 | 34.04 | 37.39 | 60.82 | 40.22 | 50.48 |
| 12.84 | 25.86 | 21.44 | 28.36 | 54.13 | 28.84 | 40.45 |
| 8.77 | 10.86 | 10.28 | 16.38 | 42.26 | 47.68 | 69.78 |
| 1.86 | 1.92 | 5.39 | 4.01 | 12.93 | 14.66 | 13.59 |
| 38.84 | 34.08 | 56.36 | 132.04 | 103.73 | 115.51 | 169.46 |
| 6.92 | 8.70 | 4.43 | 10.78 | 26.12 | 10.97 | 8.10 |
| 5.62 | 9.76 | 12.19 | 20.01 | 22.98 | 13.83 | 19.56 |

2—5 续表 5

| 项　　目 | Item | 总平均<br>Total Average | 最低收入户（10%）<br>Lowest Income Households（first decile group） | # 困难户（5%）<br>Poor Households（first five percent group） |
|---|---|---|---|---|
| **居住（元）** | **Residence（yuan）** | **803.04** | **467.97** | **482.61** |
| 住房（元） | Accomadation（yuan） | 217.29 | 77.11 | 113.33 |
| 租赁房房租 | Rental Housing Accommodation | 30.78 | 44.25 | 53.41 |
| 自有房租金折算 | Own Room Rent Commuted | 141.29 | 6.80 | 13.68 |
| 住房装潢支出 | Housing Expenditure Decorating | 23.04 | 25.88 | 46.03 |
| 维修用建筑材料 | Maintenance Materials | 23.04 | 25.88 | 46.03 |
| 其他 | Others | 22.19 | 0.18 | 0.22 |
| 水电燃料及其他（元） | Water, Electricity and Other Fuels | 547.62 | 375.97 | 351.89 |
| 水（吨） | Water（ton） | 57.72 | 42.25 | 41.06 |
| 电（度） | Electricity（wh） | 473.67 | 291.41 | 260.76 |
| 燃料（千克） | Fuels（kg） | | | |
| 煤炭 | Coal | 12.31 | 27.43 | 29.22 |
| 液化石油气 | Liquefied Petroleum Gas | 41.81 | 32.44 | 29.34 |
| 管道煤气（立方米） | Piped Gas（cu.m） | 5.04 | 0.41 | 0.82 |
| 其他燃料（元） | Others Fuel（yuan） | 5.39 | 6.77 | 13.13 |
| 其他 | Others | 4.84 | 0.41 | 0.11 |
| 居住服务费（元） | Esidence Service Fees（yuan） | 38.14 | 14.88 | 17.39 |
| 物业管理费 | Property Management Fees | 14.29 | 8.67 | 13.59 |
| 维修服务费 | Maintenance Services | 12.31 | 2.43 | 1.89 |
| 其它 | Others | 11.53 | 3.78 | 1.91 |
| **杂项商品和服务（元）** | **Miscellaneous Commodities and Services（yuan）** | **277.43** | **65.78** | **57.03** |
| 杂项商品（元） | Miscellaneous Commodities（yuan） | 171.17 | 50.53 | 40.10 |
| 金银珠宝饰品 | Gold and Silver Jewelry | 16.03 | 3.19 | 1.86 |
| 手表（只） | Watches（Only） | 0.01 | 0.01 | |
| 理发美容用具 | Barber Beauty Appliances | 0.95 | 0.16 | 0.17 |
| 化妆品 | Cosmetic Products | 56.13 | 16.11 | 10.46 |
| 其他杂品 | Other Groceries | 96.77 | 30.91 | 27.55 |
| 服务（元） | Services（yuan） | 106.26 | 15.25 | 16.93 |
| 旅馆住宿费 | Hotel Accommodations | 9.68 | 1.82 | 1.05 |
| 理发洗澡费 | Barber Bathing | 18.18 | 2.69 | 2.55 |
| 美容费 | Beauty | 17.49 | 1.08 | 1.02 |
| 其他服务 | Other Services | 60.91 | 9.65 | 12.31 |

Continued

| 按收入等级分 (Grouped by Percentile of Households) | | | | | | |
|---|---|---|---|---|---|---|
| 低收入户 (10%) Low Income Households (second decile group) | 中等偏下户 (20%) Lower Middle Income Households (second quintile group) | 中等收入户 (20%) Middle Income Households (third quintile group) | 中等偏上户 (20%) Upper Middle Income Households (fourth quintile group) | 高收入户 (10%) High Income Households (ninth decile group) | 最高收入户 (10%) Highest Income Households (tenth decile group) | # 更高收入户 (5%) Higher Income Households (five percent) |
| **618.78** | **589.45** | **798.03** | **1063.82** | **936.95** | **1176.68** | **1336.29** |
| 109.02 | 86.10 | 231.96 | 415.79 | 193.84 | 354.62 | 497.53 |
| 61.64 | 31.93 | 18.70 | 17.57 | 25.50 | 37.39 | 57.09 |
| 38.30 | 30.20 | 140.19 | 329.42 | 117.84 | 278.91 | 382.94 |
| 8.59 | 12.07 | 54.39 | 17.98 | 15.56 | 10.95 | 11.83 |
| 8.59 | 12.07 | 54.39 | 17.98 | 15.56 | 10.95 | 11.83 |
| 0.50 | 11.90 | 18.67 | 50.82 | 34.93 | 27.37 | 45.68 |
| 483.06 | 475.51 | 533.44 | 614.17 | 643.91 | 763.96 | 757.90 |
| 47.28 | 47.62 | 53.94 | 74.14 | 70.28 | 69.35 | 67.44 |
| 384.68 | 404.78 | 436.57 | 536.55 | 618.54 | 732.06 | 782.70 |
| | | | | | | |
| 25.04 | 13.66 | 12.26 | 5.20 | 1.45 | 4.15 | 3.45 |
| 42.31 | 38.07 | 42.95 | 45.39 | 41.23 | 50.42 | 46.75 |
| 3.30 | 6.21 | 4.88 | 2.68 | 13.83 | 5.97 | 6.61 |
| 7.72 | 3.29 | 2.09 | 9.08 | 1.92 | 8.58 | 2.44 |
| 5.77 | 1.48 | 9.38 | 2.12 | 4.53 | 12.43 | 4.78 |
| 26.69 | 27.84 | 32.63 | 33.86 | 99.20 | 58.09 | 80.85 |
| 7.76 | 11.71 | 5.52 | 15.54 | 31.43 | 32.96 | 46.23 |
| 0.32 | 8.64 | 18.89 | 4.74 | 52.09 | 5.90 | 7.03 |
| 18.61 | 7.49 | 8.22 | 13.58 | 15.69 | 19.24 | 27.59 |
| **91.53** | **128.76** | **208.01** | **333.81** | **715.09** | **640.21** | **773.22** |
| 59.69 | 93.79 | 141.74 | 220.69 | 334.88 | 398.46 | 477.90 |
| 1.97 | 5.72 | 19.63 | 13.88 | 37.21 | 44.87 | 69.35 |
| | | 0.01 | 0.02 | 0.04 | 0.02 | 0.03 |
| 0.24 | 0.56 | 0.70 | 1.23 | 1.61 | 2.80 | 3.82 |
| 18.42 | 30.29 | 42.16 | 73.98 | 89.81 | 161.13 | 210.28 |
| 38.87 | 57.02 | 78.58 | 128.88 | 203.67 | 186.42 | 188.72 |
| 31.84 | 34.97 | 66.27 | 113.12 | 380.21 | 241.75 | 295.32 |
| 2.59 | 1.50 | 8.01 | 19.16 | 24.78 | 12.15 | 14.43 |
| 8.47 | 10.19 | 13.94 | 21.70 | 40.32 | 43.51 | 45.40 |
| 4.74 | 3.56 | 12.28 | 23.95 | 38.70 | 57.58 | 60.65 |
| 16.05 | 19.72 | 32.04 | 48.32 | 276.41 | 128.51 | 174.84 |

# 2—6 城镇居民家庭平均每百户耐用消费品拥有量（2007年）

| 项　目 | Item | 总平均 Total Average | 最低收入户（10%）Lowest Income Households（first decile group） | # 困难户（5%）Poor Households（first five percent group） |
|---|---|---|---|---|
| 成套家具 | Furniture set | | | |
| 摩托车（辆） | Motorcycle（set） | 49.28 | 32.73 | 29.02 |
| 助力车（辆） | Man-drawn Vehicle（set） | 16.19 | 18.10 | 18.47 |
| 家用汽车（辆） | Household Automobile（set） | 3.76 | | |
| 洗衣机（台） | Washing Machine（set） | 93.01 | 64.23 | 46.95 |
| 电冰箱（台） | Refrigerator（set） | 89.28 | 60.57 | 41.87 |
| 彩色电视机（台） | Color TV（set） | 139.66 | 112.89 | 103.21 |
| 家用电脑（台） | Household Computer（set） | 53.64 | 14.47 | 14.14 |
| 组合音响（套） | Hi-Fi Stereo Component System（set） | 37.24 | 15.35 | 9.21 |
| 摄像机（架） | Video Camera（set） | 4.18 | 1.34 | 2.61 |
| 照相机（架） | Camera（set） | 35.53 | 15.50 | 10.74 |
| 钢琴（架） | Piano（set） | 1.35 | | |
| 其他中高档乐器（件） | Other Medium Upscale Musical Instrument（piece） | 2.69 | 1.73 | 1.44 |
| 微波炉（台） | Microwave Oven（set） | 52.05 | 19.34 | 14.23 |
| 空调器（台） | Air Conditioner（set） | 86.60 | 13.52 | 18.18 |
| 淋浴热水器（台） | Shower（set） | 96.31 | 75.01 | 60.99 |
| 消毒碗柜（台） | Disinfectant Machine（set） | 55.40 | 30.30 | 23.99 |
| 洗碗机（台） | Dishwasher（set） | 0.93 | | |
| 健身器材（套） | Healthy Equipment（set） | 2.71 | | |
| 普通电话（部） | Telephone（set） | 85.22 | 69.81 | 59.57 |
| 移动电话（部） | Hand Telephone（set） | 163.26 | 90.96 | 74.41 |
| 接入有线电视电视机（台） | Cable Television（set） | 113.72 | 97.06 | 85.65 |
| 接入互连网计算机（台） | Network-connected Computers（set） | 38.90 | 7.21 | 3.82 |
| 接入互连网移动电话（部） | Network-connected Hand Telephone（set） | 1.42 | 0.41 | |

## Ownership of Major Durable Consumer Goods Per 100 Urban Households（2007）

| 按收入等级分 （Grouped by Percentile of Households） | | | | | | |
|---|---|---|---|---|---|---|
| 低收入户（10%） Low Income Households（second decile group） | 中等偏下户（20%） Lower Middle Income Households（second quintile group） | 中等收入户（20%） Middle Income Households（third quintile group） | 中等偏上户（20%） Upper Middle Income Households（fourth quintile group） | 高收入户（10%） High Income Households（ninth decile group） | 最高收入户（10%） Highest Income Households（tenth decile group） | # 更高收入户（5%） Higher Income Households（five percent） |
| 32.32 | 44.65 | 46.68 | 62.16 | 53.95 | 62.84 | 65.88 |
| 12.27 | 19.40 | 12.64 | 16.94 | 17.07 | 17.20 | 17.74 |
| 1.49 | 1.09 | 3.04 | 4.38 | 6.64 | 11.27 | 14.15 |
| 88.12 | 91.20 | 94.71 | 99.22 | 96.62 | 106.61 | 103.54 |
| 79.15 | 89.36 | 90.88 | 95.52 | 96.31 | 101.34 | 102.35 |
| 120.01 | 137.44 | 128.21 | 146.19 | 165.27 | 170.01 | 170.04 |
| 27.22 | 43.85 | 51.27 | 62.05 | 85.89 | 86.76 | 98.57 |
| 15.99 | 35.40 | 34.96 | 51.05 | 45.44 | 48.74 | 59.79 |
| 0.39 | 3.19 | 2.33 | 6.87 | 8.27 | 6.27 | 9.44 |
| 15.24 | 23.05 | 28.29 | 44.60 | 58.64 | 67.94 | 74.31 |
| | 0.55 | 0.69 | 1.76 | 4.07 | 3.03 | 2.40 |
| | 0.44 | 2.49 | 3.07 | 5.20 | 7.28 | 7.85 |
| 29.03 | 45.44 | 55.97 | 61.59 | 65.12 | 74.90 | 82.73 |
| 42.68 | 58.82 | 75.43 | 101.43 | 149.35 | 172.43 | 191.03 |
| 84.57 | 93.83 | 95.28 | 101.91 | 108.00 | 109.86 | 108.47 |
| 30.08 | 50.51 | 54.03 | 66.04 | 73.47 | 74.00 | 80.52 |
| 0.24 | 0.52 | 0.22 | 2.89 | 0.62 | 0.86 | |
| | 1.02 | 1.89 | 3.20 | 4.24 | 9.83 | 10.32 |
| 80.82 | 81.89 | 86.49 | 87.41 | 93.60 | 93.72 | 94.17 |
| 113.17 | 158.24 | 167.21 | 189.33 | 198.37 | 189.03 | 208.96 |
| 101.84 | 112.92 | 106.13 | 121.36 | 126.70 | 127.81 | 126.48 |
| 13.77 | 28.81 | 37.53 | 46.72 | 67.76 | 67.38 | 75.88 |
| | 0.90 | 1.39 | 1.53 | 2.72 | 3.11 | 4.05 |

# 2—7 主要城市居民家庭人均收支情况（2007年）

单位：元

| 项　目 | Item | 南宁市 Nanning | | 柳州市 Liuzhou | |
|---|---|---|---|---|---|
| | | 2006 | 2007 | 2006 | 2007 |
| **家庭总收入** | **Total Income** | **12112.65** | **14300.50** | **12232.24** | **13727.61** |
| # 可支配收入 | # Disposable Income | 10905.44 | 12955.19 | 10592.40 | 11919.12 |
| 工薪收入 | Wages Income | 8941.08 | 10553.91 | 9069.02 | 9596.69 |
| 工资及补贴收入 | Income and Subsidies | 8717.63 | 10259.82 | 9021.43 | 9299.28 |
| 其他劳动收入 | Other Labor Income | 223.45 | 294.09 | 47.59 | 297.42 |
| 经营净收入 | Net Operation Income | 378.90 | 491.22 | 538.67 | 725.57 |
| 财产性收入 | Property Income | 200.64 | 236.35 | 124.00 | 140.02 |
| 利息收入 | Interest Income | 14.34 | 22.76 | 24.14 | 21.51 |
| 股息与红利收入 | Dividend and Bonus | 86.44 | 146.36 | 28.17 | 5.31 |
| 保险收益 | Insurance Proceeds | | 19.19 | 0.63 | 111.82 |
| 其它投资收入 | Income from Other Investments | 6.15 | 20.10 | | |
| 出租房屋收入 | Rental Income | 59.56 | | 57.81 | |
| 知识产权收入 | Intellectual Property Income | 29.96 | 27.42 | | |
| 其他财产性收入 | Other Property Income | 4.20 | 0.51 | 13.26 | 1.38 |
| 转移性收入 | Transferred Income | 2592.02 | 3019.02 | 2500.54 | 3265.33 |
| 养老金或离退休金 | Pensions and Retirement Pay | 2146.81 | 2553.74 | 2146.07 | 2850.49 |
| 社会救济收入 | Social Relief | 19.85 | 23.58 | | |
| 辞退金 | Dismiss Pensions | | | | 6.89 |
| 赔偿收入 | Compensation Income | | | | |
| 保险收入 | Insurance | 26.64 | 40.46 | 67.07 | 71.50 |
| # 失业保险金 | # Unemployment Insurance | 25.93 | 16.39 | 66.90 | 64.62 |
| 赡养收入 | Supporting Income | 98.04 | 67.26 | 18.89 | 138.46 |
| 捐赠收入 | Donation | 122.16 | 97.42 | 94.38 | 99.60 |
| 亲友搭伙费 | Relatives Part-time Fees | 49.43 | | 56.67 | |
| 提取住房公积金 | Withdraw House Accumulation Fund | 41.82 | 84.91 | 45.07 | |
| 其他转移性收入 | Other Transferred Income | 7.11 | 69.40 | 3.37 | 36.56 |
| **出售财物收入** | **Property Sale Income** | **5.76** | **12.33** | **10.22** | **212.44** |
| 出售住房收入 | House Sale Income | | | | 206.66 |
| 出售其他物品收入 | Other Atriclese Sale Income | 5.76 | 12.33 | 10.22 | 5.78 |
| **借贷收入** | **Lending and Loaning Income** | **3132.84** | **3806.30** | **1840.83** | **1951.09** |
| 提取储蓄存款 | Saving Deposit | 2677.10 | 2619.42 | 1408.62 | 1660.33 |
| 借入款 | Borrowed funds | 438.91 | 1076.97 | | 222.16 |
| 收回借出款 | Recall ed Loan | 13.49 | 106.49 | 15.31 | 7.92 |
| 收回储蓄性保险本 | Recall ed Endowment Assurance | | | 52.36 | 34.44 |
| 兑售有价证券 | Against the Sale of Securities | | 3.43 | 33.14 | 7.75 |
| 收回投资本金 | Recalled Original Capital of Investment | 2.00 | | | |
| 住房贷款 | Accomadation Loan | 1.34 | | 331.40 | 17.05 |
| 汽车贷款 | Automobile Loan | | | | |
| 教育贷款 | Rerurned Education Loan | | | | |
| 其他贷款 | Other Loans | | | | |
| 其他借贷收入 | Other Income on Loan | | | | 1.45 |

## Per Capita Income and Expenditure of Major Urban Residents（2007）

（yuan）

| 桂林市 Guilin | | 梧州市 Wuzhou | | 北海市 Beihai | | 贵港市 Guigang | | 贺州市 Hezhou | | 百色市 Baise | |
|---|---|---|---|---|---|---|---|---|---|---|---|
| 2006 | 2007 | 2006 | 2007 | 2006 | 2007 | 2006 | 2007 | 2006 | 2007 | 2006 | 2007 |
| **10803.94** | **12166.01** | **9529.49** | **10862.58** | **11769.02** | **13809.14** | **9519.34** | **10642.43** | **11484.14** | **12965.73** | **11264.26** | **13022.79** |
| 10243.86 | 11514.11 | 8854.56 | 10123.29 | 11070.89 | 13090.07 | 8964.50 | 9879.99 | 10612.29 | 12019.66 | 10116.43 | 11684.61 |
| 6752.93 | 7198.02 | 5869.61 | 6923.49 | 8314.34 | 8899.08 | 7739.43 | 8471.29 | 7046.10 | 8022.82 | 8944.14 | 10283.62 |
| 6460.19 | 7085.53 | 5565.62 | 6610.21 | 8244.61 | 8677.05 | 7461.10 | 8204.56 | 6701.18 | 7448.89 | 8774.11 | 10087.39 |
| 292.74 | 112.49 | 303.99 | 313.28 | 69.74 | 222.03 | 278.33 | 266.73 | 344.92 | 573.93 | 170.03 | 196.23 |
| 364.02 | 725.44 | 627.85 | 665.90 | 1098.20 | 1384.13 | 178.65 | 235.76 | 1140.26 | 1513.50 | 349.41 | 403.17 |
| 265.64 | 112.11 | 125.75 | 152.67 | 564.35 | 956.97 | 59.06 | 274.18 | 493.38 | 189.98 | 240.05 | 81.16 |
| 17.31 | 30.79 | 34.42 | 7.04 | 14.25 | 16.64 | 7.33 | 92.73 | 25.11 | 46.87 | 14.76 | 12.23 |
| 107.07 | 78.54 | 24.48 | 138.59 | 495.49 | 347.01 | 26.74 | 75.06 | 70.66 | 113.11 | 166.98 | 68.83 |
| 1.38 | | 29.56 | | 0.77 | 17.77 | 0.00 | 13.37 | 5.12 | 3.14 | | |
| 2.63 | 2.78 | 7.93 | 1.81 | | 575.55 | 0.00 | 50.89 | 12.46 | 26.86 | | |
| 137.18 | | 29.28 | | 53.84 | | 10.93 | | 376.57 | | 58.31 | |
| | | | | | | | | | | | |
| 0.07 | | 0.09 | 5.22 | | | 14.05 | 42.14 | 3.46 | | | 0.09 |
| 3421.36 | 4130.44 | 2906.28 | 3120.52 | 1792.14 | 2568.96 | 1542.20 | 1661.20 | 2804.39 | 3239.42 | 1730.65 | 2254.84 |
| 2819.96 | 3627.65 | 2009.09 | 2392.50 | 1471.14 | 1886.76 | 1135.99 | 1386.81 | 2040.84 | 2520.34 | 1427.78 | 1773.75 |
| 36.51 | 26.31 | 17.87 | 49.23 | 3.90 | 9.99 | 1.82 | | 6.48 | 24.94 | 13.11 | 16.07 |
| | | 217.51 | 34.48 | | | 33.78 | | | | | |
| | | | | | | | | | | 4.03 | 6.71 |
| 10.84 | 24.71 | 72.61 | 78.53 | 44.55 | 164.60 | 2.16 | | 86.10 | 71.09 | 15.97 | 9.86 |
| 10.46 | 24.71 | 67.20 | 76.86 | 44.55 | 164.60 | 2.16 | | 76.42 | 46.99 | 15.97 | 8.51 |
| 208.37 | 214.60 | 84.01 | 153.10 | 44.20 | 48.77 | 77.26 | 63.69 | 132.20 | 161.15 | 2.86 | 2.89 |
| 97.04 | 73.31 | 186.97 | 218.84 | 14.45 | 140.42 | 161.92 | 77.90 | 275.95 | 293.70 | 122.56 | 229.82 |
| 104.24 | | 104.32 | | 104.58 | | 47.83 | | 76.66 | | 28.98 | |
| 69.14 | 57.02 | 145.38 | 14.91 | 38.94 | 54.12 | | 43.44 | 103.83 | | 43.70 | 107.05 |
| 7.74 | 35.65 | 1.86 | 109.24 | 3.55 | 198.15 | | 9.56 | 13.09 | 100.31 | 11.17 | 48.41 |
| **7.82** | **3.62** | **0.98** | **6.23** | **6.35** | **291.51** | **3.42** | **4.82** | **15.42** | **2.99** | **8.42** | **0.59** |
| | | | 5.44 | | 275.55 | 1.03 | | 12.46 | | | |
| 7.82 | 3.62 | 0.98 | 0.79 | 6.35 | 15.97 | 2.39 | 4.82 | 2.96 | 2.99 | 8.42 | 0.59 |
| **5010.98** | **1909.87** | **1442.13** | **1318.32** | **1321.34** | **1762.46** | **1024.00** | **959.47** | **3202.43** | **3757.31** | **2155.41** | **2143.22** |
| 4006.40 | 1356.61 | 1407.09 | 1251.17 | 1018.61 | 966.08 | 634.32 | 813.10 | 2677.81 | 3379.96 | 1861.46 | 1914.28 |
| 691.44 | 239.79 | 19.12 | 58.08 | 198.38 | 72.47 | 381.11 | 136.34 | 206.63 | 151.53 | 205.55 | 195.97 |
| 49.44 | 66.72 | | | 26.10 | 39.87 | 8.57 | 10.03 | 260.11 | 128.48 | 88.40 | 24.50 |
| 34.57 | 3.48 | | | | 137.77 | | | 12.04 | 27.51 | | 2.01 |
| 0.00 | 208.51 | | | | 29.62 | | | 8.46 | | | |
| 213.66 | 34.75 | | | | | | | 2.77 | | | 3.36 |
| 4.75 | | 6.18 | | 74.07 | 516.65 | | | | | | |
| | | | | | | | | | | | |
| | | | | | | | | | | | |
| 10.72 | | 9.74 | | | | | | | | | |
| | | | 9.07 | 4.19 | | | | 34.61 | 69.83 | | 3.10 |

2—7 续表

单位：元

| 项目 | Item | 南宁市 Nanning | | 柳州市 Liuzhou | |
|---|---|---|---|---|---|
| | | 2006 | 2007 | 2006 | 2007 |
| **家庭总支出** | **Total Expenditures** | **11638.60** | **12986.13** | **10359.36** | **11434.67** |
| 消费支出 | Expenditure for Consumption | 8160.43 | 9459.05 | 7244.87 | 8722.50 |
| # 服务性消费支出 | # Consumption Expenditures in Service | 2335.21 | 2569.95 | 1959.26 | 2155.00 |
| 通过互联网购买商品或服务 | Purchase of Goods by Internet | | | | |
| 食品 | Food | 3178.87 | 3741.35 | 2845.22 | 3512.85 |
| 衣着 | Clothing | 571.57 | 689.33 | 569.54 | 579.19 |
| 家庭设备用品及服务 | Household Facilities Articles and Services | 454.89 | 598.87 | 334.32 | 550.62 |
| 医疗保健 | Medicine and Medical Services | 593.68 | 616.85 | 444.24 | 1289.04 |
| 交通和通信 | Traffic and Communications | 1062.06 | 1252.88 | 1040.82 | 687.42 |
| 教育文化娱乐服务 | Education, Culture and Recreation Articles and Services | 1218.87 | 1354.33 | 1138.60 | 942.86 |
| 居住 | Residence | 775.39 | 863.03 | 572.39 | 659.82 |
| 杂项商品和服务 | Miscellanecus Commodities and Services | 305.10 | 342.40 | 299.75 | 500.69 |
| 购房与建房支出 | Expenditure on House-purchase and Building | 1450.22 | 1351.19 | 668.57 | |
| 购房 | House-purchase | 1427.86 | 1351.19 | 652.00 | |
| 建房 | House Building | 22.36 | | 16.57 | |
| 转移性支出 | Tranferred Expenditure | 1000.25 | 940.24 | 993.30 | 1042.62 |
| 交纳的个人收入税 | Paid Individual Income Tax | 99.61 | 67.14 | 118.19 | 77.12 |
| 捐赠支出 | Donation | 428.27 | 429.38 | 449.93 | 570.31 |
| 购买彩票 | Purchase of Lottery | 11.47 | 6.65 | 1.77 | 0.94 |
| 赡养支出 | Support Expenditure | 384.82 | 356.76 | 318.94 | 337.13 |
| 各种非储蓄性保险支出 | Non-saving Insurance | 27.58 | 40.39 | 38.05 | 7.81 |
| 其他转移性支出 | Other Transferredred Expenditure | 48.51 | 39.92 | 66.40 | 49.31 |
| 财产性支出 | Property Expentidutute | 0.28 | 39.73 | | |
| 非生产性利息支出 | Payout of the Non-Productive Interests | 0.28 | 6.28 | | |
| 其他 | Others | | 33.46 | | |
| 社会保障支出 | Social Security Expentidutute | 1027.43 | 1195.01 | 1452.61 | 1669.55 |
| 个人交纳的养老基金 | Personal Paid Pension Fund | 338.31 | 342.70 | 498.86 | 614.05 |
| 个人交纳的住房公积金 | Personal Paid Housing Accumulation Fund | 557.82 | 705.04 | 706.16 | 819.76 |
| 个人交纳的医疗基金 | Personal Paid Medical Care Fund | 94.38 | 108.58 | 182.26 | 181.43 |
| 个人交纳的失业基金 | Personal Paid Unemployment Fund | 36.80 | 38.41 | 59.80 | 53.59 |
| 其他社会保障支出 | Others | 0.12 | 0.29 | 5.53 | 0.71 |
| **借贷支出** | **Lending and Loaning Expenditures** | **3315.91** | **4811.30** | **2592.35** | **3197.36** |
| 存入储蓄款 | Savings | 2929.01 | 4031.23 | 2232.28 | 2775.73 |
| 借出款 | Lended Funds | 45.59 | 31.61 | 17.74 | 2.76 |
| 归还借款 | Rretured Loan | 23.14 | 14.11 | 0.00 | 13.09 |
| 储蓄性保险支出 | Endowment Assurance Expentidutute | 174.30 | 177.78 | 130.41 | 91.13 |
| 购买有价证券 | Purchase of Securities | 0.38 | 233.66 | 6.28 | 10.33 |
| 其它投资支出 | Other Investment Expenditure | 1.06 | 1.61 | | |
| 归还住房贷款 | Returned Accomadation Loan | 142.38 | 312.03 | 201.33 | 303.92 |
| 归还汽车贷款 | Returned Automobil Loan | | | | |
| 归还教育贷款 | Returned Education Loan | | | | |
| 其他借贷支出 | Others | | 9.27 | | 0.40 |

Continued

(yuan)

| 桂林市 Guilin | | 梧州市 Wuzhou | | 北海市 Beihai | | 贵港市 Guigang | | 贺州市 Hezhou | | 百色市 Baise | |
|---|---|---|---|---|---|---|---|---|---|---|---|
| 2006 | 2007 | 2006 | 2007 | 2006 | 2007 | 2006 | 2007 | 2006 | 2007 | 2006 | 2007 |
| **11150.75** | **10277.07** | **8757.70** | **9779.19** | **10381.69** | **11594.31** | **7768.72** | **8223.16** | **10899.28** | **12244.08** | **10479.74** | **11338.65** |
| 7915.08 | 8251.95 | 7099.68 | 7914.39 | 8446.68 | 9288.98 | 6312.87 | 6691.78 | 7545.27 | 8528.64 | 7614.56 | 8176.39 |
| 2110.60 | 1941.07 | 1826.49 | 1701.26 | 2031.49 | 1974.54 | 1706.02 | 1559.29 | 1761.49 | 1988.38 | 2089.74 | 2149.27 |
| | | | | 0.63 | | | | | 1.57 | | |
| 3144.87 | 3726.92 | 3320.67 | 3991.71 | 3489.94 | 4098.93 | 2552.37 | 3207.98 | 3009.25 | 3301.83 | 2898.51 | 3448.28 |
| 540.01 | 688.02 | 406.02 | 519.28 | 416.81 | 548.27 | 450.13 | 499.46 | 642.03 | 714.14 | 551.01 | 625.61 |
| 656.69 | 492.43 | 392.81 | 348.55 | 325.64 | 563.69 | 214.28 | 300.27 | 430.43 | 810.13 | 464.10 | 481.42 |
| 557.08 | 595.26 | 302.50 | 405.58 | 361.81 | 281.66 | 392.50 | 278.51 | 425.20 | 382.56 | 582.73 | 550.88 |
| 815.79 | 927.73 | 556.24 | 607.29 | 1722.53 | 1535.60 | 666.05 | 647.55 | 1156.42 | 1002.39 | 913.42 | 950.41 |
| 784.57 | 894.95 | 1067.17 | 1077.72 | 822.85 | 918.58 | 1036.89 | 799.05 | 799.57 | 1236.22 | 1086.91 | 1205.65 |
| 1230.75 | 745.44 | 812.43 | 678.32 | 1029.21 | 1047.68 | 740.06 | 716.75 | 902.82 | 810.17 | 826.54 | 614.97 |
| 185.32 | 181.19 | 241.84 | 285.94 | 277.89 | 294.57 | 260.60 | 242.21 | 179.56 | 271.21 | 291.34 | 299.16 |
| 1556.96 | 310.45 | | | 395.99 | 523.54 | 95.97 | | 739.75 | 956.91 | 315.97 | 342.24 |
| 1556.96 | 310.45 | | | 395.99 | 523.54 | 95.97 | | 356.87 | 687.59 | | 107.35 |
| | | | | | | | | 382.88 | 269.31 | 315.97 | 234.90 |
| 1126.28 | 1146.44 | 1057.79 | 1206.60 | 937.61 | 1133.02 | 913.60 | 862.92 | 1845.24 | 1894.93 | 1568.38 | 1630.50 |
| 4.63 | 48.48 | 8.03 | 11.42 | 29.90 | 13.60 | 27.13 | 23.38 | 33.61 | 14.55 | 106.49 | 88.36 |
| 667.27 | 613.57 | 633.76 | 588.92 | 482.89 | 558.63 | 458.67 | 535.10 | 852.37 | 930.05 | 700.14 | 829.71 |
| 9.89 | 3.55 | 1.80 | 3.43 | 5.55 | 0.58 | 14.02 | 2.18 | 2.55 | 2.31 | 13.99 | 3.05 |
| 409.71 | 419.44 | 366.93 | 463.12 | 374.07 | 491.98 | 313.19 | 271.40 | 864.44 | 815.10 | 658.43 | 608.99 |
| 19.41 | 31.68 | 32.40 | 57.68 | 21.79 | 41.84 | 6.90 | 9.46 | 25.47 | 23.95 | 10.07 | 22.13 |
| 15.38 | 29.71 | 14.86 | 82.02 | 23.40 | 26.40 | 93.70 | 21.40 | 66.81 | 108.96 | 79.25 | 78.26 |
| 64.48 | 36.00 | | | | 9.43 | | 9.20 | | | | |
| 31.00 | 36.00 | | | | 9.43 | | | | | | |
| 33.48 | | | | | | | 9.20 | | | | |
| 487.95 | 529.46 | 600.23 | 658.20 | 601.41 | 639.35 | 446.27 | 659.26 | 769.02 | 863.61 | 980.83 | 1189.51 |
| 164.22 | 170.28 | 338.45 | 337.98 | 268.10 | 286.36 | 204.83 | 373.83 | 364.72 | 350.85 | 271.47 | 297.36 |
| 242.85 | 287.67 | 176.88 | 214.19 | 254.14 | 285.29 | 177.84 | 218.52 | 305.50 | 395.28 | 575.19 | 747.55 |
| 61.00 | 55.69 | 65.02 | 85.19 | 62.80 | 53.42 | 46.78 | 48.88 | 70.21 | 68.23 | 112.70 | 117.19 |
| 19.87 | 15.81 | 17.93 | 20.58 | 16.38 | 12.92 | 16.50 | 18.00 | 28.59 | 26.81 | 21.47 | 26.60 |
| | | 1.96 | 0.26 | | 1.35 | 0.32 | 0.03 | | 22.44 | | 0.81 |
| **4673.58** | **3441.26** | **1620.85** | **1584.30** | **2344.75** | **3463.87** | **2379.66** | **3605.74** | **3910.63** | **3966.77** | **2859.36** | **3647.44** |
| 4279.60 | 3008.18 | 1230.00 | 1113.25 | 1905.98 | 2810.97 | 1964.71 | 3314.18 | 3225.67 | 3187.45 | 2054.00 | 2573.43 |
| 20.74 | | 1.39 | 13.07 | | 84.50 | 0.69 | | 12.88 | 10.88 | 13.44 | 167.79 |
| 72.60 | 100.43 | 73.58 | 168.06 | 72.39 | 62.32 | 51.28 | 46.78 | 197.81 | 190.28 | 220.52 | 169.04 |
| 69.96 | 116.55 | 77.58 | 46.06 | 59.14 | 163.30 | 99.30 | 12.38 | 155.19 | 155.10 | 104.73 | 100.23 |
| 31.11 | | 33.03 | 83.48 | 3.48 | 41.33 | | | | 48.88 | 0.47 | 137.71 |
| | | 27.82 | | | | | | 103.83 | 139.97 | 16.87 | |
| 193.59 | 216.08 | 143.66 | 160.38 | 296.79 | 160.20 | 262.32 | 232.39 | 163.75 | 220.24 | 444.45 | 469.85 |
| | | | | | | | | 9.69 | | | |
| | | | | | | | | 5.19 | | | |
| | | 25.68 | | | 141.25 | | | 36.62 | 13.97 | | 29.40 |

## 2—8 主要城市居民家庭恩格尔系数（1980—2007年）

## Engle Coefficient of Major Urban Households（1980—2007）

| 年 份<br>Year | 全区<br>Province | 南宁市<br>Nanning | 柳州市<br>Liuzhou | 桂林市<br>Guilin | 梧州市<br>Wuzhou | 北海市<br>Beihai | 贵港市<br>Guigang | 百色市<br>Baise | 贺州市<br>Hezhou |
|---|---|---|---|---|---|---|---|---|---|
| 1980 | 57.38 | 57.09 | 58.60 | 56.09 | 57.59 | 57.36 | | | |
| 1981 | 58.74 | 57.70 | 57.35 | 58.20 | 62.38 | 60.48 | | | |
| 1982 | 60.38 | 59.63 | 60.44 | 61.40 | 60.29 | 60.67 | | | |
| 1983 | 61.39 | 58.34 | 60.86 | 62.23 | 63.23 | 64.70 | 61.86 | 56.14 | 56.65 |
| 1984 | 57.93 | 56.57 | 57.99 | 55.38 | 62.52 | 64.04 | 58.61 | 55.47 | 55.73 |
| 1985 | 56.58 | 54.52 | 59.26 | 54.41 | 63.76 | 59.40 | 49.93 | 57.79 | 59.22 |
| 1986 | 58.03 | 58.55 | 61.12 | 57.58 | 67.74 | 59.07 | 53.95 | 55.49 | 55.95 |
| 1987 | 59.13 | 59.25 | 63.81 | 57.70 | 65.72 | 64.13 | 53.42 | 59.51 | 57.05 |
| 1988 | 54.56 | 58.91 | 51.14 | 55.75 | 56.43 | 58.86 | 49.29 | 52.91 | 49.84 |
| 1989 | 59.25 | 63.65 | 64.06 | 60.54 | 64.38 | 65.83 | 53.17 | 59.72 | 46.42 |
| 1990 | 58.64 | 62.05 | 61.01 | 57.50 | 61.96 | 60.41 | 57.05 | 59.43 | 59.11 |
| 1991 | 55.25 | 56.09 | 57.86 | 56.62 | 53.87 | 56.83 | 53.43 | 59.49 | 54.12 |
| 1992 | 55.93 | 56.98 | 54.83 | 52.73 | 56.88 | 58.75 | 55.28 | 57.92 | 57.39 |
| 1993 | 53.68 | 52.88 | 48.26 | 53.96 | 56.59 | 50.07 | 58.01 | 56.99 | 58.58 |
| 1994 | 50.42 | 49.18 | 48.39 | 48.82 | 50.43 | 51.83 | 48.30 | 49.92 | 51.10 |
| 1995 | 50.95 | 49.86 | 53.26 | 52.29 | 54.57 | 55.93 | 48.34 | 47.52 | 50.89 |
| 1996 | 50.42 | 49.71 | 51.04 | 49.81 | 53.72 | 57.02 | 50.22 | 45.78 | 55.09 |
| 1997 | 47.45 | 46.49 | 46.42 | 48.01 | 53.22 | 55.16 | 47.17 | 45.81 | 49.33 |
| 1998 | 46.32 | 42.36 | 48.54 | 43.46 | 50.18 | 51.97 | 48.00 | 45.83 | 47.89 |
| 1999 | 44.34 | 37.50 | 45.90 | 41.63 | 49.47 | 48.94 | 41.05 | 44.90 | 49.86 |
| 2000 | 39.90 | 36.50 | 43.76 | 38.66 | 44.44 | 47.12 | 41.98 | 36.44 | 46.78 |
| 2001 | 37.67 | 34.67 | 35.30 | 37.24 | 43.33 | 46.91 | 36.50 | 35.79 | 39.58 |
| 2002 | 40.67 | 37.46 | 38.84 | 40.25 | 47.62 | 45.33 | 40.84 | 39.24 | 41.26 |
| 2003 | 40.01 | 37.52 | 40.76 | 40.35 | 46.53 | 46.31 | 35.88 | 39.02 | 41.95 |
| 2004 | 44.02 | 40.09 | 43.96 | 42.06 | 45.51 | 48.00 | 42.29 | 38.99 | 40.14 |
| 2005 | 42.51 | 40.49 | 39.08 | 39.08 | 48.01 | 42.73 | 40.29 | 40.25 | 42.10 |
| 2006 | 42.07 | 38.95 | 39.27 | 39.73 | 46.77 | 41.32 | 40.43 | 38.07 | 39.88 |
| 2007 | 41.70 | 39.55 | 40.27 | 45.16 | 50.44 | 44.13 | 47.94 | 42.17 | 38.71 |

# 2—9 主要城市居民家庭人均可支配收入（1980—2007年）

## Per Capita Disposable Income of Major Urban Households（1980—2007）

单位：元 （yuan）

| 年 份<br>Year | 全区<br>Province | 南宁市<br>Nanning | 柳州市<br>Liuzhou | 桂林市<br>Guilin | 梧州市<br>Wuzhou | 北海市<br>Beihai | 贵港市<br>Guigang | 百色市<br>Baise | 贺州市<br>Hezhou |
|---|---|---|---|---|---|---|---|---|---|
| 1980 | 113.76 | 123.66 | 96.96 | 111.33 | 115.35 | 119.88 | | | |
| 1981 | 429.00 | 445.20 | 385.32 | 441.96 | 437.64 | 432.48 | | | |
| 1982 | 426.60 | 477.72 | 419.64 | 498.48 | 458.52 | 485.52 | | | |
| 1983 | 444.12 | 512.64 | 447.24 | 505.08 | 436.20 | 490.92 | 416.04 | 442.20 | 400.68 |
| 1984 | 563.04 | 623.64 | 540.00 | 621.24 | 545.04 | 701.04 | 525.24 | 548.88 | 519.72 |
| 1985 | 683.45 | 715.56 | 668.28 | 757.44 | 708.12 | 751.44 | 694.92 | 663.48 | 653.16 |
| 1986 | 783.84 | 850.56 | 760.92 | 884.28 | 849.12 | 894.96 | 787.20 | 784.20 | 776.28 |
| 1987 | 899.04 | 949.08 | 871.20 | 1032.96 | 990.60 | 990.24 | 981.12 | 947.16 | 926.16 |
| 1988 | 1158.92 | 1165.88 | 1225.56 | 1228.17 | 1188.55 | 1296.31 | 1178.59 | 1162.73 | 1251.36 |
| 1989 | 1304.14 | 1273.60 | 1307.45 | 1334.58 | 1327.32 | 1376.45 | 1304.32 | 1288.42 | 1521.38 |
| 1990 | 1448.06 | 1454.31 | 1515.40 | 1500.65 | 1545.49 | 1591.48 | 1410.30 | 1421.46 | 1589.91 |
| 1991 | 1613.64 | 1658.42 | 1794.30 | 1828.90 | 1789.55 | 1910.27 | 1522.88 | 1426.66 | 1615.37 |
| 1992 | 2103.83 | 2105.49 | 2305.83 | 2452.66 | 2314.79 | 2726.78 | 1876.14 | 2002.29 | 2059.58 |
| 1993 | 2895.23 | 3081.21 | 3544.27 | 3167.56 | 3246.26 | 4515.57 | 2417.35 | 2703.18 | 2535.84 |
| 1994 | 3981.09 | 4543.57 | 4242.70 | 4672.02 | 4309.41 | 5649.18 | 4240.56 | 4017.09 | 3493.81 |
| 1995 | 4791.87 | 5544.09 | 4884.12 | 5505.97 | 4909.01 | 6365.05 | 5258.11 | 5035.19 | 4354.75 |
| 1996 | 5033.33 | 5973.40 | 5242.68 | 5976.87 | 4945.33 | 6395.54 | 4986.71 | 5180.08 | 4542.32 |
| 1997 | 5110.29 | 5930.77 | 5457.12 | 6024.95 | 4933.88 | 6558.19 | 4927.20 | 5048.84 | 4520.33 |
| 1998 | 5412.24 | 6569.97 | 5552.38 | 6230.04 | 4838.22 | 6305.95 | 5234.75 | 5495.07 | 4939.91 |
| 1999 | 5619.54 | 6946.50 | 5327.64 | 6493.73 | 5414.77 | 6483.25 | 5590.27 | 5607.05 | 5199.48 |
| 2000 | 5834.43 | 7447.78 | 5740.08 | 6996.93 | 5221.07 | 6167.29 | 5468.40 | 5747.21 | 5549.37 |
| 2001 | 6665.73 | 7906.35 | 7546.50 | 7547.47 | 5837.49 | 7013.14 | 6117.56 | 6807.43 | 5996.56 |
| 2002 | 7315.32 | 8796.24 | 7927.68 | 7852.32 | 6282.12 | 7692.36 | 6926.88 | 7215.36 | 7029.60 |
| 2003 | 7785.00 | 9162.00 | 8369.28 | 8246.16 | 7062.12 | 8007.48 | 7607.04 | 7361.64 | 7868.64 |
| 2004 | 8177.46 | 9531.42 | 9154.68 | 8802.81 | 7325.17 | 8773.38 | 7906.18 | 8532.36 | 10529.97 |
| 2005 | 8916.82 | 10078.20 | 9986.23 | 9501.87 | 8190.26 | 9520.33 | 8252.75 | 9510.01 | 10105.01 |
| 2006 | 9899.00 | 10905.44 | 10592.40 | 10243.86 | 8854.56 | 11070.89 | 8964.50 | 10116.43 | 10612.29 |
| 2007 | 12200.00 | 12955.19 | 11919.12 | 11514.11 | 10123.29 | 13090.07 | 9879.99 | 11684.61 | 12019.66 |

注：1980年度数据仅为第四季度；1992年前可支配收入为生活费收入

Note:The fourth quarter of the year 1980 only a few degrees;1992 disposable income before income for living expenses

# 2—10 主要城市居民家庭人均消费性支出（1980—2007年）

## Per Capita Consumption Expenditure of Major Urban Households（1980—2007）

单位：元 （yuan）

| 年 份 Year | 全区 Province | 南宁市 Nanning | 柳州市 Liuzhou | 桂林市 Guilin | 梧州市 Wuzhou | 北海市 Beihai | 贵港市 Guigang | 百色市 Baise | 贺州市 Hezhou |
|---|---|---|---|---|---|---|---|---|---|
| 1980 | 103.35 | 110.67 | 91.17 | 102.00 | 104.40 | 106.44 | | | |
| 1981 | 423.12 | 440.28 | 397.80 | 423.48 | 413.76 | 428.16 | | | |
| 1982 | 442.20 | 455.64 | 394.32 | 458.28 | 461.16 | 447.00 | | | |
| 1983 | 465.59 | 499.04 | 435.30 | 479.93 | 440.12 | 449.62 | 374.88 | 431.49 | 377.31 |
| 1984 | 541.76 | 565.56 | 503.04 | 568.32 | 512.28 | 507.84 | 416.65 | 485.27 | 447.03 |
| 1985 | 663.74 | 723.51 | 645.42 | 813.48 | 691.06 | 712.60 | 607.91 | 632.16 | 634.28 |
| 1986 | 739.57 | 824.83 | 718.34 | 883.36 | 793.76 | 855.16 | 667.47 | 775.54 | 761.97 |
| 1987 | 860.73 | 943.83 | 861.89 | 1031.23 | 955.70 | 932.60 | 839.85 | 885.87 | 903.86 |
| 1988 | 1198.12 | 1229.10 | 1367.22 | 1366.00 | 1223.57 | 1257.32 | 1215.42 | 1152.62 | 1258.42 |
| 1989 | 1296.48 | 1293.41 | 1357.06 | 1320.04 | 1332.79 | 1326.54 | 1337.09 | 1259.49 | 1671.64 |
| 1990 | 1338.10 | 1359.96 | 1461.99 | 1444.94 | 1417.87 | 1448.55 | 1344.30 | 1333.73 | 1335.65 |
| 1991 | 1583.63 | 1667.08 | 1754.98 | 1806.56 | 1780.29 | 1859.73 | 1478.93 | 1354.56 | 1557.93 |
| 1992 | 1739.89 | 1852.48 | 1936.43 | 2178.59 | 1915.64 | 2091.41 | 1470.25 | 1622.15 | 1632.86 |
| 1993 | 2303.03 | 2624.19 | 2915.79 | 2594.94 | 2509.90 | 3482.73 | 1844.54 | 2093.54 | 1878.95 |
| 1994 | 3326.82 | 4287.71 | 3707.60 | 3935.01 | 3794.29 | 4481.94 | 3256.52 | 3212.72 | 2785.94 |
| 1995 | 4045.83 | 5055.27 | 4385.07 | 4531.36 | 4404.64 | 5014.40 | 4091.63 | 4396.21 | 3562.32 |
| 1996 | 4339.42 | 5424.63 | 4577.04 | 5081.83 | 4580.42 | 5302.28 | 3922.75 | 4647.07 | 3514.97 |
| 1997 | 4452.70 | 5456.24 | 4732.44 | 5221.45 | 4454.73 | 5393.83 | 4198.30 | 4638.59 | 3902.47 |
| 1998 | 4381.08 | 5799.96 | 4273.44 | 5358.01 | 4423.68 | 5213.83 | 4119.70 | 4661.01 | 3813.13 |
| 1999 | 4587.22 | 6320.57 | 4351.32 | 5786.07 | 4474.75 | 5692.78 | 4739.04 | 4785.07 | 3791.22 |
| 2000 | 4852.31 | 6705.27 | 4457.64 | 5893.48 | 4604.35 | 5092.22 | 4133.53 | 5408.94 | 4075.70 |
| 2001 | 5224.73 | 7107.43 | 6010.00 | 6111.28 | 5116.22 | 5406.71 | 4676.86 | 5700.76 | 4610.23 |
| 2002 | 5413.44 | 6969.72 | 5991.96 | 6123.48 | 5128.56 | 5898.24 | 4563.12 | 5635.08 | 5075.40 |
| 2003 | 5763.48 | 7216.92 | 6033.48 | 6326.04 | 6136.20 | 5865.00 | 5660.64 | 5765.88 | 5286.60 |
| 2004 | 5862.20 | 7329.36 | 7116.87 | 6754.74 | 6417.21 | 6680.50 | 5143.47 | 6404.71 | 6229.74 |
| 2005 | 6424.24 | 7881.79 | 7850.20 | 7186.47 | 6669.79 | 7127.85 | 5996.81 | 7245.41 | 6791.72 |
| 2006 | 6791.94 | 8160.43 | 7244.87 | 7915.08 | 7099.68 | 8446.68 | 6312.87 | 7614.56 | 7545.27 |
| 2007 | 8151.26 | 9459.05 | 8722.50 | 8251.95 | 7914.39 | 9288.98 | 6691.78 | 8176.39 | 8528.64 |

# 2—11　城镇居民家庭基本情况

## Basic Conditions of Urban Households

| 项　目 | Item | 2000 | 2004 |
|---|---|---|---|
| 调查户数（户） | Number of Households Surveyed（household） | 1150.00 | 1250.00 |
| 可支配收入（元/人） | Disposable Income（yuan/person） | 5834.43 | 8177.46 |
| 家庭居住人口（人/户） | Household Size（person/household） | 3.19 | 3.08 |
| 现住房总建筑面积（平方米/人） | Total Floor Space for Current Housing（sq.m/person） | 25.15 | 31.05 |
| 现住房屋总使用面积（平方米/人） | Total Utility Space for Current Residence（sq.m/person） | 18.91 | 24.57 |
| 家庭人口数（人/户） | Household Size（person/household） | 3.19 | 3.08 |
| 有收入者人数（人/户） | Income Earner（person/household） | 2.09 | 2.05 |
| 就业人口数 | Number of the Employed | 1.77 | 1.60 |
| 国有经济单位职工人数 | Employees in the State-owned Enterprises | 1.41 | 1.04 |
| 城镇集体经济单位职工人数 | Employees in Urban Collective Economy | 0.09 | 0.10 |
| 其他各种经济类型单位职工 | Employees in Other Forms of Economy | 0.01 | 0.06 |
| 城镇个体经营者人员数 | Rural Self-employed Individual | 0.14 | 0.20 |
| 城镇个体被雇人员数 | Population Hired by Rural Self-employed Individual | 0.07 | 0.09 |
| 离退休再就业人员数 | Number of the Retired and Reemployed | 0.02 | 0.02 |
| 其他就业人员数 | Other Employed Population | 0.03 | 0.08 |
| 离退休人数 | Number of the Retired and Reemployed | 0.31 | 0.39 |
| 其他有收入者人数 | Number of Other Income Earner | | 0.06 |
| 无收入者人数（人/户） | Number of persons with no Income（person/household） | 1.10 | 1.03 |
| 期末家庭人口数（人/户） | The end of the Family Population（person/household） | 3.17 | 3.07 |

| 项　目 | Item | 2005 | 2006 |
|---|---|---|---|
| 调查户数（户） | Number of Households Surveyed（household） | 1400.00 | 1400.00 |
| 可支配收入（元/人） | Disposable Income（yuan/person） | 8916.82 | 9898.75 |
| 家庭居住人口（人/户） | Household Size（person/household） | 3.08 | 3.05 |
| 现住房总建筑面积（平方米/人） | Total Floor Space for Current Housing（sq.m/person） | 32.30 | 32.49 |
| 现住房屋总使用面积（平方米/人） | Total Utility Space for Current Residence（sq.m/person） | 25.23 | 24.43 |
| 家庭人口数（人/户） | Household Size（person/household） | 3.09 | 3.05 |
| 有收入者人数（人/户） | Income Earner（person/household） | 2.08 | 2.08 |
| 就业人口数 | Number of the Employed | 1.56 | 1.56 |
| 国有经济单位职工人数 | Employees in the State-owned Enterprises | 0.92 | 0.93 |
| 城镇集体经济单位职工人数 | Employees in Urban Collective Economy | 0.07 | 0.08 |
| 其他各种经济类型单位职工 | Employees in Other Forms of Economy | 0.12 | 0.13 |
| 城镇个体经营者人员数 | Rural Self-employed Individual | 0.21 | 0.20 |
| 城镇个体被雇人员数 | Population Hired by Rural Self-employed Individual | 0.12 | 0.13 |
| 离退休再就业人员数 | Number of the Retired and Reemployed | 0.02 | 0.02 |
| 其他就业人员数 | Other Employed Population | 0.10 | 0.08 |
| 离退休人数 | Number of the Retired and Reemployed | 0.44 | 0.44 |
| 其他有收入者人数 | Number of Other Income Earner | 0.08 | 0.08 |
| 无收入者人数（人/户） | Number of persons with no Income（person/household） | 1.01 | 0.97 |
| 期末家庭人口数（人/户） | The end of the Family Population（person/household） | 3.08 | |

# 2—12 城镇居民家庭人均现金收支情况

## Per Capita Cash Income and Expenditures of Urban Households

单位：元 （yuan）

| 项　　目 | Item | 2000 | 2004 | 2005 | 2006 |
|---|---|---|---|---|---|
| **期初手存现金** | **Initial Deposit Cash in Hand** | **185.63** | **6897.65** | **5945.22** | **696.30** |
| **家庭总收入** | **Total Income** | **5911.87** | **8727.43** | **9559.72** | **10624.29** |
| # 可支配收入 | # Disposable Income | 5834.43 | 8177.46 | 8916.82 | 9898.75 |
| 工薪收入 | Wages Income | 3973.01 | 6196.84 | 6580.57 | 7419.39 |
| 工资及补贴收入 | Income and Subsidies | 3721.71 | 5920.13 | 6313.00 | 7088.28 |
| 其他劳动收入 | Other Labor Income | 129.09 | 276.71 | 267.58 | 331.12 |
| 经营净收入 | Net Operation Income | 349.98 | 718.92 | 836.67 | 890.81 |
| 财产性收入 | Property Income | 305.85 | 108.43 | 145.56 | 189.81 |
| 利息收入 | Interest Income | 23.22 | 15.24 | 6.04 | 15.57 |
| 股息与红利收入 | Dividend and Bonus | 32.18 | 40.34 | 47.52 | 85.99 |
| 保险收益 | Insurance Proceeds |  | 1.08 | 0.72 | 5.78 |
| 其它投资收入 | Income from Other Investments |  | 2.68 | 14.77 | 1.69 |
| 出租房屋收入 | Rental Income |  | 39.35 | 74.57 |  |
| 知识产权收入 | Intellectual Property Income |  | 0.00 | 0.00 | 4.02 |
| 其他财产性收入 | Other Property Income |  | 9.75 | 1.95 | 4.48 |
| 转移性收入 | Transferred Income | 1027.72 | 1703.23 | 1996.92 | 2124.28 |
| 养老金或离退休金 | Pensions and Retirement Pay | 693.31 | 1291.60 | 1510.80 | 1682.75 |
| 社会救济收入 | Social Relief |  | 9.58 | 15.60 | 14.31 |
| 辞退金 | Dismiss Pensions |  | 9.77 | 55.57 | 14.09 |
| 赔偿收入 | Compensation Income |  | 1.89 | 1.92 | 0.12 |
| 保险收入 | Insurance |  | 17.87 | 22.25 | 37.40 |
| # 失业保险金 | # Unemployment Insurance |  | 16.46 | 21.68 | 19.13 |
| 赡养收入 | Supporting Income | 47.38 | 76.76 | 100.64 | 84.99 |
| 捐赠收入 | Donation | 159.67 | 123.86 | 100.96 | 111.22 |
| 亲友搭伙费 | Relatives Part-time Fees | 60.78 | 60.32 | 68.57 |  |
| 提取住房公积金 | Withdraw House Accumulation Fund |  | 13.98 | 42.17 | 30.72 |
| 其他转移性收入 | Other Transferred Income | 28.10 | 36.55 | 62.93 | 8.62 |
| **出售财物收入** | **Property Sale Income** | **15.45** | **9.47** | **26.22** | **31.92** |
| 出售住房收入 | House Sale Income |  | 4.69 | 19.49 | 25.59 |
| 出售其他物品收入 | Other Atriclese Sale Income |  | 4.78 | 6.73 | 6.33 |
| **借贷收入** | **Lending and Loaning Income** | **1952.39** | **2145.22** | **2130.84** | **2897.28** |
| 提取储蓄存款 | Saving Deposit | 1295.14 | 1867.55 | 1868.18 | 2473.75 |
| 借入款 | Borrowed funds | 269.19 | 178.27 | 101.07 | 280.24 |
| 收回借出款 | Recall ed Loan | 70.58 | 34.98 | 42.04 | 28.64 |
| 收回储蓄性保险本 | Recall ed Endowment Assurance | 2.21 | 3.45 | 3.49 | 10.27 |
| 兑售有价证券 | Against the Sale of Securities | 20.25 | 0.89 | 0.66 | 3.16 |
| 收回投资本金 | Recalled Original Capital of Investment |  | 14.95 | 36.86 | 47.13 |
| 住房贷款 | Accomadation Loan | 235.21 | 40.34 | 67.45 | 45.78 |
| 汽车贷款 | Automobile Loan |  |  |  |  |
| 教育贷款 | Rerurned Education Loan |  |  | 0.11 |  |
| 其他贷款 | Other Loans |  | 1.04 | 2.63 | 2.27 |
| 其他借贷收入 | Other Income on Loan |  | 3.75 | 8.33 | 6.03 |

2—12 续表 Continued

单位：元 (yuan)

| 项　目 | Item | 2000 | 2004 | 2005 | 2006 |
|---|---|---|---|---|---|
| **家庭总支出** | **Total Expenditures** | | | | **9277.69** |
| 消费支出 | Expenditure for Consumption | 4852.31 | 5862.20 | 6426.24 | 6791.94 |
| # 服务性消费支出 | # Consumption Expenditures in Service | | 1505.98 | 1653.45 | 1724.75 |
| 食品 | Food | 1936.07 | 2580.63 | 2730.91 | 2857.39 |
| 衣着 | Clothing | 313.42 | 373.93 | 469.78 | 477.67 |
| 家庭设备用品及服务 | Expenditure for Consumption | 436.88 | 335.38 | 379.43 | 360.62 |
| 医疗保健 | Medicine and Medical Service | 228.01 | 366.12 | 381.69 | 401.06 |
| 交通和通信 | Transportation, Post and Communications | 372.78 | 576.95 | 647.70 | 785.01 |
| 教育文化娱乐服务 | Recreation, Education and Cutural Services | 585.67 | 816.09 | 866.12 | 850.90 |
| 居住 | Residence | 752.52 | 616.59 | 736.49 | 826.85 |
| 杂项商品和服务 | Miscellaneous Commodities and Services | 226.96 | 196.51 | 214.12 | 232.43 |
| 购房与建房支出 | Expenditure on House-purchase and Building | 517.21 | 277.01 | 300.29 | 843.61 |
| 购房 | Puchase of the House | | 164.04 | 215.07 | 644.74 |
| 建房 | House Building | | 112.97 | 85.22 | 198.87 |
| 转移性支出 | Transferred Income | | 786.86 | 938.78 | 1020.02 |
| 交纳的个人收入税 | Paid Personal Income | 7.19 | 44.83 | 68.40 | 44.05 |
| 捐赠支出 | Donation | 411.37 | 387.81 | 428.99 | 501.41 |
| 购买彩票 | Purchase of Lottery | | 9.73 | 9.51 | 8.76 |
| 赡养支出 | Support Expenditure | 218.38 | 285.04 | 379.57 | 393.76 |
| # 在外就学子女费用 | # Attend Children Expense Outside | | 162.79 | 243.74 | 254.58 |
| 各种非储蓄性保险支出 | No-endowment Assurance Expentidure | 10.14 | 23.16 | 13.55 | 21.75 |
| # 车辆保险支出 | # Vehicle Insurance | | 0.87 | 1.80 | 6.99 |
| 其他转移性支出 | Others Expenditure for Transferred | | 36.30 | 38.76 | 50.29 |
| 财产性支出 | Property Expenditure | | 3.18 | 7.22 | 12.35 |
| 非生产性利息支出 | Payout of the Non-productive Interests | | 1.94 | 4.36 | 6.19 |
| 其他 | Others | | 1.24 | 2.86 | 6.16 |
| 社会保障支出 | Social Security Expentidure | | 444.07 | 511.57 | 609.76 |
| 个人交纳的养老基金 | Personal Paid Pension Fund | | 170.62 | 193.45 | 216.49 |
| 个人交纳的住房公积金 | Personal Paid Housing Accumulation Fund | | 195.62 | 232.28 | 301.19 |
| 个人交纳的医疗基金 | Personal Paid Medical Care Fund | | 56.78 | 61.79 | 67.30 |
| 个人交纳的失业基金 | Personal Paid Unemployment Fund | | 19.63 | 20.36 | 23.42 |
| 其他社会保障支出 | Others | | 1.42 | 3.68 | 1.35 |
| **借贷支出** | **Lending and Loaning Expenditure** | 1492.21 | 3216.05 | 3223.38 | 4014.42 |
| 存入储蓄款 | Savings | 1015.89 | 2816.96 | 2742.65 | 3641.71 |
| 借出款 | Lending Funds | 44.77 | 61.09 | 28.85 | 20.70 |
| 归还借款 | Returned Loan | 167.46 | 123.92 | 57.16 | 69.86 |
| 储蓄性保险支出 | Endowment Assurance Expentidure | 62.12 | 81.01 | 82.88 | 86.56 |
| 购买有价证券 | Purchase of Securities | 42.24 | 7.07 | 40.24 | 6.40 |
| 其它投资支出 | Other Investment Expenditure | | 6.56 | 40.76 | 18.77 |
| 归还住房贷款 | Returned Accomadation Loan | 52.50 | 94.29 | 189.64 | 160.72 |
| 归还汽车贷款 | Returned Automobil Loan | | 0.00 | 0.00 | |
| 归还教育贷款 | Returned Education Loan | | 0.28 | 0.04 | 0.02 |
| 归还其他贷款 | Returned Others Loan | | 4.29 | 12.50 | 6.77 |
| 其他借贷支出 | Others | 105.10 | 20.59 | 28.66 | 2.88 |

# 2—13 城镇居民家庭平均每百户耐用消费品拥有量

## Ownership of Major Durable Consumer Goods Per 100 Urban Households

| 项　目 | Item | 2000 | 2004 | 2005 | 2006 |
|---|---|---|---|---|---|
| 成套家具 | Furniture set | 69.27 | 86.96 | 84.44 | 85.35 |
| 摩托车（辆） | Motorcycle （set） | 38.32 | 52.86 | 57.37 | 57.49 |
| 自行车（辆） | Bicycle （set） | 183.98 | 170.31 | 127.57 | 129.37 |
| 助力车（辆） | Man-drawn Vehicle（set） | | 6.99 | 9.16 | 1308.00 |
| 家用汽车（辆） | Household Automobile（set） | 0.21 | 1.15 | 1.88 | 2.37 |
| 洗衣机（台） | Washing Machine（set） | 88.33 | 89.94 | 87.85 | 88.43 |
| 电风扇（台） | Electric Fan（set） | 309.18 | 295.38 | 290.28 | 293.82 |
| 电冰箱（台） | Refrigerator（set） | 80.17 | 86.06 | 82.86 | 84.60 |
| 冰柜（台） | Freezer （set） | 2.44 | 3.24 | 4.93 | 4.79 |
| 彩色电视机（台） | Color TV （set） | 114.76 | 132.81 | 135.84 | 138.42 |
| 影碟机（台） | Video Disc Player（set） | 57.31 | 74.39 | 83.02 | 84.02 |
| 录音机（台） | Tape Recorder（set） | 40.25 | 38.79 | 29.17 | 30.88 |
| 录放像机（台） | Video-recorder（set） | 14.90 | 11.50 | 9.99 | 9.51 |
| 家用电脑（台） | Household Computer（set） | 9.36 | 30.73 | 43.44 | 46.90 |
| 组合音响（套） | Hi-Fi Stereo Component System（set） | 28.91 | 33.13 | 34.89 | 34.70 |
| 摄像机（架） | Video Camera（set） | 0.36 | 1.98 | 2.67 | 3.17 |
| 照相机（架） | Camera（set） | 33.55 | 38.25 | 35.60 | 37.05 |
| 钢琴（架） | Piano（set） | 0.76 | 1.48 | 1.41 | 1.62 |
| 其他中高档乐器（件） | Other Medium Upscale Musical Instrument（piece） | 3.06 | 5.95 | 4.76 | 6.03 |
| 微波炉（台） | Microwave Oven（set） | 14.66 | 35.53 | 46.01 | 48.17 |
| 空调器（台） | Air Conditioner（set） | 24.33 | 56.79 | 76.34 | 82.67 |
| 取暖器（台） | Heating Appliances（set） | | 26.97 | 29.94 | 32.94 |
| 电炊具（台） | Electric Cooking Appliances（set） | 112.14 | 125.67 | 120.61 | 133.03 |
| 淋浴热水器（台） | Shower（set） | 83.63 | 92.87 | 93.95 | 94.57 |
| 排油烟机（台） | Smoke Absorber（set） | 53.52 | 50.38 | 51.43 | 52.71 |
| 消毒碗柜（台） | Disinfectant Machine（set） | | 45.40 | 54.99 | 56.84 |
| 洗碗机（台） | Dishwasher（set） | | 0.35 | 0.80 | 0.81 |
| 饮水机（台） | Clean Water Fountain（set） | | 32.50 | 46.73 | 49.19 |
| 吸尘器（台） | Dust Catcher（set） | 3.23 | 5.64 | 6.71 | 7.71 |
| 健身器材（套） | Healthy Equipment（set） | 38.41 | 3.15 | 3.65 | 4.51 |
| 普通电话（部） | Telephone（set） | | 94.03 | 91.03 | 89.88 |
| 移动电话（部） | Hand Telephone（set） | 16.80 | 105.15 | 147.67 | 157.51 |
| 传真机（部） | Fax（set） | | 0.79 | 0.95 | 0.94 |
| 接入有线电视电视机（台） | Cable Television（set） | | | 124.66 | 121.47 |
| 接入互连网计算机（台） | Network-connected Computers（set） | | | 34.46 | 36.62 |
| 接入互连网移动电话（部） | Network-connected Hand Telephone（set） | | | 2.41 | 1.94 |

# 2—14 按收入五等份分农村居民家庭基本情况（2007年）

## Basic Conditions of Rural Households by Five Equal Parts of Income（2007）

| 项　目<br>Item | 低收入户<br>Low Income Households | 中低收入户<br>Lower Middle Income Households | 中等收入户<br>Middle Income Households | 中高收入户<br>Upper Middle Income Households | 高收入户<br>High Income Households |
|---|---|---|---|---|---|
| 家庭常住人口（人）<br>Number of Permanet Residents Per Households（Person） | 2430 | 2386 | 2196 | 2014 | 1838 |
| 劳动力（人）<br>Labor Force（person） | 1620 | 1645 | 1622 | 1522 | 1367 |
| 劳动力文化程度（人）<br>Labor's Education Backgroud（person） | | | | | |
| 文盲或半文盲<br>Few Illiteracy and Illiteracy | 41 | 31 | 32 | 30 | 11 |
| 小学程度<br>Primary School | 441 | 441 | 362 | 356 | 268 |
| 初中程度<br>Junior Secondary School | 945 | 945 | 962 | 899 | 793 |
| 高中程度<br>Senior Secondary School | 141 | 174 | 206 | 164 | 216 |
| 中专程度<br>Secondary Technical School | 41 | 44 | 51 | 55 | 52 |
| 大专及以上<br>Junior College and Above | 11 | 10 | 9 | 18 | 27 |
| 人均固定资产原值（元）<br>Per Capita Original Value of Fixed Assets（yuan） | 817.93 | 856.62 | 949.99 | 1307.00 | 1757.79 |
| 人均年内新建房屋面积（平方米）<br>Per Capita New Building Area in the Year-end（sq.m） | 0.74 | 1.28 | 0.99 | 1.08 | 1.29 |
| 人均年内新建房屋价值（元）<br>Per Capita Value of New Building in the Year-end（yuan） | 292.57 | 397.17 | 326.37 | 360.33 | 471.71 |
| 人均年末住房面积（平方米）<br>Per Capita Housing Area at the Year-end（sq.m） | 24.15 | 26.96 | 30.26 | 34.33 | 39.69 |
| 人均年末经营耕地面积（平方米）<br>Per Capita Arable Land Area Business End（sq.m） | 1.02 | 1.06 | 1.23 | 1.48 | 1.99 |
| 人均主要农产品消费量（公斤）<br>Per Capita Consumption of Major Farm Products（kg） | | | | | |
| 粮食<br>Grain | 172.78 | 171.72 | 186.44 | 198.35 | 210.93 |
| 蔬菜及制品<br>Fresh Vegetables and Related Products | 90.61 | 98.14 | 104.52 | 111.42 | 113.70 |
| 食用油<br>Edible Oil | 3.22 | 3.90 | 4.16 | 5.05 | 5.41 |
| 食糖<br>Sugar | 0.92 | 0.94 | 0.99 | 0.95 | 1.08 |
| 卷烟（盒）<br>Cigarette（Boxes） | 10.01 | 11.51 | 14.44 | 16.92 | 22.82 |
| 水果<br>Fruits | 6.81 | 8.22 | 9.50 | 11.14 | 14.29 |
| 猪肉<br>Pork | 10.15 | 11.18 | 12.13 | 14.52 | 16.71 |
| 牛羊肉<br>Butcher | 0.26 | 0.37 | 0.37 | 0.53 | 0.74 |
| 家禽<br>Poultry | 7.18 | 7.85 | 9.28 | 11.13 | 13.36 |
| 禽蛋及制品<br>Eggs and Related Products | 1.02 | 1.19 | 1.31 | 1.46 | 1.54 |
| 水产品<br>Aquatic Products | 2.94 | 3.69 | 4.06 | 4.89 | 5.86 |

# 2—15 按收入五等份分农村居民家庭人均收入情况（2007年）

## Per Capita Income of Rural Households by Five Equal Parts of Income（2007）

单位：元　　　　（yuan）

| 项　　目 | Item | 低收入户 Low Income Households | 中低收入户 Lower Middle Income Households | 中等收入户 Middle Income Households | 中高收入户 Upper Middle Income Households | 高收入户 High Income Households |
|---|---|---|---|---|---|---|
| **总收入** | **Total Income** | **2258.34** | **3205.22** | **4357.36** | **5558.11** | **8667.42** |
| 工资性收入 | Wages Income | 400.01 | 908.85 | 1179.60 | 1467.31 | 1945.97 |
| 家庭经营收入 | Net Income for Household Business | 1771.21 | 2207.07 | 3038.78 | 3928.34 | 6344.27 |
| 农业 | Farming | 1032.17 | 1258.34 | 1710.14 | 2244.84 | 3127.96 |
| 林业 | Forestry | 38.72 | 63.96 | 62.52 | 102.56 | 154.79 |
| 牧业 | Animal Hubabandry | 557.59 | 649.95 | 1044.48 | 1140.62 | 1864.92 |
| 渔业 | Fishery | 35.63 | 73.08 | 43.79 | 75.44 | 187.70 |
| 工业 | Industry | 20.79 | 36.06 | 44.64 | 70.94 | 161.69 |
| 建筑业 | Construction | 15.42 | 21.54 | 16.06 | 13.43 | 56.02 |
| 交通、运输、邮电业 | Transport and Telecommunications Industries | 23.30 | 49.72 | 44.71 | 105.71 | 297.41 |
| 批发和零售贸易、餐饮业 | Wholesale and Retail Trade, Catering Industry | 34.04 | 40.66 | 48.01 | 99.40 | 388.69 |
| 社会服务业 | Social Services Income | 2.01 | 3.82 | 8.89 | 18.42 | 37.57 |
| 文教卫生业 | Culture, Education and Health Care | 2.51 | 1.18 | 5.83 | 24.91 | 38.15 |
| 其他家庭经营 | Others Income from Household Business | 9.03 | 8.75 | 9.70 | 32.07 | 29.37 |
| 财产性收入 | Property Income | 16.83 | 10.33 | 14.67 | 22.67 | 94.17 |
| 转移性收入 | Transferred Income | 70.28 | 78.96 | 124.31 | 139.80 | 283.02 |
| **纯收入** | **Net Income** | **1322.65** | **2269.04** | **3067.80** | **4033.16** | **6277.72** |
| 工资性收入 | Wages Income | 400.01 | 908.85 | 1179.60 | 1467.31 | 1945.97 |
| 家庭经营纯收入 | Net Income for Household Business | 861.68 | 1300.22 | 1794.16 | 2455.58 | 4002.86 |
| 农业 | Farming | 604.44 | 834.07 | 1117.60 | 1453.71 | 2072.47 |
| 林业 | Forestry | 26.31 | 59.87 | 53.46 | 88.56 | 135.09 |
| 牧业 | Animal Hubabandry | 168.05 | 271.11 | 490.45 | 620.67 | 1032.17 |
| 渔业 | Fishery | 9.14 | 21.58 | 25.25 | 37.02 | 136.79 |
| 工业 | Industry | 8.99 | 22.80 | 22.79 | 38.41 | 98.93 |
| 建筑业 | Construction | 13.43 | 20.42 | 15.83 | 12.57 | 44.03 |
| 交通、运输、邮电业 | Transport and Telecommunications Industries | 8.48 | 20.52 | 4.00 | 42.85 | 173.52 |
| 批发和零售贸易、餐饮业 | Wholesale and Retail Trade, Catering Industry | 12.87 | 37.82 | 46.35 | 94.61 | 229.75 |
| 社会服务业 | Social Services | 0.29 | 3.76 | 8.40 | 17.93 | 31.90 |
| 文教卫生业 | Culture, Education and Health Care | 2.33 | 1.18 | 4.42 | 22.71 | 27.51 |
| 其他家庭经营 | Others Income from Household Business | 7.35 | 7.10 | 5.60 | 26.55 | 20.71 |
| 财产性纯收入 | Property Income | 16.83 | 10.33 | 14.67 | 22.67 | 94.17 |
| 转移性纯收入 | Transferred Income | 44.12 | 49.64 | 79.37 | 87.61 | 234.73 |

## 2—16 按收入五等份分农村居民家庭人均支出情况（2007年）

## Per Capita Expenditures of Rural Households by Five Equal Parts of Income（2007）

单位：元 （yuan）

| 项　目 | Item | 低收入户 Low Income Households | 中低收入户 Lower Middle Income Households | 中等收入户 Middle Income Households | 中高收入户 Upper Middle Income Households | 高收入户 High Income Households |
|---|---|---|---|---|---|---|
| **总支出** | **Annual Total Expenditures** | **2741.39** | **3361.93** | **3940.78** | 4719.59 | 7192.85 |
| 家庭经营费用支出 | Expenditure for Household Business | 851.21 | 845.21 | 1176.73 | 1377.12 | 2214.02 |
| 农业 | Agriculture | 390.84 | 388.32 | 555.88 | 734.01 | 993.18 |
| 林业 | Forestry | 12.39 | 4.09 | 9.05 | 13.72 | 19.60 |
| 牧业 | Animal | 377.64 | 365.41 | 538.78 | 502.22 | 812.35 |
| 渔业 | Fishery | 25.85 | 49.62 | 17.98 | 36.31 | 46.45 |
| 工业 | Industry | 9.61 | 11.88 | 18.88 | 29.53 | 57.49 |
| 建筑业 | Construction | 1.99 | 1.06 | 0.18 | 0.87 | 9.08 |
| 交通、运输、邮电业 | Transport and Telecommunications Industries | 10.34 | 22.16 | 31.09 | 50.36 | 98.61 |
| 批发和零售贸易、餐饮业 | Wholesale and Retail Trade, Catering Industry | 20.90 | 2.16 | 0.99 | 4.69 | 153.79 |
| 社会服务业 | Social Services | 0.33 | 0.03 | 0.06 | 0.22 | 5.53 |
| 文教卫生业 | Cultural, Educational and Health Care | 0.05 |  | 1.01 | 2.20 | 10.20 |
| 其他家庭经营 | Other Fram Household Business | 1.27 | 1.00 | 2.84 | 3.01 | 7.74 |
| 购置生产性固定资产支出 | Expenditure for Productive Fixed Assets | 35.22 | 76.73 | 57.97 | 97.25 | 346.95 |
| 税费支出 | Taxes and Fee | 3.80 | 4.02 | 4.56 | 8.50 | 10.21 |
| 财产性支出 | Property Expenditure | 3.40 | 4.09 | 1.83 | 2.29 | 44.05 |
| 转移性支出 | Transferred Expenditure | 61.16 | 61.78 | 115.09 | 144.70 | 244.93 |
| 生活消费支出 | Consumption Expenditure | 1784.18 | 2369.59 | 2584.26 | 3089.72 | 4331.56 |
| 食品 | Food | 1005.41 | 1222.44 | 1363.64 | 1605.43 | 1845.12 |
| 衣着 | Clothing | 47.38 | 75.63 | 82.27 | 104.73 | 139.75 |
| 居住 | Residence | 328.78 | 490.20 | 464.76 | 510.30 | 1089.94 |
| 家庭设备用品及服务 | Household Appliances and Services | 74.49 | 87.43 | 100.60 | 138.96 | 179.00 |
| 医疗保健 | Health Care and Medical Services | 89.35 | 122.51 | 145.64 | 157.32 | 257.20 |
| 交通通讯 | Transport and Telecommunications | 127.84 | 193.51 | 220.82 | 315.73 | 423.83 |
| 文教娱乐用品及服务 | Stationery & Recreation Goods and Services | 83.59 | 134.01 | 159.15 | 203.58 | 321.60 |
| 其他商品和服务 | Other Goods and Services | 27.35 | 43.85 | 47.37 | 53.67 | 75.12 |

# 2—17 农村居民家庭人均总收入及构成

## Per Capita Total Income and Composition of Rural Households

| 项　　目 | Item | 2000 | 2005 | 2006 | 2007 |
|---|---|---|---|---|---|
| **总收入（元）** | **Total Income（yuan）** | **2649.18** | **3717.52** | **3998.20** | **4586.61** |
| 工资性收入 | Wages Income | 483.75 | 907.36 | 972.32 | 1128.75 |
| 家庭经营收入 | Household Business Income | 2042.38 | 2710.92 | 2898.66 | 3296.72 |
| 第一产业 | Primary Industry | 1744.76 | 2480.59 | 2637.47 | 2962.98 |
| 农业 | Farming | 943.57 | 1390.99 | 1571.17 | 1798.26 |
| 林业 | Forestry | 49.94 | 84.21 | 94.55 | 80.55 |
| 牧业 | Animal Husbandry | 701.66 | 918.75 | 894.53 | 1005.56 |
| 渔业 | Fishery | 49.59 | 86.65 | 77.21 | 78.61 |
| 第二产业 | Secondary Industry Income | 105.19 | 60.58 | 66.56 | 85.49 |
| 工业 | Industry | 57.66 | 48.14 | 50.24 | 62.10 |
| 建筑业 | Construction | 47.53 | 12.43 | 16.32 | 23.39 |
| 第三产业 | Tertary Industry | 192.43 | 169.76 | 194.63 | 248.26 |
| 交通、运输、邮电业 | Transport and Telecommunications Industries | 43.91 | 56.07 | 65.70 | 95.08 |
| 批发和零售贸易、餐饮业 | Wholesale and Retail Trade, Catering Industry | 94.10 | 70.61 | 90.67 | 110.43 |
| 社会服务业 | Social Services | 17.92 | 12.42 | 9.60 | 12.86 |
| 文教卫生业 | Culture, Education and Health Care | 6.44 | 13.80 | 9.36 | 13.07 |
| 其他行业 | Other Industry | 30.06 | 16.62 | 18.90 | 16.32 |
| 财产性收入 | Property Income | 7.47 | 18.30 | 22.45 | 29.13 |
| 转移性收入 | Transferred Income | 115.58 | 80.94 | 104.78 | 131.99 |
| **总收入构成（%）** | **Composition of Total Income（%）** | **100.00** | **100.00** | **100.00** | **100.00** |
| 工资性收入 | Wages Income | 18.26 | 24.41 | 24.32 | 24.61 |
| 家庭经营收入 | Household Business Income | 77.09 | 72.92 | 72.50 | 71.88 |
| 第一产业 | Primary Industry | 65.86 | 66.73 | 65.97 | 64.60 |
| 农业 | Farming | 35.62 | 37.42 | 39.30 | 39.21 |
| 林业 | Forestry | 1.89 | 2.27 | 2.36 | 1.76 |
| 牧业 | Animal Husbandry | 26.49 | 24.71 | 22.37 | 21.92 |
| 渔业 | Fishery | 1.87 | 2.33 | 1.93 | 1.71 |
| 第二产业 | Secondary Industry Income | 3.97 | 1.63 | 1.66 | 1.86 |
| 工业 | Industry | 2.18 | 1.29 | 1.26 | 1.35 |
| 建筑业 | Construction | 1.79 | 0.33 | 0.41 | 0.51 |
| 第三产业 | Tertary Industry | 7.26 | 4.57 | 4.87 | 5.41 |
| 交通、运输、邮电业 | Transport and Telecommunications Industries | 1.66 | 1.51 | 1.64 | 2.07 |
| 批发和零售贸易、餐饮业 | Wholesale and Retail Trade, Catering Industry | 3.55 | 1.90 | 2.27 | 2.41 |
| 社会服务业 | Social Services | 0.68 | 0.33 | 0.24 | 0.28 |
| 文教卫生业 | Culture, Education and Health Care | 0.24 | 0.37 | 0.23 | 0.28 |
| 其他行业 | Other Industry | 1.13 | 0.45 | 0.47 | 0.36 |
| 财产性收入 | Property Income | 0.28 | 0.49 | 0.56 | 0.64 |
| 转移性收入 | Transferred Income | 4.36 | 2.18 | 2.62 | 2.87 |

# 2—18　农村居民家庭人均总支出及构成

## Per Capita Total Expenditure and Composition of Rural Households

单位：元　　　　(yuan)

| 项　　目 | Item | 2000 | 2005 | 2006 | 2007 |
|---|---|---|---|---|---|
| **总支出** | **Total Expenditure** | **2317.08** | **3696.72** | **3740.53** | **4239.95** |
| 家庭经营费用支出 | Expenditure for Household Business | 662.18 | 1125.78 | 1120.10 | 1243.86 |
| 第一产业 | Primary Industry | 596.70 | 1062.40 | 1040.56 | 1139.59 |
| 农业 | Farming | 236.24 | 464.63 | 519.55 | 589.17 |
| 林业 | Forestry | 3.14 | 4.09 | 8.20 | 11.36 |
| 牧业 | Animal Husbandry | 345.89 | 561.85 | 475.44 | 504.16 |
| 渔业 | Fishery | 11.43 | 31.81 | 37.36 | 34.90 |
| 第二产业 | Secondary Industry Income | 24.39 | 24.97 | 20.91 | 26.19 |
| 工业 | Industry | 22.40 | 24.62 | 19.74 | 23.78 |
| 建筑业 | Construction | 1.99 | 0.36 | 1.17 | 2.41 |
| 第三产业 | Tertary Industry | 41.09 | 38.40 | 58.63 | 78.08 |
| 交通、运输、邮电业 | Transport and Telecommunications Industries | 17.46 | 21.12 | 23.24 | 39.48 |
| 批发和零售贸易、餐饮业 | Wholesale and Retail Trade, Catering Industry | 16.01 | 9.08 | 26.93 | 32.24 |
| 社会服务业 | Social Services | 1.87 | 2.55 | 1.22 | 1.07 |
| 文教卫生业 | Culture, Education and Health Care | 0.70 | 0.97 | 1.07 | 2.35 |
| 其他行业 | Other Industry | 5.05 | 4.67 | 6.17 | 2.95 |
| 购置生产性固定资产支出 | Expenditure for Productive Fixed Assets | 50.87 | 108.28 | 97.06 | 113.17 |
| 税费支出 | Taxes and Fee | 41.47 | 5.85 | 4.51 | 5.96 |
| 生活消费支出 | Consumption Expenditure | 1487.96 | 2349.60 | 2413.93 | 2747.47 |
| 食品 | Food | 824.97 | 1186.71 | 1196.07 | 1378.78 |
| 衣着 | Clothing | 51.58 | 79.48 | 79.91 | 86.90 |
| 居住 | Residence | 201.12 | 379.65 | 424.88 | 554.14 |
| 家庭设备、用品及服务 | Household Facilities, Articles and Services | 62.95 | 95.47 | 110.09 | 112.24 |
| 医疗保健 | Medicines and Medical Services | 52.38 | 123.39 | 123.91 | 149.01 |
| 交通通讯 | Transport, Post and Telecommunications | 64.83 | 214.07 | 239.48 | 245.97 |
| 文化娱乐用品及服务 | Stationery & Recreation Goods and Services | 186.76 | 226.38 | 198.07 | 172.45 |
| 其他商品和服务 | Other Commodities and Services | 43.37 | 44.45 | 41.45 | 47.98 |
| 财产性支出 | Expenditure for Property | 6.44 | 6.26 | 4.92 | 9.91 |
| 转移性支出 | Transferred Expenditure | 68.16 | 100.18 | 99.78 | 118.78 |

## 2—18 续表 Continued

单位：% (%)

| 项　　目 | Item | 2000 | 2005 | 2006 | 2007 |
|---|---|---|---|---|---|
| **总支出** | **Total Expenditure** | **100.00** | **100.00** | **100.00** | **100.00** |
| 家庭经营费用支出 | Expenditure for Household Business | 28.58 | 30.45 | 29.94 | 29.34 |
| 第一产业 | Primary Industry | 25.75 | 28.74 | 27.82 | 26.88 |
| 农业 | Farming | 10.20 | 12.57 | 13.89 | 13.90 |
| 林业 | Forestry | 0.14 | 0.11 | 0.22 | 0.27 |
| 牧业 | Animal Husbandry | 14.93 | 15.20 | 12.71 | 11.89 |
| 渔业 | Fishery | 0.49 | 0.86 | 1.00 | 0.82 |
| 第二产业 | Secondary Industry Income | 1.05 | 0.68 | 0.56 | 0.62 |
| 工业 | Industry | 0.97 | 0.67 | 0.53 | 0.56 |
| 建筑业 | Construction | 0.09 | 0.01 | 0.03 | 0.06 |
| 第三产业 | Tertary Industry | 1.77 | 1.04 | 1.57 | 1.84 |
| 交通、运输、邮电业 | Transport and Telecommunications Industries | 0.75 | 0.57 | 0.62 | 0.93 |
| 批发和零售贸易、餐饮业 | Wholesale and Retail Trade, Catering Industry | 0.69 | 0.25 | 0.72 | 0.76 |
| 社会服务业 | Social Services | 0.08 | 0.07 | 0.03 | 0.03 |
| 文教卫生业 | Culture, Education and Health Care | 0.03 | 0.03 | 0.03 | 0.06 |
| 其他行业 | Other Industry | 0.22 | 0.13 | 0.16 | 0.07 |
| 购置生产性固定资产支出 | Expenditure for Productive Fixed Assets | 2.20 | 2.93 | 2.59 | 2.67 |
| 税费支出 | Taxes and Fee | 1.79 | 0.16 | 0.12 | 0.14 |
| 生活消费支出 | Consumption Expenditure | 64.22 | 63.56 | 64.53 | 64.80 |
| 食品 | Food | 35.60 | 32.10 | 31.98 | 32.52 |
| 衣着 | Clothing | 2.23 | 2.15 | 2.14 | 2.05 |
| 居住 | Residence | 8.68 | 10.27 | 11.36 | 13.07 |
| 家庭设备、用品及服务 | Household Facilities, Articles and Services | 2.72 | 2.58 | 2.94 | 2.65 |
| 医疗保健 | Medicines and Medical Services | 2.26 | 3.34 | 3.31 | 3.51 |
| 交通通讯 | Transport, Post and Telecommunications | 2.80 | 5.79 | 6.40 | 5.80 |
| 文化娱乐用品及服务 | Stationery & Recreation Goods and Services | 8.06 | 6.12 | 5.30 | 4.07 |
| 其他商品和服务 | Other Commodities and Services | 1.87 | 1.20 | 1.11 | 1.13 |
| 财产性支出 | Expenditure for Property | 0.28 | 0.17 | 0.13 | 0.23 |
| 转移性支出 | Transferred Expenditure | 2.94 | 2.71 | 2.67 | 2.80 |

# 2—19 农村居民家庭人均纯收入及构成

## Per Capita Annual Net Income and Composition of Rural Households

| 项　　目 | Item | 2000 | 2005 | 2006 | 2007 |
|---|---|---|---|---|---|
| **纯收入（元）** | **Net Income（yuan）** | **864.51** | **2494.67** | **2770.50** | **3224.05** |
| 工资性收入 | Wages Income | | 907.36 | 972.32 | 1128.75 |
| 家庭经营纯收入 | Net Income from Household Business | | 1516.36 | 1705.73 | 1973.40 |
| 第一产业 | Primary Industry | | 1362.29 | 1538.48 | 1538.48 |
| 农业 | Farming | | 885.76 | 1009.33 | 1164.41 |
| 林业 | Forestry | | 80.01 | 86.25 | 69.11 |
| 牧业 | Animal Husbandry | | 342.72 | 404.19 | 485.95 |
| 渔业 | Fishery | | 53.79 | 38.72 | 41.89 |
| 第二产业 | Secondary Industry Income | | 33.21 | 43.03 | 55.95 |
| 工业 | Industry | | 21.14 | 27.99 | 35.48 |
| 建筑业 | Construction | | 12.07 | 15.04 | 20.47 |
| 第三产业 | Tertary Industry | | 120.86 | 124.22 | 156.08 |
| 交通、运输、邮电业 | Transport and Telecommunications Industries | | 27.69 | 34.01 | 44.51 |
| 批发和零售贸易、餐饮业 | Wholesale and Retail Trade, Catering Industry | | 59.58 | 62.16 | 76.96 |
| 社会服务业 | Social Services | | 9.61 | 8.03 | 11.31 |
| 文教卫生业 | Culture, Education and Health Care | | 12.71 | 8.16 | 10.54 |
| 其他行业 | Other Industry | | 11.26 | 11.87 | 12.76 |
| 财产性收入 | Property Income | | 18.30 | 22.45 | 29.13 |
| 转移性收入 | Transferred Income | | 52.66 | 69.96 | 92.77 |
| **纯收入构成（%）** | **Composition of Net Income（%）** | **100.00** | **100.00** | **100.00** | **100.00** |
| 工资性收入 | Wages Income | | 36.37 | 35.10 | 35.01 |
| 家庭经营收入 | Net Income from Household Business | | 60.78 | 61.57 | 61.21 |
| 第一产业 | Primary Industry | | 54.61 | 55.53 | 47.72 |
| 农业 | Farming | | 35.51 | 36.43 | 36.12 |
| 林业 | Forestry | | 3.21 | 3.11 | 2.14 |
| 牧业 | Animal Husbandry | | 13.74 | 14.59 | 15.07 |
| 渔业 | Fishery | | 2.16 | 1.40 | 1.30 |
| 第二产业 | Secondary Industry Income | | 1.33 | 1.55 | 1.74 |
| 工业 | Industry | | 0.85 | 1.01 | 1.10 |
| 建筑业 | Construction | | 0.48 | 0.54 | 0.63 |
| 第三产业 | Tertary Industry | | 4.84 | 4.48 | 4.84 |
| 交通、运输、邮电业 | Transport and Telecommunications Industries | | 1.11 | 1.23 | 1.38 |
| 批发和零售贸易、餐饮业 | Wholesale and Retail Trade, Catering Industry | | 2.39 | 2.24 | 2.39 |
| 社会服务业 | Social Services | | 0.39 | 0.29 | 0.35 |
| 文教卫生业 | Culture, Education and Health Care | | 0.51 | 0.29 | 0.33 |
| 其他行业 | Other Industry | | 0.45 | 0.43 | 0.40 |
| 财产性收入 | Property Income | | 0.73 | 0.81 | 0.90 |
| 转移性收入 | Transferred Income | | 2.11 | 2.53 | 2.88 |

# 2—20 农村居民家庭人均现金收入及构成

## Per Capita Cash Income and Composition of Rural Households

| 项　　目 | Item | 2000 | 2005 | 2006 | 2007 |
| --- | --- | --- | --- | --- | --- |
| **现金收入（元）** | **Cash Income（yuan）** | **1975.68** | **2994.06** | **3254.51** | **3769.92** |
| 工资性收入 | Wages Income | 483.75 | 907.36 | 972.32 | 1128.71 |
| 家庭经营现金收入 | Cash Income from Household Business | 1369.00 | 1988.95 | 2155.89 | 2480.87 |
| 第一产业 | Primary Industry | 1071.37 | 1758.69 | 1894.88 | 2147.20 |
| 农业 | Farming | 406.08 | 758.16 | 920.29 | 1094.43 |
| 林业 | Forestry | 41.44 | 78.75 | 90.56 | 76.70 |
| 牧业 | Animal Husbandry | 580.72 | 842.37 | 810.85 | 901.58 |
| 渔业 | Fishery | 40.35 | 79.40 | 73.19 | 74.49 |
| 第二产业 | Secondary Industry Income | 105.20 | 60.58 | 66.56 | 85.49 |
| 工业 | Industry | 57.67 | 48.14 | 50.24 | 62.10 |
| 建筑业 | Construction | 47.53 | 12.43 | 16.32 | 23.39 |
| 第三产业 | Tertary Industry | 192.43 | 169.68 | 194.45 | 248.17 |
| 交通、运输、邮电业 | Transport and Telecommunications Industries | 43.91 | 56.07 | 65.70 | 95.08 |
| 批发和零售贸易、餐饮业 | Wholesale and Retail Trade, Catering Industry | 94.10 | 70.61 | 90.67 | 110.43 |
| 社会服务业 | Social Services | 17.92 | 12.42 | 9.60 | 12.86 |
| 文教卫生业 | Culture, Education and Health Care | 6.44 | 13.80 | 9.36 | 13.07 |
| 其他行业 | Other Industry | 23.32 | 16.54 | 18.72 | 16.23 |
| 财产性收入 | Property Income | 7.42 | 18.01 | 22.40 | 29.13 |
| 转移性收入 | Transferred Income | 115.51 | 79.75 | 103.90 | 131.21 |
| **现金收入构成（%）** | **Composition of Cash Income（%）** | **100.00** | **100.00** | **100.00** | **100.00** |
| 工资性收入 | Wages Income | 24.49 | 30.31 | 29.88 | 29.94 |
| 家庭经营现金收入 | Cash Income from Household Business | 69.29 | 66.43 | 66.24 | 65.81 |
| 第一产业 | Primary Industry | 54.23 | 58.74 | 58.22 | 56.96 |
| 农业 | Farming | 20.55 | 25.32 | 28.28 | 29.03 |
| 林业 | Forestry | 2.10 | 2.63 | 2.78 | 2.03 |
| 牧业 | Animal Husbandry | 29.39 | 28.13 | 24.91 | 23.92 |
| 渔业 | Fishery | 2.04 | 2.65 | 2.25 | 1.98 |
| 第二产业 | Secondary Industry Income | 5.32 | 2.02 | 2.05 | 2.27 |
| 工业 | Industry | 2.92 | 1.61 | 1.54 | 1.65 |
| 建筑业 | Construction | 2.41 | 0.42 | 0.50 | 0.62 |
| 第三产业 | Tertary Industry | 9.74 | 5.67 | 5.97 | 6.58 |
| 交通、运输、邮电业 | Transport and Telecommunications Industries | 2.22 | 1.87 | 2.02 | 2.52 |
| 批发和零售贸易、餐饮业 | Wholesale and Retail Trade, Catering Industry | 4.76 | 2.36 | 2.79 | 2.93 |
| 社会服务业 | Social Services | 0.91 | 0.41 | 0.29 | 0.34 |
| 文教卫生业 | Culture, Education and Health Care | 0.33 | 0.46 | 0.29 | 0.35 |
| 其他行业 | Other Industry | 1.18 | 0.55 | 0.58 | 0.43 |
| 财产性收入 | Property Income | 0.38 | 0.60 | 0.69 | 0.77 |
| 转移性收入 | Transferred Income | 5.85 | 2.66 | 3.19 | 3.48 |

# 2—21 农村居民家庭人均现金支出及构成

## Per Capita Cash Expenditure and Composition of Rural Households

| 项目 | Item | 2000 | 2005 | 2006 | 2007 |
|---|---|---|---|---|---|
| **现金支出（元）** | **Cash Expenditure（yuan）** | **1809.36** | **3078.52** | **3121.08** | **3522.47** |
| 生产费用现金支出 | Cash Expenditure of Productive Costs | 618.20 | 1106.22 | 1094.13 | 1230.54 |
| 家庭经营费用支出 | Expenditure for Household Business | 567.34 | 997.17 | 996.85 | 1116.56 |
| 第一产业 | Primary Industry | 501.90 | 933.80 | 917.34 | 1012.31 |
| 农业 | Farming | 232.05 | 454.76 | 508.57 | 579.44 |
| 林业 | Forestry | 3.14 | 4.12 | 8.20 | 11.36 |
| 牧业 | Animal Husbandry | 255.35 | 443.11 | 363.28 | 386.61 |
| 渔业 | Fishery | 11.36 | 31.81 | 37.28 | 34.90 |
| 第二产业 | Secondary Industry Income | 24.35 | 24.97 | 20.91 | 26.17 |
| 工业 | Industry | 22.36 | 24.62 | 19.74 | 23.76 |
| 建筑业 | Construction | 1.99 | 0.36 | 1.17 | 2.41 |
| 第三产业 | Tertary Industry | 41.09 | 38.40 | 58.59 | 78.08 |
| 交通、运输、邮电业 | Transport and Telecommunications Industries | 17.46 | 21.12 | 23.24 | 39.48 |
| 批发和零售贸易、餐饮业 | Wholesale and Retail Trade, Catering Industry | 16.01 | 9.08 | 26.93 | 32.24 |
| 社会服务业 | Social Services | 1.87 | 2.55 | 1.22 | 1.07 |
| 文教卫生业 | Culture, Education and Health Care | 0.70 | 0.97 | 1.07 | 2.35 |
| 其他行业 | Other Industry | 5.05 | 4.67 | 6.13 | 2.95 |
| 购置生产性固定资产支出 | Expenditure for Productive Fixed Assets | 50.87 | 108.28 | 97.06 | 113.17 |
| 税费支出 | Taxes and Fee | 30.31 | 5.85 | 4.51 | 5.96 |
| 生活消费支出 | Consumption Expenditure | 1087.20 | 1860.36 | 1917.97 | 2159.19 |
| 财产性支出 | Expenditure for Property | 6.44 | 6.26 | 4.92 | 9.91 |
| 转移性支出 | Transferred Expenditure | 67.21 | 99.83 | 99.55 | 116.88 |
| **现金支出构成（%）** | **Composition of Cash Expenditure（%）** | **100.00** | **100.00** | **100.00** | **100.00** |
| 生产费用现金支出 | Cash Expenditure of Productive Costs | 34.17 | 35.93 | 35.06 | 34.93 |
| 家庭经营费用支出 | Expenditure for Household Business | 31.36 | 32.39 | 31.94 | 31.70 |
| 第一产业 | Primary Industry | 27.74 | 30.33 | 29.39 | 28.74 |
| 农业 | Farming | 12.82 | 14.77 | 16.29 | 16.45 |
| 林业 | Forestry | 0.17 | 0.13 | 0.26 | 0.32 |
| 牧业 | Animal Husbandry | 14.11 | 14.39 | 11.64 | 10.98 |
| 渔业 | Fishery | 0.63 | 1.03 | 1.19 | 0.99 |
| 第二产业 | Secondary Industry Income | 1.35 | 0.81 | 0.67 | 0.74 |
| 工业 | Industry | 1.24 | 0.80 | 0.63 | 0.67 |
| 建筑业 | Construction | 0.11 | 0.01 | 0.04 | 0.07 |
| 第三产业 | Tertary Industry | 2.27 | 1.25 | 1.88 | 2.22 |
| 交通、运输、邮电业 | Transport and Telecommunications Industries | 0.96 | 0.69 | 0.74 | 1.12 |
| 批发和零售贸易、餐饮业 | Wholesale and Retail Trade, Catering Industry | 0.88 | 0.29 | 0.86 | 0.92 |
| 社会服务业 | Social Services | 0.10 | 0.08 | 0.04 | 0.03 |
| 文教卫生业 | Culture, Education and Health Care | 0.04 | 0.03 | 0.03 | 0.07 |
| 其他行业 | Other Industry | 0.28 | 0.15 | 0.20 | 0.08 |
| 购置生产性固定资产支出 | Expenditure for Productive Fixed Assets | 2.81 | 3.52 | 3.11 | 3.21 |
| 税费支出 | Taxes and Fee | 1.68 | 0.19 | 0.14 | 0.17 |
| 生活消费支出 | Consumption Expenditure | 60.09 | 60.43 | 61.45 | 61.30 |
| 财产性支出 | Expenditure for Property | 0.36 | 0.20 | 0.16 | 0.28 |
| 转移性支出 | Transferred Expenditure | 3.71 | 3.24 | 3.19 | 3.32 |

# 2—22 农村居民家庭基本情况

## Basic Conditions of Rural Households

| 项目 | Item | 2000 | 2005 | 2006 | 2007 |
|---|---|---|---|---|---|
| **调查户数（户）** | **Number of Households Surveyed（household）** | **2310** | **2310** | **2310** | **2310** |
| 调查户从业类型 | Survey types of Households Practitioners | | | | |
| 按总收入比重计算 | By Calculating the Proportion of Total Revenue | | | | |
| 农业户 | Agricultural Households | | 434 | 493 | 445 |
| 农业兼业户 | Agriculture and Industry Operators | | 1275 | 1170 | 1223 |
| 非农业兼业户 | Non-farm Households and Industry | | 591 | 637 | 631 |
| 非农业户 | Non-farm Households | | 10 | 10 | 11 |
| 按从业劳动力比重计算 | By Calculating the Proportion of the Labor Employment | | | | |
| 农业户 | Agricultural Households | | 961 | 940 | 938 |
| 农业兼业户 | Agriculture and Industry Operators | | 619 | 611 | 585 |
| 非农业兼业户 | Non-farm Households and Industry | | 658 | 678 | 715 |
| 非农业户 | Non-farm Households | | 72 | 81 | 72 |
| 户别 | Other Families | | | | |
| 个体工商户 | Individual Businesses | 92 | 59 | 56 | 48 |
| 干部户 | Cadres Households | 209 | 193 | 182 | 176 |
| 个体工商和干部户 | Individually and Cadres Households | 34 | 27 | 19 | 19 |
| 五保户 | Capsized | 8 | 1 | 1 | 2 |
| 其他户 | Other | 1967 | 2030 | 2052 | 2065 |
| 家庭结构 | Family Structure | | | | |
| 单身或夫妇 | Single or Couples | 44 | 54 | 57 | 69 |
| 夫妇与一个孩子 | Couples with One Child | 243 | 270 | 272 | 274 |
| 夫妇与两个孩子 | Married Couples with Two Children | 547 | 621 | 616 | 593 |
| 夫妇与三个以上孩子 | Couples with Three or More Children | 671 | 603 | 580 | 565 |
| 单亲与孩子 | Single Parents with Children | 58 | 46 | 43 | 48 |
| 三代同堂 | Three Generations Under One Roof | 417 | 531 | 544 | 566 |
| 其他 | Other | 330 | 185 | 198 | 195 |
| **调查户常住人口（人）** | **Number of Permanent Residents Per Households（person）** | **11137** | **10970** | **10931** | **10864** |
| 整半劳动力 | The Whole Part Time Farm Worker | 7147 | 7689 | 7734 | 7776 |
| 不识字或识字很少 | Few Illiteracy and Illiteracy | 388 | 171 | 161 | 145 |
| 小学程度 | Primary School | 2571 | 1927 | 1901 | 1868 |
| 初中程度 | Junior School | 3386 | 4484 | 4523 | 4544 |
| 高中程度 | Senior Secondary School | 639 | 814 | 843 | 901 |
| 中专程度 | Secondary Technical School | 150 | 227 | 234 | 243 |
| 大专及以上 | Junior College and Above | 13 | 66 | 72 | 75 |
| 外出从业劳动人数 | The Number of Practitioners Working Out | 1034 | 1920 | 2033 | 2034 |
| **期末实际经营的土地面积（亩/人）** | **Land Area Dealing in Actually at the End of Term（mu/person）** | | | | |
| 耕地 | Farmland | 1.25 | 1.31 | 1.31 | 1.32 |
| 山地 | Mountains | 0.51 | 0.63 | 0.63 | 0.59 |
| 园地 | Gardening Land | 0.07 | 0.14 | 0.14 | 0.16 |
| 牧草地 | Grassland | | 0.03 | 0.03 | 0.03 |
| 养殖水面 | Aquatic Space | 0.03 | 0.03 | 0.03 | 0.03 |

# 2—23 农村居民家庭建房和居住情况

## Basic Information of Building Construction and Accommodation in Rural Households

| 项目 | Item | 2000 | 2005 | 2006 | 2007 |
|---|---|---|---|---|---|
| **期末住房情况** | **Housing Conditions at the Year-end** | | | | |
| 住房面积（平方米/人） | Dwelling Space（sq.m/person） | 23.40 | 28.67 | 29.60 | 30.52 |
| 住房价值（元/人） | Value of Houses（yuan/person） | 3028.44 | 5900.63 | 6362.69 | 6767.78 |
| 住房类型（平方米/人） | Housing Styles（sq.m/person） | | | | |
| 楼房面积 | Building Space | 6.32 | 14.70 | 16.10 | 17.15 |
| 砖瓦平房面积 | Bungalow Space | 11.96 | 9.53 | 9.15 | 9.15 |
| 其他 | Others | 5.12 | 4.45 | 4.35 | 4.22 |
| 住房结构（平方米/人） | Housing Structure（sq.m/person） | | | | |
| 钢筋混泥土结构面积 | Reinforced Structure | 9.40 | 18.15 | 19.35 | 20.08 |
| 砖木结构面积 | Brick and Wood Structure | 8.71 | 6.48 | 6.32 | 6.59 |
| 其他 | Others | 5.30 | 4.04 | 3.94 | 3.84 |
| **期内新建（购）住房情况** | **Newly-built Houses Within the Year** | | | | |
| 新建（购）住房面积（平方米/人） | Newly-built House Space（sq.m/person） | 1.11 | 1.10 | 0.77 | 1.09 |
| 新建（购）住房价值（元/人） | Value in Each Squre Meter（yuan/person） | 249.35 | 324.61 | 246.25 | 394.19 |
| 新建（购）住房类型（平方米/人） | Newly-built Houses Styles（sq.m/person） | | | | |
| 楼房面积 | Building Space | 0.68 | 0.89 | 0.60 | 0.97 |
| 砖瓦平房面积 | Bungalow Space | 0.41 | 0.16 | 0.16 | 0.10 |
| 其他 | Others | 0.02 | 0.04 | 0.01 | 0.02 |
| 新建（购）住房结构（平方米/人） | Newly-built Houses Structure（sq.m/person） | | | | |
| 钢筋混泥土结构面积 | Reinforced Structure | 0.94 | 1.04 | 0.75 | 1.06 |
| 砖木结构面积 | Brick and Wood Structure | 0.17 | 0.03 | 0.02 | 0.02 |
| 其他 | Others | | 0.02 | | 0.01 |
| **期内房屋建设情况（平方米）** | **Housing Construction Period（sq.m）** | | | | |
| 期内施工房屋面积 | Area Housing Construction Period | | 1.21 | 0.81 | 1.06 |
| # 住宅面积 | # Residential Area | | 1.19 | 0.80 | 1.03 |
| 期内竣工房屋面积 | During the Completion of Housing Area | | 1.01 | 0.74 | 1.08 |
| # 住宅面积 | # Residential Area | | 0.99 | 0.68 | 1.06 |
| **居住条件（户）** | **Living Conditions（household）** | | | | |
| 住房卫生设备使用情况 | Housing use of health equipment | | | | |
| 使用水冲式厕所 | Use Water Washing Type Toilet | | 513 | 565 | 588 |
| 使用旱厕 | Use Dry | | 1391 | 1377 | 1366 |
| 无厕所 | No Toilet | 660 | 406 | 368 | 356 |
| 取暖设备使用情况 | Operating Position of the Heating System | | | | |
| 使用空调 | Use the Air Conditioner | 2 | 4 | 3 | 3 |
| 使用暖气 | Use the Heating | 3 | | | |
| 使用火炕 | Use the Heated Kang | 158 | 181 | 160 | 170 |
| 无取暖设备 | No Heating Equipment | 2147 | 2125 | 2147 | 2137 |
| 炊事使用的主要能源 | Main Energy That the Cooking Uses | | | | |
| 使用液化气 | Use the Liquefied Gas | 159 | 236 | 176 | 405 |
| 使用煤炭 | Use Coals | 34 | 6 | 10 | 2 |
| 使用柴草 | Use the Faggot | 2019 | 1780 | 1719 | 1484 |
| 使用电 | Use the Electricity | | 41 | 49 | 63 |
| 使用沼气 | Use the Marsh Gas | | 215 | 337 | 321 |
| 使用其他燃料 | Use Other Fuel | | 32 | 19 | 35 |
| 饮用水来源情况 | Drinking Water Source Situation | | | | |
| 饮用自来水 | Drink the Running Water | | 649 | 658 | 716 |
| 饮用深井水 | Drink the Deep Well Water | | 738 | 715 | 646 |
| 饮用浅井水 | Drink the Shallow Well Water | | 471 | 460 | 482 |
| 饮用江河湖泊水 | Drink Rivers Lake Water | | 109 | 121 | 90 |
| 饮用塘水 | Drink Water of the Pool | | 12 | 10 | 11 |
| 饮用其他水源 | Drink the Other Sources of Water | | 331 | 346 | 365 |
| 住宅外道路路面状况 | Road Surface State of the Road Outside the House | | | | |
| 水泥或柏油路面 | Cement or Road Surface of Pitch | | 302 | 338 | 437 |
| 沙石或石板等硬质路面 | Stone, Sand and Gravel or Other Hard-surface | | 434 | 411 | 406 |
| 其他路面 | Other Road Surface | | 1574 | 1561 | 1467 |

# 2—24 农村居民家庭平均每百户耐用消费品拥有量

## Ownership of Major Durable Consumer Goods Per 100 Rural Households

| 项　　目 | Item | 2000 | 2005 | 2006 | 2007 |
|---|---|---|---|---|---|
| 大型家具（件） | Large Writing（piece） | 140.43 | 200.09 | 209.83 | - |
| 洗衣机（台） | Washing Mathine（set） | 3.25 | 6.80 | 6.41 | 7.86 |
| 电风扇（台） | Electric Fan（set） | 180.82 | 241.52 | 250.09 | - |
| 电冰箱（台） | Refrigerator（set） | 2.90 | 6.67 | 8.61 | 12.45 |
| 空调机（台） | Air Conditioner（set） | 0.17 | 0.61 | 0.95 | 0.95 |
| 抽油烟机（台） | Exhaust Fan（set） | 0.30 | 1.08 | 1.04 | 0.91 |
| 吸尘器（台） | Dust Catcher（set） | 0.04 | | 0.04 | 0.17 |
| 微波炉（台） | Oven（set） | 0.13 | 1.39 | 1.52 | 1.99 |
| 热水器（台） | Shower（set） | 2.60 | 9.22 | 10.09 | 11.56 |
| 自行车（辆） | Bicycle（set） | 124.98 | 86.06 | 88.57 | 87.84 |
| 摩托车（台） | Motorcycle（set） | 18.01 | 57.14 | 62.21 | 67.16 |
| 汽车（生活用）（台） | Automobile（set） | 0.09 | 0.09 | 0.09 | 0.13 |
| 电话机（部） | Telephone（set） | 8.14 | 56.58 | 62.38 | 64.11 |
| 移动电话（部） | Mobile Telephone（set） | 0.69 | 62.55 | 72.29 | 86.80 |
| 寻呼机（台） | Beep-pager（set） | 5.54 | | 0.04 | - |
| 彩色电视机（台） | Color TV（set） | 30.04 | 80.91 | 87.19 | 92.10 |
| 黑白电视机（台） | Black and White TV（set） | 60.78 | 29.22 | 25.97 | 19.13 |
| 录放像机（台） | Video-recorder（set） | 1.69 | 0.48 | 1.00 | - |
| 摄像机（台） | Video Camera（set） | 0.13 | | 0.17 | 1.56 |
| 影碟机（台） | Video Disc Player（set） | 11.90 | 50.52 | 54.11 | 51.49 |
| 组合音响（台） | Hi-Fi Stereo Component System（set） | 6.23 | 19.74 | 20.48 | - |
| 收录机（台） | Radio Cassette Player（set） | 14.24 | 5.54 | 5.54 | - |
| 照相机（架） | Camera（set） | 0.87 | 1.60 | 1.73 | 3.90 |
| 家用计算机（台） | Computer（set） | 0.04 | 0.52 | 0.87 | 1.04 |
| 中高档乐器（件） | Middle-grade Instruments（piece） | 0.17 | | | - |

# 2—25 农村居民家庭人均拥有生产性固定资产

## Per Capita Productive Fixed Assets of Rural Households

| 项　目 | Item | 2000 | 2005 | 2006 | 2007 |
|---|---|---|---|---|---|
| **生产性固定资产原值（元）** | **Initial Value of Productive Fixed Assets（yuan）** | **623.50** | **944.07** | **1024.76** | **1102.79** |
| 农业 | Agriculture | 431.01 | 574.80 | 617.08 | 632.34 |
| # 房屋及建筑物 | # House and Building | 127.82 | 92.80 | 115.05 | 116.60 |
| 役畜 | Draught Animals | 160.44 | 215.54 | 216.35 | 204.90 |
| 大中型铁木农具 | Large and Medium Iron or Wood Furniture | 34.40 | 49.84 | 51.17 | 53.66 |
| 农业机械 | Agricultural Machinery | 101.53 | 206.67 | 225.28 | 235.92 |
| 林业 | Forestry | | 1.00 | 1.32 | 0.09 |
| # 房屋及建筑物 | # House and Building | | - | 0.32 | - |
| 役畜 | Draught Animals | | - | - | - |
| 大中型铁木农具 | Large and Medium Iron or Wood Furniture | | - | - | - |
| 林业机械 | Agricultural Machinery | | 1.00 | 1.01 | 0.09 |
| 牧业 | Animal Husbandry | | 181.88 | 201.20 | 203.54 |
| # 房屋及建筑物 | # House and Building | | 132.18 | 146.57 | 151.72 |
| 产品畜 | Draught Animals | | 38.33 | 43.45 | 39.12 |
| 大中型铁木农具 | Large and Medium Iron or Wood Furniture | | 4.41 | 5.87 | 2.18 |
| 牧业机械 | Agricultural Machinery | | 3.87 | 3.67 | 9.04 |
| 渔业 | Fishery | | 15.70 | 16.80 | 26.73 |
| # 房屋及建筑物 | # House and Building | | 1.10 | 1.11 | 1.05 |
| 大中型铁木农具 | Large and Medium Iron or Wood Furniture | | - | - | - |
| 渔业机械 | Fishery's machinery | | 14.16 | 14.09 | 24.07 |
| 采矿业 | Mining | | 2.53 | 1.74 | 1.56 |
| 制造业 | Manufacturing | | 32.59 | 32.88 | 35.55 |
| # 房屋及建筑物 | # House and Building | | 8.72 | 8.72 | 9.64 |
| 生产设备 | Production Equipment | | 20.81 | 23.17 | 25.62 |
| 电力煤气与水的生产及供应 | Production and Supply of Electricity Gas and Water | | - | - | 0.03 |
| 建筑业 | Construction | 2.73 | - | 1.28 | 6.52 |
| 交通运输业、仓储和邮政业 | Tran sportation Storage, Post & Telecommunication Services | 96.14 | 106.80 | 124.79 | 163.65 |
| 批发和零售贸易业 | Wholesale and Retail Trade & Catering Services | 21.57 | 16.40 | 12.49 | 13.20 |
| 住宿和餐饮业 | Accomadation and Catering | | - | 0.25 | 0.37 |
| 居民服务与其他服务业 | Services to Households and Other Services | 3.01 | 3.46 | 5.23 | 7.03 |
| 教育 | Education | 1.62 | - | - | 0.92 |
| 卫生、社会保障和福利业 | Health Social Securities and Social Welfare | | 0.67 | 0.67 | 0.67 |
| 文化、体育和娱乐业 | Culture Sports and Entertainment | | 1.19 | 1.19 | 1.20 |
| 其他 | Other | 2.26 | 7.05 | 7.84 | 9.39 |
| **主要生产性固定资产数量** | **Major Productive Fixed Assets** | | | | |
| 房屋及建筑物（平方米） | House and Building（sq.m） | 4.06 | 4.94 | 5.12 | 5.14 |
| 汽车（辆） | Moto Vehicles（unit） | … | … | … | … |
| 大中型拖拉机（台） | Large and Medium Tractors（set） | … | … | … | … |
| 小型和手扶拖拉机（台） | Mini and Walking Tractors（set） | 0.02 | 0.03 | 0.03 | 0.03 |
| 机动脱粒机（台） | Motorized Threshing Machines（set） | 0.02 | 0.04 | 0.04 | 0.04 |
| 收割机（台） | Harvesters（set） | … | - | … | … |
| 农用动力机械（台） | Machinery for Agricultural Irrigation（set） | 0.02 | 0.04 | 0.04 | 0.04 |
| 胶轮大车（架） | Carts with Rubber Tyres（set） | 0.01 | 0.01 | 0.01 | 0.01 |
| 水泵（台） | Pumps（unit） | 0.02 | 0.03 | 0.03 | 0.04 |
| 役畜（头） | Draught Animals（head） | 0.13 | 0.11 | 0.12 | 0.11 |
| 产品畜（头） | Commodity Animals（head） | 0.08 | 0.08 | 0.08 | 0.06 |

# 2—26 农村居民家庭人均粮食结存情况

## Basic Conditions of Per Capita Grain in Balance by Rural Households

单位：公斤 (kg)

| 项　目 | Item | 2000 | 2005 | 2006 | 2007 |
|---|---|---|---|---|---|
| **期初粮食结存** | **Inventory of Grain at the Beginning of the year** | **200.41** | **219.10** | **288.36** | **305.22** |
| 期内粮食收入合计 | Total Debit of Grain | 499.41 | 487.66 | 491.16 | 491.45 |
| 家庭经营生产粮食 | From Household Production | 452.67 | 456.50 | 464.80 | 468.80 |
| 谷物 | Cereal | - | 447.90 | 456.09 | 462.09 |
| 薯类 | Tuber | - | 3.52 | 4.24 | 2.67 |
| 豆类 | Beans | - | 5.09 | 4.47 | 4.04 |
| 购入粮食 | Purchases Grain | 46.26 | 29.78 | 23.17 | 21.72 |
| 谷物 | Cereal | - | 29.13 | 23.08 | 21.09 |
| 薯类 | Tuber | - | 0.03 | 0.03 | 0.01 |
| 豆类 | Beans | - | 0.61 | 0.60 | 0.62 |
| 借入粮食 | Borrowing Grain | 0.15 |  | 0.05 | 0.05 |
| 收回借出粮 | Recall Lent Grain | 0.27 | 1.07 | 1.99 | 0.48 |
| 其他粮食收入 | Others | 0.06 | 0.31 | 0.62 | 0.41 |
| **期内粮食支出合计** | **Total Expenditure of Grain** | **440.53** | **419.43** | **411.87** | **426.52** |
| 主食用粮 | Staple Food | 233.75 | 189.96 | 183.91 | 186.50 |
| 谷物 | Cereal | - | 187.88 | 181.75 | 183.83 |
| 薯类 | Tuber | - | 0.87 | 0.97 | 1.12 |
| 豆类 | Beans | - | 1.21 | 1.18 | 1.55 |
| 其他生活用粮 | Grain for Other Living | 0.22 | 0.11 | 0.06 | 0.38 |
| 出售粮食 | Sales Grain | 72.24 | 126.86 | 136.45 | 152.12 |
| 谷物 | Cereal | - | 125.12 | 134.50 | 150.56 |
| 薯类 | Tuber | - | 0.47 | 0.56 | 0.23 |
| 豆类 | Beans | - | 1.27 | 1.39 | 1.33 |
| 种籽用粮食 | Seeds Staple | 5.22 | 3.07 | 3.28 | 2.79 |
| 饲料用粮食 | Fodder Staple | 115.87 | 98.99 | 88.05 | 83.40 |
| 借出粮食 | Lending Staple | 1.11 | 0.16 | 0.01 | 0.08 |
| 归还借粮 | Return Borrowed Grain | 0.16 | 0.10 | 0.05 | 0.07 |
| 其他粮食支出 | Others | 11.95 | 0.17 | 0.06 | 1.17 |
| **期末粮食结存** | **Inventory of Grain at the Year-end** | **-** | **287.34** | **303.69** | **318.19** |
| 谷物 | Cereal | - | 283.21 | 300.46 | 315.70 |
| 薯类 | Tuber | - | 1.78 | 1.65 | 1.05 |
| 豆类 | Beans | - | 2.34 | 1.58 | 1.44 |
| **期末粮食结存用途** | **Use of the Suplus and Stored Grain ate Year-end** |  |  |  |  |
| # 计划用于口粮 | # Planned Rations | - | 146.51 | 157.81 | - |
| 种子 | Seeds | - | 1.60 | 2.33 | - |
| 饲料 | Fodder | - | 58.89 | 59.17 | - |
| 其他用途 | Others | - | 80.33 | 84.37 | - |
| **期内生产加工用粮** | **During Grain Production and Processing** | **10.20** | **7.76** | **2.91** | **-** |
| # 食品加工用粮 | # Food processing grain | 8.53 | 2.06 | 2.27 | - |
| 饲料加工用粮 | Feed Grain Processing | 1.68 | 4.60 | 0.63 | - |

# 2—27 农村居民家庭人均主要食品消费量

## Per Capita Main Food Consumption of Rural Households

单位：公斤 (kg)

| 项目 | Item | 2000 | 2005 | 2006 | 2007 |
|---|---|---|---|---|---|
| 谷物消费量 | Cereal Consumption | - | 187.88 | 181.75 | 183.83 |
| # 稻谷 | # Rice | 211.38 | 176.40 | 171.50 | 172.40 |
| 玉米 | Corn | 13.85 | 9.02 | 7.79 | 8.67 |
| 薯类消费量 | Potato Consumption | 4.37 | 0.87 | 0.97 | 1.12 |
| # 红薯 | # Sweet Potato | - | 0.84 | 0.94 | 1.05 |
| 马铃薯 | Potato | - | 0.01 | 0.03 | 0.05 |
| 豆类消费量 | Soy Consumption | - | 1.21 | 1.18 | 1.55 |
| # 大豆 | # Soybean | 1.95 | 0.70 | 0.69 | 0.93 |
| 油脂类消费量 | Oil and Fats Consumption | 6.20 | 5.05 | 4.56 | 4.27 |
| 植物油 | Vegetable Oil | 3.98 | 3.02 | 2.70 | 2.66 |
| 动物油 | Animal Oil | 2.22 | 2.02 | 1.86 | 1.61 |
| 烟叶消费量 | Tobacco Consumption | - | 0.16 | 0.14 | 0.21 |
| 豆制品 | Soybean | - | 1.49 | 1.43 | 1.57 |
| 蔬菜及菜制品消费量 | Vegetables and Food Products Consumption | 118.64 | 101.68 | 104.76 | 102.84 |
| # 叶菜类 | # Leaf | - | 67.28 | 67.50 | 70.29 |
| 瓜菜类 | Vegetables Category | - | 11.43 | 12.78 | 11.73 |
| 块根、块茎类 | Root and Tuber | - | 12.82 | 13.10 | 11.15 |
| 茄果类 | Eggplants | - | 6.69 | 7.74 | 6.45 |
| 瓜类 | Melons | - | 2.15 | 2.67 | 2.36 |
| # 西瓜 | # Watermelon | - | 1.91 | 2.35 | 2.15 |
| 水果类 | Fruits | - | 10.33 | 9.37 | 9.73 |
| 消费茶叶 | Tea Consumption | - | 0.05 | 0.03 | 0.05 |
| 坚果消费量 | Nuts Consumption | - | 0.23 | 0.18 | 0.19 |
| 肉禽及其制品 | Meat, Poultry and Related Products | 20.78 | 27.64 | 27.32 | 25.59 |
| # 猪肉 | # Pork | 13.86 | 15.22 | 14.99 | 12.70 |
| 牛肉 | Beef | 0.17 | 0.16 | 0.18 | 0.38 |
| 羊肉 | Mutton | 0.04 | 0.06 | 0.05 | 0.06 |
| 家禽 | Poultry | 6.29 | 9.19 | 8.91 | 9.53 |
| 蛋类及蛋制品 | Eggs and Eggs Products | 1.28 | 1.05 | 1.09 | 1.29 |
| 奶和奶制品 | Milk and Dairy Products | 0.02 | 0.09 | 0.13 | 0.18 |
| 水产品 | Aquatic Products | 3.08 | 4.21 | 3.87 | 4.18 |
| # 鱼类 | # Fish | 2.53 | 3.74 | 3.51 | 3.76 |
| 虾、贝、蟹类 | Shrimp, Shells, Crabs | 0.25 | 0.23 | 0.16 | 0.19 |
| 食糖 | Sugar | 1.27 | 1.18 | 1.04 | 0.97 |
| 酒 | Wine | 4.96 | 7.33 | 7.68 | 8.04 |
| # 白酒 | # Liquor | 4.30 | 5.20 | 4.95 | 4.81 |
| 啤酒 | Beer | 0.64 | 1.85 | 2.36 | 2.76 |

# 2—28 农村居民家庭人均出售农产品、畜禽和水产品情况

## Information of Per Capita Sales in Farm Product, Sell Animals, Poultry and Aquatic Products in Rural Households

| 项目 | Item | 2000 | | 2005 | |
|---|---|---|---|---|---|
| | | 数量（公斤）Quantity（kg） | 金额（元）Amount（yuan） | 数量（公斤）Quantity（kg） | 金额（元）Amount（yuan） |
| **农产品出售情况** | **Sale of Agricultural Products** | | | | |
| 农业 | Agriculture | | | | 745.48 |
| 谷物 | Cereal | 68.81 | 71.19 | 125.12 | 205.93 |
| 普通稻谷 | Ordinary Rice | 45.62 | 61.25 | 69.14 | 106.33 |
| 优质稻谷 | High-quality Rice | 12.05 | 14.61 | 30.47 | 59.68 |
| 普通玉米 | Normal Corn | 8.76 | 9.78 | 22.34 | 26.82 |
| 优质玉米 | Quality Corn | 2.24 | 1.89 | 1.74 | 2.52 |
| 薯类 | Tuber | 0.63 | 0.45 | 0.47 | 1.65 |
| 豆类 | Beans | 2.80 | 6.44 | 1.27 | 3.96 |
| 油料 | Oil | 3.84 | 9.70 | 3.84 | 12.38 |
| 麻类 | Recipes | 0.86 | 1.96 | 2.58 | 2.19 |
| 糖料 | Sugar | 854.89 | 131.12 | 1037.99 | 216.24 |
| 烟草 | Tobacco | 0.95 | 6.45 | 0.76 | 6.69 |
| 蔬菜 | Vegetables | 90.54 | 59.15 | 131.43 | 145.18 |
| 瓜类 | Melons | | | 43.80 | 31.24 |
| 西瓜 | Watermelon | | | 41.01 | 27.70 |
| 甜瓜 | Melon | | | 1.39 | 1.93 |
| 园林水果 | Fruit Gardens | | | 48.91 | 67.43 |
| 柑桔类 | Citrus | 5.93 | 7.33 | 16.35 | 19.83 |
| 香蕉 | Bananas | 10.79 | 15.31 | 13.92 | 21.12 |
| 荔枝 | Litchi | | | 2.08 | 4.95 |
| 龙眼 | Longan | | | 1.13 | 2.58 |
| 葡萄 | Grapes | | | 1.00 | 2.23 |
| 茶叶 | Tea | 0.20 | 1.25 | 0.16 | 2.23 |
| 香料 | Perfume | | | 0.88 | 3.63 |
| 中药材 | Medicines | | | 2.11 | 7.64 |
| 林业 | Forestry | | | | 78.60 |
| 油桐籽 | Tung Tree Seeds | | | 2.07 | 5.02 |
| 木材（立方米） | Wood（cu.m） | 0.03 | 7.94 | 0.04 | 12.14 |
| **畜禽和水产品出售情况** | **Sale of Cattle and Aquastic Products** | | | | |
| 牧业 | Animal Husbandry | | | | 839.22 |
| 肉猪及猪肉 | Pork and pork | 51.62 | 380.56 | 49.72 | 498.18 |
| 菜羊及羊肉 | Sheep and Lamb Dishes | 0.53 | 5.61 | 0.15 | 1.94 |
| 肉牛及牛肉 | Beef and beef | 1.46 | 8.91 | 1.06 | 14.64 |
| 其他活家畜及自宰畜肉 | Other Livestock from Slaughter and Red Meat | | | 0.06 | 0.53 |
| 家禽 | Poultry | | | 6.24 | 71.83 |
| 活鸡 | Chickens | | | 3.41 | 47.12 |
| 活鸭 | Ducks | | | 2.69 | 23.10 |
| 蛋类 | Eggs | 0.25 | 1.74 | 0.09 | 0.88 |
| 仔猪（只） | Piglets（head） | | | 0.69 | 105.86 |
| 架子猪（只） | Pigs（head） | | | 0.14 | 27.49 |
| 蚕茧 | Cocoon | 0.81 | 13.37 | 5.22 | 106.76 |
| 渔业 | Fishery | | | | 77.26 |
| 鱼类 | Fish | 2.31 | 17.12 | 3.08 | 24.75 |

2—28 续表 Continued

| 项　目 | Item | 2006 | | 2007 | |
|---|---|---|---|---|---|
| | | 数量（公斤）Quantity（kg） | 金额（元）Amount（yuan） | 数量（公斤）Quantity（kg） | 金额（元）Amount（yuan） |
| **农产品出售情况** | **Sale of Agricultural Products** | | | | |
| 农业 | Agriculture | | 906.65 | | 1085.87 |
| 谷物 | Cereal | 134.50 | 217.03 | 150.56 | 259.41 |
| 普通稻谷 | Ordinary Rice | 81.34 | 124.47 | 78.50 | 131.85 |
| 优质稻谷 | High-quality Rice | 30.82 | 59.35 | 34.36 | 66.59 |
| 普通玉米 | Normal Corn | 20.07 | 26.37 | 33.16 | 46.23 |
| 优质玉米 | Quality Corn | 1.38 | 1.95 | 2.76 | 4.49 |
| 薯类 | Tuber | 0.56 | 1.81 | 0.23 | 0.95 |
| 豆类 | Beans | 1.39 | 4.28 | 1.33 | 4.30 |
| 油料 | Oil | 3.31 | 12.18 | 4.22 | 18.75 |
| 麻类 | Recipes | 0.88 | 2.48 | 0.79 | 2.01 |
| 糖料 | Sugar | 1072.05 | 307.09 | 1468.40 | 412.91 |
| 烟草 | Tobacco | 1.51 | 13.89 | 1.06 | 11.20 |
| 蔬菜 | Vegetables | 135.06 | 164.26 | 158.67 | 190.28 |
| 瓜类 | Melons | 53.48 | 51.57 | 53.20 | 46.27 |
| 西瓜 | Watermelon | 50.92 | 47.35 | 50.39 | 42.82 |
| 甜瓜 | Melon | 0.21 | 0.36 | 0.14 | 0.18 |
| 园林水果 | Fruit Gardens | 43.87 | 76.63 | 49.58 | 81.54 |
| 柑桔类 | Citrus | 12.65 | 22.87 | 13.17 | 21.70 |
| 香蕉 | Bananas | 14.11 | 22.64 | 17.39 | 27.46 |
| 荔枝 | Litchi | 1.60 | 3.90 | 2.96 | 5.22 |
| 龙眼 | Longan | 1.81 | 5.57 | 0.76 | 2.50 |
| 葡萄 | Grapes | 1.03 | 2.88 | 0.84 | 3.41 |
| 茶叶 | Tea | 0.15 | 2.44 | 0.19 | 4.38 |
| 香料 | Perfume | 0.56 | 3.56 | 0.43 | 2.69 |
| 中药材 | Medicines | 2.02 | 7.64 | 2.10 | 6.38 |
| 林业 | Forestry | | 89.82 | | 76.61 |
| 油桐籽 | Tung Tree Seeds | 3.42 | 7.16 | 1.66 | 4.32 |
| 木材（立方米） | Wood（cu.m） | 0.05 | 17.36 | 0.06 | 21.94 |
| **畜禽和水产品出售情况** | **Sale of Cattle and Aquastic Products** | | | | |
| 牧业 | Animal Husbandry | | 802.64 | | 895.76 |
| 肉猪及猪肉 | Pork and pork | 48.85 | 443.21 | 34.11 | 479.84 |
| 菜羊及羊肉 | Sheep and Lamb Dishes | 0.19 | 2.43 | 0.28 | 4.49 |
| 肉牛及牛肉 | Beef and beef | 0.83 | 11.41 | 1.18 | 17.17 |
| 其他活家畜及自宰畜肉 | Other Livestock from Slaughter and Red Meat | 0.06 | 0.50 | 0.04 | 0.58 |
| 家禽 | Poultry | 5.57 | 66.85 | 4.04 | 63.14 |
| 活鸡 | Chickens | 3.39 | 46.59 | 2.32 | 44.89 |
| 活鸭 | Ducks | 2.13 | 19.69 | 1.51 | 16.54 |
| 蛋类 | Eggs | 0.14 | 1.46 | 0.21 | 1.93 |
| 仔猪（只） | Piglets（head） | 0.61 | 72.04 | 0.45 | 97.03 |
| 架子猪（只） | Pigs（head） | 0.09 | 14.33 | 0.11 | 33.62 |
| 蚕茧 | Cocoon | 7.41 | 176.03 | 10.71 | 182.87 |
| 渔业 | Fishery | | 69.87 | | 68.84 |
| 鱼类 | Fish | 5.64 | 36.14 | 3.45 | 23.91 |

## 2—29 农村居民家庭人均购买生活消费品情况

### Per Capita Purchase of Living Consumer Goods of Rural Households

单位：公斤 （kg）

| 项　目 | Item | 2000 | 2005 | 2006 | 2007 |
|---|---|---|---|---|---|
| 谷物 | Cereal | 4.37 | 14.08 | 12.60 | 12.58 |
| 食用植物油 | Edible Oil | 1.18 | 1.30 | 1.30 | 1.62 |
| 食用动物油 | Consumption of Animal Oil | 2.14 | 2.02 | 1.79 | 1.58 |
| 蔬菜 | Vegetables | 6.61 | 7.92 | 7.78 | 7.12 |
| 猪肉 | Pork | 11.15 | 13.34 | 13.42 | 11.18 |
| 牛肉 | Beef | 0.17 | 0.14 | 0.18 | 0.37 |
| 家禽 | Poultry | 1.93 | 3.43 | 3.35 | 3.64 |
| 食糖 | Sugar | 1.27 | 1.18 | 1.04 | 0.97 |
| 卷烟（盒） | Cigarette（Box） | 11.07 | 15.90 | 15.38 | 14.68 |
| 酒 | Wine | 5.18 | 7.06 | 7.32 | 7.61 |
| 水果 | Fruit | 3.59 | 6.23 | 5.83 | 6.45 |
| 服装（件） | Clothes（piece） | 1.19 | 1.88 | 1.75 | 1.72 |

## 2—30 农村居民家庭人均农副产品生产量

### Per Capita Output of Farm Products of Rural Households

单位：公斤 （kg）

| 项　目 | Item | 2000 | 2005 | 2006 | 2007 |
|---|---|---|---|---|---|
| 粮食 | Grain | 452.67 | 456.51 | 464.80 | 468.80 |
| 油料 | Oil-bearing Crops | 13.05 | 13.94 | 11.81 | 12.91 |
| 麻类 | Fiber Crops | 0.94 | 2.75 | 1.06 | 1.03 |
| 糖料 | Sugar | 866.89 | 1048.26 | 1080.81 | 1477.49 |
| 烟叶 | Tobacco | 0.97 | 1.09 | 1.56 | 1.25 |
| 菜 | Vegetables | 208.31 | 225.14 | 230.36 | 253.13 |
| 果用瓜 | Melons | 30.55 | 45.57 | 55.53 | 54.91 |
| 水果 | Fruits | 40.61 | 54.53 | 47.28 | 53.27 |
| 茶叶 | Tea | 0.30 | 0.18 | 0.15 | 0.19 |
| 猪肉 | Pork | 55.32 | 51.61 | 50.40 | 35.36 |
| 羊肉 | Mutton | 0.58 | 0.16 | 0.19 | 0.28 |
| 家禽 | Poultry | 5.27 | 11.99 | 11.12 | 9.86 |
| 鱼虾 | Fish & Shrimps | 6.45 | 4.77 | 6.70 | 4.51 |
| 蛋类 | Eggs | 0.79 | 0.50 | 0.55 | 0.66 |
| 蜂蜜 | Honey | 0.10 | 0.08 | 0.04 | 0.05 |
| 蚕茧 | Silkworm Cocoons | 0.81 | 5.22 | 7.77 | 10.71 |

# 2—31　农村居民家庭固定资产投资情况

## Fixed Assets Investment of Rural Households

单位：亿元　　　　　　　　　　　　　　　　　　　　　　　　(100 million yuan)

| 项　目 | Item | 2000 | 2005 | 2006 | 2007 |
|---|---|---|---|---|---|
| **新增固定资产原值** | **New Original Value of Fixed Assets** | **83.96** | **142.36** | **127.27** | **179.70** |
| **固定资产投资完成额** | **Finished Value of Investment of the Fixed Assets** | **85.59** | **146.97** | **137.41** | **184.44** |
| 按投资来源分 | Investment by Source | | | | |
| 国内贷款 | Domestic Loans | 1.17 | 3.57 | 1.18 | 11.07 |
| 自筹资金 | Self-raising Funds | 81.38 | 136.80 | 129.52 | 166.67 |
| 其他资金 | Others | 3.04 | 6.60 | 6.71 | 6.70 |
| 按投资构成分 | According to Constitute Sub-investment | | | | |
| 建筑工程 | Construction | 64.11 | 109.37 | 100.36 | 130.69 |
| 安装工程 | Installation | 0.41 | | 0.01 | 0.72 |
| 设备工、器具购置 | For Equipment, the Purchase of Equipment | 14.62 | 25.01 | 26.39 | 40.01 |
| 其他 | Others | 6.45 | 12.59 | 10.65 | 13.01 |
| 按投资方向分 | According to the Investment Direction Pm | | | | |
| 农业 | Agriculture | 12.00 | 23.26 | 19.98 | 34.91 |
| 采矿业 | Mining | 0.21 | 0.26 | 0.68 | 0.25 |
| 制造业 | Manufacturing | 1.16 | 1.73 | 0.64 | 0.59 |
| 电力、燃气及水的生产和供应业 | Production and Supply of Electricity, Gas and Water | | | 0.06 | … |
| 建筑业 | Construction | 0.32 | 2.89 | 3.54 | 8.23 |
| 交通运输、仓储和邮政业 | Transport, Storage and Post | 3.33 | 8.16 | 12.90 | 14.25 |
| 信息传输、计算机服务和软件业 | Information Transmission, Computer Services and Software | | | 0.24 | 0.08 |
| 批发和零售业 | Wholesale and Retail Trades | 0.12 | 0.03 | 0.00 | … |
| 住宿和餐饮业 | Hotels and Catering Services | | 10.07 | 5.47 | … |
| 金融业 | Financial Intermediation | | | | … |
| 房地产业 | Real Estate | | 93.35 | 80.14 | 118.49 |
| 租赁和商务服务业 | Leasing and Business Services | | | 2.64 | 0.42 |
| 科学研究、技术服务和地质勘查业 | Scientific Research, Technical Services, and Geological Prospecting | | | | … |
| 水利、环境和公共设施管理业 | Management of Water Conservancy,Environment and Public Facilities | | | | … |
| 居民服务和其他服务业 | Serices to Households and Other Services | 0.03 | 4.44 | 6.04 | 4.29 |
| 教育 | Education | | | | 0.33 |
| 卫生、社会保障和社会福利业 | Health, Social Securities and Social Welfare | | | | … |
| 文化、体育和娱乐业 | Culture, Sports and Enterainment | | 0.47 | 0.60 | 0.62 |
| 公共管理和社会组织 | Public Management and Social Organizations | | 2.31 | 4.49 | 1.97 |
| 国际组织 | International Organizations | | | | … |
| 按具体投资项目分 | Based on specific investment projects pm | | | | |
| 房屋 | Housing | 63.59 | 109.22 | 95.46 | 123.33 |
| 道路 | Road | | | | … |
| 桥梁 | Bridge | | | | … |
| 设备 | Equipment | 14.62 | 25.01 | 26.39 | 40.01 |
| 水利 | Water | 0.32 | | | … |
| 其他 | Others | 7.06 | 12.74 | 15.56 | 21.10 |
| **施工房屋面积（万平方米）** | **Acreage of House Construction（10 000 sq.m）** | **2864.09** | **3573.33** | **2986.07** | **3362.73** |
| **竣工房屋面积（万平方米）** | **Acreage of House Completion（10 000 sq.m）** | **2624.95** | **3412.80** | **2873.81** | **3273.88** |
| **竣工房屋投资完成额** | **Completion Amount of Investment in House** | **59.87** | **106.40** | **94.23** | **122.54** |

# 主要统计指标解释

**一、城镇住户**

**城镇家庭人口** 指居住在一起，经济上合在一起共同生活的家庭成员。凡计算为家庭人口的成员其全部收支都包括在本家庭中。

**城镇就业面** 指就业人口占家庭人口的百分比。

**城镇就业者负担人数** 指家庭人口与就业人口之比。

**城镇家庭总收入** 指家庭成员得到的工薪收入、经营净收入、财产性收入、转移性收入之和，不包括出售财物收入和借贷收入。

**城镇家庭可支配收入** 指家庭成员得到可用于最终消费支出和其它非义务性支出以及储蓄的总和，即居民家庭可以用来自由支配的收入。它是家庭总收入扣除交纳的所得税、个人交纳的社会保障支出以及记账补贴后的收入。计算公式为：

可支配收入=家庭总收入-交纳所得税-个人交纳的社会保障支出-记帐补贴

**城镇家庭总支出** 指除借贷支出以外的全部家庭支出。包括消费性支出、购房建房支出、转移性支出、财产性支出、社会保障支出。

**城镇家庭消费性支出** 指家庭用于日常生活的支出，包括食品、衣着、家庭设备用品及服务、医疗保健、交通和通信、娱乐教育文化服务、居住、杂项商品和服务等八大类支出。

**城镇家庭服务性消费支出** 指家庭用于支付社会提供的各种非商品性服务费用。

**城镇家庭收入分组方法** 是将所有调查户依户人均可支配收入由低到高排队，按 10%，10%，20%，20%，20%，10%，10%的比例依次分成：最低收入户、低收入户、中等偏下收入户、中等收入户、中等偏上收入户、高收入户、最高收入户等七组。总体中最低 5%的户为困难户。

**恩格尔系数** 指食物支出金额在消费性总支出金额中所占的比例。计算公式为：

恩格尔系数=（食品支出金额/消费性总支出金额）×100%

**二、农村住户**

**农村住户** 指农村常住户。农村常住户指长期（一年以上）居住在乡镇（不包括城关镇）行政管理区域内的住户，以及长期居住在城关镇所辖行政村范围内的农村住户。户口不在本地而在本地居住一年及以上的住户也包括在本地农村常住户范围内；有本地户口，但举家外出谋生一年以上的住户，无论是否保留承包耕地都不包括在本地农村住户范围内。

**常住人口** 指全年经常在家或在家居住 6 个月以上，而且经济和生活与本户连成一体的人口。外出从业人员在外居住时间虽然在 6 个月以上，但收入主要带回家中，经济与本户连为一体，仍视为家庭常住人口；在家居住，生活和本户连成一体的国家职工、退休人员也为家庭常住人口。但是现役军人、中专及以上（走读生除外）的在校学生、以及常年在外（不包括探亲、看病等）且已有稳定的职业与居住场所的外出从业人员，不算家庭常住人口。家庭常住人口主要作为计算农村住户平均每人收入、消费和积累水平及分析家庭人口状况的依据。

**整、半劳动力** 整劳动力指男子 18 周岁到 50 周岁，女子 18 周岁到 45 周岁；半劳动力指男子 16 周岁到 17 周岁，51 周岁到 60 周岁；女子 16 周岁到 17 周岁，46 周岁到 55 周岁，同时具有劳动能力的人。虽然在劳动年龄之内，但已丧失劳动能力的人，不应算为劳动力；超过劳动年龄，但能经常参加劳动，计入半劳动力数内。常住人口中的职工，若这些职工为劳动力，就包括在本户的整半劳动力中。

**总收入** 指调查期内农村住户和住户成员从各种来源渠道得到的收入总和。按收入的性质划分为工资性收入、家庭经营收入、财产性收入和转移性收入。

**工资性收入** 指农村住户成员受雇于单位或个人，靠出卖劳动而获得的收入。

**家庭经营收入** 指农村住户以家庭为生产经营单位进行生产筹划和管理而获得的收入。农村住户家庭经营活动按行业划分为农业、林业、牧业、渔业、工业、建筑业、交通运输业邮电业、批发和零售贸易餐饮业、社会服务业、文教卫生业和其他家庭经营。

**财产性收入** 指金融资产或有形非生产性资产的所有者向其他机构单位提供资金或将有形非生产性资产供其支配，作为回报而从中获得的收入。

**转移性收入** 指农村住户和住户成员无须付出任何对应物而获得的货物、服务、资金或资产所有权等，不包括无偿提供的用于固定资本形成的资金。一般情况下，是指农村住户在二次分配中的所有收入。

**现金收入** 指农村住户和住户成员在调查期内得到以现金形态表现的收入。按来源分成工资性收入、家庭经营现金收入、财产性收入、转移性收入。

**纯收入** 指农村住户当年从各个来源得到的总收入相应地扣除所发生的费用后的收入总和。计算方法：

纯收入=总收入-税费支出-家庭经营费用支出-税费支出-生产性固定资产折旧-赠送农村外部亲友支出

纯收入主要用于再生产投入和当年生活消费支出，也可用于储蓄和各种非义务性支出。“农民人均纯收入”按人口平均的纯收入水平，反映的是一个地区或一个农户农村居民的平均收入水平。

**总支出** 指农村住户用于生产、生活和再分配的全部支出。家庭经营费用支出、购置生产性固定资产支出、生产性固定资产折旧、税费支出、生活消费支出、财产性支出和转移性支出。

# Explanatory Notes on Main Statistical Indicators

**I. Urban Households**

**Population of Urban Households** refer to members of the household living and sharing economically together. All income and expenditure of the population of the household are included in the income and expenditure of the household.

**Proportion of Urban Employment** refer to the proportion of employed population to the population of urban households.

**Number of Dependents per Urban Employee** refers to the ratio between number of persons in urban households and the number of dependents.

**Total Income of Urban Households** refers to the sum of wage and salary, net business income, income from properties, and income from transfers of members of the households, excluding income from selling of properties and income from borrowings.

**Disposable Income of Urban Households** refers to the actual income at the disposal of members of the households which can be used for final consumption, other non-compulsory expenditure and savings. This equals to total income minus income tax, personal contribution to social security and sample household subsidy for keeping diaries. Following formula is used:

Disposable income = total household income - income tax - personal contribution to social security - sample household subsidy for keeping diaries

**Total Expenditure of Urban Households** refer to all expenditure of the households except expenditure on leading. It includes expenditure on consumption, on purchasing or building houses, on transfers, on properties and on social security.

**Consumption Expenditure of Urban Households** refers to total expenditure of the sample households for consumption in daily life, including expenditure on eight categories such as food, clothing, household appliances and services, health care and medical services, transport and communications, recreation, education and cultural services, housing, miscellaneous goods and services.

**Expenditure of Urban Households on Consumption of Services** refers to expenditure of households on services of various kinds provided by the society.

**Urban Households by Income Group** All households in the sample are grouped, by per capita disposable income of the household, into groups of lowest income, low income, lower middle income, middle income, upper middle income, high income and highest income, each group consisting of 10%, 10%, 20%, 20%, 20%, 10% and 10% of all households respectively. The lowest 5% of households are also referred to as poor households.

**Engel Coefficient** refers to the percentage of expenditure on food in the total consumption expenditure, using the following formula:

Engel Coefficient =（expenditure on food / total consumption expenditure）× 100%

**II. Rural Households**

**Rural Households** refer to resident households in rural areas. Resident households in rural areas are the households residing for more than one year in the areas under the jurisdiction of administration of township governments (excluding county towns), and in the areas under the jurisdiction of administration of villages in county towns. Migrated households residing in the current addresses for over one year with their household registration in other places are included in the resident households of their current addresses. For households with their household registration in one place but all members of the households moving away for living in another place for over one year, they will not be included in the rural households of the area where they are registered, irrespective of whether they still keep their contracted land.

**Resident Population** refers to population staying at home permanently or for over 6 months during a year and sharing life economically with the household. Members of the household staying away from the household for over 6 months but keeping a close economic relation with the household by sending the majority of income to the household are regarded as resident population of the household. Government staff and workers or retirees living as close members of the household are also considered as resident population. However, servicemen, students of secondary technical schools or schools of higher education and persons with stable jobs and residence outside the household (excluding those visiting relatives or seeking medical service) are not included as resident population of the household. Resident population is used in calculating income, consumption, accumulation on per capita basis of rural households and in analyzing composition of rural households.

**Full/Semi Labour Force** Full labour force refers to persons capable of work, aged 18-50 for males and 18-45 for females. Semi labour force refers to persons capable of work, aged 16-17 and 51-60 for males and 16-17 and 46-55 for females. Persons at their working ages but not capable of work are not to be included as labour force. Persons not at working ages but participating regularly in work are included in semi labour force. For staff and workers as resident population of the household, they are included as full or semi labour force of the household if they are in the labour force.

**Total Income** refers to the sum of income earned from various sources by the rural households and their members during the reference period, and is classified as income from wages and salaries, income from household operations, income from properties and income from transfers.

**Income from Wages and Salaries** refers to income from labour earned by the members of rural households employed by other units or individuals.

**Income from Household Operations** refers to income by the rural households as units of production and operations. Operations by rural households are classified by economic activities as agriculture, forestry, animal husbandry, fishery, manufacturing, construction, transportation, post and telecommunications, wholesale, retail and catering, social service, culture, education, health, and other household operations.

**Income from Properties** refers to the income received as returns by owners of financial assets or tangible non-productive assets by providing capitals or tangible non-productive assets to other institutional units.

**Income from Transfers** refers to the receipt by rural households and their members of goods, services, capitals or rights of assets without giving or repaying accordingly, excluding capitals provided to them for the formation of fixed assets. In general, it refers to all income received by rural households through redistribution.

**Cash Income** refers to income received by rural households and their members in the form of cash during the reference period. It is classified, by source of income, into income from wages and salaries, cash income from household operations, income from properties and income from transfers.

**Net Income** refers to the total income of rural households from all sources minus all corresponding expenses. The formula for calculation is as follows:

Net income = total income - taxes and fees paid - household operation expenses - taxes and fees depreciation of fixed assets for production - subsidy for participating in household survey

Net income is mainly used as input for reproduction and as consumption expenditure of the year, and also used for savings and non-compulsory expenses of various forms. "Per capita net income of farmers" is the level of net income averaged by population which reflects the average income level of rural households in a given area.

**Total Expenditure** refers to total expenses of rural households on production, consumption and redistribution, including expenditure on household operations, on purchase of productive fixed assets, depreciation of productive fixed assets, taxes and fees, expenses on household consumption, expenses on properties and expenses on transfers.

# 3

# 价格调查

## Price Survey

## 3—1 居民消费、商品零售、农业生产资料价格总指数（1984—2007年）
## Consumer Goods Retail, Agricultural Production Materials Price Index（1984—2007）

（以上年同期价格为100） (Preceding year=100)

| 年份 Year | 居民消费价格指数 Consumer Price Index | | | 商品零售价格指数 Retail Price Index | | | 农业生产资料价格指数 Price Indices of Farming Production Material | | |
|---|---|---|---|---|---|---|---|---|---|
| | 全区 Province | 城市 Urban Areas | 农村 Rural Areas | 全区 Province | 城市 Urban Areas | 农村 Rural Areas | 全区 Province | 城市 Urban Areas | 农村 Rural Areas |
| 1984 | 103.3 | 104.6 | 102.4 | 104.2 | 104.5 | 104.1 | 110.4 | - | 110.4 |
| 1985 | 113.0 | 114.7 | 111.8 | 111.2 | 114.5 | 109.3 | 104.6 | - | 104.6 |
| 1986 | 106.2 | 106.2 | 106.2 | 105.1 | 106.0 | 104.4 | 101.1 | - | 101.1 |
| 1987 | 108.2 | 110.2 | 105.8 | 108.0 | 110.5 | 105.5 | 105.5 | - | 105.5 |
| 1988 | 120.8 | 123.3 | 118.4 | 121.0 | 123.2 | 119.4 | 126.7 | - | 126.7 |
| 1989 | 121.1 | 119.7 | 123.3 | 121.3 | 119.1 | 123.5 | 125.8 | - | 125.8 |
| 1990 | 101.1 | 98.3 | 104.4 | 100.1 | 97.4 | 102.4 | 99.2 | - | 99.2 |
| 1991 | 102.8 | 102.7 | 103.0 | 102.5 | 102.5 | 102.5 | 101.3 | - | 101.3 |
| 1992 | 105.9 | 107.0 | 105.4 | 104.6 | 106.2 | 103.9 | 104.0 | - | 104.0 |
| 1993 | 122.0 | 123.3 | 119.1 | 118.9 | 121.9 | 114.8 | 110.6 | - | 110.6 |
| 1994 | 126.0 | 125.4 | 126.5 | 124.4 | 122.7 | 125.6 | 118.1 | - | 118.1 |
| 1995 | 118.4 | 118.0 | 118.6 | 116.4 | 115.0 | 117.7 | 130.1 | - | 130.1 |
| 1996 | 106.5 | 105.5 | 107.4 | 104.5 | 104.1 | 104.9 | 103.8 | - | 103.8 |
| 1997 | 100.8 | 100.7 | 100.8 | 99.6 | 99.9 | 99.4 | 100.3 | - | 100.3 |
| 1998 | 97.0 | 97.1 | 96.8 | 96.3 | 96.7 | 95.9 | 92.1 | - | 92.1 |
| 1999 | 97.7 | 97.2 | 98.2 | 97.2 | 96.8 | 97.6 | 96.4 | - | 96.4 |
| 2000 | 99.7 | 100.0 | 99.5 | 98.6 | 98.4 | 98.8 | 99.9 | - | 99.9 |
| 2001 | 100.6 | 101.3 | 99.6 | 97.8 | 97.3 | 99.0 | 97.7 | - | 97.7 |
| 2002 | 99.1 | 98.9 | 99.3 | 98.1 | 98.2 | 98.0 | 98.2 | - | 98.2 |
| 2003 | 101.1 | 100.9 | 101.3 | 100.2 | 99.6 | 100.8 | 102.4 | - | 102.4 |
| 2004 | 104.4 | 104.1 | 104.9 | 103.9 | 103.4 | 104.4 | 115.3 | - | 115.3 |
| 2005 | 102.4 | 103.0 | 101.6 | 101.1 | 101.3 | 101.0 | 110.5 | - | 110.5 |
| 2006 | 101.3 | 101.6 | 100.9 | 100.3 | 100.8 | 99.8 | 101.0 | - | 101.0 |
| 2007 | 106.1 | 105.6 | 106.8 | 104.8 | 104.2 | 105.3 | 114.4 | - | 114.4 |

# 3—2 居民消费价格分类指数（2007年）

## Consumer Price Indices by Category（2007）

（以上年同期价格为100）　　（Preceding year=100）

| 指　标 | Item | 全区 Province | 城市 Urban Areas | 农村 Rural Areas |
|---|---|---|---|---|
| **居民消费价格总指数** | **Consumer Price Index** | **106.1** | **105.6** | **106.8** |
| **非食品价格指数** | **Non-food Price Index** | **102.0** | **101.7** | **102.6** |
| **服务项目价格指数** | **Items of Service Price Index** | **104.4** | **103.7** | **105.4** |
| **扣除鲜菜鲜果总指数** | **The Total Index of Fresh Vegetable and Fresh Fruit Deducted** | **106.3** | **105.8** | **107.1** |
| **消费品价格指数** | **Production of Consumption Price Index** | **106.6** | **106.2** | **107.3** |
| **食品** | **Food** | **114.1** | **113.1** | **115.4** |
| 粮食 | Grain | 106.4 | 107.9 | 104.2 |
| 大米 | Rice | 105.1 | 107.1 | 102.2 |
| 面粉 | Flour | 103.4 | 101.3 | 106.7 |
| 粮食制品 | Grain Products | 111.5 | 112.2 | 110.5 |
| 其他 | Others | 100.0 | | 100.0 |
| 淀粉 | Starches | 104.6 | 104.2 | 105.2 |
| 干豆类及豆制品 | Bean and Its Products | 109.2 | 107.0 | 112.4 |
| 干豆 | Dried Beans | 111.8 | 109.8 | 114.5 |
| 豆制品 | Soybean Products | 108.4 | 106.5 | 111.6 |
| 油脂 | Oil or Fat | 122.3 | 121.4 | 122.9 |
| 食用植物油 | Oil of Plant | 122.6 | 120.0 | 124.7 |
| 植物油制品 | Vegetable Oil Processed Product | 121.8 | 123.9 | 117.2 |
| 其他 | Others | 100.0 | | 100.0 |
| 肉禽及其制品 | Meal,Poultry and Their Products | 132.7 | 130.9 | 134.9 |
| 食用畜肉及副产品 | Edible Domestic Animal's Meat and By-products | 137.9 | 137.8 | 138.0 |
| 猪肉 | Pork | 149.4 | 153.6 | 144.3 |
| 牛肉 | Beef | 108.2 | 104.4 | 117.9 |
| 羊肉 | Mutton | 118.9 | 116.5 | 124.4 |
| 畜肉副产品 | Animal By-products | 123.3 | 124.5 | 122.2 |
| 其他 | Others | 100.0 | | 100.0 |
| 禽 | Poultry | 128.6 | 125.7 | 133.2 |
| 鸡 | Chicken | 130.3 | 125.3 | 137.2 |
| 鸭 | Duck | 125.2 | 126.6 | 121.8 |
| 其他 | Others | 99.9 | | 99.9 |
| 加工肉禽 | Poultry Meat Processed Products | 121.0 | 118.9 | 124.6 |
| 畜肉制品 | Domestic Animal's Processed Products | 121.7 | 120.1 | 124.5 |
| 禽制品 | Poultry Processed Products | 120.0 | 117.7 | 124.7 |
| 蛋 | Eggs | 123.8 | 122.8 | 125.4 |
| 鲜蛋 | Fresh eggs | 124.1 | 123.1 | 125.5 |
| 蛋制品 | Eggs Processed Products | 120.6 | 120.1 | 122.1 |
| 水产品 | Aquatic Products | 105.7 | 105.2 | 105.8 |
| 鱼 | Fish | 106.3 | 106.4 | 106.0 |
| 淡水鱼 | Fish in Fresh Water | 107.4 | 108.0 | 106.5 |
| 海水鱼 | Fish in Sea Water | 104.1 | 104.0 | 102.6 |
| 其他水产品 | Other Aquatic Products | 103.8 | 103.4 | 104.5 |
| 虾蟹类 | Decapod Crustacean | 103.5 | 103.4 | 103.7 |
| 其他 | Others | 100.0 | | 100.0 |
| 菜 | Vegetables | 106.1 | 106.6 | 104.8 |
| 鲜菜 | Fresh Vegetables | 105.0 | 105.4 | 103.8 |

3—2 续表 1 Continued

（以上年同期价格为100） (Preceding year=100)

| 指　　标 | Item | 全区 Province | 城市 Urban Areas | 农村 Rural Areas |
|---|---|---|---|---|
| 干菜及菜制品 | Dried Vegetables and Vegetable Products | 112.7 | 114.5 | 109.5 |
| 薯类 | Tubers | 106.2 | 104.9 | 110.1 |
| 调味品 | Flavoring | 107.4 | 106.8 | 108.3 |
| 盐 | Salt | 116.7 | 116.5 | 117.0 |
| 酱油 | Soy Sauce | 103.6 | 104.3 | 102.8 |
| 醋 | Vinegar | 103.1 | 101.5 | 105.4 |
| 味精 | Monosodium Glutamate | 101.0 | 98.9 | 103.9 |
| 其他 | Others | 107.3 | | 107.3 |
| 糖 | Sweet | 99.4 | 99.9 | 98.8 |
| 食糖 | Sugar | 95.1 | 95.7 | 94.5 |
| 糖果 | Candy | 101.8 | 101.4 | 102.3 |
| 巧克力制品 | Chocolate Goods | 104.3 | 104.8 | 102.5 |
| 糖制小食品 | Sugar-coated food stuff | 101.6 | 101.2 | 102.4 |
| 茶及饮料 | Tea and Beverages | 104.2 | 105.2 | 102.6 |
| 茶叶 | Tea | 104.2 | 105.3 | 101.9 |
| 饮料 | Beverages | 104.2 | 105.1 | 102.9 |
| 固体饮料 | Solid Beverages | 104.5 | 104.4 | 104.8 |
| 液体饮料 | Liquid Beverage | 103.3 | 103.0 | 103.7 |
| 冷冻饮品 | Frozen Beverage | 106.4 | 111.9 | 100.0 |
| 干鲜瓜果 | Dried and Fresh Melons and Fruits | 99.4 | 100.4 | 98.3 |
| 鲜瓜果 | Fresh Fruits | 97.3 | 98.0 | 96.4 |
| 干（坚）果 | Dried（nut）Fruits and Melon and Fruit Products | 109.1 | 111.3 | 105.9 |
| 糕点饼干面包 | Cake,Cookies,Bread | 103.8 | 102.7 | 105.8 |
| 糕点 | Cake | 105.1 | 101.9 | 109.8 |
| 饼干 | Cookie | 102.9 | 102.8 | 103.1 |
| 面包 | Bread | 102.8 | 103.7 | 100.0 |
| 液体乳及乳制品 | Milk and Its Products | 102.5 | 102.5 | 102.7 |
| 巴氏杀菌奶或消毒奶 | Pasteurized Milk or Milk Disinfection | 100.7 | 100.2 | 101.8 |
| 酸奶 | Yogurt | 102.9 | 103.8 | 100.3 |
| 奶粉 | Milk Powder | 106.2 | 106.2 | 106.4 |
| 其他 | Others | 100.4 | | 100.4 |
| 在外用膳食品 | Picnic food | 105.4 | 104.7 | 106.7 |
| 主食 | Staple Food | 109.8 | 109.0 | 111.4 |
| 炒菜 | Fried Dishes | 103.6 | 102.4 | 105.6 |
| 地方小吃 | Local Snacks | 104.7 | 105.3 | 103.8 |
| 其他食品 | Other Food | 104.6 | 102.6 | 106.4 |
| **烟酒及用品** | **Tobacco,Liquor and Articles** | **101.1** | **101.7** | **100.2** |
| 烟草 | Tobacco | 99.3 | 99.9 | 98.5 |
| 国产卷烟 | Home-made Cigarette | 98.9 | 99.5 | 98.3 |
| 进口卷烟 | Imported Cigarette | 101.2 | 102.0 | 99.9 |
| 其他 | Others | 100.0 | | 100.0 |
| 酒 | Liquor | 103.1 | 103.8 | 101.9 |
| 白酒 | Liquor | 103.0 | 105.5 | 99.4 |

3—2 续表 2 Continued

（以上年同期价格为100） (Preceding year=100)

| 指　标 | Item | 全区 Province | 城市 Urban Areas | 农村 Rural Areas |
|---|---|---|---|---|
| 葡萄酒 | Wine | 103.8 | 104.5 | 103.0 |
| 啤酒 | Beer | 102.6 | 100.0 | 106.0 |
| 其他 | Others | 99.5 | | 99.5 |
| 吸烟、饮酒用品 | Articles | 101.2 | 101.5 | 101.2 |
| 吸烟用品 | Smoking Products | 101.1 | 101.5 | 100.7 |
| 饮酒用品 | Drinking Products | 101.3 | 101.5 | 101.5 |
| **衣着** | **Clothing** | **102.7** | **101.6** | **104.9** |
| 服装 | Garments | 101.5 | 100.3 | 104.0 |
| 男式服装 | Men's Garment | 99.4 | 98.7 | 100.5 |
| 大衣 | Overcoat | 90.3 | 89.0 | 96.3 |
| 毛线衣 | Knitted Woolen Clothes | 89.4 | 90.2 | 88.3 |
| 夹克衫 | Jacket | 104.6 | 108.6 | 100.9 |
| 衬衫 | Shirt | 97.7 | 102.8 | 91.3 |
| T恤衫 | T-shirts | 96.4 | 96.4 | 95.9 |
| 裤子 | Trousers | 103.7 | 99.0 | 110.9 |
| 西服 | Suits | 101.2 | 101.9 | 99.8 |
| 运动衫裤 | Sport Clothing | 100.8 | 99.1 | 103.6 |
| 内衣 | Underwear | 102.6 | 96.1 | 111.5 |
| 羽绒衣 | Down Clothing | 99.2 | 100.6 | 96.4 |
| 其他 | Others | 100.0 | | 100.0 |
| 女式服装 | Women's dress | 103.3 | 99.8 | 108.5 |
| 大衣 | Overcoat | 101.7 | 104.6 | 93.9 |
| 毛线衣 | Knitted Woolen Clothes | 99.5 | 101.9 | 95.6 |
| 羽绒衣 | Down Clothing | 94.0 | 87.7 | 102.0 |
| 套装 | Suits | 109.9 | 102.1 | 122.7 |
| 衬衫 | Shirt | 105.6 | 104.1 | 108.0 |
| T恤衫 | T-shirts | 99.2 | 92.6 | 108.9 |
| 裙子 | Skirt | 113.6 | 99.8 | 136.5 |
| 裤子 | Trousers | 103.4 | 97.5 | 111.0 |
| 运动衫裤 | Sports Wear | 98.3 | 106.4 | 87.5 |
| 内衣 | Underwear | 99.4 | 99.1 | 100.7 |
| 其他 | Others | 100.0 | | 100.0 |
| 儿童服装 | Children's Garment | 100.7 | 102.1 | 99.0 |
| 套装 | Suits | 98.2 | 101.7 | 94.3 |
| 裤子 | Trousers | 107.7 | 102.3 | 113.7 |
| 裙子 | Skirt | 95.6 | 102.1 | 85.4 |
| 其他 | Others | 100.0 | | 100.0 |
| 衣着材料 | Clothing Material | 100.1 | 102.7 | 98.0 |
| 棉布 | Cotton Cloth | 98.3 | 100.0 | 97.1 |
| 棉花化纤混纺布 | Cotton -chemical Fiber Blended Cloth | 107.6 | 101.5 | 112.3 |
| 化纤布 | Chemical Fiber Cloth | 101.3 | 105.0 | 98.5 |
| 毛线 | Woolen Threads | 95.5 | 102.9 | 86.9 |

3—2 续表 3 Continued

（以上年同期价格为100） (Preceding year=100)

| 指　　标 | Item | 全区 Province | 城市 Urban Areas | 农村 Rural Areas |
|---|---|---|---|---|
| 鞋袜帽 | Footwear,Socks and Hats | 106.5 | 105.1 | 108.6 |
| 鞋 | Shoes | 106.8 | 105.2 | 109.4 |
| 男鞋 | Men's Shoes | 103.7 | 102.5 | 103.7 |
| 女鞋 | Women's Shoes | 108.0 | 104.9 | 113.7 |
| 童鞋 | Children's Shoes | 109.7 | 111.1 | 107.7 |
| 袜子 | Socks and Stockings | 105.7 | 105.3 | 106.5 |
| 男袜 | Men's Socks | 104.6 | 103.0 | 107.7 |
| 女袜 | Women's Socks | 106.6 | 107.0 | 105.7 |
| 帽子 | Hats | 101.0 | 104.7 | 94.7 |
| 男帽 | Man Cap | 101.0 | 103.1 | 97.4 |
| 女帽 | Bonnet | 101.0 | 105.7 | 93.1 |
| 衣着加工服务费 | Clothing Processing | 102.3 | 100.3 | 104.5 |
| 缝纫 | Sewing | 101.5 | 99.4 | 103.9 |
| 清洗 | Washing | 103.7 | 101.9 | 105.9 |
| **家庭设备用品及维修服务** | **Household Facilities and Articles** | **101.4** | **101.8** | **100.9** |
| 耐用消费品 | Durable Consumer Goods | 101.3 | 101.9 | 100.3 |
| 家具 | Furniture | 100.5 | 99.9 | 101.5 |
| 柜 | Counters | 101.8 | 100.6 | 103.3 |
| 床 | Beds | 102.0 | 99.6 | 106.9 |
| 桌 | Desks | 99.1 | 98.7 | 99.8 |
| 椅 | Chairs | 100.9 | 101.6 | 99.8 |
| 沙发 | Sofas | 98.7 | 99.3 | 97.1 |
| 其他 | Others | 100.0 | | 100.0 |
| 家庭设备 | Household Facilities | 101.7 | 103.1 | 99.6 |
| 洗衣机 | Washing Machine | 101.8 | 104.6 | 98.3 |
| 电风扇 | Electric Fan | 97.8 | 101.2 | 91.5 |
| 电冰箱（柜） | Refrigerator | 103.7 | 105.8 | 99.3 |
| 吸排油烟机 | Smoke Exhauster | 106.3 | 107.8 | 104.1 |
| 空调器 | Air Conditioner | 101.1 | 102.2 | 99.6 |
| 热水器 | Shower Heater | 109.2 | 112.4 | 104.5 |
| 微波炉 | Microwave Oven | 94.5 | 91.3 | 100.6 |
| 电炊具 | Electric Cooking Utensil | 98.2 | 97.9 | 98.6 |
| 室内装饰品 | Interior Decorations | 98.8 | 98.0 | 100.5 |
| 纺织装饰品 | Fabric Decorations | 100.9 | 102.4 | 98.2 |
| 装饰灯具 | Lamp Decorations | 96.9 | 94.7 | 103.7 |
| 其他 | Others | 100.0 | | 100.0 |
| 床上用品 | Bed Articles | 97.4 | 98.6 | 95.4 |
| 毛毯 | Blanket | 103.2 | 103.8 | 101.9 |
| 被子 | Quilts | 99.4 | 94.4 | 105.9 |
| 床上套件 | Bed Sets | 92.6 | 98.1 | 85.4 |
| 其他 | Others | 100.0 | | 100.0 |
| 家庭日用杂品 | Daily Use Household Articles | 102.2 | 102.5 | 101.8 |
| 茶具 | Tea-set | 106.3 | 107.2 | 104.2 |
| 餐具 | Cooking-set | 102.5 | 102.9 | 101.8 |

3—2 续表 4 Continued

（以上年同期价格为100） (Preceding year=100)

| 指　　标 | Item | 全区 Province | 城市 Urban Areas | 农村 Rural Areas |
|---|---|---|---|---|
| 厨具 | Cook-set | 101.1 | 100.6 | 101.8 |
| 家用手工工具 | Family Tool | 102.4 | 104.2 | 99.5 |
| 洗涤用品 | Wash Articles | 101.0 | 100.2 | 102.0 |
| 其他 | Others | 113.3 | | 113.3 |
| 家庭服务及加工维修服务 | Household Service and Maintenance | 105.8 | 104.7 | 108.0 |
| 家庭服务 | Household Service | 115.1 | 112.0 | 119.8 |
| 加工维修服务 | The Processed Upkeep | 100.2 | 100.0 | 100.6 |
| **医疗保健和个人用品** | **Medicine and Personal Articles** | **103.0** | **102.3** | **104.3** |
| 医疗保健 | Medicine | 103.5 | 102.2 | 106.0 |
| 医疗器具及用品 | Edical Appliances and Articles | 101.1 | 101.6 | 98.8 |
| 中药材及中成药 | Traditional Chines Herbs | 114.0 | 111.0 | 119.3 |
| 中药材 | Chines Herbal Material | 133.3 | 129.6 | 138.6 |
| 中成药 | Chines Patent drugs | 97.6 | 97.6 | 97.6 |
| 西药 | Western Medicine | 97.6 | 97.0 | 98.8 |
| 抗微生物药 | Anti-microbial Drugs | 96.2 | 91.7 | 102.4 |
| 消化系统用药 | The Digestive System Drugs | 97.4 | 99.4 | 94.9 |
| 呼吸系统用药 | Respiratory Drug | 96.7 | 94.8 | 99.2 |
| 解热镇痛及非甾体抗炎药 | Antipyretic and Analgesic & NSAIDs | 99.5 | 99.0 | 99.8 |
| 抗肿瘤药 | Anticancer Drugs | 96.7 | 98.1 | 94.1 |
| 激素及调节内分泌功能药 | Hormone Endocrine Function and Regulation of Drugs | 96.9 | 95.5 | 100.0 |
| 循环系统用药 | Circulatory System Administration | 99.0 | 98.5 | 100.1 |
| 神经系统用药 | Nervous System Drugs | 95.0 | 93.5 | 98.2 |
| 专科用药 | Specialist drug | 99.1 | 99.6 | 97.5 |
| 其他 | Others | 99.5 | | 99.5 |
| 保健器具及用品 | Healthy Appliances and Articles | 99.7 | 99.1 | 100.9 |
| 保健器具 | Healthy Appliance | 98.5 | 98.1 | 99.3 |
| 滋补保健用品 | Tonic and Healthy Goods | 100.2 | 99.5 | 101.6 |
| 医疗保健服务 | Medical and Health Service | 101.7 | 100.0 | 104.2 |
| 挂号费 | Registering fee | 100.0 | 100.0 | 100.0 |
| 注射费 | Injection fee | 98.4 | 100.0 | 95.3 |
| 检查费 | Examination fee | 100.0 | 100.0 | 100.0 |
| 手术费 | Operation fee | 106.0 | 100.0 | 117.7 |
| 住院费 | In-patient expense | 100.0 | 100.0 | 100.0 |
| 理疗费 | Physiotherapy Fees | 109.0 | 100.0 | 129.4 |
| 化验费 | Laboratory Fees | 100.1 | 100.0 | 100.2 |
| 其他 | Others | 100.0 | | 100.0 |
| 个人用品及服务 | Pesonal Articles and Services | 101.8 | 102.6 | 100.3 |
| 化妆美容用品 | Making-up Articles | 100.7 | 100.7 | 100.6 |
| 化妆美容器具 | Making-up Utensil | 102.0 | 101.6 | 102.8 |
| 美容化妆品 | Cosmetic Products | 98.0 | 97.4 | 100.0 |
| 护肤品 | Skin Care Products | 102.7 | 104.3 | 99.8 |
| 护发美容品 | Hair Care Cosmetics | 101.4 | 101.0 | 102.1 |
| 清洁化妆用品 | Clean Toiletries | 100.8 | 99.8 | 102.7 |
| 洗发用品 | Shampoo Articles | 101.4 | 100.3 | 103.6 |

3—2 续表 5 Continued

（以上年同期价格为100） (Preceding year=100)

| 指标 | Item | 全区 Province | 城市 Urban Areas | 农村 Rural Areas |
|---|---|---|---|---|
| 洗浴用品 | Bathing Articles | 100.2 | 99.4 | 101.8 |
| 其他 | Others | 100.0 | | 100.0 |
| 个人饰品 | Personal Ornaments | 104.4 | 106.3 | 101.1 |
| 首饰 | Jewelry | 109.0 | 109.6 | 107.9 |
| 皮件 | Leather Goods | 99.4 | 105.5 | 89.2 |
| 手表 | Watchs | 101.3 | 102.9 | 98.1 |
| 领带 | Ties | 96.9 | 96.9 | 96.9 |
| 其他 | Others | 100.0 | | 100.0 |
| 个人服务 | Personal Service | 102.8 | 107.6 | 96.2 |
| 美容 | Making-up | 103.6 | 105.9 | 100.0 |
| 理（烫）发 | Haircut（Perm） | 101.4 | 108.3 | 92.7 |
| 洗浴 | Bathing | 106.2 | 109.1 | 101.9 |
| 其他 | Others | 110.2 | | 110.2 |
| **交通和通信** | **Transportation and Communication** | **99.9** | **99.6** | **100.4** |
| 交通 | Transportation | 101.2 | 101.4 | 100.7 |
| 交通工具 | Transportation Means | 96.3 | 96.5 | 95.9 |
| 摩托车 | Motor | 96.8 | 98.0 | 96.1 |
| 自行车 | Bicycle | 97.8 | 99.8 | 94.5 |
| 汽车 | Car | 92.9 | 92.1 | 97.4 |
| 其他 | Others | 100.0 | | 100.0 |
| 车用燃料及零配件 | Fuel and Accessories for Vehicle | 102.8 | 102.0 | 103.7 |
| 汽油 | Petrol | 101.7 | 101.5 | 101.9 |
| 柴油 | Diesel Oil | 105.6 | 105.2 | 105.9 |
| 零配件 | Accessories | 102.4 | 100.8 | 104.6 |
| 其他 | Others | 100.0 | | 100.0 |
| 车辆使用及维修费 | Vehicle Using and Maintenance | 105.8 | 107.7 | 102.9 |
| 驾驶证 | Driving License | 98.6 | 97.6 | 100.0 |
| 保险费 | Insurance | 112.9 | 116.0 | 107.6 |
| 停车费 | Parking fee | 107.2 | 107.3 | 106.7 |
| 车辆修理服务费 | Vehicle Maintenance Service | 102.9 | 105.1 | 99.9 |
| 其他 | Others | 105.1 | 108.3 | 100.0 |
| 市区公共交通费 | City Bus Transport | 100.9 | 101.9 | 99.1 |
| 公共汽车票 | Bus Ticket | 100.3 | 100.9 | 99.0 |
| 出租汽车 | Taxi | 102.1 | 103.9 | 99.3 |
| 其他 | Others | 100.0 | | 100.0 |
| 城市间交通费 | Inter-city Transportation | 103.2 | 101.3 | 105.2 |
| 飞机票 | Plane Ticket | 109.3 | 109.3 | |
| 火车票 | Train Ticket | 100.2 | 100.1 | 100.3 |
| 长途汽车 | Long-distance Coach | 104.4 | 99.8 | 108.5 |
| 其他 | Others | 100.0 | | 100.0 |
| 通信 | Communication | 98.4 | 97.7 | 99.9 |
| 通信工具 | Communication Tools | 79.9 | 80.3 | 79.6 |
| 固定电话机 | Stationary Telephone | 96.5 | 99.6 | 89.4 |

3—2 续表 6 Continued

（以上年同期价格为100） (Preceding year=100)

| 指 标 | Item | 全区 Province | 城市 Urban Areas | 农村 Rural Areas |
|---|---|---|---|---|
| 移动电话机 | Mobile Telephone | 73.7 | 71.8 | 77.1 |
| 其他 | Others | 100.0 | | 100.0 |
| 通信服务 | Communication Service | 104.0 | 102.6 | 106.5 |
| 移动通信费 | Mobile Communications | 100.0 | 100.0 | 100.0 |
| 市内电话费 | Telephone Charge Within a City | 100.0 | 100.0 | 100.0 |
| 长途电话费 | Long-Distance call Charge | 100.0 | 100.0 | 100.0 |
| 月租费 | Monthly Renting Fee | 100.0 | 100.0 | 100.0 |
| 上网费 | Namely | 114.8 | 111.4 | 120.8 |
| 信件邮寄 | Letter Mail | 137.7 | 132.6 | 141.2 |
| 包裹邮寄 | Parcel Mail | 111.9 | 103.4 | 127.4 |
| 其他 | Others | | | 100.0 |
| **娱乐教育文化用品及服务** | **Recreation,Education,Culture Articles and Services** | **100.1** | **100.7** | **99.0** |
| 文娱用耐用消费品及服务 | Durable Consumer Goods for Recreational | 91.1 | 92.6 | 89.0 |
| 电视机 | Television | 89.9 | 89.6 | 90.2 |
| 激光视盘机 | Video-disc Player | 91.7 | 93.4 | 90.1 |
| 摄像机 | Video-camera | 94.7 | 95.1 | 93.1 |
| 照相机 | Camera | 90.6 | 85.5 | 99.4 |
| 家用音响 | Stereo-set | 98.5 | 97.1 | 100.9 |
| 便携式音响 | Portable Audio | 78.0 | 87.5 | 67.2 |
| 电脑 | Computer | 92.7 | 94.8 | 88.6 |
| 修理服务 | Repair Service Fee | 100.0 | 99.9 | 100.0 |
| 其他 | Others | 100.0 | | 100.0 |
| 教育 | Education | 101.2 | 101.0 | 101.4 |
| 教材及参考书 | Texts and Reference Book | 94.9 | 93.7 | 96.8 |
| 工具书 | Reference Book | 99.8 | 100.5 | 98.5 |
| 教材 | Text-book | 88.6 | 86.2 | 92.9 |
| 参考书 | Reference Book | 100.0 | 99.7 | 100.5 |
| 教育软件 | Educational Software | 98.8 | 98.3 | 100.0 |
| 学杂托幼费 | Tuition,Incidental Expense and Nursing Fee | 102.1 | 102.2 | 102.0 |
| 义务教育杂费 | Incidental Expense for Compulsory Education | 100.0 | 100.0 | 0.0 |
| 非义务教育学杂费 | Non-compulsory Education Fees | 100.9 | 100.4 | 101.4 |
| 技能培训学费 | Skills Training Fees | 103.2 | 105.8 | 99.7 |
| 托幼费 | Nursing Fee | 108.5 | 110.9 | 106.4 |
| 其他 | Others | 98.0 | | 98.0 |
| 文化娱乐类 | Cultural Entertainment | 104.5 | 105.1 | 102.9 |
| 文化娱乐用品 | Cultural and Recreational Supplies | 99.7 | 99.2 | 100.7 |
| 乐器 | Musical Instrument | 99.8 | 99.4 | 100.5 |
| 音响光盘和磁带 | Stereo-CD and Tape | 99.6 | 99.2 | 100.2 |
| 照相胶卷和存储卡 | Film and Camera Memory Card | 88.6 | 83.8 | 97.4 |
| 录像磁带和视盘 | Video Tape and Video Disc | 98.9 | 98.3 | 100.0 |
| 儿童玩具 | Children's Toy | 100.6 | 100.1 | 102.1 |
| 纸张本册 | This Paper List | 107.4 | 106.7 | 108.5 |
| 文具 | Stationary | 100.9 | 101.8 | 99.1 |

（以上年同期价格为100） (Preceding year=100)

| 指 标 | Item | 全区 Province | 城市 Urban Areas | 农村 Rural Areas |
|---|---|---|---|---|
| 体育用品 | Athletic Articles | 99.7 | 100.8 | 97.1 |
| 其他 | Others | 100.0 | | 100.0 |
| 书报杂志 | Newspapers and Magazines | 100.8 | 101.0 | 100.2 |
| 书籍 | Books | 100.0 | 100.1 | 100.0 |
| 报纸 | Newspaper | 101.7 | 102.2 | 100.8 |
| 杂志 | Magazine | 100.8 | 101.4 | 99.6 |
| 文娱费 | Recreation | 111.4 | 113.7 | 106.6 |
| 电影票 | Video-movie Ticket | 105.1 | 108.0 | 100.0 |
| 景点门票 | Attractions Tickets | 112.9 | 112.4 | 111.8 |
| 有线电视 | Cabled TV | 117.2 | 121.0 | 110.8 |
| 健身活动 | Healthy Activities | 104.3 | 106.2 | 100.0 |
| 其他 | Others | 100.0 | | 100.0 |
| 旅游 | Tourism | 103.2 | 104.8 | 100.8 |
| 旅行社收费 | Travel Agency Charges | 105.2 | 105.4 | 105.0 |
| 宾馆住宿 | Hotel Accommodation | 102.1 | 103.8 | 99.1 |
| 其他住宿 | Other Accommodations | 94.4 | 100.6 | 88.5 |
| **居住** | **Residence** | **105.6** | **104.1** | **107.7** |
| 建房及装修材料 | Building and Decorating Material | 107.1 | 109.6 | 104.1 |
| 木材 | Timber | 109.0 | 112.9 | 102.1 |
| 木地板 | Wood Floor | 105.3 | 108.5 | 101.6 |
| 砖 | Brick | 109.8 | 106.8 | 112.4 |
| 水泥 | Cement | 105.9 | 111.0 | 102.0 |
| 涂料 | Paint | 98.9 | 101.2 | 96.2 |
| 胶合板 | Plywood | 114.8 | 123.1 | 103.5 |
| 玻璃 | Glass | 111.2 | 110.6 | 111.6 |
| 粘胶 | Glue | 101.0 | 101.3 | 100.3 |
| 油漆 | Varnish | 105.2 | 106.5 | 103.3 |
| 其他 | Others | 100.0 | | 100.0 |
| 租房 | Tenancy | 110.6 | 103.7 | 115.3 |
| 公房房租 | Public Housing rent | 101.8 | 102.7 | 100.0 |
| 私房房租 | Talk Accommodation | 103.4 | 103.5 | 103.4 |
| 其他费用 | Other Rents | 151.6 | 107.2 | 204.2 |
| 自有住房 | Self-owned House | 106.8 | 105.6 | 108.6 |
| 房屋贷款利率 | Housing Loan Rate | 113.8 | 112.6 | 115.3 |
| 物业管理费用 | Property Management Fees | 100.0 | 100.0 | 100.0 |
| 维护修理费用 | Maintenance Expenses | 101.1 | 100.4 | 102.2 |
| 其他 | Others | | | 100.0 |
| 水、电、燃料 | Water,Electricity and Fuels | 103.5 | 102.3 | 105.3 |
| 水 | Water | 108.2 | 104.2 | 115.8 |
| 电 | Electricity | 100.7 | 100.7 | 100.9 |
| 液化石油气 | Liquefied Petroleum Gas | 106.3 | 105.2 | 108.0 |
| 管道燃气 | Piped Gas | 101.0 | 101.0 | |
| 其他燃料 | Other Fuel | 102.8 | 100.0 | 104.3 |

# 3—3 分月居民消费价格分类指数（2007年）

（以上年同期价格为100）

| 指　标 | Item | 1 月 January | 2 月 February | 3 月 March |
|---|---|---|---|---|
| **居民消费价格总指数** | **Consumer Price Index** | **102.8** | **103.6** | **104.3** |
| **非食品价格指数** | **Non-food Price Index** | **100.8** | **101.9** | **102.1** |
| **服务项目价格指数** | **Items of Service Price Index** | **103.1** | **105.7** | **105.9** |
| **扣除鲜菜鲜果总指数** | **The Total Index of Fresh Vegetable and Fresh Fruit Deducted** | **102.9** | **104.0** | **104.3** |
| **消费品价格指数** | **Production of Consumption Price Index** | **102.8** | **103.0** | **103.8** |
| **食品** | **Food** | **106.9** | **106.9** | **108.6** |
| 粮食 | Grain | 105.8 | 105.3 | 105.7 |
| 大米 | Rice | 105.5 | 104.5 | 104.5 |
| 面粉 | Flour | 101.7 | 101.6 | 101.7 |
| 粮食制品 | Grain Products | 108.0 | 108.9 | 110.7 |
| 其他 | Others | 100.0 | 100.0 | 100.0 |
| 淀粉 | Starches | 101.8 | 104.9 | 106.0 |
| 干豆类及豆制品 | Bean and Its Products | 102.1 | 100.9 | 102.2 |
| 干豆 | Dried Beans | 109.3 | 111.7 | 111.7 |
| 豆制品 | Soybean Products | 100.2 | 98.1 | 99.7 |
| 油脂 | Oil or Fat | 111.8 | 112.9 | 112.0 |
| 食用植物油 | Oil of Plant | 113.3 | 115.2 | 113.6 |
| 植物油制品 | Vegetable Oil Processed Product | 108.9 | 108.7 | 109.1 |
| 其他 | Others | 100.0 | 100.1 | 100.1 |
| 肉禽及其制品 | Meal,Poultry and Their Products | 114.5 | 115.0 | 116.1 |
| 食用畜肉及副产品 | Edible Domestic Animal's Meat and By-products | 113.2 | 116.4 | 116.3 |
| 猪肉 | Pork | 117.7 | 122.6 | 121.0 |
| 牛肉 | Beef | 101.5 | 100.8 | 103.1 |
| 羊肉 | Mutton | 117.0 | 112.5 | 105.8 |
| 畜肉副产品 | Animal By-products | 103.4 | 108.4 | 117.2 |
| 其他 | Others | 100.0 | 100.0 | 100.0 |
| 禽 | Poultry | 121.5 | 115.7 | 120.1 |
| 鸡 | Chicken | 121.3 | 115.4 | 122.2 |
| 鸭 | Duck | 121.8 | 116.1 | 115.7 |
| 其他 | Others | 100.0 | 100.0 | 100.0 |
| 加工肉禽 | Poultry Meat Processed Products | 107.6 | 108.2 | 108.7 |
| 畜肉制品 | Domestic Animal's Processed Products | 108.1 | 110.8 | 112.3 |
| 禽制品 | Poultry Processed Products | 106.9 | 105.2 | 104.5 |
| 蛋 | Eggs | 114.2 | 116.6 | 120.0 |
| 鲜蛋 | Fresh eggs | 115.0 | 117.5 | 121.1 |
| 蛋制品 | Eggs Processed Products | 105.9 | 107.0 | 108.7 |
| 水产品 | Aquatic Products | 99.7 | 102.3 | 107.5 |
| 鱼 | Fish | 96.3 | 98.8 | 103.0 |
| 淡水鱼 | Fish in Fresh Water | 98.0 | 97.3 | 101.0 |
| 海水鱼 | Fish in Sea Water | 92.9 | 102.6 | 107.8 |
| 其他水产品 | Other Aquatic Products | 107.2 | 110.2 | 117.7 |
| 虾蟹类 | Decapod Crustacean | 106.7 | 109.6 | 117.6 |
| 其他 | Others | 100.0 | 100.0 | 100.0 |
| 菜 | Vegetables | 99.7 | 93.1 | 108.1 |
| 鲜菜 | Fresh Vegetables | 98.5 | 90.0 | 108.0 |

## Consumer Price Indices by Month (2007)

(Preceding year=100)

| 4 月 April | 5 月 May | 6 月 June | 7 月 July | 8 月 August | 9 月 September | 10 月 October | 11 月 November | 12 月 December |
|---|---|---|---|---|---|---|---|---|
| 104.5 | 104.6 | 104.9 | 107.5 | 107.9 | 108.1 | 108.1 | 108.4 | 108.2 |
| 101.9 | 102.0 | 101.9 | 102.4 | 101.9 | 101.9 | 102.3 | 103.0 | 102.6 |
| 104.8 | 104.9 | 103.8 | 103.8 | 103.9 | 104.1 | 104.2 | 104.2 | 104.0 |
| 104.4 | 105.4 | 105.9 | 108.4 | 108.4 | 107.9 | 107.6 | 108.2 | 108.5 |
| 104.5 | 104.6 | 105.3 | 108.6 | 109.1 | 109.3 | 109.3 | 109.6 | 109.4 |
| 109.9 | 109.9 | 110.8 | 117.4 | 119.7 | 120.3 | 119.6 | 119.1 | 119.2 |
| 105.7 | 106.0 | 105.6 | 105.6 | 106.5 | 106.6 | 107.4 | 108.8 | 107.8 |
| 104.7 | 105.2 | 105.1 | 104.2 | 104.8 | 104.1 | 105.3 | 107.4 | 106.4 |
| 101.8 | 102.8 | 103.9 | 104.0 | 104.4 | 104.4 | 105.2 | 104.6 | 105.0 |
| 110.1 | 109.4 | 107.9 | 111.1 | 113.1 | 115.8 | 115.4 | 114.8 | 113.1 |
| 100.0 | 100.0 | 100.0 | 100.0 | 100.0 | 100.0 | 100.0 | 100.0 | 99.9 |
| 101.4 | 99.5 | 97.6 | 96.7 | 95.1 | 104.1 | 110.7 | 114.2 | 123.7 |
| 104.2 | 104.7 | 105.0 | 107.7 | 109.5 | 113.0 | 114.6 | 120.2 | 125.9 |
| 109.7 | 107.3 | 107.6 | 105.1 | 109.3 | 108.2 | 110.3 | 123.0 | 128.8 |
| 102.7 | 104.0 | 104.3 | 108.5 | 109.6 | 114.5 | 115.9 | 119.5 | 125.1 |
| 116.7 | 117.6 | 121.6 | 122.9 | 125.3 | 125.5 | 130.7 | 134.0 | 134.8 |
| 118.2 | 117.7 | 120.4 | 121.0 | 123.2 | 124.9 | 131.8 | 135.4 | 134.2 |
| 113.9 | 117.4 | 124.1 | 126.6 | 129.3 | 126.8 | 128.9 | 131.6 | 135.9 |
| 99.9 | 99.9 | 100.0 | 100.0 | 100.1 | 100.0 | 100.0 | 100.0 | 100.0 |
| 119.8 | 128.1 | 132.1 | 152.0 | 152.8 | 144.6 | 137.9 | 138.3 | 140.8 |
| 120.0 | 126.8 | 133.4 | 161.6 | 167.1 | 155.0 | 144.8 | 147.5 | 153.3 |
| 125.4 | 136.7 | 145.0 | 183.1 | 189.6 | 170.6 | 156.4 | 159.0 | 164.4 |
| 102.9 | 100.4 | 106.4 | 110.1 | 109.6 | 111.8 | 110.1 | 113.1 | 128.1 |
| 113.7 | 111.4 | 116.8 | 121.0 | 123.3 | 129.5 | 130.5 | 129.0 | 118.2 |
| 120.8 | 120.9 | 116.4 | 133.9 | 139.7 | 128.6 | 125.1 | 133.8 | 135.4 |
| 100.0 | 100.0 | 100.0 | 100.0 | 100.0 | 100.0 | 100.0 | 99.5 | 100.0 |
| 125.0 | 137.6 | 137.7 | 146.4 | 136.9 | 131.6 | 127.9 | 123.8 | 120.5 |
| 128.2 | 135.9 | 136.8 | 150.9 | 141.3 | 135.1 | 133.6 | 125.4 | 119.9 |
| 118.9 | 141.3 | 139.6 | 138.4 | 128.9 | 124.4 | 117.2 | 120.9 | 121.9 |
| 100.0 | 100.0 | 100.0 | 98.8 | 100.0 | 100.0 | 100.0 | 100.0 | 100.0 |
| 110.1 | 115.9 | 117.4 | 127.8 | 131.4 | 130.5 | 130.5 | 130.7 | 131.4 |
| 110.5 | 112.7 | 114.6 | 126.4 | 133.1 | 131.8 | 132.5 | 132.6 | 134.6 |
| 109.8 | 119.9 | 120.8 | 129.4 | 129.4 | 128.9 | 128.2 | 128.5 | 127.7 |
| 122.7 | 128.1 | 134.7 | 141.2 | 133.8 | 127.6 | 121.8 | 116.9 | 111.5 |
| 124.0 | 129.5 | 136.1 | 142.6 | 134.0 | 127.1 | 120.7 | 115.9 | 110.0 |
| 109.9 | 114.9 | 121.0 | 127.3 | 131.3 | 132.6 | 133.1 | 127.0 | 127.8 |
| 105.2 | 104.9 | 104.8 | 105.2 | 106.9 | 109.6 | 109.4 | 106.8 | 107.2 |
| 103.5 | 106.3 | 103.3 | 106.2 | 109.6 | 113.4 | 113.2 | 110.8 | 112.4 |
| 102.3 | 104.9 | 105.3 | 110.6 | 113.5 | 117.2 | 115.6 | 111.7 | 112.3 |
| 106.5 | 109.5 | 99.6 | 96.9 | 101.1 | 105.4 | 107.9 | 108.9 | 112.8 |
| 109.2 | 102.9 | 107.4 | 101.6 | 98.1 | 98.3 | 98.7 | 96.4 | 95.3 |
| 109.0 | 102.5 | 106.5 | 100.8 | 97.4 | 98.5 | 98.7 | 96.5 | 95.3 |
| 100.0 | 100.0 | 100.0 | 100.0 | 100.0 | 100.0 | 100.0 | 100.0 | 100.0 |
| 122.7 | 100.8 | 98.1 | 98.7 | 99.7 | 115.2 | 122.8 | 114.3 | 101.2 |
| 125.4 | 99.4 | 96.4 | 97.1 | 98.0 | 115.0 | 123.5 | 112.7 | 97.0 |

3—3 续表 1

（以上年同期价格为100）

| 指　　标 | Item | 1 月 January | 2 月 February | 3 月 March |
|---|---|---|---|---|
| 干菜及菜制品 | Dried Vegetables and Vegetable Products | 106.8 | 107.7 | 109.4 |
| 薯类 | Tubers | 98.1 | 103.8 | 105.6 |
| 调味品 | Flavoring | 109.8 | 110.8 | 110.6 |
| 盐 | Salt | 126.5 | 126.6 | 126.6 |
| 酱油 | Soy Sauce | 103.6 | 104.5 | 104.4 |
| 醋 | Vinegar | 102.0 | 105.8 | 103.5 |
| 味精 | Monosodium Glutamate | 101.3 | 100.7 | 102.0 |
| 其他 | Others | 100.0 | 100.0 | 100.0 |
| 糖 | Sweet | 104.1 | 101.4 | 98.4 |
| 食糖 | Sugar | 111.7 | 99.7 | 92.8 |
| 糖果 | Candy | 98.7 | 100.9 | 103.4 |
| 巧克力制品 | Chocolate Goods | 99.3 | 107.2 | 103.4 |
| 糖制小食品 | Sugar-coated food stuff | 95.1 | 99.9 | 99.0 |
| 茶及饮料 | Tea and Beverages | 102.2 | 104.3 | 103.3 |
| 茶叶 | Tea | 102.0 | 106.2 | 105.7 |
| 饮料 | Beverages | 102.3 | 103.5 | 102.2 |
| 固体饮料 | Solid Beverages | 107.0 | 107.6 | 105.2 |
| 液体饮料 | Liquid Beverage | 103.2 | 104.9 | 103.2 |
| 冷冻饮品 | Frozen Beverage | 96.8 | 96.8 | 97.4 |
| 干鲜瓜果 | Dried and Fresh Melons and Fruits | 105.8 | 105.2 | 100.2 |
| 鲜瓜果 | Fresh Fruits | 104.5 | 104.0 | 98.5 |
| 干（坚）果 | Dried（nut）Fruits and Melon and Fruit Products | 111.2 | 111.3 | 109.8 |
| 糕点饼干面包 | Cake,Cookies,Bread | 101.5 | 103.2 | 102.7 |
| 糕点 | Cake | 100.3 | 102.0 | 102.5 |
| 饼干 | Cookie | 103.7 | 106.9 | 104.5 |
| 面包 | Bread | 100.5 | 100.5 | 100.5 |
| 液体乳及乳制品 | Milk and Its Products | 102.8 | 102.3 | 102.5 |
| 巴氏杀菌奶或消毒奶 | Pasteurized Milk or Milk Disinfection | 104.9 | 102.6 | 102.8 |
| 酸奶 | Yogurt | 101.1 | 103.2 | 101.9 |
| 奶粉 | Milk Powder | 100.0 | 100.8 | 102.2 |
| 其他 | Others | 100.0 | 100.0 | 100.0 |
| 在外用膳食品 | Picnic food | 103.4 | 103.6 | 103.3 |
| 主食 | Staple Food | 106.6 | 106.9 | 106.5 |
| 炒菜 | Fried Dishes | 102.4 | 102.5 | 102.4 |
| 地方小吃 | Local Snacks | 102.1 | 102.1 | 101.8 |
| 其他食品 | Other Food | 103.5 | 104.9 | 105.2 |
| **烟酒及用品** | **Tobacco,Liquor and Articles** | **100.2** | **100.4** | **100.6** |
| 烟草 | Tobacco | 98.8 | 98.5 | 98.8 |
| 国产卷烟 | Home-made Cigarette | 98.3 | 98.1 | 98.2 |
| 进口卷烟 | Imported Cigarette | 101.2 | 100.4 | 102.0 |
| 其他 | Others | 100.0 | 100.0 | 100.0 |
| 酒 | Liquor | 101.7 | 102.1 | 102.4 |
| 白酒 | Liquor | 100.9 | 102.7 | 103.5 |

Continued

(Preceding year=100)

| 4 月 April | 5 月 May | 6 月 June | 7 月 July | 8 月 August | 9 月 September | 10 月 October | 11 月 November | 12 月 December |
|---|---|---|---|---|---|---|---|---|
| 110.6 | 109.1 | 108.8 | 109.5 | 112.2 | 114.4 | 119.0 | 123.6 | 121.1 |
| 106.0 | 101.7 | 96.6 | 93.7 | 95.3 | 121.3 | 123.9 | 114.3 | 117.6 |
| 108.9 | 109.4 | 109.7 | 108.0 | 108.0 | 103.0 | 102.6 | 104.1 | 105.1 |
| 126.6 | 126.6 | 126.6 | 124.8 | 121.2 | 104.1 | 102.0 | 102.0 | 101.2 |
| 101.7 | 103.0 | 103.1 | 101.9 | 103.2 | 103.0 | 103.1 | 106.2 | 105.9 |
| 102.3 | 102.4 | 103.2 | 101.0 | 101.5 | 102.3 | 102.3 | 102.3 | 108.4 |
| 100.1 | 100.1 | 100.7 | 99.6 | 99.9 | 100.3 | 102.0 | 101.2 | 103.8 |
| 100.0 | 100.0 | 100.0 | 116.0 | 116.0 | 116.0 | 116.0 | 116.0 | 116.0 |
| 94.7 | 95.2 | 95.3 | 96.6 | 100.9 | 101.6 | 100.3 | 101.5 | 103.7 |
| 87.8 | 89.6 | 88.4 | 90.4 | 97.7 | 98.4 | 95.7 | 96.1 | 97.0 |
| 100.8 | 99.0 | 100.8 | 100.8 | 102.0 | 101.7 | 101.7 | 103.7 | 108.4 |
| 101.6 | 101.6 | 101.0 | 101.9 | 104.0 | 107.4 | 108.5 | 108.8 | 107.0 |
| 96.6 | 98.0 | 101.6 | 102.5 | 105.7 | 105.7 | 103.7 | 104.8 | 107.8 |
| 102.4 | 103.1 | 104.2 | 105.2 | 105.0 | 105.3 | 105.3 | 104.9 | 105.2 |
| 104.5 | 102.5 | 101.5 | 104.6 | 104.6 | 104.7 | 104.7 | 104.6 | 104.6 |
| 101.5 | 103.3 | 105.4 | 105.5 | 105.2 | 105.5 | 105.6 | 105.1 | 105.5 |
| 105.0 | 102.2 | 103.1 | 103.7 | 104.2 | 104.2 | 103.5 | 104.0 | 104.2 |
| 102.9 | 103.8 | 103.2 | 103.1 | 103.3 | 103.0 | 103.4 | 102.5 | 103.2 |
| 95.1 | 102.7 | 113.0 | 113.0 | 110.9 | 113.0 | 113.0 | 113.0 | 113.0 |
| 88.6 | 87.5 | 83.7 | 88.2 | 102.4 | 108.0 | 112.4 | 111.2 | 110.3 |
| 85.1 | 83.5 | 78.8 | 84.2 | 101.4 | 108.8 | 114.0 | 111.1 | 109.3 |
| 109.5 | 109.6 | 107.9 | 106.4 | 106.2 | 105.2 | 106.8 | 111.6 | 114.2 |
| 101.8 | 101.7 | 102.3 | 102.0 | 103.5 | 105.3 | 105.6 | 105.7 | 110.2 |
| 102.5 | 102.5 | 104.3 | 104.3 | 104.9 | 106.5 | 107.8 | 108.2 | 115.4 |
| 101.4 | 101.8 | 101.1 | 100.5 | 100.7 | 103.1 | 102.3 | 102.3 | 106.3 |
| 101.0 | 100.0 | 100.6 | 100.1 | 104.9 | 106.1 | 106.1 | 106.1 | 106.6 |
| 100.5 | 101.6 | 101.0 | 100.2 | 102.2 | 102.6 | 102.3 | 104.9 | 107.6 |
| 98.5 | 97.8 | 98.3 | 97.9 | 98.7 | 99.6 | 99.8 | 102.2 | 105.5 |
| 102.6 | 105.5 | 103.9 | 99.2 | 102.6 | 103.2 | 101.8 | 103.8 | 105.5 |
| 103.3 | 106.9 | 104.5 | 105.9 | 109.3 | 108.5 | 107.8 | 111.4 | 113.5 |
| 100.0 | 100.0 | 100.0 | 100.0 | 100.0 | 100.0 | 100.0 | 100.0 | 105.1 |
| 104.5 | 104.1 | 104.3 | 105.8 | 106.2 | 106.8 | 106.8 | 107.5 | 108.4 |
| 108.6 | 109.2 | 109.2 | 111.0 | 111.5 | 112.8 | 112.5 | 110.5 | 112.4 |
| 103.0 | 102.1 | 102.4 | 104.1 | 103.9 | 103.9 | 103.9 | 105.6 | 106.8 |
| 103.0 | 103.0 | 103.0 | 103.8 | 106.1 | 107.3 | 107.3 | 108.9 | 107.7 |
| 105.2 | 104.7 | 104.9 | 105.1 | 107.7 | 106.7 | 102.8 | 103.4 | 101.5 |
| 100.4 | 101.5 | 101.5 | 101.6 | 101.2 | 101.3 | 101.0 | 101.3 | 101.6 |
| 98.6 | 100.2 | 100.2 | 100.0 | 99.3 | 99.3 | 99.3 | 99.3 | 99.3 |
| 98.0 | 99.9 | 99.9 | 99.7 | 99.0 | 99.0 | 99.0 | 99.0 | 99.0 |
| 101.9 | 101.5 | 101.5 | 101.5 | 101.0 | 101.0 | 101.0 | 101.0 | 101.0 |
| 100.0 | 100.0 | 100.0 | 100.0 | 100.0 | 100.0 | 100.0 | 100.0 | 100.0 |
| 102.3 | 103.1 | 103.0 | 103.5 | 103.3 | 104.0 | 103.0 | 103.7 | 104.8 |
| 101.7 | 102.6 | 102.7 | 103.7 | 103.5 | 103.3 | 103.0 | 103.5 | 105.2 |

3—3 续表 2

（以上年同期价格为100）

| 指　　标 | Item | 1 月 January | 2 月 February | 3 月 March |
| --- | --- | --- | --- | --- |
| 葡萄酒 | Wine | 104.6 | 103.3 | 107.5 |
| 啤酒 | Beer | 101.6 | 99.9 | 97.3 |
| 其他 | Others | 100.0 | 100.0 | 100.0 |
| 吸烟、饮酒用品 | Articles | 101.6 | 103.6 | 103.1 |
| 吸烟用品 | Smoking Products | 100.1 | 102.5 | 101.9 |
| 饮酒用品 | Drinking Products | 102.7 | 104.4 | 103.9 |
| **衣着** | **Clothing** | **102.0** | **103.7** | **103.6** |
| 服装 | Garments | 101.4 | 103.9 | 102.9 |
| 男式服装 | Men's Garment | 99.6 | 100.9 | 100.3 |
| 大衣 | Overcoat | 97.5 | 96.6 | 92.3 |
| 毛线衣 | Knitted Woolen Clothes | 102.3 | 93.4 | 91.4 |
| 夹克衫 | Jacket | 109.6 | 108.5 | 102.3 |
| 衬衫 | Shirt | 96.6 | 98.9 | 99.0 |
| T恤衫 | T-shirts | 90.6 | 100.1 | 93.6 |
| 裤子 | Trousers | 104.4 | 107.4 | 113.1 |
| 西服 | Suits | 97.8 | 97.8 | 99.0 |
| 运动衫裤 | Sport Clothing | 96.5 | 96.2 | 91.6 |
| 内衣 | Underwear | 96.9 | 100.0 | 106.7 |
| 羽绒衣 | Down Clothing | 99.8 | 102.8 | 100.4 |
| 其他 | Others | 100.0 | 100.0 | 100.0 |
| 女式服装 | Women's dress | 103.5 | 107.0 | 106.0 |
| 大衣 | Overcoat | 97.2 | 111.2 | 102.6 |
| 毛线衣 | Knitted Woolen Clothes | 99.0 | 103.8 | 104.3 |
| 羽绒衣 | Down Clothing | 94.6 | 97.8 | 101.7 |
| 套装 | Suits | 114.9 | 118.8 | 115.7 |
| 衬衫 | Shirt | 104.0 | 104.3 | 99.5 |
| T恤衫 | T-shirts | 100.3 | 102.2 | 102.7 |
| 裙子 | Skirt | 105.0 | 111.0 | 114.5 |
| 裤子 | Trousers | 110.1 | 110.2 | 109.2 |
| 运动衫裤 | Sports Wear | 104.9 | 103.7 | 96.2 |
| 内衣 | Underwear | 95.7 | 98.8 | 103.0 |
| 其他 | Others | 100.0 | 100.0 | 100.0 |
| 儿童服装 | Children's Garment | 99.3 | 101.4 | 100.0 |
| 套装 | Suits | 90.4 | 92.8 | 96.0 |
| 裤子 | Trousers | 108.5 | 114.2 | 108.3 |
| 裙子 | Skirt | 100.9 | 98.4 | 95.9 |
| 其他 | Others | 100.0 | 100.0 | 100.0 |
| 衣着材料 | Clothing Material | 99.6 | 98.6 | 101.3 |
| 棉布 | Cotton Cloth | 100.0 | 103.1 | 103.1 |
| 棉花化纤混纺布 | Cotton -chemical Fiber Blended Cloth | 102.6 | 102.6 | 102.6 |
| 化纤布 | Chemical Fiber Cloth | 98.9 | 97.5 | 101.7 |
| 毛线 | Woolen Threads | 98.2 | 93.7 | 98.2 |

Continued

(Preceding year=100)

| 4 月 April | 5 月 May | 6 月 June | 7 月 July | 8 月 August | 9 月 September | 10 月 October | 11 月 November | 12 月 December |
|---|---|---|---|---|---|---|---|---|
| 106.0 | 104.6 | 103.2 | 102.2 | 102.5 | 104.8 | 101.0 | 103.5 | 103.0 |
| 101.5 | 103.0 | 103.4 | 103.8 | 103.3 | 104.8 | 103.8 | 104.3 | 105.1 |
| 100.0 | 100.0 | 100.0 | 100.0 | 98.8 | 98.8 | 98.8 | 98.8 | 98.8 |
| 101.6 | 101.6 | 101.2 | 100.9 | 100.9 | 100.7 | 100.8 | 100.8 | 98.0 |
| 101.0 | 101.0 | 101.0 | 101.0 | 101.0 | 101.0 | 101.0 | 101.0 | 101.0 |
| 102.0 | 102.0 | 101.3 | 100.9 | 100.9 | 100.4 | 100.7 | 100.7 | 95.8 |
| 103.7 | 103.5 | 103.9 | 105.1 | 102.4 | 101.3 | 101.4 | 101.1 | 100.8 |
| 102.1 | 101.7 | 102.0 | 102.9 | 100.9 | 100.3 | 99.9 | 99.7 | 100.3 |
| 99.4 | 98.9 | 98.2 | 100.0 | 99.1 | 98.3 | 99.6 | 99.1 | 99.3 |
| 89.0 | 88.7 | 88.7 | 88.7 | 88.7 | 89.5 | 87.8 | 89.4 | 86.2 |
| 89.2 | 87.9 | 87.9 | 87.1 | 87.1 | 85.8 | 80.5 | 84.8 | 94.9 |
| 102.7 | 101.7 | 101.7 | 101.7 | 101.7 | 103.5 | 115.0 | 105.5 | 100.3 |
| 100.3 | 98.4 | 95.9 | 95.0 | 95.0 | 96.1 | 97.8 | 98.4 | 100.6 |
| 91.8 | 94.5 | 94.3 | 101.2 | 98.3 | 100.2 | 99.0 | 97.7 | 97.2 |
| 105.8 | 103.8 | 101.0 | 107.3 | 103.9 | 99.9 | 97.5 | 101.9 | 99.8 |
| 103.2 | 101.2 | 99.7 | 101.2 | 101.2 | 101.8 | 105.6 | 103.4 | 103.0 |
| 100.1 | 105.3 | 105.7 | 105.1 | 107.6 | 101.1 | 101.1 | 97.7 | 102.1 |
| 101.5 | 99.9 | 104.5 | 104.1 | 106.7 | 102.9 | 103.5 | 101.9 | 103.3 |
| 101.1 | 101.6 | 100.9 | 98.6 | 92.1 | 91.2 | 100.1 | 101.6 | 99.4 |
| 100.0 | 100.0 | 100.0 | 100.0 | 100.0 | 100.0 | 100.0 | 100.0 | 100.0 |
| 105.8 | 105.0 | 104.9 | 105.4 | 103.4 | 101.7 | 100.1 | 99.7 | 98.5 |
| 101.0 | 100.7 | 100.7 | 100.7 | 100.7 | 98.8 | 104.4 | 102.7 | 101.0 |
| 98.0 | 96.7 | 96.7 | 96.7 | 96.7 | 102.5 | 96.5 | 97.4 | 104.3 |
| 106.1 | 97.0 | 97.0 | 93.4 | 89.3 | 90.3 | 90.7 | 85.1 | 86.0 |
| 108.9 | 106.4 | 107.0 | 106.1 | 109.1 | 107.1 | 106.8 | 107.7 | 111.8 |
| 111.5 | 111.0 | 107.3 | 108.1 | 105.4 | 105.9 | 104.8 | 102.9 | 103.2 |
| 99.9 | 96.0 | 92.2 | 104.6 | 98.2 | 99.3 | 98.2 | 98.2 | 100.2 |
| 122.5 | 122.9 | 123.8 | 122.3 | 130.3 | 118.3 | 110.3 | 104.7 | 88.3 |
| 109.4 | 108.7 | 112.0 | 108.7 | 97.8 | 95.8 | 96.4 | 96.4 | 89.9 |
| 95.9 | 101.5 | 100.0 | 100.9 | 99.2 | 97.8 | 92.6 | 94.4 | 92.7 |
| 100.8 | 100.3 | 101.1 | 101.6 | 99.4 | 97.0 | 95.7 | 98.4 | 102.1 |
| 100.0 | 100.0 | 100.0 | 100.0 | 100.0 | 100.0 | 100.0 | 100.0 | 100.0 |
| 97.4 | 98.5 | 102.3 | 102.4 | 97.5 | 100.9 | 99.7 | 100.9 | 108.4 |
| 94.9 | 96.0 | 100.9 | 101.3 | 94.3 | 103.0 | 101.2 | 101.5 | 107.0 |
| 106.8 | 105.0 | 107.5 | 110.7 | 106.5 | 105.4 | 101.4 | 102.9 | 115.7 |
| 90.1 | 94.2 | 97.5 | 94.4 | 91.3 | 91.7 | 94.4 | 97.5 | 100.6 |
| 100.0 | 100.0 | 100.0 | 100.0 | 100.0 | 100.0 | 100.0 | 100.0 | 100.0 |
| 100.8 | 101.0 | 100.9 | 99.8 | 99.0 | 100.4 | 101.4 | 100.1 | 98.8 |
| 100.1 | 95.5 | 95.5 | 97.8 | 97.8 | 98.6 | 96.3 | 95.6 | 96.2 |
| 105.4 | 107.5 | 106.7 | 110.5 | 110.5 | 112.2 | 110.5 | 109.6 | 109.6 |
| 100.5 | 104.4 | 104.4 | 96.6 | 96.6 | 99.8 | 106.4 | 105.0 | 104.4 |
| 98.4 | 97.4 | 97.4 | 98.8 | 95.6 | 95.2 | 94.1 | 92.2 | 88.0 |

3—3 续表 3

（以上年同期价格为100）

| 指　　标 | Item | 1 月 January | 2 月 February | 3 月 March |
| --- | --- | --- | --- | --- |
| 鞋袜帽 | Footwear,Socks and Hats | 103.3 | 104.1 | 106.1 |
| 鞋 | Shoes | 102.8 | 104.1 | 106.1 |
| 男鞋 | Men's Shoes | 103.5 | 104.5 | 102.4 |
| 女鞋 | Women's Shoes | 98.7 | 99.6 | 106.9 |
| 童鞋 | Children's Shoes | 112.4 | 115.4 | 111.4 |
| 袜子 | Socks and Stockings | 107.0 | 104.7 | 107.2 |
| 男袜 | Men's Socks | 108.0 | 104.3 | 105.9 |
| 女袜 | Women's Socks | 106.3 | 104.9 | 108.2 |
| 帽子 | Hats | 103.0 | 101.5 | 101.2 |
| 男帽 | Man Cap | 99.9 | 99.9 | 99.9 |
| 女帽 | Bonnet | 105.0 | 102.4 | 102.0 |
| 衣着加工服务费 | Clothing Processing | 109.4 | 104.0 | 104.5 |
| 缝纫 | Sewing | 112.6 | 103.6 | 103.6 |
| 清洗 | Washing | 104.5 | 104.5 | 105.7 |
| **家庭设备用品及维修服务** | **Household Facilities and Articles** | **101.3** | **102.0** | **103.0** |
| 耐用消费品 | Durable Consumer Goods | 101.5 | 101.5 | 101.6 |
| 家具 | Furniture | 100.5 | 100.6 | 100.8 |
| 柜 | Counters | 100.8 | 101.3 | 101.3 |
| 床 | Beds | 102.9 | 102.3 | 103.4 |
| 桌 | Desks | 100.1 | 99.0 | 99.0 |
| 椅 | Chairs | 100.4 | 100.7 | 100.7 |
| 沙发 | Sofas | 98.8 | 99.3 | 99.3 |
| 其他 | Others | 100.0 | 100.0 | 100.0 |
| 家庭设备 | Household Facilities | 102.1 | 102.1 | 102.2 |
| 洗衣机 | Washing Machine | 101.7 | 103.0 | 101.9 |
| 电风扇 | Electric Fan | 94.0 | 94.0 | 95.3 |
| 电冰箱（柜） | Refrigerator | 109.3 | 105.9 | 106.6 |
| 吸排油烟机 | Smoke Exhauster | 108.2 | 109.0 | 104.1 |
| 空调器 | Air Conditioner | 101.8 | 101.5 | 101.9 |
| 热水器 | Shower Heater | 107.9 | 109.3 | 111.3 |
| 微波炉 | Microwave Oven | 93.6 | 93.7 | 92.7 |
| 电炊具 | Electric Cooking Utensil | 95.4 | 98.5 | 98.7 |
| 室内装饰品 | Interior Decorations | 97.5 | 97.9 | 98.7 |
| 纺织装饰品 | Fabric Decorations | 97.9 | 98.7 | 100.4 |
| 装饰灯具 | Lamp Decorations | 97.1 | 97.1 | 97.1 |
| 其他 | Others | 100.0 | 100.0 | 100.0 |
| 床上用品 | Bed Articles | 97.1 | 97.8 | 100.4 |
| 毛毯 | Blanket | 102.8 | 105.5 | 104.5 |
| 被子 | Quilts | 91.4 | 93.7 | 95.0 |
| 床上套件 | Bed Sets | 98.2 | 96.8 | 102.7 |
| 其他 | Others | 100.0 | 100.0 | 100.0 |
| 家庭日用杂品 | Daily Use Household Articles | 101.2 | 103.0 | 105.3 |
| 茶具 | Tea-set | 105.3 | 107.1 | 110.1 |
| 餐具 | Cooking-set | 101.0 | 102.9 | 104.4 |

Continued

(Preceding year=100)

| 4 月 April | 5 月 May | 6 月 June | 7 月 July | 8 月 August | 9 月 September | 10 月 October | 11 月 November | 12 月 December |
|---|---|---|---|---|---|---|---|---|
| 108.7 | 109.1 | 110.1 | 112.2 | 107.4 | 104.5 | 105.8 | 105.4 | 102.2 |
| 109.5 | 110.1 | 111.1 | 113.2 | 108.0 | 104.4 | 105.8 | 105.6 | 102.4 |
| 103.2 | 102.2 | 104.0 | 107.2 | 103.6 | 105.1 | 103.8 | 107.0 | 98.7 |
| 113.0 | 114.8 | 115.0 | 121.2 | 114.6 | 102.5 | 106.0 | 103.4 | 103.0 |
| 112.8 | 113.2 | 115.2 | 104.9 | 98.9 | 107.7 | 108.8 | 108.4 | 108.5 |
| 104.6 | 105.0 | 106.0 | 108.6 | 105.6 | 105.6 | 107.3 | 105.1 | 102.3 |
| 103.0 | 103.8 | 104.2 | 106.5 | 106.5 | 106.5 | 107.4 | 102.2 | 97.2 |
| 105.9 | 105.9 | 107.4 | 110.1 | 105.0 | 105.0 | 107.2 | 107.3 | 105.9 |
| 101.9 | 100.9 | 100.9 | 100.9 | 99.7 | 101.1 | 101.1 | 101.1 | 98.4 |
| 100.9 | 101.7 | 101.7 | 101.7 | 98.6 | 102.2 | 102.2 | 102.2 | 101.6 |
| 102.6 | 100.4 | 100.4 | 100.4 | 100.4 | 100.4 | 100.4 | 100.4 | 96.6 |
| 101.5 | 101.5 | 101.0 | 101.3 | 102.1 | 101.2 | 101.2 | 100.5 | 100.5 |
| 99.3 | 99.3 | 99.3 | 99.3 | 100.4 | 100.4 | 100.4 | 100.4 | 100.4 |
| 105.1 | 105.1 | 103.8 | 104.8 | 104.8 | 102.5 | 102.5 | 100.5 | 100.5 |
| 101.8 | 101.6 | 101.4 | 101.4 | 101.1 | 101.1 | 101.6 | 100.6 | 100.6 |
| 101.8 | 101.4 | 101.5 | 101.5 | 101.7 | 101.0 | 100.8 | 100.4 | 100.3 |
| 100.6 | 100.0 | 101.3 | 100.6 | 100.7 | 100.2 | 100.4 | 100.0 | 100.3 |
| 101.3 | 101.3 | 103.7 | 102.7 | 102.6 | 101.3 | 101.9 | 101.2 | 102.0 |
| 104.1 | 103.1 | 103.2 | 101.8 | 101.9 | 101.6 | 101.8 | 100.4 | 97.6 |
| 99.3 | 99.3 | 99.5 | 98.7 | 98.7 | 98.8 | 98.8 | 99.1 | 99.1 |
| 100.7 | 100.7 | 101.0 | 100.3 | 100.5 | 100.8 | 101.4 | 101.4 | 102.6 |
| 97.8 | 96.7 | 98.7 | 99.1 | 99.4 | 98.5 | 98.2 | 98.5 | 100.0 |
| 100.0 | 100.0 | 100.0 | 100.0 | 100.0 | 100.0 | 100.0 | 100.0 | 100.0 |
| 102.6 | 102.2 | 101.6 | 102.0 | 102.3 | 101.4 | 101.1 | 100.6 | 100.3 |
| 102.0 | 101.4 | 102.7 | 103.5 | 102.9 | 101.4 | 101.1 | 99.4 | 100.2 |
| 98.3 | 94.5 | 96.1 | 96.9 | 99.6 | 101.2 | 101.2 | 101.9 | 101.9 |
| 107.0 | 105.7 | 104.6 | 104.5 | 103.0 | 100.7 | 99.7 | 99.4 | 98.7 |
| 101.7 | 106.6 | 104.2 | 106.4 | 109.8 | 108.8 | 107.6 | 106.4 | 103.7 |
| 102.0 | 101.8 | 100.9 | 101.6 | 101.9 | 100.6 | 100.1 | 100.2 | 98.9 |
| 116.6 | 114.3 | 108.4 | 108.7 | 107.2 | 107.9 | 108.1 | 105.6 | 105.6 |
| 90.3 | 91.6 | 92.5 | 92.5 | 96.2 | 96.1 | 97.6 | 98.1 | 99.9 |
| 98.7 | 98.9 | 100.1 | 98.8 | 98.1 | 97.9 | 97.5 | 97.3 | 98.0 |
| 99.5 | 99.3 | 99.0 | 97.8 | 98.7 | 99.3 | 99.3 | 99.3 | 99.0 |
| 102.3 | 102.3 | 102.3 | 100.4 | 102.2 | 101.0 | 101.0 | 101.0 | 101.0 |
| 97.1 | 96.6 | 96.2 | 95.5 | 95.5 | 97.8 | 97.8 | 97.8 | 97.2 |
| 100.0 | 100.0 | 100.0 | 100.0 | 100.0 | 100.0 | 100.0 | 100.0 | 100.0 |
| 95.7 | 96.2 | 99.2 | 99.4 | 94.8 | 97.7 | 98.1 | 97.8 | 94.4 |
| 99.3 | 101.2 | 107.0 | 108.4 | 103.0 | 103.6 | 106.5 | 101.0 | 95.7 |
| 98.2 | 102.9 | 102.9 | 105.7 | 102.9 | 103.5 | 102.4 | 99.5 | 97.4 |
| 92.0 | 89.0 | 92.3 | 90.0 | 84.7 | 90.3 | 90.5 | 94.8 | 91.5 |
| 100.0 | 100.0 | 100.0 | 100.0 | 100.0 | 100.0 | 100.0 | 100.0 | 100.0 |
| 102.3 | 102.9 | 101.3 | 101.2 | 101.6 | 101.8 | 103.7 | 100.5 | 102.1 |
| 107.6 | 109.2 | 107.6 | 107.6 | 106.6 | 106.6 | 108.2 | 100.7 | 100.0 |
| 103.4 | 104.3 | 102.5 | 102.2 | 102.2 | 102.2 | 103.8 | 100.8 | 100.8 |

3—3 续表 4

（以上年同期价格为100）

| 指 标 | Item | 1 月 January | 2 月 February | 3 月 March |
|---|---|---|---|---|
| 厨具 | Cook-set | 98.3 | 100.5 | 102.9 |
| 家用手工工具 | Family Tool | 98.1 | 99.2 | 105.3 |
| 洗涤用品 | Wash Articles | 102.3 | 104.0 | 105.1 |
| 其他 | Others | 100.0 | 100.0 | 100.0 |
| 家庭服务及加工维修服务 | Household Service and Maintenance | 106.7 | 108.1 | 108.1 |
| 家庭服务 | Household Service | 118.3 | 122.5 | 122.4 |
| 加工维修服务 | The Processed Upkeep | 100.0 | 100.0 | 100.0 |
| **医疗保健和个人用品** | **Medicine and Personal Articles** | **101.3** | **101.2** | **100.4** |
| 医疗保健 | Medicine | 100.7 | 100.3 | 99.7 |
| 医疗器具及用品 | Edical Appliances and Articles | 104.6 | 104.6 | 100.4 |
| 中药材及中成药 | Traditional Chines Herbs | 105.9 | 104.2 | 103.4 |
| 中药材 | Chines Herbal Material | 112.6 | 110.7 | 109.8 |
| 中成药 | Chines Patent drugs | 100.6 | 99.0 | 98.0 |
| 西药 | Western Medicine | 97.9 | 97.8 | 97.1 |
| 抗微生物药 | Anti-microbial Drugs | 90.3 | 91.2 | 91.3 |
| 消化系统用药 | The Digestive System Drugs | 99.1 | 98.9 | 96.0 |
| 呼吸系统用药 | Respiratory Drug | 95.1 | 94.9 | 95.8 |
| 解热镇痛及非甾体抗炎药 | Antipyretic and Analgesic & NSAIDs | 100.5 | 100.7 | 100.1 |
| 抗肿瘤药 | Anticancer Drugs | 97.5 | 97.7 | 96.8 |
| 激素及调节内分泌功能药 | Hormone Endocrine Function and Regulation of Drugs | 101.0 | 101.0 | 98.2 |
| 循环系统用药 | Circulatory System Administration | 99.7 | 99.2 | 98.8 |
| 神经系统用药 | Nervous System Drugs | 97.5 | 94.8 | 94.8 |
| 专科用药 | Specialist drug | 101.9 | 101.9 | 102.6 |
| 其他 | Others | 100.0 | 100.0 | 93.8 |
| 保健器具及用品 | Healthy Appliances and Articles | 99.5 | 100.9 | 99.1 |
| 保健器具 | Healthy Appliance | 99.4 | 100.2 | 99.4 |
| 滋补保健用品 | Tonic and Healthy Goods | 99.6 | 101.1 | 98.9 |
| 医疗保健服务 | Medical and Health Service | 99.7 | 99.7 | 99.7 |
| 挂号费 | Registering fee | 100.0 | 100.0 | 100.0 |
| 注射费 | Injection fee | 97.8 | 97.8 | 97.8 |
| 检查费 | Examination fee | 100.0 | 100.0 | 100.0 |
| 手术费 | Operation fee | 100.0 | 100.0 | 100.0 |
| 住院费 | In-patient expense | 100.0 | 100.0 | 100.0 |
| 理疗费 | Physiotherapy Fees | 100.0 | 100.0 | 100.0 |
| 化验费 | Laboratory Fees | 100.0 | 100.0 | 100.0 |
| 其他 | Others | 100.0 | 100.0 | 100.0 |
| 个人用品及服务 | Pesonal Articles and Services | 102.5 | 103.1 | 102.0 |
| 化妆美容用品 | Making-up Articles | 100.4 | 100.5 | 99.7 |
| 化妆美容器具 | Making-up Utensil | 103.2 | 103.2 | 103.4 |
| 美容化妆品 | Cosmetic Products | 96.8 | 96.8 | 95.4 |
| 护肤品 | Skin Care Products | 103.0 | 103.0 | 102.2 |
| 护发美容品 | Hair Care Cosmetics | 101.1 | 101.9 | 101.8 |
| 清洁化妆用品 | Clean Toiletries | 100.5 | 100.6 | 99.9 |
| 洗发用品 | Shampoo Articles | 103.5 | 103.8 | 102.7 |

Continued

(Preceding year=100)

| 4 月 April | 5 月 May | 6 月 June | 7 月 July | 8 月 August | 9 月 September | 10 月 October | 11 月 November | 12 月 December |
|---|---|---|---|---|---|---|---|---|
| 100.3 | 102.6 | 100.4 | 100.8 | 100.8 | 100.5 | 102.5 | 100.5 | 103.2 |
| 105.3 | 104.4 | 103.9 | 102.2 | 100.1 | 102.4 | 104.5 | 102.4 | 101.6 |
| 100.0 | 99.5 | 98.0 | 98.2 | 100.4 | 100.4 | 102.3 | 99.7 | 103.1 |
| 100.0 | 120.0 | 120.0 | 120.0 | 120.0 | 120.0 | 120.0 | 120.0 | 120.0 |
| 107.7 | 106.2 | 104.7 | 105.2 | 104.1 | 104.1 | 104.1 | 105.3 | 105.3 |
| 121.3 | 116.8 | 112.5 | 113.9 | 111.0 | 111.0 | 111.0 | 111.7 | 111.7 |
| 100.0 | 100.0 | 100.0 | 100.0 | 100.0 | 100.0 | 100.0 | 101.4 | 101.4 |
| 101.4 | 102.7 | 103.2 | 104.7 | 103.9 | 104.4 | 104.5 | 104.2 | 104.0 |
| 101.5 | 103.8 | 104.3 | 106.1 | 104.8 | 105.3 | 105.6 | 105.1 | 104.9 |
| 100.4 | 100.2 | 100.7 | 101.8 | 101.8 | 101.8 | 99.2 | 99.2 | 99.4 |
| 110.1 | 117.1 | 118.7 | 123.8 | 117.9 | 117.3 | 117.4 | 116.5 | 115.1 |
| 126.3 | 141.4 | 145.1 | 156.0 | 143.4 | 139.6 | 139.9 | 138.5 | 134.9 |
| 96.9 | 97.3 | 96.8 | 97.0 | 96.3 | 97.5 | 97.5 | 96.9 | 97.0 |
| 96.9 | 95.9 | 95.9 | 96.4 | 97.2 | 99.0 | 99.4 | 98.8 | 99.3 |
| 94.2 | 91.4 | 90.9 | 94.9 | 95.6 | 105.2 | 105.2 | 102.4 | 104.1 |
| 98.7 | 95.1 | 95.2 | 95.3 | 97.9 | 97.7 | 97.3 | 97.8 | 100.3 |
| 94.8 | 94.1 | 95.9 | 94.8 | 96.2 | 96.9 | 100.4 | 100.4 | 101.9 |
| 98.7 | 99.0 | 99.3 | 100.4 | 99.7 | 99.3 | 98.8 | 98.8 | 98.5 |
| 96.8 | 96.1 | 95.2 | 94.4 | 94.8 | 97.5 | 97.3 | 98.1 | 98.1 |
| 97.0 | 97.2 | 95.4 | 95.4 | 95.4 | 95.7 | 95.7 | 96.0 | 94.3 |
| 97.7 | 97.8 | 98.0 | 98.1 | 99.3 | 99.9 | 100.0 | 100.3 | 99.5 |
| 96.1 | 96.6 | 96.1 | 96.1 | 96.2 | 95.6 | 95.6 | 90.3 | 90.3 |
| 97.0 | 96.5 | 96.5 | 96.1 | 96.6 | 99.2 | 100.1 | 100.4 | 100.5 |
| 100.0 | 100.0 | 100.0 | 100.0 | 100.0 | 100.0 | 100.0 | 100.0 | 100.0 |
| 99.3 | 98.4 | 99.1 | 99.4 | 99.7 | 99.7 | 99.8 | 101.0 | 100.5 |
| 98.6 | 97.6 | 97.0 | 97.2 | 97.8 | 97.8 | 98.8 | 99.7 | 98.3 |
| 99.6 | 98.6 | 99.9 | 100.3 | 100.5 | 100.5 | 100.2 | 101.5 | 101.3 |
| 99.7 | 102.6 | 102.6 | 102.6 | 102.6 | 102.6 | 102.8 | 102.8 | 102.8 |
| 100.0 | 100.0 | 100.0 | 100.0 | 100.0 | 100.0 | 100.0 | 100.0 | 100.0 |
| 97.8 | 97.8 | 97.8 | 97.8 | 97.8 | 97.8 | 100.0 | 100.0 | 100.0 |
| 100.0 | 100.0 | 100.0 | 100.0 | 100.0 | 100.0 | 100.0 | 100.0 | 100.0 |
| 100.0 | 109.0 | 109.0 | 109.0 | 109.0 | 109.0 | 109.0 | 109.0 | 109.0 |
| 100.0 | 100.0 | 100.0 | 100.0 | 100.0 | 100.0 | 100.0 | 100.0 | 100.0 |
| 100.0 | 113.4 | 113.4 | 113.4 | 113.4 | 113.4 | 113.4 | 113.4 | 113.4 |
| 100.0 | 100.1 | 100.1 | 100.1 | 100.1 | 100.1 | 100.1 | 100.1 | 100.1 |
| 100.0 | 100.0 | 100.0 | 100.0 | 100.0 | 100.0 | 100.0 | 100.0 | 100.0 |
| 101.2 | 100.3 | 100.8 | 101.4 | 101.6 | 102.1 | 102.1 | 102.2 | 101.9 |
| 100.5 | 100.3 | 100.9 | 101.8 | 101.5 | 102.3 | 101.3 | 99.5 | 99.7 |
| 103.0 | 103.0 | 103.8 | 101.9 | 101.0 | 100.5 | 100.5 | 100.3 | 100.5 |
| 96.2 | 96.2 | 97.3 | 100.4 | 99.1 | 101.4 | 99.1 | 99.1 | 99.1 |
| 103.6 | 103.6 | 103.6 | 103.6 | 103.6 | 103.5 | 103.3 | 99.2 | 99.7 |
| 102.1 | 100.5 | 100.3 | 100.5 | 102.7 | 103.1 | 102.7 | 100.3 | 100.3 |
| 99.3 | 99.2 | 99.6 | 101.1 | 101.0 | 101.6 | 101.7 | 102.4 | 102.3 |
| 101.2 | 100.6 | 99.8 | 100.8 | 100.2 | 100.8 | 100.9 | 102.2 | 100.4 |

3—3 续表 5

（以上年同期价格为100）

| 指　标 | Item | 1 月 January | 2 月 February | 3 月 March |
|---|---|---|---|---|
| 洗浴用品 | Bathing Articles | 97.8 | 97.8 | 97.4 |
| 其他 | Others | 100.0 | 100.0 | 100.0 |
| 个人饰品 | Personal Ornaments | 109.4 | 105.1 | 104.1 |
| 首饰 | Jewelry | 117.2 | 114.0 | 111.5 |
| 皮件 | Leather Goods | 102.4 | 93.5 | 94.6 |
| 手表 | Watchs | 101.5 | 101.8 | 102.6 |
| 领带 | Ties | 95.9 | 92.0 | 91.1 |
| 其他 | Others | 100.0 | 100.0 | 100.0 |
| 个人服务 | Personal Service | 101.0 | 107.6 | 105.7 |
| 美容 | Making-up | 101.6 | 103.8 | 103.8 |
| 理（烫）发 | Haircut（Perm） | 99.6 | 109.9 | 106.9 |
| 洗浴 | Bathing | 105.1 | 107.3 | 105.6 |
| 其他 | Others | 100.0 | 100.0 | 112.5 |
| **交通和通信** | **Transportation and Communication** | **100.9** | **101.2** | **102.1** |
| 交通 | Transportation | 103.3 | 104.0 | 105.4 |
| 交通工具 | Transportation Means | 96.9 | 97.3 | 97.2 |
| 摩托车 | Motor | 96.5 | 96.8 | 97.5 |
| 自行车 | Bicycle | 98.9 | 99.8 | 98.3 |
| 汽车 | Car | 95.2 | 95.3 | 95.0 |
| 其他 | Others | 100.0 | 100.0 | 100.0 |
| 车用燃料及零配件 | Fuel and Accessories for Vehicle | 108.5 | 107.5 | 106.6 |
| 汽油 | Petrol | 111.3 | 109.2 | 107.9 |
| 柴油 | Diesel Oil | 112.5 | 112.5 | 111.6 |
| 零配件 | Accessories | 101.1 | 101.1 | 100.7 |
| 其他 | Others | 100.0 | 100.0 | 100.0 |
| 车辆使用及维修费 | Vehicle Using and Maintenance | 109.5 | 110.0 | 109.2 |
| 驾驶证 | Driving License | 98.9 | 98.6 | 97.9 |
| 保险费 | Insurance | 126.6 | 126.6 | 126.6 |
| 停车费 | Parking fee | 111.4 | 114.8 | 111.4 |
| 车辆修理服务费 | Vehicle Maintenance Service | 101.8 | 101.8 | 101.5 |
| 其他 | Others | 100.0 | 100.0 | 100.0 |
| 市区公共交通费 | City Bus Transport | 104.6 | 103.9 | 104.1 |
| 公共汽车票 | Bus Ticket | 103.0 | 102.2 | 101.5 |
| 出租汽车 | Taxi | 107.4 | 106.9 | 108.5 |
| 其他 | Others | 100.0 | 100.0 | 100.0 |
| 城市间交通费 | Inter-city Transportation | 101.7 | 105.3 | 113.7 |
| 飞机票 | Plane Ticket | 100.8 | 124.7 | 100.7 |
| 火车票 | Train Ticket | 100.2 | 98.2 | 100.2 |
| 长途汽车 | Long-distance Coach | 102.7 | 108.6 | 125.3 |
| 其他 | Others | 100.0 | 100.0 | 100.0 |
| 通信 | Communication | 98.2 | 98.0 | 98.3 |
| 通信工具 | Communication Tools | 82.1 | 81.6 | 81.6 |
| 固定电话机 | Stationary Telephone | 96.8 | 96.8 | 93.9 |

Continued

(Preceding year=100)

| 4 月 April | 5 月 May | 6 月 June | 7 月 July | 8 月 August | 9 月 September | 10 月 October | 11 月 November | 12 月 December |
|---|---|---|---|---|---|---|---|---|
| 97.5 | 97.9 | 99.3 | 101.3 | 101.7 | 102.4 | 102.5 | 102.7 | 104.2 |
| 100.0 | 100.0 | 100.0 | 100.0 | 100.0 | 100.0 | 100.0 | 100.0 | 100.0 |
| 103.5 | 100.8 | 101.9 | 101.3 | 102.6 | 103.9 | 105.7 | 108.3 | 106.8 |
| 110.4 | 103.9 | 103.9 | 102.7 | 102.6 | 106.7 | 109.9 | 114.5 | 113.2 |
| 95.0 | 97.0 | 101.7 | 103.0 | 106.6 | 99.8 | 100.8 | 100.3 | 99.2 |
| 100.9 | 100.9 | 100.3 | 100.3 | 101.6 | 101.6 | 101.6 | 101.6 | 100.9 |
| 92.3 | 94.5 | 95.4 | 94.1 | 99.7 | 102.6 | 102.0 | 104.9 | 100.6 |
| 100.0 | 100.0 | 100.0 | 100.0 | 100.0 | 100.0 | 100.0 | 100.0 | 100.0 |
| 102.7 | 102.4 | 102.4 | 102.4 | 102.4 | 102.4 | 101.8 | 101.6 | 101.4 |
| 103.8 | 103.8 | 103.8 | 103.8 | 103.8 | 103.8 | 103.8 | 103.8 | 103.8 |
| 100.9 | 100.4 | 100.4 | 100.4 | 100.4 | 100.4 | 99.4 | 99.0 | 98.6 |
| 106.3 | 106.3 | 106.3 | 106.3 | 106.3 | 106.4 | 106.4 | 106.4 | 106.4 |
| 112.5 | 112.5 | 112.5 | 112.5 | 112.5 | 112.5 | 112.5 | 112.5 | 112.5 |
| 100.7 | 100.1 | 99.5 | 98.3 | 98.4 | 99.6 | 99.3 | 99.5 | 99.4 |
| 103.0 | 102.3 | 101.2 | 98.9 | 98.8 | 98.9 | 98.6 | 100.0 | 100.2 |
| 96.8 | 96.5 | 96.7 | 96.7 | 96.0 | 95.7 | 95.3 | 95.0 | 95.1 |
| 98.0 | 97.7 | 98.3 | 97.9 | 97.0 | 95.9 | 95.0 | 95.5 | 95.3 |
| 97.7 | 97.1 | 97.0 | 96.9 | 96.6 | 97.6 | 98.7 | 97.4 | 97.6 |
| 93.1 | 92.9 | 92.8 | 93.6 | 92.8 | 92.1 | 90.7 | 90.4 | 91.2 |
| 100.0 | 100.0 | 100.0 | 100.0 | 100.0 | 100.0 | 100.0 | 100.0 | 100.0 |
| 104.3 | 102.9 | 99.4 | 98.4 | 98.7 | 98.8 | 98.7 | 105.2 | 105.7 |
| 104.8 | 100.8 | 95.9 | 96.0 | 96.0 | 96.0 | 96.2 | 104.4 | 105.1 |
| 109.8 | 106.0 | 99.7 | 99.7 | 99.8 | 99.8 | 100.0 | 108.8 | 109.6 |
| 99.4 | 104.2 | 105.7 | 101.6 | 102.8 | 102.8 | 102.0 | 103.6 | 103.6 |
| 100.0 | 100.0 | 100.0 | 100.0 | 100.0 | 100.0 | 100.0 | 100.0 | 100.0 |
| 110.2 | 110.4 | 111.4 | 102.0 | 102.0 | 102.0 | 101.6 | 101.7 | 102.5 |
| 98.6 | 98.8 | 98.8 | 98.4 | 98.4 | 98.4 | 98.5 | 98.5 | 99.5 |
| 128.3 | 128.3 | 128.3 | 101.4 | 101.4 | 101.4 | 101.4 | 101.4 | 101.4 |
| 111.4 | 111.9 | 111.9 | 103.5 | 103.5 | 103.5 | 101.3 | 102.1 | 102.1 |
| 102.4 | 102.6 | 105.0 | 103.1 | 103.1 | 103.1 | 103.1 | 102.8 | 104.4 |
| 100.0 | 100.0 | 100.0 | 100.0 | 100.0 | 100.0 | 100.0 | 130.3 | 130.3 |
| 103.3 | 102.6 | 99.6 | 97.9 | 97.9 | 99.4 | 99.4 | 99.4 | 99.6 |
| 101.5 | 101.5 | 98.7 | 97.6 | 97.6 | 100.0 | 100.0 | 100.0 | 100.0 |
| 106.3 | 104.5 | 101.1 | 98.5 | 98.5 | 98.5 | 98.5 | 98.5 | 99.0 |
| 100.0 | 100.0 | 100.0 | 100.0 | 100.0 | 100.0 | 100.0 | 100.0 | 100.0 |
| 104.7 | 103.1 | 102.2 | 101.1 | 101.3 | 100.9 | 100.4 | 102.1 | 101.8 |
| 104.3 | 112.6 | 120.7 | 97.5 | 111.8 | 106.2 | 98.5 | 120.9 | 117.2 |
| 100.0 | 100.0 | 100.0 | 100.0 | 100.7 | 100.7 | 100.7 | 100.7 | 100.7 |
| 107.6 | 103.5 | 100.9 | 102.4 | 100.4 | 100.4 | 100.4 | 100.7 | 100.7 |
| 100.0 | 100.0 | 100.0 | 100.0 | 100.0 | 100.0 | 100.0 | 100.0 | 100.0 |
| 98.1 | 97.5 | 97.6 | 97.7 | 97.8 | 100.4 | 100.1 | 98.9 | 98.5 |
| 81.0 | 78.9 | 79.2 | 79.3 | 80.1 | 79.6 | 78.6 | 77.9 | 78.3 |
| 94.5 | 94.5 | 96.0 | 96.4 | 97.7 | 98.2 | 98.4 | 98.4 | 96.7 |

3—3 续表 6

（以上年同期价格为100）

| 指　标 | Item | 1 月 January | 2 月 February | 3 月 March |
|---|---|---|---|---|
| 移动电话机 | Mobile Telephone | 75.7 | 75.2 | 76.2 |
| 其他 | Others | 100.0 | 100.0 | 100.0 |
| 通信服务 | Communication Service | 102.8 | 102.8 | 103.2 |
| 移动通信费 | Mobile Communications | 100.0 | 100.0 | 100.0 |
| 市内电话费 | Telephone Charge Within a City | 100.0 | 100.0 | 100.0 |
| 长途电话费 | Long-Distance call Charge | 100.0 | 100.0 | 100.0 |
| 月租费 | Monthly Renting Fee | 100.0 | 100.0 | 100.0 |
| 上网费 | Namely | 105.4 | 105.4 | 107.7 |
| 信件邮寄 | Letter Mail | 146.2 | 146.2 | 146.2 |
| 包裹邮寄 | Parcel Mail | 114.5 | 114.5 | 114.5 |
| 其他 | Others | 99.9 | 101.7 | 100.9 |
| **娱乐教育文化用品及服务** | **Recreation,Education,Culture Articles and Services** | **93.1** | **91.7** | **91.2** |
| 文娱用耐用消费品及服务 | Durable Consumer Goods for Recreational | 89.8 | 89.9 | 89.9 |
| 电视机 | Television | 95.3 | 94.6 | 94.6 |
| 激光视盘机 | Video-disc Player | 92.4 | 93.3 | 93.0 |
| 摄像机 | Video-camera | 98.4 | 97.6 | 91.5 |
| 照相机 | Camera | 99.6 | 98.0 | 98.0 |
| 家用音响 | Stereo-set | 89.1 | 76.2 | 76.2 |
| 便携式音响 | Portable Audio | 93.3 | 93.2 | 93.0 |
| 电脑 | Computer | 99.3 | 99.3 | 99.3 |
| 修理服务 | Repair Service Fee | 100.0 | 100.0 | 100.0 |
| 其他 | Others | 102.3 | 101.9 | 101.6 |
| 教育 | Education | 98.6 | 96.6 | 95.2 |
| 教材及参考书 | Texts and Reference Book | 100.5 | 100.6 | 100.6 |
| 工具书 | Reference Book | 96.7 | 92.2 | 89.2 |
| 教材 | Text-book | 99.8 | 99.8 | 99.8 |
| 参考书 | Reference Book | 99.1 | 99.1 | 99.1 |
| 教育软件 | Educational Software | 102.8 | 102.7 | 102.6 |
| 学杂托幼费 | Tuition,Incidental Expense and Nursing Fee | 100.0 | 100.0 | 100.0 |
| 义务教育杂费 | Incidental Expense for Compulsory Education | 101.3 | 101.3 | 101.3 |
| 非义务教育学杂费 | Non-compulsory Education Fees | 110.6 | 110.6 | 108.4 |
| 技能培训学费 | Skills Training Fees | 102.1 | 101.5 | 103.3 |
| 托幼费 | Nursing Fee | 100.0 | 100.0 | 100.0 |
| 其他 | Others | 106.2 | 106.1 | 107.7 |
| 文化娱乐类 | Cultural Entertainment | 98.2 | 98.7 | 99.4 |
| 文化娱乐用品 | Cultural and Recreational Supplies | 100.0 | 100.0 | 99.8 |
| 乐器 | Musical Instrument | 98.9 | 98.9 | 98.9 |
| 音响光盘和磁带 | Stereo-CD and Tape | 84.8 | 84.0 | 86.2 |
| 照相胶卷和存储卡 | Film and Camera Memory Card | 98.7 | 98.7 | 98.7 |
| 录像磁带和视盘 | Video Tape and Video Disc | 101.4 | 101.8 | 101.1 |
| 儿童玩具 | Children's Toy | 101.0 | 102.4 | 106.3 |
| 纸张本册 | This Paper List | 102.8 | 104.8 | 104.0 |

Continued

(Preceding year=100)

| 4 月 April | 5 月 May | 6 月 June | 7 月 July | 8 月 August | 9 月 September | 10 月 October | 11 月 November | 12 月 December |
|---|---|---|---|---|---|---|---|---|
| 75.3 | 72.8 | 72.8 | 73.1 | 73.8 | 73.1 | 71.8 | 70.8 | 72.2 |
| 100.0 | 100.0 | 100.0 | 100.0 | 100.0 | 100.0 | 100.0 | 100.0 | 100.0 |
| 103.2 | 103.2 | 103.2 | 103.2 | 103.2 | 106.7 | 106.7 | 105.2 | 104.6 |
| 100.0 | 100.0 | 100.0 | 100.0 | 100.0 | 100.0 | 100.0 | 100.0 | 100.0 |
| 100.0 | 100.0 | 100.0 | 100.0 | 100.0 | 100.0 | 100.0 | 100.0 | 100.0 |
| 100.0 | 100.0 | 100.0 | 100.0 | 100.0 | 100.0 | 100.0 | 100.0 | 100.0 |
| 100.0 | 100.0 | 100.0 | 100.0 | 100.0 | 100.0 | 100.0 | 100.0 | 100.0 |
| 107.7 | 107.7 | 107.7 | 107.7 | 107.7 | 130.3 | 130.3 | 130.3 | 130.3 |
| 146.2 | 146.2 | 146.2 | 146.2 | 146.2 | 146.2 | 146.2 | 114.6 | 100.0 |
| 114.5 | 114.5 | 114.5 | 114.5 | 114.5 | 114.5 | 114.5 | 101.1 | 100.0 |
| 100.6 | 100.8 | 99.6 | 100.2 | 100.2 | 99.5 | 99.4 | 99.5 | 99.0 |
| 91.2 | 91.4 | 91.3 | 91.6 | 91.3 | 91.4 | 90.7 | 90.0 | 88.7 |
| 89.3 | 90.3 | 90.9 | 92.3 | 91.8 | 91.4 | 88.5 | 88.2 | 86.7 |
| 92.3 | 93.5 | 91.2 | 92.6 | 91.4 | 91.1 | 88.5 | 87.6 | 87.9 |
| 93.0 | 93.6 | 94.1 | 95.4 | 96.3 | 96.2 | 98.1 | 97.5 | 93.5 |
| 89.1 | 89.6 | 89.0 | 87.9 | 88.2 | 88.5 | 89.0 | 89.0 | 89.6 |
| 98.0 | 96.6 | 99.8 | 99.1 | 99.1 | 99.1 | 99.1 | 99.1 | 96.9 |
| 78.6 | 77.9 | 77.3 | 78.0 | 76.6 | 76.8 | 77.5 | 75.9 | 75.0 |
| 93.9 | 93.5 | 93.0 | 91.8 | 92.0 | 92.8 | 93.7 | 91.9 | 90.2 |
| 99.3 | 99.3 | 99.3 | 100.0 | 100.0 | 100.0 | 100.0 | 102.0 | 102.0 |
| 100.0 | 100.0 | 100.0 | 100.0 | 100.0 | 100.0 | 100.0 | 100.0 | 100.0 |
| 101.0 | 101.5 | 101.5 | 101.5 | 101.5 | 100.5 | 100.5 | 100.3 | 100.3 |
| 95.1 | 95.3 | 95.1 | 95.2 | 95.4 | 93.3 | 92.8 | 92.8 | 92.8 |
| 100.6 | 100.6 | 99.8 | 99.3 | 99.3 | 99.3 | 99.3 | 99.3 | 99.3 |
| 89.2 | 89.2 | 89.2 | 89.2 | 89.2 | 84.6 | 84.6 | 84.6 | 84.6 |
| 99.5 | 100.3 | 100.3 | 100.8 | 101.9 | 101.2 | 99.0 | 99.0 | 99.0 |
| 99.1 | 99.1 | 99.1 | 99.1 | 97.8 | 97.8 | 98.7 | 98.7 | 98.7 |
| 101.8 | 102.4 | 102.4 | 102.4 | 102.4 | 101.6 | 101.6 | 101.4 | 101.4 |
| 100.0 | 100.0 | 100.0 | 100.0 | 100.0 | 100.0 | 100.0 | 100.0 | 100.0 |
| 101.3 | 101.3 | 101.3 | 101.3 | 101.3 | 100.0 | 100.0 | 100.0 | 100.0 |
| 104.1 | 103.2 | 103.2 | 103.2 | 103.2 | 98.8 | 98.8 | 97.9 | 97.9 |
| 103.3 | 108.6 | 108.8 | 108.8 | 108.8 | 114.0 | 114.0 | 114.0 | 114.0 |
| 100.0 | 100.0 | 100.0 | 100.0 | 100.0 | 96.6 | 93.3 | 93.3 | 93.3 |
| 108.2 | 108.4 | 102.3 | 102.6 | 102.7 | 102.2 | 102.5 | 102.8 | 102.8 |
| 98.8 | 98.9 | 99.6 | 100.3 | 100.5 | 100.5 | 100.7 | 100.8 | 100.1 |
| 99.1 | 99.0 | 98.9 | 100.0 | 100.2 | 100.2 | 100.3 | 100.0 | 100.1 |
| 98.7 | 100.0 | 100.0 | 100.0 | 100.0 | 100.0 | 100.0 | 100.0 | 100.0 |
| 85.6 | 85.7 | 87.2 | 88.6 | 93.7 | 92.1 | 92.2 | 93.2 | 92.2 |
| 98.7 | 98.9 | 98.9 | 98.9 | 98.9 | 98.9 | 98.9 | 98.9 | 99.5 |
| 100.1 | 100.0 | 100.1 | 100.8 | 100.6 | 100.6 | 100.3 | 100.3 | 100.3 |
| 107.3 | 107.0 | 107.0 | 107.8 | 107.5 | 110.8 | 111.3 | 111.6 | 109.3 |
| 101.6 | 101.6 | 102.0 | 102.8 | 99.9 | 98.0 | 98.0 | 98.0 | 98.1 |

3—3 续表 7

（以上年同期价格为100）

| 指　　标 | Item | 1 月 January | 2 月 February | 3 月 March |
|---|---|---|---|---|
| 体育用品 | Athletic Articles | 97.0 | 97.6 | 98.3 |
| 其他 | Others | 100.0 | 100.0 | 100.0 |
| 书报杂志 | Newspapers and Magazines | 100.5 | 100.5 | 100.8 |
| 书籍 | Books | 100.0 | 100.0 | 100.0 |
| 报纸 | Newspaper | 101.7 | 101.7 | 101.7 |
| 杂志 | Magazine | 100.0 | 100.0 | 101.2 |
| 文娱费 | Recreation | 118.0 | 117.1 | 120.8 |
| 电影票 | Video-movie Ticket | 95.6 | 99.0 | 99.3 |
| 景点门票 | Attractions Tickets | 110.1 | 104.1 | 119.4 |
| 有线电视 | Cabled TV | 144.6 | 144.6 | 144.6 |
| 健身活动 | Healthy Activities | 103.6 | 103.6 | 103.6 |
| 其他 | Others | 100.0 | 100.0 | 100.0 |
| 旅游 | Tourism | 92.4 | 111.0 | 104.5 |
| 旅行社收费 | Travel Agency Charges | 89.0 | 116.8 | 109.0 |
| 宾馆住宿 | Hotel Accommodation | 100.7 | 104.8 | 100.3 |
| 其他住宿 | Other Accommodations | 92.2 | 97.4 | 92.1 |
| **居住** | **Residence** | **100.8** | **102.5** | **104.0** |
| 建房及装修材料 | Building and Decorating Material | 101.7 | 103.7 | 104.9 |
| 木材 | Timber | 98.3 | 103.1 | 106.0 |
| 木地板 | Wood Floor | 104.1 | 103.4 | 103.8 |
| 砖 | Brick | 108.5 | 108.1 | 107.7 |
| 水泥 | Cement | 90.7 | 96.1 | 99.6 |
| 涂料 | Paint | 101.0 | 101.0 | 98.5 |
| 胶合板 | Plywood | 107.6 | 108.4 | 110.1 |
| 玻璃 | Glass | 112.5 | 113.9 | 113.8 |
| 粘胶 | Glue | 97.4 | 97.8 | 99.5 |
| 油漆 | Varnish | 104.6 | 104.6 | 107.2 |
| 其他 | Others | 100.0 | 100.0 | 100.0 |
| 租房 | Tenancy | 106.8 | 115.4 | 115.5 |
| 公房房租 | Public Housing rent | 107.7 | 107.7 | 107.7 |
| 私房房租 | Talk Accommodation | 106.5 | 106.5 | 106.8 |
| 其他费用 | Other Rents | 103.9 | 155.9 | 155.9 |
| 自有住房 | Self-owned House | 104.6 | 104.6 | 106.9 |
| 房屋贷款利率 | Housing Loan Rate | 110.0 | 110.0 | 115.1 |
| 物业管理费用 | Property Management Fees | 100.0 | 100.0 | 100.0 |
| 维护修理费用 | Maintenance Expenses | 100.0 | 100.0 | 100.0 |
| 其他 | Others | 97.9 | 97.5 | 99.5 |
| 水、电、燃料 | Water,Electricity and Fuels | 103.2 | 104.9 | 104.9 |
| 水 | Water | 101.1 | 101.1 | 101.1 |
| 电 | Electricity | 92.9 | 90.9 | 94.6 |
| 液化石油气 | Liquefied Petroleum Gas | 100.6 | 98.7 | 99.4 |
| 管道燃气 | Piped Gas | 98.7 | 102.3 | 102.3 |

Continued

(Preceding year=100)

| 4 月 April | 5 月 May | 6 月 June | 7 月 July | 8 月 August | 9 月 September | 10 月 October | 11 月 November | 12 月 December |
|---|---|---|---|---|---|---|---|---|
| 97.4 | 97.6 | 100.7 | 101.1 | 101.2 | 101.2 | 102.4 | 102.4 | 99.8 |
| 100.0 | 100.0 | 100.0 | 100.0 | 100.0 | 100.0 | 100.0 | 100.0 | 100.0 |
| 100.8 | 100.8 | 100.8 | 100.8 | 100.8 | 100.8 | 100.8 | 100.8 | 100.8 |
| 100.0 | 100.0 | 100.0 | 100.0 | 100.0 | 100.0 | 100.0 | 100.0 | 100.0 |
| 101.7 | 101.7 | 101.7 | 101.7 | 101.7 | 101.7 | 101.7 | 101.7 | 101.7 |
| 101.2 | 101.0 | 101.0 | 101.0 | 101.0 | 101.0 | 101.0 | 101.0 | 101.0 |
| 122.9 | 123.4 | 105.7 | 106.0 | 106.1 | 104.9 | 105.4 | 106.1 | 106.7 |
| 105.0 | 104.1 | 107.1 | 109.0 | 109.3 | 106.4 | 109.8 | 109.9 | 107.0 |
| 121.3 | 123.2 | 112.3 | 112.3 | 112.3 | 108.5 | 108.5 | 112.3 | 112.3 |
| 144.6 | 144.6 | 103.4 | 103.4 | 103.4 | 103.4 | 103.4 | 103.4 | 102.2 |
| 106.0 | 106.8 | 103.1 | 103.1 | 103.1 | 103.1 | 103.1 | 103.1 | 108.9 |
| 100.0 | 100.0 | 100.0 | 100.0 | 100.0 | 100.0 | 100.0 | 100.0 | 100.0 |
| 103.3 | 101.8 | 101.1 | 104.0 | 104.3 | 102.6 | 103.0 | 106.3 | 104.9 |
| 106.4 | 101.5 | 101.8 | 106.1 | 107.0 | 104.5 | 105.8 | 109.5 | 107.3 |
| 100.7 | 106.3 | 102.6 | 103.0 | 102.2 | 101.9 | 101.0 | 100.4 | 101.2 |
| 92.2 | 93.4 | 93.7 | 93.9 | 92.8 | 92.9 | 91.2 | 101.7 | 100.4 |
| 104.0 | 103.7 | 105.0 | 106.0 | 105.5 | 105.8 | 107.9 | 111.5 | 110.3 |
| 105.3 | 105.5 | 105.5 | 107.1 | 107.6 | 109.8 | 111.1 | 111.4 | 112.0 |
| 109.4 | 108.7 | 104.0 | 106.9 | 108.7 | 112.0 | 113.3 | 117.8 | 119.9 |
| 103.9 | 107.6 | 107.7 | 104.6 | 106.0 | 110.1 | 105.1 | 104.0 | 104.0 |
| 106.1 | 105.8 | 108.5 | 115.4 | 112.0 | 113.7 | 113.7 | 109.6 | 108.7 |
| 102.1 | 102.2 | 103.9 | 102.9 | 104.8 | 110.8 | 119.3 | 118.8 | 122.6 |
| 98.8 | 97.4 | 97.8 | 98.5 | 98.3 | 98.2 | 98.3 | 98.9 | 99.6 |
| 111.2 | 113.9 | 116.4 | 115.3 | 114.8 | 115.3 | 119.3 | 122.1 | 122.2 |
| 109.2 | 105.5 | 104.9 | 109.5 | 113.4 | 114.5 | 113.6 | 113.8 | 109.8 |
| 99.5 | 99.5 | 99.1 | 101.2 | 103.0 | 103.0 | 103.9 | 103.5 | 104.6 |
| 103.9 | 105.7 | 105.6 | 105.3 | 104.3 | 105.0 | 105.1 | 105.6 | 105.1 |
| 100.0 | 100.0 | 100.0 | 100.0 | 100.0 | 100.0 | 100.0 | 100.0 | 100.0 |
| 110.2 | 110.2 | 109.6 | 109.6 | 110.2 | 110.2 | 109.9 | 109.7 | 109.7 |
| 100.0 | 100.0 | 100.0 | 100.0 | 100.0 | 100.0 | 100.0 | 100.0 | 100.0 |
| 102.9 | 102.9 | 101.9 | 101.9 | 103.0 | 103.0 | 102.5 | 102.0 | 102.0 |
| 155.9 | 155.9 | 155.9 | 155.9 | 155.9 | 155.9 | 155.9 | 155.9 | 155.9 |
| 106.9 | 105.0 | 105.1 | 106.6 | 106.7 | 108.6 | 108.6 | 108.6 | 108.7 |
| 115.1 | 109.9 | 110.0 | 113.3 | 113.0 | 117.0 | 117.0 | 117.0 | 117.2 |
| 100.0 | 100.0 | 100.0 | 100.0 | 100.0 | 100.0 | 100.0 | 100.0 | 100.0 |
| 100.0 | 101.3 | 101.3 | 101.3 | 101.8 | 101.8 | 101.8 | 101.8 | 101.8 |
| 100.5 | 101.2 | 104.5 | 105.2 | 103.6 | 102.5 | 106.8 | 113.3 | 110.4 |
| 104.9 | 104.3 | 111.0 | 111.0 | 111.0 | 111.0 | 111.0 | 111.0 | 110.7 |
| 101.1 | 102.2 | 102.2 | 100.0 | 100.0 | 100.0 | 100.0 | 100.0 | 100.0 |
| 97.3 | 100.8 | 106.6 | 110.7 | 107.2 | 104.5 | 115.1 | 133.4 | 124.6 |
| 99.4 | 99.4 | 101.7 | 102.5 | 101.7 | 101.4 | 101.4 | 102.7 | 103.5 |
| 102.8 | 102.9 | 103.8 | 103.3 | 98.5 | 98.8 | 104.6 | 106.1 | 109.1 |

# 3—4 居民消费价格分类指数

## Consumer Price Indices by Category

（以上年同期价格为100） (Preceding year=100)

| 指　　标 | Item | 2003 | 2004 | 2005 | 2006 |
|---|---|---|---|---|---|
| **居民消费价格总指数** | **Consumer Price Index** | **101.1** | **104.4** | **102.4** | **101.3** |
| **非食品价格指数** | **Non-food Price Index** | **100.1** | **100.4** | **102.3** | **101.0** |
| **服务项目价格指数** | **Items of Service Price Index** | **103.4** | **101.4** | **108.0** | **104.6** |
| **扣除鲜菜鲜果总指数** | **The Total Index of Fresh Vegetable and Fresh Fruit Deducted** | **100.7** | **104.5** | **102.3** | **100.8** |
| **消费品价格指数** | **Consumption Price Index** | **100.4** | **105.2** | **100.9** | **100.4** |
| **食品** | **Food** | **102.9** | **112.2** | **102.7** | **101.9** |
| 粮食 | Grain | 106.8 | 125.5 | 101.6 | 101.0 |
| 淀粉及薯类 | Starches and Tubers | 98.0 | 113.7 | 103.3 | 113.1 |
| 干豆类及豆制品 | Bean and Its Products | 105.5 | 126.9 | 104.7 | 100.6 |
| 油脂 | Oil or Fat | 113.1 | 125.2 | 92.2 | 101.1 |
| 肉禽及其制品 | Meal,Poultry and Their Products | 101.9 | 118.5 | 103.1 | 95.8 |
| 食用畜肉及副产品 | Edible Domestic Animal's Meat and By-products | 103.5 | 122.5 | 100.5 | 96.4 |
| 禽 | Poultry | 99.0 | 112.7 | 104.6 | 92.4 |
| 加工肉禽 | Poultry Meat Processed Products | 100.7 | 113.8 | 107.3 | 99.8 |
| 蛋 | Eggs | 99.2 | 120.1 | 103.7 | 98.7 |
| 水产品 | Aquatic Products | 97.9 | 112.3 | 108.0 | 101.4 |
| 鱼 | Fish | 99.2 | 112.6 | 106.6 | 98.3 |
| 其他水产品 | Other Aquatic Products | 94.5 | 111.0 | 112.9 | 108.4 |
| 菜 | Vegetables | 109.4 | 102.1 | 106.3 | 107.2 |
| 调味品 | Flavoring | 100.9 | 100.6 | 101.4 | 104.6 |
| 糖 | Sweet | 97.9 | 102.4 | 105.1 | 115.8 |
| 茶及饮料 | Tea and Beverages | 97.8 | 98.5 | 101.6 | 101.0 |
| 茶叶 | Tea | 101.3 | 97.0 | 101.4 | 101.1 |
| 饮料 | Beverages | 95.7 | 99.5 | 101.7 | 101.0 |
| 干鲜瓜果 | Dried and Fresh Melons and Fruits | 105.1 | 102.9 | 100.5 | 119.9 |
| 糕点饼干面包 | Cake,Cookie,Bread | 99.8 | 104.5 | 102.6 | 104.0 |
| 液体乳及乳制品 | Milk and Its Products | 95.0 | 102.2 | 104.1 | 102.4 |
| 在外用膳食品 | Picnic Food | 99.5 | 103.5 | 101.5 | 101.7 |
| 其他食品及食品加工服务 | Other Food and Food Processing | 100.0 | 101.4 | 101.7 | 102.3 |
| **烟酒及用品** | **Tobacco,Liquor and Articles** | **100.0** | **100.2** | **99.9** | **98.8** |
| 烟草 | Tobacco | 98.5 | 99.4 | 100.1 | 98.4 |
| 酒 | Liquor | 102.3 | 100.6 | 99.7 | 98.7 |
| 吸烟、饮酒用品 | Smoking and Drinking Products | 99.6 | 102.3 | 99.9 | 101.3 |
| **衣着** | **Clothing** | **98.5** | **98.0** | **97.1** | **97.6** |
| 服装 | Garments | 96.3 | 96.4 | 96.6 | 96.3 |
| 男式服装 | Men's Wear | 95.3 | 93.4 | 93.0 | 98.4 |
| 女式服装 | Women's Wear | 96.1 | 96.6 | 98.4 | 95.6 |
| 儿童服装 | Children's Clothing | 98.9 | 99.8 | 98.5 | 93.6 |
| 衣着材料 | Clothing Material | 98.0 | 99.2 | 100.9 | 97.7 |
| 鞋袜帽 | Footwear,Socks and Hats | 104.0 | 100.6 | 97.1 | 100.8 |
| 鞋 | Shoes | 104.1 | 100.9 | 96.4 | 100.0 |
| 袜子 | Socks and Stockings | 102.3 | 98.9 | 99.4 | 105.1 |
| 帽子 | Hats | 107.8 | 95.8 | 100.0 | 102.4 |
| 衣着加工服务 | Clothing Processing | 99.4 | 106.0 | 104.2 | 106.7 |

3—4 续表 Continued

（以上年同期价格为100）

| 指　标 | Item | 2003 | 2004 | 2005 | 2006 |
|---|---|---|---|---|---|
| **家庭设备用品及维修服务** | **Household Facilities and Articles** | **97.4** | **99.6** | **99.9** | **100.9** |
| 耐用消费品 | Durable Consumer Goods | 94.6 | 97.9 | 99.8 | 99.9 |
| 家具 | Furniture | 97.7 | 98.2 | 100.0 | 100.7 |
| 家庭设备 | Household Facilities | 92.2 | 97.5 | 99.6 | 99.4 |
| 室内装饰品 | Interior Decorations | 97.2 | 101.8 | 94.8 | 96.4 |
| 床上用品 | Bed Articles | 100.1 | 100.8 | 98.5 | 98.9 |
| 家庭日用杂品 | Daily-Use Household Articles | 97.7 | 100.4 | 99.4 | 102.9 |
| 家庭服务及加工维修服务 | Household Service and maintenance | 106.2 | 102.4 | 107.1 | 104.7 |
| **医疗保健和个人用品** | **Medic-care and Personal Articles** | **102.8** | **101.1** | **100.2** | **105.6** |
| 医疗保健 | Medic-care and health | 103.9 | 101.9 | 99.4 | 107.0 |
| 医疗器具及用品 | Medical Appliances and Articles | 102.0 | 106.8 | 95.8 | 101.0 |
| 中药材及中成药 | Traditional Chines Herbs and Patent Drugs | 106.6 | 98.6 | 92.1 | 102.6 |
| 西药 | Western Medicine | 97.1 | 98.4 | 97.6 | 98.5 |
| 保健器具及用品 | Healthy Appliances and Articles | 98.0 | 99.6 | 98.2 | 99.1 |
| 医疗保健服务 | Medical Care and Health Service | 114.2 | 110.5 | 108.3 | 127.3 |
| 个人用品及服务 | Personal Articles and Services | 100.8 | 99.7 | 101.4 | 102.8 |
| 化妆美容用品 | Making-up Articles | 102.0 | 100.0 | 98.9 | 100.9 |
| 卫生用品 | Health Supplies | 96.6 | 95.8 | 101.2 | 100.2 |
| 个人饰品 | Personal ornaments | 101.8 | 103.6 | 101.2 | 106.9 |
| 个人服务 | Personal Service | 103.6 | 99.5 | 102.5 | 103.9 |
| **交通和通讯** | **Transportation and Communication** | **96.4** | **97.7** | **101.1** | **99.1** |
| 交通 | Transportation | 97.9 | 98.2 | 103.2 | 102.6 |
| 交通工具 | Transportation Means | 92.7 | 94.3 | 97.7 | 92.9 |
| 车用燃料及零配件 | Fuels and Accessory for vehicles | 105.3 | 105.6 | 109.5 | 111.1 |
| 车辆使用及维修 | Vehicle Use and Maintenance | 98.5 | 100.1 | 103.7 | 106.3 |
| 市区公共交通 | City-bus Fares | 100.1 | 100.0 | 113.2 | 105.4 |
| 城市间交通 | Inter-city Bus Fares | 100.6 | 98.7 | 104.6 | 104.9 |
| 通信 | Telecommunication | 94.4 | 96.5 | 96.6 | 95.3 |
| 通信工具 | Communication Tool | 81.6 | 87.3 | 85.4 | 79.9 |
| 通信服务 | Communication Service | 97.7 | 99.0 | 100.0 | 100.3 |
| **娱乐教育文化用品及服务** | **Recreation,Education,Culture Articles and Services** | **100.6** | **98.6** | **106.6** | **99.1** |
| 文娱用耐用消费品及服务 | Durable Consumer Goods for Receational Use | 87.8 | 88.9 | 92.5 | 92.0 |
| 教育 | Education | 104.8 | 101.2 | 111.5 | 101.8 |
| 教材及参考书 | Text Book and Reference Book | 95.2 | 101.2 | 100.0 | 97.8 |
| 学杂托幼费 | School Incidental Fees and Nursing Fees | 105.5 | 101.2 | 112.3 | 102.4 |
| 文化娱乐用品 | Cultural and Recreational Articles | 100.9 | 102.7 | 101.8 | 103.6 |
| 文化娱乐 | Cultural and Recreational Goods | 99.0 | 99.8 | 100.1 | 95.4 |
| 书报杂志 | Newspapers and Magazines | 103.6 | 102.1 | 100.9 | 100.1 |
| 文娱费 | Recreation Expense | 100.7 | 107.9 | 105.2 | 114.5 |
| 旅游及外出 | Tourism | 98.1 | 89.7 | 93.1 | 94.5 |
| **居住** | **Residence** | **102.3** | **105.2** | **104.0** | **104.4** |
| 建房及装修材料 | Building and Decoration Materials | 99.9 | 106.3 | 102.9 | 100.9 |
| 租房 | Tenancy | 108.7 | 108.1 | 98.8 | 105.9 |
| 自有住房 | Housing | 99.4 | 100.1 | 103.3 | 104.5 |
| 水、电、燃料 | Water,Electricity and Fuels | 105.0 | 105.0 | 106.8 | 106.6 |

# 3—5 主要城市居民消费价格总指数（1984—2007年）

## Major Urban Consumer Price Index（1984—2007）

（以上年同期价格为100）　　　　(Preceding year=100)

| 年份 Year | 南宁市 Nanning | 柳州市 Liuzhou | 桂林市 Guilin | 梧州市 Wuzhou | 北海市 Beihai | 贵港市 Guigang | 贺州市 Hezhou | 百色市 Baise |
|---|---|---|---|---|---|---|---|---|
| 1984 | 104.4 | 104.1 | 104.0 | 105.3 | 105.5 | 104.4 | 104.6 | 104.6 |
| 1985 | 118.3 | 115.7 | 114.4 | 117.4 | 116.5 | 114.4 | 115.1 | 117.9 |
| 1986 | 105.2 | 105.3 | 105.6 | 105.1 | 105.1 | 104.4 | 105.8 | 110.4 |
| 1987 | 111.1 | 109.1 | 113.2 | 112.7 | 112.1 | 107.7 | 114.8 | 109.1 |
| 1988 | 121.6 | 127.8 | 124.5 | 123.4 | 128.4 | 123.9 | 123.3 | 120.5 |
| 1989 | 119.4 | 119.1 | 119.8 | 116.2 | 120.8 | 125.0 | 121.3 | 123.7 |
| 1990 | 98.0 | 99.7 | 99.0 | 98.7 | 96.9 | 95.8 | 96.7 | 95.4 |
| 1991 | 104.1 | 102.3 | 101.6 | 104.8 | 104.5 | 103.2 | 101.6 | 102.5 |
| 1992 | 106.7 | 106.1 | 109.5 | 110.2 | 107.2 | 104.6 | 108.5 | 109.5 |
| 1993 | 125.1 | 124.6 | 120.3 | 122.2 | 134.8 | 123.1 | 120.2 | 119.9 |
| 1994 | 124.8 | 126.0 | 128.9 | 125.8 | 123.1 | 127.5 | 125.1 | 128.0 |
| 1995 | 118.6 | 120.0 | 119.3 | 116.1 | 114.8 | 119.9 | 119.5 | 121.4 |
| 1996 | 103.3 | 106.1 | 108.2 | 106.8 | 105.4 | 107.6 | 107.7 | 106.8 |
| 1997 | 100.2 | 100.3 | 101.5 | 102.1 | 100.7 | 100.2 | 102.5 | 103.0 |
| 1998 | 96.7 | 98.2 | 95.3 | 99.9 | 99.1 | 93.8 | 97.3 | 99.3 |
| 1999 | 95.9 | 96.8 | 98.6 | 100.1 | 97.0 | 98.1 | 97.4 | 99.1 |
| 2000 | 100.0 | 99.8 | 99.5 | 100.5 | 100.4 | 98.9 | 99.2 | 100.0 |
| 2001 | 102.8 | 99.7 | 102.2 | 100.3 | 100.5 | 98.1 | 100.3 | 102.2 |
| 2002 | 99.4 | 100.6 | 100.0 | 97.8 | 99.9 | 100.7 | 98.2 | 97.6 |
| 2003 | 100.8 | 100.6 | 100.6 | 101.3 | 99.9 | 102.5 | 101.2 | 101.4 |
| 2004 | 104.2 | 105.4 | 104.0 | 104.3 | 104.7 | 104.6 | 104.6 | 104.2 |
| 2005 | 101.1 | 103.3 | 104.0 | 102.8 | 101.6 | 102.0 | 101.8 | 103.4 |
| 2006 | 102.5 | 101.0 | 100.7 | 101.4 | 101.6 | 100.8 | 102.6 | 102.9 |
| 2007 | 104.5 | 106.1 | 106.8 | 105.8 | 105.1 | 106.5 | 106.9 | 105.7 |

# 3—6 主要城市居民消费价格分类指数（2007年）

## Major Urban Consumer Price Index（2007）

（以上年同期价格为100）　　　　(Preceding year=100)

| 指　标 | Item | 南宁市 Nanning | 柳州市 Liuzhou | 桂林市 Guilin | 梧州市 Wuzhou |
|---|---|---|---|---|---|
| **居民消费价格总指数** | **Consumer Price Index** | **104.4** | **106.1** | **106.6** | **105.8** |
| **非食品价格指数** | **Non-food Price Index** | **100.9** | **101.1** | **102.8** | **102.5** |
| **服务项目价格指数** | **Items of Service Price Index** | **102.2** | **102.9** | **106.5** | **105.4** |
| **扣除鲜菜鲜果总指数** | **The Total Index of Fresh Vegetable and Fresh Fruit Deducted** | **104.7** | **106.3** | **106.6** | **106.3** |
| **消费品价格指数** | **Consumption Price Index** | **105.1** | **107.1** | **106.7** | **105.9** |
| **食品** | **Food** | **111.1** | **115.4** | **114.3** | **112.5** |
| 粮食 | Grain | 106.8 | 110.5 | 107.5 | 105.4 |
| 淀粉 | Starches | 100.5 | 106.1 | 104.7 | 105.9 |
| 干豆类及豆制品 | Bean and Its Products | 110.1 | 101.6 | 108.5 | 105.3 |
| 油脂 | Oil or Fat | 121.9 | 128.8 | 109.4 | 125.3 |
| 肉禽及其制品 | Meal,Poultry and Their Products | 129.3 | 132.7 | 135.7 | 126.4 |
| 食用畜肉及副产品 | Edible Domestic Animal's Meat and By-products | 132.1 | 146.1 | 138.7 | 132.6 |
| 禽 | Poultry | 128.8 | 118.3 | 136.4 | 119.0 |
| 加工肉禽 | Poultry Meat Processed Products | 118.2 | 117.2 | 118.3 | 121.1 |
| 蛋 | Eggs | 125.6 | 125.7 | 113.8 | 125.5 |
| 水产品 | Aquatic Products | 104.2 | 106.0 | 109.9 | 105.4 |
| 鱼 | Fish | 106.8 | 106.5 | 112.8 | 105.6 |
| 其他水产品 | Other Aquatic Products | 98.2 | 104.4 | 104.6 | 105.7 |
| 菜 | Vegetables | 103.5 | 108.0 | 111.0 | 105.2 |
| 调味品 | Flavoring | 105.0 | 111.6 | 103.8 | 108.2 |
| 糖 | Sweet | 103.0 | 99.1 | 98.5 | 106.9 |
| 茶及饮料 | Tea and Beverages | 108.4 | 104.9 | 100.7 | 105.7 |
| 茶叶 | Tea | 101.9 | 108.9 | 100.9 | 116.5 |
| 饮料 | Beverages | 110.1 | 103.4 | 100.6 | 100.9 |
| 干鲜瓜果 | Dried and Fresh Melons and Fruits | 98.6 | 98.6 | 105.4 | 94.4 |
| 糕点饼干面包 | Cake,Cookie,Bread | 103.8 | 100.3 | 103.0 | 101.3 |
| 液体乳及乳制品 | Milk and Its Products | 104.2 | 101.9 | 97.1 | 103.9 |
| 在外用膳食品 | Picnic Food | 101.4 | 107.0 | 103.3 | 108.5 |
| 其他食品 | Other Food | 99.8 | 102.4 | 106.8 | 101.1 |
| **烟酒及用品** | **Tobacco,Liquor and Articles** | **100.5** | **100.4** | **103.3** | **106.0** |
| 烟草 | Tobacco | 98.0 | 99.9 | 103.4 | 100.0 |
| 酒 | Liquor | 103.8 | 100.8 | 103.8 | 111.4 |
| 吸烟、饮酒用品 | Smoking and Drinking Products | 100.0 | 100.5 | 100.0 | 111.9 |
| **衣着** | **Clothing** | **100.5** | **102.7** | **98.4** | **103.4** |
| 服装 | Garments | 99.6 | 98.6 | 100.0 | 102.0 |
| 男式服装 | Men's Wear | 98.5 | 95.7 | 100.0 | 102.2 |
| 女式服装 | Women's Wear | 99.0 | 100.6 | 99.9 | 102.4 |
| 儿童服装 | Children's Clothing | 107.3 | 98.5 | 100.0 | 101.4 |
| 衣着材料 | Clothing Material | 100.0 | 110.1 | 100.0 | 100.0 |
| 鞋袜帽 | Footwear,Socks and Hats | 102.1 | 113.1 | 93.7 | 107.6 |
| 鞋 | Shoes | 102.2 | 112.4 | 92.4 | 108.9 |
| 袜子 | Socks and Stockings | 100.0 | 117.1 | 100.0 | 102.5 |
| 帽子 | Hats | 96.4 | 118.0 | 100.0 | 101.0 |
| 衣着加工服务费 | Clothing Processing | 100.6 | 101.5 | 101.8 | 86.2 |

Continued

（以上年同期价格为100） （Preceding year=100）

| 指　标 | Item | 北海市 Beihai | 贵港市 Guigang | 贺州市 Hezhou | 百色市 Baise |
|---|---|---|---|---|---|
| **居民消费价格总指数** | **Consumer Price Index** | **105.0** | **106.5** | **106.9** | **105.7** |
| **非食品价格指数** | **Non-food Price Index** | **101.5** | **102.3** | **102.8** | **100.8** |
| **服务项目价格指数** | **Items of Service Price Index** | **103.1** | **102.0** | **107.2** | **105.7** |
| **扣除鲜菜鲜果总指数** | **The Total Index of Fresh Vegetable and Fresh Fruit Deducted** | **105.1** | **106.7** | **107.3** | **105.9** |
| **消费品价格指数** | **Consumption Price Index** | **105.6** | **107.8** | **106.8** | **105.7** |
| **食品** | **Food** | **111.6** | **115.1** | **115.4** | **115.2** |
| 粮食 | Grain | 107.6 | 102.2 | 106.3 | 108.2 |
| 淀粉 | Starches | 115.7 | 103.9 | 106.8 | 110.2 |
| 干豆类及豆制品 | Bean and Its Products | 108.8 | 110.5 | 120.0 | 110.4 |
| 油脂 | Oil or Fat | 121.2 | 123.1 | 117.2 | 126.6 |
| 肉禽及其制品 | Meal,Poultry and Their Products | 127.1 | 135.9 | 135.9 | 129.7 |
| 食用畜肉及副产品 | Edible Domestic Animal’s Meat and By-products | 132.1 | 136.3 | 144.7 | 136.9 |
| 禽 | Poultry | 120.1 | 140.3 | 117.1 | 120.5 |
| 加工肉禽 | Poultry Meat Processed Products | 122.1 | 127.5 | 119.7 | 116.4 |
| 蛋 | Eggs | 121.9 | 126.8 | 120.0 | 125.9 |
| 水产品 | Aquatic Products | 103.2 | 104.0 | 110.7 | 104.2 |
| 鱼 | Fish | 101.3 | 103.6 | 113.0 | 106.4 |
| 其他水产品 | Other Aquatic Products | 107.2 | 104.9 | 104.8 | 97.1 |
| 菜 | Vegetables | 105.4 | 104.1 | 105.2 | 106.8 |
| 调味品 | Flavoring | 101.6 | 109.4 | 106.8 | 106.4 |
| 糖 | Sweet | 92.9 | 101.7 | 93.9 | 94.9 |
| 茶及饮料 | Tea and Beverages | 102.7 | 102.1 | 102.4 | 104.0 |
| 茶叶 | Tea | 104.4 | 101.2 | 104.3 | 102.6 |
| 饮料 | Beverages | 101.5 | 102.4 | 101.7 | 104.5 |
| 干鲜瓜果 | Dried and Fresh Melons and Fruits | 107.0 | 98.5 | 95.4 | 99.0 |
| 糕点饼干面包 | Cake,Cookie,Bread | 106.5 | 107.4 | 101.1 | 104.3 |
| 液体乳及乳制品 | Milk and Its Products | 104.0 | 102.5 | 102.3 | 103.0 |
| 在外用膳食品 | Picnic Food | 108.4 | 104.9 | 106.7 | 110.7 |
| 其他食品 | Other Food | 99.9 | 108.4 | 101.7 | 102.4 |
| **烟酒及用品** | **Tobacco,Liquor and Articles** | **100.5** | **100.1** | **99.6** | **100.8** |
| 烟草 | Tobacco | 97.8 | 98.1 | 98.2 | 100.0 |
| 酒 | Liquor | 103.3 | 101.9 | 101.0 | 102.1 |
| 吸烟、饮酒用品 | Smoking and Drinking Products | 102.6 | 101.5 | 100.0 | 99.8 |
| **衣着** | **Clothing** | **100.2** | **107.6** | **99.4** | **100.7** |
| 服装 | Garments | 99.6 | 106.7 | 99.5 | 100.1 |
| 男式服装 | Men’s Wear | 101.5 | 101.3 | 101.6 | 97.0 |
| 女式服装 | Women’s Wear | 97.7 | 113.1 | 97.0 | 102.8 |
| 儿童服装 | Children’s Clothing | 100.2 | 100.1 | 101.3 | 100.0 |
| 衣着材料 | Clothing Material | 100.0 | 96.0 | 104.9 | 97.6 |
| 鞋袜帽 | Footwear,Socks and Hats | 101.6 | 111.7 | 98.2 | 103.2 |
| 鞋 | Shoes | 101.8 | 113.2 | 98.0 | 103.8 |
| 袜子 | Socks and Stockings | 100.0 | 108.6 | 100.0 | 98.5 |
| 帽子 | Hats | 109.4 | 93.6 | 100.0 | 98.1 |
| 衣着加工服务费 | Clothing Processing | 100.0 | 106.8 | 100.0 | 97.3 |

3—6 续表

（以上年同期价格为100） (Preceding year=100)

| 指　标 | Item | 南宁市 Nanning | 柳州市 Liuzhou | 桂林市 Guilin | 梧州市 Wuzhou |
|---|---|---|---|---|---|
| **家庭设备用品及维修服务** | **Household Facilities and Articles** | **102.3** | **101.2** | **101.1** | **102.0** |
| 耐用消费品 | Durable Consumer Goods | 104.1 | 99.5 | 101.5 | 101.0 |
| 家具 | Furniture | 101.3 | 95.8 | 101.0 | 100.5 |
| 家庭设备 | Household Facilities | 105.8 | 101.4 | 101.9 | 101.3 |
| 室内装饰品 | Interior Decorations | 100.0 | 96.7 | 100.0 | 88.2 |
| 床上用品 | Bed Articles | 101.1 | 93.4 | 98.9 | 103.2 |
| 家庭日用杂品 | Daily-Use Household Articles | 100.1 | 107.9 | 100.6 | 101.2 |
| 家庭服务及加工维修服务 | Household Service and maintenance | 100.1 | 105.2 | 101.8 | 117.7 |
| **医疗保健和个人用品** | **Medic-care and Personal Articles** | **99.8** | **102.6** | **101.8** | **103.6** |
| 医疗保健 | Medic-care and health | 99.0 | 101.5 | 102.0 | 104.2 |
| 医疗器具及用品 | Medical Appliances and Articles | 98.8 | 101.0 | 107.4 | 93.7 |
| 中药材及中成药 | Traditional Chines Herbs and Patent Drugs | 100.6 | 117.7 | 106.3 | 118.1 |
| 西药 | Western Medicine | 96.6 | 94.7 | 99.1 | 97.7 |
| 保健器具及用品 | Healthy Appliances and Articles | 98.3 | 96.1 | 98.7 | 103.8 |
| 医疗保健服务 | Medical Care and Health Service | 100.0 | 100.0 | 100.0 | 100.0 |
| 个人用品及服务 | Personal Articles and Services | 101.8 | 104.5 | 101.3 | 102.1 |
| 化妆美容用品 | Making-up Articles | 100.5 | 106.7 | 94.7 | 98.5 |
| 卫生用品 | Health Supplies | 102.6 | 98.8 | 96.2 | 99.0 |
| 个人饰品 | Personal ornaments | 103.4 | 108.8 | 105.7 | 107.1 |
| 个人服务 | Personal Service | 100.8 | 112.0 | 117.6 | 110.4 |
| **交通和通讯** | **Transportation and Communication** | **98.7** | **100.8** | **99.6** | **99.0** |
| 交通 | Transportation | 101.8 | 100.7 | 102.5 | 99.8 |
| 交通工具 | Transportation Means | 96.2 | 93.2 | 99.5 | 98.4 |
| 车用燃料及零配件 | Fuels and Accessory for vehicles | 105.2 | 98.8 | 101.8 | 103.5 |
| 车辆使用及维修 | Vehicle Use and Maintenance | 107.0 | 107.0 | 108.5 | 103.0 |
| 市区公共交通 | City-bus Fares | 100.9 | 103.6 | 101.0 | 105.0 |
| 城市间交通 | Inter-city Bus Fares | 102.3 | 102.9 | 100.3 | 90.2 |
| 通信 | Telecommunication | 95.3 | 100.8 | 97.9 | 98.5 |
| 通信工具 | Communication Tool | 74.0 | 81.2 | 84.9 | 76.5 |
| 通信服务 | Communication Service | 101.0 | 105.9 | 101.0 | 104.8 |
| **娱乐教育文化用品及服务** | **Recreation,Education,Culture Articles and Services** | **99.2** | **98.6** | **106.0** | **100.9** |
| 文娱用耐用消费品及服务 | Durable Consumer Goods for Receational Use | 93.4 | 91.3 | 97.2 | 89.0 |
| 教育 | Education | 99.2 | 100.2 | 104.5 | 104.9 |
| 教材及参考书 | Text Book and Reference Book | 91.9 | 94.2 | 94.8 | 93.2 |
| 学杂托幼费 | School Incidental Fees and Nursing Fees | 100.0 | 101.1 | 106.9 | 106.6 |
| 文化娱乐用品 | Cultural and Recreational Articles | 104.4 | 103.4 | 109.5 | 101.3 |
| 文化娱乐 | Cultural and Recreational Goods | 96.8 | 101.1 | 100.7 | 97.2 |
| 书报杂志 | Newspapers and Magazines | 100.0 | 100.0 | 100.0 | 104.3 |
| 文娱费 | Recreation Expense | 113.9 | 107.5 | 129.3 | 102.6 |
| 旅游及外出 | Tourism | 102.1 | 99.1 | 116.2 | 105.7 |
| **居住** | **Residence** | **104.7** | **102.4** | **104.6** | **104.9** |
| 建房及装修材料 | Building and Decoration Materials | 113.8 | 105.2 | 110.7 | 105.9 |
| 租房 | Tenancy | 103.2 | 106.4 | 100.0 | 110.7 |
| 自有住房 | Housing | 105.8 | 103.7 | 108.6 | 105.6 |
| 水、电、燃料 | Water,Electricity and Fuels | 102.0 | 101.7 | 102.9 | 102.6 |

Continued

（以上年同期价格为100） （Preceding year=100）

| 指　　标 | Item | 北海市 Beihai | 贵港市 Guigang | 贺州市 Hezhou | 百色市 Baise |
|---|---|---|---|---|---|
| **家庭设备用品及维修服务** | **Household Facilities and Articles** | **101.4** | **101.0** | **101.1** | **100.8** |
| 耐用消费品 | Durable Consumer Goods | 99.9 | 100.6 | 99.7 | 99.8 |
| 家具 | Furniture | 100.0 | 102.3 | 100.0 | 100.7 |
| 家庭设备 | Household Facilities | 99.9 | 99.6 | 99.6 | 99.2 |
| 室内装饰品 | Interior Decorations | 100.0 | 101.1 | 100.0 | 100.0 |
| 床上用品 | Bed Articles | 100.0 | 93.4 | 99.9 | 98.0 |
| 家庭日用杂品 | Daily-Use Household Articles | 100.7 | 101.8 | 101.5 | 102.5 |
| 家庭服务及加工维修服务 | Household Service and maintenance | 111.7 | 109.2 | 108.0 | 103.5 |
| **医疗保健和个人用品** | **Medic-care and Personal Articles** | **102.5** | **104.5** | **102.3** | **103.3** |
| 医疗保健 | Medic-care and health | 102.7 | 107.1 | 101.8 | 104.2 |
| 医疗器具及用品 | Medical Appliances and Articles | 98.9 | 98.0 | 100.0 | 100.6 |
| 中药材及中成药 | Traditional Chines Herbs and Patent Drugs | 110.4 | 126.3 | 108.4 | 99.1 |
| 西药 | Western Medicine | 98.6 | 99.6 | 98.3 | 96.3 |
| 保健器具及用品 | Healthy Appliances and Articles | 101.2 | 101.3 | 100.0 | 100.0 |
| 医疗保健服务 | Medical Care and Health Service | 100.0 | 99.1 | 100.0 | 120.9 |
| 个人用品及服务 | Personal Articles and Services | 101.6 | 99.2 | 103.3 | 101.0 |
| 化妆美容用品 | Making-up Articles | 99.3 | 100.6 | 100.3 | 99.4 |
| 卫生用品 | Health Supplies | 100.5 | 103.3 | 102.0 | 99.8 |
| 个人饰品 | Personal ornaments | 106.2 | 98.6 | 105.1 | 101.8 |
| 个人服务 | Personal Service | 100.1 | 90.8 | 107.2 | 104.4 |
| **交通和通讯** | **Transportation and Communication** | **100.4** | **100.4** | **99.6** | **101.6** |
| 交通 | Transportation | 101.4 | 100.7 | 101.0 | 101.9 |
| 交通工具 | Transportation Means | 97.6 | 94.1 | 97.2 | 99.0 |
| 车用燃料及零配件 | Fuels and Accessory for vehicles | 99.9 | 103.3 | 109.5 | 102.6 |
| 车辆使用及维修 | Vehicle Use and Maintenance | 115.0 | 102.6 | 106.0 | 100.7 |
| 市区公共交通 | City-bus Fares | 100.4 | 100.0 | 85.8 | 106.7 |
| 城市间交通 | Inter-city Bus Fares | 103.0 | 104.3 | 106.9 | 103.4 |
| 通信 | Telecommunication | 98.1 | 99.8 | 97.5 | 101.4 |
| 通信工具 | Communication Tool | 90.5 | 76.3 | 85.7 | 83.4 |
| 通信服务 | Communication Service | 100.7 | 107.5 | 102.1 | 106.5 |
| **娱乐教育文化用品及服务** | **Recreation,Education,Culture Articles and Services** | **100.2** | **98.1** | **103.4** | **96.8** |
| 文娱用耐用消费品及服务 | Durable Consumer Goods for Receational Use | 88.7 | 87.9 | 98.1 | 81.9 |
| 教育 | Education | 99.5 | 100.4 | 103.8 | 102.3 |
| 教材及参考书 | Text Book and Reference Book | 94.3 | 98.5 | 91.9 | 96.9 |
| 学杂托幼费 | School Incidental Fees and Nursing Fees | 100.2 | 100.6 | 105.6 | 103.0 |
| 文化娱乐用品 | Cultural and Recreational Articles | 104.3 | 100.6 | 105.6 | 106.9 |
| 文化娱乐 | Cultural and Recreational Goods | 98.8 | 101.8 | 100.0 | 97.7 |
| 书报杂志 | Newspapers and Magazines | 101.2 | 99.8 | 100.0 | 101.9 |
| 文娱费 | Recreation Expense | 110.6 | 100.0 | 114.8 | 115.4 |
| 旅游及外出 | Tourism | 103.6 | 102.4 | 105.0 | 89.5 |
| **居住** | **Residence** | **104.1** | **105.1** | **108.2** | **103.2** |
| 建房及装修材料 | Building and Decoration Materials | 109.8 | 104.6 | 108.7 | 99.7 |
| 租房 | Tenancy | 104.9 | 103.2 | 119.1 | 104.8 |
| 自有住房 | Housing | 106.1 | 103.5 | 114.5 | 113.7 |
| 水、电、燃料 | Water,Electricity and Fuels | 102.6 | 106.2 | 104.0 | 102.3 |

# 3—7 商品零售价格分类指数（2007年）

## Retail Price Indices by Category（2007）

（以上年同期价格为100） (Preceding year=100)

| 指　　标 | Item | 全区 Provice | 城市 Urban Areas | 农村 Rural Areas |
|---|---|---|---|---|
| **商品零售价格总指数** | **Retail General Price Index** | **104.8** | **104.2** | **105.3** |
| **食品** | **Food** | **114.1** | **112.9** | **115.3** |
| 粮食 | Grain | 106.1 | 107.8 | 104.8 |
| 大米 | Rice | 104.6 | 106.9 | 102.6 |
| 面粉 | Flour | 104.6 | 101.8 | 106.8 |
| 粮食制品 | Grain Products | 111.2 | 112.4 | 110.4 |
| 其他 | Others | 100.0 | | 100.0 |
| 淀粉 | Starches | 105.4 | 105.2 | 105.5 |
| 干豆类及豆制品 | Bean and Its Products | 110.7 | 107.2 | 113.3 |
| 干豆 | Dried Beans | 113.4 | 110.9 | 114.7 |
| 豆制品 | Soybean Products | 109.8 | 106.2 | 112.6 |
| 油脂 | Oil or Fat | 123.0 | 121.1 | 124.3 |
| 食用植物油 | Oil of Plant | 123.0 | 120.0 | 125.0 |
| 植物油制品 | Vegetable Oil Processed Product | 120.6 | 122.8 | 118.8 |
| 其他 | Others | 100.0 | | 100.0 |
| 肉禽及其制品 | Meal,Poultry and Their Products | 132.7 | 131.7 | 133.5 |
| 食用畜肉及副产品 | Edible Domestic Animal's Meat and By-products | 137.5 | 137.8 | 137.2 |
| 猪肉 | Pork | 148.1 | 152.8 | 144.5 |
| 牛肉 | Beef | 110.1 | 104.8 | 118.0 |
| 羊肉 | Mutton | 119.5 | 118.3 | 123.8 |
| 畜肉副产品 | Animal By-products | 122.5 | 124.8 | 121.3 |
| 其他 | Others | 100.0 | | 100.0 |
| 禽 | Poultry | 128.8 | 126.6 | 130.8 |
| 鸡 | Chicken | 131.4 | 126.1 | 136.1 |
| 鸭 | Duck | 124.5 | 128.0 | 120.8 |
| 其他 | Others | 99.9 | | 99.9 |
| 肉禽加工制品 | Poultry Meat Processed Products | 121.7 | 118.9 | 123.9 |
| 畜肉制品 | Domestic Animal's Processed Products | 122.2 | 119.9 | 124.0 |
| 禽制品 | Poultry Processed Products | 121.0 | 117.9 | 123.7 |
| 蛋 | Eggs | 123.7 | 122.8 | 124.6 |
| 鲜蛋 | Fresh eggs | 124.0 | 123.1 | 124.8 |
| 蛋制品 | Eggs Processed Products | 120.2 | 120.0 | 120.6 |
| 水产品 | Aquatic Products | 105.4 | 104.9 | 106.0 |
| 鱼 | Fish | 106.1 | 105.9 | 106.4 |
| 淡水鱼 | Fish in Fresh Water | 107.5 | 108.0 | 107.1 |
| 海水鱼 | Fish in Sea Water | 102.6 | 102.7 | 102.6 |
| 其他水产品 | Other Aquatic Products | 103.6 | 103.1 | 104.7 |
| 虾蟹类 | Decapod Crustacean | 103.2 | 103.1 | 103.7 |
| 其他 | Others | 100.0 | | 100.0 |
| 菜 | Vegetables | 105.8 | 106.2 | 105.2 |
| 鲜菜 | Fresh Vegetables | 104.9 | 105.4 | 104.3 |
| 干菜及菜制品 | Dried Vegetables and Vegetable Products | 110.6 | 112.1 | 109.4 |
| 薯类 | Tubers | 107.5 | 106.0 | 109.5 |

3—7 续表 1 Continued

（以上年同期价格为100） (Preceding year=100)

| 指　　标 | Item | 全区 Provice | 城市 Urban Areas | 农村 Rural Areas |
|---|---|---|---|---|
| 调味品 | Flavoring | 106.5 | 105.7 | 107.0 |
| 盐 | Salt | 117.1 | 117.3 | 116.9 |
| 酱油 | Soy Sauce | 102.7 | 102.5 | 102.9 |
| 醋 | Vinegar | 103.7 | 102.1 | 105.1 |
| 味精 | Monosodium Glutamate | 102.3 | 100.3 | 103.8 |
| 其他 | Others | 107.3 | | 107.3 |
| 糖 | Sweet | 99.4 | 100.9 | 98.4 |
| 食糖 | Sugar | 95.1 | 97.8 | 93.8 |
| 糖果 | Candy | 101.8 | 101.1 | 102.2 |
| 巧克力制品 | Chocolate Goods | 103.9 | 104.6 | 102.6 |
| 糖制小食品 | Sugar-coated food stuff | 101.9 | 101.3 | 102.1 |
| 干鲜瓜果 | Dried and Fresh Melons and Fruits | 98.9 | 100.2 | 97.6 |
| 鲜瓜果 | Fresh Fruits | 96.9 | 97.9 | 95.9 |
| 干（坚）果 | Dried（nut）Fruits and Melon and Fruit Products | 108.6 | 110.7 | 106.4 |
| 糕点饼干面包 | Cake,Cookies,Bread | 104.2 | 102.9 | 105.7 |
| 糕点 | Cake | 105.9 | 102.1 | 109.5 |
| 饼干 | Cookie | 102.6 | 102.2 | 103.0 |
| 面包 | Bread | 103.2 | 104.7 | 100.0 |
| 液体乳及乳制品 | Milk and Its Products | 102.8 | 102.6 | 103.1 |
| 巴氏杀菌奶或消毒奶 | Pasteurized Milk or Milk Disinfection | 100.9 | 100.3 | 101.8 |
| 酸奶 | Yogurt | 102.6 | 103.8 | 100.3 |
| 奶粉 | Milk Powder | 106.6 | 106.5 | 106.6 |
| 其他 | Others | 100.4 | | 100.4 |
| 在外用膳食品 | Picnic food | 105.3 | 104.0 | 106.6 |
| 主食 | Staple Food | 108.8 | 107.7 | 109.9 |
| 炒菜 | Fried Dishes | 104.0 | 102.5 | 105.7 |
| 地方小吃 | Local Snacks | 104.2 | 104.6 | 104.2 |
| 其他食品 | Other Food | 104.7 | 103.5 | 105.4 |
| **饮料、烟酒** | **Beverages, Tobacco and Liquor** | **101.3** | **102.3** | **100.7** |
| 茶及饮料 | Tea and Beverages | 103.6 | 104.5 | 102.8 |
| 茶叶 | Tea | 103.1 | 103.9 | 102.2 |
| 饮料 | Beverages | 103.9 | 104.7 | 103.0 |
| 固体饮料 | Solid Beverage | 104.8 | 104.0 | 105.8 |
| 液体饮料 | Drink Liquids | 103.2 | 102.9 | 103.4 |
| 冷冻饮品 | Frozen Drinks | 104.4 | 109.8 | 100.0 |
| 烟草 | Tobacco | 98.8 | 99.3 | 98.5 |
| 国产卷烟 | Home-made Cigarette | 98.4 | 98.6 | 98.3 |
| 进口卷烟 | Imported Cigarette | 101.5 | 102.4 | 99.9 |
| 其他 | Others | 100.0 | | 100.0 |
| 酒 | Wine | 102.4 | 103.8 | 101.7 |
| 白酒 | Liquor | 102.0 | 105.3 | 99.9 |
| 葡萄酒 | Grape Spending | 103.1 | 104.4 | 102.3 |
| 啤酒 | Beer | 103.1 | 100.2 | 104.9 |
| 其他 | Others | 99.5 | | 99.5 |

3—7 续表 2 Continued

（以上年同期价格为100） (Preceding year=100)

| 指 标 | Item | 全区 Provice | 城市 Urban Areas | 农村 Rural Areas |
|---|---|---|---|---|
| **服装、鞋帽** | **Garments, Shoes and Hats** | **102.7** | **101.0** | **104.0** |
| 服装 | Garments | 101.6 | 99.7 | 103.1 |
| 男式服装 | Men's Garment | 100.0 | 98.9 | 100.9 |
| 大衣 | Overcoat | 89.6 | 87.5 | 95.8 |
| 毛线衣 | Knitted Woolen Clothes | 89.5 | 89.8 | 89.4 |
| 夹克衫 | Jacket | 102.6 | 107.2 | 100.5 |
| 衬衫 | Shirt | 97.4 | 103.5 | 92.0 |
| T恤衫 | T-shirts | 95.8 | 94.9 | 95.8 |
| 裤子 | Trousers | 104.8 | 100.0 | 109.2 |
| 西服 | Suits | 102.6 | 102.6 | 102.5 |
| 运动衫裤 | Sport Clothing | 100.4 | 97.7 | 102.7 |
| 内衣 | Underwear | 105.1 | 96.7 | 111.0 |
| 羽绒衣 | Down Clothing | 101.3 | 105.8 | 96.7 |
| 其他 | Others | 100.0 | | 100.0 |
| 女式服装 | Women's dress | 103.1 | 99.5 | 106.3 |
| 大衣 | Overcoat | 100.1 | 105.2 | 92.4 |
| 毛线衣 | Knitted Woolen Clothes | 98.6 | 101.2 | 95.7 |
| 羽绒衣 | Down Clothing | 96.4 | 88.5 | 101.3 |
| 套装 | Suits | 108.4 | 100.0 | 116.2 |
| 衬衫 | Shirt | 105.0 | 102.4 | 107.3 |
| T恤衫 | T-shirts | 101.4 | 91.5 | 109.3 |
| 裙子 | Skirt | 112.7 | 97.5 | 128.1 |
| 裤子 | Trousers | 104.1 | 97.0 | 109.3 |
| 运动衫裤 | Sports Wear | 96.0 | 106.3 | 88.0 |
| 内衣 | Underwear | 100.0 | 99.8 | 100.2 |
| 其他 | Others | 100.0 | | 100.0 |
| 儿童服装 | Children's Garment | 101.1 | 103.0 | 99.9 |
| 套装 | Suits | 97.9 | 103.2 | 95.1 |
| 裤子 | Trousers | 109.0 | 103.6 | 111.5 |
| 裙子 | Skirt | 94.9 | 102.2 | 88.7 |
| 其他 | Others | 100.0 | | 100.0 |
| 鞋袜帽 | Footwear,Socks and Hats | 106.2 | 104.9 | 107.2 |
| 鞋 | Shoes | 106.5 | 104.8 | 107.8 |
| 男鞋 | Men's Shoes | 103.6 | 101.7 | 103.6 |
| 女鞋 | Women's Shoes | 107.6 | 104.7 | 110.6 |
| 童鞋 | Children's Shoes | 108.4 | 113.0 | 105.8 |
| 袜子 | Socks and Stockings | 105.2 | 104.9 | 105.4 |
| 男袜 | Men's Socks | 105.0 | 103.0 | 106.3 |
| 女袜 | Women's Socks | 105.3 | 106.3 | 104.7 |
| 帽子 | Hats | 101.3 | 107.3 | 95.7 |
| 男帽 | Man Cap | 101.0 | 104.4 | 97.7 |
| 女帽 | Bonnet | 101.8 | 110.0 | 94.6 |
| 其他 | Others | 98.0 | 98.3 | 97.8 |
| 领带 | Tie | 98.0 | 98.3 | 97.8 |

3—7 续表 3 Continued

（以上年同期价格为100）　　(Preceding year=100)

| 指 标 | Item | 全区 Provice | 城市 Urban Areas | 农村 Rural Areas |
|---|---|---|---|---|
| **纺织品** | **Textiles** | **97.7** | **99.2** | **96.5** |
| 衣着材料 | Clothing Material | 99.9 | 102.4 | 98.4 |
| 棉布 | Cotton Cloth | 98.4 | 100.0 | 97.7 |
| 棉混纺布 | Cotton -chemical Fiber Blended Cloth | 108.2 | 101.5 | 112.3 |
| 化纤布 | Chemical Fiber Cloth | 100.4 | 103.4 | 98.9 |
| 毛线 | Woolen Threads | 95.2 | 103.1 | 87.9 |
| 床上用品 | Bed Articles | 96.5 | 97.7 | 95.2 |
| 毛毯 | Blanket | 102.1 | 102.3 | 101.8 |
| 被子 | Quilts | 100.2 | 94.4 | 106.4 |
| 床上套件 | Bed Sets | 91.1 | 96.6 | 86.4 |
| 其他 | Others | 100.0 | | 100.0 |
| **家用电器及音像器材** | **Household Appliances, Music and Video Equipment** | **96.7** | **98.1** | **95.1** |
| 家庭设备 | Household Facilities | 101.6 | 103.5 | 99.5 |
| 洗衣机 | Washing Machine | 101.6 | 105.1 | 98.3 |
| 电风扇 | Electric Fan | 96.7 | 102.0 | 92.4 |
| 电冰箱（柜） | Refrigerator | 103.2 | 106.0 | 99.3 |
| 吸排油烟机 | Smoke Exhauster | 107.3 | 110.6 | 104.0 |
| 空调器 | Air Conditioner | 100.8 | 101.8 | 99.6 |
| 热水器 | Shower Heater | 110.3 | 115.2 | 105.2 |
| 微波炉 | Microwave Oven | 95.1 | 91.6 | 100.7 |
| 电炊具 | Electric Cooking Utensil | 98.1 | 97.6 | 98.6 |
| 文娱用耐用消费品 | Durable Consumer Goods for Recreational | 90.5 | 91.5 | 89.2 |
| 电视机 | Television | 89.7 | 88.4 | 90.8 |
| 激光视盘机 | Video-disc Player | 91.3 | 93.6 | 87.5 |
| 摄像机 | Video-camera | 94.7 | 94.9 | 93.1 |
| 家用音响设备 | Home Audio Equipment | 98.9 | 97.4 | 100.8 |
| 便携式音响 | Portable Audio | 76.5 | 86.5 | 65.8 |
| 其他 | Others | 100.0 | | 100.0 |
| 音像器材 | Audiovisual Equipment | 98.8 | 98.4 | 100.0 |
| 专业音响器材 | Professional Audio Equipment | 100.0 | 100.0 | 100.0 |
| 专业声像器材 | Professional Audio-visual Equipment | 97.1 | 96.6 | 100.0 |
| **文化办公用品** | **Cultural and Office Goods** | **97.7** | **98.2** | **97.2** |
| 纸张本册 | This Paper List | 105.9 | 106.2 | 105.4 |
| 文具 | Stationary | 101.3 | 103.6 | 99.5 |
| 电脑及配件 | Computers and Accessories | 92.4 | 95.2 | 89.3 |
| 打印机及配件 | Printers and Accessories | 99.0 | 97.7 | 100.4 |
| 扫描仪 | Scanner | 96.4 | 96.1 | 96.9 |
| 复印机 | Photocopiers | 96.8 | 95.2 | 98.6 |
| 电子辞典 | Electronic Dictionary | 98.8 | 98.5 | 99.2 |
| 计算器 | Calculators | 98.6 | 97.5 | 99.6 |
| 教学设备 | Teaching Equipment | 98.5 | 97.3 | 100.0 |
| 其他 | Others | 100.0 | | 100.0 |

3—7 续表 4 Continued

（以上年同期价格为100） (Preceding year=100)

| 指 标 | Item | 全区 Provice | 城市 Urban Areas | 农村 Rural Areas |
|---|---|---|---|---|
| **日用品** | **Articles for Daily Use** | **101.9** | **102.4** | **101.4** |
| 日用百货 | General Merchandise for Daily Use | 100.6 | 102.0 | 99.2 |
| 自行车 | Bicycle | 97.7 | 100.2 | 95.0 |
| 雨具 | Rain Gear | 102.9 | 102.0 | 103.9 |
| 剃须刀具 | With Razor | 101.2 | 102.8 | 98.8 |
| 电池 | Battery | 109.3 | 112.0 | 106.5 |
| 卫生纸 | Toilet Paper | 101.3 | 101.1 | 101.4 |
| 卫生巾 | Diapers | 98.2 | 99.5 | 97.3 |
| 其他 | Others | 101.0 | | 101.0 |
| 日用杂品 | Grocery for Daily Use | 102.5 | 103.0 | 101.9 |
| 茶具 | Tea-set | 105.0 | 106.3 | 103.2 |
| 餐具 | Cooking-set | 102.2 | 102.7 | 101.7 |
| 厨具 | Cook-set | 101.3 | 100.7 | 101.9 |
| 其他 | Others | 100.0 | | 100.0 |
| 洗涤用品 | Wash Articles | 103.9 | 102.6 | 105.1 |
| 洗衣粉 | Detergent | 103.4 | 100.2 | 106.7 |
| 肥皂类 | Soap | 105.9 | 107.1 | 104.5 |
| 牙膏 | Toothpaste | 102.3 | 99.5 | 104.8 |
| 清洁洗涤剂 | Clean the Detergent | 103.9 | 105.2 | 102.7 |
| 其他日用品 | Other Daily Necessities | 100.4 | 102.0 | 98.8 |
| 燃气灶具 | Gas cooking utensils | 101.4 | 102.0 | 100.5 |
| 儿童玩具 | Toy for Children | 101.2 | 100.2 | 102.0 |
| 照明器具 | Lighting Utensil | 100.4 | 100.8 | 100.0 |
| 钟表眼镜及配件 | Clock and Watch Glasses and Fittings | 99.2 | 103.3 | 95.3 |
| 日用普通饰品 | Ordinary Ornaments of Daily Expenses | 99.3 | 100.0 | 98.2 |
| 日用皮革制品 | Daily Leather and Fur Products | 100.2 | 105.7 | 93.4 |
| 其他 | Others | 100.0 | | 100.0 |
| **体育娱乐用品** | **Sports and Recreation Articles** | **99.6** | **100.4** | **98.7** |
| 体育用品 | Sports Goods | 99.7 | 101.2 | 97.9 |
| 球类 | Ball | 101.8 | 100.3 | 103.2 |
| 棋牌 | Chess and Card | 100.9 | 101.3 | 100.4 |
| 健身器材 | Body-building Apparatus | 96.8 | 101.8 | 88.3 |
| 娱乐用品 | Amusement articles | 99.5 | 99.5 | 99.5 |
| 游艺器材 | Apparatus of Recreation | 101.4 | 101.8 | 100.9 |
| 照相器材 | Photographic Equipment | 98.1 | 97.8 | 98.4 |
| 乐器 | Musical Instrument | 100.3 | 100.2 | 100.4 |
| **交通、通信用品** | **Transportation and Communication Appliances** | **91.5** | **91.2** | **91.9** |
| 交通运输机械 | Machinery of Communications and Transportation | 96.7 | 96.3 | 97.2 |
| 轿车 | Car | 94.2 | 92.9 | 97.7 |
| 客车 | Passenger Train | 99.0 | 99.6 | 97.7 |
| 货车 | Truck | 99.7 | 99.4 | 100.0 |
| 摩托车 | Motor | 96.5 | 97.1 | 96.1 |
| 其他 | Others | 100.0 | | 100.0 |

3—7 续表 5 Continued

（以上年同期价格为100） (Preceding year=100)

| 指　标 | Item | 全区 Provice | 城市 Urban Areas | 农村 Rural Areas |
|---|---|---|---|---|
| 通信器材 | Apparatus of Communication | 81.1 | 79.9 | 82.4 |
| 固定电话机 | Stationary Telephone | 92.3 | 97.3 | 87.3 |
| 移动电话机 | Mobile Telephone | 72.3 | 68.1 | 76.9 |
| 传真机 | Fax-machine | 96.8 | 97.0 | 96.6 |
| 其他 | Others | 100.0 | | 100.0 |
| **家具** | **Furniture** | **100.8** | **100.4** | **101.3** |
| 柜 | Cupboard | 102.1 | 100.8 | 103.0 |
| 床 | Beds | 102.8 | 100.2 | 106.0 |
| 桌 | Desks | 99.4 | 99.0 | 99.8 |
| 椅 | Chairs | 100.7 | 101.3 | 100.0 |
| 沙发 | Sofas | 99.2 | 100.4 | 97.4 |
| 其他 | Others | 100.0 | | 100.0 |
| **化妆品** | **Cosmetic Products** | **100.8** | **101.0** | **100.7** |
| 护肤品 | Skin Care Product | 101.6 | 104.4 | 99.2 |
| 美容化妆品 | Cosmetics | 99.7 | 99.5 | 100.0 |
| 护发美容品 | Hair Care Cosmetics | 101.0 | 100.6 | 101.4 |
| 清洁化妆用品 | Clean the Cosmetics | 100.9 | 99.4 | 101.9 |
| 药物美容用品 | Cosmetic Articles of Medicine | 101.3 | 101.1 | 101.6 |
| **金银珠宝** | **Jewel of Gold and Silver** | **106.9** | **106.9** | **107.0** |
| 金饰品 | Gold Ornaments | 109.4 | 108.2 | 111.2 |
| 银饰品 | Silver Ornaments | 100.7 | 101.9 | 99.0 |
| 铂金饰品 | Platinum Ornaments | 105.9 | 107.1 | 103.5 |
| 其他 | Others | 100.0 | | 100.0 |
| **中西药品及医疗保健用品** | **Traditional Chinese and Western Medicines and Health** | **103.7** | **101.8** | **105.7** |
| 医疗器具及用品 | Edical Appliances and Articles | 99.8 | 100.4 | 99.1 |
| 中药材及中成药 | Traditional Chines Herbs | 113.7 | 109.9 | 117.3 |
| 中药材 | Chines Herbal Material | 135.9 | 132.5 | 138.2 |
| 中成药 | Chines Patent drugs | 97.6 | 97.7 | 97.4 |
| 西药 | Western Medicine | 97.9 | 97.0 | 98.7 |
| 抗微生物药 | Anti-microbial Drugs | 97.3 | 91.2 | 102.2 |
| 消化系统用药 | The Digestive System Drugs | 97.0 | 99.2 | 95.2 |
| 呼吸系统用药 | Respiratory Drug | 98.2 | 96.0 | 99.8 |
| 解热镇痛及非甾体抗炎药 | Antipyretic and Analgesic & NSAIDs | 99.5 | 98.8 | 99.8 |
| 抗肿瘤药 | Anticancer Drugs | 95.0 | 98.0 | 92.0 |
| 激素及调节内分泌功能药 | Hormone Endocrine Function and Regulation of Drugs | 97.9 | 96.2 | 100.0 |
| 循环系统用药 | Circulatory System Administration | 99.3 | 98.8 | 100.1 |
| 神经系统用药 | Nervous System Drugs | 95.3 | 93.3 | 98.2 |
| 专科用药 | Specialist drug | 98.8 | 99.6 | 97.4 |
| 其他 | Others | 99.5 | | 99.5 |
| 保健器具及用品 | Healthy Appliances and Articles | 100.0 | 99.3 | 100.8 |
| 保健器具 | Healthy Appliance | 98.9 | 98.3 | 99.4 |
| 滋补保健用品 | Tonic and Healthy Goods | 100.4 | 99.6 | 101.4 |

## 3—7 续表 6 Continued

（以上年同期价格为100） (Preceding year=100)

| 指　标 | Item | 全区 Provice | 城市 Urban Areas | 农村 Rural Areas |
|---|---|---|---|---|
| **书报杂志及电子出版物** | **Books, Newspapers, Magazines and Electronic Publications** | **98.5** | **98.3** | **98.6** |
| 教材及参考书 | Texts and Reference Books | 94.8 | 93.1 | 96.0 |
| 工具书 | Reference Book | 98.9 | 100.3 | 97.7 |
| 教材 | Text-book | 89.5 | 85.3 | 92.2 |
| 参考书 | Reference Book | 100.2 | 99.8 | 100.5 |
| 教育软件 | Educational Software | 98.5 | 96.9 | 100.0 |
| 书报杂志 | Newspapers and Magazines | 100.5 | 100.7 | 100.3 |
| 书籍 | Books | 100.0 | 100.0 | 100.0 |
| 报纸 | Newspapers | 101.3 | 101.5 | 101.2 |
| 杂志 | Magazine | 100.5 | 101.2 | 99.7 |
| 电子音像制品 | Electronic Audio-video Products | 101.2 | 101.0 | 101.3 |
| 音响光盘和磁带 | Audio CD and Tape | 99.7 | 99.2 | 100.2 |
| 录像磁带和视盘 | Video Tapes and DVDs | 98.7 | 97.2 | 100.0 |
| 计算机软件 | Computer Software | 106.1 | 106.3 | 105.8 |
| **燃料** | **Fuels** | **104.3** | **103.3** | **105.5** |
| 煤炭及制品 | Coal and Its Products | 105.3 | 102.4 | 109.0 |
| 原煤 | Coal | 100.0 | 100.0 | 0.0 |
| 煤制品 | Coal Products | 105.2 | 102.3 | 109.0 |
| 石油及制品 | Oil and Its Products | 104.3 | 103.4 | 105.4 |
| 液化石油气 | Liquified Petroleum Gas | 106.6 | 105.4 | 108.0 |
| 管道燃气 | Pipeline Gas | 101.0 | 101.0 | 0.0 |
| 汽油 | Gasoline | 101.5 | 101.2 | 101.9 |
| 柴油 | Kerosene | 105.7 | 105.4 | 105.9 |
| 其他 | Others | 100.0 |  | 100.0 |
| **建筑材料及五金电料** | **Building Materials and Hardware** | **106.9** | **109.8** | **104.9** |
| 建筑装璜材料 | Building Decoration Materials | 108.5 | 112.1 | 106.1 |
| 木材 | Wood | 107.8 | 114.8 | 103.0 |
| 木地板 | Wood Floor | 107.0 | 112.1 | 101.9 |
| 钢材 | Steel | 116.1 | 117.3 | 115.2 |
| 砖 | Brick | 110.2 | 105.0 | 112.3 |
| 水泥 | Cement | 104.6 | 108.2 | 102.9 |
| 涂料 | Paint | 99.3 | 103.9 | 96.2 |
| 胶合板 | Plywood | 113.9 | 127.4 | 104.5 |
| 玻璃 | Glass | 112.8 | 114.0 | 111.5 |
| 粘胶 | Viscose | 104.6 | 108.9 | 100.5 |
| 油漆 | Paint | 104.7 | 106.2 | 103.7 |
| 其他 | Others | 100.0 |  | 100.0 |
| 五金电料 | Hardware | 101.4 | 102.6 | 100.4 |
| 五金工具 | Hardware Tools | 99.4 | 99.7 | 99.1 |
| 电工电料 | Electricians and Electric Materials Will Be | 101.9 | 103.5 | 100.9 |
| 水暖器材 | Plumbing Equipment | 102.3 | 103.9 | 100.9 |
| 其他 | Other | 100.0 |  | 100.0 |

# 3—8 商品零售价格分类指数

## Retail Price Indices by Category

（以上年同期价格为100） (Preceding year=100)

| 指标 | Item | 2003 | 2004 | 2005 | 2006 |
|---|---|---|---|---|---|
| **商品零售价格总指数** | **Retail General Price Index** | **100.2** | **103.9** | **101.1** | **100.3** |
| **食品类** | **Food** | **103.1** | **112.7** | **102.9** | **102.0** |
| 粮食 | Grain | 107.1 | 122.8 | 101.6 | 100.7 |
| 淀粉及薯类 | Starches and Tubers | 101.4 | 109.8 | 104.0 | 108.4 |
| 干豆类及豆制品 | Bean and Its Products | 105.0 | 127.2 | 104.9 | 99.9 |
| 油脂 | Oil or Fat | 111.1 | 117.2 | 96.4 | 100.9 |
| 肉禽及其制品 | Meal,Poultry and Their Products | 102.2 | 119.0 | 103.4 | 95.5 |
| 食用畜肉及副产品 | Edible Domestic Animal's Meat and By-products | 103.5 | 122.2 | 100.8 | 96.3 |
| 禽 | Poultry | 100.1 | 114.8 | 105.9 | 92.0 |
| 加工肉禽 | Poultry Meat Processed Products | 101.0 | 113.9 | 109.8 | 100.0 |
| 蛋 | Eggs | 99.0 | 119.9 | 103.4 | 98.0 |
| 水产品 | Aquatic Products | 98.0 | 114.6 | 108.2 | 101.0 |
| 鱼 | Fish | 99.6 | 115.7 | 106.9 | 97.6 |
| 其他水产品 | Other Aquatic Products | 93.7 | 111.8 | 112.0 | 108.1 |
| 菜 | Vegetables | 109.8 | 103.1 | 107.1 | 108.2 |
| 调味品 | Flavoring | 100.3 | 100.3 | 101.7 | 103.6 |
| 糖 | Sweet | 98.4 | 103.9 | 103.5 | 115.5 |
| 干鲜瓜果 | Dried and Fresh Melons and Fruits | 107.2 | 105.1 | 97.3 | 120.1 |
| 糕点饼干面包 | Cake,Cookie,Bread | 99.7 | 106.0 | 103.3 | 104.0 |
| 液体乳及乳制品 | Milk and Its Products | 96.5 | 101.2 | 102.2 | 102.3 |
| 在外用膳食品 | Picnic Food | 99.7 | 104.2 | 101.0 | 101.6 |
| 其他食品 | Other Food | 100.1 | 101.6 | 102.4 | 103.3 |
| **饮料、烟酒** | **Tobacco,Liquor and Articles** | **99.6** | **100.0** | **101.0** | **99.4** |
| 茶及饮料 | Tea and Drinks | 97.8 | 99.8 | 101.9 | 101.2 |
| 茶叶 | Tea | 100.8 | 97.9 | 101.2 | 101.6 |
| 饮料 | Beverage | 96.4 | 100.6 | 102.2 | 101.1 |
| 烟草 | Tobacco | 99.0 | 99.4 | 99.4 | 98.0 |
| 酒 | Liquor | 101.6 | 100.7 | 102.5 | 98.1 |
| **服装、鞋帽** | **Garments, Shoes and Hats** | **99.6** | **97.3** | **97.5** | **97.0** |
| 服装 | Garments | 98.7 | 96.6 | 99.2 | 96.0 |
| 男式服装 | Men's Wear | 97.8 | 95.6 | 96.8 | 97.6 |
| 女式服装 | Women's Wear | 98.8 | 97.0 | 100.2 | 94.7 |
| 儿童服装 | Children's Clothing | 100.6 | 98.2 | 102.1 | 96.2 |
| 鞋袜帽 | Footwear,Socks and Hats | 102.5 | 98.5 | 93.3 | 99.1 |
| 鞋 | Shoes | 102.6 | 98.5 | 92.5 | 98.3 |
| 袜子 | Socks and Stockings | 101.5 | 98.7 | 98.0 | 104.8 |
| 帽子 | Hats | 105.0 | 97.8 | 100.0 | 102.5 |
| 其他 | Others | 97.0 | 99.7 | 98.8 | 99.1 |

3—8 续表 Continued

（以上年同期价格为100）

| 指　　标 | Item | 2003 | 2004 | 2005 | 2006 |
|---|---|---|---|---|---|
| **纺织品** | **Textiles** | **98.9** | **98.4** | **101.2** | **97.8** |
| 衣着材料 | Clothing Material | 97.8 | 97.7 | 101.4 | 97.7 |
| 床上用品 | Bed Articles | 99.7 | 98.8 | 101.0 | 97.9 |
| **家用电器及音像器材** | **Electric Household Appliance and Sound Apparatus** | **91.8** | **93.8** | **96.4** | **95.1** |
| 家庭设备 | Household Facilities | **93.8** | 96.8 | 100.4 | 99.5 |
| 文娱用耐用消费品 | Durable Consuming Goods for Entertainment | 88.2 | 89.0 | 91.1 | 89.4 |
| 音像器材类 | Sound Apparatus | 99.0 | 99.4 | 98.4 | 99.6 |
| **文化办公用品** | **Cultural and Office Goods** | **93.4** | **96.0** | **95.8** | **96.6** |
| **日用品** | **Articles for Daily Use** | **98.1** | **99.9** | **101.8** | **99.7** |
| 日用百货 | Merchandiles for Daily Use | 97.3 | 100.0 | 100.3 | 94.8 |
| 日用杂品 | Sundries for Daily Use | 99.9 | 99.9 | 101.6 | 103.5 |
| 洗涤用品 | Washing and Cleaning Goods | 97.4 | 99.2 | 103.0 | 101.8 |
| 其他日用品 | Other Daily-use Goods | 98.6 | 100.7 | 103.2 | 101.1 |
| **体育娱乐用品** | **Sports and Entertainment Goods** | 99.0 | 97.5 | 100.7 | 97.7 |
| 体育用品 | Sports Goods | 99.0 | 97.8 | 102.7 | 97.3 |
| 娱乐用品 | Recreational Goods | 98.9 | 97.1 | 98.7 | 98.2 |
| **交通、通信用品** | **Traffic and Telecommunication Goods** | 88.9 | 90.3 | 89.5 | 91.4 |
| 交通运输机械 | Traffic and Transport Machinery | 94.1 | 94.2 | 94.3 | 97.4 |
| 通信器材类 | Telecommunication Apparatus | 80.4 | 83.1 | 81.2 | 80.4 |
| **家具** | **Furniture** | **99.1** | **99.4** | **100.5** | **100.2** |
| **化妆品类** | **Cosmetics** | **98.9** | **100.5** | **98.9** | **101.0** |
| **金银珠宝类** | **Gold and Silver Jewls** | **105.8** | **109.3** | **106.1** | **118.9** |
| **中西药品及医疗保健用品类** | **Chinese and Western Medicines and Health Supplies** | **101.5** | **100.3** | **97.3** | **101.5** |
| 医疗器具及用品 | Medical-care Apparatus and Goods | 102.5 | 104.9 | 95.4 | 99.4 |
| 中药材及中成药 | Chinese Herbs and Patent Medicine | 106.1 | 100.8 | 96.7 | 105.8 |
| 西药 | Western Medicine | 98.0 | 99.3 | 97.9 | 98.8 |
| 保健品及器具 | Healthy Devices and Goods | 98.9 | 99.6 | 98.6 | 100.7 |
| **书报杂志及电子出版物类** | **Books, Magazines and Electronic Publications** | **99.6** | **102.4** | **100.5** | **98.9** |
| 教材及参考书 | Texts and Reference Books | 96.9 | 102.6 | 100.4 | 97.7 |
| 书报杂志 | Newspapers and Magazines | 103.2 | 102.5 | 100.8 | 100.1 |
| 电子音像制品 | Electronic Audio and Video Products | 98.9 | 101.7 | 100.1 | 98.9 |
| **燃料类** | **Fuels** | **112.5** | **112.0** | **115.0** | **113.0** |
| 煤炭及制品类 | Coal and Its Products | 103.0 | 107.6 | 119.5 | 105.7 |
| 石油及制品类 | Oil and Its Products | 113.8 | 112.5 | 114.4 | 114.1 |
| **建筑材料及五金电料类** | **Building Apparatus and Hardwares** | **100.1** | **105.1** | **102.6** | **100.7** |
| 建筑装璜材料 | Building Decoration Materials | 100.2 | 105.4 | 102.7 | 100.2 |
| 五金电料类 | Hardwares and Electrical Apparatus | 99.6 | 103.7 | 102.2 | 102.3 |

# 3—9　主要城市商品零售价格总指数（1984—2007年）

## Major Cities in Overall Retail Price Index（1984—2007）

（以上年同期价格为100）　　　　(Preceding year=100)

| 年　份 Year | 南宁市 Nanning | 柳州市 Liuzhou | 桂林市 Guilin | 梧州市 Wuzhou | 北海市 Beihai | 贵港市 Guigang | 贺州市 Hezhou | 百色市 Baise |
|---|---|---|---|---|---|---|---|---|
| 1984 | 104.1 | 103.8 | 103.6 | 105.1 | 105.1 | 104.0 | 104.2 | 104.4 |
| 1985 | 118.7 | 115.4 | 113.5 | 117.5 | 117.0 | 114.2 | 114.6 | 115.6 |
| 1986 | 105.3 | 105.8 | 105.0 | 105.8 | 104.0 | 104.2 | 104.9 | 110.0 |
| 1987 | 111.8 | 108.9 | 113.6 | 111.8 | 112.8 | 110.8 | 114.6 | 109.2 |
| 1988 | 122.1 | 126.5 | 126.1 | 123.9 | 126.1 | 125.1 | 120.9 | 119.3 |
| 1989 | 119.4 | 118.4 | 118.1 | 115.8 | 120.7 | 124.1 | 121.1 | 121.9 |
| 1990 | 97.3 | 98.8 | 98.5 | 97.5 | 96.2 | 95.5 | 95.8 | 97.0 |
| 1991 | 104.0 | 102.2 | 101.6 | 104.7 | 104.1 | 102.8 | 100.7 | 102.8 |
| 1992 | 105.7 | 105.8 | 108.6 | 109.6 | 105.4 | 103.3 | 107.4 | 107.1 |
| 1993 | 124.1 | 123.8 | 119.8 | 120.0 | 134.0 | 120.5 | 119.0 | 118.6 |
| 1994 | 120.8 | 124.1 | 125.5 | 124.7 | 122.1 | 127.2 | 121.4 | 126.1 |
| 1995 | 114.9 | 116.4 | 113.8 | 114.8 | 113.3 | 119.0 | 117.3 | 120.7 |
| 1996 | 102.5 | 104.5 | 106.3 | 106.3 | 103.6 | 103.3 | 105.3 | 105.4 |
| 1997 | 99.5 | 99.5 | 100.5 | 101.5 | 99.7 | 98.0 | 100.1 | 100.9 |
| 1998 | 95.8 | 98.0 | 94.8 | 98.2 | 98.1 | 93.7 | 96.4 | 97.3 |
| 1999 | 95.9 | 96.3 | 97.6 | 99.8 | 96.4 | 96.3 | 96.4 | 98.4 |
| 2000 | 98.3 | 97.5 | 99.2 | 99.2 | 97.9 | 99.0 | 99.0 | 97.7 |
| 2001 | 95.9 | 97.3 | 97.5 | 98.4 | 98.3 | 98.3 | 98.3 | 99.0 |
| 2002 | 97.5 | 99.7 | 99.7 | 96.6 | 97.7 | 98.9 | 98.0 | 97.2 |
| 2003 | 99.5 | 99.2 | 100.1 | 100.4 | 99.2 | 101.1 | 101.0 | 99.4 |
| 2004 | 102.7 | 104.6 | 103.7 | 103.6 | 103.9 | 103.3 | 104.6 | 102.9 |
| 2005 | 100.3 | 100.7 | 102.0 | 101.9 | 101.8 | 100.8 | 100.4 | 102.5 |
| 2006 | 101.0 | 100.1 | 101.0 | 100.8 | 101.3 | 99.1 | 101.6 | 101.6 |
| 2007 | 103.3 | 105.0 | 104.8 | 104.1 | 103.8 | 105.5 | 105.1 | 104.3 |

# 3—10 主要城市商品零售价格分类指数（2007年）

## Major Cities in the Retail Price Index（2007）

（以上年同期价格为100） (Preceding year=100)

| 指标 | Item | 南宁市 Nanning | 柳州市 Liuzhou | 桂林市 Guilin | 梧州市 Wuzhou |
|---|---|---|---|---|---|
| **商品零售价格总指数** | **Retail General Price Index** | **103.1** | **105.0** | **104.8** | **104.1** |
| **食品类** | **Food** | **110.8** | **114.5** | **114.4** | **112.6** |
| 粮食 | Grain | 106.8 | 110.0 | 107.7 | 105.4 |
| 淀粉及薯类 | Starches and Tubers | 100.5 | 106.1 | 104.7 | 105.9 |
| 干豆类及豆制品 | Bean and Its Products | 110.1 | 101.9 | 108.7 | 105.3 |
| 油脂 | Oil or Fat | 121.9 | 128.8 | 109.4 | 125.3 |
| 肉禽及其制品 | Meal,Poultry and Their Products | 129.3 | 132.0 | 135.8 | 126.3 |
| 食用畜肉及副产品 | Edible Domestic Animal's Meat and By-products | 132.1 | 145.0 | 139.0 | 132.6 |
| 禽 | Poultry | 128.8 | 118.1 | 136.4 | 118.4 |
| 加工肉禽 | Poultry Meat Processed Products | 118.2 | 117.1 | 118.3 | 121.1 |
| 蛋 | Eggs | 125.6 | 125.7 | 113.8 | 125.5 |
| 水产品 | Aquatic Products | 103.9 | 105.8 | 107.5 | 105.4 |
| 鱼 | Fish | 106.8 | 106.4 | 112.8 | 105.6 |
| 其他水产品 | Other Aquatic Products | 98.2 | 104.4 | 104.6 | 105.7 |
| 菜 | Vegetables | 103.5 | 108.1 | 111.0 | 105.2 |
| 调味品 | Flavoring | 105.0 | 109.3 | 104.7 | 108.2 |
| 糖 | Sweet | 103.0 | 100.7 | 98.5 | 106.9 |
| 干鲜瓜果 | Dried and Fresh Melons and Fruits | 98.6 | 98.9 | 105.4 | 94.4 |
| 糕点饼干面包 | Cake,Cookie,Bread | 103.8 | 100.4 | 103.0 | 101.3 |
| 液体乳及乳制品 | Milk and Its Products | 104.2 | 101.8 | 97.1 | 103.9 |
| 在外用膳食品 | Picnic Food | 101.4 | 107.2 | 103.7 | 108.5 |
| 其他食品 | Other Food | 99.8 | 102.4 | 106.8 | 101.1 |
| **饮料、烟酒** | **Tobacco,Liquor and Articles** | **102.6** | **101.7** | **102.1** | **105.2** |
| 茶及饮料 | Tea and Drinks | 108.4 | 104.8 | 100.7 | 104.5 |
| 茶叶 | Tea | 101.9 | 108.9 | 100.9 | 116.5 |
| 饮料 | Beverage | 110.1 | 103.3 | 100.6 | 101.1 |
| 烟草 | Tobacco | 98.0 | 99.9 | 103.4 | 100.0 |
| 酒 | Liquor | 103.8 | 101.3 | 103.9 | 111.4 |
| **服装、鞋帽** | **Garments, Shoes and Hats** | **100.6** | **102.6** | **98.4** | **103.2** |
| 服装 | Garments | 99.6 | 98.9 | 100.0 | 102.0 |
| 男式服装 | Men's Wear | 98.5 | 96.8 | 100.0 | 102.2 |
| 女式服装 | Women's Wear | 99.0 | 100.8 | 99.9 | 102.4 |
| 儿童服装 | Children's Clothing | 107.3 | 98.2 | 100.0 | 101.4 |
| 鞋袜帽 | Footwear,Socks and Hats | 102.1 | 112.1 | 93.3 | 107.6 |
| 鞋 | Shoes | 102.2 | 111.4 | 92.8 | 108.9 |
| 袜子 | Socks and Stockings | 100.0 | 116.7 | 100.0 | 102.5 |
| 帽子 | Hats | 96.4 | 118.4 | 100.0 | 101.0 |
| 其他 | Others | 106.4 | 88.2 | 100.0 | 98.9 |

Continued

（以上年同期价格为100） (Preceding year=100)

| 指　　标 | Item | 北海市 Beihai | 贵港市 Guigang | 贺州市 Hezhou | 百色市 Baise |
|---|---|---|---|---|---|
| **商品零售价格总指数** | **Retail General Price Index** | **103.7** | **105.5** | **105.1** | **104.3** |
| **食品类** | **Food** | **111.5** | **115.3** | **114.8** | **115.2** |
| 粮食 | Grain | 108.0 | 102.7 | 106.5 | 108.2 |
| 淀粉及薯类 | Starches and Tubers | 115.7 | 103.9 | 106.8 | 110.2 |
| 干豆类及豆制品 | Bean and Its Products | 109.2 | 110.7 | 119.7 | 110.4 |
| 油脂 | Oil or Fat | 120.3 | 122.5 | 120.2 | 126.6 |
| 肉禽及其制品 | Meal,Poultry and Their Products | 129.5 | 135.7 | 132.3 | 129.7 |
| 食用畜肉及副产品 | Edible Domestic Animal's Meat and By-products | 134.5 | 136.1 | 142.3 | 136.9 |
| 禽 | Poultry | 121.6 | 140.0 | 116.6 | 120.5 |
| 加工肉禽 | Poultry Meat Processed Products | 122.3 | 127.5 | 119.5 | 116.4 |
| 蛋 | Eggs | 121.9 | 126.7 | 119.7 | 125.9 |
| 水产品 | Aquatic Products | 103.1 | 104.0 | 110.8 | 104.2 |
| 鱼 | Fish | 101.3 | 103.6 | 112.5 | 106.4 |
| 其他水产品 | Other Aquatic Products | 107.2 | 104.9 | 104.8 | 97.1 |
| 菜 | Vegetables | 103.1 | 104.1 | 105.2 | 106.6 |
| 调味品 | Flavoring | 101.8 | 109.4 | 107.0 | 106.4 |
| 糖 | Sweet | 94.8 | 101.7 | 93.3 | 94.9 |
| 干鲜瓜果 | Dried and Fresh Melons and Fruits | 106.8 | 98.5 | 93.9 | 99.0 |
| 糕点饼干面包 | Cake,Cookie,Bread | 106.7 | 107.2 | 101.2 | 104.3 |
| 液体乳及乳制品 | Milk and Its Products | 103.8 | 102.9 | 103.0 | 103.0 |
| 在外用膳食品 | Picnic Food | 107.5 | 105.2 | 106.5 | 110.7 |
| 其他食品 | Other Food | 99.9 | 108.4 | 101.7 | 102.4 |
| **饮料、烟酒** | **Tobacco,Liquor and Articles** | **100.8** | **100.7** | **100.0** | **101.6** |
| 茶及饮料 | Tea and Drinks | 102.8 | 102.6 | 102.5 | 104.0 |
| 茶叶 | Tea | 104.4 | 101.2 | 104.3 | 102.6 |
| 饮料 | Beverage | 102.1 | 103.2 | 101.8 | 104.5 |
| 烟草 | Tobacco | 97.7 | 98.1 | 97.9 | 100.0 |
| 酒 | Liquor | 103.1 | 102.0 | 100.9 | 102.1 |
| **服装、鞋帽** | **Garments, Shoes and Hats** | **100.2** | **107.5** | **99.4** | **101.0** |
| 服装 | Garments | 99.4 | 106.1 | 100.0 | 100.1 |
| 男式服装 | Men's Wear | 101.5 | 101.6 | 102.1 | 97.0 |
| 女式服装 | Women's Wear | 97.5 | 111.6 | 97.6 | 102.8 |
| 儿童服装 | Children's Clothing | 100.1 | 100.1 | 101.5 | 100.0 |
| 鞋袜帽 | Footwear,Socks and Hats | 102.4 | 112.6 | 98.0 | 103.2 |
| 鞋 | Shoes | 102.6 | 114.0 | 97.8 | 103.8 |
| 袜子 | Socks and Stockings | 100.0 | 108.7 | 100.0 | 98.5 |
| 帽子 | Hats | 109.4 | 93.6 | 100.0 | 98.1 |
| 其他 | Others | 99.9 | 94.8 | 100.0 | 100.0 |

3—10 续表

（以上年同期价格为100） (Preceding year=100)

| 指 标 | Item | 南宁市 Nanning | 柳州市 Liuzhou | 桂林市 Guilin | 梧州市 Wuzhou |
|---|---|---|---|---|---|
| **纺织品** | **Textiles** | **100.8** | **98.9** | **99.3** | **102.1** |
| 衣着材料 | Clothing Material | 100.0 | 110.1 | 100.0 | 100.0 |
| 床上用品 | Bed Articles | 101.1 | 93.5 | 99.1 | 103.2 |
| **家用电器及音像器材** | **Electric Household Appliance and Sound Apparatus** | **100.0** | **95.2** | **100.7** | **96.2** |
| 家庭设备 | Household Facilities | 105.8 | 101.9 | 101.9 | 101.3 |
| 文娱用耐用消费品 | Durable Consuming Goods for Entertainment | 92.1 | 89.4 | 99.4 | 88.9 |
| 音像器材类 | Sound Apparatus | 97.4 | 100.0 | 100.0 | 100.0 |
| **文化办公用品** | **Cultural and Office Goods** | **97.9** | **98.2** | **98.7** | **98.9** |
| **日用品** | **Articles for Daily Use** | **101.8** | **105.4** | **100.5** | **101.4** |
| 日用百货 | Merchandiles for Daily Use | 101.9 | 104.0 | 101.7 | 98.7 |
| 日用杂品 | Sundries for Daily Use | 100.0 | 111.7 | 100.9 | 101.3 |
| 洗涤用品 | Washing and Cleaning Goods | 103.3 | 103.1 | 98.7 | 103.6 |
| 其他日用品 | Other Daily-use Goods | 101.1 | 104.6 | 100.5 | 102.5 |
| **体育娱乐用品** | **Sports and Entertainment Goods** | **100.4** | **102.6** | **98.4** | **99.6** |
| 体育用品 | Sports Goods | 99.9 | 107.3 | 96.9 | 98.7 |
| 娱乐用品 | Recreational Goods | 100.9 | 97.7 | 100.0 | 100.7 |
| **交通、通信用品** | **Traffic and Telecommunication Goods** | **89.4** | **89.9** | **94.5** | **90.8** |
| 交通运输机械 | Traffic and Transport Machinery | 97.1 | 92.5 | 96.1 | 97.4 |
| 通信器材类 | Telecommunication Apparatus | 75.3 | 85.1 | 88.4 | 79.3 |
| **家具** | **Furniture** | **101.3** | **95.7** | **101.4** | **100.5** |
| **化妆品类** | **Cosmetics** | **100.4** | **106.2** | **95.4** | **99.3** |
| **金银珠宝类** | **Gold and Silver Jewls** | **103.4** | **111.9** | **108.1** | **112.4** |
| **中西药品及医疗保健用品类** | **Chinese and Western Medicines and Health Supplies** | **98.6** | **103.7** | **101.0** | **103.5** |
| 医疗器具及用品 | Medical-care Apparatus and Goods | 98.8 | 101.0 | 107.4 | 93.7 |
| 中药材及中成药 | Chinese Herbs and Patent Medicine | 100.6 | 116.6 | 104.9 | 118.1 |
| 西药 | Western Medicine | 96.6 | 94.5 | 99.1 | 97.7 |
| 保健品及器具 | Healthy Devices and Goods | 98.3 | 96.1 | 98.7 | 103.8 |
| **书报杂志及电子出版物类** | **Books, Magazines and Electronic Publications** | **97.5** | **97.6** | **98.7** | **100.0** |
| 教材及参考书 | Texts and Reference Books | 91.9 | 94.1 | 94.8 | 93.2 |
| 书报杂志 | Newspapers and Magazines | 100.0 | 100.0 | 100.0 | 104.3 |
| 电子音像制品 | Electronic Audio and Video Products | 103.2 | 98.6 | 100.0 | 100.0 |
| **燃料类** | **Fuels** | **102.9** | **102.6** | **102.7** | **103.3** |
| 煤炭及制品类 | Coal and Its Products | 95.4 | 100.0 | 105.7 | 99.2 |
| 石油及制品类 | Oil and Its Products | 103.4 | 102.9 | 102.1 | 104.0 |
| **建筑材料及五金电料类** | **Building Apparatus and Hardwares** | **111.0** | **107.4** | **108.3** | **108.3** |
| 建筑装璜材料 | Building Decoration Materials | 114.0 | 106.6 | 109.7 | 109.1 |
| 五金电料类 | Hardwares and Electrical Apparatus | 100.0 | 110.0 | 102.6 | 105.4 |

Continued

（以上年同期价格为100） (Preceding year=100)

| 指　　标 | Item | 北海市 Beihai | 贵港市 Guigang | 贺州市 Hezhou | 百色市 Baise |
|---|---|---|---|---|---|
| **纺织品** | **Textiles** | **100.0** | **94.4** | **101.8** | **97.8** |
| 衣着材料 | Clothing Material | 100.1 | 96.1 | 104.2 | 97.6 |
| 床上用品 | Bed Articles | 100.0 | 93.4 | 99.9 | 98.0 |
| **家用电器及音像器材** | **Electric Household Appliance and Sound Apparatus** | **93.1** | **94.3** | **99.4** | **91.2** |
| 家庭设备 | Household Facilities | 99.6 | 99.6 | 99.8 | 99.2 |
| 文娱用耐用消费品 | Durable Consuming Goods for Entertainment | 85.1 | 88.0 | 98.7 | 81.3 |
| 音像器材类 | Sound Apparatus | 100.0 | 100.0 | 100.0 | 100.0 |
| **文化办公用品** | **Cultural and Office Goods** | **95.3** | **97.5** | **98.1** | **93.0** |
| **日用品** | **Articles for Daily Use** | **102.0** | **101.0** | **102.1** | **101.1** |
| 日用百货 | Merchandiles for Daily Use | 100.8 | 97.9 | 102.1 | 98.0 |
| 日用杂品 | Sundries for Daily Use | 100.2 | 102.1 | 100.3 | 104.0 |
| 洗涤用品 | Washing and Cleaning Goods | 104.9 | 106.0 | 104.7 | 102.9 |
| 其他日用品 | Other Daily-use Goods | 101.2 | 97.9 | 99.8 | 100.0 |
| **体育娱乐用品** | **Sports and Entertainment Goods** | **98.7** | **98.0** | **99.7** | **98.7** |
| 体育用品 | Sports Goods | 100.7 | 96.2 | 99.3 | 99.2 |
| 娱乐用品 | Recreational Goods | 96.7 | 99.5 | 100.1 | 98.2 |
| **交通、通信用品** | **Traffic and Telecommunication Goods** | **96.7** | **90.9** | **93.0** | **95.4** |
| 交通运输机械 | Traffic and Transport Machinery | 99.0 | 97.0 | 95.8 | 99.4 |
| 通信器材类 | Telecommunication Apparatus | 91.7 | 79.5 | 89.2 | 87.1 |
| **家具** | **Furniture** | **100.0** | **102.4** | **100.0** | **100.4** |
| **化妆品类** | **Cosmetics** | **100.0** | **101.1** | **100.1** | **100.2** |
| **金银珠宝类** | **Gold and Silver Jewls** | **108.5** | **107.4** | **107.2** | **104.5** |
| **中西药品及医疗保健用品类** | **Chinese and Western Medicines and Health Supplies** | **102.6** | **109.8** | **101.3** | **97.9** |
| 医疗器具及用品 | Medical-care Apparatus and Goods | 98.9 | 98.0 | 100.0 | 100.6 |
| 中药材及中成药 | Chinese Herbs and Patent Medicine | 107.6 | 126.3 | 105.9 | 99.1 |
| 西药 | Western Medicine | 98.5 | 99.6 | 98.3 | 96.3 |
| 保健品及器具 | Healthy Devices and Goods | 104.1 | 101.3 | 100.0 | 100.0 |
| **书报杂志及电子出版物类** | **Books, Magazines and Electronic Publications** | **98.1** | **99.9** | **95.9** | **99.3** |
| 教材及参考书 | Texts and Reference Books | 93.4 | 98.2 | 91.2 | 96.9 |
| 书报杂志 | Newspapers and Magazines | 101.3 | 99.9 | 100.0 | 101.9 |
| 电子音像制品 | Electronic Audio and Video Products | 100.0 | 102.2 | 100.0 | 100.4 |
| **燃料类** | **Fuels** | **104.9** | **105.6** | **103.5** | **107.0** |
| 煤炭及制品类 | Coal and Its Products | 109.1 |  | 103.3 | 112.1 |
| 石油及制品类 | Oil and Its Products | 104.3 | 105.6 | 103.5 | 105.8 |
| **建筑材料及五金电料类** | **Building Apparatus and Hardwares** | **108.0** | **104.3** | **108.9** | **101.1** |
| 建筑装璜材料 | Building Decoration Materials | 109.9 | 105.5 | 110.8 | 101.2 |
| 五金电料类 | Hardwares and Electrical Apparatus | 102.2 | 100.1 | 101.1 | 100.8 |

# 3—11 农业生产资料价格分类指数（2007年）

## Price Indices of Means of Agricultural Production（2007）

（以上年同期价格为100） (Preceding year=100)

| 指标 | Item | 全区 Province | 城市 Urban Areas | 农村 Rural Areas |
|---|---|---|---|---|
| **农业生产资料价格指数** | **Price Index of Means of Agricultural Production** | **114.4** | **-** | **114.4** |
| 农用手工工具 | Agricultural Craft Tool | 109.4 | - | 109.4 |
| 农用手工工具 | Agricultural Craft Tool | 109.4 | - | 109.4 |
| 饲料 | Forage | 101.6 | - | 101.6 |
| 混合饲料 | Mixed Forage | 103.8 | - | 103.8 |
| 其他 | Others | 93.7 | - | 93.7 |
| 产品畜 | Animals for Products | 182.0 | - | 182.0 |
| 幼禽家畜 | Domestic Animals and Young Poultry | 182.0 | - | 182.0 |
| 半机械化农具 | Semi-mechanized Farm Tools | 103.8 | - | 103.8 |
| 半机械化农具 | Semi-mechanized Farm Tools | 103.8 | - | 103.8 |
| 机械化农具 | Mechanized Farm Machinery | 101.8 | - | 101.8 |
| 农用机械 | Agricultural Machinery | 101.8 | - | 101.8 |
| 化学肥料 | Chemical Fertilizer | 107.3 | - | 107.3 |
| 氮肥 | Nitrogen Fertilizer | 105.9 | - | 105.9 |
| 磷肥 | Phosphate Fertilizer | 109.1 | - | 109.1 |
| 钾肥 | Calcium Fertilizer | 112.4 | - | 112.4 |
| 复合肥料 | Compounded Fertilizer | 105.9 | - | 105.9 |
| 农药及农药械 | Pesticide & Its Appliances | 98.9 | - | 98.9 |
| 化学农药 | Chemical Pesticide | 98.8 | - | 98.8 |
| 杀虫剂 | Insecticide | 99.8 | - | 99.8 |
| 杀菌剂 | Disinfectant | 96.4 | - | 96.4 |
| 除草剂 | Herbicide | 102.5 | - | 102.5 |
| 农药器械 | Pesticide Apparatus | 99.3 | - | 99.3 |
| 农药器械 | Pesticide Apparatus | 99.3 | - | 99.3 |
| 农用机油 | Oil for Farm Machinery | 103.9 | - | 103.9 |
| 农用机油 | Oil for Farm Machinery | 103.9 | - | 103.9 |
| 其他农业生产资料 | Others | 99.3 | - | 99.3 |
| 农用种子 | Seeds for Farm | 95.5 | - | 95.5 |
| 农用种子 | Seeds for Farm | 95.5 | - | 95.5 |
| 其他 | Others | 104.2 | - | 104.2 |
| 农用薄膜 | Agricultural Membrane | 103.0 | - | 103.0 |
| 其他 | Others | 105.8 | - | 105.8 |
| 农业生产服务 | Agricultural Production Service | 104.7 | - | 104.7 |
| 排灌费 | Irrigation Costs | 104.8 | - | 104.8 |
| 机械作业费 | Machinery Operating Costs | 100.1 | - | 100.1 |
| 其他 | Others | 116.6 | - | 116.6 |

# 3—12 分月农业生产资料价格分类指数（2007年）

（以上年同期价格为100）

| 指　标 | Item | 1 月 January | 2 月 February | 3 月 March |
|---|---|---|---|---|
| **农业生产资料价格指数** | **Price Index of Means of Agricultural Production** | **104.9** | **105.2** | **104.6** |
| 农用手工工具 | Agricultural Craft Tool | 101.3 | 101.3 | 105.5 |
| 农用手工工具 | Agricultural Craft Tool | 101.3 | 101.3 | 105.5 |
| 饲料 | Forage | 100.4 | 101.4 | 101.4 |
| 混合饲料 | Mixed Forage | 100.6 | 103.1 | 103.1 |
| 其他 | Others | 99.9 | 95.4 | 95.6 |
| 产品畜 | Animals for Products | 137.8 | 128.8 | 118.6 |
| 幼禽家畜 | Domestic Animals and Young Poultry | 137.8 | 128.8 | 118.6 |
| 半机械化农具 | Semi-mechanized Farm Tools | 109.8 | 109.8 | 103.8 |
| 半机械化农具 | Semi-mechanized Farm Tools | 109.8 | 109.8 | 103.8 |
| 机械化农具 | Mechanized Farm Machinery | 103.7 | 103.5 | 103.5 |
| 农用机械 | Agricultural Machinery | 103.7 | 103.5 | 103.5 |
| 化学肥料 | Chemical Fertilizer | 97.5 | 100.6 | 101.5 |
| 氮肥 | Nitrogen Fertilizer | 92.9 | 99.5 | 101.2 |
| 磷肥 | Phosphate Fertilizer | 99.9 | 99.7 | 100.3 |
| 钾肥 | Calcium Fertilizer | 102.9 | 102.1 | 103.1 |
| 复合肥料 | Compounded Fertilizer | 100.4 | 101.9 | 101.3 |
| 农药及农药械 | Pesticide & Its Appliances | 96.8 | 97.2 | 97.5 |
| 化学农药 | Chemical Pesticide | 96.6 | 97.1 | 97.5 |
| 杀虫剂 | Insecticide | 98.9 | 98.9 | 100.0 |
| 杀菌剂 | Disinfectant | 94.4 | 93.6 | 92.8 |
| 除草剂 | Herbicide | 90.9 | 100.0 | 100.9 |
| 农药器械 | Pesticide Apparatus | 97.6 | 97.6 | 97.6 |
| 农药器械 | Pesticide Apparatus | 97.6 | 97.6 | 97.6 |
| 农用机油 | Oil for Farm Machinery | 111.9 | 110.9 | 110.3 |
| 农用机油 | Oil for Farm Machinery | 111.9 | 110.9 | 110.3 |
| 其他农业生产资料 | Others | 98.3 | 97.9 | 101.3 |
| 农用种子 | Seeds for Farm | 91.5 | 90.8 | 96.6 |
| 农用种子 | Seeds for Farm | 91.5 | 90.8 | 96.6 |
| 其他 | Others | 107.3 | 107.3 | 107.3 |
| 农用薄膜 | Agricultural Membrane | 103.8 | 103.8 | 104.3 |
| 其他 | Others | 112.6 | 112.6 | 111.6 |
| 农业生产服务 | Agricultural Production Service | 101.8 | 101.8 | 102.6 |
| 排灌费 | Irrigation Costs | 100.0 | 100.0 | 100.0 |
| 机械作业费 | Machinery Operating Costs | 104.5 | 104.5 | 104.5 |
| 其他 | Others | 100.0 | 100.0 | 105.8 |

## Price Indices of Means of Agricultural Production by Month（2007）

（Preceding year=100）

| 4 月<br>April | 5 月<br>May | 6 月<br>June | 7 月<br>July | 8 月<br>August | 9 月<br>September | 10 月<br>October | 11 月<br>November | 12 月<br>December |
|---|---|---|---|---|---|---|---|---|
| **108.5** | **107.5** | **108.3** | **121.6** | **123.4** | **122.4** | **118.7** | **122.8** | **123.9** |
| 105.5 | 111.2 | 111.7 | 112.4 | 112.4 | 110.7 | 110.7 | 110.7 | 118.7 |
| 105.5 | 111.2 | 111.7 | 112.4 | 112.4 | 110.7 | 110.7 | 110.7 | 118.7 |
| 99.7 | 98.3 | 95.0 | 96.9 | 97.1 | 106.2 | 105.0 | 108.7 | 109.7 |
| 103.1 | 103.2 | 103.2 | 103.3 | 103.4 | 104.1 | 107.4 | 105.3 | 106.1 |
| 87.8 | 80.9 | 65.8 | 71.3 | 71.7 | 113.6 | 96.7 | 120.9 | 122.7 |
| 154.2 | 146.0 | 156.8 | 256.1 | 266.5 | 239.7 | 198.3 | 190.9 | 179.7 |
| 154.2 | 146.0 | 156.8 | 256.1 | 266.5 | 239.7 | 198.3 | 190.9 | 179.7 |
| 103.5 | 103.5 | 104.7 | 104.7 | 101.4 | 101.4 | 101.4 | 101.4 | 101.1 |
| 103.5 | 103.5 | 104.7 | 104.7 | 101.4 | 101.4 | 101.4 | 101.4 | 101.1 |
| 103.6 | 102.1 | 102.1 | 102.1 | 100.6 | 100.0 | 100.4 | 100.4 | 100.1 |
| 103.6 | 102.1 | 102.1 | 102.1 | 100.6 | 100.0 | 100.4 | 100.4 | 100.1 |
| 102.5 | 102.7 | 103.6 | 106.2 | 107.1 | 107.2 | 108.5 | 122.5 | 128.3 |
| 102.1 | 103.5 | 104.0 | 105.9 | 107.3 | 107.6 | 109.3 | 117.0 | 123.0 |
| 103.8 | 100.4 | 102.2 | 111.3 | 111.3 | 112.4 | 112.4 | 115.4 | 140.5 |
| 101.9 | 103.0 | 105.0 | 104.7 | 107.2 | 107.2 | 108.5 | 159.0 | 143.5 |
| 102.3 | 102.0 | 102.6 | 104.3 | 104.5 | 103.9 | 105.2 | 118.9 | 123.0 |
| 97.8 | 99.2 | 99.9 | 99.9 | 99.8 | 99.7 | 99.7 | 99.6 | 99.6 |
| 97.6 | 99.1 | 99.8 | 99.8 | 99.8 | 99.7 | 99.7 | 99.6 | 99.6 |
| 100.0 | 100.0 | 100.0 | 100.0 | 100.0 | 100.0 | 100.0 | 100.0 | 100.0 |
| 92.8 | 96.2 | 98.3 | 98.3 | 98.3 | 98.3 | 98.3 | 98.3 | 98.3 |
| 102.7 | 106.1 | 106.1 | 106.1 | 105.1 | 103.9 | 103.9 | 102.9 | 102.9 |
| 98.8 | 100.0 | 100.0 | 100.0 | 100.0 | 100.0 | 100.0 | 100.0 | 100.0 |
| 98.8 | 100.0 | 100.0 | 100.0 | 100.0 | 100.0 | 100.0 | 100.0 | 100.0 |
| 107.5 | 104.9 | 97.9 | 98.0 | 98.0 | 98.0 | 98.2 | 106.4 | 107.5 |
| 107.5 | 104.9 | 97.9 | 98.0 | 98.0 | 98.0 | 98.2 | 106.4 | 107.5 |
| 99.1 | 98.2 | 99.0 | 100.9 | 100.1 | 99.9 | 99.0 | 99.0 | 99.1 |
| 92.7 | 92.7 | 94.5 | 97.9 | 97.9 | 97.9 | 97.9 | 97.9 | 97.9 |
| 92.7 | 92.7 | 94.5 | 97.9 | 97.9 | 97.9 | 97.9 | 97.9 | 97.9 |
| 107.4 | 105.3 | 104.7 | 104.7 | 102.9 | 102.3 | 100.5 | 100.5 | 100.7 |
| 104.3 | 104.3 | 103.5 | 103.5 | 103.5 | 103.5 | 100.6 | 100.6 | 100.6 |
| 112.0 | 106.8 | 106.3 | 106.3 | 102.0 | 100.6 | 100.3 | 100.3 | 101.0 |
| 102.6 | 106.3 | 104.5 | 104.5 | 106.1 | 106.6 | 106.6 | 106.6 | 106.6 |
| 100.0 | 100.0 | 100.0 | 100.0 | 100.0 | 114.5 | 114.5 | 114.5 | 114.5 |
| 104.5 | 109.3 | 104.6 | 104.6 | 104.6 | 90.4 | 90.4 | 90.4 | 90.4 |
| 105.8 | 119.6 | 119.6 | 119.6 | 131.2 | 124.5 | 124.5 | 124.5 | 124.5 |

# 3—13 农业生产资料价格分类指数

## Price Indices of Means of Agricultural Production

（以上年同期价格为100）

| 指 标 | Item | 2003 | 2004 | 2005 | 2006 |
|---|---|---|---|---|---|
| **农业生产资料价格指数** | **Price Index of Means of Agricultural Production** | **102.4** | **115.3** | **110.5** | **101.0** |
| 农用手工工具 | Agricultural Craft Tool | 100.4 | 120.9 | 106.1 | 102.4 |
| 农用手工工具 | Agricultural Craft Tool | 100.4 | 120.9 | 106.1 | 102.4 |
| 饲料 | Forage | 98.8 | 113.8 | 108.9 | 99.6 |
| 混合饲料 | Mixed Forage | 98.2 | 112.9 | 109.2 | 98.7 |
| 其他 | Others | 100.0 | 115.9 | 108.3 | 102.4 |
| 产品畜 | Animals for Products | 102.7 | 130.3 | 102.6 | 105.3 |
| 幼禽家畜 | Domestic Animals and Young Poultry | 102.7 | 130.3 | 102.6 | 105.3 |
| 半机械化农具 | Semi-mechanized Farm Tools | 99.8 | 106.7 | 107.4 | 110.4 |
| 半机械化农具 | Semi-mechanized Farm Tools | 99.8 | 106.7 | 107.4 | 110.4 |
| 机械化农具 | Mechanized Farm Machinery | 98.4 | 106.7 | 103.7 | 103.7 |
| 农用机械 | Agricultural Machinery | 98.4 | 106.7 | 103.7 | 103.7 |
| 化学肥料 | Chemical Fertilizer | 101.1 | 114.2 | 112.6 | 97.0 |
| 氮肥 | Nitrogen Fertilizer | 102.9 | 118.5 | 111.5 | 92.4 |
| 磷肥 | Phosphate Fertilizer | 97.0 | 100.9 | 101.1 | 98.4 |
| 钾肥 | Calcium Fertilizer | 103.9 | 131.9 | 123.1 | 101.5 |
| 复合肥料 | Compounded Fertilizer | 98.3 | 106.1 | 117.1 | 101.0 |
| 农药及农药械 | Pesticide & Its Appliances | 109.8 | 109.5 | 106.0 | 98.7 |
| 化学农药 | Chemical Pesticide | 102.0 | 107.7 | 105.5 | 98.4 |
| 杀虫剂 | Insecticide | 101.5 | 107.2 | 104.2 | 99.8 |
| 杀菌剂 | Disinfectant | 103.2 | 108.9 | 106.7 | 98.0 |
| 除草剂 | Herbicide | 101.8 | 106.6 | 109.1 | 91.2 |
| 农药器械 | Pesticide Apparatus | 161.9 | 115.4 | 109.3 | 100.3 |
| 农药器械 | Pesticide Apparatus | 161.9 | 115.4 | 109.3 | 100.3 |
| 农用机油 | Oil for Farm Machinery | 111.8 | 108.4 | 114.4 | 116.1 |
| 农用机油 | Oil for Farm Machinery | 111.8 | 108.4 | 114.4 | 116.1 |
| 其他农业生产资料 | Others | 105.6 | 103.9 | 122.5 | 97.3 |
| 农用种子 | Seeds for Farm | 111.6 | 106.7 | 133.4 | 91.2 |
| 农用种子 | Seeds for Farm | 111.6 | 106.7 | 133.4 | 91.2 |
| 其他 | Others | 97.8 | 100.3 | 109.4 | 105.9 |
| 农用薄膜 | Agricultural Membrane | | | 102.2 | 102.2 |
| 其他 | Others | 97.8 | 100.3 | 109.4 | 111.7 |
| 农业生产服务 | Agricultural Production Service | | | 103.4 | 103.4 |
| 排灌费 | Irrigation Costs | | | 100.0 | 100.0 |
| 机械作业费 | Machinery Operating Costs | | | 107.3 | 107.3 |
| 其他 | Others | | | 104.3 | 104.3 |

# 3—14 工业产品出厂价格指数

## Ex-Factory Price Indices of Industrial Products

（上年＝100） (Preceding year=100)

| 类 别 | Item | 1995 | 2000 | 2002 | 2003 |
|---|---|---|---|---|---|
| **全部工业品** | **Total Industrial Products** | **117.2** | **105.5** | **95.6** | **102.8** |
| # 轻工业 | # Light Industry | 123.8 | 109.0 | 90.6 | 98.8 |
| 以农产品为原料 | Using Farm Produces as Raw Materials | 126.0 | 109.9 | 89.8 | 98.4 |
| 以非农产品为原料 | Using Nof-farm Produces as Raw Materials | 113.1 | 100.4 | 97.0 | 99.8 |
| 重工业 | Heavy Industry | 111.2 | 103.1 | 98.4 | 105.7 |
| 采掘 | Mining and Quarrying | 126.0 | 106.1 | 102.5 | 107.5 |
| 原料 | Raw Materials | 105.3 | 106.1 | 98.3 | 107.9 |
| 加工 | Processing | 115.8 | 96.0 | 98.3 | 103.1 |
| # 生产资料 | # Means of Production | 114.2 | 103.2 | 98.2 | 105.3 |
| 生活资料 | Living Materials | 121.4 | 110.4 | 88.5 | 96.3 |
| **按工业部门分** | Grouped by Department of Industry | | | | |
| 冶金工业 | Metallurgical Industry | 111.0 | 108.5 | 94.3 | 115.9 |
| 电力工业 | Power Industry | 107.9 | 112.6 | 101.8 | 100.0 |
| 煤炭及炼焦工业 | Coal and Coking Industry | 100.9 | 104.1 | 113.0 | 100.9 |
| 化学工业 | Chemical Industry | 129.2 | 95.6 | 98.2 | 102.4 |
| 机械工业 | Machine Building Industry | 106.2 | 95.7 | 98.4 | 96.8 |
| 建筑材料工业 | Building Materials Industry | 95.2 | 100.6 | 99.3 | 100.9 |
| 森林工业 | Timber Industry | 99.8 | 101.4 | 94.9 | 97.1 |
| 食品工业 | Food Industry | 124.4 | 111.1 | 88.1 | 96.9 |
| 纺织工业 | Textile Industry | 126.1 | 115.5 | 88.5 | 108.9 |
| 造纸工业 | Paper Industry | 146.6 | 111.2 | 96.8 | 102.1 |
| 其它工业 | Other Industry | 126.1 | 98.4 | 101.8 | 102.2 |

| 类 别 | Item | 2004 | 2005 | 2006 | 2007 |
|---|---|---|---|---|---|
| **全部工业品** | **Total Industrial Products** | **109.7** | **104.9** | **109.6** | **104.5** |
| # 轻工业 | # Light Industry | 110.0 | 105.8 | 113.3 | 97.7 |
| 以农产品为原料 | Using Farm Produces as Raw Materials | 112.6 | 107.5 | 119.1 | 95.6 |
| 以非农产品为原料 | Using Nof-farm Produces as Raw Materials | 104.6 | 101.8 | 100.3 | 102.9 |
| 重工业 | Heavy Industry | 109.5 | 104.2 | 106.7 | 108.3 |
| 采掘 | Mining and Quarrying | 121.3 | 126.5 | 137.4 | 117.8 |
| 原料 | Raw Materials | 110.3 | 105.2 | 111.8 | 106.9 |
| 加工 | Processing | 107.9 | 101.5 | 99.5 | 109.1 |
| # 生产资料 | # Means of Production | 110.5 | 104.0 | 105.5 | 107.3 |
| 生活资料 | Living Materials | 108.1 | 106.8 | 119.9 | 94.5 |
| **按工业部门分** | Grouped by Department of Industry | | | | |
| 冶金工业 | Metallurgical Industry | 128.9 | 106.4 | 117.2 | 116.5 |
| 电力工业 | Power Industry | 102.2 | 100.9 | 102.7 | 102.7 |
| 煤炭及炼焦工业 | Coal and Coking Industry | 109.2 | 133.1 | 106.1 | 99.9 |
| 化学工业 | Chemical Industry | 107.3 | 108.0 | 101.4 | 102.6 |
| 机械工业 | Machine Building Industry | 99.7 | 100.6 | 101.3 | 101.5 |
| 建筑材料工业 | Building Materials Industry | 107.7 | 98.3 | 100.2 | 105.1 |
| 森林工业 | Timber Industry | 103.1 | 100.5 | 103.2 | 108.5 |
| 食品工业 | Food Industry | 114.6 | 109.4 | 124.5 | 94.3 |
| 纺织工业 | Textile Industry | 115.4 | 99.9 | 104.0 | 91.3 |
| 造纸工业 | Paper Industry | 103.7 | 102.0 | 99.7 | 102.2 |
| 其它工业 | Other Industry | 99.9 | 103.8 | 103.5 | 100.3 |

# 3—15 分月工业产品出厂价格指数（2007年）

（上年=100）

| 类　别 | Item | 全年 Annual Year | 1月 January | 2月 February | 3月 March |
|---|---|---|---|---|---|
| **全部工业品** | **Total Industrial Products** | 104.5 | 104.4 | 103.5 | 103.1 |
| # 轻工业 | # Light Industry | 97.7 | 97.3 | 94.9 | 94.4 |
| 以农产品为原料 | Using Farm Produces as Raw Materials | 95.6 | 96.8 | 92.5 | 91.6 |
| 以非农产品为原料 | Using Non-farm Produces as Raw Materials | 102.9 | 98.8 | 100.8 | 101.4 |
| 重工业 | Heavy Industry | 108.3 | 108.3 | 108.1 | 107.9 |
| 采掘 | Mining and Quarrying | 117.8 | 117.4 | 115.9 | 121.5 |
| 原料 | Raw Material | 106.9 | 111.8 | 109.8 | 108.7 |
| 加工 | Processing | 109.1 | 104.2 | 105.9 | 105.9 |
| # 生产资料 | # Means of Production | 107.3 | 106.9 | 106.8 | 106.6 |
| 采掘 | Mining and Quarrying | 117.8 | 117.4 | 115.9 | 121.5 |
| 原料 | Raw Material | 106.6 | 111.3 | 109.4 | 108.3 |
| 加工 | Processing | 107.3 | 103.2 | 104.6 | 104.5 |
| 生活资料 | Life Material | 94.5 | 95.6 | 91.1 | 90.6 |
| 食品 | Food | 93.6 | 95.4 | 89.6 | 88.8 |
| 衣着 | Clothing | 100.7 | 98.9 | 102.1 | 101.6 |
| 一般日用品 | Articles for Daily Use | 98.8 | 96.6 | 98.2 | 99.0 |
| 耐用消费品 | Durable Consumers' Goods | 100.7 | 100.5 | 100.7 | 99.2 |
| **按工业部门分** | **Grouped by Department of Industry** | | | | |
| 冶金工业 | Metallurgical Industry | 116.5 | 115.4 | 115.4 | 115.1 |
| 电力工业 | Power Industry | 102.7 | 105.9 | 104.9 | 104.4 |
| 煤炭及炼焦工业 | Coal and Coking Industry | 99.9 | 94.9 | 90.9 | 95.7 |
| 石油工业 | Petroleum Industry | 104.4 | 106.9 | 105.9 | 106.0 |
| 化学工业 | Chemical Industry | 102.6 | 98.5 | 98.3 | 99.0 |
| 机械工业 | Machine Buiding Industry | 101.5 | 102.4 | 103.3 | 103.0 |
| 建筑材料工业 | Buiding Material Industry | 105.1 | 98.2 | 101.3 | 101.5 |
| 森林工业 | Timber Industry | 108.5 | 105.1 | 107.1 | 108.1 |
| 食品工业 | Food Industry | 94.3 | 96.1 | 90.7 | 89.1 |
| 纺织工业 | Textile Industry | 91.3 | 92.4 | 90.4 | 87.7 |
| 缝纫工业 | Tailoring Industry | 100.2 | 100.1 | 104.6 | 100.0 |
| 皮革工业 | Leather Industry | 103.7 | 93.5 | 96.2 | 99.5 |
| 造纸工业 | Paper Industry | 102.2 | 101.5 | 100.5 | 101.1 |
| 文教艺术用品工业 | Cultural, Educational and Handicraft Articles | 98.3 | 92.5 | 100.2 | 104.3 |
| 其它工业 | Other Industry | 100.3 | 109.2 | 104.6 | 102.9 |

# Ex-Factory Price Indices of Industrial Products by Month（2007）

(Preceding year=100)

| 4月 April | 5月 May | 6月 June | 7月 July | 8月 August | 9月 September | 10月 October | 11月 November | 12月 December |
|---|---|---|---|---|---|---|---|---|
| 103.1 | 103.2 | 103.6 | 102.3 | 104.0 | 105.9 | 106.5 | 106.9 | 108.1 |
| 95.6 | 96.3 | 96.1 | 95.6 | 98.3 | 99.8 | 101.0 | 100.7 | 102.2 |
| 93.7 | 94.4 | 94.3 | 93.9 | 96.8 | 98.4 | 99.0 | 97.5 | 98.9 |
| 100.3 | 101.1 | 100.8 | 100.1 | 102.1 | 103.4 | 105.9 | 109.0 | 110.8 |
| 107.3 | 107.0 | 107.7 | 106.0 | 107.1 | 109.2 | 109.5 | 110.3 | 111.4 |
| 120.2 | 122.3 | 129.7 | 120.1 | 122.6 | 115.2 | 110.3 | 109.4 | 108.9 |
| 108.0 | 105.4 | 105.3 | 104.6 | 105.9 | 106.7 | 106.1 | 104.9 | 106.0 |
| 105.6 | 107.4 | 108.5 | 106.4 | 107.2 | 111.5 | 112.9 | 116.2 | 117.4 |
| 106.1 | 106.1 | 106.5 | 105.0 | 106.1 | 108.2 | 108.6 | 109.9 | 110.9 |
| 120.2 | 122.3 | 129.7 | 120.1 | 122.6 | 115.2 | 110.3 | 109.4 | 108.9 |
| 107.6 | 105.1 | 104.9 | 104.4 | 105.3 | 106.3 | 105.9 | 104.6 | 105.5 |
| 104.2 | 105.9 | 106.4 | 104.6 | 105.8 | 109.2 | 110.6 | 113.9 | 115.1 |
| 92.6 | 92.8 | 93.1 | 92.8 | 96.3 | 97.5 | 98.5 | 95.7 | 98.0 |
| 91.5 | 91.3 | 91.7 | 91.5 | 95.8 | 97.0 | 98.4 | 94.9 | 97.7 |
| 98.4 | 95.5 | 99.6 | 102.5 | 98.9 | 104.0 | 101.2 | 104.2 | 101.9 |
| 97.8 | 100.3 | 99.7 | 99.4 | 98.6 | 99.3 | 98.8 | 99.0 | 99.2 |
| 100.3 | 101.9 | 101.6 | 100.3 | 100.0 | 100.8 | 100.6 | 100.9 | 101.1 |
| | | | | | | | | |
| 112.8 | 112.2 | 114.6 | 112.1 | 116.1 | 120.1 | 120.6 | 121.0 | 122.6 |
| 104.2 | 105.1 | 104.6 | 101.8 | 100.3 | 101.1 | 101.0 | 99.9 | 99.2 |
| 98.3 | 100.0 | 98.7 | 100.1 | 99.6 | 99.4 | 102.5 | 108.6 | 109.7 |
| 105.3 | 102.7 | 100.2 | 101.0 | 100.7 | 99.5 | 101.7 | 109.2 | 114.3 |
| 98.7 | 99.5 | 101.3 | 102.6 | 102.4 | 104.0 | 105.3 | 108.4 | 113.1 |
| 104.2 | 103.0 | 101.7 | 100.9 | 99.7 | 100.8 | 100.1 | 100.0 | 98.6 |
| 100.5 | 102.4 | 101.4 | 99.7 | 103.2 | 105.6 | 110.4 | 116.7 | 119.8 |
| 113.5 | 114.2 | 113.7 | 112.6 | 111.7 | 107.4 | 101.5 | 103.4 | 103.6 |
| 92.2 | 91.7 | 92.2 | 91.7 | 96.4 | 97.8 | 99.4 | 96.0 | 98.9 |
| 87.5 | 91.7 | 94.1 | 93.3 | 92.2 | 91.3 | 89.3 | 93.0 | 92.8 |
| 100.5 | 100.7 | 100.5 | 100.5 | 92.5 | 100.7 | 101.1 | 100.1 | 100.9 |
| 96.9 | 99.6 | 99.3 | 103.2 | 107.5 | 109.1 | 108.9 | 115.2 | 115.2 |
| 101.7 | 102.7 | 101.5 | 102.4 | 101.6 | 102.4 | 102.8 | 104.0 | 104.1 |
| 100.7 | 100.2 | 104.0 | 98.6 | 102.5 | 100.1 | 93.3 | 92.9 | 90.5 |
| 103.3 | 108.2 | 99.1 | 93.6 | 94.1 | 102.9 | 97.2 | 101.5 | 87.3 |

## 3—16 分行业工业产品出厂价格指数（2007年）

（上年=100）

| 类　别 | Item | 全年 Annual Year | 1月 January | 2月 February |
|---|---|---|---|---|
| **煤炭开采和洗选业** | **Coal Mining and Selecting Industry** | **99.9** | **94.9** | **90.9** |
| 烟煤和无烟煤的开采洗选 | The Bituminous Coal and Anthracite Coals Mining and Dressing | 100.0 | 94.5 | 91.0 |
| 褐煤的开采洗选 | The Brown Coals Mine and Selecting | 99.6 | 95.8 | 90.8 |
| **黑色金属矿采选业** | **Black Metal Mineral Mining and Selecting Industry** | **105.9** | **104.1** | **103.9** |
| 铁矿采选 | The Iron Mineral Mining and Selecting | 99.5 | 111.7 | 111.7 |
| 其他黑色金属矿采选 | Other Black Metal Mineral Mining and Selecting | 108.1 | 101.6 | 101.3 |
| **有色金属矿采选业** | **Colored Metal Mineral Mining and Selecting** | **133.7** | **146.6** | **147.1** |
| 常用有色金属矿采选 | The Regular Colored Metal Mineral Mining and Selecting | 134.5 | 146.7 | 147.7 |
| 贵金属矿采选 | The Precious Metal Mineral Mining and Selecting | 113.2 | 144.0 | 132.7 |
| **非金属矿采选业** | **Non-Metal Mineral Mining and Selecting** | **117.0** | **103.8** | **106.5** |
| 化学矿采选 | Chemical Mineral Mining and Selecting | 138.0 | 99.9 | 99.4 |
| 采盐 | Salt Mining | 100.3 | 100.0 | 100.0 |
| 石棉及其他非金属矿采选 | Asbestos and Other Non-Metal Mineral Mining and Selecting | 108.4 | 105.8 | 110.2 |
| **农副食品加工业** | **Farm and Side-Line Food Processed Industry** | **92.0** | **94.9** | **87.6** |
| 谷物磨制 | Corn Whetted | 109.5 | 112.2 | 109.9 |
| 饲料加工 | Forage Processed | 107.6 | 107.0 | 107.9 |
| 植物油加工 | Planting-Oil Processed | 145.2 | 134.1 | 138.4 |
| 制糖 | Sugar Made | 83.6 | 89.0 | 78.5 |
| 屠宰及肉类加工 | Slaughtered Meta and Meat Processes | 122.1 | 99.2 | 98.7 |
| 水产品加工 | Fishery Product Processed | 99.0 | 94.6 | 96.4 |
| 其他农副食品加工 | Other Farm and Side-line Food Processed | 107.5 | 103.7 | 103.3 |
| **食品制造业** | **Food Manufacture Industry** | **103.6** | **101.9** | **99.5** |
| 焙烤食品制造 | Baked Food Manufacturing | 101.5 | 101.4 | 101.2 |
| 方便食品制造 | Convenient Food Manufacturing | 110.3 | 101.1 | 101.3 |
| 液体乳及乳制品制造 | Milk and Dairy Products Manufacturing | 98.6 | 100.9 | 99.4 |
| 罐头制造 | Canning | 109.8 | 112.7 | 106.2 |
| 调味品、发酵制品制造 | Condiment, Ferment Product Manufacturing | 104.5 | 103.6 | 99.3 |
| 其他食品制造 | Other Food Manufacturing | 92.3 | 87.3 | 88.7 |
| **饮料制造业** | **Beverage Manufacture Industry** | **99.4** | **99.4** | **99.8** |
| 酒精制造 | Alcohol Manufacturing | 98.1 | 96.1 | 95.2 |
| 酒的制造 | Wine Manufacturing | 97.0 | 99.8 | 100.0 |
| 软饮料制造 | Soft Beverage Manufacturing | 99.6 | 100.3 | 100.2 |
| 精制茶加工 | Refined-tea Process | 130.4 | 108.7 | 120.2 |

## Ex-Factory Price Indices of Industrial Products by Industry（2007）

(Preceding year=100)

| 3月<br>March | 4月<br>April | 5月<br>May | 6月<br>June | 7月<br>July | 8月<br>August | 9月<br>September | 10月<br>October | 11月<br>November | 12月<br>December |
|---|---|---|---|---|---|---|---|---|---|
| **95.7** | **98.3** | **100.0** | **98.7** | **100.1** | **99.6** | **99.4** | **102.5** | **108.6** | **109.7** |
| 95.0 | 98.0 | 101.1 | 99.7 | 101.3 | 99.7 | 96.5 | 102.2 | 109.9 | 110.7 |
| 97.2 | 98.8 | 97.2 | 96.1 | 97.2 | 99.2 | 106.5 | 103.3 | 105.5 | 107.3 |
| **100.3** | **101.1** | **106.9** | **112.7** | **100.2** | **105.8** | **105.9** | **108.0** | **104.6** | **117.8** |
| 95.7 | 93.3 | 94.2 | 94.0 | 94.4 | 100.8 | 97.9 | 96.7 | 100.3 | 103.5 |
| 101.8 | 103.6 | 111.1 | 118.9 | 102.1 | 107.5 | 108.5 | 111.7 | 106.7 | 122.5 |
| **149.9** | **142.8** | **143.7** | **158.9** | **142.6** | **142.8** | **122.2** | **111.0** | **104.4** | **92.5** |
| 150.3 | 143.3 | 144.3 | 160.7 | 143.6 | 143.8 | 124.2 | 112.2 | 105.2 | 92.6 |
| 133.7 | 120.2 | 118.4 | 83.8 | 101.3 | 104.6 | 106.6 | 106.6 | 104.3 | 101.6 |
| **101.4** | **109.5** | **110.4** | **106.9** | **108.5** | **117.6** | **127.1** | **122.6** | **135.5** | **154.4** |
| 99.5 | 111.0 | 98.4 | 105.9 | 131.5 | 147.4 | 147.4 | 156.8 | 186.3 | 272.1 |
| 100.0 | 100.0 | 100.0 | 100.0 | 100.0 | 100.0 | 100.0 | 101.2 | 101.2 | 101.2 |
| 102.4 | 109.4 | 116.6 | 107.8 | 98.5 | 104.9 | 119.6 | 108.1 | 114.3 | 103.3 |
| **84.9** | **87.7** | **88.0** | **89.2** | **88.7** | **95.0** | **96.7** | **98.2** | **94.6** | **98.3** |
| 112.0 | 108.3 | 110.1 | 109.0 | 112.7 | 109.2 | 110.1 | 107.9 | 107.1 | 105.7 |
| 105.3 | 107.5 | 105.3 | 106.0 | 105.2 | 106.2 | 108.9 | 109.9 | 109.8 | 111.7 |
| 136.7 | 140.8 | 144.1 | 154.8 | 154.4 | 154.2 | 147.5 | 150.0 | 145.2 | 141.8 |
| 75.3 | 78.8 | 78.6 | 79.2 | 78.6 | 87.5 | 89.3 | 91.2 | 86.1 | 91.2 |
| 98.5 | 97.7 | 121.8 | 133.8 | 130.4 | 133.8 | 137.6 | 136.4 | 136.9 | 140.1 |
| 96.5 | 97.6 | 98.9 | 99.0 | 102.8 | 97.2 | 98.6 | 100.2 | 100.0 | 105.8 |
| 102.8 | 104.8 | 105.7 | 109.5 | 107.3 | 107.0 | 108.5 | 110.2 | 116.3 | 111.3 |
| **97.8** | **102.7** | **101.4** | **101.9** | **102.3** | **102.4** | **105.2** | **111.3** | **110.1** | **106.3** |
| 101.1 | 101.1 | 101.1 | 101.1 | 101.1 | 101.1 | 101.1 | 101.1 | 101.1 | 106.4 |
| 100.9 | 103.9 | 116.8 | 114.3 | 115.8 | 111.9 | 113.9 | 115.0 | 114.0 | 114.4 |
| 98.2 | 98.2 | 97.9 | 98.1 | 98.3 | 99.8 | 97.5 | 98.4 | 98.4 | 97.8 |
| 100.6 | 115.1 | 107.7 | 105.1 | 101.4 | 103.7 | 110.0 | 122.3 | 122.8 | 110.3 |
| 98.0 | 99.6 | 99.5 | 101.1 | 101.6 | 112.0 | 109.8 | 110.0 | 109.4 | 110.4 |
| 89.8 | 82.3 | 83.7 | 89.9 | 96.1 | 94.1 | 98.3 | 101.9 | 95.1 | 101.0 |
| **99.9** | **99.7** | **99.8** | **100.3** | **96.9** | **98.8** | **99.0** | **99.3** | **99.3** | **101.0** |
| 95.9 | 96.4 | 97.7 | 95.5 | 95.2 | 96.3 | 100.6 | 100.3 | 102.7 | 105.8 |
| 97.7 | 98.0 | 97.6 | 96.8 | 95.2 | 96.4 | 95.5 | 94.8 | 97.0 | 95.3 |
| 103.9 | 102.4 | 101.3 | 103.0 | 94.1 | 98.5 | 97.0 | 99.7 | 93.4 | 100.9 |
| 122.1 | 120.1 | 126.6 | 147.4 | 138.8 | 138.0 | 136.6 | 136.4 | 136.9 | 133.0 |

3—16 续表 1

（上年=100）

| 类　别 | Item | 全年 Annual Year | 1月 January | 2月 February |
|---|---|---|---|---|
| **烟草制品业** | **Tobacco Product Industry** | **100.8** | **97.4** | **97.9** |
| 烟叶复烤 | Tobacco Leaves Retroacting | 115.6 | 114.3 | 114.3 |
| 卷烟制造 | Cigarette Manufacturing | 100.7 | 97.2 | 97.7 |
| **纺织业** | **Textile Industry** | **91.4** | **92.5** | **90.5** |
| 棉、化纤纺织及印染精加工 | Cotton and Chemical Fiber Textile and Printing and Dyeing Refined Processing | 99.5 | 93.8 | 98.0 |
| 麻纺织 | Hemp Textile | 99.7 | 110.3 | 108.6 |
| 丝绢纺织及精加工 | Silk-textile and Refined Process | 81.4 | 89.5 | 80.5 |
| 纺织制成品制造 | Textile Products Manufacturing | 99.2 | 97.8 | 100.5 |
| 针织品、编织品及其制品制造 | Knitwear, Knitted Products | 100.8 | 99.6 | 100.4 |
| **纺织服装、鞋、帽制造业** | **Textile Clothing, Shoe, Hat Industry** | **100.2** | **100.1** | **105.2** |
| 纺织服装制造 | Textile Clothing Manufacturing | 99.9 | 100.8 | 106.1 |
| 纺织面料鞋的制造 | Shoes Manufacturing | 112.2 | 73.8 | 66.7 |
| **皮革、毛皮、羽毛（绒）及其制品业** | **Leather, Furriery, Feather and It Products Industry** | **100.3** | **103.0** | **100.4** |
| 皮革鞣制加工 | Leather Processing | 105.1 | 91.1 | 93.9 |
| 皮革制品制造 | Leather Product Processing | 100.4 | 96.8 | 99.7 |
| 羽毛（绒）加工及制品制造 | Feather Processing and Its Products Manufacturing | 95.5 | 116.1 | 106.2 |
| **木材加工及木、竹、藤、棕、草制品业** | **Bamboo, Ratten, Palm and Grass Product Manufacture Industry** | **108.9** | **105.3** | **107.5** |
| 锯材、木片加工 | Sawn-Material and Wood-plice Processing | 113.6 | 112.3 | 111.6 |
| 人造板制造 | Artificial Plank Manufacturing | 110.6 | 108.4 | 111.4 |
| 木制品制造 | Timber Product Manufacturing | 101.9 | 100.1 | 101.7 |
| 竹、藤、棕、草制品制造 | Bamboo, Ratten, Palm and Grass Product Manufacturing | 100.5 | 86.3 | 85.4 |
| **家具制造业** | **Furniture Manufacture Industry** | **100.0** | **100.0** | **100.0** |
| 木质家具制造 | Timber Furniture Manufacture | 100.0 | 100.0 | 100.0 |
| 金属家具制造 | Metal Furniture Manufacturing | 99.8 | 102.0 | 104.0 |
| **造纸及纸制品业** | **Paper Making and Paper Products Industry** | **102.2** | **101.5** | **100.5** |
| 纸浆制造 | Paper Pulp Manufacturing | 100.6 | 107.5 | 101.0 |
| 造纸 | Paper Making | 103.8 | 100.9 | 100.0 |
| 纸制品制造 | Paper Products Manufacturing | 99.9 | 100.3 | 101.5 |
| **印刷业和记录媒介的复制** | **Painting Industry and Duplication Of Medium Recoder** | **98.3** | **92.4** | **100.2** |
| 印刷 | Painting | 98.3 | 92.4 | 100.2 |
| 装订及其他印刷服务活动 | Binding and Other Painting Service Activity | 99.5 | 101.2 | 99.1 |
| **文教体育用品制造业** | **Culture, Education and Athletics Manufacture Industry** | **100.7** | **100.2** | **100.6** |
| 文化用品制造 | Culture Articles Manufacturing | 101.6 | 100.4 | 101.4 |
| 体育用品制造 | Arthelitic Articles Manufacturing | 100.0 | 100.0 | 100.0 |
| **石油加工、炼焦及核燃料加工业** | **Petroleum Process, Coking and Nuclear Fuel Processing Industry** | **104.4** | **107.8** | **106.9** |
| 精炼石油产品的制造 | Refineed Coking Petroleum Manufacturing | 104.4 | 107.8 | 106.9 |

Continued

(Preceding year=100)

| 3月<br>March | 4月<br>April | 5月<br>May | 6月<br>June | 7月<br>July | 8月<br>August | 9月<br>September | 10月<br>October | 11月<br>November | 12月<br>December |
|---|---|---|---|---|---|---|---|---|---|
| **102.1** | **107.2** | **103.0** | **99.1** | **101.3** | **100.2** | **101.2** | **102.7** | **97.8** | **99.9** |
| 114.3 | 114.3 | 114.3 | 114.3 | 114.3 | 114.3 | 114.3 | 124.3 | 124.3 | 110.0 |
| 102.0 | 107.1 | 102.9 | 98.9 | 101.2 | 100.1 | 101.0 | 102.5 | 97.5 | 99.8 |
| **87.8** | **87.6** | **91.8** | **94.1** | **93.3** | **92.2** | **91.3** | **89.3** | **93.1** | **92.9** |
| 95.7 | 96.5 | 98.5 | 99.2 | 100.0 | 99.7 | 99.3 | 102.0 | 105.8 | 105.6 |
| 107.4 | 107.4 | 100.8 | 95.5 | 96.4 | 90.5 | 90.2 | 97.9 | 95.3 | 96.0 |
| 77.1 | 75.8 | 83.3 | 88.0 | 85.4 | 83.6 | 81.8 | 74.4 | 79.2 | 78.7 |
| 99.5 | 99.5 | 99.3 | 99.0 | 99.1 | 99.0 | 99.2 | 99.3 | 98.8 | 99.1 |
| 99.7 | 101.1 | 101.2 | 100.7 | 100.7 | 100.9 | 100.4 | 101.7 | 101.6 | 101.9 |
| **100.2** | **100.6** | **100.9** | **100.7** | **100.6** | **91.4** | **101.0** | **101.0** | **100.0** | **100.8** |
| 100.4 | 100.4 | 100.6 | 100.5 | 100.0 | 90.3 | 100.0 | 100.0 | 99.1 | 100.0 |
| 88.5 | 105.3 | 112.4 | 110.6 | 123.3 | 131.6 | 136.0 | 136.0 | 131.4 | 131.4 |
| **100.1** | **100.1** | **108.2** | **98.5** | **94.0** | **96.3** | **105.3** | **98.4** | **107.3** | **91.5** |
| 98.0 | 96.7 | 103.2 | 99.4 | 103.1 | 110.4 | 111.0 | 112.7 | 119.8 | 121.7 |
| 101.7 | 95.6 | 90.1 | 97.7 | 104.0 | 101.8 | 106.5 | 101.3 | 106.6 | 102.7 |
| 100.9 | 104.5 | 120.2 | 97.4 | 81.2 | 81.2 | 100.2 | 83.7 | 96.2 | 58.5 |
| **108.4** | **114.2** | **114.9** | **114.4** | **113.2** | **112.2** | **107.8** | **101.6** | **103.5** | **103.7** |
| 113.2 | 112.0 | 112.7 | 121.2 | 122.5 | 110.3 | 114.0 | 109.5 | 112.1 | 112.2 |
| 110.3 | 117.9 | 115.0 | 113.7 | 111.4 | 116.7 | 110.3 | 102.4 | 104.8 | 105.0 |
| 100.6 | 97.4 | 98.8 | 97.3 | 102.7 | 103.7 | 103.9 | 103.3 | 105.9 | 106.8 |
| 99.9 | 104.3 | 126.3 | 125.6 | 125.4 | 92.1 | 91.5 | 90.9 | 89.7 | 89.1 |
| **100.0** | **100.0** | **100.0** | **100.0** | **100.0** | **100.0** | **100.0** | **100.0** | **100.0** | **100.0** |
| 100.0 | 100.0 | 100.0 | 100.0 | 100.0 | 100.0 | 100.0 | 100.0 | 100.0 | 100.0 |
| 116.7 | 107.1 | 113.5 | 111.6 | 104.3 | 90.7 | 91.4 | 86.5 | 84.2 | 85.9 |
| **101.1** | **101.7** | **102.7** | **101.5** | **102.4** | **101.6** | **102.4** | **102.8** | **104.0** | **104.1** |
| 104.5 | 103.3 | 103.2 | 97.2 | 100.5 | 96.6 | 96.8 | 97.5 | 98.9 | 99.6 |
| 101.1 | 102.6 | 102.2 | 103.2 | 104.1 | 105.0 | 105.8 | 106.5 | 106.8 | 107.7 |
| 99.4 | 98.3 | 103.7 | 98.9 | 98.6 | 98.0 | 99.5 | 98.9 | 102.3 | 99.4 |
| **104.4** | **100.6** | **100.2** | **104.0** | **98.6** | **102.5** | **100.1** | **93.2** | **92.8** | **90.3** |
| 104.4 | 100.7 | 100.3 | 104.1 | 98.6 | 102.5 | 100.1 | 93.1 | 92.7 | 90.3 |
| 97.0 | 96.9 | 96.0 | 98.7 | 101.3 | 98.0 | 101.1 | 100.0 | 106.8 | 97.9 |
| **99.9** | **102.3** | **102.3** | **102.3** | **97.1** | **99.3** | **101.5** | **101.0** | **101.0** | **101.0** |
| 99.8 | 105.0 | 105.0 | 105.0 | 93.7 | 98.4 | 103.3 | 102.3 | 102.2 | 102.2 |
| 100.0 | 100.0 | 100.0 | 100.0 | 100.0 | 100.0 | 100.0 | 100.0 | 100.0 | 100.0 |
| **106.6** | **106.0** | **102.9** | **100.3** | **100.7** | **100.6** | **99.3** | **100.8** | **107.4** | **113.7** |
| 106.6 | 106.0 | 102.9 | 100.3 | 100.7 | 100.6 | 99.3 | 100.8 | 107.4 | 113.7 |

3—16 续表 2

（上年=100）

| 类 别 | Item | 全年 Annual Year | 1月 January | 2月 February |
|---|---|---|---|---|
| **化学原料及化学制品制造业** | **Chemical Material and Chemical Product Manufacturing** | **103.0** | **98.8** | **98.7** |
| 基础化学原料制造 | Basic Chemical Material Manufacturing | 117.7 | 105.0 | 106.3 |
| 肥料制造 | Fertilizer Manufacture | 104.6 | 99.7 | 98.0 |
| 农药制造 | Insectcide Manufacture | 101.9 | 97.2 | 96.4 |
| 涂料、油墨、颜料及类似产品制造 | Coating, Printing Ink, Pigment and The Similar Products Manufacture | 119.2 | 113.3 | 120.7 |
| 合成材料制造 | Compounded Material Manufacture | 124.5 | 120.5 | 123.3 |
| 专用化学产品制造 | Specialized Chemical Product Manufacture | 87.1 | 89.3 | 86.8 |
| 日用化学产品制造 | Daily Chemical Product Manufacture | 98.0 | 97.8 | 99.8 |
| **医药制造业** | **Medical Manufacture Industry** | **101.5** | **98.7** | **98.4** |
| 化学药品原药制造 | Original Medicine of Chemical Medicine Manufacture | 114.1 | 84.4 | 73.5 |
| 化学药品制剂制造 | Chemical Medicine Agent Manufacture | 97.9 | 96.3 | 93.9 |
| 中成药制造 | Medium Paternt Manufacture | 102.1 | 99.4 | 100.7 |
| 兽用药品制造 | Medicine in Herbs Manufacture | 104.9 | 104.8 | 104.3 |
| 生物、生化制品的制造 | Biology, Bio-chemical Product Manufacture | 101.3 | 98.8 | 98.8 |
| **橡胶制品业** | **Rubber Product Industry** | **104.8** | **98.1** | **97.1** |
| 轮胎制造 | Tire Manufacture | 110.2 | 97.7 | 94.8 |
| 橡胶板、管、带的制造 | Rubber Plank, Pipe, Band Manufacture | 100.2 | 100.0 | 100.0 |
| 日用及医用橡胶制品制造 | Daily and Medical-purpose Rubber Product Manufacture | 102.2 | 98.0 | 98.1 |
| 橡胶靴鞋制造 | Rubber Shoes Manufacture | 100.2 | 102.1 | 100.0 |
| **塑料制品业** | **Plastic Product Industry** | **99.7** | **100.3** | **98.2** |
| 塑料薄膜制造 | Plastic Thin Film Manufacture | 100.9 | 99.5 | 99.8 |
| 塑料板、管、型材的制造 | Plastic Plate, Pipe Type Manufacture | 88.2 | 84.6 | 78.0 |
| 塑料丝、绳及编织品的制造 | Plastic Silk, Rope and Knitted Products Manufacture | 101.9 | 104.2 | 102.0 |
| 塑料包装箱及容器制造 | Plastic Packing Box and Container Manufacture | 102.9 | 102.2 | 104.8 |
| 日用塑料制造 | Daily Pastic Manufacture | 116.8 | 104.2 | 121.2 |
| 其他塑料制品制造 | Other Plastic Manufacture | 113.6 | 114.1 | 124.8 |
| **非金属矿物制品业** | **Non-metal Mineral Product Industry** | **104.7** | **98.2** | **101.1** |
| 水泥、石灰和石膏的制造 | Cement, Lime and Gypsum Manufacture | 104.3 | 95.6 | 97.9 |
| 水泥及石膏制品制造 | Cement and Gypsum Product Manufacture | 105.5 | 103.8 | 106.5 |
| 砖瓦、石材及其他建筑材料制造 | Brick, Stone Material and Other Buildings Material Manufacture | 103.9 | 103.2 | 102.5 |
| 玻璃及玻璃制品制造 | Glass and Glass Product Manufacture | 102.0 | 99.1 | 96.9 |
| 陶瓷制品制造 | Ceramics Product Manufacture | 108.5 | 99.7 | 110.6 |
| 耐火材料制品制造 | Fire-proof Material Product Manufacture | 100.0 | 100.0 | 100.0 |
| 石墨及其他非金属矿物制品制造 | Graphite and Other Non-metal Mineralses Product Manufacture | 98.9 | 99.7 | 100.0 |

Continued

(Preceding year=100)

| 3月 March | 4月 April | 5月 May | 6月 June | 7月 July | 8月 August | 9月 September | 10月 October | 11月 November | 12月 December |
|---|---|---|---|---|---|---|---|---|---|
| **98.9** | **98.4** | **99.1** | **101.8** | **102.5** | **102.8** | **104.3** | **106.2** | **109.7** | **114.7** |
| 109.1 | 110.5 | 110.5 | 117.9 | 121.8 | 122.0 | 121.1 | 121.3 | 127.3 | 139.7 |
| 98.0 | 101.8 | 104.5 | 102.9 | 103.1 | 105.0 | 105.3 | 108.3 | 111.2 | 117.6 |
| 98.7 | 99.5 | 102.3 | 103.7 | 102.1 | 104.8 | 105.4 | 103.3 | 105.4 | 103.8 |
| 121.5 | 120.1 | 120.1 | 120.5 | 122.4 | 119.8 | 120.1 | 119.1 | 117.1 | 116.3 |
| 124.0 | 124.7 | 123.5 | 123.2 | 123.6 | 121.8 | 128.0 | 129.8 | 126.9 | 125.2 |
| 85.9 | 80.5 | 80.2 | 84.3 | 83.1 | 82.9 | 87.7 | 91.2 | 95.6 | 97.2 |
| 96.8 | 96.7 | 98.0 | 97.0 | 97.1 | 97.7 | 97.4 | 97.9 | 99.5 | 99.9 |
| **101.2** | **100.3** | **101.8** | **102.2** | **104.7** | **101.3** | **102.6** | **101.8** | **102.5** | **102.8** |
| 88.7 | 90.9 | 102.3 | 102.1 | 144.0 | 140.6 | 115.5 | 135.7 | 141.0 | 150.2 |
| 96.7 | 96.0 | 96.5 | 97.9 | 98.7 | 100.7 | 100.5 | 101.3 | 97.9 | 98.2 |
| 102.6 | 101.4 | 103.1 | 103.4 | 106.1 | 100.7 | 102.8 | 101.0 | 102.2 | 102.4 |
| 108.7 | 106.4 | 107.4 | 106.8 | 106.0 | 103.3 | 104.1 | 101.9 | 104.3 | 101.2 |
| 100.0 | 100.0 | 100.0 | 100.0 | 100.0 | 102.2 | 102.1 | 102.9 | 105.2 | 105.2 |
| **97.1** | **106.1** | **120.2** | **104.4** | **105.7** | **105.6** | **104.5** | **107.5** | **109.2** | **102.0** |
| 100.1 | 119.2 | 119.2 | 111.7 | 111.6 | 116.5 | 109.6 | 116.1 | 122.7 | 103.0 |
| 100.0 | 100.0 | 100.0 | 100.0 | 100.0 | 100.0 | 100.0 | 100.0 | 100.0 | 102.2 |
| 94.9 | 99.7 | 122.4 | 100.8 | 102.9 | 100.0 | 102.1 | 103.3 | 102.5 | 102.0 |
| 100.0 | 100.0 | 100.0 | 100.0 | 100.0 | 100.0 | 100.0 | 100.0 | 100.0 | 100.0 |
| **99.8** | **100.1** | **98.9** | **99.3** | **99.9** | **99.4** | **101.2** | **99.1** | **100.3** | **99.4** |
| 101.2 | 102.6 | 101.9 | 102.4 | 100.7 | 101.3 | 100.9 | 100.4 | 100.3 | 100.1 |
| 76.8 | 84.5 | 87.1 | 88.2 | 92.0 | 92.7 | 99.9 | 91.7 | 88.7 | 93.9 |
| 105.2 | 103.3 | 101.0 | 100.9 | 101.4 | 100.4 | 100.9 | 100.3 | 103.1 | 100.4 |
| 98.1 | 100.5 | 99.2 | 104.2 | 101.9 | 100.0 | 120.0 | 102.4 | 101.1 | 101.1 |
| 108.6 | 99.9 | 109.1 | 118.5 | 124.5 | 123.1 | 123.1 | 123.2 | 123.2 | 123.0 |
| 124.5 | 111.1 | 112.6 | 110.3 | 114.3 | 110.3 | 110.1 | 110.1 | 110.7 | 110.1 |
| **101.6** | **100.0** | **101.5** | **101.1** | **99.6** | **102.8** | **104.8** | **110.0** | **116.0** | **119.5** |
| 97.6 | 97.4 | 97.1 | 96.3 | 95.6 | 99.6 | 103.9 | 114.2 | 125.6 | 131.2 |
| 109.0 | 106.7 | 108.9 | 106.1 | 107.6 | 106.5 | 105.5 | 102.0 | 102.0 | 102.0 |
| 105.0 | 104.1 | 102.4 | 106.2 | 106.9 | 106.5 | 104.3 | 102.1 | 100.3 | 102.8 |
| 102.7 | 99.7 | 96.2 | 101.5 | 103.7 | 105.3 | 106.1 | 105.3 | 104.3 | 103.4 |
| 108.3 | 103.3 | 117.5 | 113.1 | 102.6 | 110.9 | 108.2 | 109.2 | 108.2 | 110.1 |
| 100.0 | 100.0 | 100.0 | 100.0 | 100.0 | 100.0 | 100.0 | 100.0 | 100.0 | 100.0 |
| 105.2 | 94.4 | 92.6 | 96.5 | 93.3 | 94.0 | 103.8 | 101.9 | 103.8 | 101.9 |

3—16 续表 3

（上年=100）

| 类　　别 | Item | 全年 Annual Year | 1月 January | 2月 February |
|---|---|---|---|---|
| **黑色金属冶炼及压延加工业** | **Black Metal Coking and Pressint Process Industry** | **118.6** | **106.6** | **109.2** |
| 炼钢 | Steel Making | 113.4 | 107.8 | 99.1 |
| 钢压延加工 | Pressed Steel Processing | 114.9 | 108.6 | 112.4 |
| 铁合金冶炼 | Iron-alloy Smeltering | 132.2 | 99.0 | 101.1 |
| **有色金属冶炼及压延加工业** | **Coloured Metal Coking and Pressint Process Industry** | **112.9** | **128.1** | **124.1** |
| 常用有色金属冶炼 | General Non-ferrous Metal Coking | 116.4 | 134.0 | 129.3 |
| 贵金属冶炼 | Precious Metal Smeltering | 110.6 | 126.8 | 123.5 |
| 有色金属合金制造 | Non-ferrous Metal Alloy Manufacture | 134.1 | 115.7 | 106.7 |
| 有色金属压延加工 | Non-ferrous Metal Pressing | 100.8 | 107.4 | 109.4 |
| **金属制品业** | **Metal Product Industry** | **102.2** | **101.4** | **99.0** |
| 结构性金属制品制造 | Structural Metal Product | 101.0 | 101.4 | 97.2 |
| 金属工具制造 | Metal Tools Manufacture | 99.8 | 95.2 | 95.2 |
| 集装箱及金属包装容器制造 | Container and Metal Packing Container Manufacture | 106.9 | 108.2 | 107.1 |
| 金属丝绳及其制品的制造 | Metal Silk Rope and Its Product Manufacture | 100.2 | 100.3 | 100.2 |
| 建筑、安全用金属制品制造 | Building, Metal Productin Safety Producing Manufacture | 104.4 | 99.0 | 98.9 |
| 不锈钢及类似日用金属制品制造 | Stainless Steel and Similar Daily Metal Product Manufacture | 101.6 | 99.5 | 99.4 |
| 其他金属制品制造 | Other Metal Product Manufacture | 111.2 | 100.5 | 100.3 |
| **通用设备制造业** | **General Equipment Manufacture** | **100.4** | **99.7** | **100.0** |
| 锅炉及原动机制造 | Boiler and Original Motor | 99.6 | 100.4 | 95.3 |
| 金属加工机械制造 | Metal Process and Machinery Manufacture | 100.3 | 101.3 | 100.2 |
| 起重运输设备制造 | Hoisting Transportation Equipment Manufacture | 98.6 | 98.5 | 101.6 |
| 泵、阀门、压缩机及类似机械的制造 | Pump, Valve, Compressor and Its Similar Mechanical Manufacture | 99.5 | 99.0 | 98.6 |
| 风机、衡器、包装设备等通用设备制造 | Wind-fanning Machine, Scaling and Packing Equipment | 98.4 | 96.4 | 96.5 |
| 金属铸、锻加工 | Metal Foundry, Forging Process | 104.2 | 102.0 | 104.9 |
| **专用设备制造业** | **General Equipment Manufacture** | **101.3** | **100.2** | **98.7** |
| 矿山、冶金、建筑专用设备制造 | Ore Mountain, Metallurgy, Building Special Equipment Manufacture | 98.6 | 92.3 | 97.5 |
| 化工、木材、非金属加工专用设备制造 | Chemical Engineering, Timber, Non-Metal Processed Special Equipments Manufacture | 105.1 | 108.1 | 100.3 |
| 食品、饮料、烟草及饲料生产专用设备制造 | The Food, Beverage, Tobacco and Foddar Production Special Equipments Manufacture | 99.9 | 98.2 | 98.7 |
| 印刷、制药、日化生产专用设备制造 | Printing, Pharmaceutic-making and Chemical Daily Product The Specific Equipments Manufacture | 95.9 | 89.8 | 89.8 |
| 农、林、牧、渔专用机械制造 | Agriculture, Forestry Animal Husbandry and Fishery Specific Machinery Manufacture | 100.9 | 99.0 | 95.3 |
| 环保、社会公共安全及其他专用设备制造 | Environment Protection, Public Social Secure and Other Specific Equipment Manufacture | 101.6 | 99.7 | 99.2 |
| **交通运输设备制造业** | **Transportation Equipment Manufacture Industry** | **102.1** | **102.6** | **103.3** |
| 铁路运输设备制造 | Rail Transportation Equipment Manufacture | 103.2 | 103.2 | 103.2 |
| 汽车制造 | Vehicle Manufacture | 102.0 | 102.6 | 103.3 |
| 自行车制造 | Bycicle Manufacture | 100.3 | 96.5 | 100.2 |
| 船舶及浮动装置制造 | Ships and Floating Equipment Manufacture | 99.5 | 96.0 | 98.8 |
| 交通器材及其他交通运输设备制造 | Transportation Equipment and Other Transportations Equipments Manufacture | 100.0 | 100.0 | 100.0 |

Continued

(Preceding year=100)

| 3月 March | 4月 April | 5月 May | 6月 June | 7月 July | 8月 August | 9月 September | 10月 October | 11月 November | 12月 December |
|---|---|---|---|---|---|---|---|---|---|
| **111.0** | **109.0** | **114.2** | **117.6** | **113.7** | **116.4** | **124.4** | **127.8** | **134.2** | **138.5** |
| 104.9 | 106.9 | 114.2 | 115.5 | 111.8 | 111.8 | 118.8 | 121.0 | 123.6 | 125.3 |
| 113.1 | 108.5 | 109.4 | 106.6 | 109.1 | 113.9 | 118.8 | 123.2 | 125.6 | 130.1 |
| 105.6 | 111.6 | 130.4 | 155.2 | 129.6 | 126.1 | 145.0 | 145.1 | 166.4 | 170.9 |
| **118.9** | **116.3** | **106.1** | **105.6** | **107.5** | **113.8** | **114.9** | **112.4** | **104.3** | **103.3** |
| 124.2 | 121.0 | 108.7 | 107.4 | 110.1 | 116.7 | 117.9 | 115.5 | 106.1 | 105.5 |
| 116.9 | 114.7 | 113.4 | 96.9 | 102.1 | 97.8 | 100.0 | 113.1 | 112.6 | 109.6 |
| 106.8 | 120.3 | 121.4 | 127.0 | 121.5 | 162.9 | 162.8 | 165.9 | 148.9 | 148.9 |
| 102.6 | 101.4 | 98.0 | 100.9 | 99.7 | 101.3 | 102.1 | 97.5 | 96.3 | 92.8 |
| **101.1** | **100.2** | **104.4** | **104.1** | **101.7** | **104.7** | **102.4** | **101.7** | **104.5** | **101.6** |
| 100.6 | 97.5 | 104.6 | 102.6 | 98.8 | 104.5 | 100.1 | 100.1 | 104.9 | 100.0 |
| 95.2 | 100.0 | 100.0 | 99.0 | 101.5 | 104.3 | 100.8 | 105.8 | 100.8 | 99.5 |
| 111.4 | 112.3 | 111.0 | 110.1 | 103.0 | 105.3 | 107.5 | 104.6 | 104.4 | 98.0 |
| 100.2 | 100.2 | 100.2 | 100.2 | 100.2 | 100.2 | 100.2 | 100.2 | 100.2 | 100.2 |
| 100.1 | 97.4 | 97.8 | 101.4 | 104.6 | 105.1 | 109.9 | 113.2 | 111.5 | 113.6 |
| 99.9 | 101.6 | 101.6 | 105.1 | 105.1 | 103.2 | 103.4 | 100.0 | 100.0 | 100.0 |
| 100.1 | 104.9 | 109.7 | 110.0 | 113.2 | 113.2 | 113.1 | 118.7 | 121.7 | 129.2 |
| **99.3** | **101.5** | **100.8** | **99.7** | **100.9** | **100.0** | **101.5** | **99.6** | **101.3** | **100.2** |
| 97.3 | 97.6 | 102.1 | 99.8 | 102.5 | 102.2 | 100.1 | 96.4 | 101.8 | 99.7 |
| 100.5 | 99.9 | 99.8 | 100.6 | 100.5 | 101.3 | 100.1 | 99.8 | 100.1 | 99.4 |
| 96.3 | 97.6 | 100.9 | 98.5 | 98.0 | 95.3 | 100.0 | 98.4 | 99.5 | 98.8 |
| 97.5 | 100.5 | 99.0 | 99.5 | 99.8 | 100.9 | 99.8 | 101.2 | 98.9 | 99.1 |
| 98.1 | 98.9 | 99.0 | 99.2 | 98.7 | 98.4 | 102.9 | 97.5 | 98.9 | 95.8 |
| 103.7 | 110.5 | 102.9 | 100.4 | 104.6 | 101.7 | 105.3 | 102.5 | 106.5 | 105.8 |
| **104.0** | **100.2** | **103.9** | **103.3** | **99.1** | **102.3** | **99.8** | **100.0** | **102.6** | **101.0** |
| 99.7 | 99.1 | 99.5 | 97.0 | 97.3 | 99.1 | 99.0 | 98.6 | 104.1 | 100.1 |
| 110.0 | 102.0 | 110.0 | 110.0 | 100.0 | 105.3 | 100.0 | 100.0 | 107.6 | 107.2 |
| 100.7 | 97.9 | 98.4 | 101.3 | 100.9 | 101.0 | 100.8 | 100.1 | 100.6 | 100.7 |
| 91.7 | 91.7 | 91.7 | 95.2 | 100.0 | 100.1 | 100.1 | 100.1 | 100.1 | 100.1 |
| 99.4 | 97.4 | 99.4 | 102.1 | 99.7 | 105.0 | 101.6 | 103.9 | 104.7 | 103.0 |
| 103.3 | 105.4 | 103.5 | 101.9 | 102.5 | 101.2 | 101.6 | 101.9 | 99.6 | 99.8 |
| **103.6** | **105.0** | **104.8** | **102.0** | **101.8** | **100.6** | **101.9** | **101.4** | **99.9** | **97.9** |
| 103.2 | 103.2 | 100.7 | 100.0 | 108.2 | 106.8 | 106.9 | 106.6 | 99.5 | 97.3 |
| 103.6 | 105.1 | 104.9 | 102.1 | 101.6 | 100.5 | 101.8 | 101.3 | 99.9 | 97.9 |
| 99.9 | 98.8 | 99.9 | 99.7 | 100.7 | 100.9 | 100.8 | 101.7 | 100.9 | 103.2 |
| 101.2 | 102.6 | 100.5 | 96.9 | 98.4 | 98.4 | 102.4 | 98.7 | 100.5 | 99.3 |
| 100.0 | 100.0 | 100.0 | 100.0 | 100.0 | 100.0 | 100.0 | 100.0 | 100.0 | 100.0 |

## 3—16 续表 4

（上年=100）

| 类 别 | Item | 全年 Annual Year | 1月 January | 2月 February |
|---|---|---|---|---|
| **电气机械及器材制造业** | **Electricity Machine and Its Equipment Manufacture** | **103.1** | **110.4** | **109.5** |
| 电机制造 | Electric Engineering Manufacture | 102.1 | 117.6 | 112.2 |
| 输配电及控制设备制造 | Electricity Mixed and Control Equipments Manufacture | 104.5 | 111.6 | 111.3 |
| 电线、电缆、光缆及电工器材制造 | Wire, Cable, Fiber Optic Cable and the Electric Device Manufacture | 103.1 | 107.7 | 108.9 |
| 电池制造 | Battery Manufacture | 98.7 | 122.9 | 108.3 |
| 家用电力器具制造 | Electric Power Apparatus Manufacture | 102.7 | 103.1 | 103.0 |
| 其他电气机械及器材制造 | Other Electricity Machines and Device Manufacture | 100.0 | 100.0 | 100.0 |
| **通信设备、计算机及其他电子设备制造业** | **Tele-communication Equipment, Computer and Other Electron Equipment Manufacture Industry** | **94.6** | **90.8** | **100.4** |
| 通信设备制造 | Tele-communication Equipment Manufacture | 91.8 | 89.4 | 102.2 |
| 雷达及配套设备制造 | Radar and Its Equipment Manufacture | 100.0 | 100.0 | 100.0 |
| 电子器件制造 | Electronic Appliances | 100.0 | 100.0 | 100.0 |
| 电子元件制造 | Electronic Components | 94.1 | 84.4 | 93.4 |
| 家用视听设备制造 | Household Video-audio Apparatus | 100.0 | 100.0 | 100.0 |
| 其他电子设备制造 | Other Electronic Equipment | 99.9 | 99.7 | 99.6 |
| **仪器仪表及文化、办公用机械制造业** | **Instrument, Meter and Cultural and Office** | **98.1** | **97.4** | **102.6** |
| 通用仪器仪表制造 | General Instrument and Meters | 99.9 | 98.1 | 104.2 |
| 专用仪器仪表制造 | Special Instrument and Meter | 95.9 | 90.0 | 92.3 |
| 钟表与计时仪器制造 | Clock and Timing Instrument | 97.7 | 82.4 | 91.3 |
| 光学仪器及眼镜制造 | Optical Instrument and Glasses | 94.7 | 99.3 | 102.3 |
| **工艺品及其他制造业** | **Handicrafts and Other Manufacture Industry** | **102.5** | **100.1** | **100.2** |
| 工艺美术品制造 | Handicraft Art Work Manufacture | 100.0 | 100.0 | 100.0 |
| 日用杂品制造 | Daily Groceries Manufacture | 103.1 | 100.1 | 100.3 |
| **电力、热力的生产和供应业** | **Electronic, Thermodynamic Product and Supply Industry** | **102.7** | **105.9** | **104.9** |
| 电力生产 | Electric Power Production | 103.8 | 110.3 | 105.6 |
| 电力供应 | Electric Power Supply | 102.1 | 103.7 | 104.6 |
| 热力生产和供应 | Thermodynamic Production and Supply | 100.2 | 100.0 | 100.0 |
| **燃气生产和供应业** | **Fuel Production and Supply Industry** | **104.9** | **91.6** | **89.2** |
| 燃气生产和供应业 | Fuel Production and Supply Industry | 104.9 | 91.6 | 89.2 |
| **水的生产和供应业** | **Water Production and Supply Industry** | **104.7** | **108.1** | **106.3** |
| 自来水的生产和供应 | Tapping-water Production and Supply | 104.7 | 108.2 | 106.3 |
| 污水处理及其再生利用 | Sewage Treatment and Recycled Use | 99.4 | 96.0 | 100.0 |

Continued

(Preceding year=100)

| 3月 March | 4月 April | 5月 May | 6月 June | 7月 July | 8月 August | 9月 September | 10月 October | 11月 November | 12月 December |
|---|---|---|---|---|---|---|---|---|---|
| **107.9** | **110.3** | **101.9** | **102.5** | **99.7** | **97.1** | **100.1** | **98.6** | **98.9** | **100.1** |
| 116.4 | 113.6 | 101.8 | 97.1 | 97.7 | 100.3 | 96.6 | 90.6 | 91.3 | 90.4 |
| 107.7 | 109.4 | 102.6 | 105.1 | 99.3 | 94.1 | 104.6 | 100.1 | 103.8 | 104.6 |
| 108.8 | 112.9 | 101.9 | 102.3 | 101.2 | 99.0 | 97.5 | 99.1 | 98.2 | 99.2 |
| 102.9 | 105.8 | 97.7 | 94.8 | 93.9 | 94.3 | 94.3 | 94.5 | 87.5 | 87.5 |
| 96.3 | 101.4 | 107.9 | 106.8 | 100.5 | 99.8 | 102.6 | 102.4 | 103.9 | 104.3 |
| 100.0 | 97.5 | 100.5 | 100.5 | 100.5 | 100.0 | 100.0 | 100.5 | 100.0 | 100.3 |
| **93.1** | **92.5** | **92.8** | **99.1** | **98.3** | **91.1** | **88.8** | **88.1** | **100.2** | **100.0** |
| 91.1 | 90.0 | 90.4 | 100.1 | 99.1 | 85.8 | 78.6 | 80.2 | 100.1 | 94.2 |
| 100.0 | 100.0 | 100.0 | 100.0 | 100.0 | 100.0 | 100.0 | 100.0 | 100.0 | 100.0 |
| 100.0 | 100.0 | 100.0 | 100.0 | 100.0 | 100.0 | 100.0 | 100.0 | 100.0 | 100.0 |
| 92.1 | 92.5 | 93.3 | 93.5 | 92.6 | 93.0 | 100.8 | 93.1 | 100.5 | 100.1 |
| 100.0 | 100.0 | 100.0 | 100.0 | 100.0 | 100.0 | 100.0 | 100.0 | 100.0 | 100.0 |
| 100.0 | 99.7 | 99.7 | 99.7 | 102.6 | 99.7 | 99.7 | 99.8 | 99.6 | 99.6 |
| **100.7** | **97.4** | **97.8** | **98.6** | **96.7** | **97.5** | **96.4** | **97.9** | **96.9** | **97.9** |
| 103.9 | 100.1 | 101.7 | 102.9 | 97.4 | 98.3 | 96.5 | 100.0 | 96.9 | 98.7 |
| 93.7 | 94.7 | 94.7 | 94.7 | 94.7 | 97.8 | 97.8 | 101.0 | 99.8 | 99.8 |
| 95.6 | 91.8 | 90.4 | 100.2 | 97.1 | 102.7 | 106.1 | 94.2 | 113.3 | 107.6 |
| 95.3 | 92.4 | 90.5 | 89.5 | 95.2 | 94.8 | 94.6 | 92.9 | 94.2 | 94.7 |
| **97.8** | **103.0** | **103.3** | **98.3** | **97.4** | **98.6** | **110.4** | **109.3** | **107.2** | **104.0** |
| 100.0 | 100.0 | 100.0 | 100.0 | 100.0 | 100.0 | 100.0 | 100.0 | 100.0 | 100.0 |
| 97.2 | 103.9 | 104.2 | 97.8 | 96.6 | 98.2 | 113.3 | 111.9 | 109.2 | 105.1 |
| **104.4** | **104.2** | **105.1** | **104.6** | **101.8** | **100.3** | **101.1** | **101.0** | **99.9** | **99.2** |
| 105.6 | 105.2 | 105.2 | 105.2 | 101.7 | 103.1 | 102.2 | 102.8 | 99.6 | 99.6 |
| 103.8 | 103.7 | 105.0 | 104.4 | 101.9 | 98.9 | 100.6 | 100.1 | 100.1 | 99.0 |
| 100.0 | 100.0 | 100.0 | 100.0 | 101.4 | 100.0 | 100.0 | 100.0 | 100.0 | 100.0 |
| **94.5** | **93.4** | **98.8** | **97.3** | **105.9** | **101.5** | **103.3** | **118.5** | **141.4** | **123.3** |
| 94.5 | 93.4 | 98.8 | 97.3 | 105.9 | 101.5 | 103.3 | 118.5 | 141.4 | 123.3 |
| **107.0** | **106.0** | **104.0** | **101.7** | **104.4** | **104.9** | **102.8** | **104.1** | **104.0** | **103.0** |
| 107.0 | 106.0 | 104.0 | 101.7 | 104.4 | 104.9 | 102.8 | 104.1 | 104.0 | 103.0 |
| 100.0 | 100.0 | 100.0 | 100.0 | 100.0 | 100.0 | 100.0 | 100.0 | 100.0 | 100.0 |

# 3—17 分月工业产品出厂价格环比指数（2007年）

（以上月价格为100）

| 类　别 | Item | 全年 Annual Year | 1月 January | 2月 February | 3月 March |
|---|---|---|---|---|---|
| **全部工业品** | **Total Industrial Products** | **107.4** | **99.9** | **100.4** | **100.6** |
| # 轻工业 | # Light Industry | 102.1 | 99.0 | 99.7 | 100.1 |
| 以农产品为原料 | Using Farm Produces as Raw Materials | 99.7 | 98.8 | 99.3 | 100.1 |
| 以非农产品为原料 | Using Non-farm Produces as Raw Materials | 108.5 | 99.4 | 100.7 | 99.8 |
| 重工业 | Heavy Industry | 110.4 | 100.4 | 100.7 | 100.9 |
| 采掘 | Mining and Quarrying | 108.3 | 101.1 | 98.2 | 101.4 |
| 原料 | Raw Material | 106.6 | 100.5 | 100.6 | 100.8 |
| 加工 | Processing | 114.4 | 100.2 | 101.1 | 100.9 |
| # 生产资料 | # Means of Production | 110.1 | 100.2 | 100.8 | 100.6 |
| 采掘 | Mining and Quarrying | 108.3 | 101.1 | 98.2 | 101.4 |
| 原料 | Raw Material | 106.3 | 100.4 | 100.6 | 100.9 |
| 加工 | Processing | 112.9 | 100.1 | 101.0 | 100.4 |
| 生活资料 | Life Material | 98.0 | 98.6 | 99.0 | 100.5 |
| 食品 | Food | 98.3 | 98.6 | 98.8 | 100.5 |
| 衣着 | Clothing | 87.1 | 97.9 | 100.3 | 100.9 |
| 一般日用品 | Articles for Daily Use | 97.0 | 98.6 | 99.8 | 100.4 |
| 耐用消费品 | Durable Consumers' Goods | 100.4 | 99.9 | 100.2 | 100.0 |
| **按工业部门分** | **Grouped by Department of Industry** | | | | |
| 冶金工业 | Metallurgical Industry | 120.2 | 100.6 | 101.0 | 101.9 |
| 电力工业 | Power Industry | 102.3 | 101.3 | 100.8 | 99.7 |
| 煤炭及炼焦工业 | Coal and Coking Industry | 111.3 | 100.3 | 97.6 | 103.5 |
| 石油工业 | Petroleum Industry | 113.6 | 99.8 | 99.3 | 99.8 |
| 化学工业 | Chemical Industry | 111.5 | 99.7 | 100.5 | 101.0 |
| 机械工业 | Machine Buiding Industry | 98.4 | 99.2 | 100.7 | 100.4 |
| 建筑材料工业 | Buiding Material Industry | 117.1 | 99.9 | 100.8 | 99.0 |
| 森林工业 | Timber Industry | 103.5 | 99.4 | 99.6 | 100.2 |
| 食品工业 | Food Industry | 99.2 | 98.7 | 99.0 | 100.3 |
| 纺织工业 | Textile Industry | 90.6 | 98.7 | 100.3 | 96.7 |
| 缝纫工业 | Tailoring Industry | 91.8 | 98.8 | 99.7 | 100.6 |
| 皮革工业 | Leather Industry | 117.2 | 97.8 | 105.1 | 99.9 |
| 造纸工业 | Paper Industry | 104.7 | 102.0 | 99.0 | 100.6 |
| 文教艺术用品工业 | Cultural, Educational and Handicraft Articles | 78.8 | 90.8 | 99.4 | 97.9 |
| 其它工业 | Other Industry | 92.2 | 97.9 | 101.0 | 100.4 |

# Ex-Factory Price Ring Indices of Industrial Products by Month（2007）

（Preceding month=100）

| 4月<br>April | 5月<br>May | 6月<br>June | 7月<br>July | 8月<br>August | 9月<br>September | 10月<br>October | 11月<br>November | 12月<br>December |
|---|---|---|---|---|---|---|---|---|
| **100.5** | **100.2** | **100.8** | **99.4** | **101.0** | **101.0** | **101.1** | **101.7** | **100.8** |
| 100.4 | 99.9 | 100.2 | 99.1 | 101.7 | 100.6 | 101.3 | 100.4 | 99.8 |
| 100.8 | 99.9 | 100.1 | 98.9 | 101.8 | 100.3 | 100.6 | 99.7 | 99.4 |
| 99.3 | 100.0 | 100.4 | 99.7 | 101.4 | 101.3 | 102.9 | 102.2 | 101.0 |
| 100.5 | 100.4 | 101.0 | 99.6 | 100.6 | 101.1 | 100.9 | 102.4 | 101.3 |
| 101.4 | 102.0 | 102.9 | 95.2 | 102.9 | 103.8 | 103.2 | 98.9 | 97.5 |
| 100.2 | 97.7 | 99.3 | 100.0 | 100.8 | 100.9 | 100.1 | 104.0 | 101.6 |
| 100.8 | 103.1 | 102.7 | 99.5 | 100.2 | 101.1 | 101.7 | 101.1 | 101.3 |
| 100.4 | 100.3 | 101.0 | 99.7 | 100.7 | 101.2 | 101.2 | 102.4 | 101.2 |
| 101.4 | 102.0 | 102.9 | 95.2 | 102.9 | 103.8 | 103.2 | 98.9 | 97.5 |
| 100.2 | 97.8 | 99.2 | 100.1 | 100.8 | 100.8 | 100.2 | 103.9 | 101.4 |
| 100.4 | 102.0 | 102.1 | 99.6 | 100.5 | 101.4 | 101.9 | 101.5 | 101.4 |
| 100.9 | 100.0 | 100.0 | 98.5 | 101.9 | 100.0 | 100.4 | 99.2 | 99.1 |
| 101.3 | 99.9 | 100.1 | 98.5 | 102.3 | 100.0 | 100.7 | 99.0 | 98.8 |
| 96.0 | 98.8 | 100.1 | 92.0 | 97.4 | 103.3 | 96.9 | 102.2 | 100.8 |
| 99.4 | 100.7 | 99.4 | 99.6 | 100.2 | 99.8 | 99.3 | 99.6 | 100.1 |
| 100.4 | 100.0 | 100.0 | 100.3 | 99.1 | 100.4 | 100.0 | 100.0 | 100.2 |
| | | | | | | | | |
| 100.9 | 104.5 | 103.7 | 99.0 | 101.9 | 102.2 | 102.0 | 99.6 | 101.4 |
| 99.6 | 93.3 | 97.7 | 100.3 | 99.9 | 99.8 | 99.9 | 108.5 | 102.1 |
| 100.9 | 99.1 | 96.3 | 98.4 | 101.1 | 98.3 | 104.9 | 106.9 | 104.0 |
| 100.9 | 100.6 | 100.9 | 100.3 | 100.4 | 99.2 | 100.4 | 105.8 | 105.7 |
| 100.1 | 100.8 | 100.4 | 100.8 | 100.1 | 102.1 | 101.1 | 102.1 | 102.5 |
| 100.4 | 100.3 | 100.0 | 99.6 | 99.4 | 100.2 | 99.9 | 100.1 | 98.4 |
| 99.0 | 100.0 | 101.2 | 98.9 | 102.5 | 102.8 | 106.0 | 104.3 | 101.8 |
| 104.4 | 99.8 | 100.8 | 101.3 | 99.2 | 99.6 | 99.3 | 100.3 | 99.6 |
| 101.6 | 99.8 | 100.0 | 98.2 | 102.3 | 100.0 | 100.9 | 99.2 | 99.4 |
| 95.7 | 100.0 | 102.6 | 100.7 | 99.5 | 99.5 | 98.7 | 100.4 | 97.6 |
| 100.1 | 100.3 | 99.9 | 100.2 | 92.1 | 100.0 | 100.1 | 99.9 | 100.1 |
| 98.6 | 101.4 | 99.5 | 97.9 | 104.1 | 100.8 | 105.7 | 103.4 | 102.2 |
| 100.6 | 100.0 | 99.8 | 100.6 | 99.6 | 100.3 | 100.5 | 101.0 | 100.8 |
| 100.7 | 100.8 | 99.6 | 100.0 | 100.7 | 94.6 | 95.2 | 99.8 | 97.7 |
| 99.3 | 98.2 | 99.9 | 97.8 | 100.8 | 103.9 | 98.1 | 99.5 | 95.3 |

# 3—18 分行业工业产品出厂价格环比指数（2007年）

（以上月价格为100）

| 类　别 | Item | 全年 Annual Year | 1月 January | 2月 February |
|---|---|---|---|---|
| **煤炭开采和洗选业** | **Coal Mining and Selecting Industry** | **111.3** | **100.3** | **97.6** |
| 烟煤和无烟煤的开采洗选 | The Bituminous Coal and Anthracite Coals Mining and Dressing | 112.7 | 100.5 | 96.5 |
| 褐煤的开采洗选 | The Brown Coals Mine and Selecting | 107.3 | 100.0 | 100.3 |
| **黑色金属矿采选业** | **Black Metal Mineral Mining and Selecting Industry** | **121.3** | **101.6** | **100.5** |
| 铁矿采选 | The Iron Mineral Mining and Selecting | 111.1 | 105.5 | 100.0 |
| 其他黑色金属矿采选 | Other Black Metal Mineral Mining and Selecting | 124.8 | 100.3 | 100.6 |
| **有色金属矿采选业** | **Colored Metal Mineral Mining and Selecting** | **91.1** | **100.4** | **97.1** |
| 常用有色金属矿采选 | The Regular Colored Metal Mineral Mining and Selecting | 90.4 | 100.0 | 97.3 |
| 贵金属矿采选 | The Precious Metal Mineral Mining and Selecting | 101.6 | 110.9 | 90.5 |
| **非金属矿采选业** | **Non-Metal Mineral Mining and Selecting** | **149.8** | **103.0** | **97.5** |
| 化学矿采选 | Chemical Mineral Mining and Selecting | 267.0 | 99.5 | 99.6 |
| 采盐 | Salt Mining | 101.2 | 100.0 | 100.0 |
| 石棉及其他非金属矿采选 | Asbestos and Other Non-Metal Mineral Mining and Selecting | 113.6 | 104.8 | 96.4 |
| **农副食品加工业** | **Farm and Side-Line Food Processed Industry** | **98.1** | **97.9** | **98.2** |
| 谷物磨制 | Corn Whetted | 105.4 | 100.7 | 99.1 |
| 饲料加工 | Forage Processed | 115.2 | 101.7 | 101.6 |
| 植物油加工 | Planting-Oil Processed | 144.0 | 103.8 | 100.5 |
| 制糖 | Sugar Made | 91.0 | 96.4 | 97.1 |
| 屠宰及肉类加工 | Slaughtered Meta and Meat Processes | 137.6 | 101.5 | 102.1 |
| 水产品加工 | Fishery Product Processed | 106.9 | 101.0 | 100.8 |
| 其他农副食品加工 | Other Farm and Side-line Food Processed | 110.9 | 98.7 | 99.5 |
| **食品制造业** | **Food Manufacture Industry** | **108.6** | **101.0** | **99.0** |
| 焙烤食品制造 | Baked Food Manufacturing | 106.4 | 101.1 | 100.0 |
| 方便食品制造 | Convenient Food Manufacturing | 117.8 | 101.1 | 99.5 |
| 液体乳及乳制品制造 | Milk and Dairy Products Manufacturing | 98.6 | 99.4 | 100.5 |
| 罐头制造 | Canning | 106.7 | 101.8 | 97.3 |
| 调味品、发酵制品制造 | Condiment, Ferment Product Manufacturing | 104.6 | 100.6 | 100.0 |
| 其他食品制造 | Other Food Manufacturing | 111.4 | 101.2 | 99.5 |
| **饮料制造业** | **Beverage Manufacture Industry** | **101.0** | **99.6** | **99.9** |
| 酒精制造 | Alcohol Manufacturing | 108.3 | 96.2 | 97.1 |
| 酒的制造 | Wine Manufacturing | 96.0 | 100.2 | 99.9 |
| 软饮料制造 | Soft Beverage Manufacturing | 96.1 | 101.1 | 101.2 |
| 精制茶加工 | Refined-tea Process | 142.9 | 104.0 | 108.5 |

# Ex-Factory Price Ring Indices of Industrial Products by Industry（2007）

(Preceding month=100)

| 3月 March | 4月 April | 5月 May | 6月 June | 7月 July | 8月 August | 9月 September | 10月 October | 11月 November | 12月 December |
|---|---|---|---|---|---|---|---|---|---|
| **103.5** | **100.9** | **99.1** | **96.3** | **98.4** | **101.1** | **98.3** | **104.9** | **106.9** | **104.0** |
| 103.8 | 101.0 | 99.5 | 95.0 | 97.8 | 101.0 | 97.3 | 106.6 | 109.3 | 105.0 |
| 102.8 | 100.6 | 98.3 | 99.7 | 99.8 | 101.4 | 100.6 | 100.8 | 101.2 | 101.6 |
| **99.0** | **100.4** | **106.9** | **103.9** | **93.6** | **103.5** | **101.4** | **101.7** | **104.3** | **103.5** |
| 98.6 | 98.5 | 100.0 | 99.7 | 100.5 | 101.0 | 100.8 | 101.0 | 102.7 | 102.5 |
| 99.1 | 101.1 | 109.2 | 105.2 | 91.3 | 104.3 | 101.6 | 101.9 | 105.1 | 103.8 |
| **101.4** | **100.9** | **100.9** | **105.5** | **92.4** | **103.1** | **107.3** | **103.2** | **92.7** | **87.8** |
| 101.5 | 100.9 | 100.9 | 105.7 | 92.1 | 103.3 | 107.5 | 103.7 | 92.1 | 87.2 |
| 100.2 | 101.4 | 100.2 | 100.1 | 104.7 | 97.1 | 102.2 | 97.7 | 100.3 | 97.7 |
| **102.4** | **105.1** | **101.5** | **102.1** | **102.5** | **103.6** | **103.0** | **102.9** | **103.7** | **114.5** |
| 99.9 | 111.5 | 101.6 | 108.4 | 107.5 | 112.0 | 100.1 | 106.5 | 118.2 | 144.8 |
| 100.0 | 100.0 | 100.0 | 100.0 | 100.0 | 100.0 | 100.0 | 101.2 | 100.0 | 100.0 |
| 103.7 | 102.5 | 101.6 | 99.3 | 100.3 | 99.9 | 104.6 | 101.4 | 97.3 | 101.5 |
| **100.3** | **101.8** | **99.5** | **100.3** | **98.0** | **103.3** | **99.9** | **101.0** | **99.3** | **99.0** |
| 101.0 | 97.4 | 100.7 | 99.5 | 103.0 | 98.2 | 103.2 | 100.3 | 100.8 | 101.6 |
| 99.7 | 102.5 | 99.4 | 99.6 | 99.5 | 100.7 | 102.3 | 101.4 | 101.4 | 104.8 |
| 99.9 | 101.3 | 108.2 | 110.0 | 100.1 | 104.2 | 97.7 | 101.5 | 111.4 | 99.4 |
| 100.5 | 102.2 | 98.3 | 99.6 | 97.0 | 104.4 | 99.1 | 100.9 | 97.8 | 97.5 |
| 100.2 | 99.8 | 119.6 | 108.4 | 97.2 | 101.5 | 101.1 | 98.9 | 102.0 | 101.9 |
| 100.1 | 89.7 | 102.8 | 102.9 | 100.8 | 100.2 | 103.0 | 101.1 | 100.3 | 104.8 |
| 100.1 | 99.4 | 100.8 | 103.0 | 101.6 | 100.7 | 100.9 | 101.5 | 105.6 | 98.9 |
| **100.9** | **102.7** | **102.0** | **101.5** | **99.2** | **100.4** | **100.1** | **104.8** | **99.0** | **97.9** |
| 100.0 | 100.0 | 100.0 | 100.0 | 100.0 | 100.0 | 100.0 | 100.0 | 100.0 | 105.3 |
| 99.4 | 103.0 | 112.5 | 100.0 | 102.4 | 97.6 | 100.7 | 100.3 | 99.7 | 101.2 |
| 99.6 | 100.5 | 98.5 | 100.8 | 100.9 | 101.2 | 97.6 | 101.6 | 100.1 | 98.1 |
| 97.6 | 106.4 | 101.2 | 99.6 | 96.6 | 102.0 | 102.0 | 110.1 | 99.8 | 93.3 |
| 93.3 | 100.7 | 100.3 | 100.0 | 100.0 | 110.5 | 100.0 | 100.1 | 99.0 | 100.7 |
| 109.3 | 98.0 | 100.2 | 107.2 | 99.1 | 98.8 | 99.0 | 102.6 | 95.5 | 101.5 |
| **98.2** | **100.5** | **100.2** | **100.3** | **98.9** | **100.0** | **100.1** | **100.7** | **101.1** | **101.6** |
| 99.5 | 100.9 | 102.1 | 98.9 | 103.0 | 101.2 | 102.0 | 102.2 | 101.4 | 103.9 |
| 96.0 | 100.0 | 99.5 | 98.3 | 97.8 | 101.4 | 99.4 | 100.3 | 103.0 | 100.3 |
| 100.5 | 100.3 | 99.6 | 101.3 | 95.8 | 96.8 | 99.7 | 100.0 | 97.7 | 102.4 |
| 100.7 | 105.4 | 99.8 | 122.3 | 103.4 | 96.7 | 98.8 | 100.4 | 99.8 | 98.9 |

3—18 续表 1

（以上月价格为100）

| 类 别 | Item | 全年 Annual Year | 1月 January | 2月 February |
|---|---|---|---|---|
| **烟草制品业** | **Tobacco Product Industry** | **103.6** | **101.6** | **101.9** |
| 烟叶复烤 | Tobacco Leaves Retroacting | 110.0 | 100.0 | 100.0 |
| 卷烟制造 | Cigarette Manufacturing | 103.6 | 101.6 | 101.9 |
| **纺织业** | **Textile Industry** | **90.6** | **98.7** | **100.3** |
| 棉、化纤纺织及印染精加工 | Cotton and Chemical Fiber Textile and Printing and Dyeing Refined Processing | 101.7 | 99.8 | 99.9 |
| 麻纺织 | Hemp Textile | 96.7 | 99.5 | 100.5 |
| 丝绢纺织及精加工 | Silk-textile and Refined Process | 78.7 | 97.5 | 100.8 |
| 纺织制成品制造 | Textile Products Manufacturing | 98.2 | 98.8 | 99.9 |
| 针织品、编织品及其制品制造 | Knitwear, Knitted Products | 101.6 | 99.8 | 100.0 |
| **纺织服装、鞋、帽制造业** | **Textile Clothing, Shoe, Hat Industry** | **90.6** | **98.7** | **99.7** |
| 纺织服装制造 | Textile Clothing Manufacturing | 89.7 | 98.7 | 100.0 |
| 纺织面料鞋的制造 | Shoes Manufacturing | 123.0 | 98.3 | 84.8 |
| **皮革、毛皮、羽毛（绒）及其制品业** | **Leather, Furriery, Feather and It Products Industry** | **96.7** | **94.8** | **104.1** |
| 皮革鞣制加工 | Leather Processing | 137.0 | 97.9 | 107.3 |
| 皮革制品制造 | Leather Product Processing | 80.7 | 96.5 | 100.7 |
| 羽毛（绒）加工及制品制造 | Feather Processing and Its Products Manufacturing | 73.0 | 90.6 | 102.7 |
| **木材加工及木、竹、藤、棕、草制品业** | **Bamboo, Ratten, Palm and Grass Product Manufacture Industry** | **103.6** | **99.4** | **99.6** |
| 锯材、木片加工 | Sawn-Material and Wood-plice Processing | 112.2 | 96.8 | 100.0 |
| 人造板制造 | Artificial Plank Manufacturing | 104.8 | 100.1 | 99.3 |
| 木制品制造 | Timber Product Manufacturing | 107.9 | 101.6 | 102.6 |
| 竹、藤、棕、草制品制造 | Bamboo, Ratten, Palm and Grass Product Manufacturing | 89.1 | 95.7 | 98.9 |
| **家具制造业** | **Furniture Manufacture Industry** | **100.0** | **100.0** | **100.0** |
| 木质家具制造 | Timber Furniture Manufacture | 100.0 | 100.0 | 100.0 |
| **造纸及纸制品业** | **Paper Making and Paper Products Industry** | **104.7** | **102.0** | **99.0** |
| 纸浆制造 | Paper Pulp Manufacturing | 100.4 | 99.8 | 95.2 |
| 造纸 | Paper Making | 107.9 | 102.0 | 99.3 |
| 纸制品制造 | Paper Products Manufacturing | 100.3 | 103.2 | 100.0 |
| **印刷业和记录媒介的复制** | **Painting Industry and Duplication Of Medium Recoder** | **78.6** | **90.7** | **99.4** |
| 印刷 | Painting | 78.5 | 90.7 | 99.4 |
| 装订及其他印刷服务活动 | Binding and Other Painting Service Activity | 93.4 | 97.3 | 100.0 |
| **文教体育用品制造业** | **Culture, Education and Athletics Manufacture Industry** | **101.0** | **100.0** | **100.4** |
| 文化用品制造 | Culture Articles Manufacturing | 102.2 | 100.0 | 100.9 |
| 体育用品制造 | Arthelitic Articles Manufacturing | 100.0 | 100.0 | 100.0 |
| **石油加工、炼焦及核燃料加工业** | **Petroleum Process, Coking and Nuclear Fuel Processing Industry** | **113.3** | **99.8** | **99.5** |
| 精炼石油产品的制造 | Refineed Coking Petroleum Manufacturing | 113.3 | 99.8 | 99.5 |

Continued

(Preceding month=100)

| 3月<br>March | 4月<br>April | 5月<br>May | 6月<br>June | 7月<br>July | 8月<br>August | 9月<br>September | 10月<br>October | 11月<br>November | 12月<br>December |
|---|---|---|---|---|---|---|---|---|---|
| **102.2** | **101.0** | **101.1** | **98.0** | **100.1** | **98.5** | **101.2** | **99.7** | **97.6** | **100.9** |
| 100.0 | 100.0 | 100.0 | 100.0 | 100.0 | 100.0 | 100.0 | 110.0 | 100.0 | 100.0 |
| 102.2 | 101.0 | 101.1 | 98.0 | 100.1 | 98.5 | 101.2 | 99.5 | 97.6 | 100.9 |
| **96.8** | **95.7** | **100.0** | **102.6** | **100.7** | **99.5** | **99.5** | **98.7** | **100.4** | **97.6** |
| 99.5 | 100.7 | 100.1 | 100.4 | 100.6 | 100.2 | 99.9 | 100.2 | 100.5 | 100.1 |
| 98.9 | 100.8 | 99.8 | 100.0 | 100.0 | 100.7 | 99.2 | 98.9 | 97.6 | 100.7 |
| 93.3 | 89.8 | 99.8 | 105.3 | 101.1 | 98.7 | 99.1 | 97.0 | 100.6 | 94.4 |
| 100.0 | 99.9 | 99.9 | 100.0 | 99.8 | 99.9 | 100.1 | 100.0 | 99.6 | 100.3 |
| 100.2 | 101.5 | 100.0 | 100.0 | 100.0 | 100.0 | 99.6 | 100.0 | 100.0 | 100.6 |
| **100.8** | **100.1** | **100.2** | **100.0** | **100.0** | **91.1** | **100.0** | **100.0** | **100.0** | **100.0** |
| 100.4 | 100.0 | 100.2 | 100.0 | 100.0 | 90.3 | 100.0 | 100.0 | 100.0 | 100.0 |
| 115.0 | 104.4 | 104.1 | 98.4 | 101.6 | 118.1 | 100.0 | 100.0 | 100.0 | 100.0 |
| **99.8** | **98.7** | **98.6** | **100.0** | **96.5** | **103.3** | **102.7** | **101.0** | **102.0** | **95.9** |
| 99.3 | 101.1 | 103.1 | 99.2 | 102.7 | 106.4 | 98.7 | 110.9 | 103.4 | 102.7 |
| 101.3 | 92.7 | 97.7 | 100.3 | 86.2 | 99.8 | 105.7 | 94.6 | 103.6 | 101.3 |
| 99.6 | 98.8 | 94.7 | 100.7 | 94.5 | 102.2 | 105.2 | 94.4 | 100.0 | 87.2 |
| **100.2** | **104.7** | **99.8** | **100.8** | **101.4** | **99.2** | **99.5** | **99.3** | **100.3** | **99.6** |
| 102.0 | 101.9 | 100.0 | 108.2 | 100.0 | 100.0 | 104.9 | 100.0 | 99.2 | 99.2 |
| 100.3 | 106.6 | 99.6 | 100.6 | 101.5 | 99.0 | 98.9 | 99.1 | 100.6 | 99.5 |
| 100.5 | 96.9 | 101.6 | 97.9 | 104.1 | 100.1 | 100.2 | 100.0 | 100.8 | 101.4 |
| 98.3 | 100.0 | 99.9 | 99.4 | 99.9 | 99.3 | 99.7 | 99.3 | 98.7 | 99.3 |
| **100.0** | **100.0** | **100.0** | **100.0** | **100.0** | **100.0** | **100.0** | **100.0** | **100.0** | **100.0** |
| 100.0 | 100.0 | 100.0 | 100.0 | 100.0 | 100.0 | 100.0 | 100.0 | 100.0 | 100.0 |
| **100.6** | **100.6** | **100.0** | **99.8** | **100.6** | **99.6** | **100.3** | **100.5** | **101.0** | **100.8** |
| 105.8 | 100.5 | 99.8 | 96.9 | 103.9 | 97.2 | 99.9 | 100.1 | 101.8 | 99.9 |
| 100.4 | 101.2 | 99.6 | 100.7 | 100.5 | 100.7 | 100.6 | 100.8 | 100.9 | 101.0 |
| 98.6 | 99.3 | 101.0 | 98.7 | 99.1 | 99.2 | 100.0 | 100.1 | 100.1 | 101.2 |
| **97.9** | **100.7** | **100.8** | **99.6** | **99.9** | **100.7** | **94.6** | **95.1** | **99.8** | **97.6** |
| 97.9 | 100.7 | 100.8 | 99.6 | 99.9 | 100.7 | 94.6 | 95.1 | 99.7 | 97.6 |
| 97.1 | 100.9 | 98.0 | 100.0 | 100.2 | 100.7 | 100.8 | 97.5 | 101.5 | 99.4 |
| **100.2** | **100.0** | **100.0** | **100.0** | **100.2** | **100.2** | **100.0** | **99.8** | **100.2** | **100.0** |
| 100.4 | 100.0 | 100.0 | 100.0 | 100.4 | 100.4 | 100.0 | 99.6 | 100.4 | 100.0 |
| 100.0 | 100.0 | 100.0 | 100.0 | 100.0 | 100.0 | 100.0 | 100.0 | 100.0 | 100.0 |
| **100.0** | **100.9** | **100.4** | **101.0** | **100.3** | **100.1** | **99.2** | **100.3** | **105.2** | **106.3** |
| 100.0 | 100.9 | 100.4 | 101.0 | 100.3 | 100.1 | 99.2 | 100.3 | 105.2 | 106.3 |

3—18 续表 2

（以上月价格为100）

| 类　别 | Item | 全年 Annual Year | 1月 January | 2月 February |
|---|---|---|---|---|
| **化学原料及化学制品制造业** | **Chemical Material and Chemical Product Manufacturing** | **111.9** | **99.8** | **101.0** |
| 基础化学原料制造 | Basic Chemical Material Manufacturing | 129.3 | 100.7 | 101.8 |
| 肥料制造 | Fertilizer Manufacture | 119.8 | 101.9 | 100.4 |
| 农药制造 | Insectcide Manufacture | 103.7 | 99.8 | 98.5 |
| 涂料、油墨、颜料及类似产品制造 | Coating, Printing Ink, Pigment and The Similar Products Manufacture | 117.7 | 100.8 | 107.6 |
| 合成材料制造 | Compounded Material Manufacture | 124.8 | 101.8 | 102.5 |
| 专用化学产品制造 | Specialized Chemical Product Manufacture | 96.5 | 97.7 | 99.5 |
| 日用化学产品制造 | Daily Chemical Product Manufacture | 98.5 | 98.7 | 101.4 |
| **医药制造业** | **Medical Manufacture Industry** | **107.7** | **99.8** | **100.0** |
| 化学药品原药制造 | Original Medicine of Chemical Medicine Manufacture | 140.3 | 97.3 | 93.0 |
| 化学药品制剂制造 | Chemical Medicine Agent Manufacture | 96.3 | 99.6 | 98.7 |
| 中成药制造 | Medium Paternt Manufacture | 110.2 | 100.0 | 100.8 |
| 兽用药品制造 | Medicine in Herbs Manufacture | 105.0 | 98.5 | 100.0 |
| 生物、生化制品的制造 | Biology, Bio-chemical Product Manufacture | 104.7 | 100.0 | 100.0 |
| **橡胶制品业** | **Rubber Product Industry** | **104.0** | **98.7** | **100.1** |
| 轮胎制造 | Tire Manufacture | 100.4 | 100.0 | 100.0 |
| 橡胶板、管、带的制造 | Rubber Plank, Pipe, Band Manufacture | 102.2 | 100.0 | 100.0 |
| 橡胶零件制造 | Rubber Component Manufacture | 100.0 | 100.0 | 100.0 |
| 日用及医用橡胶制品制造 | Daily and Medical-purpose Rubber Product Manufacture | 104.5 | 97.9 | 100.2 |
| 橡胶靴鞋制造 | Rubber Shoes Manufacture | 100.0 | 100.0 | 100.0 |
| **塑料制品业** | **Plastic Product Industry** | **98.6** | **100.0** | **98.4** |
| 塑料薄膜制造 | Plastic Thin Film Manufacture | 99.2 | 98.6 | 100.1 |
| 塑料板、管、型材的制造 | Plastic Plate, Pipe Type Manufacture | 92.0 | 101.5 | 88.3 |
| 塑料丝、绳及编织品的制造 | Plastic Silk, Rope and Knitted Products Manufacture | 99.6 | 99.9 | 100.3 |
| 塑料包装箱及容器制造 | Plastic Packing Box and Container Manufacture | 95.8 | 100.2 | 99.9 |
| 日用塑料制造 | Daily Pastic Manufacture | 123.6 | 101.2 | 109.9 |
| 其他塑料制品制造 | Other Plastic Manufacture | 110.1 | 100.0 | 110.0 |
| **非金属矿物制品业** | **Non-metal Mineral Product Industry** | **116.5** | **99.7** | **100.9** |
| 水泥、石灰和石膏的制造 | Cement, Lime and Gypsum Manufacture | 126.8 | 99.9 | 101.7 |
| 水泥及石膏制品制造 | Cement and Gypsum Product Manufacture | 101.0 | 100.2 | 100.7 |
| 砖瓦、石材及其他建筑材料制造 | Brick, Stone Material and Other Buildings Material Manufacture | 102.7 | 96.6 | 100.0 |
| 玻璃及玻璃制品制造 | Glass and Glass Product Manufacture | 105.0 | 99.9 | 99.3 |
| 陶瓷制品制造 | Ceramics Product Manufacture | 105.5 | 100.8 | 99.6 |
| 耐火材料制品制造 | Fire-proof Material Product Manufacture | 100.0 | 100.0 | 100.0 |
| 石墨及其他非金属矿物制品制造 | Graphite and Other Non-metal Mineralses Product Manufacture | 107.3 | 99.7 | 100.0 |

Continued

(Preceding month=100)

| 3月<br>March | 4月<br>April | 5月<br>May | 6月<br>June | 7月<br>July | 8月<br>August | 9月<br>September | 10月<br>October | 11月<br>November | 12月<br>December |
|---|---|---|---|---|---|---|---|---|---|
| **100.8** | **100.0** | **100.8** | **100.6** | **100.1** | **99.6** | **102.3** | **101.3** | **102.4** | **102.4** |
| 99.7 | 99.6 | 102.4 | 104.0 | 104.1 | 99.1 | 100.3 | 100.7 | 104.8 | 109.4 |
| 101.3 | 103.5 | 102.1 | 99.5 | 100.1 | 99.0 | 99.6 | 101.9 | 103.6 | 105.6 |
| 102.8 | 100.1 | 101.6 | 100.6 | 98.8 | 101.7 | 100.8 | 99.9 | 99.7 | 99.4 |
| 102.2 | 101.2 | 100.6 | 101.5 | 103.4 | 98.8 | 102.0 | 100.0 | 98.9 | 99.8 |
| 101.5 | 101.1 | 100.7 | 100.6 | 100.2 | 102.4 | 109.0 | 103.6 | 99.4 | 100.0 |
| 100.8 | 98.2 | 98.7 | 99.1 | 96.6 | 100.2 | 106.6 | 102.0 | 101.4 | 96.1 |
| 101.5 | 98.0 | 100.4 | 99.1 | 99.8 | 100.0 | 99.5 | 99.6 | 100.2 | 100.3 |
| **101.9** | **99.4** | **100.3** | **100.3** | **102.3** | **101.5** | **102.2** | **99.4** | **100.2** | **100.2** |
| 107.2 | 99.9 | 96.4 | 99.2 | 136.4 | 102.3 | 101.4 | 105.2 | 102.1 | 99.6 |
| 100.3 | 100.8 | 98.3 | 100.8 | 99.9 | 100.2 | 99.9 | 100.1 | 99.0 | 98.7 |
| 102.3 | 99.0 | 100.8 | 100.3 | 102.6 | 101.7 | 103.0 | 98.8 | 100.1 | 100.6 |
| 103.1 | 98.4 | 101.0 | 99.2 | 104.7 | 99.8 | 100.2 | 99.8 | 100.2 | 100.2 |
| 100.0 | 100.0 | 100.0 | 100.0 | 100.0 | 102.2 | 99.7 | 100.5 | 102.3 | 100.0 |
| **99.1** | **100.9** | **113.0** | **90.8** | **100.0** | **100.3** | **100.4** | **100.5** | **100.1** | **101.3** |
| 100.0 | 100.0 | 100.0 | 100.0 | 100.0 | 100.0 | 100.0 | 99.7 | 100.0 | 100.7 |
| 100.0 | 100.0 | 100.0 | 100.0 | 100.0 | 100.0 | 100.0 | 100.0 | 100.0 | 102.2 |
| 100.0 | 100.0 | 100.0 | 100.0 | 100.0 | 100.0 | 100.0 | 100.0 | 100.0 | 100.0 |
| 98.5 | 101.5 | 121.3 | 84.7 | 100.0 | 100.5 | 100.7 | 101.0 | 100.2 | 101.3 |
| 100.0 | 100.0 | 100.0 | 100.0 | 100.0 | 100.0 | 100.0 | 100.0 | 100.0 | 100.0 |
| **100.7** | **100.8** | **98.0** | **97.2** | **103.3** | **99.4** | **100.2** | **99.1** | **101.3** | **100.5** |
| 100.5 | 101.2 | 99.3 | 100.3 | 99.7 | 100.5 | 99.7 | 99.6 | 99.7 | 100.0 |
| 96.4 | 103.6 | 99.5 | 100.7 | 104.2 | 96.9 | 104.6 | 96.2 | 100.0 | 101.0 |
| 102.0 | 100.0 | 97.1 | 95.4 | 104.1 | 99.7 | 99.2 | 99.7 | 102.1 | 100.5 |
| 94.7 | 100.1 | 100.0 | 100.0 | 100.0 | 100.0 | 99.6 | 100.5 | 101.1 | 100.0 |
| 100.1 | 99.9 | 100.5 | 100.4 | 100.7 | 106.2 | 100.0 | 100.3 | 101.3 | 101.4 |
| 100.2 | 100.2 | 100.0 | 99.8 | 100.0 | 100.0 | 100.0 | 100.0 | 100.5 | 99.5 |
| **99.1** | **98.7** | **100.0** | **101.2** | **98.9** | **102.5** | **102.7** | **105.9** | **104.3** | **101.8** |
| 97.3 | 98.4 | 99.9 | 100.0 | 99.0 | 103.2 | 104.2 | 111.1 | 107.9 | 102.2 |
| 101.7 | 98.1 | 102.5 | 99.5 | 100.5 | 99.6 | 100.8 | 98.6 | 99.2 | 99.9 |
| 103.2 | 99.7 | 99.6 | 101.3 | 99.1 | 100.9 | 100.6 | 100.5 | 99.9 | 101.5 |
| 99.9 | 98.8 | 98.4 | 105.4 | 102.6 | 101.1 | 101.4 | 99.4 | 99.6 | 99.4 |
| 99.2 | 100.0 | 99.3 | 105.6 | 94.5 | 104.9 | 99.6 | 98.8 | 100.2 | 103.3 |
| 100.0 | 100.0 | 100.0 | 100.0 | 100.0 | 100.0 | 100.0 | 100.0 | 100.0 | 100.0 |
| 106.1 | 96.6 | 100.9 | 99.7 | 99.8 | 99.9 | 104.8 | 100.0 | 100.0 | 100.0 |

3—18 续表 3

（以上月价格为100）

| 类 别 | Item | 全年 Annual Year | 1月 January | 2月 February |
|---|---|---|---|---|
| **黑色金属冶炼及压延加工业** | **Black Metal Coking and Pressint Process Industry** | **136.3** | **100.9** | **101.7** |
| 炼钢 | Steel Making | 126.2 | 100.5 | 95.6 |
| 钢压延加工 | Pressed Steel Processing | 129.8 | 100.7 | 102.0 |
| 铁合金冶炼 | Iron-alloy Smeltering | 160.6 | 101.7 | 102.8 |
| **有色金属冶炼及压延加工业** | **Coloured Metal Coking and Pressint Process Industry** | **102.2** | **100.0** | **100.3** |
| 常用有色金属冶炼 | General Non-ferrous Metal Coking | 104.1 | 100.3 | 101.3 |
| 贵金属冶炼 | Precious Metal Smeltering | 109.8 | 100.3 | 100.3 |
| 有色金属合金制造 | Non-ferrous Metal Alloy Manufacture | 148.8 | 102.8 | 100.1 |
| 有色金属压延加工 | Non-ferrous Metal Pressing | 94.1 | 99.9 | 98.3 |
| **金属制品业** | **Metal Product Industry** | **105.8** | **102.9** | **98.9** |
| 结构性金属制品制造 | Structural Metal Product | 106.0 | 105.3 | 98.2 |
| 金属工具制造 | Metal Tools Manufacture | 101.9 | 100.0 | 100.0 |
| 集装箱及金属包装容器制造 | Container and Metal Packing Container Manufacture | 105.3 | 99.9 | 99.3 |
| 金属丝绳及其制品的制造 | Metal Silk Rope and Its Product Manufacture | 100.2 | 100.2 | 100.0 |
| 建筑、安全用金属制品制造 | Building, Metal Productin Safety Producing Manufacture | 112.5 | 100.0 | 99.8 |
| 不锈钢及类似日用金属制品制造 | Stainless Steel and Similar Daily Metal Product Manufacture | 101.9 | 100.0 | 100.0 |
| 其他金属制品制造 | Other Metal Product Manufacture | 124.1 | 100.4 | 99.6 |
| **通用设备制造业** | **General Equipment Manufacture** | **100.1** | **98.9** | **100.2** |
| 锅炉及原动机制造 | Boiler and Original Motor | 101.4 | 100.1 | 101.1 |
| 金属加工机械制造 | Metal Process and Machinery Manufacture | 98.1 | 101.1 | 97.6 |
| 起重运输设备制造 | Hoisting Transportation Equipment Manufacture | 94.4 | 97.7 | 102.2 |
| 泵、阀门、压缩机及类似机械的制造 | Pump, Valve, Compressor and Its Similar Mechanical Manufacture | 98.1 | 98.8 | 99.9 |
| 风机、衡器、包装设备等通用设备制造 | Wind-fanning Machine, Scaling and Packing Equipment | 99.8 | 101.4 | 98.2 |
| 金属铸、锻加工 | Metal Foundry, Forging Process | 106.2 | 96.7 | 100.0 |
| **专用设备制造业** | **General Equipment Manufacture** | **98.1** | **96.7** | **102.1** |
| 矿山、冶金、建筑专用设备制造 | Ore Mountain, Metallurgy, Building Special Equipment Manufacture | 96.4 | 91.6 | 105.4 |
| 化工、木材、非金属加工专用设备制造 | Chemical Engineering, Timber, Non-Metal Processed Special Equipments Manufacture | 93.4 | 100.4 | 100.0 |
| 食品、饮料、烟草及饲料生产专用设备制造 | The Food, Beverage, Tobacco and Foddar Production Special Equipments Manufacture | 101.0 | 97.6 | 100.4 |
| 印刷、制药、日化生产专用设备制造 | Printing, Pharmaceutic-making and Chemical Daily Product The Specific Equipments Manufacture | 100.1 | 100.0 | 100.0 |
| 农、林、牧、渔专用机械制造 | Agriculture, Forestry Animal Husbandry and Fishery Specific Machinery Manufacture | 103.3 | 99.9 | 100.6 |
| 环保、社会公共安全及其他专用设备制造 | Environment Protection, Public Social Secure and Other Specific Equipment Manufacture | 104.0 | 99.7 | 99.8 |
| **交通运输设备制造业** | **Transportation Equipment Manufacture Industry** | **97.8** | **99.4** | **100.7** |
| 铁路运输设备制造 | Rail Transportation Equipment Manufacture | 64.4 | 75.5 | 100.0 |
| 汽车制造 | Vehicle Manufacture | 98.8 | 100.1 | 100.7 |
| 自行车制造 | Bycicle Manufacture | 103.3 | 98.2 | 103.4 |
| 船舶及浮动装置制造 | Ships and Floating Equipment Manufacture | 96.2 | 100.2 | 99.8 |
| 交通器材及其他交通运输设备制造 | Transportation Equipment and Other Transportations Equipments Manufacture | 100.0 | 100.0 | 100.0 |

Continued

(Preceding month=100)

| 3月 March | 4月 April | 5月 May | 6月 June | 7月 July | 8月 August | 9月 September | 10月 October | 11月 November | 12月 December |
|---|---|---|---|---|---|---|---|---|---|
| **101.7** | **101.1** | **106.5** | **106.1** | **99.5** | **100.9** | **102.8** | **103.6** | **102.4** | **104.5** |
| 104.5 | 102.1 | 108.0 | 103.0 | 99.0 | 99.4 | 103.8 | 103.1 | 103.1 | 101.9 |
| 102.8 | 100.2 | 102.3 | 102.6 | 100.4 | 101.6 | 103.3 | 104.1 | 102.3 | 104.2 |
| 97.4 | 104.1 | 119.8 | 118.6 | 96.6 | 98.8 | 100.9 | 102.0 | 102.3 | 106.1 |
| **102.6** | **100.4** | **101.9** | **100.1** | **99.2** | **103.3** | **100.8** | **99.4** | **96.1** | **98.4** |
| 103.1 | 100.5 | 102.1 | 100.2 | 99.0 | 103.7 | 101.1 | 99.3 | 95.6 | 98.3 |
| 97.8 | 103.1 | 104.0 | 94.2 | 102.2 | 97.8 | 99.9 | 107.1 | 100.8 | 102.6 |
| 108.9 | 112.7 | 100.9 | 100.2 | 97.2 | 130.3 | 100.0 | 101.1 | 91.1 | 100.0 |
| 100.1 | 98.9 | 100.7 | 100.0 | 100.3 | 100.2 | 99.4 | 99.9 | 98.0 | 98.4 |
| **99.5** | **103.1** | **100.2** | **100.3** | **98.5** | **101.8** | **99.9** | **100.1** | **100.2** | **100.4** |
| 98.5 | 103.9 | 99.5 | 100.5 | 97.2 | 103.1 | 100.0 | 100.0 | 100.0 | 100.0 |
| 100.0 | 100.0 | 100.0 | 100.8 | 102.1 | 100.2 | 98.2 | 101.6 | 101.2 | 98.0 |
| 103.6 | 102.2 | 102.4 | 98.8 | 97.2 | 101.6 | 99.4 | 98.8 | 100.3 | 101.9 |
| 100.0 | 100.0 | 100.0 | 100.0 | 100.0 | 100.0 | 100.0 | 100.0 | 100.0 | 100.0 |
| 100.7 | 97.4 | 100.0 | 104.3 | 102.8 | 99.7 | 104.8 | 100.7 | 99.9 | 101.8 |
| 100.0 | 101.9 | 100.0 | 100.0 | 100.0 | 100.0 | 100.0 | 100.0 | 100.0 | 100.0 |
| 100.1 | 104.6 | 104.6 | 100.1 | 102.8 | 100.0 | 100.0 | 101.5 | 102.1 | 106.1 |
| **99.0** | **100.3** | **99.8** | **100.7** | **101.8** | **98.8** | **100.8** | **98.8** | **101.1** | **100.0** |
| 100.3 | 100.6 | 99.1 | 99.8 | 102.6 | 98.7 | 98.5 | 98.8 | 102.9 | 99.3 |
| 99.8 | 99.6 | 99.8 | 100.4 | 100.0 | 99.9 | 100.0 | 100.1 | 100.1 | 99.9 |
| 94.8 | 102.0 | 101.0 | 99.3 | 100.7 | 95.5 | 101.9 | 98.6 | 101.0 | 99.9 |
| 97.1 | 100.8 | 99.7 | 100.0 | 100.0 | 100.5 | 100.1 | 102.1 | 98.5 | 100.9 |
| 100.2 | 100.7 | 100.5 | 100.3 | 100.5 | 101.3 | 98.6 | 99.0 | 99.5 | 99.6 |
| 101.4 | 98.8 | 99.0 | 103.3 | 105.5 | 97.9 | 103.8 | 95.8 | 103.8 | 100.5 |
| **100.8** | **99.3** | **99.4** | **101.0** | **99.8** | **98.3** | **99.5** | **99.2** | **102.0** | **100.1** |
| 102.0 | 100.5 | 97.9 | 101.1 | 99.9 | 99.9 | 99.9 | 95.6 | 103.2 | 100.1 |
| 100.3 | 98.0 | 100.0 | 100.0 | 100.0 | 95.0 | 100.0 | 100.0 | 100.0 | 99.7 |
| 100.6 | 98.5 | 100.5 | 103.1 | 100.2 | 99.8 | 100.4 | 100.0 | 99.8 | 100.3 |
| 100.0 | 100.0 | 100.0 | 100.0 | 100.0 | 100.1 | 100.0 | 100.0 | 100.0 | 100.0 |
| 97.9 | 100.0 | 100.9 | 103.0 | 97.6 | 104.4 | 94.5 | 102.4 | 102.9 | 99.8 |
| 104.5 | 101.4 | 98.6 | 100.7 | 99.7 | 99.0 | 100.3 | 100.1 | 99.9 | 100.4 |
| **100.7** | **100.3** | **100.0** | **100.0** | **99.6** | **99.8** | **100.0** | **100.0** | **99.6** | **97.9** |
| 100.0 | 100.0 | 100.0 | 100.0 | 100.0 | 100.0 | 100.0 | 100.0 | 85.4 | 99.9 |
| 100.7 | 100.3 | 100.0 | 100.0 | 99.6 | 99.8 | 100.0 | 100.0 | 99.9 | 97.8 |
| 99.3 | 99.6 | 100.2 | 100.5 | 100.8 | 100.8 | 99.4 | 100.0 | 99.8 | 101.3 |
| 102.4 | 100.4 | 98.1 | 100.0 | 100.0 | 100.5 | 100.1 | 96.1 | 101.2 | 97.5 |
| 100.0 | 100.0 | 100.0 | 100.0 | 100.0 | 100.0 | 100.0 | 100.0 | 100.0 | 100.0 |

3—18 续表 4

（以上月价格为100）

| 类　　别 | Item | 全年 Annual Year | 1月 January | 2月 February |
|---|---|---|---|---|
| **电气机械及器材制造业** | **Electricity Machine and Its Equipment Manufacture** | **102.9** | **100.4** | **100.0** |
| 电机制造 | Electric Engineering Manufacture | 92.7 | 97.3 | 99.3 |
| 输配电及控制设备制造 | Electricity Mixed and Control Equipments Manufacture | 107.2 | 101.1 | 101.1 |
| 电线、电缆、光缆及电工器材制造 | Wire, Cable, Fiber Optic Cable and the Electric Device Manufacture | 101.3 | 100.1 | 99.2 |
| 电池制造 | Battery Manufacture | 99.9 | 100.3 | 101.0 |
| 家用电力器具制造 | Electric Power Apparatus Manufacture | 104.2 | 100.0 | 99.9 |
| 其他电气机械及器材制造 | Other Electricity Machines and Device Manufacture | 98.1 | 100.0 | 100.0 |
| **通信设备、计算机及其他电子设备制造业** | **Tele-communication Equipment, Computer and Other Electron Equipment Manufacture Industry** | **94.6** | **97.1** | **101.3** |
| 通信设备制造 | Tele-communication Equipment Manufacture | 97.2 | 95.5 | 101.9 |
| 雷达及配套设备制造 | Radar and Its Equipment Manufacture | 100.0 | 100.0 | 100.0 |
| 电子器件制造 | Electronic Appliances | 88.0 | 100.0 | 100.0 |
| 电子元件制造 | Electronic Components | 100.1 | 99.9 | 99.8 |
| 家用视听设备制造 | Household Video-audio Apparatus | 100.0 | 100.0 | 100.0 |
| 其他电子设备制造 | Other Electronic Equipment | 88.6 | 100.0 | 99.9 |
| **仪器仪表及文化、办公用机械制造业** | **Instrument, Meter and Cultural and Office** | **98.6** | **99.5** | **102.7** |
| 通用仪器仪表制造 | General Instrument and Meters | 99.7 | 100.0 | 103.4 |
| 专用仪器仪表制造 | Special Instrument and Meter | 100.2 | 100.0 | 103.5 |
| 钟表与计时仪器制造 | Clock and Timing Instrument | 101.5 | 87.1 | 110.3 |
| 光学仪器及眼镜制造 | Optical Instrument and Glasses | 95.1 | 100.0 | 99.9 |
| **工艺品及其他制造业** | **Handicrafts and Other Manufacture Industry** | **104.3** | **101.8** | **100.0** |
| 工艺美术品制造 | Handicraft Art Work Manufacture | 100.0 | 100.0 | 100.0 |
| 日用杂品制造 | Daily Groceries Manufacture | 105.3 | 102.3 | 100.0 |
| **电力、热力的生产和供应业** | **Electronic, Thermodynamic Product and Supply Industry** | **102.3** | **101.3** | **100.8** |
| 电力生产 | Electric Power Production | 103.5 | 103.5 | 100.0 |
| 电力供应 | Electric Power Supply | 101.1 | 100.2 | 101.2 |
| 热力生产和供应 | Thermodynamic Production and Supply | 100.0 | 100.0 | 100.0 |
| **燃气生产和供应业** | **Fuel Production and Supply Industry** | **117.5** | **99.7** | **97.2** |
| 燃气生产和供应业 | Fuel Production and Supply Industry | 117.5 | 99.7 | 97.2 |
| **水的生产和供应业** | **Water Production and Supply Industry** | **103.8** | **103.5** | **100.1** |
| 自来水的生产和供应 | Tapping-water Production and Supply | 103.8 | 103.5 | 100.1 |
| 污水处理及其再生利用 | Sewage Treatment and Recycled Use | 100.0 | 100.0 | 100.0 |

Continued

(Preceding month=100)

| 3月<br>March | 4月<br>April | 5月<br>May | 6月<br>June | 7月<br>July | 8月<br>August | 9月<br>September | 10月<br>October | 11月<br>November | 12月<br>December |
|---|---|---|---|---|---|---|---|---|---|
| **100.6** | **101.4** | **102.3** | **100.1** | **98.0** | **98.8** | **101.2** | **100.6** | **101.2** | **98.2** |
| 101.1 | 100.3 | 101.1 | 100.8 | 99.7 | 100.1 | 99.0 | 94.6 | 99.7 | 99.8 |
| 99.6 | 99.7 | 106.0 | 100.4 | 99.5 | 98.5 | 102.5 | 98.2 | 105.6 | 95.4 |
| 101.2 | 103.7 | 100.4 | 99.9 | 96.1 | 98.6 | 100.7 | 102.8 | 98.9 | 100.0 |
| 101.9 | 100.0 | 96.9 | 100.0 | 99.2 | 100.4 | 100.0 | 100.4 | 100.0 | 100.0 |
| 100.0 | 101.8 | 100.0 | 100.0 | 100.0 | 100.0 | 101.8 | 100.0 | 100.0 | 100.7 |
| 100.0 | 97.8 | 100.5 | 100.0 | 100.0 | 99.6 | 100.0 | 100.5 | 99.6 | 100.3 |
| **100.6** | **99.7** | **100.6** | **97.4** | **100.0** | **98.0** | **100.0** | **99.9** | **100.0** | **100.0** |
| 100.9 | 99.5 | 100.8 | 96.0 | 99.9 | 100.0 | 100.0 | 99.9 | 100.2 | 102.8 |
| 100.0 | 100.0 | 100.0 | 100.0 | 100.0 | 100.0 | 100.0 | 100.0 | 100.0 | 100.0 |
| 100.0 | 100.0 | 100.0 | 100.0 | 100.0 | 88.0 | 100.0 | 100.0 | 100.0 | 100.0 |
| 99.7 | 99.9 | 100.6 | 100.2 | 100.0 | 100.4 | 100.0 | 100.0 | 99.8 | 100.0 |
| 100.0 | 100.0 | 100.0 | 100.0 | 100.0 | 100.0 | 100.0 | 100.0 | 100.0 | 100.0 |
| 100.0 | 100.0 | 100.0 | 100.0 | 103.0 | 86.3 | 100.0 | 99.7 | 100.0 | 100.0 |
| **98.6** | **97.7** | **99.4** | **100.3** | **99.5** | **100.8** | **99.8** | **99.6** | **100.0** | **100.7** |
| 99.8 | 96.4 | 100.0 | 100.2 | 98.4 | 101.5 | 99.5 | 100.2 | 99.5 | 100.9 |
| 100.0 | 101.3 | 100.0 | 100.0 | 100.0 | 100.0 | 100.0 | 95.6 | 100.0 | 100.0 |
| 97.7 | 98.6 | 101.4 | 103.8 | 99.3 | 99.7 | 104.5 | 99.2 | 102.4 | 99.3 |
| 95.8 | 100.0 | 97.7 | 100.0 | 101.9 | 99.6 | 99.8 | 99.0 | 100.9 | 100.5 |
| **99.9** | **102.3** | **100.2** | **97.4** | **98.3** | **100.0** | **109.5** | **99.9** | **96.7** | **98.8** |
| 100.0 | 100.0 | 100.0 | 100.0 | 100.0 | 100.0 | 100.0 | 100.0 | 100.0 | 100.0 |
| 99.8 | 102.9 | 100.2 | 96.7 | 97.9 | 100.0 | 112.2 | 99.8 | 95.8 | 98.4 |
| **99.7** | **99.6** | **93.3** | **97.7** | **100.3** | **99.9** | **99.8** | **99.9** | **108.5** | **102.1** |
| 100.0 | 100.0 | 100.0 | 100.0 | 100.0 | 100.0 | 100.0 | 100.0 | 100.0 | 100.0 |
| 99.6 | 99.4 | 89.8 | 96.5 | 100.5 | 99.9 | 99.7 | 99.8 | 112.8 | 103.1 |
| 100.0 | 100.0 | 100.0 | 100.0 | 100.0 | 100.0 | 100.0 | 100.0 | 100.0 | 100.0 |
| **96.2** | **100.4** | **104.3** | **100.8** | **100.4** | **104.5** | **99.2** | **102.1** | **117.6** | **95.6** |
| 96.2 | 100.4 | 104.3 | 100.8 | 100.4 | 104.5 | 99.2 | 102.1 | 117.6 | 95.6 |
| **100.3** | **99.8** | **100.0** | **99.9** | **100.0** | **99.9** | **100.1** | **100.1** | **100.2** | **100.0** |
| 100.3 | 99.8 | 100.0 | 99.9 | 100.0 | 99.9 | 100.1 | 100.1 | 100.2 | 100.0 |
| 100.0 | 100.0 | 100.0 | 100.0 | 100.0 | 100.0 | 100.0 | 100.0 | 100.0 | 100.0 |

## 3—19 主要工业产品出厂价格及指数（2007年）

## Ex-Factory Price & Indices of Major Industrial Products（2007）

（上年=100）　　(Preceding year=100)

| 类 别 | Item | 计量单位 | Measurement Unit | 年末价格（元） Price at Year End（yuan） | 指数 Index |
|---|---|---|---|---|---|
| 烟煤 | Bituminous Coal | 吨 | ton | 197.82 | 100.0 |
| 褐煤 | Lignitic Coal | 吨 | ton | 172.09 | 99.6 |
| 炼钢用铁矿石块矿 | Steelmaking Block Iron Ore Mine | 吨 | ton | 178.00 | 94.5 |
| 炼铁用铁矿石块矿 | Iron-smelting Uses the Lump Ore of Iron Ore | 吨 | ton | 126.00 | 102.8 |
| 铁精矿 | Iron Ore Concentrate | 吨 | ton | 115.04 | 107.6 |
| 锰矿石 | Manganese Ore | 吨 | ton | 566.25 | 116.4 |
| 锰矿粉 | Manganese Mine Powder | 吨 | ton | 1075.00 | 104.6 |
| 铜原矿 | Original Ore of Copper | 吨 | ton | 49092.69 | 116.8 |
| 铜精矿 | Copper Concentrate | 吨 | ton | 35398.00 | 126.5 |
| 铅原矿 | Lead Ore | 吨 | ton | 12071.74 | 139.4 |
| 锌原矿 | Zinc Ore Crude | 吨 | ton | 13482.59 | 128.1 |
| 铅精粉 | Lead Precise Powder | 吨 | ton | 15341.77 | 159.9 |
| 锌精矿 | Zinc Ore Concentrate | 吨 | ton | 12095.33 | 126.9 |
| 锡精矿 | Tin Concentrate | 吨 | ton | 107471.44 | 142.2 |
| 锑精矿 | Sb Concentrate | 吨 | ton | 26250.00 | 114.4 |
| 银精矿 | Silver Concentrate | 吨 | ton | 6457.97 | 113.2 |
| 钨精矿 | Tungsten Concentrate | 吨 | ton | 88000.00 | 92.0 |
| 硫铁矿 | Sulfur-iron Ore | 吨 | ton | 300.00 | 140.5 |
| 重晶石 | Barite Ore | 吨 | ton | 139.00 | 99.9 |
| 海盐 | Sea Salt | 吨 | ton | 354.44 | 100.3 |
| 工业原料滑石 | Industrial Raw Materials Talc | 吨 | ton | 860.00 | 106.2 |
| 滑石粉 | Talc powder | 吨 | ton | 940.45 | 110.2 |
| 大米 | Rice | 吨 | ton | 2340.00 | 107.7 |
| 小麦粉 | Wheaten Flour | 吨 | ton | 2227.84 | 109.9 |
| 麦片 | Oatmeal | 吨 | ton | 5500.00 | 107.3 |
| 配合饲料 | Assorted Feed | 吨 | ton | 2586.47 | 108.1 |
| 混合饲料 | Compound Feed Stuff | 吨 | ton | 6030.10 | 103.1 |
| 其他饲料 | Other Fodder | 吨 | ton | 2531.15 | 111.6 |
| 浓缩饲料 | Concentrated Fodder | 吨 | ton | 4707.11 | 106.4 |
| 花生油 | Arachis Oil | 吨 | ton | 16011.97 | 123.7 |
| 大豆油 | Soybean Oil | 吨 | ton | 9281.58 | 142.2 |
| 棕榈油 | Palm Oil | 吨 | ton | 7701.08 | 150.5 |
| 机制甘蔗糖 | Cane Sugar Mechanism | 吨 | ton | 3156.34 | 83.8 |
| 红糖 | Brown Sugar | 吨 | ton | 2385.85 | 79.0 |
| 鲜猪肉 | Fresh Pork | 吨 | ton | 16465.00 | 129.6 |
| 香肠 | Sausage | 吨 | ton | 3300.00 | 115.6 |
| 腊肉 | Dried Pork | 吨 | ton | 4300.00 | 129.9 |
| 肠衣 | Prepared Intestine | 米 | m | 0.45 | 104.9 |
| 其他肉制品 | Other Meat Products | 吨 | ton | 45000.00 | 121.7 |
| 虾 | Shrimps | 吨 | ton | 57400.00 | 99.9 |
| 冻饲料鱼 | Frozen Fish Feed | 吨 | ton | 2950.00 | 97.5 |
| 鱼糜 | Surimi | 吨 | ton | 11966.72 | 101.1 |
| 水产饲料 | Aquatic Feed | 吨 | ton | 4821.53 | 100.0 |
| 淀粉制品 | Starch Products | 吨 | ton | 2317.43 | 108.4 |

3—19 续表 1 Continued

（上年＝100） (Preceding year=100)

| 类别 | Item | 计量单位 | Measurement Unit | 年末价格（元） Price at Year End（yuan） | 指数 Index |
|---|---|---|---|---|---|
| 变性淀粉 | Converted Starch | 吨 | ton | 3372.41 | 106.9 |
| 豆腐干 | Dried Bean Curd | 吨 | ton | 800.00 | 104.8 |
| 其它豆制品 | Other Bean Products | 吨 | ton | 9730.00 | 104.8 |
| 饼干 | Biscuits | 吨 | ton | 7521.05 | 101.5 |
| 挂面 | Dried Noodle | 吨 | ton | 2873.95 | 107.0 |
| 米粉丝 | Rice Vermicelli | 吨 | ton | 3400.00 | 118.9 |
| 速冻食品 | Fast-frozen Food | 吨 | ton | 7294.61 | 98.8 |
| 方便米粉 | Convenient Rice Flur | 吨 | ton | 14725.85 | 104.2 |
| 奶粉 | Milk Powder | 吨 | ton | 19482.49 | 99.4 |
| 消毒鲜牛奶 | Sterilization Fresh Milk | 吨 | ton | 4300.99 | 101.9 |
| 纯牛奶 | Pure Milk | 吨 | ton | 7518.52 | 88.4 |
| 酸奶 | Sour Milk | 吨 | ton | 5570.92 | 97.4 |
| 钙奶 | Calcium Milk | 袋 | bag | 1.42 | 103.9 |
| 苹果罐头 | Canned Apple | 吨 | ton | 4620.00 | 106.8 |
| 菠萝罐头 | Canned pineapple | 吨 | ton | 4585.00 | 108.7 |
| 荔枝罐头 | Canned Lychee | 吨 | ton | 6350.00 | 100.9 |
| 龙眼罐头 | Canned Longan | 吨 | ton | 6350.00 | 99.8 |
| 青豆罐头 | Canned Beans | 吨 | ton | 6500.00 | 127.4 |
| 蘑菇罐头 | Canned Mushroom | 吨 | ton | 12000.00 | 125.4 |
| 清水马蹄 | Sliced Water Chestnut | 吨 | ton | 3531.67 | 108.4 |
| 酱油 | Soy Sauce | 吨 | ton | 2569.20 | 104.5 |
| 酱 | Sauce | 吨 | ton | 4275.29 | 99.3 |
| 食醋 | Table Vinegar | 吨 | ton | 1745.07 | 108.0 |
| 冷冻饮品 | Frozen Drinks | 吨 | ton | 3437.32 | 99.2 |
| 添加剂 | Addition Agent | 吨 | ton | 25747.87 | 90.4 |
| 酒精 | Alcohol | 吨 | ton | 3769.53 | 98.1 |
| 白酒 | Liqueur | 吨 | ton | 9378.50 | 97.0 |
| 啤酒 | Beer | 吨 | ton | 1941.75 | 96.7 |
| 果酒 | Ratafia | 吨 | ton | 6880.00 | 98.3 |
| 其他药酒 | Other Medicinal Liquor | 吨 | ton | 11423.84 | 103.8 |
| 碳酸饮料 | Carbonated Beverages | 吨 | ton | 2717.08 | 98.4 |
| 矿泉水 | Mineral Water | 吨 | ton | 529.58 | 99.6 |
| 纯净水 | Purified Water | 吨 | ton | 553.00 | 96.7 |
| 固体饮料 | Solid Drink | 吨 | ton | 9086.64 | 104.0 |
| 精制茶 | Refining Tea | 千克 | kg | 35.10 | 130.4 |
| 复烤烟叶 | Tobacco Redried | 吨 | ton | 1500.00 | 115.6 |
| 卷烟 | Cigarette | 箱 | box | 11604.22 | 100.7 |
| 棉纱 | Cotton Yarn | 吨 | ton | 18127.45 | 97.9 |
| 混纺纱 | Mixed Yarn | 吨 | ton | 17092.34 | 101.9 |
| 棉布 | Cambric | 米 | m | 4.14 | 100.0 |
| 混纺交织布 | Cuttanee | 米 | m | 3.37 | 98.4 |
| 色织坯布 | Yarn-dyed Gray Fabric | 米 | m | 7.91 | 100.0 |
| 缝纫线 | Sewing Thread | 吨 | ton | 15500.00 | 102.4 |
| 麻线 | Linen Thread | 吨 | ton | 5769.50 | 99.5 |

3—19 续表 2 Continued

（上年=100） (Preceding year=100)

| 类 别 | Item | 计量单位 | Measurement Unit | 年末价格（元） Price at Year End（yuan） | 指数 Index |
|---|---|---|---|---|---|
| 麻布 | Flax | 米 | m | 3.13 | 99.7 |
| 桑蚕丝 | Mulberry Silk | 吨 | ton | 148749.79 | 81.4 |
| 毛巾 | Towel | 条 | piece | 3.27 | 98.9 |
| 毛巾被 | Towel Blanket | 条 | piece | 44.44 | 100.0 |
| 浴巾 | Bath Towel | 条 | piece | 6.08 | 100.0 |
| 方巾 | Face Cloth | 条 | piece | 1.44 | 97.0 |
| 棉针织产品 | Cotton Knitted Product | 件 | piece | 10.15 | 100.0 |
| 针织单面汗布类衫裤 | Knitting Class Single Undershirt Cloth Jumpsuit | 条 | piece | 5.50 | 95.9 |
| 短裤 | Short Trousers | 条 | piece | 3.68 | 111.3 |
| 布服装 | Cotton Ready Made Clothings | 件 | piece | 231.00 | 99.8 |
| 布鞋 | Cloth Shoes | 双 | pair | 7.75 | 112.2 |
| 轻革 | Light Leather | 平方米 | sq.m | 56.83 | 104.7 |
| 重革 | Aheap Leather | 平方米 | sq.m | 193.20 | 113.0 |
| 牛皮 | Cowhide | 平方米 | sq.m | 84.80 | 100.0 |
| 皮鞋 | Leather Shoes | 双 | pair | 101.50 | 98.4 |
| 皮手套 | Leather Gloves | 付 | pair | 6.65 | 100.5 |
| 鸭绒 | Duck Down | 千克 | kg | 104.55 | 95.5 |
| 羽绒服装 | Dow Filled Garment | 件 | piece | 102.50 | 96.7 |
| 羽绒被 | Feather Quilt | 床 | sheet | 600.00 | 100.0 |
| 羽绒枕头 | Down-Filled Pillow | 个 | unit | 20.00 | 100.0 |
| 普通锯材 | General Lumber | 立方米 | cu.m | 450.00 | 119.1 |
| 木片 | Spclk | 立方米 | cu.m | 515.00 | 110.3 |
| 胶合板 | Plywood | 立方米 | cu.m | 1560.40 | 98.4 |
| 纤维板 | Fiberboard | 立方米 | cu.m | 1307.64 | 113.2 |
| 刨花板 | Particle Board | 立方米 | cu.m | 964.30 | 102.1 |
| 饰面板 | Veneer | 立方米 | cu.m | 28.93 | 97.6 |
| 地板 | Floorboard | 立方米 | cu.m | 37.28 | 108.6 |
| 木包装箱 | Wood Packing Box | 只 | unit | 211.54 | 101.7 |
| 木制衣架 | Wooden Clothes Tree | 个 | unit | 1.22 | 100.2 |
| 竹凉席 | Bamboo Mat | 张 | piece | 166.55 | 100.5 |
| 桌 | Table | 张 | piece | 663.00 | 100.0 |
| 床 | Bed | 张 | piece | 557.00 | 100.0 |
| 柜 | Cupboard | 个 | unit | 550.00 | 100.0 |
| 组合柜 | Combine-unit | 套 | set | 1596.00 | 100.0 |
| 木椅子 | Wooden Chair | 把 | piece | 121.50 | 100.0 |
| 木沙发 | Wooden Sofa | 个 | unit | 669.00 | 100.0 |
| 其他木家俱 | Other Wooden Furniture | 件 | piece | 265.00 | 100.0 |
| 床 | Bed | 张 | piece | 438.00 | 99.8 |
| 机制纸浆 | Machip-made Pulp | 吨 | ton | 4970.01 | 110.4 |
| 其他纸浆 | Other Pulp | 吨 | ton | 2307.69 | 93.0 |
| 印刷用纸 | Publication Grade | 吨 | ton | 4390.45 | 100.8 |
| 书写用纸 | Writing Paper | 吨 | ton | 4558.52 | 106.1 |
| 生活用纸 | Paper of Living | 吨 | ton | 7365.60 | 101.8 |
| 技术配套纸 | Supporting Technical Paper | 吨 | ton | 4658.12 | 104.5 |

3—19 续表 3 Continued

（上年＝100） （Preceding year=100）

| 类别 | Item | 计量单位 | Measurement Unit | 年末价格（元） Price at Year End（yuan） | 指数 Index |
|---|---|---|---|---|---|
| 包装纸板 | Draper's Board | 吨 | ton | 3582.16 | 101.3 |
| 瓦楞纸箱 | Watts Ppinulosa Cartons | 吨 | ton | 5345.66 | 98.6 |
| 医用包装纸制品 | Medical Packaging Products | 个 | unit | 16.24 | 100.9 |
| 水泥包装袋 | Concrete Packing Bag | 条 | piece | 1.22 | 94.9 |
| 卫生巾 | Sanitary Tissue | 包 | bag | 1.32 | 101.3 |
| 护垫 | Cushion | 包 | bag | 1.01 | 98.3 |
| 书籍印刷 | School Case Printing | 百册 | 100 copies | 164.64 | 103.5 |
| 报纸印刷 | Newspaper Printing | 百张 | 100 piece | 24.31 | 98.8 |
| 期刊印刷 | Periodical Printing | 百份 | 100 copies | 134.32 | 102.9 |
| 课本印刷 | Textbook Printing | 百本 | 100 copies | 80.39 | 98.4 |
| 多色印刷品 | Polychroatic Printed Matter | 对开 | bisect | 47.33 | 100.9 |
| 单色印刷品 | Self-colored Printed Matter | 令 | ream | 35.00 | 93.6 |
| 包装装潢用印刷 | Packing With Printing | 吨 | ton | 9707.00 | 95.2 |
| 其他印刷产品 | Other Printing Products | 万张 | 10 000 units | 463.00 | 98.7 |
| 书刊装订 | Bookandperiodical Bindery | 令 | ream | 65.95 | 103.1 |
| 制版 | Platemaking | 块 | piece | 95.00 | 98.3 |
| PS版 | Presensitized Offset Plate | 块 | piece | 28.00 | 100.0 |
| 文具礼盒 | Stationery Gift Box | 个 | unit | 3.10 | 99.0 |
| 喷枪针笔 | Airbrush Pen | 百支 | 100 branch | 50.00 | 111.7 |
| 健身器材 | Gymnasium Equipment | 台 | set | 2197.29 | 100.0 |
| 汽油 | Gasoline Oil | 吨 | ton | 5049.10 | 104.9 |
| 柴油 | Diesel Oil | 吨 | ton | 4803.71 | 104.7 |
| 润滑油 | Lube Oil | 吨 | ton | 10281.86 | 103.2 |
| 燃料油 | Fuel Oil | 吨 | ton | 4697.54 | 100.1 |
| 石蜡 | Paraffin | 吨 | ton | 6239.00 | 92.9 |
| 溶剂油 | Solvent Oil | 吨 | ton | 78131.83 | 100.1 |
| 石油液化气 | Liquefied Oil Gas | 吨 | ton | 5490.15 | 103.7 |
| 石脑油 | Naphtha | 吨 | ton | 6264.96 | 115.0 |
| 硫酸 | Vitriol | 吨 | ton | 561.41 | 138.5 |
| 合成盐酸 | Synthetic Hydrochloric Acid | 吨 | ton | 389.00 | 102.1 |
| 烧碱（氢氧化钠） | Caustic Soda | 吨 | ton | 1920.71 | 111.7 |
| 纯碱（碳酸钠） | Soda Ash | 吨 | ton | 1510.00 | 104.8 |
| 硫酸盐 | Sulfate | 吨 | ton | 2245.80 | 103.4 |
| 磷酸盐 | Phosphate | 吨 | ton | 2300.00 | 108.6 |
| 碳酸盐 | Carbonate | 吨 | ton | 460.50 | 105.5 |
| 氯化物 | Chloride | 吨 | ton | 5366.67 | 94.8 |
| 精甲醇 | Methanol | 吨 | ton | 3038.00 | 103.8 |
| 甲醛 | Methanal | 吨 | ton | 1602.99 | 105.1 |
| 冰醋酸（乙酸） | Acetic Acid Glacial | 吨 | ton | 5854.70 | 103.5 |
| 醋酸乙烯 | Vinyl Acetate | 吨 | ton | 13076.92 | 124.2 |
| 山梨醇 | Sorbite | 吨 | ton | 3413.99 | 102.9 |
| 三氯异氰尿酸 | Trichloro-isocyanuric Acid | 吨 | ton | 7393.17 | 97.9 |
| 电石（碳化钙） | Calcium Carbide | 吨 | ton | 2478.63 | 108.5 |
| 氯 | Chlorin | 吨 | ton | 1472.98 | 110.0 |

3—19 续表 4 Continued

（上年＝100） (Preceding year=100)

| 类 别 | Item | 计量单位 Measurement Unit | | 年末价格（元）Price at Year End（yuan） | 指数 Index |
|---|---|---|---|---|---|
| 氧 | Oxygen | 立方米 | cu.m | 4.33 | 98.9 |
| 氮 | Azote | 立方米 | cu.m | 3.58 | 101.4 |
| 氧化物 | Oxide | 吨 | ton | 12400.00 | 132.1 |
| 硝酸铵 | Ammonium Nitrate | 吨 | ton | 1557.50 | 101.5 |
| 尿素 | Urea | 吨 | ton | 1700.27 | 100.2 |
| 碳酸氢铵 | Ammonium Hydrogen Carbonate | 吨 | ton | 550.43 | 107.3 |
| 氯化铵 | Ammonium Chloride | 吨 | ton | 730.00 | 108.5 |
| 液氨 | Liquid Ammonia | 吨 | ton | 2212.39 | 110.1 |
| 硝酸 | Amyl Fortis | 吨 | ton | 1192.00 | 91.3 |
| 磷肥 | Phosphatic Ferfilizer | 吨 | ton | 1679.22 | 113.3 |
| 硫酸钾 | Potassium Sulfate | 吨 | ton | 2565.00 | 89.9 |
| 复混肥料 | Complex Manure | 吨 | ton | 17239.94 | 102.9 |
| 其它有机肥 | Other Organic Fertilizer | 吨 | ton | 1070.00 | 100.2 |
| 敌百虫原粉 | Trichlorfon | 吨 | ton | 8223.45 | 99.1 |
| 乐果 | Dimethoate | 吨 | ton | 15800.00 | 108.0 |
| 草甘膦 | Glyphosate | 吨 | ton | 6067.81 | 102.9 |
| 敌草隆 | Diuron | 吨 | ton | 34340.00 | 99.5 |
| 百草枯 | Paraquat | 吨 | ton | 19088.64 | 105.9 |
| 敌敌畏 | Dichlorvos | 吨 | ton | 31840.00 | 100.0 |
| 使菌克 | The Bacteria Grams | 吨 | ton | 18800.00 | 100.0 |
| 红安泰 | Red Aetna | 吨 | ton | 17600.00 | 100.0 |
| 蔗草灭 | Sugarcane Eliminate Grass | 吨 | ton | 30250.00 | 101.5 |
| 易可敌 | Yikedi | 吨 | ton | 18200.00 | 102.0 |
| 高绿宝 | GaoLubao | 吨 | ton | 15900.00 | 100.0 |
| 杀虫葳 | Shachongwei | 吨 | ton | 22100.00 | 100.0 |
| 酚醛树脂漆 | Phenolic Resin Paint | 吨 | ton | 7798.91 | 111.1 |
| 硝基纤维漆 | Nitrocellulose Lacquer | 吨 | ton | 8654.00 | 107.5 |
| 其它漆 | Other Lacquer | 吨 | ton | 4600.00 | 91.1 |
| 涂料 | Coatings | 吨 | ton | 9405.99 | 107.2 |
| 涂料用辅助涂料 | Coatings Use Assisted Coatings | 吨 | ton | 4345.35 | 146.7 |
| 钛白粉 | Titania Powder | 吨 | ton | 9652.39 | 107.0 |
| 钢化腻子膏 | Plaster of Steel Putty | 吨 | ton | 950.00 | 96.3 |
| 建筑防水胶 | Building Waterproof Plastic | 吨 | ton | 3500.00 | 117.7 |
| 聚氯乙烯树脂 | PVC Resin | 吨 | ton | 6106.84 | 109.2 |
| 聚乙烯醇 | PVAL | 吨 | ton | 16923.08 | 126.9 |
| 塑料增塑剂 | Plastic Plasticiser | 吨 | ton | 31800.00 | 102.7 |
| 乳化剂 | Emulgator | 吨 | ton | 8547.00 | 103.0 |
| 胶粘剂 | Tackifier | 吨 | ton | 2564.10 | 100.0 |
| 炭黑 | Carbon Black | 吨 | ton | 3200.00 | 103.3 |
| 聚合氯化铝 | Polyaluminium Chloride | 吨 | ton | 2670.94 | 94.8 |
| 有机合成化学品 | Organic Synthesis Chemiclas | 吨 | ton | 6859.00 | 104.0 |
| 栲胶 | Tanning Extracts | 吨 | ton | 6068.00 | 107.3 |
| 松香 | Colophony | 吨 | ton | 6092.62 | 78.4 |
| 松节油 | TurpentineOil | 吨 | ton | 6956.69 | 84.2 |
| 施胶剂 | Butvar Resin Butvar | 吨 | ton | 4509.00 | 82.5 |

3—19 续表 5 Continued

（上年=100） (Preceding year=100)

| 类别 | Item | 计量单位 | Measurement Unit | 年末价格（元） Price at Year End（yuan） | 指数 Index |
|---|---|---|---|---|---|
| 合成芳樟醇 | CompositeLinalool | 吨 | ton | 31000.00 | 98.1 |
| 炸药 | Dynamite | 吨 | ton | 4575.23 | 101.0 |
| 雷管 | Percussion Cap | 发 | piece | 0.89 | 100.0 |
| 导火索 | Blasting Fuse | 百米 | 100 m | 53.40 | 100.0 |
| 焰火制品 | Firework Product | 箱 | box | 240.19 | 99.8 |
| 酯胶 | Ester Gum | 吨 | ton | 9999.13 | 89.6 |
| 洗衣皂 | Laundry Soap | 吨 | ton | 3863.00 | 102.3 |
| 香皂 | Toilet Soap | 吨 | ton | 12082.51 | 97.0 |
| 合成洗衣粉 | Compositional Detergent | 吨 | ton | 4271.00 | 105.1 |
| 液体洗涤剂 | Liquid Detergent | 吨 | ton | 3805.50 | 101.7 |
| 甘油 | Glycerin | 吨 | ton | 7362.00 | 97.3 |
| 洗发香波 | Shampoo | 瓶 | buttle | 10.51 | 99.4 |
| 洗面奶 | Cleansing Facial Milk | 瓶 | buttle | 15.91 | 101.7 |
| 润肤露 | Moisturizing lotion | 瓶 | buttle | 24.96 | 100.0 |
| 护肤霜 | Skin Cream | 瓶 | buttle | 30.33 | 109.5 |
| 面膜 | Facial Mask | 盒 | box | 12.00 | 100.0 |
| 牙膏 | Toothpaste | 支 | buttle | 1.61 | 96.2 |
| 香精 | Essence | 千克 | kg | 106.10 | 99.8 |
| 其他化学药品原药 | Other Chemicals Original | 吨 | ton | 20855.00 | 113.1 |
| 注射用庆大霉素 | Zhushe YongqingDa Meisu | 万支 | 10 000 buttles | 1735.00 | 97.6 |
| 解热止痛散 | Jiete Zhitong San | 万盒 | 10 000 box | 16239.00 | 100.3 |
| 安痛定针剂 | Antong Dingzhen Ji | 盒 | box | 0.72 | 99.7 |
| 维生素注射液 | Weishengsu Zhushey E | 盒 | box | 1.50 | 106.2 |
| 胃药 | PROPULSID | 盒 | box | 5.36 | 100.0 |
| 痔疮栓 | Zhichuang Shuan | 盒 | box | 4.54 | 97.1 |
| 注射用盐水 | Zhushe Yong Yanshui | 瓶 | buttle | 0.78 | 96.8 |
| 葡萄糖 | Glucose | 千克 | kg | 2.96 | 96.6 |
| 眼鼻滴剂 | Nose drops | 百支 | 100 buttle | 680.00 | 92.4 |
| 药用赖氨酸 | Medicinal Lysine | 千克 | kg | 217.66 | 99.4 |
| 生麦饮口服液 | ShengMaiYin KouFuYe | 瓶 | buttle | 0.57 | 93.3 |
| 银翘解毒丸 | Yinqiao Jieduwan | 盒 | box | 1.77 | 97.5 |
| 跌打丸 | Diedawan | 盒 | box | 3.08 | 100.0 |
| 鸡骨草丸 | Jigu Caowan | 盒 | box | 10.34 | 100.0 |
| 羚翘解毒丸 | LingQiao Jieduwan | 盒 | box | 2.28 | 100.0 |
| 六味地黄丸 | Liuwei Dihuangwan | 盒 | box | 2.75 | 101.3 |
| 葛根芩连微丸 | Gegen Qinlian Weiwan | 盒 | box | 11.50 | 105.8 |
| 感冒冲剂 | GanMao Chongji | 盒 | box | 2.05 | 94.1 |
| 板蓝根冲剂 | Banlangen ChongJi | 盒 | box | 3.07 | 98.5 |
| 止咳糖浆 | Zhike Tangjiang | 瓶 | buttle | 2.08 | 101.9 |
| 维C银翘冲剂 | Wei C Yinqiao ChongJi | 盒 | box | 1.50 | 99.7 |
| 养血安神糖浆 | YangXue Anshen TangJiang | 盒 | box | 9.00 | 100.0 |
| 复方扶芳藤合剂（百年乐） | Fufang Fufangteng Heji（Happy Hundred Years） | 盒 | box | 16.00 | 100.5 |
| 桑菊冲剂 | Sangju Chongji | 盒 | box | 2.14 | 95.4 |
| 花红颗粒 | HuaHong Keli | 盒 | box | 5.77 | 98.4 |
| 复方金钱草颗粒 | Fufang Jinqiancao Keli | 条 | piece | 3.98 | 112.5 |

3—19 续表 6 Continued

（上年＝100） (Preceding year=100)

| 类 别 | Item | 计量单位 | Measurement Unit | 年末价格（元） Price at Year End（yuan） | 指数 Index |
|---|---|---|---|---|---|
| 养血当归精 | Yangxue Danggui Jing | 瓶 | buttle | 2.41 | 151.2 |
| 金鸡颗粒 | Jinji Keli | 盒 | box | 4.02 | 115.1 |
| 益母草冲剂 | Yimucao ChongJi | 盒 | box | 11.44 | 100.0 |
| V C银翘片 | VC Yinqiao Pian | 盒 | box | 1.63 | 101.5 |
| 牛黄解毒片 | Niuhuang Jiedu Pian | 盒 | box | 3.00 | 115.2 |
| 咽喉含片 | Yanhou Hanpian | 盒 | box | 1.40 | 100.6 |
| 银杏叶胶囊 | Yinxingye Jiaonang | 盒 | box | 4.28 | 106.2 |
| 降压胶囊 | Depressurization Capsule | 盒 | box | **12.49** | **99.9** |
| 感冒类用药 | Common Cold Type Drug | 盒 | box | **0.95** | **100.0** |
| 七叶神安片 | Qiye Shen'an Pian | 盒 | box | 3.10 | 110.3 |
| 花红片 | Huahong Pian | 盒 | box | 10.64 | 101.1 |
| 穿心莲片 | Chuanxinlian Pian | 盒 | box | 1.47 | 88.4 |
| 喉宝 | Tetracycline Hydrochoride Soluble Powder | 盒 | box | 3.01 | 98.9 |
| 金鸡药 | Jinji Yao | 盒 | box | 8.05 | 107.5 |
| 妇炎净胶囊 | Fuyanjing Jiaonang | 盒 | box | 5.90 | 101.1 |
| 清火栀麦片 | Qinghuo Zhimai Pian | 盒 | box | 3.60 | 101.7 |
| 万通炎康片 | Wantong Yankang Pian | 盒 | box | 3.63 | 109.7 |
| 结石通片 | Jieshitong Pian | 瓶 | buttle | 1.97 | 98.9 |
| 疏血通注射液 | Shuxuetong Zhusheye | 盒 | box | 22.44 | 104.0 |
| 伤湿止痛膏 | Shangshi Zhitong Gao | 盒 | box | **12.97** | **102.0** |
| 麝香壮骨膏 | Shexiang Zhuanggu Gao | 盒 | box | **1.09** | **100.0** |
| 霍香正气水 | Huoxiang Zhengqi Shui | 盒 | box | **3.17** | **100.0** |
| 珍珠粉 | Pearl Essence | 盒 | box | 4.00 | 103.5 |
| 胶股蓝荷叶粉 | Jiaogulan Heye Fen | 千克 | kg | 500.00 | 100.0 |
| 正骨水 | Bonesetting Liquid | 瓶 | buttle | 1.54 | 107.2 |
| 妇科用药 | Gynecologic Medication | 瓶 | buttle | 10.70 | 98.1 |
| 消肿止痛酊 | Xiaozhong Zhitong Ding | 盒 | box | 3.76 | 108.6 |
| 云香精 | Yunxiang Jing | 盒 | box | 1.45 | 109.8 |
| 湿毒清 | Shiduqing | 盒 | box | 7.86 | 109.1 |
| 鸡疫苗 | Chicken Vaccine | 万羽份 | 10 000 share | 264.15 | 123.5 |
| 猪疫苗 | Pig Vaccine | 万头份 | 10 000 share | 429.25 | 103.8 |
| 旺血来 | Wangxuelai | 公斤 | kg | 36.00 | 97.3 |
| 容大胆素 | RongDadan Su | 百支 | 100 buttles | 18.00 | 100.0 |
| 干扰素 | Interferon | 百支 | 100 buttles | 345.00 | 94.7 |
| 白蛋白 | Albumin | 百支 | 100 buttles | 24005.00 | 100.4 |
| 注射丙球 | Zhushe Bingqiu | 百支 | 100 buttles | 6670.00 | 124.4 |
| 胸腺肽 | Xiongxiantai | 盒 | box | 1.70 | 107.8 |
| 杀痢王透皮剂 | Shaliwangtou Piji | 箱 | box | 282.05 | 100.2 |
| 载重汽车外胎 | Burdening Autotyre Casing | 条 | piece | 985.00 | 111.0 |
| 航空轮胎内胎 | Aerial Tire Tube | 条 | piece | 1686.00 | 100.0 |
| 轮胎翻新 | Recap | 条 | piece | 220.00 | 106.6 |
| 橡胶运输带 | Rubbler Conveyor Belt | 平方米 | sq.m | 23.00 | 100.2 |
| 医用手套 | Clinical Gloves | 付 | set | 1.14 | 107.6 |
| 家用手套 | Household Gloves | 付 | set | 2904.51 | 110.5 |
| 避孕套 | Contraceptive Condom | 万只 | 10 000 unit | 1505.00 | 100.6 |

（上年＝100） (Preceding year=100)

| 类　别 | Item | 计量单位 Measurement Unit | | 年末价格（元）Price at Year End（yuan） | 指数 Index |
|---|---|---|---|---|---|
| 布面胶鞋 | Cloth Rubber Shoes | 双 | pair | 6.59 | 100.2 |
| 聚乙烯薄膜 | Polyethylent Film | 吨 | ton | 11755.63 | 104.2 |
| 聚脂薄膜 | Gather Fat Thin Film | 吨 | ton | 75000.00 | 101.6 |
| 聚丙烯制品 | PP Product | 吨 | ton | 234400.00 | 90.0 |
| 塑料食品袋 | Plastic Food Bag | 千个 | 1000 unit | 176.72 | 100.3 |
| 塑料门窗 | Plastics Door & Window | 平方米 | sq.m | 210.00 | 95.9 |
| 聚乙烯管材 | PE Pipe | 吨 | ton | 12510.00 | 99.5 |
| PVC制品 | PVC Product | 吨 | ton | 5925.23 | 86.8 |
| 聚丙烯编织袋 | PP Woven Bag | 吨 | ton | 10800.62 | 102.1 |
| 聚乙烯编织布 | PE Woven Cloth | 吨 | ton | 13330.00 | 101.4 |
| 泡沫塑料 | Aerated Plastics | 吨 | ton | 13796.00 | 107.2 |
| 塑料周转箱 | Plastics Circulating Box | 吨 | ton | 15500.00 | 111.5 |
| 塑料瓶 | Plastic Bottle | 吨 | ton | 5980.19 | 98.7 |
| 塑料餐具 | Plastics Tableware | 吨 | ton | 19980.00 | 105.8 |
| 其它塑料日用杂品 | Other Plastic Daily Groceries | 个 | unit | 7.15 | 127.8 |
| 安全帽 | Hard Hat | 顶 | tip | 6.41 | 113.6 |
| 普通硅酸盐水泥（回转窑） | Portland Cemnt（Rotary Kiln） | 吨 | ton | 301.32 | 104.0 |
| 复合硅酸盐水泥 | Composite Portland Cement | 吨 | ton | 301.42 | 108.9 |
| 硅酸盐水泥 | Portland Cement | 吨 | ton | 292.52 | 104.4 |
| 普通硅酸盐水泥（立窑） | Portland Cement（Vertical Kiln） | 吨 | ton | 258.02 | 102.6 |
| 钢筋混凝土压力管 | Ferroconcrete Pressure Pipe | 米 | m | 103.63 | 95.9 |
| 钢筋混凝土排水管 | Ferroconcrete Drain Pipe | 米 | m | 187.38 | 104.0 |
| 水泥电杆 | Concrete Pole | 根 | root | 516.50 | 103.3 |
| 水泥轨枕 | Concrete Tie | 根 | root | 123.00 | 102.1 |
| 混凝土 | Beton | 吨 | ton | 237.47 | 107.5 |
| 加气混凝土制品 | Gas Concrete Product | 立方米 | cu.m | 250.00 | 99.0 |
| 粘土砖 | Clay Brick | 块 | piece | 1925.11 | 105.3 |
| 空心砖 | Hollow Brick | 千块 | 1000 piece | 297.50 | 96.8 |
| 地砖 | Ground Tile | 平方米 | sq.m | 7.25 | 100.2 |
| 花岗岩板材 | Granite Plates | 平方米 | sq.m | 56.93 | 104.9 |
| 平板玻璃 | Plate Glass | 重量箱 | heft box | 69.83 | 110.8 |
| 钢化玻璃 | Hardened Glass | 平方米 | sq.m | 78.90 | 97.8 |
| 弯型夹层 | Bending Interbed | 平方米 | sq.m | 153.08 | 88.5 |
| 镀膜玻璃 | Coated Glass | 平方米 | sq.m | 72.28 | 102.7 |
| 玻璃瓶 | Glass Bottle | 个 | unit | 0.45 | 101.8 |
| 大便器 | W.C.pan | 件 | piece | 105.89 | 106.4 |
| 小便器 | Urinal | 件 | piece | 38.72 | 102.3 |
| 洗面器 | Wash-hand Basin | 件 | piece | 32.23 | 105.2 |
| 陶瓷碗 | Ceramic Bowl | 件 | piece | 0.72 | 111.8 |
| 陶瓷盘 | Ceramic Dish | 件 | piece | 1.99 | 104.8 |
| 陶瓷杯 | Ceramic Cup | 件 | piece | 1.21 | 102.3 |
| 陶瓷煲 | Ceramic Boiler | 件 | piece | 9.00 | 75.0 |
| 砂锅 | Casserole | 口 | unit | 1.30 | 130.0 |
| 碟 | Dishware | 件 | piece | 1.34 | 109.2 |
| 石棉刹车片 | Asbestos Brake Lining | 吨 | ton | 21333.00 | 100.0 |

3—19 续表 8 Continued

（上年＝100） （Preceding year=100）

| 类　别 | Item | 计量单位 Measurement Unit | | 年末价格（元） Price at Year End（yuan） | 指数 Index |
|---|---|---|---|---|---|
| 工业硅 | Industrial Silicon | 吨 | ton | 9000.00 | 100.4 |
| 人造刚石 | Artificial Stone | 吨 | ton | 2160000.00 | 92.5 |
| 普碳钢坯 | Straight Carbon Steel Feed | 吨 | ton | 6026.79 | 114.0 |
| 钢球 | Iron Shot | 吨 | ton | 4100.00 | 86.7 |
| 普通中型钢材 | Common Medium Shape | 吨 | ton | 3796.00 | 114.5 |
| 普通小型钢材 | Common Light Shape | 吨 | ton | 3697.38 | 109.3 |
| 线材 | Wire Stock | 吨 | ton | 3067.23 | 106.2 |
| 中厚钢板 | Plate Iron | 吨 | ton | 4339.67 | 121.1 |
| 钢带 | Steel Belt | 吨 | ton | 8650.00 | 111.7 |
| 焊接钢管 | Welded Steel Pipe | 吨 | ton | 4251.96 | 110.4 |
| 铁合金 | Iron Alloy | 吨 | ton | 6717.18 | 132.2 |
| 铅 | Plumbum | 吨 | ton | 17287.37 | 152.8 |
| 锌 | Zinc | 吨 | ton | 15189.67 | 113.5 |
| 锡 | Stannum | 吨 | ton | 122854.90 | 150.4 |
| 锑 | Antimony | 吨 | ton | 33376.77 | 107.8 |
| 氧化铝 | Alumina | 吨 | ton | 2908.46 | 85.7 |
| 铝 | Aluminum | 吨 | ton | 16036.36 | 97.1 |
| 氟化铝 | Fluorin | 吨 | ton | 6230.77 | 108.0 |
| 黄金及冶炼产品 | Gold and Smelt Product | 克 | g | 177.00 | 108.2 |
| 白银 | Silver | 千克 | kg | 2604.89 | 117.2 |
| 铟 | Indium | 吨 | ton | 3950.00 | 61.6 |
| 锡合金 | Tin Alloy | 吨 | ton | 89705.00 | 134.1 |
| 铝成品材 | Aluminum Finished Materials | 吨 | ton | 19475.00 | 103.0 |
| 铝合金成品材 | Aluminum Alloy Finished Materials | 吨 | ton | 20403.33 | 97.5 |
| 铅笔铝箍 | Pencil Aluminum Hoop | 吨 | ton | 85.24 | 103.2 |
| 钢结构屋架 | Structural Steel Principal | 吨 | ton | 7332.00 | 100.0 |
| 输变电铁塔 | Electric Transmission and Iron Tower | 吨 | ton | 7682.00 | 118.6 |
| 建筑金属预埋件 | Construction of Metal Embedded Parts | 件 | piece | 4.00 | 100.2 |
| 金属货架 | Meat Shelf | 吨 | ton | 7821.00 | 100.0 |
| 其它金属制品及结构 | Other Meat Product & Structure | 吨 | ton | 11880.34 | 102.6 |
| 防盗门 | Security Door | 扇 | set | 5600.00 | 100.0 |
| 钢窗 | Steel Windows | 扇 | set | 204.00 | 101.9 |
| 钻头 | Drill Bit | 个 | unit | 347.44 | 101.2 |
| 钢制容器 | Steel Container | 吨 | ton | 8950.00 | 109.7 |
| 金属桶 | Metal Drum | 个 | unit | 50.00 | 104.9 |
| 元钉 | Round Iron Wire Nail | 吨 | ton | 7750.00 | 100.2 |
| 铸铁管 | Cast Iron Pipe | 吨 | ton | 6826.00 | 104.6 |
| 晾衣架 | Drying Rack | 套 | set | 1.00 | 100.0 |
| 工作台 | Operation Platform | 只 | unit | 57.00 | 101.8 |
| 铝锅 | Aluminium Caldron | 口 | unit | 19.07 | 102.3 |
| 水桶 | Bucket | 个 | unit | 22.04 | 103.3 |
| 其它日用金属制品配件 | Other Daily Metal Products Fitment | 个 | unit | 0.20 | 101.8 |
| 电焊条 | Electrode | 吨 | ton | 15451.92 | 111.2 |
| 链条炉排锅炉 | The Chain Grate Boiler | 台 | set | 352453.33 | 107.9 |
| 柴油机 | Diese | 台 | set | 6994.83 | 100.0 |

3—19 续表 9 Continued

（上年=100） （Preceding year=100）

| 类 别 | Item | 计量单位 | Measurement Unit | 年末价格（元） Price at Year End（yuan） | 指数 Index |
|---|---|---|---|---|---|
| 汽油机 | Gasoline Engine | 台 | set | 4740.00 | 98.2 |
| 内燃机零部件及配件 | Engine Parts and Accessories | 个 | unit | 242.22 | 100.3 |
| 车床 | Lathe | 台 | set | 56238.33 | 99.7 |
| 钻床 | Drill Press | 台 | set | 42200.00 | 97.3 |
| 数控车床 | Digital Controlled Lathe | 台 | set | 52991.00 | 103.5 |
| 机械压力机 | Mechanical Press | 台 | set | 75854.50 | 100.8 |
| 液压机 | Hydrostatic Press | 台 | set | 63890.00 | 100.2 |
| 锤 | Hammer | 台 | set | 215.68 | 92.8 |
| 铸造设备 | Foundry Equipment | 台 | set | 18376.00 | 101.8 |
| 桥式起重机 | Bridge Crane | 台 | set | 223814.67 | 101.1 |
| 千斤顶 | Jacking Apparatus | 台 | set | 4306.56 | 85.0 |
| 塔式起重机 | Tower crane | 台 | set | 457800.26 | 97.2 |
| 专用起重机 | Special Purpose Crane | 台 | set | 694800.00 | 110.0 |
| 各种工矿车 | All Mine Car | 辆 | set | 3960.00 | 100.0 |
| 给料机械 | Feeding Machinery | 台 | set | 11917.50 | 107.2 |
| 输运机械 | Transport Machinery | 台 | set | 91344.58 | 105.0 |
| 离心式清水泵 | Centrifugal Pump | 台 | set | 1733.87 | 101.7 |
| 油泵 | Oil Pump | 台 | set | 4615.81 | 95.0 |
| 专用泵 | Special Pump | 台 | set | 5344.00 | 99.1 |
| 其它泵 | Other Pump | 台 | set | 683.00 | 103.2 |
| 气体压缩机 | Gas Compressor | 台 | set | 9443.85 | 104.4 |
| 其它阀门 | Other Valves | 台 | set | 264.50 | 93.3 |
| 汽车齿轮 | Automobile Gear | 套 | set | 122.23 | 98.9 |
| 离心通风机 | Centrifugal Blower | 台 | set | 3785.00 | 105.3 |
| 空调机 | Air Conditioner | 台 | set | 11500.00 | 99.9 |
| 油锯 | Oil Saw | 台 | set | 1095.33 | 92.7 |
| 裹包、打包机械 | Binding, Packing Machinery | 台 | set | 65598.00 | 97.2 |
| 减速机械 | Mechanical Slowdown | 台 | set | 3637.00 | 99.3 |
| 分离机 | Segregator | 台 | set | 335000.00 | 112.7 |
| 铸铁件 | Iron Castings | 吨 | ton | 5809.61 | 104.7 |
| 铸钢件 | Steel Castings | 吨 | ton | 5625.00 | 103.2 |
| 采煤机械 | Coal Machinery | 台 | set | 10500.00 | 102.5 |
| 破碎、筛分机械 | Broken Screening Machinery | 台 | set | 19953.72 | 101.0 |
| 装载机 | Loader | 台 | set | 238449.94 | 100.7 |
| 采矿机配件 | Stoping Machine Repair Piece | 台套 | set | 53450.00 | 109.2 |
| 带锯机 | Band Saw Machine | 台 | set | 8043.00 | 103.4 |
| 制糖机械 | Sugar Machine | 台 | set | 23071.83 | 99.6 |
| 碾米机 | Rice Scourer | 台 | set | 604.49 | 100.8 |
| 磨粉机 | Flour Mill | 台 | set | 31414.47 | 98.9 |
| 胶印机 | Offset Printer | 台 | set | 46243.50 | 96.5 |
| 其他印刷专用设备 | Other Printing Private Installation | 台 | set | 64102.00 | 95.2 |
| 小型拖拉机 | Baby Tractor | 台 | set | 40897.83 | 102.8 |
| 农用运输车类 | Agriculture Truck | 台 | set | 35300.00 | 100.7 |
| 变型拖拉机 | Variant Tractor | 台 | set | 35300.00 | 100.7 |
| 机引犁、耙 | Machine-plow, Harrow | 台 | set | 1569.06 | 95.6 |

3—19 续表 10 Continued

（上年=100） (Preceding year=100)

| 类 别 | Item | 计量单位 Measurement Unit | | 年末价格（元） Price at Year End（yuan） | 指数 Index |
|---|---|---|---|---|---|
| 机动脱粒机 | Power Thresher | 台 | set | 739.99 | 96.1 |
| 收割机 | Reaper | 台 | set | 24180.00 | 101.6 |
| 旋耕机 | Rotavator | 台 | set | 1389.38 | 101.0 |
| 拖拉机配件 | Tractor Fittings | 个 | unit | 2212.39 | 100.7 |
| 手术设备 | Surgical Equipment | 台 | set | 88504.27 | 100.8 |
| 除尘器及净化设备 | ESP and purification equipment | 台 | set | 153500.00 | 109.0 |
| 其它环境污染防治设备 | Other Pollution Control Equipment | 台 | set | 181068.33 | 105.2 |
| 污水处理设备 | Processing Equipment | 台 | set | 22000.00 | 95.2 |
| 凿岩设备 | Drilling Equipment | 台 | set | 1242.00 | 100.0 |
| 汽车故障电脑诊断仪主机 | Vehicle Failure Computer Diagnostic Unit Host | 台 | set | 6800.00 | 100.0 |
| 内燃机车 | Railway Motor Car | 台 | set | 1393162.00 | 103.4 |
| 道岔 | Railroad Switch | 吨 | ton | 107672.00 | 99.0 |
| 尖轨类 | Tip of Track | 台 | set | 3247.00 | 90.6 |
| 机车修理 | Locomotive Repair | 辆 | set | 192748.00 | 103.2 |
| 载货汽车 | Truck | 辆 | set | 76661.68 | 103.9 |
| 一般自卸汽车 | General Dump Truck | 辆 | set | 148472.89 | 101.3 |
| 专用汽车 | Special Purpose Vehicle | 辆 | set | 167846.50 | 98.7 |
| 汽车配件 | Fitting for Automobiles | 件 | priece | 960.53 | 100.9 |
| 汽车修理 | Vehicle Repair | 工时 | man-hour | 26.41 | 103.0 |
| 自行车 | Bicycle | 辆 | preice | 194.29 | 100.3 |
| 船用配套设备 | Marine Accessory Equipment | 台 | set | 94188.00 | 97.7 |
| 船舶修理及拆船 | Ship Repair and Scrapping | 工时 | man-hour | 21.41 | 104.0 |
| 金属标牌 | Metal Plate | 副 | set | 41.69 | 100.0 |
| 各种发电机组 | Various Generating Set | 套 | set | 672312.15 | 107.8 |
| 交流电动机 | AC Motor | 台 | set | 1455.36 | 105.4 |
| 分马力电机 | Fractional Horsepower Motor | 台 | set | 1669.00 | 96.7 |
| 其它各种电动机 | Other Various Motor | 台 | set | 610.00 | 89.1 |
| 变压器 | Transformer | 台 | set | 67311.96 | 106.0 |
| 电抗器 | Electric Reactor | 台 | set | 32500.00 | 100.0 |
| 互感器、避雷器 | Mutual Inductor, Arrester | 只 | unit | 370.00 | 111.4 |
| 调速器 | Governor | 台 | set | 160.00 | 102.2 |
| 电力电容器 | Power Capacitor | 台 | set | 16752.14 | 107.2 |
| 开关设备 | Switchgear | 台 | set | 10.25 | 117.8 |
| 控制、配电箱（台、柜） | Control and Distribution Boxes（Taiwan, counter） | 台 | set | 17000.00 | 94.1 |
| 真空开关管 | Vacuum Switch Tube | 台 | set | 20427.35 | 97.3 |
| 箱式变电站 | Box Substation | 台 | set | 123600.00 | 104.8 |
| 电度表箱 | Meter Box | 只 | unit | 22.65 | 101.0 |
| 交流接触器 | AC Contactor | 台 | set | 23.00 | 102.6 |
| 微电子器件产品 | Microelectronic Device Product | 个 | unit | 8000.00 | 110.8 |
| 输电与控制设备 | Power Transmission and Control Equipment | 台 | set | 1575000.00 | 109.1 |
| 钢芯铝绞线 | Aluminium Conductor Steel Reinforced | 吨 | ton | 16777.51 | 103.6 |
| 布电线 | Cotton Covered Wire | 公里 | km | 1164.91 | 101.1 |
| 裸铝线 | Bare Aluminium Wire | 吨 | ton | 17311.00 | 99.3 |
| 电力电缆 | Electric Power Cable | 公里 | km | 44328.35 | 108.1 |
| 控制电缆 | Control Cable | 公里 | km | 6811.00 | 117.3 |

3—19 续表 11 Continued

（上年＝100） (Preceding year=100)

| 类　　别 | Item | 计量单位 | Measurement Unit | 年末价格（元） Price at Year End（yuan） | 指数 Index |
|---|---|---|---|---|---|
| 蓄电池 | Accumulator Battery | 只 | unit | 98.90 | 115.1 |
| 原电池（折手电池） | Primary Battery | 只 | unit | 0.44 | 96.9 |
| 电池配件 | Battery Fittings | 万只 | 10 000 unit | 146.15 | 109.5 |
| 家用冷藏冷冻箱 | Household Refrigerator-freezer | 台 | set | 1040.00 | 97.4 |
| 制冰机 | Ice Maker | 台 | set | 3000.00 | 105.8 |
| 电风扇 | Electric Fan | 台 | set | 108.70 | 102.0 |
| 吊扇 | Ceiling Fan | 台 | set | 128.44 | 100.6 |
| 电饭锅 | Automatic Rice Cooker | 个 | unit | 94.00 | 101.6 |
| 电磁灶 | Electromagnetic Range | 台 | set | 177.00 | 97.2 |
| 电烤炉 | Electric Baking Oven | 台 | set | 59.18 | 114.4 |
| 车辆专用照明及电气信号设备 | Vehicles for Lighting and Electrical Signal Equipment | 个 | unit | 18.74 | 100.0 |
| 终端盒 | Terminal Box | 个 | unit | 49.50 | 97.9 |
| 移动电话配件 | Mobile Phone Fittings | 只 | unit | 42.80 | 95.1 |
| 液晶显示屏 | LCD | 个 | unit | 0.95 | 95.7 |
| 雷达 | Radar | 部 | set | 684000.00 | 100.0 |
| 半导体三极管 | Semiconductor Transistor | 只 | unit | 0.06 | 100.0 |
| 磁卡 | Magnetic | 百个 | 100 unit | 1500.00 | 100.0 |
| 电阻器 | Resistor | 千只 | 1000 unit | 5.00 | 92.2 |
| 电容器 | Capacitors | 万只 | 10 000 unit | 8200.00 | 103.1 |
| 电位器 | Potentiometers | 只 | unit | 0.45 | 99.3 |
| 电子材料 | Electronic Materials | 件 | piece | 55.50 | 101.7 |
| 收音机 | Radios | 台 | set | 83.76 | 100.0 |
| IC卡机类 | IC Card Category | 台 | set | 1200.00 | 100.3 |
| 语言学习系统 | Language Learning System | 套 | set | 53282.00 | 80.1 |
| 电压表 | Voltage Meter | 台 | set | 162.53 | 111.6 |
| 卡尺 | Caliper | 把 | set | 57.55 | 96.1 |
| 千分尺 | Micrometer | 把 | set | 35.00 | 97.4 |
| 高度尺 | Height Gage | 把 | set | 330.05 | 95.2 |
| 钢卷尺 | Steel Tape Measure | 把 | set | 4.20 | 124.3 |
| 学习用器具 | Learning Apparatus | 把 | set | 3.37 | 114.5 |
| 金属材料试验机 | Metal Material Testing Machine | 台 | set | 49528.30 | 95.8 |
| 汽车仪器仪表 | Automobile Instrument | 台 | set | 5612.50 | 100.0 |
| 多媒体电教系统 | Multimedia Audio System | 套 | set | 33910.25 | 85.4 |
| 钟表配件 | Watches accessories | 台 | set | 26.25 | 97.0 |
| 光学计量仪器 | Optical Measuring Instruments | 台 | set | 867.62 | 94.7 |
| 珍珠首饰 | Pearl Jewelry | 条 | piece | 1000.00 | 100.0 |
| 牙刷 | Toothbrush | 支 | unit | 0.96 | 94.3 |
| 打火机 | Lighters | 百只 | 100 unit | 33.75 | 104.3 |
| 火力发电 | Thermal power | 千瓦时 | kwh | 0.32 | 104.7 |
| 水力发电 | Hydropower | 千瓦时 | kwh | 0.16 | 102.2 |
| 电 | Electricity | 千瓦时 | kwh | 0.54 | 102.1 |
| 煤气供应 | Gas Supply | 立方米 | cu.m | 0.97 | 100.0 |
| 液化气 | LNG | 立方米 | cu.m | 18.00 | 104.9 |
| 自来水 | Tap water | 立方米 | cu.m | 1.56 | 104.7 |
| 污水处理 | Water Treatment | 吨 | ton | 0.50 | 100.0 |

# 3—20 原材料、燃料、动力购进价格指数

## Indices of Purchasing Prices of Raw Materials, Fuels and Power

（上年＝100） (Perceding year=100)

| 类　别 | Item | 1995 | 2000 | 2002 | 2003 |
|---|---|---|---|---|---|
| **总指数** | General Index | **112.9** | **100.9** | **95.6** | **101.2** |
| 燃料、动力类 | Fules and Power | 107.8 | 98.9 | 101.8 | 101.3 |
| 黑色金属材料类 | Material of Black Metal | 94.7 | 103.0 | 99.8 | 108.7 |
| # 钢材 | # Rolled Steel | 94.4 | 105.0 | 98.6 | 110.4 |
| 有色金属材料和电线类 | Material of Nof-ferrous Metal Material and ElectricWire | 137.6 | 123.8 | 94.6 | 110.6 |
| 化工原料类 | Chemical Material | 125.2 | 104.5 | 97.9 | 106.3 |
| 木材及纸浆类 | Wood and Paper Pulp | 108.9 | 99.8 | 101.0 | 103.5 |
| 建筑材料及非金属矿类 | Building Material and Non-metal Ore | 88.1 | 92.5 | 98.3 | 98.8 |
| 其它工业原材料及半成品类 | Other Industrial Raw Material and Semi-finished Category | 91.7 | 104.7 | 91.4 | 98.2 |
| 农副产品类 | Agricultural and Side-line Produces | 148.2 | 90.3 | 94.6 | 92.7 |
| 纺织原料类 | Raw Textile Material | 150.5 | 106.3 | 89.8 | 119.7 |
| 类　别 | Item | 2004 | 2005 | 2006 | 2007 |
| **总指数** | General Index | **116.3** | **108.2** | **111.4** | **106.1** |
| 燃料、动力类 | Fules and Power | 110.1 | 112.1 | 103.7 | 105.4 |
| 黑色金属材料类 | Material of Black Metal | 135.1 | 111.3 | 94.3 | 108.9 |
| 其中：钢材 | # Rolled Steel | 126.3 | 105.9 | 95.4 | 108.3 |
| 有色金属材料和电线类 | Material of Nof-ferrous Metal Material and ElectricWire | 139.6 | 114.5 | 131.8 | 124.0 |
| 化工原料类 | Chemical Material | 114.8 | 110.0 | 104.0 | 105.3 |
| 木材及纸浆类 | Wood and Paper Pulp | 111.5 | 94.4 | 102.7 | 110.9 |
| 建筑材料及非金属矿类 | Building Material and Non-metal Ore | 109.9 | 103.6 | 98.5 | 101.5 |
| 其它工业原材料及半成品类 | Other Industrial Raw Material and Semi-finished Category | 113.5 | 103.7 | 112.2 | 105.8 |
| 农副产品类 | Agricultural and Side-line Produces | 109.8 | 116.8 | 124.1 | 98.9 |
| 纺织原料类 | Raw Textile Material | 117.2 | 90.6 | 102.3 | 101.6 |

# 3—21 分月原材料、燃料、动力购进价格指数（2007年）

## Indices of Purchasing Prices of Raw Materials, Fuels and Power by Month（2007）

（上年=100）　　　　(Preceding year=100)

| 类　别 | Item | 1月 January | 2月 February | 3月 March | 4月 April |
|---|---|---|---|---|---|
| **总指数** | **General Index** | **108.0** | **104.3** | **104.4** | **105.4** |
| 燃料、动力类 | Fules and Power | 104.5 | 104.4 | 105.5 | 106.6 |
| 黑色金属材料类 | Material of Black Metal | 101.7 | 104.5 | 105.0 | 106.6 |
| # 钢材 | # Rolled Steel | 105.5 | 106.9 | 107.9 | 108.4 |
| 其它 | Other | 97.1 | 101.4 | 101.4 | 104.5 |
| 有色金属材料和电线类 | Material of Nof-ferrous Metal Material and ElectricWire | 135.7 | 133.5 | 130.3 | 131.3 |
| 化工原料类 | Chemical Material | 101.1 | 102.8 | 102.0 | 102.5 |
| 木材及纸浆类 | Wood and Paper Pulp | 111.9 | 115.5 | 119.1 | 117.4 |
| 建筑材料及非金属矿类 | Building Material and Non-metal Ore | 100.3 | 100.3 | 100.6 | 99.6 |
| 其它工业原材料及半成品类 | Other Industrial Raw Material and Semi-finished Category | 106.3 | 99.3 | 102.3 | 103.7 |
| 农副产品类 | Agricultural and Side-line Produces | 106.3 | 100.0 | 96.4 | 97.9 |
| 纺织原料类 | Raw Textile Material | 106.4 | 99.5 | 99.0 | 99.5 |

| 类　别 | Item | 5月 May | 6月 June | 7月 July | 8月 August |
|---|---|---|---|---|---|
| **总指数** | **General Index** | **104.5** | **105.3** | **104.3** | **105.4** |
| 燃料、动力类 | Fules and Power | 106.2 | 106.5 | 105.9 | 104.4 |
| 黑色金属材料类 | Material of Black Metal | 107.2 | 107.1 | 106.5 | 108.1 |
| # 钢材 | # Rolled Steel | 107.5 | 105.1 | 105.0 | 107.9 |
| 其它 | Other | 107.0 | 109.6 | 108.2 | 108.2 |
| 有色金属材料和电线类 | Material of Nof-ferrous Metal Material and ElectricWire | 117.0 | 114.0 | 114.1 | 119.9 |
| 化工原料类 | Chemical Material | 103.3 | 105.2 | 105.3 | 102.8 |
| 木材及纸浆类 | Wood and Paper Pulp | 115.4 | 107.8 | 109.9 | 110.1 |
| 建筑材料及非金属矿类 | Building Material and Non-metal Ore | 98.8 | 96.3 | 96.9 | 99.8 |
| 其它工业原材料及半成品类 | Other Industrial Raw Material and Semi-finished Category | 104.7 | 107.2 | 105.0 | 105.8 |
| 农副产品类 | Agricultural and Side-line Produces | 97.6 | 99.4 | 97.5 | 100.5 |
| 纺织原料类 | Raw Textile Material | 100.0 | 102.2 | 101.5 | 101.5 |

| 类　别 | Item | 9月 September | 10月 October | 11月 November | 12月 December |
|---|---|---|---|---|---|
| **总指数** | **General Index** | **106.0** | **107.2** | **108.2** | **110.6** |
| 燃料、动力类 | Fules and Power | 103.7 | 104.5 | 105.7 | 106.4 |
| 黑色金属材料类 | Material of Black Metal | 110.5 | 113.6 | 114.5 | 122.0 |
| # 钢材 | # Rolled Steel | 109.1 | 111.5 | 109.1 | 116.2 |
| 其它 | Other | 112.2 | 116.1 | 120.8 | 128.8 |
| 有色金属材料和电线类 | Material of Nof-ferrous Metal Material and ElectricWire | 128.2 | 123.8 | 122.4 | 118.2 |
| 化工原料类 | Chemical Material | 104.0 | 106.0 | 108.4 | 120.6 |
| 木材及纸浆类 | Wood and Paper Pulp | 109.6 | 108.0 | 103.2 | 102.6 |
| 建筑材料及非金属矿类 | Building Material and Non-metal Ore | 100.2 | 104.6 | 107.6 | 112.6 |
| 其它工业原材料及半成品类 | Other Industrial Raw Material and Semi-finished Category | 106.5 | 109.6 | 108.8 | 110.2 |
| 农副产品类 | Agricultural and Side-line Produces | 96.2 | 95.4 | 99.8 | 100.2 |
| 纺织原料类 | Raw Textile Material | 101.8 | 102.7 | 102.9 | 101.9 |

# 3—22 分月原材料、燃料、动力购进价格环比指数（2007年）

## Ring Indices of Purchasing Prices of Raw Materials,Fuels and Power by Month（2007）

（上月＝100） (Preceding month=100)

| 类别 | Item | 1月 January | 2月 February | 3月 March | 4月 April |
|---|---|---|---|---|---|
| **总指数** | **General Index** | **99.8** | **99.8** | **100.3** | **100.7** |
| 燃料、动力类 | Fules and Power | 101.9 | 100.2 | 100.8 | 100.4 |
| 黑色金属材料类 | Material of Black Metal | 101.0 | 100.0 | 100.6 | 102.1 |
| # 钢材 | # Rolled Steel | 101.0 | 100.0 | 101.0 | 101.8 |
| 其它 | Other | 101.0 | 100.0 | 100.1 | 102.4 |
| 有色金属材料和电线类 | Material of Nof-ferrous Metal Material and ElectricWire | 99.9 | 101.2 | 100.9 | 104.6 |
| 化工原料类 | Chemical Material | 99.5 | 100.0 | 100.2 | 100.7 |
| 木材及纸浆类 | Wood and Paper Pulp | 94.9 | 102.7 | 103.4 | 100.3 |
| 建筑材料及非金属矿类 | Building Material and Non-metal Ore | 100.2 | 99.8 | 99.8 | 98.8 |
| 其它工业原材料及半成品类 | Other Industrial Raw Material and Semi-finished Category | 99.8 | 98.5 | 99.8 | 100.5 |
| 农副产品类 | Agricultural and Side-line Produces | 98.2 | 100.3 | 100.1 | 99.9 |
| 纺织原料类 | Raw Textile Material | 100.5 | 99.6 | 100.3 | 100.7 |

| 类别 | Item | 5月 May | 6月 June | 7月 July | 8月 August |
|---|---|---|---|---|---|
| **总指数** | **General Index** | **100.3** | **99.3** | **100.1** | **101.3** |
| 燃料、动力类 | Fules and Power | 98.2 | 95.6 | 99.2 | 100.0 |
| 黑色金属材料类 | Material of Black Metal | 101.0 | 101.2 | 100.6 | 100.4 |
| # 钢材 | # Rolled Steel | 101.0 | 100.2 | 100.9 | 100.9 |
| 其它 | Other | 101.1 | 102.4 | 100.4 | 99.6 |
| 有色金属材料和电线类 | Material of Nof-ferrous Metal Material and ElectricWire | 100.7 | 98.2 | 101.6 | 102.9 |
| 化工原料类 | Chemical Material | 100.2 | 102.3 | 100.8 | 100.2 |
| 木材及纸浆类 | Wood and Paper Pulp | 99.2 | 100.6 | 100.1 | 100.5 |
| 建筑材料及非金属矿类 | Building Material and Non-metal Ore | 99.8 | 96.6 | 100.5 | 101.5 |
| 其它工业原材料及半成品类 | Other Industrial Raw Material and Semi-finished Category | 100.5 | 100.0 | 99.9 | 102.6 |
| 农副产品类 | Agricultural and Side-line Produces | 101.7 | 99.3 | 99.6 | 99.5 |
| 纺织原料类 | Raw Textile Material | 100.3 | 100.0 | 100.3 | 101.6 |

| 类别 | Item | 9月 September | 10月 October | 11月 November | 12月 December |
|---|---|---|---|---|---|
| **总指数** | **General Index** | **100.2** | **101.0** | **101.5** | **102.3** |
| 燃料、动力类 | Fules and Power | 100.2 | 100.5 | 104.0 | 106.0 |
| 黑色金属材料类 | Material of Black Metal | 102.4 | 102.7 | 101.9 | 103.8 |
| # 钢材 | # Rolled Steel | 101.3 | 102.7 | 100.2 | 102.4 |
| 其它 | Other | 103.6 | 102.7 | 103.9 | 105.5 |
| 有色金属材料和电线类 | Material of Nof-ferrous Metal Material and ElectricWire | 101.6 | 95.9 | 101.2 | 97.2 |
| 化工原料类 | Chemical Material | 101.2 | 101.5 | 103.1 | 107.6 |
| 木材及纸浆类 | Wood and Paper Pulp | 104.3 | 100.0 | 100.7 | 101.0 |
| 建筑材料及非金属矿类 | Building Material and Non-metal Ore | 100.4 | 103.9 | 102.8 | 104.2 |
| 其它工业原材料及半成品类 | Other Industrial Raw Material and Semi-finished Category | 99.0 | 101.7 | 100.9 | 101.1 |
| 农副产品类 | Agricultural and Side-line Produces | 100.0 | 100.6 | 99.7 | 100.5 |
| 纺织原料类 | Raw Textile Material | 99.3 | 101.2 | 100.1 | 99.4 |

# 3—23 主要原材料、燃料、动力价格及指数（2007年）

## Ex-Factory Price & Indices of Major Raw Materials, Fuels and Power（2007）

（上年=100） (Preceding year=100)

| 类别 | Item | 计量单位 | Measurement Unit | 年末价格（元）Price at Year End（yuan） | 指数 Index |
|---|---|---|---|---|---|
| 水稻 | Paddy Rice | 吨 | ton | 1500.00 | 105.8 |
| 小麦 | Wheat | 吨 | ton | 1640.47 | 109.1 |
| 玉米 | Corn | 吨 | ton | 1896.57 | 117.6 |
| 红薯 | Sweet Potato | 吨 | ton | 435.00 | 119.0 |
| 木薯 | Cassava | 吨 | ton | 444.36 | 111.6 |
| 花生 | Peanut | 吨 | ton | 10600.00 | 119.4 |
| 芝麻 | Sesame | 吨 | ton | 10800.00 | 115.8 |
| 大豆 | Soybean | 吨 | ton | 4810.62 | 122.1 |
| 绿豆 | Green Bean | 吨 | ton | 7800.00 | 116.9 |
| 皮棉 | Lint Cotton | 吨 | ton | 11549.32 | 89.3 |
| 原棉 | Raw Cotton | 吨 | ton | 13533.19 | 100.9 |
| 棉粕 | Cottonseed Meal | 吨 | ton | 2392.80 | 107.5 |
| 麻 | Hemp | 吨 | ton | 2720.00 | 84.0 |
| 甘蔗 | Sugar Cane | 吨 | ton | 270.43 | 98.2 |
| 烟叶 | Tobacco Leaf | 吨 | ton | 47390.00 | 96.8 |
| 水果 | Fruit | 吨 | ton | 1500.00 | 112.3 |
| 茶叶 | Tea | 千克 | kg | 18.15 | 129.5 |
| 中药材 | Chines Medicinal Plant | 千克 | kg | 31.00 | 123.5 |
| 加工用原木 | Processing Logs | 立方米 | cu.m | 551.34 | 108.3 |
| 竹材 | Bamboo Material | 根 | piece | 6.40 | 106.4 |
| 橡胶 | Rubber | 吨 | ton | 15531.35 | 93.1 |
| 柳枝 | Liuzhi | 吨 | ton | 1300.00 | 111.1 |
| 剑麻纤维 | Sisal Fibre | 吨 | ton | 6350.00 | 97.4 |
| 生猪 | Live Hog | 千克 | kg | 13.82 | 126.7 |
| 原料蚁 | Raw Stuff ant | 千克 | kg | 45.00 | 100.0 |
| 海产品 | Marine Products | 吨 | ton | 3350.00 | 102.9 |
| 海产品 | Marine Products | 吨 | ton | 2300.00 | 96.2 |
| 鲜鱼 | Fresh Fish | 吨 | ton | 5473.38 | 100.4 |
| 牛皮 | Oxhide | 张 | unit | 135.00 | 109.6 |
| 猪皮 | Pigskin | 张 | unit | 84.79 | 117.7 |
| 菜粕 | Rapeseed Meal | 吨 | ton | 2024.30 | 108.4 |
| 麦麸 | Wheat Bran | 吨 | ton | 1327.00 | 104.5 |
| 鲜牛奶 | Fresh Mill | 吨 | ton | 2736.79 | 101.4 |
| 蚕茧 | Silk Cocoons | 吨 | ton | 43301.34 | 76.0 |
| 无烟煤 | Anthracite Coal | 吨 | ton | 575.13 | 107.3 |
| 烟煤 | Bituminous Coal | 吨 | ton | 489.91 | 101.9 |
| 洗精煤 | Weshed Coal | 吨 | ton | 509.95 | 105.6 |
| 洗粒级煤 | Wesh Grade Coal | 吨 | ton | 482.95 | 101.7 |
| 洗混煤 | Wesh Mixed Coal | 吨 | ton | 670.00 | 126.9 |
| 洗中煤 | Wash Medium Coal | 吨 | ton | 489.29 | 106.3 |
| 洗块煤 | Wash Piece Coal | 吨 | ton | 735.74 | 106.3 |
| 筛选混末煤 | Sieving Mixed Coal | 吨 | ton | 1240.00 | 105.9 |

3—23 续表 1 Continued

（上年=100）　　(Preceding year=100)

| 类别 | Item | 计量单位 | Measurement Unit | 年末价格（元）Price at Year End（yuan） | 指数 Index |
|---|---|---|---|---|---|
| 筛选块煤 | Sieving Piece Coal | 吨 | ton | 535.00 | 99.9 |
| 褐煤 | Lignite | 吨 | ton | 283.64 | 104.5 |
| 水煤浆 | Coal Water Slurry | 吨 | ton | 750.00 | 92.0 |
| 天然原油 | Natural Crude Oil | 吨 | ton | 4406.61 | 106.5 |
| 天然气 | Earth Gas | 立方米 | cu.m | 0.20 | 104.7 |
| 炼铁用铁矿石块 | Iron-smelting Uses the Lump Ore of Iron Ore | 吨 | ton | 946.90 | 121.2 |
| 铁精矿粉 | Iron Ore Concentrate | 吨 | ton | 1114.69 | 112.5 |
| 锰矿石 | Manganese Ore | 吨 | ton | 632.72 | 122.7 |
| 锰矿粉 | Manganese Mineral Powder | 吨 | ton | 705.00 | 99.9 |
| 铅精矿 | Calaena Ore | 吨 | ton | 19671.00 | 163.6 |
| 锌精矿 | Zinc Ore Concentrate | 吨 | ton | 16000.00 | 148.0 |
| 铅锌矿 | Lead-zinc Ore | 吨 | ton | 80.15 | 103.8 |
| 锌焙砂 | Zinc Calcine | 吨 | ton | 16000.00 | 132.3 |
| 铝原矿 | Aluminium Raw Ore | 吨 | ton | 380.00 | 100.6 |
| 钛原矿 | Titanium Raw Ore | 吨 | ton | 1120.65 | 151.2 |
| 银精矿 | Argentum Ore Concentrate | 吨 | ton | 58.80 | 100.0 |
| 石灰石 | Limestone | 吨 | ton | 17.85 | 100.5 |
| 石膏 | Gesso | 吨 | ton | 318.45 | 103.1 |
| 花岗石荒材 | Granite Heavy Slash | 吨 | ton | 896.41 | 104.3 |
| 萤石 | Fluorite | 吨 | ton | 380.00 | 113.0 |
| 耐火粘土成品矿 | Fire Clay Product Mineral | 吨 | ton | 47775.00 | 92.8 |
| 白云石成品矿 | Dolomite Finished Product Mineral | 吨 | ton | 26.00 | 106.3 |
| 石英砂 | Quartz Sand | 吨 | ton | 190.00 | 103.0 |
| 铝矾土 | Alum Earth | 吨 | ton | 247.00 | 108.5 |
| 方解石 | Calcite | 吨 | ton | 87.50 | 105.2 |
| 高岭石 | Kaolinite | 吨 | ton | 430.00 | 104.1 |
| 石渣 | Ballast | 吨 | ton | 26.72 | 101.4 |
| 砂子 | Sand | 吨 | ton | 49.71 | 106.6 |
| 膨润土 | Bentonite | 吨 | ton | 57.73 | 99.0 |
| 瓷土 | Porcelain Clay | 吨 | ton | 231.10 | 101.5 |
| 石子 | Carpolite | 吨 | ton | 35.48 | 111.6 |
| 矾土 | Alumina | 吨 | ton | 650.00 | 109.5 |
| 白土 | Terraalba | 吨 | ton | 120.00 | 105.3 |
| 高岭土 | Kaolin | 吨 | ton | 880.00 | 105.2 |
| 硫铁矿 | Troilite | 吨 | ton | 388.50 | 112.4 |
| 磷矿 | Phosphorite | 吨 | ton | 368.00 | 100.1 |
| 芒硝 | Glauber's Salt | 吨 | ton | 617.00 | 103.2 |
| 磷矿粉 | Phosphate Rock Powder | 吨 | ton | 510.00 | 106.9 |
| 重晶石 | Barite | 吨 | ton | 200.00 | 113.5 |
| 海盐 | Sea Salt | 吨 | ton | 546.33 | 100.1 |
| 湖盐 | Lake Salt | 吨 | ton | 281.90 | 90.0 |
| 井盐 | Well Salt | 吨 | ton | 427.51 | 99.1 |

3—23 续表 2 Continued

（上年=100） (Preceding year=100)

| 类别 | Item | 计量单位 | Measurement Unit | 年末价格（元） Price at Year End (yuan) | 指数 Index |
|---|---|---|---|---|---|
| 滑石粉 | Talc powder | 吨 | ton | 1549.19 | 145.5 |
| 长石 | Felspar | 吨 | ton | 350.00 | 100.0 |
| 大米 | Rice | 吨 | ton | 2337.16 | 106.3 |
| 小麦粉 | Wheaten Flour | 吨 | ton | 2257.41 | 111.3 |
| 麦芽 | Malt | 吨 | ton | 4744.00 | 123.1 |
| 麦片 | Oatmeal | 吨 | ton | 4400.00 | 105.7 |
| 其他加工食品 | Other Process Food | 吨 | ton | 3010.00 | 102.7 |
| 豆粕 | Bean Pulp | 吨 | ton | 3646.99 | 119.7 |
| 花生粕 | Peanut Dregs | 吨 | ton | 3010.00 | 121.2 |
| 花生油 | Arachis Oil | 吨 | ton | 18500.00 | 134.4 |
| 菜籽油 | Colza Oil | 吨 | ton | 10900.00 | 149.3 |
| 大豆油 | Soybean Oil | 吨 | ton | 10013.00 | 146.7 |
| 葵花籽油 | Sunflower Seed Oil | 吨 | ton | 13400.00 | 143.8 |
| 棕榈油 | Palm Oil | 吨 | ton | 7892.91 | 149.8 |
| 机制甘蔗糖 | Cane Sugar Mechanism | 吨 | ton | 3496.49 | 85.6 |
| 鲜冻猪肉 | Fresh Jelly Pork | 吨 | ton | 21369.08 | 151.1 |
| 鲜冻牛肉 | Fresh Jelly Beef | 吨 | ton | 21447.61 | 108.1 |
| 猪下水 | Pork Offals | 吨 | ton | 25000.00 | 104.5 |
| 油脂 | Grease | 吨 | ton | 16600.00 | 100.0 |
| 鱼粉 | Fish Meal | 吨 | ton | 6586.89 | 107.2 |
| 珍珠粉 | Pearl Powder | 吨 | ton | 5000.00 | 100.0 |
| 淀粉 | Amylum | 吨 | ton | 2953.05 | 109.0 |
| 蜂蜜 | Honey | 吨 | ton | 2906.00 | 98.2 |
| 银翘干膏粉 | Yinqiao Gangaofen | 千克 | kg | 25.00 | 113.6 |
| 连翘提取物 | LianQiao P.E | 千克 | kg | 79.00 | 100.0 |
| 巧克力粉 | Chocolate Powder | 吨 | ton | 5819.65 | 100.2 |
| 奶粉 | Milk Powder | 吨 | ton | 12169.74 | 101.0 |
| 奶油 | Butter | 吨 | ton | 4752.14 | 100.0 |
| 消毒鲜牛奶 | Sterilization Fresh Milk | 吨 | ton | 2963.47 | 105.2 |
| 精制盐 | Refined Salt | 吨 | ton | 922.00 | 100.4 |
| 酒精 | Alcohol | 吨 | ton | 4658.82 | 96.5 |
| 浓缩液 | Concentrated Solution | 吨 | ton | 1177.78 | 100.0 |
| 复烤烟叶、烟梗 | Reply to Roast Tobacco Leaves, Smoke Geng | 吨 | ton | 300.00 | 119.4 |
| 片烟 | Pianyan | 吨 | ton | 23970.00 | 109.5 |
| 棉纱 | Cotton Yarn | 吨 | ton | 17773.81 | 101.5 |
| 粘棉纱 | Glue Cotton Yarn | 吨 | ton | 14059.83 | 104.6 |
| 混纺交织布 | Cuttanee | 米 | m | 5.94 | 96.8 |
| 帆布 | Canvas | 米 | m | 7.67 | 107.5 |
| 涤粘布 | Polyester and Viscose Cloth | 米 | m | 0.05 | 103.6 |
| 涤纶线 | Polyester Thread | 吨 | ton | 11600.00 | 104.9 |
| 丙纶线 | Polypropylene Thread | 吨 | ton | 15356.00 | 97.6 |
| 锦纶线 | Brocade Lun Line | 吨 | ton | 27028.00 | 98.1 |

3—23 续表 3 Continued

（上年=100） (Preceding year=100)

| 类别 | Item | 计量单位 | Measurement Unit | 年末价格（元） Price at Year End（yuan） | 指数 Index |
|---|---|---|---|---|---|
| 棉印染布 | Dyeing and Printing of Cotton Fabrics | 米 | m | 4.08 | 98.0 |
| 混纺印染布 | Blended Dyeing Cloth | 米 | m | 6.80 | 109.2 |
| 桑蚕丝绸（成品绸） | Silkworms Silk（Silk Products） | 米 | m | 10.00 | 100.0 |
| 衬 | Chen | 米 | m | 6.00 | 100.0 |
| 轻革 | Light Leather | 平方米 | sq.m | 156.01 | 101.3 |
| 鸭绒 | Duck Down | 千克 | kg | 135.00 | 98.1 |
| 普通锯材 | General Lumber | 立方米 | cu.m | 1768.14 | 111.6 |
| 坑木 | Pitprop | 立方米 | cu.m | 502.99 | 104.2 |
| 胶合板 | Plywood | 立方米 | cu.m | 1820.17 | 99.5 |
| 机制纸浆 | Machip-made Pulp | 吨 | ton | 5514.06 | 114.0 |
| 硫酸盐漂白浆 | Vitriol Bleach Syrup | 吨 | ton | 3525.00 | 103.0 |
| 其他纸浆 | Other Pulp | 吨 | ton | 1468.48 | 91.5 |
| 印刷用纸 | Publication Grade | 吨 | ton | 6285.75 | 95.7 |
| 包装纸板 | Draper's Board | 吨 | ton | 3837.05 | 100.5 |
| 卷烟纸 | Cigarette Paper | 吨 | ton | 18914.00 | 100.4 |
| 普瓦纸 | Polish Paper | 吨 | ton | 2200.00 | 104.7 |
| 高瓦纸 | High Watts Paper | 吨 | ton | 2137.35 | 106.1 |
| 无碳纸 | Have no Carbon Paper | 吨 | ton | 11975.00 | 100.1 |
| 挂面纸 | Liner Paper | 吨 | ton | 2775.64 | 105.0 |
| 瓦楞纸箱 | Watts Spinulosa Cartons | 吨 | ton | 381.39 | 100.9 |
| 各种制印纸板 | Various Make to Print Carton | 吨 | ton | 2060.36 | 97.5 |
| 炸药卷纸 | Burster Winding | 吨 | ton | 4281.00 | 106.8 |
| 商标标识 | Brand | 百枚 | 100 unit | 6.00 | 100.0 |
| 汽油 | Gasoline Oil | 吨 | ton | 6559.59 | 103.0 |
| 煤油 | Coal Oil | 吨 | ton | 5280.92 | 102.3 |
| 柴油 | Diesel Oil | 吨 | ton | 5435.24 | 104.9 |
| 润滑油 | Lube Oil | 吨 | ton | 7082.83 | 109.2 |
| 燃料油 | Fuel Oil | 吨 | ton | 3437.10 | 97.4 |
| 石蜡 | Paraffin | 吨 | ton | 7100.64 | 101.6 |
| 溶剂油 | Solvent Oil | 吨 | ton | 6720.20 | 104.0 |
| 石油焦 | Oil Coke | 吨 | ton | 2170.41 | 122.7 |
| 基础油 | Base Oil | 吨 | ton | 7727.00 | 163.1 |
| 液化石油气 | Liquefied Oil Gas | 吨 | ton | 6433.82 | 101.9 |
| 石油沥青 | Petroleum Pitch | 吨 | ton | 3384.62 | 110.0 |
| 焦炭 | Coke | 吨 | ton | 1258.44 | 116.4 |
| 硫酸 | Vitriol | 吨 | ton | 933.02 | 123.2 |
| 合成盐酸 | Synthetic Hydrochloric Acid | 吨 | ton | 799.58 | 99.5 |
| 硼酸 | Boric Acid | 吨 | ton | 15000.00 | 100.1 |
| 氯乙酸 | Chloroacetic Acid | 吨 | ton | 6371.70 | 104.3 |
| 磷酸 | Phosphoric Acid | 吨 | ton | 4883.25 | 102.7 |
| 烧碱（氢氧化钠） | Caustic Soda（Sodium Hydrate） | 吨 | ton | 2352.68 | 106.3 |
| 氢氧化钾 | Caustic Potash | 吨 | ton | 870.00 | 117.4 |

3—23 续表 4 Continued

（上年=100） (Preceding year=100)

| 类别 | Item | 计量单位 | Measurement Unit | 年末价格（元）Price at Year End (yuan) | 指数 Index |
|---|---|---|---|---|---|
| 纯碱（碳酸钠） | Soda Ash | 吨 | ton | 1589.88 | 108.2 |
| 碳酸氢钠 | Sodium Bicarbonate | 吨 | ton | 1450.00 | 119.4 |
| 氢氧化铝 | Aluminium Hydroxide | 吨 | ton | 3326.85 | 81.9 |
| 碳酸钙 | Calcium Carbonate | 吨 | ton | 256.41 | 92.8 |
| 硫酸盐 | Sulfate | 吨 | ton | 4308.32 | 107.1 |
| 硝酸盐 | Nitrate | 吨 | ton | 4019.18 | 102.6 |
| 磷酸盐 | Phosphate | 吨 | ton | 2497.00 | 89.1 |
| 氰酸盐 | Cyanate | 吨 | ton | 18674.03 | 119.4 |
| 氯化物 | Chloride | 吨 | ton | 3538.74 | 103.0 |
| 氟化物 | Fluoride | 吨 | ton | 8435.19 | 105.2 |
| 金属氧化物酸盐 | Metallic Oxide Sour Salt | 吨 | ton | 13805.00 | 128.8 |
| 其他无机盐 | Other Inorganic Salt | 吨 | ton | 17505.00 | 104.0 |
| 硝酸铵 | Ammonium Nitrate | 吨 | ton | 1672.31 | 107.3 |
| 精甲醇 | Methanol | 吨 | ton | 3451.22 | 105.6 |
| 甲醛 | Methanal | 吨 | ton | 2000.70 | 102.5 |
| 冰醋酸（乙酸） | Acetic Acid Glacial（Acetic Acid） | 吨 | ton | 5063.16 | 112.0 |
| 甲苯 | Toluic | 吨 | ton | 7745.97 | 96.5 |
| 二甲苯 | Xylene | 吨 | ton | 7592.90 | 96.3 |
| 丙酮 | Acetone | 吨 | ton | 11600.00 | 108.4 |
| 山梨醇 | Sorbite | 吨 | ton | 2761.63 | 100.4 |
| 丙烯酸（酯） | Methacrylate | 吨 | ton | 17600.00 | 98.2 |
| 巯基乙酸异辛酸 | Qiujiyi Suanyi Xinsuan | 吨 | ton | 18700.00 | 106.5 |
| 苯胺 | Anilide | 吨 | ton | 1700.00 | 97.7 |
| 丁烷 | Butane | 吨 | ton | 8300.00 | 117.7 |
| 乙醛 | Acetaldehyde | 吨 | ton | 6520.24 | 99.3 |
| 其他 | Other | 吨 | ton | 12989.15 | 93.9 |
| 电石（碳化钙） | Calcium Carbide | 吨 | ton | 3440.00 | 114.1 |
| 乙炔 | Acetylene | 吨 | ton | 94.45 | 97.4 |
| 氯 | Chlorin | 吨 | ton | 2288.80 | 98.0 |
| 硫磺 | Sulfur | 吨 | ton | 1127.28 | 110.5 |
| 氧 | Oxygen | 立方米 | cu.m | 2.99 | 98.5 |
| 双氧水（过氧化氢） | Oxydol（hydrogen Peroxide） | 吨 | ton | 1683.06 | 104.2 |
| 氧化物 | Oxide | 吨 | ton | 27370.00 | 115.3 |
| 碳酸铵类 | Ammonium Carbonate Type | 吨 | ton | 1835.25 | 104.9 |
| 液氨 | Liquid Ammonia | 吨 | ton | 2000.96 | 100.2 |
| 普通过磷酸钙 | Normal Superphosphate | 吨 | ton | 521.78 | 109.1 |
| 钙镁磷 | Calcium Magnesium Phosphate | 吨 | ton | 695.00 | 110.2 |
| 氯化钾 | Potassium Chloride | 吨 | ton | 2534.42 | 109.1 |
| 磷酸铵 | Ammonium Phosphate | 吨 | ton | 2816.03 | 110.6 |
| 杀虫单 | Monosultap | 吨 | ton | 11327.00 | 80.3 |
| 双甘膦 | N-Phosphonomethyl Iminodiacetic Acid | 吨 | ton | 19850.00 | 103.7 |
| 草甘膦原药 | Glyphosate Technical | 千克 | kg | 369.39 | 103.5 |
| 阿维菌素原粉 | Oxytetracycline | 吨 | ton | 1260730.00 | 67.9 |

3—23 续表 5 Continued

（上年=100） （Preceding year=100）

| 类　别 | Item | 计量单位 Measurement Unit | | 年末价格（元）Price at Year End（yuan） | 指数 Index |
|---|---|---|---|---|---|
| 三唑磷乳化剂 | Triazophos | 吨 | ton | 30500.00 | 95.6 |
| 辛硫磷原油 | Xinliulin Yuanyou | 吨 | ton | 22750.00 | 103.8 |
| 高氯苯油 | Gaoluben You | 吨 | ton | 31680.00 | 84.8 |
| 莠去津 | Atrazine | 吨 | ton | 28000.00 | 107.7 |
| 酚醛树脂漆 | Phenolic Resin Paint | 吨 | ton | 35600.00 | 101.4 |
| 醇酸树脂漆 | Alkyd Varnish | 吨 | ton | 23000.00 | 104.6 |
| 环氧树脂漆 | Epoxy Paint | 吨 | ton | 19539.63 | 101.1 |
| 聚氨脂漆 | Polyurethane Lacquer | 吨 | ton | 26788.06 | 101.2 |
| 涂料 | Coatings | 吨 | ton | 3100.00 | 124.0 |
| 铅印书刊油墨 | Lead Impression Book Ink | 吨 | ton | 19500.00 | 79.5 |
| 平版胶印油墨 | Flat Plate Offset Lithograph Printing Ink | 吨 | ton | 15992.82 | 104.4 |
| 水性油墨 | Aquosity Ink | 吨 | ton | 16323.39 | 105.0 |
| 上光油 | Gloss Oil | 吨 | ton | 69400.00 | 109.7 |
| 其他油墨类 | Other Ink | 吨 | ton | 22195.00 | 99.8 |
| 钛白粉 | Titanium White Powder | 吨 | ton | 13971.85 | 97.3 |
| 氧化锌 | Zinc Oxide | 吨 | ton | 25000.00 | 120.9 |
| 氧化铁红 | Iron Oxide Red | 吨 | ton | 2000.00 | 84.6 |
| 酸性染料 | Acid dyes | 吨 | ton | 29100.00 | 100.0 |
| 聚氯乙烯树脂 | PC Resins | 吨 | ton | 9218.83 | 105.6 |
| 聚乙烯树脂 | Polyvinyl Resin | 吨 | ton | 12967.83 | 102.0 |
| 酚醛塑料粉 | Phenolic powder | 吨 | ton | 6000.00 | 103.8 |
| 环氧树脂 | Epoxy Resin | 吨 | ton | 26.50 | 100.0 |
| 聚苯乙烯 | Cyrene | 吨 | ton | 11367.20 | 103.5 |
| 聚丙烯 | Polypropylene | 吨 | ton | 12053.40 | 101.2 |
| 酚醛树脂粉 | Bakelite Powder | 吨 | ton | 19200.00 | 118.3 |
| 酚醛膜塑料 | Phenolic Plastic Membrane | 吨 | ton | 25300.00 | 100.0 |
| ABS树脂 | ABS Colophony | 吨 | ton | 16508.51 | 104.9 |
| 有机玻璃 | Perspex | 吨 | ton | 28000.00 | 135.0 |
| 塑料树脂 | Plastic Resin | 吨 | ton | 12566.00 | 108.0 |
| 塑料异型材 | Plastics Difference Type Material | 吨 | ton | 15000.00 | 110.4 |
| 聚甲醛 | Polyformaldehyde | 吨 | ton | 18375.00 | 97.8 |
| 顺丁橡胶 | Cis-Butadiene Rubber | 吨 | ton | 19572.00 | 111.2 |
| 丁苯橡胶 | Styrene Butadiene Rubber | 吨 | ton | 18192.53 | 103.3 |
| 丁腈橡胶 | Perbunan | 吨 | ton | 20349.51 | 94.9 |
| 聚丙烯酸脂橡胶 | Polyacrylate Balata | 吨 | ton | 26000.00 | 100.2 |
| 聚酯 | Polyester | 吨 | ton | 9823.00 | 104.9 |
| 聚乙烯醇 | PVAL | 吨 | ton | 17320.51 | 108.0 |
| 聚酰胺 | Polyamide | 吨 | ton | 36614.75 | 104.8 |
| 尼龙 | Nylon | 吨 | ton | 28000.00 | 100.2 |
| 石油制品催化剂 | Petroleum Product Catalyst | 吨 | ton | 18549.00 | 100.0 |
| 乳化剂 | Emulsifier | 吨 | ton | 11338.61 | 98.5 |
| 胶粘剂 | Tackifier | 吨 | ton | 7270.00 | 97.4 |
| 炭黑 | Carbon Black | 吨 | ton | 6869.09 | 93.0 |

## 3—23 续表 5 Continued

（上年=100） (Preceding year=100)

| 类 别 | Item | 计量单位 | Measurement Unit | 年末价格（元） Price at Year End（yuan） | 指数 Index |
|---|---|---|---|---|---|
| 选矿药剂 | Reagent for Beneficiation | 吨 | ton | 9254.84 | 98.7 |
| 有机合成化学品 | Synthetic Organic Chemicals | 吨 | ton | 7896.93 | 113.4 |
| 酶 | Mei | 吨 | ton | 12820.00 | 100.0 |
| 添加剂 | Addition Agent | 吨 | ton | 20383.04 | 117.9 |
| 甘油 | Glycerol | 吨 | ton | 12000.00 | 100.0 |
| 松香 | Colophony | 吨 | ton | 5598.49 | 75.2 |
| 炸药 | Dynamite | 吨 | ton | 6358.51 | 101.4 |
| 雷管 | Percussion Cap | 发 | piece | 1.19 | 101.1 |
| 导火索 | Blasting Fuse | 百米 | 100 m | 90.88 | 103.2 |
| 香精 | Essence | 千克 | kg | 212.50 | 106.7 |
| 维生素原粉 | Vitamin Original Powder | 千克 | kg | 35.00 | 120.3 |
| 扑热息痛 | Paracetamol | 千克 | kg | 20.10 | 89.8 |
| 黄胺间甲氧嘧啶 | Huanganjian Jiayangmiding | 千克 | kg | 20.09 | 96.4 |
| 葡萄糖 | Glucose | 吨 | ton | 3524.91 | 102.8 |
| 庆大原粉 | QingDa Yuanfen | 千克 | kg | 600.00 | 89.6 |
| 注射用甲硝唑粉 | Metronidazole Powder Injection | 千克 | kg | 63.00 | 95.0 |
| 氨基比林粉 | AnJi Bilinfen | 千克 | kg | 53.00 | 102.3 |
| 粘胶纤维 | Viscose | 吨 | ton | 20570.08 | 136.0 |
| 涤纶短纤维 | Polyester Staple Fiber | 吨 | ton | 11262.73 | 103.3 |
| 涤纶长丝 | Polyester Filament | 吨 | ton | 10335.00 | 96.8 |
| 载重汽车外胎 | Burdening Autotyre Casing | 条 | unit | 1250.00 | 98.1 |
| 农用车轮胎外胎 | Farm Vehicle Tyre Casing | 条 | unit | 244.50 | 108.2 |
| 工程车外胎 | Shop Truck Outer Tube | 条 | unit | 1990.00 | 100.0 |
| 工程车内胎 | Shop Truck Tire Tube | 条 | unit | 3100.00 | 100.8 |
| 橡胶运输带 | Rubber Conveyor Belt | 平方米 | sq.m | 2770.00 | 115.4 |
| 橡胶护套 | Natural Rubber Jacket | 件 | piece | 380000.00 | 97.9 |
| 聚氯乙烯薄膜 | PVC Thin Film | 吨 | ton | 30983.00 | 105.4 |
| 聚乙烯薄膜 | Polyethylent Film | 吨 | ton | 24431.55 | 102.3 |
| 聚丙烯制品 | PP Product | 吨 | ton | 6204.00 | 104.0 |
| 其他塑料制品 | Other Plastic Product | 吨 | ton | 7600.00 | 98.9 |
| 聚丙烯薄膜 | Gather Fat Thin Film | 吨 | ton | 19660.00 | 85.9 |
| 药用袋 | Medicinal Bag | 吨 | ton | 18800.00 | 100.0 |
| 聚氯乙烯电缆料 | Polyvinyl Chloride Granula for Cable | 吨 | ton | 7605.00 | 105.6 |
| 聚乙烯管材 | Gather an Ethylene Tube a Material | 吨 | ton | 8290.00 | 106.2 |
| PVC制品 | PVC Product | 吨 | ton | 16.50 | 102.4 |
| ABS | ABS | 吨 | ton | 18000.00 | 106.0 |
| 塑料粒子 | Plastics Grain Son | 吨 | ton | 20395.21 | 117.8 |
| 聚丙烯编织袋 | PP Woven Bag | 吨 | ton | 8489.54 | 102.0 |
| 聚乙烯编织袋 | PE Woven Cloth | 百个 | 100 unit | 182.00 | 91.4 |
| 泡沫塑料 | Aerated Plastics | 吨 | ton | 10251.07 | 103.0 |
| 塑料包装品 | Plastics Packing Article | 百个 | 100 unit | 882.29 | 101.4 |
| 普通硅酸盐水泥 | Portland Cemnt | 吨 | ton | 314.06 | 101.6 |
| 石灰 | Lime | 吨 | ton | 295.83 | 103.5 |

3—23 续表 7 Continued

（上年=100） (Preceding year=100)

| 类别 | Item | 计量单位 Measurement Unit | | 年末价格（元） Price at Year End（yuan） | 指数 Index |
|---|---|---|---|---|---|
| 化学石膏 | Chemical Gypsum | 吨 | ton | 152.00 | 109.0 |
| 平板玻璃 | Plate Glass | 重量箱 | Weight Box | 28.02 | 99.7 |
| 钢化玻璃 | Hardened Glass | 平方米 | sq.m | 52.62 | 100.0 |
| 玻璃瓶 | Glass Bottle | 个 | unit | 0.45 | 100.0 |
| 炭素制品 | Carbon Product | 吨 | ton | 4184.00 | 122.1 |
| 磨料 | Abradant | 吨 | ton | 0.47 | 102.9 |
| 生铁 | Cast Iron | 吨 | ton | 5714.87 | 105.5 |
| 铁粉 | Iron Powder | 吨 | ton | 3504.00 | 99.1 |
| 优质碳结钢坯 | High-quality Carbon Steel Node | 吨 | ton | 4800.00 | 100.0 |
| 钢球 | Iron Shot | 吨 | ton | 5295.42 | 101.1 |
| 普通大型钢材 | Common Large Shape | 吨 | ton | 4622.66 | 110.0 |
| 普通中型钢材 | Common Medium Shape | 吨 | ton | 9811.01 | 110.7 |
| 普通小型钢材 | Common Light Shape | 吨 | ton | **5732.66** | **106.4** |
| 优质型钢材 | High Quality Shape | 吨 | ton | 17967.61 | 103.1 |
| 线材 | Wire Stock | 吨 | ton | 8092.35 | 109.1 |
| 中厚钢板 | Plate Iron | 吨 | ton | 4899.12 | 110.9 |
| 薄钢板 | Sheet Iron | 吨 | ton | 9580.98 | 110.2 |
| 硅钢片 | Silicon-steel Plate | 吨 | ton | 20151.18 | 108.6 |
| 钢带 | Steel Belt | 吨 | ton | 6396.00 | 109.4 |
| 无缝钢管 | Seamless Steel Pipe | 吨 | ton | 5778.81 | 103.8 |
| 焊接钢管 | Welded Steel Pipe | 吨 | ton | 5164.32 | 105.4 |
| 铁合金 | Iron Alloy | 吨 | ton | 8220.56 | 113.1 |
| 铜 | Copper | 吨 | ton | 58058.47 | 115.5 |
| 铜粉 | Copper Powder | 吨 | ton | 73885.48 | 112.3 |
| 铅 | Plumbum | 吨 | ton | 20130.00 | 155.1 |
| 锌 | Zinc | 吨 | ton | 18956.50 | 119.7 |
| 镍 | Nickel | 吨 | ton | 398191.55 | 180.1 |
| 电解钴 | Electrolytic Cobalt | 吨 | ton | 566138.23 | 128.2 |
| 锡 | Stannum | 吨 | ton | 146000.00 | 148.5 |
| 锑 | Antimony | 吨 | ton | 34566.39 | 115.4 |
| 氧化铝 | Alumina | 吨 | ton | 3124.84 | 92.8 |
| 铝 | Aluminum | 吨 | ton | 29762.87 | 101.2 |
| 海绵钛 | Titanium Sponge | 吨 | ton | 60000.00 | 98.4 |
| 黄金 | Gold | 百克 | 100 g | 21000.00 | 108.5 |
| 铝合金 | Aluminum Alloy | 吨 | ton | 28250.00 | 112.6 |
| 紫铜材 | Purple Copper Material | 吨 | ton | 67828.06 | 105.7 |
| 黄铜材 | Barss Material | 吨 | ton | 43881.62 | 119.2 |
| 锡成品材 | Stannum Finished Materials | 吨 | ton | 30000.00 | 82.3 |
| 铝成品材 | Aluminum Finished Materials | 吨 | ton | 23928.17 | 103.2 |
| 铝箔 | Aluminium Foil | 吨 | ton | 28000.00 | 96.2 |
| 铝膜 | Aluminium Film | 吨 | ton | 26000.00 | 101.9 |
| 铝合金型材 | Aluminium Alloy Extrusinos | 吨 | ton | 21510.00 | 100.1 |
| 锡青铜带 | Tin Bronze Band | 吨 | ton | 78795.52 | 117.7 |

3—23 续表 8 Continued

（上年=100） (Preceding year=100)

| 类别 | Item | 计量单位 | Measurement Unit | 年末价格（元） Price at Year End（yuan） | 指数 Index |
|---|---|---|---|---|---|
| 易拉罐 | Easy Openning Tin | 支 | unit | 22.37 | 117.4 |
| 钢丝 | Steel Wire | 吨 | ton | 15980.40 | 106.7 |
| 铁丝 | Wire | 吨 | ton | 6501.76 | 105.3 |
| 电焊条 | Electrode | 吨 | ton | 4864.68 | 98.7 |
| 五金件 | Hardware | 吨 | ton | 7924.70 | 100.0 |
| 柴油机 | Diese | 台 | set | 9585.81 | 102.4 |
| 汽油机 | Gasoline Engine | 台 | set | 250.00 | 92.3 |
| 内燃机零部件及配件 | Diese Parts and Fittings | 台 | set | 43.25 | 98.8 |
| 气动元件 | Pneumatic element | 个 | unit | 7.00 | 98.8 |
| 轴承 | Axletree | 套 | set | 16.00 | 102.2 |
| 铸铁 | Cast Iron | 吨 | ton | 4625.11 | 107.9 |
| 铁路配件 | Railroad Fittings | 套 | set | 11623.50 | 100.1 |
| 汽车配件 | Fitting for Automobiles | 套 | set | 7372.19 | 101.8 |
| 拖拉机配件 | Fitting for Tractor | 套 | set | 2286.00 | 103.0 |
| 交流电动机 | AC Motor | 台 | set | 1956.67 | 106.1 |
| 其它各种电动机 | Other Motor | 台 | set | 62962.19 | 101.8 |
| 变压器 | Transformer | 台 | set | 17539.25 | 107.6 |
| 断电器 | Breaker | 台 | set | 615.00 | 100.4 |
| 继电器 | Relay | 台 | set | 15.39 | 104.3 |
| 电子开关电源 | Electronic Switching Mains | 台 | set | 6800.00 | 97.4 |
| 布电线 | Cotton Covered Wire | 公里 | km | 1747.92 | 127.3 |
| 裸铝线 | Bare Aluminium Wire | 吨 | ton | 26.71 | 100.2 |
| 漆包铜线 | Enamelled Copper Wire | 吨 | ton | 32589.05 | 119.3 |
| 调制解调器 | Modem | 台 | set | 465.00 | 112.1 |
| 其它计算机外部设备 | Other Computer Peripheral Equipment | 台 | set | 2000.00 | 84.1 |
| 显像管 | Teletron | 只 | unit | 452.00 | 104.3 |
| 半导体二极管 | Semiconductor Diode | 只 | unit | 0.05 | 120.0 |
| 半导体集成电路 | Semiconductor Integrated Circuit | 块 | piece | 1.40 | 98.7 |
| 芯片 | Chip | 百只 | 100 unit | 2.30 | 100.3 |
| 电子调谐器 | Electronic Tuning Unit | 只 | unit | 7.49 | 102.6 |
| 电阻 | Electric Resistance | 只 | unit | 3.35 | 93.3 |
| 电容器 | Capacitor | 只 | unit | 15.95 | 98.4 |
| 继电器 | Relay | 只 | unit | 33.50 | 92.5 |
| 电阻、变阻器 | Electric Resistance, Rheostat | 台 | set | 152.00 | 99.1 |
| 电路板 | Circuit Board | 块 | piece | 50.24 | 114.1 |
| 废钢 | Scrap Steel | 吨 | ton | 2757.56 | 112.1 |
| 其他 | Other | 吨 | ton | 2452.83 | 104.5 |
| 废纸 | Scrap Paper | 吨 | ton | 1279.49 | 107.7 |
| 煤灰 | Colly | 吨 | ton | 110.25 | 105.8 |
| 电 | Electricity | 千瓦时 | kwh | 0.63 | 105.2 |
| 工业用燃气 | Industrial Gas | 立方米 | cu.m | 16.90 | 103.3 |
| 工业用天然气 | Industrial Natural Gas | 立方米 | cu.m | 1.83 | 109.8 |
| 自来水 | Main-water | 立方米 | cu.m | 1.51 | 104.9 |

# 3—24 房地产价格指数

## Price Indices for Real Estate

（上年=100） （Peceding year=100）

| 类别 | Item | 2003 | 2004 | 2005 | 2006 | 2007 |
|---|---|---|---|---|---|---|
| **房屋销售价格指数** | **Selling Price Indices of Houses** | **102.1** | **104.5** | **103.8** | **103.9** | **107.8** |
| 商品房 | Commercial Houses | 102.4 | 104.5 | 104.5 | 104.4 | 108.4 |
| 住宅 | Residential Buildings | 102.2 | 104.9 | 105.0 | 104.7 | 109.3 |
| 非住宅 | Non-Residential Buildings | 102.9 | 102.7 | 102.9 | 103.5 | 106.4 |
| 二手房 | Private-owned Houses | 101.3 | 106.4 | 100.4 | 101.9 | 104.5 |
| 住宅 | Residential Buildings | 101.6 | 107.6 | 100.4 | 102.4 | 104.3 |
| 非住宅 | Non-Residential Buildings | 100.9 | 102.1 | 100.7 | 99.7 | 104.8 |
| **土地交易价格指数** | **Transactions Price Indices of Land** | **101.9** | **101.2** | **104.3** | **104.6** | **116.5** |
| 居民住宅用地 | Land for Residential Building Use | 101.3 | 101.2 | 105.5 | 104.7 | 125.3 |
| 工业用地 | Industrial Land | 104.4 | 103.4 | 104.6 | 100.9 | 104.0 |
| 商业旅游娱乐用地 | Land for Business Tour and Entertainment | 104.9 | 110.2 | 102.6 | 104.6 | 114.8 |
| 其他用地 | Land for Other | 102.3 | 99.2 | 102.5 | 107.0 | 101.8 |
| **房屋租凭价格指数** | **Renting Price Indices of Houses** | **101.3** | **101.2** | **104.0** | **103.4** | **102.0** |
| 住宅 | Residential Buildings | 100.8 | 101.0 | 101.0 | 103.7 | 103.3 |
| 办公用房 | Office Buildings | 99.1 | 102.5 | 98.3 | 105.6 | 95.4 |
| 商业用房 | Business Buildings | 101.5 | 101.1 | 106.2 | 102.3 | 104.3 |
| 厂房仓库 | Industrial Storage Buildings | 101.1 | 100.6 | 100.0 | 100.0 | 100.0 |

注：2003—2004年二手房只包含私有住房价格指数

Note:2003-2004 years second-hand building include privately owned housing price index number

# 3—25 分季度房地产价格指数（2007年）

## Price Indices for Real Estate by Quarters（2007）

（上年=100） （Peceding year=100）

| 类别 | Item | 全年 Annual Year | 1季度累计 1st.Quarter Amount | 1-2季度累计 1st-2rd. Quarter Amount | 1-3季度累计 1st-3rd. Quarter Amount | 1-4季度累计 1st-4th. Quarter Amount |
|---|---|---|---|---|---|---|
| **房屋销售价格指数** | **Selling Price Indices of Houses** | **107.8** | **105.1** | **105.6** | **106.7** | **107.8** |
| 商品房 | Commercial Houses | 108.4 | 105.5 | 106.1 | 107.3 | 108.4 |
| 住宅 | Residential Buildings | 109.3 | 106.0 | 106.8 | 108.1 | 109.3 |
| 非住宅 | Non-Residential Buildings | 106.4 | 104.6 | 104.6 | 105.5 | 106.4 |
| 二手房 | Secondary Housing | 104.5 | 102.7 | 102.9 | 103.5 | 104.5 |
| 住宅 | Residential Buildings | 104.3 | 102.5 | 102.8 | 103.5 | 104.3 |
| 非住宅 | Non-Residential Buildings | 104.8 | 103.1 | 103.0 | 103.5 | 104.8 |
| **土地交易价格指数** | **Transactions Price Indices of Land** | **116.5** | **119.1** | **115.3** | **115.2** | **116.5** |
| 居民住宅用地 | Land for Residential Building Use | 125.3 | 120.2 | 117.4 | 120.2 | 125.3 |
| 工业用地 | Industrial Land | 104.0 | 100.4 | 104.0 | 104.0 | 104.0 |
| 商业旅游娱乐用地 | Land for Business Tour and Entertainment | 114.8 | 125.1 | 120.1 | 117.8 | 114.8 |
| 其他用地 | Land for Other | 101.8 | - | 105.3 | 102.8 | 101.8 |
| **房屋租凭价格指数** | **Renting Price Indices of Houses** | **102.0** | **98.6** | **101.1** | **101.9** | **102.0** |
| 住宅 | Residential Buildings | 103.3 | 99.9 | 102.1 | 102.7 | 103.3 |
| 办公用房 | Office Buildings | 95.4 | 93.1 | 96.6 | 96.1 | 95.4 |
| 商业用房 | Business Buildings | 104.3 | 100.3 | 102.6 | 104.0 | 104.3 |
| 厂房仓库 | Industrial Storage Buildings | 100.0 | 100.0 | 100.0 | 100.0 | 100.0 |

# 3—26 主要城市房地产价格指数（2007年）

## Price Indices for Real Estate of Major Cities（2007）

（上年＝100） (Peceding year=100)

| 类　别 | Item | 南宁市 Nanning | | | | |
|---|---|---|---|---|---|---|
| | | 全年 Annual Year | 1季度累计 1st.Quarter Amount | 1-2季度累计 1st-2nd. Quarter Amount | 1-3季度累计 1st-3rd. Quarter Amount | 1-4季度累计 1st-4th. Quarter Amount |
| **房屋销售价格指数** | **Selling Price Indices of Houses** | **107.6** | **104.3** | **105.0** | **106.2** | **107.6** |
| 商品房 | Commercial Houses | 108.5 | 105.0 | 105.8 | 106.9 | 108.5 |
| 住宅 | Residential Buildings | 109.8 | 105.7 | 106.8 | 108.1 | 109.8 |
| 非住宅 | Non-Residential Buildings | 106.1 | 103.7 | 103.8 | 104.7 | 106.1 |
| 二手房 | Secondary Housing | 102.9 | 101.0 | 101.3 | 102.3 | 102.9 |
| 住宅 | Residential Buildings | 103.3 | 100.9 | 101.4 | 102.6 | 103.3 |
| 非住宅 | Non-Residential Buildings | 102.3 | 101.1 | 101.3 | 101.8 | 102.3 |
| **土地交易价格指数** | **Transactions Price Indices of Land** | **121.5** | **120.0** | **116.9** | **118.4** | **121.5** |
| 居民住宅用地 | Land for Residential Building Use | 125.3 | 122.9 | 119.9 | 119.7 | 125.3 |
| 工业用地 | Industrial Land | 100.0 | 100.0 | 100.0 | 100.0 | 100.0 |
| 商业旅游娱乐用地 | Land for Business Tour and Entertainment | 114.7 | 125.0 | 119.5 | 119.5 | 114.7 |
| 其他用地 | Land for Other | 125.6 | - | 105.3 | 125.6 | 125.6 |
| **房屋租凭价格指数** | **Renting Price Indices of Houses** | **99.6** | **96.9** | **99.3** | **99.5** | **99.6** |
| 住宅 | Residential Buildings | 104.6 | 98.1 | 101.4 | 102.6 | 104.6 |
| 办公用房 | Office Buildings | 95.1 | 92.6 | 96.4 | 95.8 | 95.1 |
| 商业用房 | Business Buildings | 103.9 | 102.8 | 102.6 | 103.6 | 103.9 |
| 厂房仓库 | Industrial Storage Buildings | 100.0 | 100.0 | 100.0 | 100.0 | 100.0 |

| 类　别 | Item | 柳州市 Liuzhou | | | | |
|---|---|---|---|---|---|---|
| | | 全年 Annual Year | 1季度累计 1st.Quarter Amount | 1-2季度累计 1st-2nd. Quarter Amount | 1-3季度累计 1st-3rd. Quarter Amount | 1-4季度累计 1st-4th. Quarter Amount |
| **房屋销售价格指数** | **Selling Price Indices of Houses** | **107.6** | **105.4** | **106.5** | **107.1** | **107.6** |
| 商品房 | Commercial Houses | 108.1 | 105.8 | 106.9 | 107.6 | 108.1 |
| 住宅 | Residential Buildings | 109.0 | 107.4 | 107.9 | 108.8 | 109.0 |
| 非住宅 | Non-Residential Buildings | 105.6 | 101.3 | 104.3 | 104.2 | 105.6 |
| 二手房 | Secondary Housing | 103.2 | 102.6 | 102.9 | 103.0 | 103.2 |
| 住宅 | Residential Buildings | 103.3 | 102.9 | 103.2 | 103.2 | 103.3 |
| 非住宅 | Non-Residential Buildings | - | - | - | - | - |
| **土地交易价格指数** | **Transactions Price Indices of Land** | **107.1** | **102.9** | **104.7** | **111.5** | **107.1** |
| 居民住宅用地 | Land for Residential Building Use | 109.8 | 106.3 | 110.1 | 115.1 | 109.8 |
| 工业用地 | Industrial Land | - | - | - | - | - |
| 商业旅游娱乐用地 | Land for Business Tour and Entertainment | - | - | - | - | - |
| 其他用地 | Land for Other | - | - | - | - | - |
| **房屋租凭价格指数** | **Renting Price Indices of Houses** | **107.8** | **97.4** | **103.6** | **105.4** | **107.8** |
| 住宅 | Residential Buildings | 100.0 | 100.0 | 100.0 | 100.0 | 100.0 |
| 办公用房 | Office Buildings | 100.0 | 100.0 | 100.0 | 100.0 | 100.0 |
| 商业用房 | Business Buildings | 112.8 | 95.5 | 106.2 | 109.2 | 112.8 |
| 厂房仓库 | Industrial Storage Buildings | - | - | - | - | - |

3—26 续表 1 Continued

（上年=100） （Peceding year=100）

| 类　别 | Item | 桂林市 Guilin | | | | |
|---|---|---|---|---|---|---|
| | | 全年<br>Annual Year | 1季度累计<br>1st.Quarter Amount | 1-2季度累计<br>1st-2nd. Quarter Amount | 1-3季度累计<br>1st-3rd. Quarter Amount | 1-4季度累计<br>1st-4th. Quarter Amount |
| **房屋销售价格指数** | **Selling Price Indices of Houses** | **104.4** | **103.5** | **103.8** | **103.9** | **104.4** |
| 商品房 | Commercial Houses | 104.7 | 103.7 | 104.1 | 104.2 | 104.7 |
| 住宅 | Residential Buildings | 104.8 | 103.5 | 104.0 | 104.3 | 104.8 |
| 非住宅 | Non-Residential Buildings | 103.9 | 104.5 | 104.1 | 103.7 | 103.9 |
| 二手房 | Secondary Housing | 103.3 | 102.5 | 102.5 | 102.9 | 103.3 |
| 住宅 | Residential Buildings | 103.4 | 102.6 | 102.7 | 103.0 | 103.4 |
| 非住宅 | Non-Residential Buildings | 103.2 | 102.6 | 102.2 | 102.7 | 103.2 |
| **土地交易价格指数** | **Transactions Price Indices of Land** | **112.2** | **100.0** | **102.2** | **108.7** | **112.2** |
| 居民住宅用地 | Land for Residential Building Use | 113.9 | 100.0 | 103.2 | 110.2 | 113.9 |
| 工业用地 | Industrial Land | 104.2 | - | 104.2 | 104.2 | 104.2 |
| 商业旅游娱乐用地 | Land for Business Tour and Entertainment | 115.1 | - | - | 113.4 | 115.1 |
| 其他用地 | Land for Other | - | - | - | - | - |
| **房屋租赁价格指数** | **Renting Price Indices of Houses** | **102.6** | **102.0** | **102.3** | **102.4** | **102.6** |
| 住宅 | Residential Buildings | 103.3 | 103.1 | 102.9 | 103.1 | 103.3 |
| 办公用房 | Office Buildings | 100.6 | 100.4 | 100.4 | 100.5 | 100.6 |
| 商业用房 | Business Buildings | 102.5 | 101.5 | 102.2 | 102.4 | 102.5 |
| 厂房仓库 | Industrial Storage Buildings | 100.0 | 100.0 | 100.0 | 100.0 | 100.0 |

| 类　别 | Item | 梧州市 Wuzhou | | | | |
|---|---|---|---|---|---|---|
| | | 全年<br>Annual Year | 1季度累计<br>1st.Quarter Amount | 1-2季度累计<br>1st-2nd. Quarter Amount | 1-3季度累计<br>1st-3rd. Quarter Amount | 1-4季度累计<br>1st-4th. Quarter Amount |
| **房屋销售价格指数** | **Selling Price Indices of Houses** | **108.3** | **101.9** | **102.9** | **105.8** | **108.3** |
| 商品房 | Commercial Houses | 107.7 | 101.4 | 102.6 | 105.4 | 107.7 |
| 住宅 | Residential Buildings | 107.3 | 101.4 | 102.8 | 104.7 | 107.3 |
| 非住宅 | Non-Residential Buildings | 108.7 | 101.1 | 102.3 | 107.1 | 108.7 |
| 二手房 | Secondary Housing | 111.0 | 104.7 | 104.3 | 107.6 | 111.0 |
| 住宅 | Residential Buildings | 110.0 | 103.8 | 104.0 | 106.9 | 110.0 |
| 非住宅 | Non-Residential Buildings | 113.0 | 106.4 | 105.0 | 109.0 | 113.0 |
| **土地交易价格指数** | **Transactions Price Indices of Land** | **100.0** | **100.0** | **100.0** | **100.0** | **100.0** |
| 居民住宅用地 | Land for Residential Building Use | 100.0 | 100.0 | 100.0 | 100.0 | 100.0 |
| 工业用地 | Industrial Land | | | | | |
| 商业旅游娱乐用地 | Land for Business Tour and Entertainment | | | | | |
| 其他用地 | Land for Other | 100.0 | | | 100.0 | 100.0 |
| **房屋租赁价格指数** | **Renting Price Indices of Houses** | **106.0** | **104.2** | **103.9** | **105.9** | **106.0** |
| 住宅 | Residential Buildings | 100.0 | 100.0 | 100.0 | 100.0 | 100.0 |
| 办公用房 | Office Buildings | | | | | |
| 商业用房 | Business Buildings | 108.3 | 106.6 | 106.2 | 108.5 | 108.3 |
| 厂房仓库 | Industrial Storage Buildings | | | | | |

3—26 续表 2 Continued

（上年＝100） (Peceding year=100)

| 类别 | Item | 北海市 Beihai | | | | |
|---|---|---|---|---|---|---|
| | | 全年 Annual Year | 1季度累计 1st.Quarter Amount | 1-2季度累计 1st-2nd. Quarter Amount | 1-3季度累计 1st-3rd. Quarter Amount | 1-4季度累计 1st-4th. Quarter Amount |
| **房屋销售价格指数** | **Selling Price Indices of Houses** | **113.3** | **110.1** | **111.3** | **112.1** | **113.3** |
| 商品房 | Commercial Houses | 114.9 | 113.0 | 112.7 | 113.6 | 114.9 |
| 住宅 | Residential Buildings | 117.6 | 115.1 | 116.6 | 117.3 | 117.6 |
| 非住宅 | Non-Residential Buildings | 110.8 | 113.6 | 106.5 | 107.6 | 110.8 |
| 二手房 | Secondary Housing | 106.8 | 98.4 | 105.6 | 106.1 | 106.8 |
| 住宅 | Residential Buildings | 106.8 | 98.4 | 105.6 | 106.1 | 106.8 |
| 非住宅 | Non-Residential Buildings | | | | | |
| **土地交易价格指数** | **Transactions Price Indices of Land** | **139.5** | **125.4** | **133.7** | **139.1** | **139.5** |
| 居民住宅用地 | Land for Residential Building Use | 136.6 | 121.8 | 127.8 | 135.2 | 136.6 |
| 工业用地 | Industrial Land | 115.1 | 119.2 | 115.1 | 115.1 | 115.1 |
| 商业旅游娱乐用地 | Land for Business Tour and Entertainment | 143.1 | 130.9 | 143.1 | 143.1 | 143.1 |
| 其他用地 | Land for Other | | | | | |
| **房屋租凭价格指数** | **Renting Price Indices of Houses** | **102.2** | **90.7** | **98.1** | **98.5** | **102.2** |
| 住宅 | Residential Buildings | | | | | |
| 办公用房 | Office Buildings | | | | | |
| 商业用房 | Business Buildings | 101.7 | 84.9 | 97.0 | 97.8 | 101.7 |
| 厂房仓库 | Industrial Storage Buildings | | | | | |

# 3—27 固定资产投资价格指数

## Price Indices of Investment in Fixed Assets

（上年＝100） (Peceding year=100)

| 类别 | Item | 1991 | 1992 | 1993 | 1994 | 1995 |
|---|---|---|---|---|---|---|
| **总指数** | **General Index** | **101.7** | **117.9** | **131.2** | **112.3** | **103.4** |
| 建筑安装工程 | Investment in Fixed Assets | 103.2 | 116.8 | 131.5 | 112.2 | 101.8 |
| 设备、工器具 | Purchase of Equipment, Tools & Instruments | 102.4 | 119.5 | 132.9 | 113.6 | 106.2 |
| 其他费用 | Others | 80.1 | 123.5 | 124.7 | 109.6 | 105.5 |
| 类别 | Item | 1996 | 1997 | 1998 | 1999 | 2000 |
| **总指数** | **General Index** | **103.6** | **100.3** | **99.9** | **96.1** | **101.4** |
| 建筑安装工程 | Investment in Fixed Assets | 104.2 | 100.3 | 101.4 | 96.6 | 102.4 |
| 设备、工器具 | Purchase of Equipment, Tools & Instruments | 102.9 | 98.2 | 95.2 | 94.5 | 95.7 |
| 其他费用 | Others | 101.5 | 104.4 | 100.4 | 95.9 | 104.5 |
| 类别 | Item | 2002 | 2003 | 2004 | 2005 | 2006 |
| **总指数** | **General Index** | **100.3** | **101.8** | **104.6** | **101.4** | **101.2** |
| 建筑安装工程 | Investment in Fixed Assets | 100.8 | 103.5 | 106.8 | 101.3 | 101.1 |
| 设备、工器具 | Purchase of Equipment, Tools & Instruments | 98.4 | 96.9 | 99.3 | 100.8 | 100.7 |
| 其他费用 | Others | 100.1 | 100.3 | 101.6 | 102.0 | 101.9 |

# 3—28 农产品生产价格指数（2007年）

## Indices of Producer Price for Farm Products（2007）

（上年＝100） (Pereceding year=100)

| 指标 | Item | 全年 Annual Year | 一季度 First Quarter | 二季度 Second Quarter | 三季度 Third Quarter | 四季度 Fourth Quarter |
|---|---|---|---|---|---|---|
| **总指数** | **General Index** | **121.5** | **113.5** | **123.7** | **135.4** | **131.0** |
| 农业产品 | Agriculture Products | 100.4 | 100.1 | 99.0 | 111.1 | 104.1 |
| 谷物及其他作物 | Cereal an Other Crops | 101.3 | 99.6 | 98.9 | 112.0 | 106.4 |
| 谷物（原粮） | Cereal（Raw Grain） | 115.3 | 111.4 | 112.7 | 110.3 | 114.3 |
| 稻谷 | Rice | 108.9 | 111.1 | 114.4 | 105.7 | 111.0 |
| 玉米 | Corn | 117.0 | 112.4 | 111.0 | 110.9 | 121.0 |
| 豆类 | Beans | 111.0 | 112.2 | 107.4 | 106.9 | 115.9 |
| 薯类 | Tubers | 111.0 | 112.7 | 103.3 | 0.0 | 119.9 |
| 油料 | Oil-bearing Crops | 120.0 | 117.5 | 111.3 | 125.7 | 118.2 |
| 麻类 | Bast Fiber | 88.1 | 77.5 | 102.5 | 72.6 | 106.6 |
| 糖料 | Sugar | 99.4 | 99.6 | 98.0 | 93.3 | 104.9 |
| 烟草 | Tobacco | 124.2 | 100.0 |  | 119.3 | 178.1 |
| 木薯 | Cassava | 97.8 | 94.1 | 106.8 | 102.0 | 106.2 |
| 其他农作物 | Other Crops | 112.1 |  | 100.0 |  | 122.2 |
| 蔬菜、园艺作物 | Vegetables and Horticultural Crops | 107.3 | 99.9 | 104.2 | 125.0 | 112.4 |
| 蔬菜 | Vegetables | 107.3 | 99.9 | 104.2 | 125.0 | 112.4 |
| 芹菜 | Celery | 90.1 | 94.4 |  |  | 66.0 |
| 大白菜 | Chinese Cabbage | 112.3 | 106.4 | 122.0 | 117.3 | 110.7 |
| 莴笋 | Lactucaium | 155.2 | 163.2 | 127.1 |  |  |
| 油菜 | Rape | 125.4 | 126.6 | 176.3 | 82.2 | 100.0 |
| 其他叶菜 | Other Leafy Vegetables | 115.2 | 110.0 | 113.5 | 117.3 | 119.4 |
| 黄瓜 | Cucumber | 109.9 |  | 109.6 | 106.2 | 111.0 |
| 冬瓜 | Wax Gourd | 103.2 |  | 94.8 | 103.1 | 113.1 |
| 苦瓜 | Balsam Pear | 102.9 | 120.0 | 97.0 | 104.9 | 107.2 |
| 丝瓜 | Luffan | 112.7 |  | 103.4 | 118.4 |  |
| 南瓜 | Pumpkin | 122.3 |  | 120.7 | 133.0 |  |
| 其他瓜菜 | Other Melons & Vegetables | 104.4 | 101.1 | 91.2 | 109.9 | 119.2 |
| 萝卜 | Radish | 92.3 | 99.6 | 66.7 |  | 105.4 |
| 生姜 | Ginger | 100.3 | 81.8 | 103.5 | 169.9 | 104.4 |
| 芋头 | Taro | 102.9 | 99.0 | 119.5 | 102.2 | 121.7 |

3—28 续表 1 Continued

（上年=100） (Pereceding year=100)

| 指　标 | Item | 全年 Annual Year | 一季度 First Quarter | 二季度 Second Quarter | 三季度 Third Quarter | 四季度 Fourth Quarter |
|---|---|---|---|---|---|---|
| 山药 | Chinese Yam | 115.1 | 107.5 | 107.6 | | 119.3 |
| 其他块根、块茎菜 | Other Root, Tuber Vegetables | 103.7 | 97.4 | 98.2 | 103.3 | 109.0 |
| 茄子 | Aubergine | 111.9 | 113.7 | 101.5 | 113.6 | 111.7 |
| 西红柿 | Tomato | 103.5 | 83.6 | 97.8 | 118.6 | 113.9 |
| 辣椒 | Capsicum | 100.1 | 58.4 | 102.4 | 94.0 | 125.0 |
| 青椒 | Green Pepper | 96.4 | 115.0 | 102.9 | 84.0 | |
| 其他茄果菜类 | Other Eggplant Fruit | 88.4 | | 87.4 | 90.2 | 119.8 |
| 蒜头 | Garlic | 97.8 | 101.3 | 94.0 | | 102.5 |
| 蒜苗 | Garlic Sprouts | | | | | |
| 小葱 | Chives | 97.2 | 87.5 | 100.0 | 116.7 | 92.3 |
| 韭菜 | Leek | 98.6 | 115.6 | 99.8 | 87.6 | 94.0 |
| 其他葱蒜类 | Other Garlic & Chives Kind | 107.0 | 100.3 | 120.0 | | 111.2 |
| 四季豆 | Kidney Bean | 108.0 | 131.1 | 114.8 | 117.7 | 115.4 |
| 其他菜用豆 | Other Vegetable Bean | 104.9 | 105.8 | 100.3 | 106.6 | 108.3 |
| 莲藕 | Lotus Root | 105.5 | 109.6 | 105.0 | 105.4 | 108.3 |
| 荸荠 | Chufa | 100.4 | 101.3 | 97.5 | 105.3 | 108.2 |
| 其他水生菜 | Other Water Lettuce | 95.3 | 95.4 | | | |
| 空心菜 | Water Spinach | 102.7 | | 132.5 | 101.9 | 101.1 |
| 芥菜 | Mustard | 122.2 | 103.3 | 150.0 | 107.2 | 125.0 |
| 生菜 | Lettuce | 92.8 | 66.7 | 96.7 | 101.0 | 81.8 |
| 未列明的其他蔬菜 | Other Not Listing Vegetable | 113.7 | | 128.9 | 133.3 | 109.0 |
| 食用菌（干鲜混合） | Edible Mushrooms（Fresh Mixed） | 148.0 | 105.3 | | 154.0 | 102.6 |
| 水果、坚果、饮料和香料 | Fruits, Nuts, Beverages and Spices | 96.0 | 112.9 | 98.7 | 109.7 | 98.5 |
| 梨 | Peat | 118.6 | | | 118.6 | |
| 柑 | Citrus Fruit | 94.8 | 93.0 | 75.0 | 120.0 | 92.1 |
| 桔 | Citrus Fruit | 127.7 | 102.2 | 0.0 | 0.0 | 124.5 |
| 橙 | Orange | 88.9 | 110.6 | 77.9 | 0.0 | 97.7 |
| 柚 | Pomelo Grapefruit | 85.4 | 112.1 | 0.0 | 0.0 | 77.9 |
| 香蕉 | Banana | 96.9 | 104.0 | 61.2 | 109.2 | 109.6 |
| 荔枝 | Lychee | 86.7 | | 79.0 | 92.6 | |
| 龙眼 | Longan | 99.7 | | | 98.8 | |

## 3—28 续表 2 Continued

（上年＝100） (Pereceding year=100)

| 指　标 | Item | 全年 Annual Year | 一季度 First Quarter | 二季度 Second Quarter | 三季度 Third Quarter | 四季度 Fourth Quarter |
|---|---|---|---|---|---|---|
| 芒果 | Mango | 112.5 | | 136.9 | 107.2 | |
| 桃 | Peach | 115.6 | 111.2 | 111.6 | 108.9 | |
| 杨梅 | Waxberry | 137.1 | | 137.1 | 0.0 | |
| 葡萄 | Grape | 153.9 | | | 157.7 | 101.6 |
| 柿子 | Persimmon | 88.6 | 100.0 | | 85.1 | 87.2 |
| 李子 | Plum | 98.0 | | 98.1 | | |
| 番石榴 | Guava | | | | | |
| 枇杷 | Loquat | 60.0 | | 60.0 | | |
| 青枣 | Blue Date | 145.5 | | | 145.5 | |
| 其他园林水果 | Other Fruit Garden | 101.9 | 100.0 | 95.6 | 104.1 | |
| 西瓜 | Watermelon | 89.2 | | 85.9 | 104.3 | 100.0 |
| 香瓜 | Muskmelon | 84.2 | | 83.1 | 100.0 | |
| 其他瓜果 | Other Melon and Fruit | | | | | |
| 茶及其他饮料（干品） | Tea and Other Drink（Dry Goods） | 118.6 | 112.9 | 102.1 | 125.3 | 142.5 |
| 中药材 | Chinese Traditional Medicine | 106.7 | | 106.2 | | 111.0 |
| 林业产品 | Forest Products | 105.3 | 108.8 | 106.2 | 104.6 | 135.5 |
| 竹木采运 | Bamboo Logging | 105.3 | 108.8 | 106.3 | 104.6 | 135.5 |
| 林产品的采集 | Forest Products Acquisition | 108.7 | 127.9 | 97.6 | 97.2 | 102.3 |
| 天然和人工林果实 | Natural Fruit and Plantation | 108.7 | 127.9 | 97.6 | 97.2 | 102.7 |
| 油桐籽 | Oil Seed | 131.6 | 133.0 | | | 130.0 |
| 油茶籽 | Oil Camellia Seed | 141.0 | 141.3 | | 153.0 | 142.2 |
| 松脂 | Turpentine | 79.2 | 101.0 | 71.0 | 73.8 | 84.8 |
| 板栗 | Chinese Chestnut | 95.3 | | | 103.6 | 91.4 |
| 白果 | Gingko | 105.9 | | | 106.9 | 100.0 |
| 八角 | Aniseed | 110.3 | 116.2 | 106.1 | 95.5 | 99.0 |
| 桂皮 | Cassia | 100.2 | | 100.2 | | |
| 竹笋干 | Dry Bamboo Shoot | 178.8 | 88.8 | | 373.6 | 115.6 |
| 未列明其他林产品采集 | Other Not Listing Forestry Collecting | 108.7 | 111.7 | | | 100.0 |
| 牧业（畜产品） | Animal Husbandry（Animal Products） | 140.4 | 125.8 | 144.4 | 158.0 | 155.9 |
| 牲畜的饲养 | Breeding Livestock | 111.6 | 107.6 | 117.7 | 119.9 | 108.7 |
| 牛的饲养 | Breeding Cattle | 110.6 | 105.2 | 117.6 | 119.9 | 111.7 |

（上年＝100） (Pereceding year=100)

| 指　　标 | Item | 全年 Annual Year | 一季度 First Quarter | 二季度 Second Quarter | 三季度 Third Quarter | 四季度 Fourth Quarter |
|---|---|---|---|---|---|---|
| 活牛（毛重） | Living Cattle（Gross Weight） | 110.6 | 105.2 | 117.6 | 119.9 | 111.7 |
| 羊的饲养 | Breeding Sheep | 121.3 | 113.3 | 115.3 | 120.7 | 130.7 |
| 活羊（毛重） | Living Sheep（Gross Weight） | 121.3 | 113.3 | 115.3 | 120.7 | 130.7 |
| 其他牲畜饲养 | Other Breeding Livestock | 111.2 |  | 117.9 |  | 104.9 |
| 猪的饲养 | Breeding Pig | 142.4 | 126.7 | 145.6 | 160.6 | 161.4 |
| 活猪（毛重） | Living Pig（Gross Weight） | 142.4 | 126.7 | 145.6 | 160.6 | 161.4 |
| 猪肉 | Pork | 132.7 | 122.4 |  | 178.3 | 164.0 |
| 家禽 | Poultry | 117.8 | 115.3 | 120.1 | 120.9 | 115.1 |
| 鸡 | Chicken | 117.2 | 117.0 | 122.0 | 116.2 | 112.0 |
| 鸭 | Duck | 116.3 | 116.4 | 113.3 | 122.1 | 106.5 |
| 鹅 | Goose | 115.8 | 100.0 | 119.1 | 109.8 | 150.0 |
| 禽蛋 | Birds Egg | 119.7 | 108.3 | 119.2 | 129.2 | 128.1 |
| 其他畜牧业 | Other Stock Raising | 93.5 | 102.0 | 112.8 | 83.3 | 97.3 |
| 蚕茧 | Silk Cocoon | 70.4 |  | 92.8 | 68.1 | 60.4 |
| 其他活的家畜产品 | Other Living Livestock Product | 91.5 | 99.0 |  | 102.0 | 83.3 |
| 渔业 | Fishery | 107.9 | 98.7 | 110.4 | 111.0 | 98.9 |
| 海水水产品 | Marine Lives | 104.2 | 111.3 | 104.7 | 102.5 | 99.3 |
| 鱼类 | Fish | 110.5 | 109.1 | 106.8 | 107.0 | 112.1 |
| 虾蟹类 | Shrimp and Crab | 96.6 | 109.9 | 97.5 | 97.5 | 89.5 |
| 贝类 | Seashell | 106.6 | 118.5 | 125.5 | 106.0 | 100.0 |
| 其他海水产品 | Other Sea Products | 132.1 | 98.3 | 137.5 | 119.4 | 119.5 |
| 内陆水域水产品 | Inner Water Area Product | 109.0 | 95.3 | 112.8 | 114.8 | 98.8 |
| 淡水鱼类 | Freshwater Fish | 109.0 | 95.3 | 112.8 | 114.8 | 98.8 |
| 草鱼 | Grass Carp | 106.2 | 101.7 | 116.2 | 112.0 | 92.3 |
| 鲤鱼 | Cyprinoid | 105.7 | 90.0 | 107.8 | 116.9 | 89.6 |
| 鲢鱼 | Chub | 109.4 | 93.2 | 109.3 | 111.6 | 113.6 |
| 罗非鱼 | Tilapia | 101.9 | 93.9 | 111.6 | 104.2 | 120.0 |
| 鳙鱼 | Bighead Carp | 117.1 | 99.8 | 134.3 | 130.6 | 122.7 |
| 鲮鱼 | Mud Carp | 115.2 | 95.3 | 127.2 | 131.5 | 115.6 |
| 其他淡水鱼类 | Other Freshwater Fish | 108.3 | 104.4 | 111.0 | 119.1 | 101.9 |

# 3—29 农产品分季生产价格指数

（上年＝100）

| 指　　标 | Item | 2004 一季度 First Quarter | 2004 二季度 Second Quarter | 2004 三季度 Third Quarter | 2004 四季度 Fourth Quarter |
|---|---|---|---|---|---|
| **总指数** | **General Index** | **114.2** | **117.4** | **127.3** | **119.3** |
| 农业产品 | Agriculture Products | 101.8 | 102.7 | 104.9 | 110.0 |
| 谷物及其他作物 | Cereal an Other Crops | 100.1 | 104.0 | 123.2 | 110.3 |
| 谷物（原粮） | Cereal（Raw Grain） | 124.3 | 126.3 | 129.4 | 127.1 |
| 稻谷 | Rice | 125.5 | 130.6 | 142.2 | 132.8 |
| 玉米 | Corn | 120.5 | 122.0 | 128.0 | 115.5 |
| 豆类 | Beans | 127.8 | 130.0 | 117.9 | 114.9 |
| 薯类 | Tubers | 116.7 | 80.4 | 84.6 | 110.4 |
| 油料 | Oil-bearing Crops | 126.4 | 116.7 | 115.1 | 121.3 |
| 麻类 | Bast Fiber | 133.4 | 114.0 | 123.4 | 110.5 |
| 糖料 | Sugar | 99.9 | 102.2 | 104.2 | 109.5 |
| 烟草 | Tobacco | | | 129.6 | 101.0 |
| 木薯 | Cassava | 112.2 | 113.1 | 105.6 | 109.8 |
| 其他农作物 | Other Crops | 112.2 | 116.4 | 80.5 | 108.7 |
| 蔬菜、园艺作物 | Vegetables and Horticultural Crops | 224.6 | 93.4 | 165.3 | 141.9 |
| 蔬菜 | Vegetables | 224.6 | 93.4 | 165.3 | 141.9 |
| 芹菜 | Celery | 121.6 | 126.5 | | 121.7 |
| 大白菜 | Chinese Cabbage | 144.5 | 107.9 | 126.0 | 108.7 |
| 莴笋 | Lactucaium | 95.9 | 62.9 | | |
| 油菜 | Rape | | | | |
| 其他叶菜 | Other Leafy Vegetables | 90.1 | 96.8 | 105.2 | 118.2 |
| 黄瓜 | Cucumber | | 114.0 | 97.7 | 121.8 |
| 冬瓜 | Wax Gourd | | 62.9 | 169.7 | 76.3 |
| 苦瓜 | Balsam Pear | | 81.4 | 124.0 | 103.5 |
| 丝瓜 | Luffan | | 100.3 | 95.5 | |
| 南瓜 | Pumpkin | 83.3 | 84.4 | 94.4 | |
| 其他瓜菜 | Other Melons & Vegetables | | 84.7 | 113.0 | 99.9 |
| 萝卜 | Radish | 133.5 | 180.5 | 85.1 | 108.4 |
| 生姜 | Ginger | 377.4 | 249.0 | 408.2 | 195.8 |
| 芋头 | Taro | 122.2 | 125.0 | 109.1 | 71.2 |
| 山药 | Chinese Yam | | | | |
| 其他块根、块茎菜 | Other Root, Tuber Vegetables | 106.9 | 112.1 | 98.2 | 90.5 |
| 茄子 | Aubergine | 108.7 | 106.7 | 121.4 | 133.3 |
| 西红柿 | Tomato | 118.9 | 82.8 | 82.6 | 134.1 |
| 辣椒 | Capsicum | 98.4 | 88.3 | 98.3 | 148.2 |
| 青椒 | Green Pepper | | 104.8 | 111.1 | 73.4 |
| 其他茄果菜类 | Other Eggplant Fruit | | 100.6 | 65.8 | 125.0 |
| 蒜头 | Garlic | 125.0 | 125.0 | 100.0 | |
| 蒜苗 | Garlic Sprouts | | | | 140.9 |
| 小葱 | Chives | 66.8 | | 107.5 | 123.8 |

# Price Indices Farm Products by Qusrter

(Pereceding year=100)

| 2005 | | | | 2006 | | | |
|---|---|---|---|---|---|---|---|
| 一季度 First Quarter | 二季度 Second Quarter | 三季度 Third Quarter | 四季度 Fourth Quarter | 一季度 First Quarter | 二季度 Second Quarter | 三季度 Third Quarter | 四季度 Fourth Quarter |
| **108.1** | **102.4** | **89.6** | **102.8** | **114.7** | **113.7** | **102.2** | **107.6** |
| 108.4 | 106.4 | 93.7 | 117.6 | 136.7 | 138.6 | 105.1 | 107.9 |
| 108.6 | 105.6 | 93.6 | 123.4 | 138.5 | 142.3 | 108.3 | 107.0 |
| 110.4 | 102.2 | 94.2 | 95.5 | 100.1 | 103.0 | 107.1 | 104.4 |
| 112.8 | 100.1 | 97.0 | 95.4 | 99.0 | 98.7 | 104.0 | 104.2 |
| 102.9 | 104.5 | 93.9 | 95.6 | 103.7 | 107.5 | 107.4 | 104.8 |
| 107.6 | 91.7 | 90.0 | 96.7 | 95.3 | 96.3 | 101.5 | 101.6 |
| 124.3 | 101.7 | | 107.7 | 116.6 | 102.9 | 108.5 | 99.9 |
| 101.5 | 99.9 | 90.2 | 98.4 | 91.8 | 105.5 | 113.1 | 120.2 |
| 102.2 | | 120.6 | 149.0 | 150.7 | 114.9 | 102.2 | 78.3 |
| 108.6 | 106.3 | | 126.7 | 138.5 | 145.8 | 112.9 | 107.7 |
| 100.0 | | 102.4 | 100.0 | | | 104.7 | 108.2 |
| 110.6 | 108.1 | 100.1 | 98.9 | 109.0 | 114.4 | 117.9 | 103.9 |
| 110.6 | 124.2 | 100.3 | 87.3 | 108.3 | 136.2 | 125.0 | |
| 103.8 | 108.2 | 101.3 | 110.2 | 97.8 | 109.9 | 110.1 | 103.8 |
| 103.8 | 108.2 | 101.3 | 110.2 | 97.8 | 109.9 | 110.1 | 103.8 |
| 107.1 | | | 111.9 | 69.6 | 63.0 | | 158.8 |
| 110.5 | 150.3 | 117.7 | 119.4 | 102.1 | 103.8 | 138.5 | 116.2 |
| | 80.4 | | 112.2 | 96.3 | 109.7 | | |
| 102.9 | 99.9 | 99.2 | 112.9 | 87.6 | 162.5 | 234.6 | 126.2 |
| 107.7 | 106.7 | 105.3 | 105.7 | 107.9 | 103.5 | 124.1 | 105.2 |
| | 113.8 | 113.4 | 123.0 | | 98.4 | 137.4 | 101.9 |
| | 117.3 | 105.4 | 110.2 | | 105.9 | 98.8 | 104.9 |
| | 109.2 | 100.9 | 98.1 | | 104.5 | 119.1 | 112.7 |
| | 107.7 | 104.1 | 108.4 | | 102.0 | 108.9 | 105.3 |
| | 117.5 | | 143.0 | | 107.8 | | 94.0 |
| | 107.2 | 108.9 | 107.5 | 100.0 | 102.9 | 115.6 | 86.4 |
| 103.8 | 124.0 | 100.0 | 102.6 | 93.5 | | | 102.1 |
| 91.2 | 91.7 | 53.5 | 100.4 | 62.3 | 88.8 | 67.7 | 92.0 |
| 130.0 | 119.0 | 100.0 | 111.5 | 104.8 | 105.2 | | 97.0 |
| 95.5 | 125.8 | | 99.4 | 105.4 | 97.5 | | 103.9 |
| 108.6 | 103.8 | 110.4 | 100.0 | 104.0 | 107.7 | 93.0 | 113.4 |
| 83.3 | 93.6 | 104.8 | 114.0 | 95.5 | 125.9 | 92.6 | 108.2 |
| 127.7 | 104.2 | 149.5 | 122.4 | 106.0 | 111.1 | 103.2 | 100.0 |
| 84.3 | 103.4 | 119.3 | 95.8 | 125.6 | 105.3 | 117.0 | 90.6 |
| 70.1 | 111.4 | 102.8 | 104.1 | 91.8 | 129.8 | 75.0 | 108.8 |
| 109.1 | 136.9 | 106.5 | | 108.5 | 105.3 | 106.5 | 109.5 |
| | | | 94.4 | 100.0 | 95.5 | | 100.0 |
| 104.5 | 87.5 | 100.0 | 90.0 | 106.1 | 155.8 | | |
| | | 100.0 | 96.2 | 100.0 | 115.5 | | |

3—29 续表 1

（上年=100）

| 指 标 | Item | 2004 | | | |
|---|---|---|---|---|---|
| | | 一季度 First Quarter | 二季度 Second Quarter | 三季度 Third Quarter | 四季度 Fourth Quarter |
| 韭菜 | Leek | | | | |
| 其他葱蒜类 | Other Garlic & Chives Kind | 96.8 | | | 80.0 |
| 四季豆 | Kidney Bean | 65.4 | 105.4 | 126.0 | 184.7 |
| 其他菜用豆 | Other Vegetable Bean | 109.1 | 100.8 | 104.6 | 103.8 |
| 莲藕 | Lotus Root | | 114.3 | 103.4 | |
| 荸荠 | Chufa | 450.0 | 145.6 | | |
| 其他水生菜 | Other Water Lettuce | | | | |
| 空心菜 | Water Spinach | 103.3 | 100.3 | 112.1 | |
| 芥菜 | Mustard | 66.8 | 83.2 | 113.5 | 106.3 |
| 生菜 | Lettuce | 87.2 | 50.2 | | |
| 未列明的其他蔬菜 | Other Not Listing Vegetable | 99.2 | 98.1 | 104.5 | |
| 食用菌（干鲜混合） | Edible Mushrooms（Fresh Mixed） | 107.3 | 87.4 | 103.3 | 107.2 |
| 水果、坚果、饮料和香料 | Fruits, Nuts, Beverages and Spices | 114.2 | 98.1 | 86.0 | 106.7 |
| 梨 | Peat | | | | |
| 柑 | Citrus Fruit | 113.6 | 112.6 | 97.9 | 94.8 |
| 桔 | Citrus Fruit | 124.5 | 76.5 | | 174.0 |
| 橙 | Orange | 101.7 | 105.8 | | 92.2 |
| 柚 | Pomelo Grapefruit | 104.3 | 124.5 | | 103.5 |
| 香蕉 | Banana | | 115.9 | 100.4 | 99.7 |
| 荔枝 | Lychee | | 45.1 | 43.1 | |
| 龙眼 | Longan | | | 71.9 | |
| 芒果 | Mango | | 45.1 | 105.9 | |
| 桃 | Peach | | 60.6 | 45.8 | |
| 杨梅 | Waxberry | | 229.9 | 83.3 | |
| 葡萄 | Grape | 113.7 | 84.6 | 93.2 | |
| 柿子 | Persimmon | | | 101.5 | 114.9 |
| 李子 | Plum | | 103.5 | 57.2 | |
| 番石榴 | Guava | | | | |
| 枇杷 | Loquat | 115.6 | 108.6 | | |
| 青枣 | Blue Date | | | 60.0 | 131.3 |
| 其他园林水果 | Other Fruit Garden | | 86.3 | | 106.6 |
| 西瓜 | Watermelon | | 82.7 | 87.0 | 110.8 |
| 香瓜 | Muskmelon | | 116.6 | 141.5 | |
| 其他瓜果 | Other Melon and Fruit | | | | |
| 茶及其他饮料（干品） | Tea and Other Drink（Dry Goods） | 114.2 | 107.9 | 109.2 | 129.2 |
| 中药材 | Chinese Traditional Medicine | 164.6 | 107.1 | 113.4 | 106.7 |
| 林业产品 | Forest Products | 102.1 | 100.1 | 106.5 | 107.2 |
| 竹木采运 | Bamboo Logging | 102.0 | 100.0 | 106.6 | 107.2 |
| 林产品的采集 | Forest Products Acquisition | 119.1 | 106.5 | 90.3 | 115.6 |
| 天然和人工林果实 | Natural Fruit and Plantation | 119.1 | 106.5 | 90.3 | 115.6 |
| 油桐籽 | Oil Seed | 163.0 | 168.6 | | 166.6 |

Continued

(Pereceding year=100)

| 2005 | | | | 2006 | | | |
|---|---|---|---|---|---|---|---|
| 一季度 First Quarter | 二季度 Second Quarter | 三季度 Third Quarter | 四季度 Fourth Quarter | 一季度 First Quarter | 二季度 Second Quarter | 三季度 Third Quarter | 四季度 Fourth Quarter |
| 82.5 | 102.6 | 122.2 | 102.4 | 106.5 | 123.2 | 112.7 | 108.3 |
| 110.0 | 99.4 | | | | | 122.4 | 103.0 |
| 109.8 | 114.5 | 96.4 | 96.6 | 122.4 | 95.4 | 133.9 | 138.3 |
| 104.0 | 121.2 | 110.5 | 107.9 | 103.3 | 101.7 | 103.9 | 109.6 |
| 109.3 | 105.5 | 93.7 | 97.8 | 107.6 | | 100.0 | 101.7 |
| 103.0 | 98.1 | 93.3 | 101.1 | 108.1 | 130.1 | | 88.6 |
| 104.5 | | | 100.0 | 102.0 | | | 100.0 |
| | 113.0 | 129.3 | 381.0 | | 142.7 | 116.4 | 110.8 |
| | | | | | | | 108.2 |
| 121.4 | 102.9 | | 122.9 | 106.6 | | | 93.3 |
| 100.0 | 135.4 | 175.1 | 122.1 | | 95.9 | 121.1 | 160.6 |
| 99.3 | 142.9 | 88.5 | | | 82.5 | 92.6 | |
| 104.3 | 109.9 | 93.4 | 105.9 | 100.9 | 125.7 | 102.1 | 110.2 |
| | | 155.6 | | | | 120.6 | |
| 108.6 | 92.1 | 116.1 | 108.1 | 119.2 | | 125.8 | 113.9 |
| 92.5 | | | 120.0 | 95.5 | | 100.0 | 97.9 |
| 93.3 | 76.9 | | 126.7 | 110.0 | | | 111.0 |
| 79.4 | | 100.3 | 100.0 | 111.2 | | | 111.9 |
| 99.0 | 71.2 | 97.7 | 85.9 | 111.2 | 160.6 | 97.4 | 104.2 |
| | 178.2 | 116.2 | | | 108.3 | 112.4 | |
| | | 81.5 | | | 107.1 | 97.6 | |
| | 118.3 | 101.2 | | | 145.0 | 101.5 | |
| | 98.4 | 102.2 | | 106.7 | 120.6 | 174.4 | |
| | 84.0 | | | | 84.5 | | |
| | | 104.9 | | | | 106.1 | 104.2 |
| 100.0 | | 100.0 | 99.8 | | | 100.0 | 96.0 |
| | 140.8 | 150.7 | | | 156.7 | 180.1 | |
| | | | | | | 103.0 | |
| | 90.4 | | | | | 100.0 | |
| | | | | | | 100.0 | |
| 116.3 | 108.7 | 107.9 | 94.9 | 102.2 | 129.9 | 97.0 | 119.7 |
| | 121.0 | 118.9 | 125.0 | | 174.8 | 113.6 | |
| | 106.6 | 107.4 | | | 135.3 | 121.2 | |
| | | | | | | 108.7 | |
| 104.3 | 109.8 | 104.9 | 103.2 | 100.9 | 116.1 | 99.7 | 105.4 |
| 49.1 | 105.5 | | 168.3 | 190.0 | | 103.2 | 97.5 |
| 102.9 | 102.7 | 92.1 | 104.0 | 97.3 | 103.4 | 109.4 | 100.0 |
| 102.9 | 102.8 | 92.2 | 104.0 | 97.3 | 103.4 | 109.3 | 100.0 |
| 110.4 | 100.2 | 86.8 | 99.1 | 87.7 | 103.5 | 111.8 | 101.6 |
| 110.4 | 100.2 | 86.8 | 97.0 | 87.7 | 103.5 | 111.8 | 101.9 |
| 123.4 | 92.3 | | 90.3 | 81.7 | 61.3 | | 92.6 |

3—29 续表 2

（上年＝100）

| 指　　标 | Item | 2004 | | | |
|---|---|---|---|---|---|
| | | 一季度 First Quarter | 二季度 Second Quarter | 三季度 Third Quarter | 四季度 Fourth Quarter |
| 油茶籽 | Oil Camellia Seed | 140.1 | 146.9 | | 104.8 |
| 松脂 | Turpentine | | 115.5 | 118.1 | 104.3 |
| 板栗 | Chinese Chestnut | | | 95.6 | 100.4 |
| 白果 | Gingko | 80.0 | 80.0 | 81.3 | 80.1 |
| 八角 | Aniseed | 64.7 | 72.2 | 80.2 | 83.7 |
| 桂皮 | Cassia | 100.0 | 112.9 | | 65.4 |
| 竹笋干 | Dry Bamboo Shoot | | | 100.0 | 133.3 |
| 未列明其他林产品采集 | Other Not Listing Forestry Collecting | | | 100.2 | |
| 牧业（畜产品） | Animal Husbandry（Animal Products） | 124.9 | 130.3 | 146.1 | 129.1 |
| 牲畜的饲养 | Breeding Livestock | 118.0 | 124.1 | 132.8 | 147.2 |
| 牛的饲养 | Breeding Cattle | 126.0 | 125.5 | 133.8 | 145.4 |
| 活牛（毛重） | Living Cattle（Gross Weight） | 126.0 | 125.5 | 133.8 | 145.4 |
| 羊的饲养 | Breeding Sheep | 98.8 | 99.3 | 105.8 | 160.1 |
| 活羊（毛重） | Living Sheep（Gross Weight） | 98.8 | 99.3 | 105.8 | 160.1 |
| 其他牲畜饲养 | Other Breeding Livestock | | | | |
| 猪的饲养 | Breeding Pig | 126.0 | 131.1 | 147.6 | 130.5 |
| 活猪（毛重） | Living Pig（Gross Weight） | 126.1 | 131.2 | 147.6 | 130.5 |
| 猪肉 | Pork | 102.3 | 111.3 | 120.3 | 135.1 |
| 家禽 | Poultry | 108.1 | 107.4 | 115.0 | 111.4 |
| 鸡 | Chicken | 105.8 | 108.2 | 114.0 | 110.8 |
| 鸭 | Duck | 99.7 | 117.2 | 125.0 | 113.0 |
| 鹅 | Goose | 117.7 | 125.6 | 119.4 | 130.0 |
| 禽蛋 | Birds Egg | 125.5 | 103.2 | 111.3 | 111.0 |
| 其他畜牧业 | Other Stock Raising | 87.9 | 133.9 | 128.8 | 100.1 |
| 蚕茧 | Silk Cocoon | | 163.7 | 136.1 | 99.3 |
| 其他活的家畜产品 | Other Living Livestock Product | | | | |
| 渔业 | Fishery | 121.2 | 106.6 | 121.7 | 107.6 |
| 海水水产品 | Marine Lives | 181.4 | 115.0 | 99.7 | 96.3 |
| 鱼类 | Fish | 100.0 | 102.7 | 95.8 | 85.3 |
| 虾蟹类 | Shrimp and Crab | 293.4 | 116.3 | 89.1 | 95.9 |
| 贝类 | Seashell | 98.3 | 127.5 | 130.6 | 104.7 |
| 其他海水产品 | Other Sea Products | 110.1 | 100.6 | | 132.9 |
| 内陆水域水产品 | Inner Water Area Product | 105.3 | 103.0 | 131.5 | 110.3 |
| 淡水鱼类 | Freshwater Fish | 105.3 | 103.0 | 131.5 | 110.3 |
| 草鱼 | Grass Carp | 102.6 | 104.2 | 117.8 | 107.2 |
| 鲤鱼 | Cyprinoid | 98.7 | 111.2 | 125.1 | 107.1 |
| 鲢鱼 | Chub | 110.6 | 102.8 | 135.7 | 124.0 |
| 罗非鱼 | Tilapia | 93.3 | 101.4 | | 68.5 |
| 鳙鱼 | Bighead Carp | 118.2 | 103.3 | 170.1 | 116.1 |
| 鲮鱼 | Mud Carp | 101.6 | 106.5 | 130.4 | 111.4 |
| 其他淡水鱼类 | Other Freshwater Fish | 54.1 | 74.8 | 106.9 | 90.1 |

Continued

(Pereceding year=100)

| 2005 | | | | 2006 | | | |
|---|---|---|---|---|---|---|---|
| 一季度 First Quarter | 二季度 Second Quarter | 三季度 Third Quarter | 四季度 Fourth Quarter | 一季度 First Quarter | 二季度 Second Quarter | 三季度 Third Quarter | 四季度 Fourth Quarter |
| 101.3 | 150.7 | 93.7 | 109.3 | 109.0 | 86.6 | 113.6 | 91.3 |
| 105.5 | 92.0 | 134.4 | 109.8 | 103.6 | 120.6 | 124.0 | 100.9 |
| | 88.9 | 100.6 | 98.8 | | | 84.5 | 89.9 |
| | | 89.2 | 102.8 | | | 91.0 | 88.5 |
| 101.9 | 95.0 | 64.2 | 90.0 | 83.1 | 114.2 | 122.2 | 118.3 |
| | | | | | | | 101.0 |
| 87.2 | | 96.4 | 97.9 | 114.4 | | 102.6 | 110.3 |
| 106.5 | 103.2 | | 114.4 | 109.8 | 115.1 | 106.1 | 99.3 |
| 108.7 | 99.0 | 85.7 | 90.6 | 98.2 | 97.0 | 99.7 | 108.4 |
| 106.6 | 99.9 | 110.7 | 101.2 | 106.5 | 94.8 | 104.3 | 105.2 |
| 103.7 | 99.6 | 112.8 | 103.4 | 107.3 | 98.4 | 103.8 | 106.0 |
| 109.1 | 99.6 | 112.8 | 103.6 | 107.3 | 98.4 | 103.8 | 106.0 |
| 96.3 | | 95.0 | 98.6 | 104.7 | 112.5 | 119.9 | 115.5 |
| 96.3 | | 95.0 | 98.6 | 104.7 | 112.5 | 119.9 | 115.5 |
| 111.1 | 100.0 | 99.4 | 100.0 | | 92.3 | | 103.9 |
| 108.7 | 98.8 | 84.5 | 89.6 | 98.1 | 96.9 | 99.1 | 108.4 |
| 108.7 | 98.8 | 84.5 | 88.6 | 98.1 | 96.9 | 99.1 | 108.4 |
| 108.1 | 89.2 | 102.1 | 110.6 | 95.6 | 89.7 | | 137.7 |
| 108.4 | 104.9 | 107.2 | 95.6 | 98.6 | 98.4 | 109.5 | 109.0 |
| 109.0 | 106.8 | 102.4 | 92.1 | 98.2 | 93.5 | 105.1 | 106.1 |
| 112.1 | 109.5 | 99.3 | 91.0 | 97.0 | 94.9 | 119.0 | 116.4 |
| 105.3 | 103.7 | 94.5 | 96.6 | | 108.0 | 106.3 | |
| 102.4 | 101.7 | 119.6 | 106.9 | 101.9 | 104.9 | 111.8 | 109.2 |
| 105.7 | 101.0 | 106.4 | 103.7 | 101.4 | 105.2 | 112.3 | 109.1 |
| | 100.9 | 108.9 | 123.9 | | 122.7 | 119.5 | 116.7 |
| | | 101.4 | | 107.9 | 91.1 | 72.6 | 115.1 |
| 99.4 | 106.0 | 98.9 | 97.4 | 102.1 | 98.4 | 97.5 | 104.4 |
| 80.5 | 98.6 | 99.1 | 101.1 | 105.0 | 108.2 | 101.0 | 107.7 |
| 81.8 | 93.9 | 98.5 | 98.4 | 108.0 | 113.2 | 103.1 | 106.8 |
| 74.1 | 100.8 | 97.5 | 102.9 | 99.0 | 109.3 | 102.4 | 108.8 |
| 87.5 | 96.9 | 103.8 | 100.0 | 112.2 | 97.0 | 94.1 | 106.7 |
| 99.4 | 122.7 | 103.7 | 113.2 | 100.9 | 117.8 | 119.5 | 109.8 |
| 104.4 | 109.2 | 98.8 | 96.5 | 101.4 | 94.2 | 96.0 | 103.6 |
| 104.4 | 109.2 | 98.8 | 96.5 | 101.4 | 94.2 | 96.0 | 103.6 |
| 103.5 | 104.4 | 107.8 | 95.5 | 102.5 | 94.7 | 98.3 | 104.7 |
| 107.4 | 107.6 | 106.1 | 99.1 | 92.5 | 82.6 | 94.9 | 102.3 |
| 105.4 | 109.2 | 93.7 | 101.9 | 100.0 | 95.8 | 94.1 | 100.5 |
| 101.6 | 113.1 | 114.5 | 69.6 | 112.2 | 89.9 | 95.1 | 110.9 |
| 102.9 | 114.5 | 106.4 | 89.8 | 104.9 | 91.7 | 86.7 | 99.3 |
| 106.2 | 100.6 | 82.0 | 101.7 | 101.5 | 90.1 | 100.5 | 101.6 |
| 83.7 | 106.8 | 105.7 | 93.9 | 112.8 | 100.3 | 110.8 | 108.0 |

# 3—30 农产品生产价格指数

## Indices of Producer Price for Farm Products

（上年＝100） (Pereceding year=100)

| 指　　标 | Item | 2003 | 2004 | 2005 | 2006 |
|---|---|---|---|---|---|
| **总指数** | **General Index** | **104.5** | **118.9** | **100.0** | **106.8** |
| 农业产品 | Agriculture Products | 107.7 | 104.1 | 107.4 | 116.1 |
| 谷物及其他作物 | Cereal an Other Crops | 100.0 | 105.8 | 110.4 | 118.4 |
| 谷物（原粮） | Cereal（Raw Grain） | 99.9 | 125.7 | 97.6 | 105.2 |
| 稻谷 | Rice | 99.1 | 136.2 | 99.8 | 102.9 |
| 玉米 | Corn | 101.0 | 122.9 | 97.0 | 105.9 |
| 豆类 | Beans | 120.4 | 121.9 | 93.9 | 100.5 |
| 薯类 | Tubers | 133.3 | 100.7 | 110.0 | 100.4 |
| 油料 | Oil-bearing Crops | 117.7 | 119.3 | 96.2 | 113.4 |
| 麻类 | Bast Fiber | 94.4 | 110.8 | 143.3 | 79.1 |
| 糖料 | Sugar | 90.7 | 103.3 | 112.4 | 120.2 |
| 烟草 | Tobacco | 105.0 | 130.0 | 102.4 | 107.3 |
| 木薯 | Cassava | | 110.2 | 106.2 | 108.0 |
| 其他农作物 | Other Crops | | 106.7 | 88.9 | 133.3 |
| 蔬菜、园艺作物 | Vegetables and Horticultural Crops | 116.8 | 137.6 | 107.2 | 105.3 |
| 蔬菜 | Vegetables | 116.8 | 137.6 | 107.2 | 105.3 |
| 芹菜 | Celery | 68.9 | 112.2 | 108.5 | 139.1 |
| 大白菜 | Chinese Cabbage | 99.4 | 113.0 | 116.3 | 114.0 |
| 莴笋 | Lactucaium | 108.0 | 82.8 | 89.9 | 109.7 |
| 油菜 | Rape | 102.3 | | 105.1 | 145.7 |
| 其他叶菜 | Other Leafy Vegetables | 99.8 | 106.5 | 103.8 | 107.9 |
| 黄瓜 | Cucumber | 100.6 | 114.7 | 113.0 | 107.5 |
| 冬瓜 | Wax Gourd | 117.9 | 95.3 | 115.9 | 101.6 |
| 苦瓜 | Balsam Pear | 92.4 | 98.1 | 106.2 | 108.1 |
| 丝瓜 | Luffan | 95.0 | 96.8 | 104.6 | 105.8 |
| 南瓜 | Pumpkin | 102.3 | 86.5 | 134.9 | 106.6 |
| 其他瓜菜 | Other Melons & Vegetables | 107.2 | 101.0 | 107.2 | 104.9 |
| 萝卜 | Radish | 111.2 | 114.4 | 102.6 | 102.1 |
| 生姜 | Ginger | 103.3 | 237.6 | 83.1 | 87.2 |
| 芋头 | Taro | 93.8 | 103.9 | 114.7 | 98.6 |
| 山药 | Chinese Yam | | | 100.9 | 103.6 |
| 其他块根、块茎菜 | Other Root, Tuber Vegetables | 93.1 | 105.0 | 106.0 | 108.8 |
| 茄子 | Aubergine | 117.7 | 118.3 | 104.0 | 119.3 |
| 西红柿 | Tomato | 106.5 | 103.7 | 119.2 | 105.7 |
| 辣椒 | Capsicum | 121.8 | 103.2 | 104.3 | 100.0 |
| 青椒 | Green Pepper | 103.9 | 85.6 | 107.3 | 96.5 |
| 其他茄果菜类 | Other Eggplant Fruit | 114.1 | 77.7 | 108.6 | 106.5 |
| 蒜头 | Garlic | 173.9 | 102.1 | 94.4 | 87.4 |
| 蒜苗 | Garlic Sprouts | 96.1 | 140.9 | 93.6 | 155.8 |
| 小葱 | Chives | 73.7 | 104.9 | 98.1 | 115.5 |

3—30 续表 1 Continued

（上年=100） (Pereceding year=100)

| 指　标 | Item | 2003 | 2004 | 2005 | 2006 |
|---|---|---|---|---|---|
| 油茶籽 | Oil Camellia Seed | 128.2 | 134.0 | 112.0 | 94.3 |
| 松脂 | Turpentine | 104.6 | 112.8 | 115.0 | 114.7 |
| 板栗 | Chinese Chestnut | 95.7 | 99.0 | 101.9 | 88.9 |
| 白果 | Gingko | 63.3 | 80.3 | 89.4 | 89.9 |
| 八角 | Aniseed | 72.8 | 81.1 | 76.8 | 124.4 |
| 桂皮 | Cassia | 100.3 | 94.1 | | 101.0 |
| 竹笋干 | Dry Bamboo Shoot | 93.8 | 115.5 | 93.2 | 109.1 |
| 未列明其他林产品采集 | Other Not Listing Forestry Collecting | 104.2 | 100.2 | 104.6 | 105.6 |
| 牧业（畜产品） | Animal Husbandry（Animal Products） | 104.3 | 132.3 | 94.5 | 100.1 |
| 牲畜的饲养 | Breeding Livestock | 99.5 | 125.6 | 101.2 | 101.0 |
| 牛的饲养 | Breeding Cattle | 100.0 | 129.4 | 104.4 | 103.7 |
| 活牛（毛重） | Living Cattle（Gross Weight） | 100.0 | 129.4 | 107.1 | 103.7 |
| 羊的饲养 | Breeding Sheep | 92.3 | 105.3 | 97.8 | 114.3 |
| 活羊（毛重） | Living Sheep（Gross Weight） | 95.2 | 105.3 | 97.8 | 114.3 |
| 其他牲畜饲养 | Other Breeding Livestock | | | 99.7 | 97.9 |
| 猪的饲养 | Breeding Pig | 104.5 | 133.8 | 93.8 | 99.9 |
| 活猪（毛重） | Living Pig（Gross Weight） | 104.5 | 133.8 | 93.6 | 99.8 |
| 猪肉 | Pork | 103.0 | 115.2 | 97.1 | 106.2 |
| 家禽 | Poultry | 101.8 | 108.6 | 105.4 | 104.5 |
| 鸡 | Chicken | 101.4 | 109.8 | 104.5 | 100.9 |
| 鸭 | Duck | 102.8 | 114.9 | 102.4 | 110.3 |
| 鹅 | Goose | 101.4 | 123.0 | 101.8 | 107.1 |
| 禽蛋 | Birds Egg | 104.5 | 103.2 | 108.5 | 107.7 |
| 其他畜牧业 | Other Stock Raising | | 112.4 | 101.2 | 106.1 |
| 蚕茧 | Silk Cocoon | 130.0 | 132.2 | 109.6 | 118.3 |
| 其他活的家畜产品 | Other Living Livestock Product | | | 77.4 | 90.6 |
| 渔业 | Fishery | 95.6 | 109.9 | 97.9 | 101.1 |
| 海水水产品 | Marine Lives | 95.3 | 90.4 | 96.5 | 106.5 |
| 鱼类 | Fish | 91.2 | 88.8 | 92.9 | 108.2 |
| 虾蟹类 | Shrimp and Crab | 99.0 | 89.4 | 99.4 | 109.3 |
| 贝类 | Seashell | 74.0 | 92.4 | 95.5 | 100.0 |
| 其他海水产品 | Other Sea Products | | 109.6 | 108.4 | 116.6 |
| 内陆水域水产品 | Inner Water Area Product | 96.0 | 115.8 | 98.3 | 99.5 |
| 淡水鱼类 | Freshwater Fish | 96.0 | 115.8 | 98.3 | 99.5 |
| 草鱼 | Grass Carp | 98.6 | 108.6 | 102.3 | 101.7 |
| 鲤鱼 | Cyprinoid | 96.5 | 107.6 | 102.6 | 93.6 |
| 鲢鱼 | Chub | 94.9 | 122.5 | 97.9 | 99.6 |
| 罗非鱼 | Tilapia | 94.0 | 80.4 | 85.6 | 100.8 |
| 鳙鱼 | Bighead Carp | 115.8 | 143.0 | 94.7 | 88.7 |
| 鲮鱼 | Mud Carp | 102.5 | 116.2 | 90.5 | 93.2 |
| 其他淡水鱼类 | Other Freshwater Fish | 111.4 | 85.8 | 89.5 | 105.9 |

3—30 续表 2 Continued

(上年=100) (Pereceding year=100)

| 指　　标 | Item | 2003 | 2004 | 2005 | 2006 |
|---|---|---|---|---|---|
| 韭菜 | Leek | 119.6 | | 106.9 | 116.0 |
| 其他葱蒜类 | Other Garlic & Chives Kind | 95.0 | 99.2 | 100.8 | 108.2 |
| 四季豆 | Kidney Bean | 145.2 | 107.8 | 106.0 | 113.2 |
| 其他菜用豆 | Other Vegetable Bean | 105.5 | 110.3 | 117.5 | 104.3 |
| 莲藕 | Lotus Root | 106.5 | 108.7 | 86.2 | 101.4 |
| 荸荠 | Chufa | 49.7 | 165.1 | 101.7 | 125.2 |
| 其他水生菜 | Other Water Lettuce | 108.6 | | 103.1 | 100.0 |
| 空心菜 | Water Spinach | | 102.7 | 122.8 | 131.8 |
| 芥菜 | Mustard | | 95.4 | | 108.2 |
| 生菜 | Lettuce | | 87.2 | 120.5 | 93.3 |
| 未列明的其他蔬菜 | Other Not Listing Vegetable | 111.4 | 101.8 | 143.9 | 100.8 |
| 食用菌(干鲜混合) | Edible Mushrooms(Fresh Mixed) | 153.1 | 91.8 | 104.7 | 88.2 |
| 水果、坚果、饮料和香料 | Fruits, Nuts, Beverages and Spices | 116.5 | 94.7 | 96.0 | 108.6 |
| 梨 | Peat | | 95.9 | 155.5 | 117.3 |
| 柑 | Citrus Fruit | 103.8 | 102.4 | 104.4 | 113.3 |
| 桔 | Citrus Fruit | 123.8 | 148.4 | 101.0 | 98.1 |
| 橙 | Orange | 92.2 | 108.8 | 96.9 | 111.0 |
| 柚 | Pomelo Grapefruit | 82.7 | 114.7 | 92.7 | 111.9 |
| 香蕉 | Banana | 109.4 | 107.0 | 82.2 | 106.4 |
| 荔枝 | Lychee | 182.8 | 44.5 | 121.7 | 112.2 |
| 龙眼 | Longan | 160.9 | 78.0 | 75.3 | 96.8 |
| 芒果 | Mango | 108.3 | 105.9 | 102.8 | 106.7 |
| 桃 | Peach | 101.0 | 59.1 | 99.8 | 125.2 |
| 杨梅 | Waxberry | 56.9 | 163.9 | 84.0 | 84.5 |
| 葡萄 | Grape | 102.1 | 92.0 | 104.9 | 105.8 |
| 柿子 | Persimmon | 93.4 | 115.0 | 98.7 | 96.2 |
| 李子 | Plum | | 84.5 | 157.9 | 162.2 |
| 番石榴 | Guava | | | | 103.0 |
| 枇杷 | Loquat | | 108.6 | 90.4 | 100.0 |
| 青枣 | Blue Date | | | | 100.0 |
| 其他园林水果 | Other Fruit Garden | | 94.2 | 105.8 | 106.8 |
| 西瓜 | Watermelon | 98.2 | 88.2 | 120.6 | 165.9 |
| 香瓜 | Muskmelon | 87.6 | 126.2 | 106.6 | 129.7 |
| 其他瓜果 | Other Melon and Fruit | | | | 108.7 |
| 茶及其他饮料(干品) | Tea and Other Drink(Dry Goods) | 101.0 | 105.5 | 106.4 | 105.6 |
| 中药材 | Chinese Traditional Medicine | | 121.0 | 107.7 | 99.3 |
| 林业产品 | Forest Products | 89.3 | 105.3 | 98.4 | 102.2 |
| 竹木采运 | Bamboo Logging | 97.6 | 105.3 | 98.4 | 102.2 |
| 林产品的采集 | Forest Products Acquisition | 96.9 | 107.6 | 94.6 | 107.2 |
| 天然和人工林果实 | Natural Fruit and Plantation | | 107.6 | 94.6 | 107.2 |
| 油桐籽 | Oil Seed | 163.7 | 167.2 | 100.0 | 92.5 |

# 3—31 农产品集贸市场分月价格（2007年）

## Prices in Market Places for Farm Products by Month（2007）

单位：元/公斤 (yuan/kg)

| 指 标 | Item | 1月 January | 2月 February | 3月 March | 4月 April | 5月 May | 6月 June |
|---|---|---|---|---|---|---|---|
| **粮食类** | **Grain** | | | | | | |
| 籼稻 | Rice | 1.72 | 1.70 | 1.74 | 1.78 | 1.78 | 1.79 |
| 优质籼稻 | High-quality Rice | 2.27 | 2.29 | 2.30 | 2.32 | 2.33 | 2.38 |
| 粳稻 | Japonica | 2.04 | 2.09 | 2.10 | 2.10 | 2.15 | 2.11 |
| 小麦 | Wheat | 2.22 | 2.28 | 2.30 | 2.36 | 2.43 | 2.47 |
| 玉米 | Corn | 1.57 | 1.62 | 1.68 | 1.65 | 1.67 | 1.74 |
| 大豆 | Soybean | 4.30 | 4.40 | 4.20 | 4.28 | 4.50 | 4.40 |
| 籼米 | Indica | 2.79 | 2.79 | 2.81 | 2.80 | 2.84 | 2.88 |
| 优质籼米 | Quality Indica | 3.45 | 3.50 | 3.51 | 3.55 | 3.56 | 3.58 |
| 粳米 | Japonica | 3.14 | 3.10 | 3.10 | 3.09 | 3.13 | 3.16 |
| 面粉 | Flour | 2.88 | 2.97 | 2.95 | 2.96 | 2.96 | 2.96 |
| **经济作物类** | **Economic Crops Category** | | | | | | |
| 花生仁 | Peanuts | 7.20 | 7.40 | 7.30 | 7.65 | 7.73 | 7.95 |
| 花生油 | Peanut Oil | 13.63 | 14.13 | 13.95 | 14.13 | 14.20 | 15.45 |
| 菜籽油 | Rapeseed Oil | 10.33 | 10.50 | 10.25 | 9.07 | 10.45 | 12.15 |
| 豆油 | Soybean Oil | | 9.00 | 8.00 | 8.30 | | 10.30 |
| **畜产品类** | **Animal Products** | | | | | | |
| 活猪 | Live Pig | 9.10 | 9.61 | 9.33 | 9.25 | 10.18 | 10.88 |
| 仔猪 | Piglets | 9.80 | 10.05 | 9.83 | 9.93 | 10.98 | 12.19 |
| 猪肉 | Pork | 15.73 | 16.70 | 15.80 | 15.63 | 17.18 | 18.83 |
| 牛肉 | Beef | 21.75 | 22.88 | 22.25 | 22.25 | 22.50 | 21.75 |
| 羊肉 | Mutton | 26.79 | 27.50 | 27.39 | 27.57 | 26.86 | 27.86 |
| 活鸡 | Live Chicken | 16.95 | 17.78 | 17.00 | 16.31 | 16.63 | 17.56 |
| 鸡蛋 | Eggs | 8.20 | 8.60 | 8.08 | 8.38 | 8.60 | 8.78 |
| **水产品类** | **Aquatic Products** | | | | | | |
| 草鱼 | Grass Carp | 9.20 | 9.45 | 9.60 | 9.25 | 9.25 | 9.78 |
| 鲤鱼 | Cyprinoid | 8.61 | 8.80 | 8.63 | 8.50 | 8.50 | 9.10 |
| 链鱼 | Chub | 5.26 | 5.31 | 5.09 | 5.29 | 5.20 | 5.60 |
| 带鱼 | Belt Fish | 11.53 | 11.33 | 11.33 | 11.33 | 11.67 | 12.00 |
| **蔬菜类** | **Vegetables** | - | | - | - | | |
| 大白菜 | Chinese Cabbage | 1.29 | 0.98 | 1.70 | 2.87 | 2.14 | 2.40 |
| 黄瓜 | Cucumber | 2.14 | 2.51 | 3.03 | 2.21 | 1.90 | 1.53 |
| 西红柿 | Tomato | 1.99 | 1.79 | 1.68 | 2.20 | 1.95 | 1.90 |
| 菜椒 | Green Pepper | 2.85 | 2.78 | 3.15 | 4.05 | 3.15 | 2.48 |
| 四季豆 | Kidney Bean | 2.66 | 2.00 | 3.03 | 3.00 | 2.32 | 2.00 |
| **水果类** | **Fruit Group** | - | | - | - | | |
| 红富士苹果 | Fuji apple | 6.09 | 6.51 | 6.23 | 6.48 | 6.55 | 6.30 |
| 香蕉 | Banana | 2.10 | 2.40 | 2.75 | 2.49 | 2.23 | 2.13 |
| 橙子 | Orange | 2.90 | 3.41 | 3.15 | 3.73 | 3.64 | 3.30 |

3—31 续表 Continued

单位：元/公斤 (yuan/kg)

| 指标 | Item | 7月 July | 8月 August | 9月 September | 10月 October | 11月 November | 12月 December |
|---|---|---|---|---|---|---|---|
| **粮食类** | **Grain** | | | | | | |
| 籼稻 | Rice | 1.79 | 1.80 | 1.82 | 1.83 | 1.83 | 1.86 |
| 优质籼稻 | High-quality Rice | 2.33 | 2.33 | 2.27 | 2.29 | 2.30 | 2.33 |
| 粳稻 | Japonica | 2.08 | 2.08 | 2.08 | 2.08 | 2.08 | 2.12 |
| 小麦 | Wheat | 2.50 | 2.60 | 2.60 | 2.63 | 2.63 | 2.64 |
| 玉米 | Corn | 1.78 | 1.76 | 1.79 | 1.79 | 1.81 | 1.94 |
| 大豆 | Soybean | 4.51 | 4.43 | 4.68 | 4.93 | 5.05 | 5.19 |
| 籼米 | Indica | 2.90 | 2.94 | 2.97 | 2.93 | 2.94 | 2.97 |
| 优质籼米 | Quality Indica | 3.54 | 3.54 | 3.57 | 3.58 | 3.59 | 3.61 |
| 粳米 | Japonica | 3.10 | 3.14 | 3.10 | 3.10 | 3.12 | 3.12 |
| 面粉 | Flour | 3.03 | 3.03 | 3.01 | 2.99 | 3.14 | 3.02 |
| **经济作物类** | **Economic Crops Category** | | | | | | |
| 花生仁 | Peanuts | 8.18 | 8.25 | 8.40 | 8.45 | 8.88 | 9.53 |
| 花生油 | Peanut Oil | 16.65 | 17.13 | 17.35 | 17.83 | 18.58 | 19.00 |
| 菜籽油 | Rapeseed Oil | 12.50 | 13.70 | 13.60 | 13.33 | 13.33 | 13.08 |
| 豆油 | Soybean Oil | 10.50 | 11.10 | 10.80 | 10.30 | | |
| **畜产品类** | **Animal Products** | | | | | | |
| 活猪 | Live Pig | 13.28 | 14.18 | 14.09 | 13.48 | 13.48 | 15.50 |
| 仔猪 | Piglets | 15.75 | 19.50 | 19.25 | 18.13 | 18.30 | 20.75 |
| 猪肉 | Pork | 23.65 | 24.93 | 24.25 | 23.20 | 23.31 | 24.85 |
| 牛肉 | Beef | 24.25 | 24.30 | 24.75 | 24.58 | 24.69 | 26.33 |
| 羊肉 | Mutton | 29.00 | 30.47 | 30.46 | 30.57 | 30.94 | 32.75 |
| 活鸡 | Live Chicken | 18.31 | 18.63 | 18.45 | 17.90 | 17.53 | 18.08 |
| 鸡蛋 | Eggs | 8.73 | 9.06 | 9.18 | 9.00 | 8.75 | 9.10 |
| **水产品类** | **Aquatic Products** | | | | | | |
| 草鱼 | Grass Carp | 10.60 | 10.63 | 10.63 | 10.56 | 10.39 | 10.90 |
| 鲤鱼 | Cyprinoid | 9.75 | 10.25 | 10.33 | 9.78 | 9.68 | 9.68 |
| 链鱼 | Chub | 6.66 | 6.74 | 6.57 | 6.17 | 6.09 | 6.46 |
| 带鱼 | Belt Fish | 12.67 | 13.00 | 12.00 | 12.13 | 12.67 | 12.67 |
| **蔬菜类** | **Vegetables** | | - | - | - | - | - |
| 大白菜 | Chinese Cabbage | 2.43 | 2.80 | 2.97 | 2.49 | 1.89 | 1.11 |
| 黄瓜 | Cucumber | 1.91 | 2.00 | 2.28 | 2.70 | 2.53 | 1.93 |
| 西红柿 | Tomato | 2.89 | 2.74 | 3.33 | 3.48 | 3.15 | 2.50 |
| 菜椒 | Green Pepper | 3.20 | 3.18 | 3.65 | 4.06 | 3.95 | 3.05 |
| 四季豆 | Kidney Bean | 1.93 | 2.33 | 2.60 | 2.94 | 2.68 | 2.73 |
| **水果类** | **Fruit Group** | | - | - | - | - | - |
| 红富士苹果 | Fuji apple | 6.80 | 6.75 | 6.78 | 6.88 | 6.95 | 6.85 |
| 香蕉 | Banana | 1.95 | 2.15 | 2.38 | 2.08 | 2.05 | 2.30 |
| 橙子 | Orange | 2.87 | 3.50 | 3.43 | 3.15 | 3.26 | 2.70 |

# 3—32 农产品集贸市场分月环比价格（2007年）

## Ring Prices in Market Places for Farm Products by Month（2007）

（上月＝100）　　(Preceding month=100)

| 指　标 | Item | 1月 January | 2月 February | 3月 March | 4月 April | 5月 May | 6月 June |
|---|---|---|---|---|---|---|---|
| **粮食类** | **Grain** | | | | | | |
| 籼稻 | Rice | 100.81 | 98.90 | 102.20 | 102.30 | 100.00 | 100.42 |
| 优质籼稻 | High-quality Rice | 100.89 | 100.82 | 100.55 | 100.65 | 100.65 | 102.15 |
| 粳稻 | Japonica | 95.21 | 102.63 | 100.36 | 100.00 | 102.38 | 98.26 |
| 小麦 | Wheat | 98.23 | 102.63 | 100.88 | 102.61 | 102.97 | 101.65 |
| 玉米 | Corn | 101.21 | 103.16 | 103.70 | 98.07 | 101.37 | 103.89 |
| 大豆 | Soybean | 96.49 | 102.27 | 95.45 | 101.79 | 105.26 | 97.78 |
| 籼米 | Indica | 100.68 | 99.96 | 100.85 | 99.73 | 101.34 | 101.23 |
| 优质籼米 | Quality Indica | 98.92 | 101.43 | 100.29 | 101.14 | 100.28 | 100.42 |
| 粳米 | Japonica | 97.52 | 98.71 | 100.00 | 99.61 | 101.36 | 100.96 |
| 面粉 | Flour | 102.22 | 103.12 | 99.41 | 100.42 | 99.92 | 100.08 |
| **经济作物类** | **Economic Crops Category** | | | | | | |
| 花生仁 | Peanuts | 98.46 | 102.70 | 98.65 | 104.79 | 101.05 | 102.85 |
| 花生油 | Peanut Oil | 95.78 | 103.54 | 98.76 | 101.25 | 100.53 | 108.80 |
| 菜籽油 | Rapeseed Oil | 116.10 | 101.59 | 97.62 | 88.46 | 115.26 | 116.27 |
| 豆油 | Soybean Oil | 100.00 | 100.00 | 88.89 | 103.75 | 100.00 | 100.00 |
| **畜产品类** | **Animal Products** | | | | | | |
| 活猪 | Live Pig | 100.69 | 105.33 | 97.06 | 99.14 | 110.05 | 106.83 |
| 仔猪 | Piglets | 105.80 | 102.49 | 97.81 | 100.97 | 110.63 | 111.00 |
| 猪肉 | Pork | 101.78 | 105.84 | 94.61 | 98.89 | 109.95 | 109.58 |
| 牛肉 | Beef | 98.58 | 104.92 | 97.27 | 100.00 | 101.12 | 96.67 |
| 羊肉 | Mutton | 97.40 | 102.60 | 99.60 | 100.66 | 97.42 | 103.71 |
| 活鸡 | Live Chicken | 99.20 | 104.64 | 95.64 | 95.96 | 101.95 | 105.61 |
| 鸡蛋 | Eggs | 99.85 | 104.65 | 93.95 | 103.65 | 102.69 | 102.03 |
| **水产品类** | **Aquatic Products** | | | | | | |
| 草鱼 | Grass Carp | 99.86 | 102.65 | 101.59 | 96.35 | 100.00 | 105.68 |
| 鲤鱼 | Cyprinoid | 99.28 | 102.13 | 98.07 | 98.49 | 100.00 | 107.06 |
| 链鱼 | Chub | 95.34 | 101.08 | 95.78 | 103.85 | 98.38 | 107.69 |
| 带鱼 | Belt Fish | 104.85 | 98.24 | 99.97 | 100.03 | 102.97 | 102.83 |
| **蔬菜类** | **Vegetables** | | | | | | |
| 大白菜 | Chinese Cabbage | 75.74 | 67.95 | 174.36 | 168.63 | 74.65 | 112.15 |
| 黄瓜 | Cucumber | 87.02 | 114.77 | 120.51 | 73.02 | 85.88 | 80.26 |
| 西红柿 | Tomato | 83.25 | 88.81 | 93.99 | 130.95 | 88.64 | 97.44 |
| 菜椒 | Green Pepper | 98.28 | 97.30 | 113.51 | 128.57 | 77.78 | 78.57 |
| 四季豆 | Kidney Bean | 92.64 | 67.00 | 151.50 | 99.01 | 77.33 | 86.21 |
| **水果类** | **Fruit Group** | | | | | | |
| 红富士苹果 | Fuji apple | 100.62 | 106.53 | 95.66 | 103.93 | 101.16 | 96.18 |
| 香蕉 | Banana | 102.44 | 112.50 | 114.58 | 90.45 | 89.65 | 95.29 |
| 橙子 | Orange | 107.41 | 115.02 | 92.31 | 118.37 | 97.62 | 90.66 |

3—32 续表 Continued

（上月＝100） (Preceding month=100)

| 指 标 | Item | 7月 July | 8月 August | 9月 September | 10月 October | 11月 November | 12月 December |
|---|---|---|---|---|---|---|---|
| **粮食类** | **Grain** | | | | | | |
| 籼稻 | Rice | 100.07 | 100.63 | 101.11 | 100.55 | 100.14 | 101.43 |
| 优质籼稻 | High-quality Rice | 98.00 | 99.68 | 97.42 | 101.27 | 100.11 | 101.31 |
| 粳稻 | Japonica | 98.22 | 100.24 | 100.00 | 99.76 | 100.00 | 101.93 |
| 小麦 | Wheat | 101.21 | 104.00 | 100.00 | 100.96 | 100.19 | 100.19 |
| 玉米 | Corn | 102.74 | 98.81 | 101.56 | 100.21 | 100.70 | 107.48 |
| 大豆 | Soybean | 102.56 | 98.06 | 105.65 | 105.35 | 102.54 | 102.72 |
| 籼米 | Indica | 100.87 | 101.29 | 101.11 | 98.74 | 100.26 | 100.94 |
| 优质籼米 | Quality Indica | 99.13 | 100.00 | 100.71 | 100.18 | 100.31 | 100.59 |
| 粳米 | Japonica | 98.10 | 101.29 | 98.73 | 100.00 | 100.65 | 100.00 |
| 面粉 | Flour | 102.11 | 100.21 | 99.38 | 99.17 | 105.10 | 96.18 |
| **经济作物类** | **Economic Crops Category** | | | | | | |
| 花生仁 | Peanuts | 102.83 | 100.92 | 101.82 | 100.60 | 105.03 | 107.32 |
| 花生油 | Peanut Oil | 107.77 | 102.85 | 101.31 | 102.74 | 104.21 | 102.29 |
| 菜籽油 | Rapeseed Oil | 102.88 | 109.60 | 99.27 | 97.98 | 100.00 | 98.12 |
| 豆油 | Soybean Oil | 101.94 | 105.71 | 97.30 | 95.37 | 100.00 | 100.00 |
| **畜产品类** | **Animal Products** | | | | | | |
| 活猪 | Live Pig | 122.07 | 106.78 | 99.38 | 95.65 | 100.00 | 115.03 |
| 仔猪 | Piglets | 129.23 | 123.81 | 98.72 | 94.16 | 100.97 | 113.39 |
| 猪肉 | Pork | 125.63 | 105.39 | 97.29 | 95.67 | 100.48 | 106.60 |
| 牛肉 | Beef | 111.49 | 100.21 | 101.85 | 99.29 | 100.46 | 106.63 |
| 羊肉 | Mutton | 104.10 | 105.07 | 99.95 | 100.38 | 101.20 | 105.86 |
| 活鸡 | Live Chicken | 104.27 | 101.71 | 99.06 | 97.02 | 97.91 | 103.14 |
| 鸡蛋 | Eggs | 99.43 | 103.87 | 101.24 | 98.09 | 97.22 | 104.00 |
| **水产品类** | **Aquatic Products** | | | | | | |
| 草鱼 | Grass Carp | 108.44 | 100.24 | 100.00 | 99.41 | 98.34 | 104.93 |
| 鲤鱼 | Cyprinoid | 107.14 | 105.13 | 100.73 | 94.67 | 98.98 | 100.00 |
| 链鱼 | Chub | 118.88 | 101.29 | 97.46 | 93.91 | 98.61 | 106.10 |
| 带鱼 | Belt Fish | 105.56 | 102.63 | 92.31 | 101.11 | 104.40 | 100.00 |
| **蔬菜类** | **Vegetables** | | | | | | |
| 大白菜 | Chinese Cabbage | 101.19 | 115.29 | 106.12 | 83.65 | 75.86 | 59.09 |
| 黄瓜 | Cucumber | 125.41 | 104.58 | 113.75 | 118.68 | 93.52 | 76.24 |
| 西红柿 | Tomato | 151.97 | 94.81 | 121.46 | 104.51 | 90.65 | 79.37 |
| 菜椒 | Green Pepper | 129.29 | 99.22 | 114.96 | 111.30 | 97.23 | 77.22 |
| 四季豆 | Kidney Bean | 96.67 | 120.69 | 111.43 | 113.08 | 91.16 | 101.87 |
| **水果类** | **Fruit Group** | | | | | | |
| 红富士苹果 | Fuji apple | 107.94 | 99.26 | 100.37 | 101.48 | 101.09 | 98.56 |
| 香蕉 | Banana | 91.76 | 110.26 | 110.47 | 87.37 | 98.80 | 112.20 |
| 橙子 | Orange | 86.87 | 122.09 | 98.10 | 91.75 | 103.40 | 82.89 |

# 3—33 农产品集贸市场分月同比价格（2007年）

## Prices of Similitude in Market Places for Farm Products by Month（2007）

（上年同期=100）　　　　(Preceding year=100)

| 指标 | Item | 1月 January | 2月 February | 3月 March | 4月 April | 5月 May | 6月 June |
|---|---|---|---|---|---|---|---|
| **粮食类** | **Grain** | | | | | | |
| 籼稻 | Rice | 115.42 | 113.41 | 115.61 | 115.49 | 113.83 | 111.46 |
| 优质籼稻 | High-quality Rice | 114.80 | 115.31 | 115.51 | 115.03 | 113.31 | 111.67 |
| 粳稻 | Japonica | 111.34 | 114.50 | 114.29 | 112.45 | 112.71 | 105.89 |
| 小麦 | Wheat | 109.58 | 112.43 | 112.09 | 115.01 | 118.88 | 121.08 |
| 玉米 | Corn | 116.64 | 119.45 | 123.64 | 119.28 | 114.38 | 116.64 |
| 大豆 | Soybean | 107.84 | 110.34 | 105.66 | 105.72 | 109.92 | 106.02 |
| 籼米 | Indica | 118.24 | 117.94 | 117.45 | 116.29 | 115.39 | 114.26 |
| 优质籼米 | Quality Indica | 108.66 | 110.45 | 111.52 | 111.50 | 110.09 | 106.44 |
| 粳米 | Japonica | 109.03 | 108.39 | 108.39 | 106.34 | 105.67 | 104.64 |
| 面粉 | Flour | 104.55 | 108.40 | 107.47 | 107.73 | 107.34 | 107.92 |
| **经济作物类** | **Economic Crops Category** | | | | | | |
| 花生仁 | Peanuts | 113.12 | 117.00 | 116.10 | 120.35 | 117.75 | 117.89 |
| 花生油 | Peanut Oil | 114.98 | 118.70 | 116.49 | 116.86 | 115.56 | 122.50 |
| 菜籽油 | Rapeseed Oil | 130.25 | 132.35 | 127.07 | 115.25 | 133.97 | 157.79 |
| 豆油 | Soybean Oil | 100.00 | 102.27 | 89.89 | 92.22 | 100.00 | 110.16 |
| **畜产品类** | **Animal Products** | | | | | | |
| 活猪 | Live Pig | 135.32 | 148.46 | 146.35 | 149.80 | 164.33 | 166.03 |
| 仔猪 | Piglets | 146.27 | 154.91 | 159.19 | 174.89 | 201.01 | 195.39 |
| 猪肉 | Pork | 122.14 | 130.47 | 125.15 | 127.55 | 141.40 | 152.28 |
| 牛肉 | Beef | 107.81 | 111.59 | 108.54 | 110.29 | 110.09 | 107.87 |
| 羊肉 | Mutton | 113.14 | 116.90 | 119.67 | 121.73 | 113.20 | 116.63 |
| 活鸡 | Live Chicken | 122.99 | 128.57 | 126.10 | 119.83 | 120.04 | 125.11 |
| 鸡蛋 | Eggs | 115.59 | 121.13 | 115.02 | 119.86 | 124.19 | 125.81 |
| **水产品类** | **Aquatic Products** | | | | | | |
| 草鱼 | Grass Carp | 99.46 | 104.85 | 104.49 | 102.92 | 103.35 | 108.91 |
| 鲤鱼 | Cyprinoid | 100.00 | 105.07 | 99.62 | 98.55 | 99.13 | 105.20 |
| 链鱼 | Chub | 103.08 | 101.92 | 97.08 | 101.93 | 100.97 | 107.10 |
| 带鱼 | Belt Fish | 111.61 | 109.68 | 109.65 | 109.68 | 112.94 | 116.13 |
| **蔬菜类** | **Vegetables** | | | | | | |
| 大白菜 | Chinese Cabbage | 99.32 | 79.59 | 149.45 | 171.14 | 98.55 | 109.80 |
| 黄瓜 | Cucumber | 84.87 | 119.73 | 163.78 | 106.63 | 92.12 | 76.25 |
| 西红柿 | Tomato | 86.41 | 80.79 | 74.67 | 104.14 | 80.41 | 76.77 |
| 菜椒 | Green Pepper | 96.61 | 106.22 | 124.14 | 147.95 | 122.93 | 91.67 |
| 四季豆 | Kidney Bean | 103.33 | 75.47 | 102.36 | 108.60 | 72.50 | 81.97 |
| **水果类** | **Fruit Group** | | | | | | |
| 红富士苹果 | Fuji apple | 109.68 | 117.34 | 107.41 | 104.23 | 87.48 | 78.26 |
| 香蕉 | Banana | 103.70 | 116.36 | 102.33 | 86.52 | 81.83 | 77.52 |
| 橙子 | Orange | 112.08 | 122.42 | 106.52 | 103.98 | 86.67 | 100.00 |

3—33 续表 Continued

（上年同期＝100） (Preceding year=100)

| 指标 | Item | 7月 July | 8月 August | 9月 September | 10月 October | 11月 November | 12月 December |
|---|---|---|---|---|---|---|---|
| **粮食类** | **Grain** | | | | | | |
| 籼稻 | Rice | 112.50 | 114.10 | 113.84 | 113.14 | 112.17 | 108.86 |
| 优质籼稻 | High-quality Rice | 112.07 | 112.05 | 106.84 | 107.56 | 105.57 | 103.45 |
| 粳稻 | Japonica | 103.75 | 103.23 | 102.46 | 96.96 | 98.57 | 98.83 |
| 小麦 | Wheat | 122.55 | 127.45 | 127.45 | 125.00 | 124.06 | 116.59 |
| 玉米 | Corn | 118.64 | 120.84 | 122.31 | 121.94 | 122.37 | 125.16 |
| 大豆 | Soybean | 106.49 | 103.51 | 109.36 | 113.87 | 117.78 | 116.41 |
| 籼米 | Indica | 114.85 | 115.76 | 116.19 | 112.03 | 109.91 | 107.18 |
| 优质籼米 | Quality Indica | 109.04 | 108.62 | 106.93 | 106.32 | 105.48 | 103.44 |
| 粳米 | Japonica | 104.03 | 103.97 | 101.31 | 99.36 | 99.11 | 96.89 |
| 面粉 | Flour | 110.00 | 109.73 | 108.27 | 107.66 | 114.18 | 107.38 |
| **经济作物类** | **Economic Crops Category** | | | | | | |
| 花生仁 | Peanuts | 120.89 | 120.22 | 119.79 | 119.86 | 124.34 | 130.26 |
| 花生油 | Peanut Oil | 131.88 | 134.31 | 133.46 | 129.99 | 134.85 | 133.57 |
| 菜籽油 | Rapeseed Oil | 167.41 | 181.86 | 175.11 | 166.56 | 166.56 | 146.91 |
| 豆油 | Soybean Oil | 116.67 | 121.98 | 118.03 | 105.10 | 100.00 | 100.00 |
| **畜产品类** | **Animal Products** | | | | | | |
| 活猪 | Live Pig | 201.44 | 205.81 | 184.15 | 170.84 | 167.13 | 171.51 |
| 仔猪 | Piglets | 258.62 | 303.50 | 245.22 | 218.05 | 220.81 | 224.02 |
| 猪肉 | Pork | 187.85 | 191.73 | 170.77 | 161.53 | 161.05 | 160.84 |
| 牛肉 | Beef | 118.99 | 119.26 | 119.28 | 114.97 | 115.50 | 119.32 |
| 羊肉 | Mutton | 119.39 | 125.47 | 123.45 | 122.29 | 119.12 | 119.09 |
| 活鸡 | Live Chicken | 134.16 | 132.33 | 127.46 | 123.02 | 115.68 | 105.78 |
| 鸡蛋 | Eggs | 130.42 | 120.43 | 119.54 | 118.81 | 111.29 | 110.81 |
| **水产品类** | **Aquatic Products** | | | | | | |
| 草鱼 | Grass Carp | 122.83 | 118.72 | 114.71 | 117.36 | 115.10 | 118.32 |
| 鲤鱼 | Cyprinoid | 118.47 | 131.41 | 120.58 | 114.16 | 115.01 | 111.53 |
| 链鱼 | Chub | 125.84 | 123.56 | 121.69 | 121.35 | 112.70 | 117.10 |
| 带鱼 | Belt Fish | 122.62 | 125.81 | 112.50 | 113.75 | 118.75 | 115.15 |
| **蔬菜类** | **Vegetables** | | | | | | |
| 大白菜 | Chinese Cabbage | 125.18 | 112.64 | 119.54 | 150.00 | 117.86 | 65.55 |
| 黄瓜 | Cucumber | 103.38 | 89.89 | 87.92 | 171.43 | 127.04 | 78.17 |
| 西红柿 | Tomato | 122.87 | 128.82 | 106.83 | 152.75 | 151.81 | 104.71 |
| 菜椒 | Green Pepper | 126.48 | 115.45 | 114.96 | 156.25 | 161.22 | 105.17 |
| 四季豆 | Kidney Bean | 74.36 | 82.35 | 84.97 | 127.04 | 109.07 | 95.07 |
| **水果类** | **Fruit Group** | | | | | | |
| 红富士苹果 | Fuji apple | 80.47 | 102.72 | 99.09 | 109.13 | 114.40 | 113.22 |
| 香蕉 | Banana | 81.93 | 99.42 | 104.97 | 97.08 | 101.86 | 112.20 |
| 橙子 | Orange | 100.00 | 100.00 | 100.00 | 112.50 | 123.91 | 100.00 |

# 3—34 农产品集贸市场价格

## Prices in Market Places for Farm Products

| 指标 | Item | 1月 January | | | | | | | | |
|---|---|---|---|---|---|---|---|---|---|---|
| | | 价格(元/公斤) Price (yuan/kg) | | | 价格变动(上月=100) Price Movements (preceding month=100) | | | 价格变动(上年同期=100) Price Movements (preceding year=100) | | |
| | | 2004 | 2005 | 2006 | 2004 | 2005 | 2006 | 2004 | 2005 | 2006 |
| **粮食类** | **Grain** | | | | | | | | | |
| 籼稻 | Rice | 1.25 | 1.58 | 1.49 | 101.63 | 99.37 | 102.05 | 114.68 | 126.40 | 94.30 |
| 优质籼稻 | High-quality Rice | 1.66 | 2.00 | 1.98 | 103.11 | 99.50 | 103.66 | 123.88 | 120.48 | 99.00 |
| 粳稻 | Japonica | 1.34 | 1.91 | 1.83 | 101.52 | 98.96 | 103.98 | 110.74 | 142.54 | 95.81 |
| 小麦 | Wheat | 1.77 | 2.08 | 2.03 | 105.99 | 99.05 | 100.50 | 121.23 | 117.51 | 97.60 |
| 玉米 | Corn | 1.48 | 1.41 | 1.35 | 104.96 | 99.30 | 100.75 | 116.54 | 95.27 | 95.74 |
| 大豆 | Soybean | 3.94 | 4.27 | 3.99 | 106.20 | 97.71 | 100.76 | 126.69 | 108.38 | 93.44 |
| 籼米 | Indica | 2.05 | 2.51 | 2.36 | 102.50 | 99.60 | 100.85 | 115.17 | 122.44 | 94.02 |
| 优质籼米 | Quality Indica | 2.66 | 3.20 | 3.18 | 103.10 | 101.59 | 102.58 | 116.16 | 120.30 | 99.38 |
| 粳米 | Japonica | 2.31 | 3.00 | 2.88 | 102.21 | 99.67 | 103.60 | 122.87 | 129.87 | 96.00 |
| 面粉 | Flour | 2.41 | 3.04 | 2.75 | 103.43 | 100.66 | 100.36 | 111.06 | 126.14 | 90.46 |
| **经济作物类** | **Economic crops category** | | | | | | | | | |
| 花生仁 | Peanuts | 6.55 | 6.64 | 6.37 | 103.48 | 99.55 | 100.95 | 128.43 | 101.37 | 95.93 |
| 花生油 | Peanut Oil | 11.60 | 12.21 | 11.85 | 104.22 | 100.41 | 100.94 | 126.78 | 105.26 | 97.05 |
| 菜籽油 | Rapeseed Oil | 8.60 | 7.80 | 7.93 | 104.24 | 95.12 | 100.76 | 125.73 | 90.70 | 101.67 |
| 豆油 | Soybean Oil | 7.50 | 9.30 | 9.00 | 101.35 | 102.20 | 102.27 | 131.58 | 124.00 | 96.77 |
| **畜产品类** | **Animal Products** | | | | | | | | | |
| 活猪 | Live Pig | 7.34 | 8.78 | 6.73 | 102.23 | 102.69 | 100.45 | 124.62 | 119.62 | 76.65 |
| 仔猪 | Piglets | 7.78 | 10.28 | 6.70 | 101.83 | 102.90 | 100.75 | 134.37 | 132.13 | 65.18 |
| 猪肉 | Pork | 12.53 | 15.25 | 12.88 | 99.84 | 100.73 | 99.15 | 115.06 | 121.71 | 84.46 |
| 牛肉 | Beef | 16.70 | 20.75 | 20.18 | 104.18 | 102.72 | 99.65 | 108.58 | 124.25 | 97.25 |
| 羊肉 | Mutton | 23.13 | 24.10 | 23.68 | 101.67 | 98.53 | 103.05 | 113.11 | 104.19 | 98.26 |
| 活鸡 | Live Chicken | 14.30 | 16.48 | 13.78 | 107.12 | 104.11 | 115.80 | 103.40 | 115.24 | 83.62 |
| 鸡蛋 | Eggs | 6.75 | 7.63 | 7.09 | 102.12 | 102.69 | 103.65 | 112.69 | 113.04 | 92.92 |
| **水产品类** | **Aquatic Products** | | | | | | | | | |
| 草鱼 | Grass Carp | 7.86 | 9.53 | 9.25 | 104.38 | 102.47 | 99.89 | 101.03 | 121.25 | 97.06 |
| 鲤鱼 | Cyprinoid | 7.51 | 8.73 | 8.61 | 106.52 | 101.04 | 100.58 | 103.87 | 116.25 | 98.63 |
| 链鱼 | Chub | 5.07 | 5.82 | 5.10 | 106.96 | 100.34 | 96.05 | 103.47 | 114.79 | 87.63 |
| 带鱼 | Belt Fish | 9.67 | 10.67 | 10.33 | 100.00 | 100.00 | 100.00 | 104.54 | 110.34 | 96.81 |
| **蔬菜类** | **Vegetables** | | | | | | | | | |
| 大白菜 | Chinese Cabbage | 1.25 | 1.05 | 1.30 | 90.58 | 92.11 | 77.38 | 127.55 | 84.00 | 123.81 |
| 黄瓜 | Cucumber | 1.85 | 1.78 | 2.53 | 92.96 | 115.58 | 120.48 | 92.50 | 96.22 | 142.13 |
| 西红柿 | Tomato | 1.70 | 1.68 | 2.30 | 88.08 | 124.44 | 82.73 | 112.58 | 98.82 | 136.90 |
| 菜椒 | Green Pepper | 2.08 | 2.00 | 2.95 | 108.90 | 93.90 | 100.34 | 80.00 | 96.15 | 147.50 |
| 四季豆 | Kidney Bean | 1.60 | 1.86 | 2.57 | 85.11 | 93.47 | 100.00 | 78.43 | 116.25 | 138.17 |
| **水果类** | **Fruit Group** | | | | | | | | | |
| 红富士苹果 | Fuji apple | 5.43 | 5.54 | 5.55 | 106.89 | 101.09 | 102.21 | 110.82 | 102.03 | 100.18 |
| 香蕉 | Banana | 2.14 | 1.78 | 2.03 | 113.83 | 99.44 | 104.64 | 157.35 | 83.18 | 114.04 |
| 橙子 | Orange | 2.83 | 2.30 | 2.59 | 125.22 | 109.00 | 118.81 | 108.43 | 81.27 | 112.61 |

3—34 续表 1 Continued

| 指 标 | Item | 2月 February | | | | | | | | |
|---|---|---|---|---|---|---|---|---|---|---|
| | | 价格(元/公斤) Price (yuan/kg) | | | 价格变动(上月=100) Price Movements (preceding month=100) | | | 价格变动(上年同期=100) Price Movements (preceding year=100) | | |
| | | 2004 | 2005 | 2006 | 2004 | 2005 | 2006 | 2004 | 2005 | 2006 |
| **粮食类** | **Grain** | | | | | | | | | |
| 籼稻 | Rice | 1.39 | 1.61 | 1.50 | 111.20 | 101.90 | 100.67 | 132.38 | 115.83 | 93.17 |
| 优质籼稻 | High-quality Rice | 1.77 | 2.05 | 1.98 | 106.63 | 102.50 | 100.00 | 131.11 | 115.82 | 96.59 |
| 粳稻 | Japonica | 1.49 | 1.97 | 1.83 | 111.19 | 103.14 | 100.00 | 129.57 | 132.21 | 92.89 |
| 小麦 | Wheat | 1.89 | 2.13 | 2.03 | 106.78 | 102.40 | 100.00 | 124.34 | 112.70 | 95.31 |
| 玉米 | Corn | 1.55 | 1.41 | 1.36 | 104.73 | 100.00 | 100.74 | 128.10 | 90.97 | 96.45 |
| 大豆 | Soybean | 4.02 | 4.22 | 3.99 | 102.03 | 98.83 | 100.00 | 131.80 | 104.98 | 94.55 |
| 籼米 | Indica | 2.22 | 2.54 | 2.36 | 108.29 | 101.20 | 100.00 | 125.42 | 114.41 | 92.91 |
| 优质籼米 | Quality Indica | 2.77 | 3.26 | 3.17 | 104.14 | 101.88 | 99.69 | 125.34 | 117.69 | 97.24 |
| 粳米 | Japonica | 2.54 | 3.10 | 2.86 | 109.96 | 103.33 | 99.31 | 134.39 | 122.05 | 92.26 |
| 面粉 | Flour | 2.53 | 3.08 | 2.74 | 104.98 | 101.32 | 99.64 | 116.06 | 121.74 | 88.96 |
| **经济作物类** | **Economic crops category** | | | | | | | | | |
| 花生仁 | Peanuts | 6.44 | 6.69 | 6.33 | 98.32 | 100.75 | 99.37 | 129.06 | 103.88 | 94.62 |
| 花生油 | Peanut Oil | 11.43 | 12.34 | 11.90 | 98.53 | 101.06 | 100.42 | 129.45 | 107.96 | 96.43 |
| 菜籽油 | Rapeseed Oil | 8.93 | 7.83 | 7.93 | 103.84 | 100.38 | 100.00 | 125.77 | 87.68 | 101.28 |
| 豆油 | Soybean Oil | 8.00 | 9.85 | 8.80 | 106.67 | 105.91 | 97.78 | 141.09 | 123.13 | 89.34 |
| **畜产品类** | **Animal Products** | | | | | | | | | |
| 活猪 | Live Pig | 7.38 | 8.74 | 6.48 | 100.54 | 99.54 | 96.29 | 127.24 | 118.43 | 74.14 |
| 仔猪 | Piglets | 7.98 | 10.01 | 6.49 | 102.57 | 97.37 | 96.87 | 136.88 | 125.44 | 64.84 |
| 猪肉 | Pork | 12.40 | 15.19 | 12.80 | 98.96 | 99.61 | 99.38 | 119.81 | 122.50 | 84.27 |
| 牛肉 | Beef | 17.63 | 21.69 | 20.50 | 105.57 | 104.53 | 101.59 | 122.60 | 123.03 | 94.51 |
| 羊肉 | Mutton | 22.75 | 25.78 | 23.53 | 98.36 | 106.97 | 99.37 | 115.89 | 113.32 | 91.27 |
| 活鸡 | Live Chicken | 11.66 | 16.78 | 13.83 | 81.54 | 101.82 | 100.36 | 94.80 | 143.91 | 82.42 |
| 鸡蛋 | Eggs | 6.59 | 7.66 | 7.10 | 97.63 | 100.39 | 100.14 | 112.07 | 116.24 | 92.69 |
| **水产品类** | **Aquatic Products** | | | | | | | | | |
| 草鱼 | Grass Carp | 7.95 | 10.11 | 9.01 | 101.15 | 106.09 | 97.41 | 103.25 | 127.17 | 89.12 |
| 鲤鱼 | Cyprinoid | 7.28 | 9.20 | 8.38 | 96.94 | 105.38 | 97.33 | 103.41 | 126.37 | 91.09 |
| 链鱼 | Chub | 5.09 | 6.17 | 5.21 | 100.39 | 106.01 | 102.16 | 109.94 | 121.22 | 84.44 |
| 带鱼 | Belt Fish | 10.00 | 10.67 | 10.33 | 103.41 | 100.00 | 100.00 | 108.11 | 106.70 | 96.81 |
| **蔬菜类** | **Vegetables** | | | | | | | | | |
| 大白菜 | Chinese Cabbage | 0.99 | 1.33 | 1.23 | 79.20 | 126.67 | 94.62 | 115.12 | 134.34 | 92.48 |
| 黄瓜 | Cucumber | 1.89 | 2.45 | 2.10 | 102.16 | 137.64 | 83.00 | 102.16 | 129.63 | 85.71 |
| 西红柿 | Tomato | 1.79 | 1.65 | 2.21 | 105.29 | 98.21 | 96.09 | 111.18 | 92.18 | 133.94 |
| 菜椒 | Green Pepper | 2.23 | 2.33 | 2.61 | 107.21 | 116.50 | 88.47 | 97.81 | 104.48 | 112.02 |
| 四季豆 | Kidney Bean | 1.93 | 2.18 | 2.65 | 120.63 | 117.20 | 103.11 | 110.92 | 112.95 | 121.56 |
| **水果类** | **Fruit Group** | | | | | | | | | |
| 红富士苹果 | Fuji apple | 5.11 | 5.75 | 5.55 | 94.11 | 103.79 | 100.00 | 114.83 | 112.52 | 96.52 |
| 香蕉 | Banana | 1.90 | 1.73 | 2.06 | 88.79 | 97.19 | 101.48 | 137.68 | 91.05 | 119.08 |
| 橙子 | Orange | 2.73 | 2.43 | 2.79 | 96.47 | 105.65 | 107.72 | 121.33 | 89.01 | 114.81 |

| 指 标 | Item | 3月 March | | | | | | | | |
|---|---|---|---|---|---|---|---|---|---|---|
| | | 价格(元/公斤) Price (yuan/kg) | | | 价格变动(上月=100) Price Movements (preceding month=100) | | | 价格变动(上年同期=100) Price Movements (preceding year=100) | | |
| | | 2004 | 2005 | 2006 | 2004 | 2005 | 2006 | 2004 | 2005 | 2006 |
| **粮食类** | **Grain** | | | | | | | | | |
| 籼稻 | Rice | 1.64 | 1.59 | 1.51 | 117.99 | 98.76 | 100.67 | 154.72 | 96.95 | 94.97 |
| 优质籼稻 | High-quality Rice | 1.96 | 2.02 | 1.99 | 110.73 | 98.54 | 100.51 | 143.07 | 103.06 | 98.51 |
| 粳稻 | Japonica | 1.89 | 1.98 | 1.84 | 126.85 | 100.51 | 100.55 | 165.79 | 104.76 | 92.93 |
| 小麦 | Wheat | 2.23 | 2.13 | 2.05 | 117.99 | 100.00 | 100.99 | 161.59 | 95.52 | 96.24 |
| 玉米 | Corn | 1.63 | 1.44 | 1.36 | 105.16 | 102.13 | 100.00 | 134.71 | 88.34 | 94.44 |
| 大豆 | Soybean | 4.24 | 4.25 | 3.98 | 105.47 | 100.71 | 99.75 | 132.09 | 100.24 | 93.65 |
| 籼米 | Indica | 2.67 | 2.49 | 2.39 | 120.27 | 98.03 | 101.27 | 153.45 | 93.26 | 95.98 |
| 优质籼米 | Quality Indica | 3.20 | 3.21 | 3.15 | 115.52 | 98.47 | 99.37 | 144.80 | 100.31 | 98.13 |
| 粳米 | Japonica | 3.00 | 3.04 | 2.86 | 118.11 | 98.06 | 100.00 | 157.07 | 101.33 | 94.08 |
| 面粉 | Flour | 2.90 | 3.05 | 2.75 | 114.62 | 99.03 | 100.36 | 136.15 | 105.17 | 90.16 |
| **经济作物类** | **Economic crops category** | | | | | | | | | |
| 花生仁 | Peanuts | 6.74 | 6.61 | 6.29 | 104.66 | 98.80 | 99.37 | 127.41 | 98.07 | 95.16 |
| 花生油 | Peanut Oil | 11.98 | 12.36 | 11.98 | 104.81 | 100.16 | 100.67 | 132.23 | 103.17 | 96.93 |
| 菜籽油 | Rapeseed Oil | 9.18 | 7.83 | 8.07 | 102.80 | 100.00 | 101.77 | 130.21 | 85.29 | 103.07 |
| 豆油 | Soybean Oil | 8.30 | 9.15 | 8.90 | 103.75 | 92.89 | 101.14 | 139.03 | 110.24 | 97.27 |
| **畜产品类** | **Animal Products** | | | | | | | | | |
| 活猪 | Live Pig | 7.66 | 8.36 | 6.38 | 103.79 | 95.65 | 98.46 | 132.99 | 109.14 | 76.32 |
| 仔猪 | Piglets | 8.38 | 9.81 | 6.18 | 105.01 | 98.00 | 95.22 | 143.00 | 117.06 | 63.00 |
| 猪肉 | Pork | 13.24 | 14.41 | 12.63 | 106.77 | 94.87 | 98.67 | 126.94 | 108.84 | 87.65 |
| 牛肉 | Beef | 17.92 | 20.31 | 20.50 | 101.64 | 93.64 | 100.00 | 125.75 | 113.34 | 100.94 |
| 羊肉 | Mutton | 23.56 | 24.11 | 22.89 | 103.56 | 93.52 | 97.28 | 115.60 | 102.33 | 94.94 |
| 活鸡 | Live Chicken | 12.60 | 17.00 | 13.48 | 108.06 | 101.31 | 97.47 | 103.28 | 134.92 | 79.29 |
| 鸡蛋 | Eggs | 6.71 | 7.49 | 7.03 | 101.82 | 97.78 | 99.01 | 115.69 | 111.62 | 93.86 |
| **水产品类** | **Aquatic Products** | | | | | | | | | |
| 草鱼 | Grass Carp | 8.88 | 9.73 | 9.19 | 111.70 | 96.24 | 102.00 | 113.12 | 109.57 | 94.45 |
| 鲤鱼 | Cyprinoid | 8.08 | 8.99 | 8.66 | 110.99 | 97.72 | 103.34 | 113.32 | 111.26 | 96.33 |
| 链鱼 | Chub | 6.21 | 6.11 | 5.24 | 122.00 | 99.03 | 100.58 | 126.99 | 98.39 | 85.76 |
| 带鱼 | Belt Fish | 10.67 | 10.90 | 10.33 | 106.70 | 102.16 | 100.00 | 114.36 | 102.16 | 94.77 |
| **蔬菜类** | **Vegetables** | | | | | | | | | |
| 大白菜 | Chinese Cabbage | 1.19 | 1.41 | 1.14 | 120.20 | 106.02 | 92.68 | 89.47 | 118.49 | 80.85 |
| 黄瓜 | Cucumber | 2.28 | 2.63 | 1.85 | 120.63 | 107.35 | 88.10 | 121.28 | 115.35 | 70.34 |
| 西红柿 | Tomato | 2.23 | 1.59 | 2.25 | 124.58 | 96.36 | 101.81 | 95.71 | 71.30 | 141.51 |
| 菜椒 | Green Pepper | 2.77 | 2.41 | 2.54 | 124.22 | 103.43 | 97.32 | 110.80 | 87.00 | 105.39 |
| 四季豆 | Kidney Bean | 2.71 | 2.30 | 2.96 | 140.41 | 105.50 | 111.70 | 104.23 | 84.87 | 128.70 |
| **水果类** | **Fruit Group** | | | | | | | | | |
| 红富士苹果 | Fuji apple | 5.18 | 5.60 | 5.80 | 101.37 | 97.39 | 104.50 | 107.92 | 108.11 | 103.57 |
| 香蕉 | Banana | 2.30 | 1.79 | 2.69 | 121.05 | 103.47 | 130.58 | 150.33 | 77.83 | 150.28 |
| 橙子 | Orange | 2.67 | 2.64 | 2.96 | 97.80 | 108.64 | 106.09 | 121.36 | 98.88 | 112.12 |

3—34 续表 3 Continued

| 指 标 | Item | 4月 April | | | | | | | | |
|---|---|---|---|---|---|---|---|---|---|---|
| | | 价格(元/公斤) Price（yuan/kg） | | | 价格变动(上月=100) Price Movements（preceding month=100） | | | 价格变动(上年同期=100) Price Movements（preceding year=100） | | |
| | | 2004 | 2005 | 2006 | 2004 | 2005 | 2006 | 2004 | 2005 | 2006 |
| **粮食类** | **Grain** | | | | | | | | | |
| 籼稻 | Rice | 1.61 | 1.61 | 1.54 | 98.17 | 101.26 | 101.99 | 151.89 | 100.00 | 95.65 |
| 优质籼稻 | High-quality Rice | 1.95 | 2.06 | 2.01 | 99.49 | 101.98 | 101.01 | 141.30 | 105.64 | 97.57 |
| 粳稻 | Japonica | 1.95 | 1.97 | 1.87 | 103.17 | 99.49 | 101.63 | 171.05 | 101.03 | 94.92 |
| 小麦 | Wheat | 2.25 | 2.12 | 2.05 | 100.90 | 99.53 | 100.00 | 165.44 | 94.22 | 96.70 |
| 玉米 | Corn | 1.61 | 1.44 | 1.38 | 98.77 | 100.00 | 101.47 | 131.97 | 89.44 | 95.83 |
| 大豆 | Soybean | 4.29 | 4.19 | 4.04 | 101.18 | 98.59 | 101.51 | 131.60 | 97.67 | 96.42 |
| 籼米 | Indica | 2.59 | 2.50 | 2.41 | 97.00 | 100.40 | 100.84 | 147.16 | 96.53 | 96.40 |
| 优质籼米 | Quality Indica | 3.19 | 3.28 | 3.18 | 99.69 | 102.18 | 100.95 | 140.53 | 102.82 | 96.95 |
| 粳米 | Japonica | 3.07 | 3.02 | 2.90 | 102.33 | 99.34 | 101.40 | 159.90 | 98.37 | 96.03 |
| 面粉 | Flour | 2.92 | 2.98 | 2.75 | 100.69 | 97.70 | 100.00 | 143.84 | 102.05 | 92.28 |
| **经济作物类** | **Economic crops category** | | | | | | | | | |
| 花生仁 | Peanuts | 6.79 | 6.51 | 6.36 | 100.74 | 98.49 | 101.11 | 128.60 | 95.88 | 97.70 |
| 花生油 | Peanut Oil | 11.88 | 12.24 | 12.09 | 99.17 | 99.03 | 100.92 | 128.43 | 103.03 | 98.77 |
| 菜籽油 | Rapeseed Oil | 8.99 | 7.83 | 7.87 | 97.93 | 100.00 | 97.52 | 128.43 | 87.10 | 100.51 |
| 豆油 | Soybean Oil | 8.48 | 9.25 | 9.00 | 102.17 | 101.09 | 101.12 | 142.04 | 109.08 | 97.30 |
| **畜产品类** | **Animal Products** | | | | | | | | | |
| 活猪 | Live Pig | 7.73 | 7.71 | 6.18 | 100.91 | 92.22 | 96.87 | 135.61 | 99.74 | 80.16 |
| 仔猪 | Piglets | 8.37 | 9.44 | 5.68 | 99.88 | 96.23 | 91.91 | 141.86 | 112.78 | 60.17 |
| 猪肉 | Pork | 13.23 | 14.13 | 12.25 | 99.92 | 98.06 | 96.99 | 128.07 | 106.80 | 86.69 |
| 牛肉 | Beef | 17.50 | 20.19 | 20.18 | 97.66 | 99.41 | 98.44 | 125.00 | 115.37 | 99.95 |
| 羊肉 | Mutton | 22.99 | 23.66 | 22.65 | 97.58 | 98.13 | 98.95 | 112.53 | 102.91 | 95.73 |
| 活鸡 | Live Chicken | 12.58 | 17.60 | 13.61 | 99.84 | 103.53 | 100.96 | 109.01 | 139.90 | 77.33 |
| 鸡蛋 | Eggs | 6.50 | 7.40 | 6.99 | 96.87 | 98.80 | 99.43 | 115.25 | 113.85 | 94.46 |
| **水产品类** | **Aquatic Products** | | | | | | | | | |
| 草鱼 | Grass Carp | 9.18 | 9.70 | 8.99 | 103.38 | 99.69 | 97.82 | 119.07 | 105.66 | 92.68 |
| 鲤鱼 | Cyprinoid | 8.19 | 8.85 | 8.63 | 101.36 | 98.44 | 99.65 | 118.01 | 108.06 | 97.51 |
| 链鱼 | Chub | 5.70 | 6.00 | 5.19 | 91.79 | 98.20 | 99.05 | 119.00 | 105.26 | 86.50 |
| 带鱼 | Belt Fish | 10.33 | 10.75 | 10.33 | 96.81 | 98.62 | 100.00 | 106.83 | 104.07 | 96.09 |
| **蔬菜类** | **Vegetables** | | | | | | | | | |
| 大白菜 | Chinese Cabbage | 1.34 | 1.44 | 1.68 | 112.61 | 102.13 | 147.37 | 105.51 | 107.46 | 116.67 |
| 黄瓜 | Cucumber | 1.51 | 2.28 | 2.08 | 66.23 | 86.69 | 112.43 | 116.15 | 150.99 | 91.23 |
| 西红柿 | Tomato | 2.03 | 1.96 | 2.11 | 91.03 | 123.27 | 93.78 | 120.83 | 96.55 | 107.65 |
| 菜椒 | Green Pepper | 2.55 | 2.98 | 2.74 | 92.06 | 123.65 | 107.87 | 119.16 | 116.86 | 91.95 |
| 四季豆 | Kidney Bean | 2.35 | 2.33 | 2.76 | 86.72 | 101.30 | 93.24 | 128.42 | 99.15 | 118.45 |
| **水果类** | **Fruit Group** | | | | | | | | | |
| 红富士苹果 | Fuji apple | 5.67 | 5.53 | 6.21 | 109.46 | 98.75 | 107.07 | 119.37 | 97.53 | 112.30 |
| 香蕉 | Banana | 2.51 | 2.03 | 2.88 | 109.13 | 113.41 | 107.06 | 137.16 | 80.88 | 141.87 |
| 橙子 | Orange | 3.11 | 2.43 | 3.59 | 116.48 | 92.05 | 121.28 | 138.22 | 78.14 | 147.74 |

3—34 续表 4 Continued

| 指标 | Item | 5月 May | | | | | | | | |
|---|---|---|---|---|---|---|---|---|---|---|
| | | 价格(元/公斤) Price (yuan/kg) | | | 价格变动(上月=100) Price Movements (preceding month=100) | | | 价格变动(上年同期=100) Price Movements (preceding year=100) | | |
| | | 2004 | 2005 | 2006 | 2004 | 2005 | 2006 | 2004 | 2005 | 2006 |
| **粮食类** | **Grain** | | | | | | | | | |
| 籼稻 | Rice | 1.61 | 1.61 | 1.56 | 100.00 | 100.00 | 101.30 | 154.81 | 100.00 | 96.89 |
| 优质籼稻 | High-quality Rice | 1.95 | 2.05 | 2.06 | 100.00 | 99.51 | 102.49 | 139.29 | 105.13 | 100.49 |
| 粳稻 | Japonica | 2.01 | 1.94 | 1.91 | 103.08 | 98.48 | 102.14 | 177.88 | 96.52 | 98.45 |
| 小麦 | Wheat | 2.22 | 2.10 | 2.04 | 98.67 | 99.06 | 99.51 | 165.67 | 94.59 | 97.14 |
| 玉米 | Corn | 1.64 | 1.42 | 1.46 | 101.86 | 98.61 | 105.80 | 135.54 | 86.59 | 102.82 |
| 大豆 | Soybean | 4.38 | 4.16 | 4.09 | 102.10 | 99.28 | 101.24 | 133.94 | 94.98 | 98.32 |
| 籼米 | Indica | 2.62 | 2.51 | 2.46 | 101.16 | 100.40 | 102.07 | 148.02 | 95.80 | 98.01 |
| 优质籼米 | Quality Indica | 3.20 | 3.25 | 3.23 | 100.31 | 99.09 | 101.57 | 140.35 | 101.56 | 99.38 |
| 粳米 | Japonica | 3.13 | 3.02 | 2.96 | 101.95 | 100.00 | 102.07 | 163.02 | 96.49 | 98.01 |
| 面粉 | Flour | 2.94 | 2.95 | 2.76 | 100.68 | 98.99 | 100.36 | 144.12 | 100.34 | 93.56 |
| **经济作物类** | **Economic crops category** | | | | | | | | | |
| 花生仁 | Peanuts | 6.76 | 6.50 | 6.57 | 99.56 | 99.85 | 103.30 | 124.95 | 96.15 | 101.08 |
| 花生油 | Peanut Oil | 12.01 | 12.08 | 12.29 | 101.09 | 98.69 | 101.65 | 123.94 | 100.58 | 101.74 |
| 菜籽油 | Rapeseed Oil | 9.28 | 7.80 | 7.80 | 103.23 | 99.62 | 99.11 | 133.53 | 84.05 | 100.00 |
| 豆油 | Soybean Oil | 8.66 | 9.10 | 9.25 | 102.12 | 98.38 | 102.78 | 144.33 | 105.08 | 101.65 |
| **畜产品类** | **Animal Products** | | | | | | | | | |
| 活猪 | Live Pig | 7.71 | 7.26 | 6.20 | 99.74 | 94.16 | 100.32 | 135.26 | 94.16 | 85.40 |
| 仔猪 | Piglets | 8.56 | 8.84 | 5.46 | 102.27 | 93.64 | 96.13 | 143.87 | 103.27 | 61.76 |
| 猪肉 | Pork | 13.22 | 13.55 | 12.15 | 99.92 | 95.90 | 99.18 | 128.23 | 102.50 | 89.67 |
| 牛肉 | Beef | 17.28 | 20.13 | 20.44 | 98.74 | 99.70 | 101.29 | 119.92 | 116.49 | 101.54 |
| 羊肉 | Mutton | 22.81 | 23.09 | 23.73 | 99.22 | 97.59 | 104.77 | 112.75 | 101.23 | 102.77 |
| 活鸡 | Live Chicken | 14.17 | 17.58 | 13.85 | 112.64 | 99.89 | 101.76 | 125.29 | 124.06 | 78.78 |
| 鸡蛋 | Eggs | 6.49 | 7.43 | 6.93 | 99.85 | 100.41 | 99.14 | 113.86 | 114.48 | 93.27 |
| **水产品类** | **Aquatic Products** | | | | | | | | | |
| 草鱼 | Grass Carp | 9.62 | 9.76 | 8.95 | 104.79 | 100.62 | 99.56 | 126.08 | 101.46 | 91.70 |
| 鲤鱼 | Cyprinoid | 8.55 | 9.00 | 8.58 | 104.40 | 101.69 | 99.42 | 126.48 | 105.26 | 95.33 |
| 链鱼 | Chub | 5.70 | 5.94 | 5.15 | 100.00 | 99.00 | 99.23 | 121.02 | 104.21 | 86.70 |
| 带鱼 | Belt Fish | 10.67 | 10.88 | 10.33 | 103.29 | 101.21 | 100.00 | 110.34 | 101.97 | 94.94 |
| **蔬菜类** | **Vegetables** | | | | | | | | | |
| 大白菜 | Chinese Cabbage | 1.52 | 1.49 | 2.17 | 113.43 | 103.47 | 129.17 | 129.91 | 98.03 | 145.64 |
| 黄瓜 | Cucumber | 1.20 | 1.81 | 2.06 | 79.47 | 79.39 | 99.04 | 133.33 | 150.83 | 113.81 |
| 西红柿 | Tomato | 1.35 | 2.09 | 2.43 | 66.50 | 106.63 | 115.17 | 108.87 | 154.81 | 116.27 |
| 菜椒 | Green Pepper | 1.90 | 2.15 | 2.56 | 74.51 | 72.15 | 93.43 | 118.75 | 113.16 | 119.07 |
| 四季豆 | Kidney Bean | 1.81 | 2.64 | 3.20 | 77.02 | 113.30 | 115.94 | 123.13 | 145.86 | 121.21 |
| **水果类** | **Fruit Group** | | | | | | | | | |
| 红富士苹果 | Fuji apple | 5.44 | 5.60 | 7.49 | 95.94 | 101.27 | 120.61 | 106.04 | 102.94 | 133.75 |
| 香蕉 | Banana | 2.52 | 2.06 | 2.73 | 100.40 | 101.48 | 94.79 | 143.18 | 81.75 | 132.52 |
| 橙子 | Orange | 3.01 | 2.17 | 4.20 | 96.78 | 89.30 | 116.99 | 134.98 | 72.09 | 193.55 |

3—34 续表 5 Continued

| 指 标 | Item | 6月 June | | | | | | | | |
|---|---|---|---|---|---|---|---|---|---|---|
| | | 价格(元/公斤) Price (yuan/kg) | | | 价格变动(上月=100) Price Movements (preceding month=100) | | | 价格变动(上年同期=100) Price Movements (preceding year=100) | | |
| | | 2004 | 2005 | 2006 | 2004 | 2005 | 2006 | 2004 | 2005 | 2006 |
| **粮食类** | **Grain** | | | | | | | | | |
| 籼稻 | Rice | 1.62 | 1.55 | 1.60 | 100.62 | 96.27 | 102.56 | 157.28 | 95.68 | 103.23 |
| 优质籼稻 | High-quality Rice | 1.98 | 2.00 | 2.13 | 101.54 | 97.56 | 103.40 | 142.45 | 101.01 | 106.50 |
| 粳稻 | Japonica | 2.01 | 1.91 | 2.00 | 100.00 | 98.45 | 104.71 | 191.43 | 95.02 | 104.71 |
| 小麦 | Wheat | 2.09 | 2.09 | 2.04 | 94.14 | 99.52 | 100.00 | 151.45 | 100.00 | 97.61 |
| 玉米 | Corn | 1.65 | 1.35 | 1.49 | 100.61 | 95.07 | 102.05 | 138.66 | 81.82 | 110.37 |
| 大豆 | Soybean | 4.38 | 4.14 | 4.15 | 100.00 | 99.52 | 101.47 | 135.60 | 94.52 | 100.24 |
| 籼米 | Indica | 2.67 | 2.47 | 2.52 | 101.91 | 98.41 | 102.44 | 157.99 | 92.51 | 102.02 |
| 优质籼米 | Quality Indica | 3.21 | 3.22 | 3.36 | 100.31 | 99.08 | 104.02 | 140.17 | 100.31 | 104.35 |
| 粳米 | Japonica | 3.07 | 2.97 | 3.02 | 98.08 | 98.34 | 102.03 | 161.58 | 96.74 | 101.68 |
| 面粉 | Flour | 2.96 | 2.90 | 2.75 | 100.68 | 98.31 | 99.64 | 142.31 | 97.97 | 94.83 |
| **经济作物类** | **Economic crops category** | | | | | | | | | |
| 花生仁 | Peanuts | 6.71 | 6.49 | 6.74 | 99.26 | 99.85 | 102.59 | 120.90 | 96.72 | 103.85 |
| 花生油 | Peanut Oil | 12.27 | 11.98 | 12.61 | 102.16 | 99.17 | 102.60 | 124.57 | 97.64 | 105.26 |
| 菜籽油 | Rapeseed Oil | 9.27 | 8.07 | 7.70 | 99.89 | 103.46 | 98.72 | 126.99 | 87.06 | 95.42 |
| 豆油 | Soybean Oil | 8.48 | 9.10 | 9.35 | 97.92 | 100.00 | 101.08 | 136.77 | 107.31 | 102.75 |
| **畜产品类** | **Animal Products** | | | | | | | | | |
| 活猪 | Live Pig | 8.40 | 7.26 | 6.55 | 108.95 | 100.00 | 105.65 | 146.09 | 86.43 | 90.22 |
| 仔猪 | Piglets | 9.98 | 9.21 | 6.24 | 116.59 | 104.19 | 114.29 | 153.54 | 92.28 | 67.75 |
| 猪肉 | Pork | 14.19 | 13.65 | 12.36 | 107.34 | 100.74 | 101.73 | 137.63 | 96.19 | 90.55 |
| 牛肉 | Beef | 18.13 | 20.25 | 20.16 | 104.92 | 100.60 | 98.63 | 125.47 | 111.69 | 99.56 |
| 羊肉 | Mutton | 23.95 | 22.64 | 23.89 | 105.00 | 98.05 | 100.67 | 119.27 | 94.53 | 105.52 |
| 活鸡 | Live Chicken | 14.49 | 17.81 | 14.04 | 102.26 | 101.31 | 101.37 | 122.28 | 122.91 | 78.83 |
| 鸡蛋 | Eggs | 7.03 | 7.59 | 6.98 | 108.32 | 102.15 | 100.72 | 127.82 | 107.97 | 91.96 |
| **水产品类** | **Aquatic Products** | | | | | | | | | |
| 草鱼 | Grass Carp | 10.13 | 9.78 | 8.98 | 105.30 | 100.20 | 100.34 | 136.89 | 96.54 | 91.82 |
| 鲤鱼 | Cyprinoid | 9.33 | 8.85 | 8.65 | 109.12 | 98.33 | 100.82 | 133.29 | 94.86 | 97.74 |
| 链鱼 | Chub | 6.12 | 6.06 | 5.23 | 107.37 | 102.02 | 101.55 | 128.30 | 99.02 | 86.30 |
| 带鱼 | Belt Fish | 10.67 | 10.88 | 10.33 | 100.00 | 100.00 | 100.00 | 110.34 | 101.97 | 94.94 |
| **蔬菜类** | **Vegetables** | | | | | | | | | |
| 大白菜 | Chinese Cabbage | 1.48 | 2.25 | 2.19 | 97.37 | 151.01 | 100.92 | 102.78 | 152.03 | 97.33 |
| 黄瓜 | Cucumber | 1.19 | 1.83 | 2.00 | 99.17 | 101.10 | 97.09 | 125.26 | 153.78 | 109.29 |
| 西红柿 | Tomato | 1.13 | 2.55 | 2.48 | 83.70 | 122.01 | 102.06 | 73.86 | 225.66 | 97.25 |
| 菜椒 | Green Pepper | 1.71 | 2.47 | 2.70 | 90.00 | 114.88 | 105.47 | 90.00 | 144.44 | 109.31 |
| 四季豆 | Kidney Bean | 1.60 | 2.23 | 2.44 | 88.40 | 84.47 | 76.25 | 104.58 | 139.38 | 109.42 |
| **水果类** | **Fruit Group** | | | | | | | | | |
| 红富士苹果 | Fuji apple | 5.54 | 5.54 | 8.05 | 101.84 | 98.93 | 107.48 | 102.59 | 100.00 | 145.31 |
| 香蕉 | Banana | 2.44 | 2.00 | 2.74 | 96.83 | 97.09 | 100.37 | 122.61 | 81.97 | 137.00 |
| 橙子 | Orange | 2.65 | 2.88 | | 88.04 | 132.72 | | 110.42 | 108.68 | |

3—34 续表 6 Continued

| 指　标 | Item | 7月 July | | | | | | | | |
|---|---|---|---|---|---|---|---|---|---|---|
| | | 价格(元/公斤) Price（yuan/kg） | | | 价格变动(上月=100) Price Movements（preceding month=100） | | | 价格变动(上年同期=100) Price Movements（preceding year=100） | | |
| | | 2004 | 2005 | 2006 | 2004 | 2005 | 2006 | 2004 | 2005 | 2006 |
| **粮食类** | **Grain** | | | | | | | | | |
| 籼稻 | Rice | 1.63 | 1.52 | 1.59 | 100.62 | 98.06 | 99.38 | 159.80 | 93.25 | 104.61 |
| 优质籼稻 | High-quality Rice | 2.00 | 1.96 | 2.08 | 101.01 | 98.00 | 97.65 | 144.93 | 98.00 | 106.12 |
| 粳稻 | Japonica | 2.05 | 1.88 | 2.00 | 101.99 | 98.43 | 100.00 | 189.81 | 91.71 | 106.38 |
| 小麦 | Wheat | 2.18 | 2.10 | 2.04 | 104.31 | 100.48 | 100.00 | 154.61 | 96.33 | 97.14 |
| 玉米 | Corn | 1.62 | 1.32 | 1.50 | 98.18 | 97.78 | 100.67 | 137.29 | 81.48 | 113.64 |
| 大豆 | Soybean | 4.42 | 4.16 | 4.24 | 100.91 | 100.48 | 102.17 | 137.69 | 94.12 | 101.92 |
| 籼米 | Indica | 2.67 | 2.43 | 2.53 | 100.00 | 98.38 | 100.40 | 158.93 | 91.01 | 104.12 |
| 优质籼米 | Quality Indica | 3.28 | 3.15 | 3.25 | 102.18 | 97.83 | 96.73 | 145.78 | 96.04 | 103.17 |
| 粳米 | Japonica | 3.12 | 2.94 | 2.98 | 101.63 | 98.99 | 98.68 | 162.50 | 94.23 | 101.36 |
| 面粉 | Flour | 3.02 | 2.90 | 2.75 | 102.03 | 100.00 | 100.00 | 145.19 | 96.03 | 94.83 |
| **经济作物类** | **Economic crops category** | | | | | | | | | |
| 花生仁 | Peanuts | 6.69 | 6.46 | 6.76 | 99.70 | 99.54 | 100.30 | 122.53 | 96.56 | 104.64 |
| 花生油 | Peanut Oil | 12.36 | 11.95 | 12.63 | 100.73 | 99.75 | 100.16 | 128.75 | 96.68 | 105.69 |
| 菜籽油 | Rapeseed Oil | 9.24 | 7.97 | 7.47 | 99.68 | 98.76 | 97.01 | 127.80 | 86.26 | 93.73 |
| 豆油 | Soybean Oil | 8.67 | 9.15 | 9.00 | 102.24 | 100.55 | 96.26 | 138.72 | 105.54 | 98.36 |
| **畜产品类** | **Animal Products** | | | | | | | | | |
| 活猪 | Live Pig | 8.63 | 7.11 | 6.59 | 102.74 | 97.93 | 100.61 | 143.12 | 82.39 | 92.69 |
| 仔猪 | Piglets | 10.83 | 9.18 | 6.09 | 108.52 | 99.67 | 97.60 | 154.49 | 84.76 | 66.34 |
| 猪肉 | Pork | 14.76 | 13.53 | 12.59 | 104.02 | 99.12 | 101.86 | 134.30 | 91.67 | 93.05 |
| 牛肉 | Beef | 19.25 | 20.18 | 20.38 | 106.18 | 99.65 | 101.09 | 132.39 | 104.83 | 100.99 |
| 羊肉 | Mutton | 25.34 | 22.26 | 24.29 | 105.80 | 98.32 | 101.67 | 120.67 | 87.85 | 109.12 |
| 活鸡 | Live Chicken | 15.12 | 17.39 | 13.65 | 104.35 | 97.64 | 97.22 | 120.19 | 115.01 | 78.49 |
| 鸡蛋 | Eggs | 7.16 | 7.46 | 6.69 | 101.85 | 98.29 | 95.85 | 130.18 | 104.19 | 89.68 |
| **水产品类** | **Aquatic Products** | | | | | | | | | |
| 草鱼 | Grass Carp | 10.30 | 9.58 | 8.63 | 101.68 | 97.96 | 96.10 | 134.64 | 93.01 | 90.08 |
| 鲤鱼 | Cyprinoid | 9.77 | 8.75 | 8.23 | 104.72 | 98.87 | 95.14 | 137.41 | 89.56 | 94.06 |
| 链鱼 | Chub | 6.71 | 5.89 | 5.29 | 109.64 | 97.19 | 101.15 | 142.46 | 87.78 | 89.81 |
| 带鱼 | Belt Fish | 10.67 | 10.90 | 10.33 | 100.00 | 100.18 | 100.00 | 110.34 | 102.16 | 94.77 |
| **蔬菜类** | **Vegetables** | | | | | | | | | |
| 大白菜 | Chinese Cabbage | 2.30 | 2.48 | 1.94 | 155.41 | 110.22 | 88.58 | 136.90 | 107.83 | 78.23 |
| 黄瓜 | Cucumber | 1.66 | 1.86 | 1.85 | 139.50 | 101.64 | 92.50 | 153.70 | 112.05 | 99.46 |
| 西红柿 | Tomato | 1.76 | 2.73 | 2.35 | 155.75 | 107.06 | 94.76 | 111.39 | 155.11 | 86.08 |
| 菜椒 | Green Pepper | 2.16 | 2.81 | 2.53 | 126.32 | 113.77 | 93.70 | 110.77 | 130.09 | 90.04 |
| 四季豆 | Kidney Bean | 2.54 | 2.40 | 2.60 | 158.75 | 107.62 | 106.56 | 141.11 | 94.49 | 108.33 |
| **水果类** | **Fruit Group** | | | | | | | | | |
| 红富士苹果 | Fuji apple | 6.00 | 5.58 | 8.45 | 108.30 | 100.72 | 104.97 | 105.45 | 93.00 | 151.43 |
| 香蕉 | Banana | 2.19 | 1.93 | 2.38 | 89.75 | 96.50 | 86.86 | 124.43 | 88.13 | 123.32 |
| 橙子 | Orange | 2.53 | 2.90 | | 95.47 | 100.69 | | 103.27 | 114.62 | |

3—34 续表 7 Continued

| 指 标 | Item | 8月 August | | | | | | | | |
|---|---|---|---|---|---|---|---|---|---|---|
| | | 价格(元/公斤) Price (yuan/kg) | | | 价格变动(上月=100) Price Movements (preceding month=100) | | | 价格变动(上年同期=100) Price Movements (preceding year=100) | | |
| | | 2004 | 2005 | 2006 | 2004 | 2005 | 2006 | 2004 | 2005 | 2006 |
| **粮食类** | **Grain** | | | | | | | | | |
| 籼稻 | Rice | 1.63 | 1.44 | 1.58 | 100.00 | 94.74 | 99.37 | 161.39 | 88.34 | 109.72 |
| 优质籼稻 | High-quality Rice | 2.02 | 1.93 | 2.08 | 101.00 | 98.47 | 100.00 | 147.45 | 95.54 | 107.77 |
| 粳稻 | Japonica | 2.05 | 1.74 | 2.02 | 100.00 | 92.55 | 101.00 | 184.68 | 84.88 | 116.09 |
| 小麦 | Wheat | 2.26 | 2.08 | 2.04 | 103.67 | 99.05 | 100.00 | 160.28 | 92.04 | 98.08 |
| 玉米 | Corn | 1.56 | 1.26 | 1.46 | 96.30 | 95.45 | 97.33 | 133.33 | 80.77 | 115.87 |
| 大豆 | Soybean | 4.50 | 4.08 | 4.28 | 101.81 | 98.08 | 100.94 | 140.63 | 90.67 | 104.90 |
| 籼米 | Indica | 2.65 | 2.34 | 2.54 | 99.25 | 96.30 | 100.40 | 156.80 | 88.30 | 108.55 |
| 优质籼米 | Quality Indica | 3.29 | 3.11 | 3.26 | 100.30 | 98.73 | 100.31 | 150.92 | 94.53 | 104.82 |
| 粳米 | Japonica | 3.12 | 2.80 | 3.02 | 100.00 | 95.24 | 101.34 | 162.50 | 89.74 | 107.86 |
| 面粉 | Flour | 3.07 | 2.84 | 2.76 | 101.66 | 97.93 | 100.36 | 145.50 | 92.51 | 97.18 |
| **经济作物类** | **Economic crops category** | | | | | | | | | |
| 花生仁 | Peanuts | 6.72 | 6.31 | 6.86 | 100.45 | 97.68 | 101.48 | 120.43 | 93.90 | 108.72 |
| 花生油 | Peanut Oil | 12.36 | 11.69 | 12.75 | 100.00 | 97.82 | 100.95 | 127.03 | 94.58 | 109.07 |
| 菜籽油 | Rapeseed Oil | 9.53 | 7.80 | 7.53 | 103.14 | 97.87 | 100.80 | 130.01 | 81.85 | 96.54 |
| 豆油 | Soybean Oil | 8.96 | 8.80 | 9.10 | 103.34 | 96.17 | 101.11 | 133.73 | 98.21 | 103.41 |
| **畜产品类** | **Animal Products** | | | | | | | | | |
| 活猪 | Live Pig | 9.21 | 7.04 | 6.89 | 106.72 | 99.02 | 104.55 | 150.74 | 76.44 | 97.87 |
| 仔猪 | Piglets | 11.44 | 8.85 | 6.43 | 105.63 | 96.41 | 105.58 | 156.50 | 77.36 | 72.66 |
| 猪肉 | Pork | 15.16 | 13.36 | 13.00 | 102.71 | 98.74 | 103.26 | 137.07 | 88.13 | 97.31 |
| 牛肉 | Beef | 18.96 | 19.87 | 20.38 | 98.49 | 98.46 | 100.00 | 128.54 | 104.80 | 102.57 |
| 羊肉 | Mutton | 25.35 | 22.13 | 24.29 | 100.04 | 99.42 | 100.00 | 113.17 | 87.30 | 109.76 |
| 活鸡 | Live Chicken | 15.84 | 17.57 | 14.08 | 104.76 | 101.04 | 103.15 | 122.51 | 110.92 | 80.14 |
| 鸡蛋 | Eggs | 7.54 | 7.50 | 7.53 | 105.31 | 100.54 | 112.56 | 129.11 | 99.47 | 100.40 |
| **水产品类** | **Aquatic Products** | | | | | | | | | |
| 草鱼 | Grass Carp | 10.30 | 9.68 | 8.95 | 100.00 | 101.04 | 103.71 | 136.42 | 93.98 | 92.46 |
| 鲤鱼 | Cyprinoid | 9.70 | 8.73 | 7.80 | 99.28 | 99.77 | 94.78 | 133.24 | 90.00 | 89.35 |
| 链鱼 | Chub | 6.71 | 5.79 | 5.46 | 100.00 | 98.30 | 103.21 | 142.46 | 86.29 | 94.30 |
| 带鱼 | Belt Fish | 9.75 | 10.33 | 10.33 | 91.38 | 94.77 | 100.00 | 100.83 | 105.95 | 100.00 |
| **蔬菜类** | **Vegetables** | | | | | | | | | |
| 大白菜 | Chinese Cabbage | 1.87 | 2.09 | 2.49 | 81.30 | 84.27 | 128.35 | 108.09 | 111.76 | 119.14 |
| 黄瓜 | Cucumber | 1.63 | 1.74 | 2.23 | 98.19 | 93.55 | 120.54 | 122.56 | 106.75 | 128.16 |
| 西红柿 | Tomato | 2.15 | 2.31 | 2.13 | 122.16 | 84.62 | 90.64 | 114.36 | 107.44 | 92.21 |
| 菜椒 | Green Pepper | 2.27 | 2.71 | 2.75 | 105.09 | 96.44 | 108.70 | 94.19 | 119.38 | 101.48 |
| 四季豆 | Kidney Bean | 2.19 | 2.47 | 2.83 | 86.22 | 102.92 | 108.85 | 115.26 | 112.79 | 114.57 |
| **水果类** | **Fruit Group** | | | | | | | | | |
| 红富士苹果 | Fuji apple | 6.01 | 5.74 | 6.57 | 100.17 | 102.87 | 77.75 | 102.56 | 95.51 | 114.46 |
| 香蕉 | Banana | 1.89 | 2.00 | 2.16 | 86.30 | 103.63 | 90.76 | 97.42 | 105.82 | 108.00 |
| 橙子 | Orange | 2.33 | | | 92.09 | | | 107.37 | | |

3—34 续表 8 Continued

| 指 标 | Item | 9月 September | | | | | | | | |
|---|---|---|---|---|---|---|---|---|---|---|
| | | 价格(元/公斤) Price (yuan/kg) | | | 价格变动(上月=100) Price Movements (preceding month=100) | | | 价格变动(上年同期=100) Price Movements (preceding year=100) | | |
| | | 2004 | 2005 | 2006 | 2004 | 2005 | 2006 | 2004 | 2005 | 2006 |
| **粮食类** | **Grain** | | | | | | | | | |
| 籼稻 | Rice | 1.65 | 1.46 | 1.60 | 101.23 | 101.39 | 101.27 | 158.65 | 88.48 | 109.59 |
| 优质籼稻 | High-quality Rice | 2.02 | 1.92 | 2.12 | 100.00 | 99.48 | 101.92 | 144.29 | 95.05 | 110.42 |
| 粳稻 | Japonica | 2.07 | 1.75 | 2.03 | 100.98 | 100.57 | 100.50 | 175.42 | 84.54 | 116.00 |
| 小麦 | Wheat | 2.19 | 2.06 | 2.04 | 96.90 | 99.04 | 100.00 | 146.98 | 94.06 | 99.03 |
| 玉米 | Corn | 1.57 | 1.29 | 1.46 | 100.64 | 102.38 | 100.00 | 133.05 | 82.17 | 113.18 |
| 大豆 | Soybean | 4.48 | 4.03 | 4.28 | 99.56 | 98.77 | 100.00 | 138.27 | 89.96 | 106.20 |
| 籼米 | Indica | 2.64 | 2.34 | 2.56 | 99.62 | 100.00 | 100.79 | 155.29 | 88.64 | 109.40 |
| 优质籼米 | Quality Indica | 3.26 | 3.07 | 3.34 | 99.09 | 98.71 | 102.45 | 145.54 | 94.17 | 108.79 |
| 粳米 | Japonica | 3.08 | 2.78 | 3.06 | 98.72 | 99.29 | 101.32 | 158.76 | 90.26 | 110.07 |
| 面粉 | Flour | 3.05 | 2.82 | 2.78 | 99.35 | 99.30 | 100.72 | 143.19 | 92.46 | 98.58 |
| **经济作物类** | **Economic crops category** | | | | | | | | | |
| 花生仁 | Peanuts | 6.63 | 6.29 | 7.01 | 98.66 | 99.68 | 102.19 | 117.55 | 94.87 | 111.45 |
| 花生油 | Peanut Oil | 12.45 | 12.00 | 13.00 | 100.73 | 102.65 | 101.96 | 125.88 | 96.39 | 108.33 |
| 菜籽油 | Rapeseed Oil | 9.43 | 7.80 | 7.77 | 98.95 | 100.00 | 103.19 | 129.18 | 82.71 | 99.62 |
| 豆油 | Soybean Oil | 8.98 | 8.80 | 9.15 | 100.22 | 100.00 | 100.55 | 136.06 | 98.00 | 103.98 |
| **畜产品类** | **Animal Products** | | | | | | | | | |
| 活猪 | Live Pig | 9.45 | 7.09 | 7.65 | 102.61 | 100.71 | 111.03 | 141.89 | 75.03 | 107.90 |
| 仔猪 | Piglets | 12.40 | 8.49 | 7.85 | 108.39 | 95.93 | 122.08 | 156.76 | 68.47 | 92.46 |
| 猪肉 | Pork | 15.89 | 13.40 | 14.20 | 104.82 | 100.30 | 109.23 | 135.35 | 84.33 | 105.97 |
| 牛肉 | Beef | 20.03 | 19.70 | 20.75 | 105.64 | 99.14 | 101.82 | 134.88 | 98.35 | 105.33 |
| 羊肉 | Mutton | 24.73 | 22.18 | 24.67 | 97.55 | 100.23 | 101.56 | 115.02 | 89.69 | 111.23 |
| 活鸡 | Live Chicken | 16.20 | 15.83 | 14.48 | 102.27 | 90.10 | 102.84 | 121.99 | 97.72 | 91.47 |
| 鸡蛋 | Eggs | 7.93 | 7.63 | 7.68 | 105.17 | 101.73 | 101.99 | 130.43 | 96.22 | 100.66 |
| **水产品类** | **Aquatic Products** | | | | | | | | | |
| 草鱼 | Grass Carp | 9.91 | 9.55 | 9.26 | 96.21 | 98.66 | 103.46 | 134.83 | 96.37 | 96.96 |
| 鲤鱼 | Cyprinoid | 10.28 | 8.75 | 8.56 | 105.98 | 100.23 | 109.74 | 148.99 | 85.12 | 97.83 |
| 链鱼 | Chub | 6.46 | 5.73 | 5.40 | 96.27 | 98.96 | 98.90 | 134.58 | 88.70 | 94.24 |
| 带鱼 | Belt Fish | 10.67 | 10.33 | 10.67 | 109.44 | 100.00 | 103.29 | 110.34 | 96.81 | 103.29 |
| **蔬菜类** | **Vegetables** | | | | | | | | | |
| 大白菜 | Chinese Cabbage | 2.05 | 1.88 | 2.49 | 109.63 | 89.95 | 100.00 | 118.50 | 91.71 | 132.45 |
| 黄瓜 | Cucumber | 1.58 | 1.67 | 2.59 | 96.93 | 95.98 | 116.14 | 103.27 | 105.70 | 155.09 |
| 西红柿 | Tomato | 2.39 | 2.19 | 3.11 | 111.16 | 94.81 | 146.01 | 123.83 | 91.63 | 142.01 |
| 菜椒 | Green Pepper | 2.52 | 2.69 | 3.18 | 111.01 | 99.26 | 115.64 | 103.28 | 106.75 | 118.22 |
| 四季豆 | Kidney Bean | 2.35 | 2.10 | 3.06 | 107.31 | 85.02 | 108.13 | 130.56 | 89.36 | 145.71 |
| **水果类** | **Fruit Group** | | | | | | | | | |
| 红富士苹果 | Fuji apple | 5.96 | 5.69 | 6.84 | 99.17 | 99.13 | 104.11 | 106.43 | 95.47 | 120.21 |
| 香蕉 | Banana | 1.97 | 2.16 | 2.26 | 104.23 | 108.00 | 104.63 | 104.23 | 109.64 | 104.63 |
| 橙子 | Orange | 2.50 | 2.60 | | 107.30 | | | 102.04 | 104.00 | |

3—34 续表 9 Continued

| 指　　标 | Item | 10月 October | | | | | | | | |
|---|---|---|---|---|---|---|---|---|---|---|
| | | 价格(元/公斤) Price (yuan/kg) | | | 价格变动(上月=100) Price Movements (preceding month=100) | | | 价格变动(上年同期=100) Price Movements (preceding year=100) | | |
| | | 2004 | 2005 | 2006 | 2004 | 2005 | 2006 | 2004 | 2005 | 2006 |
| **粮食类** | **Grain** | | | | | | | | | |
| 籼稻 | Rice | 1.62 | 1.45 | 1.62 | 98.18 | 99.32 | 101.25 | 154.29 | 89.51 | 111.72 |
| 优质籼稻 | High-quality Rice | 1.98 | 1.89 | 2.13 | 98.02 | 98.44 | 100.47 | 136.55 | 95.45 | 112.70 |
| 粳稻 | Japonica | 2.04 | 1.74 | 2.14 | 98.55 | 99.43 | 105.42 | 168.60 | 85.29 | 122.99 |
| 小麦 | Wheat | 2.15 | 1.90 | 2.10 | 98.17 | 92.23 | 102.94 | 143.33 | 88.37 | 110.53 |
| 玉米 | Corn | 1.56 | 1.32 | 1.47 | 99.36 | 102.33 | 100.68 | 128.93 | 84.62 | 111.36 |
| 大豆 | Soybean | 4.51 | 3.90 | 4.33 | 100.67 | 96.77 | 101.17 | 135.44 | 86.47 | 111.03 |
| 籼米 | Indica | 2.62 | 2.37 | 2.62 | 99.24 | 101.28 | 102.34 | 152.33 | 90.46 | 110.55 |
| 优质籼米 | Quality Indica | 3.19 | 3.06 | 3.36 | 97.85 | 99.67 | 100.60 | 138.70 | 95.92 | 109.80 |
| 粳米 | Japonica | 3.13 | 2.78 | 3.12 | 101.62 | 100.00 | 101.96 | 157.29 | 88.82 | 112.23 |
| 面粉 | Flour | 3.09 | 2.78 | 2.78 | 101.31 | 98.58 | 100.00 | 146.45 | 89.97 | 100.00 |
| **经济作物类** | **Economic crops category** | | | | | | | | | |
| 花生仁 | Peanuts | 6.70 | 6.23 | 7.05 | 101.06 | 99.05 | 100.57 | 113.56 | 92.99 | 113.16 |
| 花生油 | Peanut Oil | 12.38 | 11.74 | 13.71 | 99.44 | 97.83 | 105.46 | 118.47 | 94.83 | 116.78 |
| 菜籽油 | Rapeseed Oil | 8.34 | 7.80 | 8.00 | 88.44 | 100.00 | 102.96 | 113.78 | 93.53 | 102.56 |
| 豆油 | Soybean Oil | 9.02 | 8.70 | 9.80 | 100.45 | 98.86 | 107.10 | 134.63 | 96.45 | 112.64 |
| **畜产品类** | **Animal Products** | | | | | | | | | |
| 活猪 | Live Pig | 9.55 | 6.98 | 7.89 | 101.06 | 98.45 | 103.14 | 141.69 | 73.09 | 113.04 |
| 仔猪 | Piglets | 12.64 | 7.61 | 8.31 | 101.94 | 89.63 | 105.86 | 159.19 | 60.21 | 109.20 |
| 猪肉 | Pork | 15.95 | 12.99 | 14.36 | 100.38 | 96.94 | 101.13 | 134.26 | 81.44 | 110.55 |
| 牛肉 | Beef | 20.59 | 19.94 | 21.38 | 102.80 | 101.22 | 103.04 | 133.27 | 96.84 | 107.22 |
| 羊肉 | Mutton | 24.58 | 22.33 | 25.00 | 99.39 | 100.68 | 101.34 | 116.55 | 90.85 | 111.96 |
| 活鸡 | Live Chicken | 16.15 | 14.86 | 14.55 | 99.69 | 93.87 | 100.48 | 122.81 | 92.01 | 97.91 |
| 鸡蛋 | Eggs | 7.59 | 7.54 | 7.58 | 95.71 | 98.82 | 98.70 | 122.82 | 99.34 | 100.53 |
| **水产品类** | **Aquatic Products** | | | | | | | | | |
| 草鱼 | Grass Carp | 9.69 | 9.18 | 9.00 | 97.78 | 96.13 | 97.19 | 132.02 | 94.74 | 98.04 |
| 鲤鱼 | Cyprinoid | 9.25 | 8.74 | 8.56 | 89.98 | 99.89 | 100.00 | 134.06 | 94.49 | 97.94 |
| 链鱼 | Chub | 6.20 | 5.40 | 5.09 | 95.98 | 94.24 | 94.26 | 134.78 | 87.10 | 94.26 |
| 带鱼 | Belt Fish | 10.67 | 10.33 | 10.67 | 100.00 | 100.00 | 100.00 | 110.34 | 96.81 | 103.29 |
| **蔬菜类** | **Vegetables** | | | | | | | | | |
| 大白菜 | Chinese Cabbage | 1.35 | 2.03 | 1.66 | 65.85 | 107.98 | 66.67 | 72.97 | 150.37 | 81.77 |
| 黄瓜 | Cucumber | 1.40 | 1.86 | 1.58 | 88.61 | 111.38 | 61.00 | 85.89 | 132.86 | 84.95 |
| 西红柿 | Tomato | 2.54 | 2.13 | 2.28 | 106.28 | 97.26 | 73.31 | 135.11 | 83.86 | 107.04 |
| 菜椒 | Green Pepper | 2.64 | 2.58 | 2.60 | 104.76 | 95.91 | 81.76 | 121.10 | 97.73 | 100.78 |
| 四季豆 | Kidney Bean | 1.73 | 2.60 | 2.31 | 73.62 | 123.81 | 75.49 | 96.11 | 150.29 | 88.85 |
| **水果类** | **Fruit Group** | | | | | | | | | |
| 红富士苹果 | Fuji apple | 5.54 | 5.48 | 6.30 | 92.95 | 96.31 | 92.11 | 102.59 | 98.92 | 114.96 |
| 香蕉 | Banana | 1.85 | 2.35 | 2.14 | 93.91 | 108.80 | 94.69 | 103.35 | 127.03 | 91.06 |
| 橙子 | Orange | 2.05 | 2.40 | 2.80 | 82.00 | 92.31 | | 100.00 | 117.07 | 116.67 |

3—34 续表 10 Continued

| 指　标 | Item | 11月 November | | | | | | | | |
|---|---|---|---|---|---|---|---|---|---|---|
| | | 价格(元/公斤) Price（yuan/kg） | | | 价格变动(上月=100) Price Movements (preceding month=100) | | | 价格变动(上年同期=100) Price Movements (preceding year=100) | | |
| | | 2004 | 2005 | 2006 | 2004 | 2005 | 2006 | 2004 | 2005 | 2006 |
| **粮食类** | **Grain** | | | | | | | | | |
| 籼稻 | Rice | 1.62 | 1.45 | 1.63 | 100.00 | 100.00 | 100.62 | 137.29 | 89.51 | 112.41 |
| 优质籼稻 | High-quality Rice | 2.01 | 1.90 | 2.18 | 101.52 | 100.53 | 102.35 | 128.85 | 94.53 | 114.74 |
| 粳稻 | Japonica | 1.97 | 1.75 | 2.11 | 96.57 | 100.57 | 98.60 | 150.38 | 88.83 | 120.57 |
| 小麦 | Wheat | 2.13 | 2.01 | 2.12 | 99.07 | 105.79 | 100.95 | 130.67 | 94.37 | 105.47 |
| 玉米 | Corn | 1.57 | 1.32 | 1.48 | 100.64 | 100.00 | 100.68 | 115.44 | 84.08 | 112.12 |
| 大豆 | Soybean | 4.47 | 3.88 | 4.29 | 99.11 | 99.49 | 99.08 | 123.14 | 86.80 | 110.57 |
| 籼米 | Indica | 2.60 | 2.33 | 2.68 | 99.24 | 98.31 | 102.29 | 136.13 | 89.62 | 115.02 |
| 优质籼米 | Quality Indica | 3.17 | 3.11 | 3.40 | 99.37 | 101.63 | 101.19 | 125.30 | 98.11 | 109.32 |
| 粳米 | Japonica | 3.04 | 2.76 | 3.15 | 97.12 | 99.28 | 100.96 | 143.40 | 90.79 | 114.13 |
| 面粉 | Flour | 3.10 | 2.76 | 2.75 | 100.32 | 99.28 | 98.92 | 137.78 | 89.03 | 99.64 |
| **经济作物类** | **Economic crops category** | | | | | | | | | |
| 花生仁 | Peanuts | 6.70 | 6.29 | 7.14 | 100.00 | 100.96 | 101.28 | 109.30 | 93.88 | 113.51 |
| 花生油 | Peanut Oil | 12.74 | 11.74 | 13.78 | 102.91 | 100.00 | 100.51 | 116.03 | 92.15 | 117.38 |
| 菜籽油 | Rapeseed Oil | 8.53 | 7.87 | 8.00 | 102.28 | 100.90 | 100.00 | 108.66 | 92.26 | 101.65 |
| 豆油 | Soybean Oil | 9.30 | 8.70 | 10.10 | 103.10 | 100.00 | 103.06 | 134.78 | 93.55 | 116.09 |
| **畜产品类** | **Animal Products** | | | | | | | | | |
| 活猪 | Live Pig | 8.83 | 6.71 | 8.06 | 92.46 | 96.13 | 102.15 | 124.37 | 75.99 | 120.12 |
| 仔猪 | Piglets | 10.90 | 6.69 | 8.29 | 86.23 | 87.91 | 99.76 | 138.32 | 61.38 | 123.92 |
| 猪肉 | Pork | 15.42 | 12.95 | 14.48 | 96.68 | 99.69 | 100.84 | 122.77 | 83.98 | 111.81 |
| 牛肉 | Beef | 20.55 | 20.00 | 21.38 | 99.81 | 100.30 | 100.00 | 130.89 | 97.32 | 106.90 |
| 羊肉 | Mutton | 25.02 | 22.15 | 25.97 | 101.79 | 99.19 | 103.88 | 116.37 | 88.53 | 117.25 |
| 活鸡 | Live Chicken | 15.97 | 12.26 | 15.15 | 98.89 | 82.50 | 104.12 | 119.27 | 76.77 | 123.57 |
| 鸡蛋 | Eggs | 7.49 | 7.04 | 7.86 | 98.68 | 93.37 | 103.69 | 114.70 | 93.99 | 111.65 |
| **水产品类** | **Aquatic Products** | | | | | | | | | |
| 草鱼 | Grass Carp | 9.56 | 9.01 | 9.03 | 98.66 | 98.15 | 100.33 | 127.30 | 94.25 | 100.22 |
| 鲤鱼 | Cyprinoid | 9.03 | 8.55 | 8.41 | 97.62 | 97.83 | 98.25 | 131.82 | 94.68 | 98.36 |
| 链鱼 | Chub | 5.88 | 5.29 | 5.40 | 94.84 | 97.96 | 106.09 | 125.37 | 89.97 | 102.08 |
| 带鱼 | Belt Fish | 10.67 | 10.33 | 10.67 | 100.00 | 100.00 | 100.00 | 110.34 | 96.81 | 103.29 |
| **蔬菜类** | **Vegetables** | | | | | | | | | |
| 大白菜 | Chinese Cabbage | 1.23 | 1.69 | 1.60 | 91.11 | 83.25 | 96.39 | 82.00 | 137.40 | 94.67 |
| 黄瓜 | Cucumber | 1.54 | 1.98 | 1.99 | 110.00 | 106.45 | 125.95 | 104.76 | 128.57 | 100.51 |
| 西红柿 | Tomato | 1.68 | 2.08 | 2.08 | 66.14 | 97.65 | 91.23 | 96.00 | 123.81 | 100.00 |
| 菜椒 | Green Pepper | 2.18 | 2.59 | 2.45 | 82.58 | 100.39 | 94.23 | 109.00 | 118.81 | 94.59 |
| 四季豆 | Kidney Bean | 2.06 | 2.12 | 2.46 | 119.08 | 81.54 | 106.49 | 122.62 | 102.91 | 116.04 |
| **水果类** | **Fruit Group** | | | | | | | | | |
| 红富士苹果 | Fuji apple | 5.35 | 5.35 | 6.08 | 96.57 | 97.63 | 96.51 | 101.13 | 100.00 | 113.64 |
| 香蕉 | Banana | 1.88 | 2.20 | 2.01 | 101.62 | 93.62 | 93.93 | 100.00 | 117.02 | 91.36 |
| 橙子 | Orange | 2.77 | 2.37 | 2.63 | 135.12 | 98.75 | 93.93 | 118.88 | 85.56 | 110.97 |

3—34 续表 11 Continued

| 指标 | Item | 12月 December | | | | | | | | |
|---|---|---|---|---|---|---|---|---|---|---|
| | | 价格(元/公斤) Price (yuan/kg) | | | 价格变动(上月=100) Price Movements (preceding month=100) | | | 价格变动(上年同期=100) Price Movements (preceding year=100) | | |
| | | 2004 | 2005 | 2006 | 2004 | 2005 | 2006 | 2004 | 2005 | 2006 |
| **粮食类** | **Grain** | | | | | | | | | |
| 籼稻 | Rice | 1.59 | 1.46 | 1.71 | 98.15 | 100.69 | 104.91 | 129.27 | 91.82 | 117.12 |
| 优质籼稻 | High-quality Rice | 2.01 | 1.91 | 2.25 | 100.00 | 100.53 | 103.21 | 124.84 | 95.02 | 117.80 |
| 粳稻 | Japonica | 1.93 | 1.76 | 2.14 | 97.97 | 100.57 | 101.42 | 146.21 | 91.19 | 121.59 |
| 小麦 | Wheat | 2.10 | 2.02 | 2.26 | 98.59 | 100.50 | 106.60 | 125.75 | 96.19 | 111.88 |
| 玉米 | Corn | 1.42 | 1.34 | 1.55 | 90.45 | 101.52 | 104.73 | 100.71 | 94.37 | 115.67 |
| 大豆 | Soybean | 4.37 | 3.96 | 4.46 | 97.76 | 102.06 | 103.96 | 117.79 | 90.62 | 112.63 |
| 籼米 | Indica | 2.52 | 2.34 | 2.77 | 96.92 | 100.43 | 103.36 | 126.00 | 92.86 | 118.38 |
| 优质籼米 | Quality Indica | 3.15 | 3.10 | 3.49 | 99.37 | 99.68 | 102.65 | 122.09 | 98.41 | 112.58 |
| 粳米 | Japonica | 3.01 | 2.78 | 3.22 | 99.01 | 100.72 | 102.22 | 133.19 | 92.36 | 115.83 |
| 面粉 | Flour | 3.02 | 2.74 | 2.81 | 97.42 | 99.28 | 102.18 | 129.61 | 90.73 | 102.55 |
| **经济作物类** | **Economic crops category** | | | | | | | | | |
| 花生仁 | Peanuts | 6.67 | 6.31 | 7.31 | 99.55 | 100.32 | 102.38 | 105.37 | 94.60 | 115.85 |
| 花生油 | Peanut Oil | 12.16 | 11.74 | 14.23 | 95.45 | 100.00 | 103.27 | 109.25 | 96.55 | 121.21 |
| 菜籽油 | Rapeseed Oil | 8.20 | 7.87 | 8.90 | 96.13 | 100.00 | 111.25 | 99.39 | 95.98 | 113.09 |
| 豆油 | Soybean Oil | 9.10 | 8.80 | 10.65 | 97.85 | 101.15 | 105.45 | 122.97 | 96.70 | 121.02 |
| **畜产品类** | **Animal Products** | | | | | | | | | |
| 活猪 | Live Pig | 8.55 | 6.70 | 9.04 | 96.83 | 99.85 | 112.16 | 119.08 | 78.36 | 134.93 |
| 仔猪 | Piglets | 9.99 | 6.65 | 9.26 | 91.65 | 99.40 | 111.70 | 130.76 | 66.57 | 139.25 |
| 猪肉 | Pork | 15.14 | 12.99 | 15.45 | 98.18 | 100.31 | 106.70 | 120.64 | 85.80 | 118.94 |
| 牛肉 | Beef | 20.20 | 20.25 | 22.06 | 98.30 | 101.25 | 103.18 | 126.01 | 100.25 | 108.94 |
| 羊肉 | Mutton | 24.46 | 22.98 | 27.50 | 97.76 | 103.75 | 105.89 | 107.52 | 93.95 | 119.67 |
| 活鸡 | Live Chicken | 15.83 | 11.90 | 17.09 | 99.12 | 97.06 | 112.81 | 118.58 | 75.17 | 143.61 |
| 鸡蛋 | Eggs | 7.43 | 6.84 | 8.21 | 99.20 | 97.16 | 104.45 | 112.41 | 92.06 | 120.03 |
| **水产品类** | **Aquatic Products** | | | | | | | | | |
| 草鱼 | Grass Carp | 9.30 | 9.26 | 9.21 | 97.28 | 102.77 | 101.99 | 123.51 | 99.57 | 99.46 |
| 鲤鱼 | Cyprinoid | 8.64 | 8.56 | 8.68 | 95.68 | 100.12 | 103.21 | 122.55 | 99.07 | 101.40 |
| 链鱼 | Chub | 5.80 | 5.31 | 5.51 | 98.64 | 100.38 | 102.04 | 122.36 | 91.55 | 103.77 |
| 带鱼 | Belt Fish | 10.67 | 10.33 | 11.00 | 100.00 | 100.00 | 103.09 | 110.34 | 96.81 | 106.49 |
| **蔬菜类** | **Vegetables** | | | | | | | | | |
| 大白菜 | Chinese Cabbage | 1.14 | 1.68 | 1.70 | 92.68 | 99.41 | 106.25 | 82.61 | 147.37 | 101.19 |
| 黄瓜 | Cucumber | 1.54 | 2.10 | 2.46 | 100.00 | 106.06 | 123.62 | 77.39 | 136.36 | 117.14 |
| 西红柿 | Tomato | 1.35 | 2.78 | 2.39 | 80.36 | 133.65 | 114.90 | 69.95 | 205.93 | 85.97 |
| 菜椒 | Green Pepper | 2.13 | 2.94 | 2.90 | 97.71 | 113.51 | 118.37 | 111.52 | 138.03 | 98.64 |
| 四季豆 | Kidney Bean | 1.99 | 2.57 | 2.87 | 96.60 | 121.23 | 116.67 | 105.85 | 129.15 | 111.67 |
| **水果类** | **Fruit Group** | | | | | | | | | |
| 红富士苹果 | Fuji apple | 5.48 | 5.43 | 6.05 | 102.43 | 101.50 | 99.51 | 107.87 | 99.09 | 111.42 |
| 香蕉 | Banana | 1.79 | 1.94 | 2.05 | 95.21 | 88.18 | 101.99 | 95.21 | 108.38 | 105.67 |
| 橙子 | Orange | 2.11 | 2.18 | 2.70 | 76.17 | 91.98 | 102.66 | 93.36 | 103.32 | 123.85 |

## 主要统计指标解释

**居民消费价格指数**　是反映一定时期内城乡居民所购买的生活消费品价格和服务项目价格变动趋势和程度的相对数，是对城市居民消费价格指数和农村居民消费价格指数进行综合汇总计算的结果。该指数可以观察和分析消费品的零售价格和服务价格变动对城乡居民实际生活费支出的影响程度。

城市居民消费价格指数　是反映一定时期内城市居民家庭所购买的生活消费品价格和服务项目价格变动趋势和程度的相对数。该指数可以观察和分析消费品的零售价格和服务项目价格变动对城镇职工货币工资的影响，作为研究职工生活和确定工资政策的依据。

**农村居民消费价格指数**　是反映一定时期内农村居民家庭所购买的生活消费品价格和服务项目价格变动趋势和程度的相对数。该指数可以观察农村消费品的零售价格和服务项目价格变动对农村居民生活消费支出的影响，直接反映农民生活水平的实际变化情况，为分析和研究农村居民生活问题提供依据。

**商品零售价格指数**　是反映一定时期内城乡商品零售价格变动趋势和程度的相对数。商品零售价格的变动直接影响到城乡居民的生活支出和国家的财政收入，影响居民购买力和市场供需的平衡，影响到消费与积累的比例关系。因此，该指数可以从一个侧面对上述经济活动进行观察和分析。

**农业生产资料价格指数**　指反映一定时期内农业生产资料价格变动趋势和程度的相对数。农业生产资料价格指数分为小农具、饲料、产品畜、役畜、半机械化农具、机械化农具、化学肥料、农药及农药械、农机用油、其他农业生产资料十大类。其编制目的是了解农业生产中物质资料投入价格的变动状况，服务于国民经济核算。1994 年以前，农业生产资料价格指数仅仅是商品零售价格指数的一个类别，此后，从商品零售价格指数中分离出来，单独编制。

**农产品生产价格指数**　是反映一定时期内，农产品生产者出售农产品价格水平变动趋势及幅度的相对数。该指数可以客观反映全国农产品生产价格水平和结构变动情况，满足农业与国民经济核算需要。其中某代表品生产价格指数是通过对全部有出售该产品行为的调查单位的个体指数进行几何平均求得的，类价格指数是通过对其所属的类（或代表品）的价格指数进行加权平均求得的。季度累计价格指数的计算方法与分季指数的计算方法相同。

**工业品出厂价格指数**　是反映一定时期内全部工业产品出厂价格总水平的变动趋势和程度的相对数，包括工业企业售给本企业以外所有单位的各种产品和直接售给居民用于生活消费的产品。该指数可以观察出厂价格变动对工业总产值及增加值的影响。

**原材料、燃料和动力购进价格指数**　是反映工业企业作为生产投入，而从物资交易市场和能源、原材料生产企业购买原材料、燃料和动力产品时，所支付的价格水平变动趋势和程度的统计指标，是扣除工业企业物质消耗成本中的价格变动影响的重要依据。

目前，我国编制的原材料、燃料和动力购进价格指数所调查的产品包括燃料动力、黑色金属、有色金属、化工、建材等九大类的近 1800 种产品。

**固定资产投资价格指数**　是反映一定时期内固定资产投资品及项目的价格变动趋势和程度的相对数。固定资产投资额是由建筑安装工程投资完成额、设备工器具购置投资完成额和其他费用投资完成额三部分组成的。编制固定资产投资价格指数应首先分别编制上述三部分投资的价格指数，然后采用加权算术平均法求出固定资产投资价格总指数。

该指数可以准确地反映固定资产投资中涉及的各类投资品和取费项目价格变动趋势和变动幅度，消除按现价计算的固定资产投资指标中的价格变动因素，真实地反映固定资产投资的规模、速度、结构和效益，为国家科学地制定、检查固定资产投资计划并提高宏观调控水平，为完善国民经济核算体系提供科学的、可靠的依据。

**房地产价格指数**　是反映一定时期内房地产价格变动趋势和程度的相对数，包括房屋销售价格指数、房屋租赁价格指数、土地交易价格指数和物业管理价格指数。这四套指数的计算方法相似，均采用由下到上逐级汇总的方法。

# Explanatory Notes on Main Statistical Indicators

**Urban Consumer Price Indices** reflect the trend and degree of changes in prices of consumer goods and services purchased by urban households during a given period. It can be used to observe and analyze the impact of price changes in consumer goods and services on wages (in monetary terms) of urban staff and workers, and provide basis for policy-making concerning the living cost and wages of staff and workers.

**Rural Consumer Price Indices** reflect the trend and degree of changes in prices of consumer goods and services purchased by rural households during a given period. It can be used to observe the impact of change in retail prices of consumer goods and service prices in rural areas on living expenditure of rural households, and to show the changes in the living standard of peasants. It provides basis for analysis and research on condition of life in rural areas.

**Retail Price Indices** reflect the trend and degree of change in retail prices of commodities during a given period. The change in retail prices of commodities directly affect the living expenditure of urban and rural residents, government revenue, purchasing power of residents and the equilibrium of market supply and demand, and the ratio of consumption to accumulation. Therefore, the retail price indices are useful to analyze the changes of the above economic activities.

**Price Indices of Means of Agricultural Production** reflect the trend and degree of changes in prices of means of agricultural production during a given period. Price indices of means of agricultural production are composed of 10 categories including small farm tools, feeds, domestic animals for meat, draught domestic animals, semi-mechanized farm machinery, mechanized farm machinery, chemical fertilizers, pesticides and spraying machinery, fuels for farm machinery and other means of agricultural production. Compilation of these indices helps to understand the changes in prices of input into agricultural production and facilitate the compilation of national account statistics. Before 1994, price indices of means of agricultural production was a sub-category in the in the retail price indices of commodities, and it has been compiled separately since 1994.

**Indices of Producers' Prices for Farm Products** reflect the trend and degree of changes in producers' prices received by farmers when they sell farm products during a given period. These indices depict the change in the level and structure of producers' prices of farm products of the country and meet the needs of agriculture statistics and national account statistics. The producers' price index of a given product is calculated through geometrical mean of individual indices of all surveyed units who sell such product, and the indices of a product category is obtained through weighted mean of price indices of all products in the category. Method for calculating accumulative quarterly indices is the same as for calculating the distinctive quarterly indices.

**Ex-factory Price Indices of Industrial Products** reflect the trend and degree of changes in general ex-factory prices of all industrial products during a given period, including sales of industrial products by an industrial enterprise to all units outside the enterprise, as well as sales of consumer goods to residents. It can be used to analyze the impact of ex-factory prices on gross output value and value-added of the industrial sector.

**Indices of Purchasing Prices of Raw Materials, Fuels and Power** reflect changes in the level and degree of prices paid by industrial enterprises when they purchase production input such as raw materials, fuels and power from the market or from other energy or raw materials producing enterprises. These indices provide important basis for measuring the material consumption of industrial enterprises after removing influence of price changes.

At present, close to 1,800 products in 9 categories, including fuels and power, ferrous metals, non-ferrous metals, chemicals, building materials, are covered in China for the survey to produce indices of purchasing prices of raw materials, fuels and power.

**Price Indices of Investment in Fixed Assets** reflect the trend and degree of changes in prices of investment goods and projects in fixed assets during a given period. The investment in fixed assets consists of three components, namely the investment in construction and installation, the investment in purchases of equipment and instrument, and the investment in other items. Price indices of investment in fixed assets are calculated as the weighted arithmetic mean of the price indices of the three components of investment in fixed assets.

Removing the factor of price change in the aggregates of investment at current prices, this indicator shows the changes in the prices of commodities and fees involved in the investment of fixed assets, and can be used to observe the actual size, growth, structure, and efficiency of investment in fixed assets and provides reliable and scientific data for government planning, management, decision-making, and further improving the current national accounting system.

**Price Indices for Real Estate** reflect the trend and degree of changes in prices of real estate during a given period, including price indices for selling houses and buildings, price indices for leasing houses and buildings and price indices for land transaction. The methods for the compilation of the three sets of indices are similar in that they all use bottom-up approach under which data are reported from lower level to higher level.

# 4

# 企业调查

## Enterprises Survey

# 4—1 企业家信心指数（2007年）

# Enterpriser Confidence Index（2007）

| 指　标 | Item | 一季度 First Quarter | 二季度 Second Quarter | 三季度 Third Quarter | 四季度 Fourth Quarter |
|---|---|---|---|---|---|
| **企业家信心指数** | **Entrepreneur Confidence Index** | **132.81** | **130.40** | **133.25** | **131.50** |
| **按行业门类分** | **Grouped by Sector** | | | | |
| 工业 | Industry | 131.98 | 130.68 | 130.27 | 129.21 |
| 采掘业 | Mining and Quarrying | 136.20 | 144.04 | 136.04 | 136.79 |
| 制造业 | Manufacturing | 127.89 | 126.19 | 127.67 | 125.83 |
| 电力、煤气及水生产供应业 | Production & Supply of Power, Gas and Water | 152.67 | 152.52 | 140.93 | 142.31 |
| 建筑业 | Construction | 131.39 | 132.87 | 136.97 | 132.68 |
| 交通运输、仓储及邮电通信业 | Transportation, Storage, Posts and Telecommunications | 144.90 | 129.27 | 144.23 | 140.12 |
| 批发和零售业 | Wholesale, Retail and Catering | 130.71 | 125.77 | 128.31 | 127.77 |
| 房地产业 | Real Estate | 141.83 | 139.70 | 147.84 | 135.33 |
| 社会服务业 | Social Services | 123.07 | 127.86 | 137.27 | 134.25 |
| 信息传输、计算机服务及软件业 | Information Transmitting, Computer Services and Software | 149.98 | 152.38 | 150.44 | 158.95 |
| 住宿和餐饮业 | Hotel and Eateries | 110.12 | 109.70 | 120.19 | 117.62 |
| **按企业登记注册类型分** | **Grouped by Status of Registration** | | | | |
| 国有企业 | State-owned Enterprises | 126.14 | 123.28 | 126.99 | 126.27 |
| 集体企业 | Collective-owned Enterprises | 113.26 | 112.16 | 119.46 | 115.67 |
| 股份合作企业 | Cooperative Enterprises | 123.09 | 126.84 | 130.08 | 112.77 |
| 联营企业 | Joint Ownership Enterprises | 150.00 | 150.00 | 100.00 | 150.00 |
| 有限责任公司 | Limited Liability Corporations | 136.74 | 136.92 | 138.06 | 135.20 |
| 股份有限公司 | Shar-holding Corporations Limited | 144.65 | 134.04 | 140.72 | 133.00 |
| 私营企业 | Private Enterprises | 133.66 | 139.35 | 136.45 | 134.97 |
| 其它内资企业 | Other Domestic-funded Enterprises | 83.33 | 100.00 | 100.00 | 83.33 |
| 外商及港、澳、台投资企业 | Foreign and Hong Kong, Macao, Taiwan-invested Enterprises | 136.34 | 131.77 | 134.61 | 138.76 |
| **按企业规模分** | **Grouped by Size of Enterprises** | | | | |
| 大型 | Large Enterprises | 153.31 | 147.51 | 155.46 | 152.12 |
| 中型 | Medium Enterprises | 125.17 | 125.84 | 126.57 | 125.95 |
| 小型 | Small Enterprises | 124.64 | 119.76 | 123.40 | 118.43 |
| **按特殊群体分** | **Grouped by Special Group** | | | | |
| 国家重点企业 | Key State Enterprises | 147.40 | 134.85 | 140.58 | 140.06 |
| 乡镇企业 | Town and Township Enterprises | 125.89 | 126.21 | 129.00 | 125.88 |
| 上市公司 | Listed Companies | 139.40 | 141.62 | 139.00 | 138.53 |
| 国有控股企业 | State-owned Enterprises | 132.23 | 128.69 | 131.42 | 130.22 |

# 4—2 企业景气指数（2007年）

## Enterprise Boom Climate Index（2007）

| 指　标 | Item | 一季度 First Quarter | 二季度 Second Quarter | 三季度 Third Quarter | 四季度 Fourth Quarter |
|---|---|---|---|---|---|
| **企业家景气指数** | **Entrepreneur Business Climate Index** | **125.92** | **127.72** | **125.35** | **127.92** |
| **按行业门类分** | **Grouped by Sector** | | | | |
| 工业 | Industry | 126.83 | 131.69 | 126.28 | 129.33 |
| 采掘业 | Mining and Quarrying | 116.55 | 132.04 | 133.80 | 136.73 |
| 制造业 | Manufacturing | 124.63 | 129.42 | 123.55 | 126.65 |
| 电力、煤气及水生产供应业 | Production & Supply of Power, Gas and Water | 138.27 | 145.08 | 137.81 | 142.14 |
| 建筑业 | Construction | 119.58 | 125.78 | 116.74 | 124.24 |
| 交通运输、仓储及邮电通信业 | Transportation, Storage, Posts and Telecommunications | 127.40 | 123.94 | 124.32 | 119.17 |
| 批发和零售业 | Wholesale, Retail and Catering | 130.77 | 122.01 | 130.52 | 132.09 |
| 房地产业 | Real Estate | 124.03 | 123.60 | 121.30 | 128.88 |
| 社会服务业 | Social Services | 118.76 | 122.46 | 125.91 | 121.82 |
| 信息传输、计算机服务和软件业 | Information Transmitting, Computer Services and Software | 146.30 | 143.22 | 136.15 | 156.70 |
| 住宿和餐饮业 | Hotel and Eateries | 101.98 | 112.49 | 110.88 | 102.69 |
| **按企业登记注册类型分** | **Grouped by Status of Registration** | | | | |
| 国有企业 | State-owned Enterprises | 122.23 | 121.47 | 122.27 | 124.18 |
| 集体企业 | Collective-owned Enterprises | 99.84 | 102.07 | 100.44 | 99.56 |
| 股份合作企业 | Cooperative Enterprises | 101.58 | 104.89 | 119.64 | 104.26 |
| 联营企业 | Joint Ownership Enterprises | 100.00 | 150.00 | 150.00 | 100.00 |
| 有限责任公司 | Limited Liability Corporations | 125.82 | 131.43 | 127.82 | 130.62 |
| 股份有限公司 | Shar-holding Corporations Limited | 153.24 | 151.77 | 145.49 | 155.44 |
| 私营企业 | Private Enterprises | 130.99 | 120.93 | 117.44 | 119.89 |
| 其它内资企业 | Other Domestic-funded Enterprises | 100.00 | 116.67 | 116.67 | 83.33 |
| 外商及港、澳、台投资企业 | Foreign and Hong Kong, Macao, Taiwan-invested Enterprises | 131.31 | 136.91 | 129.52 | 129.18 |
| **按企业规模分** | **Grouped by Size of Enterprises** | | | | |
| 大型 | Large Enterprises | 158.72 | 165.25 | 159.34 | 167.17 |
| 中型 | Medium Enterprises | 114.74 | 115.80 | 114.34 | 115.76 |
| 小型 | Small Enterprises | 116.03 | 116.10 | 113.55 | 111.62 |
| **按特殊群体分** | **Grouped by Special Group** | | | | |
| 国家重点企业 | Key State Enterprises | 184.84 | 174.20 | 154.88 | 172.57 |
| 乡镇企业 | Town and Township Enterprises | 113.17 | 117.10 | 113.14 | 118.85 |
| 上市公司 | Listed Companies | 170.39 | 175.41 | 169.63 | 173.08 |
| 国有控股企业 | State-owned Enterprises | 128.31 | 130.23 | 127.01 | 131.63 |

## 4—3 工业企业景气指数（2007年）

## Industrial Business Climate Index（2007）

| 指　　标 | Item | 一季度 First Quarter | 二季度 Second Quarter | 三季度 Third Quarter | 四季度 Fourth Quarter |
|---|---|---|---|---|---|
| **企业景气指数** | **Enterprises Business Climate Index** | **126.83** | **131.69** | **126.28** | **129.33** |
| 生产成本 | Production Cost | 69.96 | 70.41 | 65.56 | 51.79 |
| 生产总量 | Total Output | 99.21 | 114.61 | 125.78 | 119.40 |
| 产品订货 | Product Order | 112.34 | 117.88 | 117.60 | 120.64 |
| # 国外订货 | # Orders from Abroad | 97.22 | 108.14 | 98.17 | 90.77 |
| 产品销售 | Product Sales | 110.52 | 123.87 | 126.85 | 120.46 |
| 产品销售价格 | Product Sales Price | 94.29 | 99.84 | 100.34 | 116.55 |
| 产成品库存 | Products Stocks | 114.53 | 112.77 | 115.99 | 111.66 |
| 盈利（亏损）变化 | Profit（Loss）Changes | 106.97 | 118.95 | 118.66 | 114.96 |
| 流动资金 | Working Capital | 75.24 | 77.22 | 79.55 | 78.07 |
| 企业融资 | Enterprise Financing | 72.84 | 71.74 | 72.49 | 73.02 |
| 货款拖欠 | Loan in Arrear | 107.76 | 105.90 | 105.45 | 107.60 |
| 劳动力需求 | Labor Force Requirement | 117.08 | 113.42 | 108.89 | 113.01 |
| 固定资产投资 | Fixed Assest Investment | 108.94 | 123.98 | 121.27 | 127.50 |
| 科技创新 | Technology Innovation Material | 105.62 | 118.73 | 117.58 | 117.46 |
| 主要原材料及能源购进价格 | Mainly Original Material and Energy Purchase Price | 56.83 | 54.22 | 44.55 | 36.36 |
| 主要原材料及能源供应 | Mainly Original Material and Energy Supply | 100.92 | 102.65 | 103.63 | 89.44 |

## 4—4 建筑业企业景气指数（2007年）

## Architectural Business Climate Index（2007）

| 指　　标 | Item | 一季度 First Quarter | 二季度 Second Quarter | 三季度 Third Quarter | 四季度 Fourth Quarter |
|---|---|---|---|---|---|
| **企业景气指数** | **Enterprises Business Climate Index** | **119.58** | **125.78** | **116.74** | **124.24** |
| 工程合同数 | Number of Project contract | 75.46 | 99.80 | 105.13 | 112.25 |
| # 国（境）外合同 | # State（Habitat）Outside Contracts | 95.09 | 91.22 | 98.53 | 97.61 |
| 建筑工程量 | Number of Construction Project | 69.10 | 124.13 | 108.11 | 129.24 |
| 新开工工程量 | Number of Newly Building Project | 73.24 | 104.21 | 94.55 | 107.06 |
| 技术设备能力 | Volume of Techno-equipment Capability | 146.01 | 143.31 | 140.48 | 143.79 |
| 工程进度 | Degree in Carrying on the Project | 95.13 | 134.47 | 130.05 | 142.51 |
| 工程结算收入 | Project Income | 76.59 | 107.67 | 104.26 | 117.39 |
| 建筑材料购进价格 | Building Material Purchasing Price | 71.04 | 48.64 | 36.73 | 30.59 |
| 工程结算成本 | Cost of Project Settlement | 84.62 | 54.41 | 55.49 | 40.31 |
| 盈利（亏损）变化 | Profit（Loss）Changes | 96.70 | 94.00 | 95.68 | 101.74 |
| 流动资金 | Working Capital | 74.79 | 65.44 | 67.03 | 66.80 |
| 企业融资 | Enterprise Financing | 68.04 | 66.08 | 64.46 | 64.37 |
| 工程款拖欠 | Loan in Arrear | 111.08 | 100.67 | 99.96 | 101.63 |
| 劳动力需求 | Labor Force Requirement | 85.70 | 129.16 | 113.14 | 130.85 |
| 固定资产投资 | Fixed Assest Investment | 98.30 | 93.17 | 101.31 | 107.00 |

## 4—5 交通运输、仓储及邮电通信业企业景气指数（2007年）

## Business Climate Index in Transportation and Communication, Storage and Postal-service（2007）

| 指　　标 | Item | 一季度 First Quarter | 二季度 Second Quarter | 三季度 Third Quarter | 四季度 Fourth Quarter |
|---|---|---|---|---|---|
| **企业景气指数** | **Enterprises Business Climate Index** | **127.40** | **123.94** | **124.32** | **119.17** |
| 业务预订 | Business in Order | 137.81 | 122.42 | 131.68 | 135.85 |
| 业务量 | Volume of Business | 144.14 | 118.63 | 126.88 | 135.59 |
| 业务收费价格 | Business Charges Price | 108.02 | 93.11 | 100.59 | 103.66 |
| 业务成本 | Business Cost | 71.56 | 62.87 | 63.48 | 44.58 |
| 盈利（亏损）变化 | Profit（Loss）Changes | 129.18 | 77.47 | 75.29 | 81.21 |
| 流动资金 | Working Capital | 75.49 | 70.97 | 78.01 | 68.17 |
| 企业融资 | Enterprise Financing | 73.72 | 60.18 | 59.91 | 63.42 |
| 货款拖欠 | Loan in Arrear | 116.83 | 94.42 | 85.79 | 99.43 |
| 劳动力需求 | Labor Force Requirement | 104.01 | 92.41 | 92.77 | 95.62 |
| 固定资产投资 | Fixed Assest Investment | 118.57 | 136.91 | 131.42 | 134.91 |

## 4—6 批发和零售业企业景气指数（2007年）

## Business Climate Index in Boom in Whole-sale and Retail（2007）

| 指　　标 | Item | 一季度 First Quarter | 二季度 Second Quarter | 三季度 Third Quarter | 四季度 Fourth Quarter |
|---|---|---|---|---|---|
| **企业景气指数** | **Enterprises Business Climate Index** | **130.77** | **122.01** | **130.52** | **132.09** |
| 购货合同 | Purchase Contract | 101.30 | 100.07 | 104.72 | 108.23 |
| 商品购进价格 | Commodity Purchase Price | 89.00 | 76.78 | 69.56 | 62.60 |
| 商品销售 | Commodity Sales | 111.49 | 94.35 | 117.94 | 120.64 |
| # 出口 | # Exports | 100.58 | 97.24 | 96.51 | 98.24 |
| 商品销售价格 | Commodity Sales Price | 107.07 | 107.72 | 119.73 | 129.52 |
| 商品库存 | Commodity Stocks | 111.07 | 112.07 | 101.83 | 103.25 |
| 经营费用 | Business Charges | 75.31 | 86.97 | 75.34 | 65.30 |
| 竞争能力 | Competitive Capability | 125.13 | 120.16 | 123.77 | 126.79 |
| 盈利（亏损）变化 | Profit（Loss）Changes | 115.67 | 109.50 | 119.82 | 117.39 |
| 流动资金 | Working Capital | 95.55 | 91.79 | 93.87 | 94.90 |
| 企业融资 | Enterprise Financing | 88.57 | 83.98 | 87.21 | 90.41 |
| 货款拖欠 | Loan in Arrear | 110.23 | 118.50 | 114.75 | 108.22 |
| 劳动力需求 | Labor Force Requirement | 110.74 | 102.19 | 104.45 | 103.12 |
| 固定资产投资 | Fixed Assest Investment | 103.39 | 106.50 | 109.88 | 110.77 |

## 4—7 房地产业企业景气指数（2007年）

## Business Climate Index in Real Estate（2007）

| 指标 | Item | 一季度 First Quarter | 二季度 Second Quarter | 三季度 Third Quarter | 四季度 Fourth Quarter |
|---|---|---|---|---|---|
| **企业景气指数** | **Enterprises Business Climate Index** | **124.03** | **123.60** | **121.30** | **128.88** |
| 土地开发 | Land Development | 88.16 | 90.17 | 81.24 | 88.28 |
| 完成投资 | Completed Investment | 111.47 | 109.35 | 105.58 | 114.22 |
| 新开工情况 | Information in Newly Building | 80.73 | 93.44 | 93.39 | 90.50 |
| 房屋竣工 | Completed House | 95.18 | 93.00 | 90.46 | 111.25 |
| 商品房预售 | Sales for Commercial Residence be Constructed | 102.30 | 102.66 | 100.55 | 103.90 |
| 商品房销售 | Commercial Residence Sales | 95.19 | 96.85 | 97.00 | 98.58 |
| 商品房销售价格 | Commercial Residence Sales Price | 130.25 | 127.06 | 130.45 | 133.81 |
| 空置商品房 | Commercial Residence Idiom Area | 140.46 | 144.29 | 140.41 | 136.78 |
| 盈利（亏损）变化 | Profit（Loss）Changes | 109.65 | 117.75 | 108.91 | 116.14 |
| 流动资金 | Working Capital | 94.01 | 83.01 | 85.38 | 84.14 |
| 企业融资 | Enterprise Financing | 81.52 | 76.07 | 75.22 | 80.96 |
| 货款拖欠 | Loan in Arrear | 123.80 | 118.63 | 116.99 | 124.95 |
| 劳动力需求 | Labor Force Requirement | 102.64 | 102.47 | 104.53 | 109.80 |
| 固定资产投资 | Fixed Assest Investment | 95.99 | 96.50 | 104.28 | 105.87 |

## 4—8 社会服务业企业景气指数（2007年）

## Business Climate Index in Social Service（2007）

| 指标 | Item | 一季度 First Quarter | 二季度 Second Quarter | 三季度 Third Quarter | 四季度 Fourth Quarter |
|---|---|---|---|---|---|
| **企业景气指数** | **Enterprises Business Climate Index** | **118.76** | **122.46** | **125.91** | **121.82** |
| 服务预订 | Service Order | 93.99 | 122.70 | 128.18 | 101.15 |
| 竞争能力 | Competitive Capability | 139.33 | 136.17 | 140.89 | 142.75 |
| 旅游客源 | Tourist Source | 110.00 | 148.39 | 168.75 | 118.75 |
| 收费（服务）价格 | Charges（Service）Price | 104.89 | 97.75 | 100.00 | 92.93 |
| 业务量 | Volume of Business | 95.69 | 129.00 | 123.62 | 107.58 |
| 营业成本 | Business Cost | 74.78 | 65.40 | 76.37 | 71.28 |
| 盈利（亏损）变化 | Profit（Loss）Changes | 94.66 | 109.90 | 111.12 | 98.62 |
| 流动资金 | Working capital | 76.48 | 95.51 | 92.06 | 93.10 |
| 企业融资 | Enterprise Financing | 74.76 | 74.42 | 75.58 | 71.54 |
| 货款拖欠 | Loan in Arrear | 107.79 | 103.45 | 100.93 | 100.00 |
| 劳动力需求 | Labor Force Requirement | 105.38 | 129.22 | 119.31 | 101.15 |
| 固定资产投资 | Fixed Assest Investment | 101.09 | 106.59 | 104.55 | 109.18 |

## 4—9 信息传输、计算机服务和软件业企业景气指数（2007年）

## Business Climate Index in Information Transmission, Computer Service and Software（2007）

| 指　　标 | Item | 一季度 First Quarter | 二季度 Second Quarter | 三季度 Third Quarter | 四季度 Fourth Quarter |
|---|---|---|---|---|---|
| **企业景气指数** | **Enterprises Business Climate Index** | **146.30** | **143.22** | **136.15** | **156.70** |
| 产品销售 | Business in Sales | 137.67 | 119.71 | 140.71 | 166.82 |
| 产品订货 | Business in Order | 124.62 | 115.32 | 127.35 | 147.29 |
| 竞争能力 | Competitive Capability | 135.80 | 142.00 | 139.63 | 135.43 |
| 销售（收费）价格 | Sales（Charges）Price | 81.45 | 88.51 | 93.77 | 90.18 |
| 营业收入 | Business Income | 149.14 | 115.03 | 133.98 | 143.13 |
| 营业成本 | Business Cost | 89.26 | 84.08 | 81.83 | 85.02 |
| 盈利（亏损）变化 | Profit（Loss）Changes | 133.89 | 116.19 | 116.46 | 130.86 |
| 流动资金 | Working Capital | 126.01 | 125.09 | 110.83 | 127.85 |
| 企业融资 | Enterprise Financing | 109.08 | 105.35 | 97.32 | 105.15 |
| 货款拖欠 | Loan in Arrear | 107.37 | 96.89 | 104.61 | 109.00 |
| 劳动力需求 | Labor Force Requirement | 125.92 | 114.56 | 109.42 | 114.82 |
| 固定资产投资 | Fixed Assest Investment | 119.74 | 142.37 | 133.12 | 146.22 |

## 4—10 住宿和餐饮业企业景气指数（2007年）

## Business Climate Index in Social Service（2007）

| 指　　标 | Item | 一季度 First Quarter | 二季度 Second Quarter | 三季度 Third Quarter | 四季度 Fourth Quarter |
|---|---|---|---|---|---|
| **企业景气指数** | **Enterprises Business Climate Index** | **101.98** | **112.49** | **110.88** | **102.69** |
| 业务预订 | Business Order | 77.35 | 101.50 | 107.26 | 105.76 |
| 业务量 | Volume of Business | 80.34 | 103.11 | 99.72 | 104.12 |
| 竞争能力 | Competitive Capability | 110.57 | 113.58 | 122.45 | 113.27 |
| 客房出租 | Guest Room Rent | 53.20 | 81.97 | 82.92 | 80.96 |
| 收费（服务）价格 | Charges（Service）Price | 76.02 | 96.91 | 90.92 | 93.79 |
| 营业收入 | Business Income | 75.76 | 100.60 | 103.40 | 104.70 |
| 营业成本 | Business Cost | 84.04 | 67.35 | 70.19 | 56.97 |
| 盈利（亏损）变化 | Profit（Loss）Changes | 72.60 | 93.99 | 92.72 | 89.71 |
| 流动资金 | Working Capital | 73.72 | 72.36 | 70.75 | 73.27 |
| 企业融资 | Enterprise Financing | 60.73 | 61.62 | 59.11 | 63.24 |
| 货款拖欠 | Loan in Arrear | 103.74 | 99.02 | 98.88 | 96.75 |
| 劳动力需求 | Labor Force Requirement | 103.32 | 108.73 | 112.12 | 107.77 |
| 固定资产投资 | Fixed Assest Investment | 104.90 | 116.45 | 106.48 | 107.80 |

# 4—11 企业生产总量景气指数（2007年）

## Business Climate Index in Enterprises Production（2007）

| 指标 | Item | 一季度 First Quarter | 二季度 Second Quarter | 三季度 Third Quarter | 四季度 Fourth Quarter |
|---|---|---|---|---|---|
| **企业生产景气指数** | **Business Climate Index in Enterprises Production** | **103.33** | **112.85** | **121.50** | **122.19** |
| **按行业门类分** | **Grouped by Sector** | | | | |
| 工业 | Industry | 99.21 | 114.61 | 125.78 | 119.40 |
| 采掘业 | Mining and Quarrying | 79.19 | 137.28 | 113.87 | 117.42 |
| 制造业 | Manufacturing | 96.22 | 104.77 | 120.09 | 116.97 |
| 电力、煤气及水生产供应业 | Production & Supply of Power, Gas and Water | 119.99 | 168.71 | 161.29 | 123.62 |
| 建筑业 | Construction | 69.10 | 124.13 | 108.11 | 129.24 |
| 交通运输、仓储及邮电通信业 | Transportation, Storage, Posts andTelecommunications | 144.14 | 118.63 | 126.88 | 135.59 |
| 批发和零售业 | Wholesale, Retail and Catering | 111.49 | 94.35 | 117.94 | 120.64 |
| 房地产业 | Real Estate | 111.47 | 109.35 | 105.58 | 114.22 |
| 社会服务业 | Social Services | 95.69 | 129.00 | 123.62 | 107.58 |
| 信息传输、计算机服务和软件业 | Information Transmitting, Computer Services and Software | 137.67 | 119.71 | 140.71 | 166.82 |
| 住宿和餐饮业 | Hotel and Eateries | 80.34 | 103.11 | 99.72 | 104.12 |
| **按企业登记注册类型分** | **Grouped by Status of Registration** | | | | |
| 国有企业 | State-owned Enterprises | 92.25 | 105.64 | 124.79 | 114.08 |
| 集体企业 | Collective-owned Enterprises | 90.71 | 103.73 | 105.71 | 104.27 |
| 股份合作企业 | Cooperative Enterprises | 113.17 | 94.12 | 120.16 | 116.71 |
| 联营企业 | Joint Ownership Enterprises | 150.00 | 200.00 | 100.00 | 100.00 |
| 有限责任公司 | Limited Liability Corporations | 110.52 | 127.22 | 120.60 | 131.11 |
| 股份有限公司 | Shar-holding Corporations Limited | 100.79 | 91.60 | 129.88 | 121.98 |
| 私营企业 | Private Enterprises | 108.45 | 115.08 | 100.10 | 108.19 |
| 其它内资企业 | Other Domestic-funded Enterprises | 16.67 | 66.67 | 116.67 | 100.00 |
| 外商及港、澳、台投资企业 | Foreign and Hong Kong, Macao, Taiwan-invested Enterprises | 102.22 | 114.04 | 122.39 | 126.83 |
| **按企业规模分** | **Grouped by Size of Enterprises** | | | | |
| 大型 | Large Enterprises | 109.36 | 112.31 | 148.09 | 136.68 |
| 中型 | Medium Enterprises | 96.94 | 113.73 | 113.19 | 118.27 |
| 小型 | Small Enterprises | 102.87 | 109.02 | 110.10 | 108.33 |
| **按特殊群体分** | **Grouped by Special Group** | | | | |
| 国家重点企业 | Key State Enterprises | 84.29 | 76.81 | 143.30 | 91.97 |
| 乡镇企业 | Town and Township Enterprises | 105.45 | 110.46 | 123.24 | 128.00 |
| 上市公司 | Listed Companies | 87.71 | 81.13 | 142.88 | 111.11 |
| 国有控股企业 | State-owned Enterprises | 99.60 | 111.41 | 125.53 | 123.19 |

# 4—12 企业盈利（亏损）变化景气指数（2007年）

## Corporate Profit（loss）Changes in Sentiment Index（2007）

| 指　　标 | Item | 一季度 First Quarter | 二季度 Second Quarter | 三季度 Third Quarter | 四季度 Fourth Quarter |
|---|---|---|---|---|---|
| **企业盈利（亏损）景气指数** | **Corporate Profit（loss）Changes in Sentiment Index** | **108.37** | **109.98** | **112.02** | **110.04** |
| **按行业门类分** | **Grouped by Sector** | | | | |
| 工业 | Industry | 106.97 | 118.95 | 118.66 | 114.96 |
| 采掘业 | Mining and Quarrying | 86.58 | 131.65 | 138.64 | 128.79 |
| 制造业 | Manufacturing | 106.05 | 115.12 | 114.55 | 113.71 |
| 电力、煤气及水生产供应业 | Production & Supply of Power, Gas and Water | 113.77 | 139.02 | 135.95 | 116.16 |
| 建筑业 | Construction | 96.70 | 94.00 | 95.68 | 101.74 |
| 交通运输、仓储及邮电通信业 | Transportation, Storage, Posts and Telecommunications | 129.18 | 77.47 | 75.29 | 81.21 |
| 批发和零售业 | Wholesale, Retail and Catering | 115.67 | 109.50 | 119.82 | 117.39 |
| 房地产业 | Real Estate | 109.65 | 117.75 | 108.91 | 116.14 |
| 社会服务业 | Social Services | 94.66 | 109.90 | 111.12 | 98.62 |
| 信息传输、计算机服务和软件业 | Information Transmitting, Computer Services and Software | 133.89 | 116.19 | 116.46 | 130.86 |
| 住宿和餐饮业 | Hotel and Eateries | 72.60 | 93.99 | 92.72 | 89.71 |
| **按企业登记注册类型分** | **Grouped by Status of Registration** | | | | |
| 国有企业 | State-owned Enterprises | 105.65 | 106.97 | 107.47 | 100.17 |
| 集体企业 | Collective-owned Enterprises | 92.10 | 87.89 | 92.52 | 91.10 |
| 股份合作企业 | Cooperative Enterprises | 81.41 | 90.20 | 115.42 | 82.90 |
| 联营企业 | Joint Ownership Enterprises | 100.00 | 200.00 | 100.00 | 100.00 |
| 有限责任公司 | Limited Liability Corporations | 107.42 | 116.56 | 115.91 | 119.86 |
| 股份有限公司 | Shar-holding Corporations Limited | 129.21 | 121.26 | 127.61 | 122.01 |
| 私营企业 | Private Enterprises | 95.23 | 101.52 | 98.50 | 108.12 |
| 其它内资企业 | Other Domestic-funded Enterprises | 50.00 | 83.33 | 100.00 | 50.00 |
| 外商及港、澳、台投资企业 | Foreign and Hong Kong, Macao, Taiwan-invested Enterprises | 103.28 | 114.62 | 106.19 | 116.19 |
| **按企业规模分** | **Grouped by Size of Enterprises** | | | | |
| 大型 | Large Enterprises | 142.48 | 136.60 | 135.14 | 131.73 |
| 中型 | Medium Enterprises | 93.76 | 104.15 | 104.90 | 104.98 |
| 小型 | Small Enterprises | 99.76 | 98.78 | 102.22 | 98.48 |
| **按特殊群体分** | **Grouped by Special Group** | | | | |
| 国家重点企业 | Key State Enterprises | 176.60 | 151.45 | 160.89 | 150.08 |
| 乡镇企业 | Town and Township Enterprises | 101.49 | 110.25 | 109.43 | 102.70 |
| 上市公司 | Listed Companies | 142.46 | 142.34 | 145.19 | 153.27 |
| 国有控股企业 | State-owned Enterprises | 109.69 | 115.76 | 115.99 | 109.31 |

# 4—13 企业流动资金景气指数（2007年）

## Business Climate Index in Enterprises Working Capitals（2007）

| 指标 | Item | 一季度 First Quarter | 二季度 Second Quarter | 三季度 Third Quarter | 四季度 Fourth Quarter |
|---|---|---|---|---|---|
| **企业流动资金景气指数** | **Business Climate Index in Enterprises Working Capitals** | **81.33** | **80.52** | **82.04** | **81.39** |
| **按行业门类分** | **Grouped by Sector** | | | | |
| 工业 | Industry | 75.24 | 77.22 | 79.55 | 78.07 |
| 采掘业 | Mining and Quarrying | 102.86 | 96.55 | 116.20 | 115.65 |
| 制造业 | Manufacturing | 72.30 | 76.11 | 77.98 | 76.41 |
| 电力、煤气及水生产供应业 | Production & Supply of Power, Gas and Water | 86.22 | 79.76 | 82.05 | 80.95 |
| 建筑业 | Construction | 74.79 | 65.44 | 67.03 | 66.80 |
| 交通运输、仓储及邮电通信业 | Transportation, Storage, Posts and Telecommunications | 75.49 | 70.97 | 78.01 | 68.17 |
| 批发和零售业 | Wholesale, Retail and Catering | 95.55 | 91.79 | 93.87 | 94.90 |
| 房地产业 | Real Estate | 94.01 | 83.01 | 85.38 | 84.14 |
| 社会服务业 | Social Services | 76.48 | 95.51 | 92.06 | 93.10 |
| 信息传输、计算机服务和软件业 | Information Transmitting, Computer Services and Software | 126.01 | 125.09 | 110.83 | 127.85 |
| 住宿和餐饮业 | Hotel and Eateries | 73.72 | 72.36 | 70.75 | 73.27 |
| **按企业登记注册类型分** | **Grouped by Status of Registration** | | | | |
| 国有企业 | State-owned Enterprises | 70.70 | 69.25 | 70.92 | 69.34 |
| 集体企业 | Collective-owned Enterprises | 58.63 | 65.09 | 65.33 | 59.98 |
| 股份合作企业 | Cooperative Enterprises | 85.14 | 89.51 | 92.07 | 99.94 |
| 联营企业 | Joint Ownership Enterprises | 50.00 | 100.00 | 100.00 | 100.00 |
| 有限责任公司 | Limited Liability Corporations | 78.30 | 76.82 | 77.79 | 82.39 |
| 股份有限公司 | Shar-holding Corporations Limited | 118.03 | 111.72 | 113.61 | 107.94 |
| 私营企业 | Private Enterprises | 79.37 | 91.46 | 86.19 | 79.73 |
| 其它内资企业 | Other Domestic-funded Enterprises | 100.00 | 133.33 | 133.33 | 116.67 |
| 外商及港、澳、台投资企业 | Foreign and Hong Kong, Macao, Taiwan-invested Enterprises | 104.13 | 101.43 | 108.97 | 100.24 |
| **按企业规模分** | **Grouped by Size of Enterprises** | | | | |
| 大型 | Large Enterprises | 95.93 | 91.25 | 93.94 | 93.52 |
| 中型 | Medium Enterprises | 76.19 | 77.51 | 77.86 | 77.49 |
| 小型 | Small Enterprises | 76.79 | 76.83 | 78.57 | 77.53 |
| **按特殊群体分** | **Grouped by Special Group** | | | | |
| 国家重点企业 | Key State Enterprises | 118.25 | 118.37 | 120.50 | 108.69 |
| 乡镇企业 | Town and Township Enterprises | 80.21 | 82.22 | 86.03 | 77.57 |
| 上市公司 | Listed Companies | 135.32 | 131.27 | 121.85 | 140.27 |
| 国有控股企业 | State-owned Enterprises | 76.62 | 76.57 | 76.71 | 77.95 |

# 4—14 企业货款拖欠景气指数（2007年）

## Business Climate Index in Enterprises Loan in Arrear（2007）

| 指　标 | Item | 一季度 First Quarter | 二季度 Second Quarter | 三季度 Third Quarter | 四季度 Fourth Quarter |
|---|---|---|---|---|---|
| **企业货款拖欠景气指数** | **Business Climate Index in Enterprises Loan in Arrear** | **110.04** | **106.35** | **105.18** | **106.76** |
| **按行业门类分** | **Grouped by Sector** | | | | |
| 工业 | Industry | 107.76 | 105.90 | 105.45 | 107.60 |
| 采掘业 | Mining and Quarrying | 148.20 | 108.90 | 121.95 | 136.20 |
| 制造业 | Manufacturing | 110.37 | 108.39 | 108.60 | 106.36 |
| 电力、煤气及水生产供应业 | Production & Supply of Power, Gas and Water | 91.87 | 98.86 | 95.17 | 111.17 |
| 建筑业 | Construction | 111.08 | 100.67 | 99.96 | 101.63 |
| 交通运输、仓储及邮电通信业 | Transportation, Storage, Posts and Telecommunications | 116.83 | 94.42 | 85.79 | 99.43 |
| 批发和零售业 | Wholesale, Retail and Catering | 110.23 | 118.50 | 114.75 | 108.22 |
| 房地产业 | Real Estate | 123.80 | 118.63 | 116.99 | 124.95 |
| 社会服务业 | Social Services | 107.79 | 103.45 | 100.93 | 100.00 |
| 信息传输、计算机服务和软件业 | Information Transmitting, Computer Services and Software | 107.37 | 96.89 | 104.61 | 109.00 |
| 住宿和餐饮业 | Hotel and Eateries | 103.74 | 99.02 | 98.88 | 96.75 |
| **按企业登记注册类型分** | **Grouped by Status of Registration** | | | | |
| 国有企业 | State-owned Enterprises | 113.53 | 111.12 | 99.42 | 109.84 |
| 集体企业 | Collective-owned Enterprises | 108.39 | 102.39 | 100.95 | 96.35 |
| 股份合作企业 | Cooperative Enterprises | 123.09 | 105.13 | 100.00 | 104.40 |
| 联营企业 | Joint Ownership Enterprises | 150.00 | 150.00 | 0.00 | 100.00 |
| 有限责任公司 | Limited Liability Corporations | 99.92 | 98.30 | 103.92 | 105.75 |
| 股份有限公司 | Shar-holding Corporations Limited | 133.08 | 124.52 | 128.29 | 111.22 |
| 私营企业 | Private Enterprises | 110.08 | 113.52 | 103.09 | 103.65 |
| 其它内资企业 | Other Domestic-funded Enterprises | 83.33 | 83.33 | 66.67 | 66.67 |
| 外商及港、澳、台投资企业 | Foreign and Hong Kong, Macao, Taiwan-invested Enterprises | 106.51 | 102.95 | 108.22 | 107.74 |
| **按企业规模分** | **Grouped by Size of Enterprises** | | | | |
| 大型 | Large Enterprises | 119.06 | 109.90 | 107.74 | 114.61 |
| 中型 | Medium Enterprises | 106.94 | 104.06 | 105.48 | 106.53 |
| 小型 | Small Enterprises | 108.96 | 110.34 | 102.73 | 99.49 |
| **按特殊群体分** | **Grouped by Special Group** | | | | |
| 国家重点企业 | Key State Enterprises | 146.40 | 132.54 | 103.74 | 99.90 |
| 乡镇企业 | Town and Township Enterprises | 108.35 | 92.07 | 107.27 | 100.12 |
| 上市公司 | Listed Companies | 163.26 | 147.77 | 129.22 | 121.03 |
| 国有控股企业 | State-owned Enterprises | 111.12 | 110.39 | 104.92 | 112.10 |

## 4—15 企业劳动力需求景气指数（2007年）

## Enterprise Demand for Labor Sentiment Index（2007）

| 指　标 | Item | 一季度 First Quarter | 二季度 Second Quarter | 三季度 Third Quarter | 四季度 Fourth Quarter |
|---|---|---|---|---|---|
| **企业劳动力需求景气指数** | **Enterprise Demand for Labor Sentiment Index** | **110.38** | **111.29** | **107.92** | **110.83** |
| **按行业门类分** | **Grouped by Sector** | | | | |
| 工业 | Industry | 117.08 | 113.42 | 108.89 | 113.01 |
| 采掘业 | Mining and Quarrying | 116.00 | 108.55 | 92.00 | 103.43 |
| 制造业 | Manufacturing | 119.70 | 114.71 | 110.07 | 115.24 |
| 电力、煤气及水生产供应业 | Production & Supply of Power, Gas and Water | 102.89 | 107.36 | 106.22 | 102.27 |
| 建筑业 | Construction | 85.70 | 129.16 | 113.14 | 130.85 |
| 交通运输、仓储及邮电通信业 | Transportation, Storage, Posts and Telecommunications | 104.01 | 92.41 | 92.77 | 95.62 |
| 批发和零售业 | Wholesale, Retail and Catering | 110.74 | 102.19 | 104.45 | 103.12 |
| 房地产业 | Real Estate | 102.64 | 102.47 | 104.53 | 109.80 |
| 社会服务业 | Social Services | 105.38 | 129.22 | 119.31 | 101.15 |
| 信息传输、计算机服务和软件业 | Information Transmitting, Computer Services and Software | 125.92 | 114.56 | 109.42 | 114.82 |
| 住宿和餐饮业 | Hotel and Eateries | 103.32 | 108.73 | 112.12 | 107.77 |
| **按企业登记注册类型分** | **Grouped by Status of Registration** | | | | |
| 国有企业 | State-owned Enterprises | 105.72 | 107.73 | 106.15 | 108.62 |
| 集体企业 | Collective-owned Enterprises | 96.64 | 103.42 | 102.11 | 96.30 |
| 股份合作企业 | Cooperative Enterprises | 106.71 | 87.34 | 113.37 | 100.67 |
| 联营企业 | Joint Ownership Enterprises | 150.00 | 200.00 | 150.00 | 50.00 |
| 有限责任公司 | Limited Liability Corporations | 109.44 | 111.10 | 111.77 | 111.58 |
| 股份有限公司 | Shar-holding Corporations Limited | 133.80 | 120.57 | 100.43 | 114.45 |
| 私营企业 | Private Enterprises | 121.23 | 120.82 | 102.97 | 115.43 |
| 其它内资企业 | Other Domestic-funded Enterprises | 50.00 | 116.67 | 100.00 | 83.33 |
| 外商及港、澳、台投资企业 | Foreign and Hong Kong, Macao, Taiwan-invested Enterprises | 116.21 | 118.57 | 115.48 | 119.30 |
| **按企业规模分** | **Grouped by Size of Enterprises** | | | | |
| 大型 | Large Enterprises | 125.77 | 121.91 | 116.52 | 125.08 |
| 中型 | Medium Enterprises | 106.80 | 107.84 | 104.08 | 105.57 |
| 小型 | Small Enterprises | 106.70 | 108.78 | 108.13 | 106.82 |
| **按特殊群体分** | **Grouped by Special Group** | | | | |
| 国家重点企业 | Key State Enterprises | 161.75 | 132.88 | 120.61 | 142.32 |
| 乡镇企业 | Town and Township Enterprises | 107.66 | 114.65 | 115.53 | 111.60 |
| 上市公司 | Listed Companies | 151.14 | 125.84 | 112.95 | 133.92 |
| 国有控股企业 | State-owned Enterprises | 108.97 | 108.11 | 103.29 | 109.10 |

## 4—16 企业固定资产投资景气指数（2007年）

## Business Climate Index in Industrial Fixed Assets Investment（2007）

| 指　　标 | Item | 一季度 First Quarter | 二季度 Second Quarter | 三季度 Third Quarter | 四季度 Fourth Quarter |
|---|---|---|---|---|---|
| **企业固定资产投资景气指数** | **Business Climate Index in Industrial Fixed Assets Investment** | **107.02** | **117.47** | **116.79** | **121.41** |
| **按行业门类分** | **Grouped by Sector** | | | | |
| 工业 | Industry | 108.94 | 123.98 | 121.27 | 127.50 |
| 采掘业 | Mining and Quarrying | 110.23 | 106.51 | 122.51 | 114.70 |
| 制造业 | Manufacturing | 103.28 | 120.33 | 115.73 | 123.47 |
| 电力、煤气及水生产供应业 | Production & Supply of Power, Gas and Water | 140.16 | 146.75 | 150.34 | 152.86 |
| 建筑业 | Construction | 98.30 | 93.17 | 101.31 | 107.00 |
| 交通运输、仓储及邮电通信业 | Transportation, Storage, Posts and Telecommunications | 118.57 | 136.91 | 131.42 | 134.91 |
| 批发和零售业 | Wholesale, Retail and Catering | 103.39 | 106.50 | 109.88 | 110.77 |
| 房地产业 | Real Estate | 95.99 | 96.50 | 104.28 | 105.87 |
| 社会服务业 | Social Services | 101.09 | 106.59 | 104.55 | 109.18 |
| 信息传输、计算机服务和软件业 | Information Transmitting, Computer Services and Software | 119.74 | 142.37 | 133.12 | 146.22 |
| 住宿和餐饮业 | Hotel and Eateries | 104.90 | 116.45 | 106.48 | 107.80 |
| **按企业登记注册类型分** | **Grouped by Status of Registration** | | | | |
| 国有企业 | State-owned Enterprises | 98.22 | 119.28 | 118.99 | 122.09 |
| 集体企业 | Collective-owned Enterprises | 93.71 | 95.86 | 97.89 | 96.20 |
| 股份合作企业 | Cooperative Enterprises | 116.47 | 110.93 | 117.99 | 110.26 |
| 联营企业 | Joint Ownership Enterprises | 150.00 | 200.00 | 50.00 | 150.00 |
| 有限责任公司 | Limited Liability Corporations | 112.52 | 120.48 | 114.51 | 120.81 |
| 股份有限公司 | Shar-holding Corporations Limited | 105.79 | 118.61 | 128.15 | 137.34 |
| 私营企业 | Private Enterprises | 113.59 | 121.11 | 103.07 | 113.09 |
| 其它内资企业 | Other Domestic-funded Enterprises | 133.33 | 83.33 | 100.00 | 100.00 |
| 外商及港、澳、台投资企业 | Foreign and Hong Kong, Macao, Taiwan-invested Enterprises | 115.99 | 121.93 | 128.33 | 126.90 |
| **按企业规模分** | **Grouped by Size of Enterprises** | | | | |
| 大型 | Large Enterprises | 114.26 | 148.67 | 141.11 | 152.99 |
| 中型 | Medium Enterprises | 105.00 | 110.84 | 110.14 | 112.56 |
| 小型 | Small Enterprises | 103.13 | 100.49 | 104.19 | 107.58 |
| **按特殊群体分** | **Grouped by Special Group** | | | | |
| 国家重点企业 | Key State Enterprises | 103.08 | 138.77 | 155.43 | 172.93 |
| 乡镇企业 | Town and Township Enterprises | 103.79 | 98.22 | 101.58 | 103.84 |
| 上市公司 | Listed Companies | 84.69 | 166.76 | 159.49 | 166.14 |
| 国有控股企业 | State-owned Enterprises | 105.46 | 121.80 | 119.72 | 127.28 |

# 4—17 企业产品订货景气指数（2007年）

## Business Climate Index in Enterprises Order（2007）

| 指标 | Item | 一季度 First Quarter | 二季度 Second Quarter | 三季度 Third Quarter | 四季度 Fourth Quarter |
|---|---|---|---|---|---|
| **企业产品订货景气指数** | **Business Climate Index in Enterprises Order** | **106.94** | **112.39** | **115.20** | **117.77** |
| **按行业门类分** | **Grouped by Sector** | | | | |
| 工业 | Industry | 112.34 | 117.88 | 117.60 | 120.64 |
| 采掘业 | Mining and Quarrying | 136.20 | 127.65 | 107.65 | 114.49 |
| 制造业 | Manufacturing | 113.94 | 118.47 | 115.65 | 118.20 |
| 电力、煤气及水生产供应业 | Production & Supply of Power, Gas and Water | 103.30 | 114.17 | 128.88 | 132.05 |
| 建筑业 | Construction | 75.46 | 99.80 | 105.13 | 112.25 |
| 交通运输、仓储及邮电通信业 | Transportation, Storage, Posts and Telecommunications | 137.81 | 122.42 | 131.68 | 135.85 |
| 批发和零售业 | Wholesale, Retail and Catering | 101.30 | 100.07 | 104.72 | 108.23 |
| 房地产业 | Real Estate | 102.30 | 102.66 | 100.55 | 103.90 |
| 社会服务业 | Social Services | 93.99 | 122.70 | 128.18 | 101.15 |
| 信息传输、计算机服务和软件业 | Information Transmitting, Computer Services and Software | 124.62 | 115.32 | 127.35 | 147.29 |
| 住宿和餐饮业 | Hotel and Eateries | 77.35 | 101.50 | 107.26 | 105.76 |
| **按企业登记注册类型分** | **Grouped by Status of Registration** | | | | |
| 国有企业 | State-owned Enterprises | 101.58 | 108.38 | 116.40 | 116.61 |
| 集体企业 | Collective-owned Enterprises | 86.27 | 93.03 | 90.92 | 96.13 |
| 股份合作企业 | Cooperative Enterprises | 106.02 | 109.74 | 98.62 | 104.61 |
| 联营企业 | Joint Ownership Enterprises | 150.00 | 200.00 | 100.00 | 50.00 |
| 有限责任公司 | Limited Liability Corporations | 105.58 | 115.55 | 115.97 | 119.71 |
| 股份有限公司 | Shar-holding Corporations Limited | 124.86 | 115.80 | 126.64 | 118.59 |
| 私营企业 | Private Enterprises | 110.28 | 107.61 | 105.80 | 112.68 |
| 其它内资企业 | Other Domestic-funded Enterprises | 50.00 | 83.33 | 66.67 | 100.00 |
| 外商及港、澳、台投资企业 | Foreign and Hong Kong, Macao, Taiwan-invested Enterprises | 114.69 | 118.26 | 123.92 | 125.27 |
| **按企业规模分** | **Grouped by Size of Enterprises** | | | | |
| 大型 | Large Enterprises | 131.85 | 131.96 | 145.92 | 143.28 |
| 中型 | Medium Enterprises | 97.61 | 107.63 | 105.50 | 111.30 |
| 小型 | Small Enterprises | 99.76 | 100.98 | 103.69 | 100.51 |
| **按特殊群体分** | **Grouped by Special Group** | | | | |
| 国家重点企业 | Key State Enterprises | 155.40 | 126.93 | 168.84 | 167.43 |
| 乡镇企业 | Town and Township Enterprises | 94.97 | 114.81 | 108.35 | 116.57 |
| 上市公司 | Listed Companies | 139.55 | 152.94 | 151.05 | 157.24 |
| 国有控股企业 | State-owned Enterprises | 104.25 | 108.77 | 118.52 | 117.86 |

# 4—18 企业融资景气指数（2007年）

## Business Climate Index in Industrial Financing（2007）

| 指　　标 | Item | 一季度 First Quarter | 二季度 Second Quarter | 三季度 Third Quarter | 四季度 Fourth Quarter |
|---|---|---|---|---|---|
| **企业融资景气指数** | **Business Climate Index in Industrial Financing** | **76.29** | **73.26** | **73.58** | **75.19** |
| **按行业门类分** | **Grouped by Sector** | | | | |
| 工业 | Industry | 72.84 | 71.74 | 72.49 | 73.02 |
| 采掘业 | Mining and Quarrying | 85.42 | 73.42 | 91.65 | 85.42 |
| 制造业 | Manufacturing | 71.25 | 71.17 | 72.07 | 72.21 |
| 电力、煤气及水生产供应业 | Production & Supply of Power, Gas and Water | 80.29 | 74.89 | 71.95 | 75.47 |
| 建筑业 | Construction | 68.04 | 66.08 | 64.46 | 64.37 |
| 交通运输、仓储及邮电通信业 | Transportation, Storage, Posts and Telecommunications | 73.72 | 60.18 | 59.91 | 63.42 |
| 批发和零售业 | Wholesale, Retail and Catering | 88.57 | 83.98 | 87.21 | 90.41 |
| 房地产业 | Real Estate | 81.52 | 76.07 | 75.22 | 80.96 |
| 社会服务业 | Social Services | 74.76 | 74.42 | 75.58 | 71.54 |
| 信息传输、计算机服务和软件业 | Information Transmitting, Computer Services and Software | 109.08 | 105.35 | 97.32 | 105.15 |
| 住宿和餐饮业 | Hotel and Eateries | 60.73 | 61.62 | 59.11 | 63.24 |
| **按企业登记注册类型分** | **Grouped by Status of Registration** | | | | |
| 国有企业 | State-owned Enterprises | 67.76 | 64.03 | 64.92 | 66.16 |
| 集体企业 | Collective-owned Enterprises | 56.73 | 54.23 | 58.73 | 56.31 |
| 股份合作企业 | Cooperative Enterprises | 64.50 | 73.45 | 83.71 | 73.45 |
| 联营企业 | Joint Ownership Enterprises | 50.00 | 100.00 | 100.00 | 50.00 |
| 有限责任公司 | Limited Liability Corporations | 73.72 | 71.60 | 70.72 | 74.62 |
| 股份有限公司 | Shar-holding Corporations Limited | 107.90 | 105.02 | 105.79 | 107.23 |
| 私营企业 | Private Enterprises | 82.56 | 73.92 | 67.21 | 69.40 |
| 其它内资企业 | Other Domestic-funded Enterprises | 100.00 | 116.67 | 100.00 | 100.00 |
| 外商及港、澳、台投资企业 | Foreign and Hong Kong, Macao, Taiwan-invested Enterprises | 85.98 | 85.87 | 90.74 | 86.06 |
| **按企业规模分** | **Grouped by Size of Enterprises** | | | | |
| 大型 | Large Enterprises | 96.47 | 92.20 | 91.21 | 92.12 |
| 中型 | Medium Enterprises | 70.50 | 67.88 | 69.05 | 69.36 |
| 小型 | Small Enterprises | 66.91 | 66.17 | 66.42 | 69.82 |
| **按特殊群体分** | **Grouped by Special Group** | | | | |
| 国家重点企业 | Key State Enterprises | 102.21 | 102.82 | 113.08 | 106.57 |
| 乡镇企业 | Town and Township Enterprises | 78.87 | 72.50 | 76.03 | 67.10 |
| 上市公司 | Listed Companies | 113.47 | 115.49 | 112.21 | 110.58 |
| 国有控股企业 | State-owned Enterprises | 73.41 | 72.54 | 71.71 | 75.16 |

# 4—19 企业家信心指数和企业景气指数

## Entrepreneur Confidence Index and Business Climate Index

| 年 份 | Year | 企业家信心指数 Entrepreneur Confidence Index | 企业景气指数 Enterprises Business Climate Index |
|---|---|---|---|
| **2000年** | **2000** | | |
| 一季度 | First Quarter | 88.59 | 82.56 |
| 二季度 | Second Quarter | 90.51 | 85.51 |
| 三季度 | Third Quarter | 88.87 | 84.66 |
| 四季度 | Fourth Quarter | 90.08 | 87.25 |
| **2001年** | **2001** | | |
| 一季度 | First Quarter | 99.51 | 89.52 |
| 二季度 | Second Quarter | 94.89 | 88.88 |
| 三季度 | Third Quarter | 91.53 | 88.33 |
| 四季度 | Fourth Quarter | 95.99 | 90.95 |
| **2002年** | **2002** | | |
| 一季度 | First Quarter | 103.77 | 97.16 |
| 二季度 | Second Quarter | 101.87 | 93.21 |
| 三季度 | Third Quarter | 105.38 | 99.27 |
| 四季度 | Fourth Quarter | 101.28 | 96.51 |
| **2003年** | **2003** | | |
| 一季度 | First Quarter | 109.53 | 104.79 |
| 二季度 | Second Quarter | 93.77 | 85.36 |
| 三季度 | Third Quarter | 109.22 | 102.62 |
| 四季度 | Fourth Quarter | 114.63 | 108.72 |
| **2004年** | **2004** | | |
| 一季度 | First Quarter | 122.34 | 110.66 |
| 二季度 | Second Quarter | 117.79 | 107.08 |
| 三季度 | Third Quarter | 119.24 | 109.79 |
| 四季度 | Fourth Quarter | 120.26 | 113.99 |
| **2005年** | **2005** | | |
| 一季度 | First Quarter | 125.34 | 115.83 |
| 二季度 | Second Quarter | 119.32 | 115.75 |
| 三季度 | Third Quarter | 118.58 | 112.29 |
| 四季度 | Fourth Quarter | 120.16 | 115.41 |
| **2006年** | **2006** | | |
| 一季度 | First Quarter | 126.58 | 113.85 |
| 二季度 | Second Quarter | 121.74 | 116.02 |
| 三季度 | Third Quarter | 124.84 | 119.11 |
| 四季度 | Fourth Quarter | 128.06 | 125.39 |

# 4—20 主要行业企业景气指数

## Major Industry Business Climate Index

| 指　　标 | Item | 2003 | | | |
|---|---|---|---|---|---|
| | | 一季度 First Quarter | 二季度 Second Quarter | 三季度 Third Quarter | 四季度 Fourth Quarter |
| 工业 | Industry | 102.95 | 92.87 | 102.05 | 110.30 |
| 建筑业 | Construction | 99.68 | 105.01 | 100.50 | 114.29 |
| 交通运输、仓储及邮电通信业 | Transportation, Storage, Posts and Telecommunications | 117.70 | 72.64 | 109.75 | 111.35 |
| 批发和零售业 | Wholesale, Retail and Catering | 98.37 | 80.30 | 88.47 | 96.72 |
| 房地产业 | Real Estate | 137.76 | 126.39 | 137.35 | 134.00 |
| 社会服务业 | Social Services | 122.78 | 44.00 | 116.44 | 113.33 |
| 信息传输、计算机服务和软件业 | Information Transmitting, Computer Services and Software | 138.95 | 131.29 | 136.28 | 126.12 |
| 住宿和餐饮业 | Hothel and Eateries | 79.84 | 14.16 | 97.34 | 91.19 |

| 指　　标 | Item | 2004 | | | |
|---|---|---|---|---|---|
| | | 一季度 First Quarter | 二季度 Second Quarter | 三季度 Third Quarter | 四季度 Fourth Quarter |
| 工业 | Industry | 103.48 | 107.43 | 109.96 | 111.29 |
| 建筑业 | Construction | 121.18 | 106.10 | 102.79 | 123.98 |
| 交通运输、仓储及邮电通信业 | Transportation, Storage, Posts and Telecommunications | 133.11 | 106.77 | 117.42 | 118.24 |
| 批发和零售业 | Wholesale, Retail and Catering | 107.86 | 97.67 | 101.12 | 104.75 |
| 房地产业 | Real Estate | 123.29 | 130.20 | 125.68 | 129.91 |
| 社会服务业 | Social Services | 101.09 | 113.98 | 115.56 | 124.44 |
| 信息传输、计算机服务和软件业 | Information Transmitting, Computer Services and Software | 141.56 | 131.98 | 132.27 | 139.14 |
| 住宿和餐饮业 | Hothel and Eateries | 89.15 | 104.41 | 106.86 | 107.31 |

| 指　　标 | Item | 2005 | | | |
|---|---|---|---|---|---|
| | | 一季度 First Quarter | 二季度 Second Quarter | 三季度 Third Quarter | 四季度 Fourth Quarter |
| 工业 | Industry | 111.43 | 113.33 | 107.71 | 111.98 |
| 建筑业 | Construction | 107.58 | 119.98 | 114.24 | 119.02 |
| 交通运输、仓储及邮电通信业 | Transportation, Storage, Posts and Telecommunications | 133.90 | 115.22 | 111.39 | 115.29 |
| 批发和零售业 | Wholesale, Retail and Catering | 123.69 | 118.20 | 118.71 | 121.37 |
| 房地产业 | Real Estate | 127.46 | 119.16 | 117.46 | 117.71 |
| 社会服务业 | Social Services | 112.07 | 115.80 | 119.14 | 107.87 |
| 信息传输、计算机服务和软件业 | Information Transmitting, Computer Services and Software | 130.93 | 137.16 | 132.40 | 148.27 |
| 住宿和餐饮业 | Hothel and Eateries | 89.10 | 101.56 | 115.28 | 99.87 |

| 指　　标 | Item | 2006 | | | |
|---|---|---|---|---|---|
| | | 一季度 First Quarter | 二季度 Second Quarter | 三季度 Third Quarter | 四季度 Fourth Quarter |
| 工业 | Industry | 104.59 | 116.57 | 118.14 | 124.47 |
| 建筑业 | Construction | 110.40 | 110.98 | 106.98 | 119.03 |
| 交通运输、仓储及邮电通信业 | Transportation, Storage, Posts and Telecommunications | 126.03 | 109.41 | 116.44 | 125.94 |
| 批发和零售业 | Wholesale, Retail and Catering | 128.46 | 118.46 | 124.08 | 130.58 |
| 房地产业 | Real Estate | 121.83 | 122.24 | 122.93 | 122.04 |
| 社会服务业 | Social Services | 111.10 | 118.77 | 133.21 | 126.00 |
| 信息传输、计算机服务和软件业 | Information Transmitting, Computer Services and Software | 142.46 | 124.61 | 133.53 | 141.65 |
| 住宿和餐饮业 | Hothel and Eateries | 92.77 | 110.13 | 112.23 | 112.13 |

# 4—21 综合企业经营景气指数

## Integrated Business Climate Index

| 指 标 | Item | 2001 | | | | 2002 | | | |
|---|---|---|---|---|---|---|---|---|---|
| | | 一季度 First Quarter | 二季度 Second Quarter | 三季度 Third Quarter | 四季度 Fourth Quarter | 一季度 First Quarter | 二季度 Second Quarter | 三季度 Third Quarter | 四季度 Fourth Quarter |
| 生产总量 | Total Output | 91.33 | 103.91 | 101.08 | 107.87 | 94.18 | 108.78 | 106.94 | 111.23 |
| 盈利（亏损）变化 | Profit（Loss）Changes | 90.47 | 88.96 | 83.69 | 96.54 | 83.68 | 93.87 | 90.82 | 95.93 |
| 流动资金 | Working Capital | 49.14 | 47.05 | 47.92 | 48.34 | 57.15 | 57.59 | 58.91 | 57.04 |
| 货款拖欠 | Loan in Arrear | 103.13 | 96.47 | 99.20 | 99.66 | 106.20 | 99.24 | 100.34 | 97.64 |
| 劳动力需求 | Labor Force Requirement | 78.62 | 80.85 | 85.12 | 84.47 | 87.29 | 90.62 | 93.03 | 96.94 |
| 固定资产投资 | Fixed Assest Investment | 97.11 | 103.00 | 103.43 | 103.81 | 91.96 | 106.95 | 108.93 | 103.47 |
| 产品订货 | Product Order | | | | | | | | |
| 企业融资 | Enterprise Financing | | | | | | | | |

| 指 标 | Item | 2003 | | | | 2004 | | | |
|---|---|---|---|---|---|---|---|---|---|
| | | 一季度 First Quarter | 二季度 Second Quarter | 三季度 Third Quarter | 四季度 Fourth Quarter | 一季度 First Quarter | 二季度 Second Quarter | 三季度 Third Quarter | 四季度 Fourth Quarter |
| 生产总量 | Total Output | 101.41 | 88.35 | 113.62 | 115.12 | 100.28 | 106.80 | 113.61 | 121.59 |
| 盈利（亏损）变化 | Profit（Loss）Changes | 99.81 | 76.86 | 94.48 | 103.41 | 94.92 | 98.45 | 101.26 | 104.57 |
| 流动资金 | Working Capital | 63.15 | 58.31 | 61.33 | 63.08 | 67.55 | 66.39 | 64.92 | 64.03 |
| 货款拖欠 | Loan in Arrear | 106.96 | 96.68 | 97.13 | 104.06 | 103.94 | 99.30 | 99.87 | 101.24 |
| 劳动力需求 | Labor Force Requirement | 94.26 | 83.86 | 95.98 | 98.95 | 97.33 | 97.53 | 98.15 | 100.66 |
| 固定资产投资 | Fixed Assest Investment | 97.92 | 105.11 | 109.52 | 108.68 | 100.38 | 108.89 | 109.15 | 108.87 |
| 产品订货 | Product Order | | | | | 105.66 | 103.20 | 106.86 | 110.07 |
| 企业融资 | Enterprise Financing | | | | | 67.28 | 64.71 | 65.18 | 59.71 |

| 指 标 | Item | 2005 | | | | 2006 | | | |
|---|---|---|---|---|---|---|---|---|---|
| | | 一季度 First Quarter | 二季度 Second Quarter | 三季度 Third Quarter | 四季度 Fourth Quarter | 一季度 First Quarter | 二季度 Second Quarter | 三季度 Third Quarter | 四季度 Fourth Quarter |
| 生产总量 | Total Output | 100.07 | 114.41 | 112.23 | 117.32 | 103.60 | 114.42 | 116.29 | 126.36 |
| 盈利（亏损）变化 | Profit（Loss）Changes | 99.21 | 106.00 | 102.21 | 106.92 | 100.75 | 103.26 | 111.22 | 114.05 |
| 流动资金 | Working Capital | 70.52 | 67.17 | 70.46 | 70.86 | 75.97 | 75.62 | 77.84 | 77.05 |
| 货款拖欠 | Loan in Arrear | 104.48 | 96.37 | 102.18 | 103.99 | 105.65 | 101.19 | 99.11 | 104.61 |
| 劳动力需求 | Labor Force Requirement | 99.92 | 98.39 | 101.54 | 101.97 | 100.88 | 102.58 | 103.70 | 106.27 |
| 固定资产投资 | Fixed Assest Investment | 105.84 | 109.50 | 111.30 | 111.99 | 104.45 | 109.05 | 111.31 | 114.50 |
| 产品订货 | Product Order | 105.38 | 109.51 | 106.18 | 109.15 | 102.99 | 108.19 | 111.53 | 116.89 |
| 企业融资 | Enterprise Financing | 65.95 | 65.53 | 67.80 | 64.89 | 70.14 | 69.63 | 70.15 | 72.21 |

# 4—22 企业集团财务指标（2007年）

单位：万元

| 指标 | Item | 单位数（个）Number of Enterprises (unit) | 资产总计 Total Assets |
|---|---|---|---|
| **总计** | **Total** | **71** | **22958100** |
| **按企业集团审批部门分** | **Grouped by Examining and Approving Department** | | |
| 国务院 | The State Council | 1 | 219394 |
| 国务院主管部门 | The Competent Department of the State Council | 2 | 1121026 |
| 省级人民政府 | Provincial People's Government | 12 | 9475284 |
| 省级人民政府主管部门 | Competent Department of Provincial People's Government | 18 | 5604173 |
| 其他 | Others | 38 | 6538223 |
| **按母公司控股情况分** | **Grouped by Share-holding Situation of Parent Company** | | |
| 国有控股 | State-owned Holding | 33 | 18894236 |
| 集体控股 | Collective-owned Holding | 7 | 540365 |
| 私人控股 | Private Holding | 29 | 3244186 |
| 港澳台商控股 | Hong Kong, Macao and Taiwan's Holding | | |
| 外商控股 | Foreign Funded Holing | 1 | 169287 |
| **按企业集团主营行业分** | **Grouped by Sector of Major Business** | | |
| 农、林、牧、渔业 | Farming,Forestry,Animal Husbandry and Fishery | 2 | 232420 |
| 工业 | Industry | 44 | 13805317 |
| 采矿业 | Mining and Quarrying | 1 | 169287 |
| 制造业 | Manufacturing | 40 | 9656015 |
| 电力、燃气及水的生产和供应业 | Eclectic,Gas and Water Production and Supply Industry | 3 | 3980015 |
| 建筑业 | Construction | 2 | 761241 |
| 交通运输、仓储和邮政业 | Transportation,Storage and Postal | 11 | 902066 |
| 信息传输、计算机服务和软件业 | Message Transmission, Computer and Software Service | | |
| 批发和零售业 | Wholesale and Retail Trade | 4 | 352474 |
| 住宿和餐饮业 | Hotel and Catering | | |
| 金融业 | Finance | | |
| 房地产业 | Real Estate | 4 | 278158 |
| 其他 | Others | 4 | 6626424 |
| **按母公司登记注册类型分** | **Grouped by Registration Status and Region of Parent Company** | | |
| 国有企业 | State-owned Enterprise | 4 | 1775829 |
| 公司制企业 | Corporate System Enterprise | 67 | 21182271 |
| 国有独资企业 | State-owned Exclusive Investment Company | 19 | 15539725 |
| 其他有限责任公司 | Other Limited Liability Corporations | 32 | 3405240 |
| 股份有限公司 | Share-holding Corporation Ltd | 12 | 1986388 |
| 中外合资企业 | Sino-foreign Joint venture | 3 | 197834 |
| 外商投资股份有限公司 | Foreign Funded Share-holding Co.,Ltd. | 1 | 53084 |
| 港澳台合资企业 | Hongkong,Macao and Taiwan Funded Enterprises | | |
| 港澳台商投资股份有限公司 | Hong Kong, Macao and Taiwan Investment Company | | |
| 其他 | Others | | |

# Financial Indicators in Enterprises Group（2007）

（10 000 yuan）

| 固定资产<br>Fixed Assets | 累计折旧<br>Accumulative Depreciation | # 本年折旧<br># Depreciation in the Current Year | 累计对外投资<br>Accumulative External Investment | # 本年对外投资<br># External Investment for Current Year | 存货<br>Stock | 流动资产年平均余额<br>Average Balance of Circulating Funds | 应收帐款<br>Bill Payable | 负债合计<br>Total of Liabilite |
|---|---|---|---|---|---|---|---|---|
| **9685523** | **3753066** | **646555** | **1381099** | **229880** | **2430942** | **9056357** | **2045682** | **14715386** |
| 140739 | 59834 | 6647 | 6519 | 1284 | 35396 | 90190 | 10686 | 92583 |
| 208351 | 168907 | 19223 | 12274 | 2000 | 313542 | 570816 | 81873 | 668784 |
| 2327718 | 1174161 | 178556 | 540014 | 51918 | 998592 | 4321574 | 1434360 | 6320022 |
| 4196566 | 1377833 | 280342 | 195118 | 85093 | 287457 | 1553684 | 159740 | 3931279 |
| 2812149 | 972331 | 161787 | 627174 | 89585 | 795955 | 2520093 | 359023 | 3702718 |
| 7998354 | 3021436 | 537480 | 1255490 | 167349 | 1743102 | 7068404 | 1744506 | 12206441 |
| 326199 | 145801 | 17723 | 7499 | 1917 | 77081 | 239736 | 49555 | 290138 |
| 1293071 | 576875 | 87692 | 116770 | 59274 | 497459 | 1577514 | 231156 | 2030766 |
| 62417 | 7568 | 3242 | | | 16209 | 70073 | 20250 | 85186 |
| 24253 | 5434 | 941 | 5921 | 5615 | 47343 | 130907 | 1997 | 184402 |
| 7314784 | 2743432 | 487729 | 315358 | 117448 | 1575375 | 5267652 | 668331 | 8649506 |
| 62417 | 7568 | 3242 | | | 16209 | 70073 | 20250 | 85186 |
| 3807822 | 1655174 | 246244 | 227610 | 95962 | 1490806 | 4535521 | 586995 | 5763800 |
| 3444545 | 1080690 | 238243 | 87748 | 21486 | 68360 | 662058 | 61086 | 2800520 |
| 76702 | 16857 | 1585 | 3303 | 76 | 43218 | 624291 | 260590 | 634497 |
| 668457 | 229937 | 49137 | 37283 | 11200 | 17018 | 151654 | 151654 | 479141 |
| 70440 | 19735 | 1674 | 23414 | 4036 | 52080 | 223192 | 223192 | 273173 |
| 17973 | 4340 | 804 | 1340 | 1340 | 222927 | 240215 | 240215 | 213636 |
| 1512914 | 733331 | 104685 | 994480 | 90165 | 472981 | 2418446 | 2418446 | 4281031 |
| 925052 | 270660 | 55751 | 492605 | 45889 | 34103 | 414741 | 414741 | 980461 |
| 8760471 | 3482406 | 590804 | 888494 | 183991 | 2396839 | 8641616 | 8641616 | 13734925 |
| 6421362 | 2471421 | 445993 | 716733 | 99534 | 1599124 | 6106375 | 6106375 | 10448900 |
| 1494509 | 703186 | 90313 | 131668 | 65224 | 568874 | 1530776 | 1530776 | 2202224 |
| 772488 | 295466 | 50544 | 40093 | 19233 | 201831 | 885529 | 885529 | 949325 |
| 67497 | 9839 | 3954 | | | 21382 | 85824 | 85824 | 98348 |
| 4615 | 2494 | | | | 5628 | 33112 | 33112 | 36128 |

4—22 续表 1

单位：万元

| 指 标 | Item | # 流动负债 # Current Liabilities | 所有者权益合计 Total Owner's Equity |
|---|---|---|---|
| **总计** | **Total** | **9230880** | **8242714** |
| **按企业集团审批部门分** | **Grouped by Examining and Approving Department** | | |
| 国务院 | The State Council | 90116 | 126811 |
| 国务院主管部门 | The Competent Department of the State Council | 596651 | 452242 |
| 省级人民政府 | Provincial People's Government | 4686511 | 3155262 |
| 省级人民政府主管部门 | Competent Department of Provincial People's Government | 1240501 | 1672894 |
| 其他 | Others | 2617101 | 2835505 |
| **按母公司控股情况分** | **Grouped by Share-holding Situation of Parent Company** | | |
| 国有控股 | State-owned Holding | 7310403 | 6687795 |
| 集体控股 | Collective-owned Holding | 231318 | 250227 |
| 私人控股 | Private Holding | 1529303 | 1213420 |
| 港澳台商控股 | Hong Kong, Macao and Taiwan's Holding | | |
| 外商控股 | Foreign Funded Holing | 71627 | 84101 |
| **按企业集团主营行业分** | **Grouped by Sector of Major Business** | | |
| 农、林、牧、渔业 | Farming,Forestry,Animal Husbandry and Fishery | 152910 | 48018 |
| 工业 | Industry | 5251209 | 5155811 |
| 采矿业 | Mining and Quarrying | 71627 | 84101 |
| 制造业 | Manufacturing | 4906610 | 3892215 |
| 电力、燃气及水的生产和供应业 | Eclectic,Gas and Water Production and Supply Industry | 272972 | 1179495 |
| 建筑业 | Construction | 627306 | 126744 |
| 交通运输、仓储和邮政业 | Transportation,Storage and Postal | 255407 | 422925 |
| 信息传输、计算机服务和软件业 | Message Transmission, Computer and Software Service | | |
| 批发和零售业 | Wholesale and Retail Trade | 240227 | 79301 |
| 住宿和餐饮业 | Hotel and Catering | | |
| 金融业 | Finance | | |
| 房地产业 | Real Estate | 147424 | 64522 |
| 其他 | Others | 2556397 | 2345393 |
| **按母公司登记注册类型分** | **Grouped by Registration Status and Region of Parent Company** | | |
| 国有企业 | State-owned Enterprise | 457907 | 795368 |
| 公司制企业 | Corporate System Enterprise | 8772973 | 7447346 |
| 国有独资企业 | State-owned Exclusive Investment Company | 6261227 | 5090825 |
| 其他有限责任公司 | Other Limited Liability Corporations | 1662615 | 1203016 |
| 股份有限公司 | Share-holding Corporation Ltd | 739434 | 1037063 |
| 中外合资企业 | Sino-foreign Joint venture | 76839 | 99486 |
| 外商投资股份有限公司 | Foreign Funded Share-holding Co.,Ltd. | 32858 | 16956 |
| 港澳台合资企业 | Hongkong,Macao and Taiwan Funded Enterprises | | |
| 港澳台商投资股份有限公司 | Hong Kong, Macao and Taiwan Investment Company | | |
| 其他 | Others | | |

Continued

(10 000 yuan)

| # 少数股东权益<br># Minority Interest | 股本（实收资本）<br>Share Capital（Capitals Paid-in） | 营业收入<br>Business Income | # 营业成本<br># Cost of Business | 营业税金及附加<br>Tax and Addition of Business | 新产品销售收入<br>Sales Income of New Products | 出口销售总额<br>Total Sales Exports | 销售费用<br>Selling Expenses | 管理费用<br>Management Expenses |
|---|---|---|---|---|---|---|---|---|
| **1159769** | **2632519** | **17176140** | **14124858** | **181974** | **2101350** | **732071** | **467008** | **947972** |
| | | | | | | | | |
| | 61705 | 164299 | 134976 | 1003 | 54129 | 249 | 7971 | 8949 |
| 160037 | 128854 | 1430127 | 1179203 | 9456 | 429009 | 102216 | 54172 | 79876 |
| 675067 | 1077282 | 7975812 | 6366931 | 99969 | 1093977 | 391830 | 218331 | 441920 |
| 94635 | 538948 | 3989476 | 3536353 | 34450 | 3706 | 52979 | 64842 | 134441 |
| 230030 | 825730 | 3616426 | 2907395 | 37096 | 520529 | 184797 | 121692 | 282786 |
| | | | | | | | | |
| 970323 | 2094465 | 14310907 | 11994160 | 143947 | 1803597 | 524309 | 307122 | 744166 |
| 11834 | 103530 | 516003 | 401590 | 6691 | 91161 | 76292 | 27408 | 41044 |
| 173498 | 372524 | 2162355 | 1623931 | 20105 | 206592 | 62946 | 127285 | 149619 |
| | | | | | | | | |
| 4114 | 50000 | 172854 | 104450 | 11147 | | 68524 | 3979 | 10684 |
| | | | | | | | | |
| 1015 | 20315 | 60425 | 45907 | 533 | | | 508 | 9521 |
| 617734 | 1600187 | 11825415 | 9658794 | 103907 | 1472377 | 594252 | 324422 | 660030 |
| 4114 | 50000 | 172854 | 104450 | 11147 | | 68524 | 3979 | 10684 |
| 508980 | 1124787 | 8810113 | 6895639 | 68220 | 1472377 | 519183 | 312036 | 590941 |
| 104640 | 425400 | 2842448 | 2658705 | 24540 | | 6545 | 8407 | 58405 |
| 946 | 63035 | 1126385 | 1053674 | 35034 | | 6016 | 3864 | 30514 |
| 6430 | 85501 | 439888 | 331218 | 12678 | | | 9057 | 50904 |
| | | | | | | | | |
| 47135 | 37432 | 608902 | 529447 | 1094 | | 17488 | 17661 | 22289 |
| | | | | | | | | |
| | 44380 | 34667 | 16057 | 1304 | | | 2561 | 4501 |
| 486509 | 781669 | 3080458 | 2489761 | 27424 | 628973 | 114315 | 108935 | 170213 |
| | | | | | | | | |
| 20242 | 240258 | 535342 | 464777 | 3577 | 14923 | 870 | 3899 | 51896 |
| 1139527 | 2392261 | 16640798 | 13660081 | 178397 | 2086427 | 731201 | 463109 | 896076 |
| 896729 | 1619169 | 13028813 | 10927765 | 135141 | 1744287 | 495803 | 270338 | 628442 |
| 120422 | 464942 | 2089717 | 1616219 | 23467 | 225014 | 34579 | 101882 | 164344 |
| 112734 | 247172 | 1269373 | 949883 | 8486 | 116975 | 132277 | 72190 | 89939 |
| 9642 | 57650 | 211803 | 139761 | 11303 | | 68524 | 4304 | 11557 |
| | 3328 | 41092 | 26453 | | 151 | 18 | 14395 | 1794 |

## 4—22 续表 2

单位：万元

| 指　标 | Item | # 税金<br># Tax | 劳动、待业保险费<br>Labor, Jobless and Premium |
|---|---|---|---|
| **总计** | **Total** | **33404** | **83291** |
| **按企业集团审批部门分** | **Grouped by Examining and Approving Department** | | |
| 国务院 | The State Council | 434 | 1700 |
| 国务院主管部门 | The Competent Department of the State Council | 1099 | 5658 |
| 省级人民政府 | Provincial People's Government | 13775 | 36378 |
| 省级人民政府主管部门 | Competent Department of Provincial People's Government | 5313 | 10098 |
| 其他 | Others | 12783 | 29457 |
| **按母公司控股情况分** | **Grouped by Share-holding Situation of Parent Company** | | |
| 国有控股 | State-owned Holding | 25155 | 63911 |
| 集体控股 | Collective-owned Holding | 1607 | 5013 |
| 私人控股 | Private Holding | 6611 | 14319 |
| 港澳台商控股 | Hong Kong, Macao and Taiwan's Holding | | |
| 外商控股 | Foreign Funded Holing | | |
| **按企业集团主营行业分** | **Grouped by Sector of Major Business** | | |
| 农、林、牧、渔业 | Farming,Forestry,Animal Husbandry and Fishery | 660 | 1081 |
| 工业 | Industry | 16944 | 41937 |
| 采矿业 | Mining and Quarrying | | |
| 制造业 | Manufacturing | 15912 | 39494 |
| 电力、燃气及水的生产和供应业 | Eclectic,Gas and Water Production and Supply Industry | 1032 | 2443 |
| 建筑业 | Construction | 791 | 8534 |
| 交通运输、仓储和邮政业 | Transportation,Storage and Postal | 1628 | 8112 |
| 信息传输、计算机服务和软件业 | Message Transmission, Computer and Software Service | | |
| 批发和零售业 | Wholesale and Retail Trade | 447 | 1893 |
| 住宿和餐饮业 | Hotel and Catering | | |
| 金融业 | Finance | | |
| 房地产业 | Real Estate | 613 | 90 |
| 其他 | Others | 12321 | 21644 |
| **按母公司登记注册类型分** | **Grouped by Registration Status and Region of Parent Company** | | |
| 国有企业 | State-owned Enterprise | 1176 | 8042 |
| 公司制企业 | Corporate System Enterprise | 32228 | 75249 |
| 国有独资企业 | State-owned Exclusive Investment Company | 22056 | 50733 |
| 其他有限责任公司 | Other Limited Liability Corporations | 6302 | 16796 |
| 股份有限公司 | Share-holding Corporation Ltd | 3838 | 7696 |
| 中外合资企业 | Sino-foreign Joint venture | 32 | 24 |
| 外商投资股份有限公司 | Foreign Funded Share-holding Co.,Ltd. | | |
| 港澳台合资企业 | Hongkong,Macao and Taiwan Funded Enterprises | | |
| 港澳台商投资股份有限公司 | Hong Kong, Macao and Taiwan Investment Company | | |
| 其他 | Others | | |

Continued

(10 000 yuan)

| 职工教育费 Payment for Staff Education | 财务费用 Finance Charge | # 利息支出 # Interest Expenditure | 投资收益 Investment Income | 利润总额 Total Profits | 应交所得税 Income Tax Payable | 应交增值税 Added-value Payable | 固定资产投资完成额 Sum of Completed Investment in Fixed Asset | 研究开发费用 Research and Development Expenses |
|---|---|---|---|---|---|---|---|---|
| **7669** | **385272** | **350977** | **209996** | **1033788** | **163945** | **687604** | **1614153** | **115924** |
| | | | | | | | | |
| 49 | 1837 | 1616 | 759 | 10234 | 2039 | 9057 | 3920 | 4715 |
| 809 | 20205 | 18062 | 1474 | 89200 | 16538 | 47732 | 37946 | 31792 |
| 2342 | 109295 | 101988 | 69815 | 487359 | 64546 | 257217 | 661523 | 32467 |
| 1311 | 143171 | 124819 | 11919 | 146531 | 26588 | 213080 | 679540 | 15945 |
| 3158 | 110764 | 104492 | 126029 | 300464 | 54234 | 160518 | 231224 | 31005 |
| | | | | | | | | |
| 5520 | 299408 | 279224 | 203770 | 776364 | 117581 | 542826 | 1463185 | 95102 |
| 229 | 8106 | 6770 | 837 | 34941 | 7836 | 27743 | 29316 | 5675 |
| 1900 | 72940 | 62004 | 7495 | 190565 | 37333 | 115392 | 116170 | 14995 |
| | | | | | | | | |
| | 2540 | 2040 | -21 | 39174 | 1195 | 1643 | | 152 |
| | | | | | | | | |
| 39 | 370 | 318 | -422 | 2933 | 202 | 181 | 14868 | |
| 4124 | 290201 | 263522 | 134458 | 747712 | 110637 | 577443 | 1185850 | 68184 |
| | 2540 | 2040 | -21 | 39174 | 1195 | 1643 | | 152 |
| 3928 | 199927 | 181278 | 124311 | 654264 | 102793 | 428218 | 570260 | 55399 |
| 196 | 87734 | 80204 | 10168 | 54274 | 6649 | 147582 | 615590 | 12633 |
| 395 | 874 | 647 | 158 | 3023 | 863 | 1029 | 1684 | 98 |
| 559 | 9111 | 8543 | 2221 | 31386 | 7449 | 904 | 30492 | 12 |
| | | | | | | | | |
| 79 | 5598 | 4739 | 718 | 10253 | 2076 | 5386 | | |
| | | | | | | | | |
| 20 | 2667 | 1254 | -2092 | -6412 | 358 | 7 | 5482 | |
| 2453 | 76451 | 71954 | 74955 | 244893 | 42360 | 102654 | 375777 | 47630 |
| | | | | | | | | |
| 1056 | 43581 | 40716 | 7109 | 10990 | 1671 | 28762 | 62248 | 690 |
| 6613 | 341691 | 310261 | 202887 | 1022798 | 162274 | 658842 | 1551905 | 115234 |
| 4124 | 233367 | 215807 | 85871 | 642520 | 95961 | 472994 | 1321857 | 88437 |
| 1662 | 71729 | 59679 | 5717 | 120033 | 27699 | 89127 | 141979 | 16663 |
| 824 | 32543 | 31266 | 111335 | 218451 | 37172 | 90837 | 87946 | 9860 |
| 3 | 3125 | 2516 | -21 | 39758 | 1198 | 3761 | 123 | 199 |
| | 927 | 993 | -15 | 2036 | 244 | 2123 | | 75 |

# 4—23 企业集团劳动工资指标（2007年）

| 指　标 | Item | 从业人员（人） Number of Enterprises (person) | # 在岗职工 # Fully-employed Staff and Workers |
|---|---|---|---|
| **总计** | **Total** | **376236** | **360270** |
| **按企业集团审批部门分** | **Grouped by Examining and Approving Department** | | |
| 国务院 | The State Council | 5755 | 5006 |
| 国务院主管部门 | The Competent Department of the State Council | 24503 | 23868 |
| 省级人民政府 | Provincial People's Government | 152396 | 151179 |
| 省级人民政府主管部门 | Competent Department of Provincial People's Government | 89344 | 84143 |
| 其他 | Others | 104238 | 96074 |
| **按母公司控股情况分** | **Grouped by Share-holding Situation of Parent Company** | | |
| 国有控股 | State-owned Holding | 283443 | 270250 |
| 集体控股 | Collective-owned Holding | 16518 | 15654 |
| 私人控股 | Private Holding | 71998 | 70114 |
| 港澳台商控股 | Hong Kong, Macao and Taiwan's Holding | | |
| 外商控股 | Foreign Funded Holing | 3850 | 3825 |
| **按企业集团主营行业分** | **Grouped by Sector of Major Business** | | |
| 农、林、牧、渔业 | Farming,Forestry,Animal Husbandry and Fishery | 3100 | 3090 |
| 工业 | Industry | 207239 | 202233 |
| 采矿业 | Mining and Quarrying | 3850 | 3825 |
| 制造业 | Manufacturing | 159938 | 155059 |
| 电力、燃气及水的生产和供应业 | Eclectic,Gas and Water Production and Supply Industry | 43451 | 43349 |
| 建筑业 | Construction | 87626 | 86063 |
| 交通运输、仓储和邮政业 | Transportation,Storage and Postal | 22959 | 21548 |
| 信息传输、计算机服务和软件业 | Message Transmission, Computer and Software Service | | |
| 批发和零售业 | Wholesale and Retail Trade | 5276 | 5077 |
| 住宿和餐饮业 | Hotel and Catering | | |
| 金融业 | Finance | | |
| 房地产业 | Real Estate | 1049 | 1049 |
| 其他 | Others | 48987 | 41210 |
| **按母公司登记注册类型分** | **Grouped by Registration Status and Region of Parent Company** | | |
| 国有企业 | State-owned Enterprise | 28861 | 21949 |
| 公司制企业 | Corporate System Enterprise | 347375 | 338321 |
| 国有独资企业 | State-owned Exclusive Investment Company | 231743 | 226059 |
| 其他有限责任公司 | Other Limited Liability Corporations | 68428 | 65756 |
| 股份有限公司 | Share-holding Corporation Ltd | 41015 | 40402 |
| 中外合资企业 | Sino-foreign Joint venture | 4857 | 4772 |
| 外商投资股份有限公司 | Foreign Funded Share-holding Co.,Ltd. | 1332 | 1332 |
| 港澳台合资企业 | Hongkong,Macao and Taiwan Funded Enterprises | | |
| 港澳台商投资股份有限公司 | Hong Kong, Macao and Taiwan Investment Company | | |
| 其他 | Others | | |

## Indicators of Labor Wages in Enterprises Group（2007）

| 其他从业人员<br>Other Employed Persons | # 研究开发人员<br># Research and Development Staff | 从业人员劳动报酬（万元）<br>Payment for Employment（10 000 yuan） | # 在岗职工劳动报酬<br># Payment for Fully-Employed Staff and Workers | 其他从业人员劳动报酬<br>Payment for Other Employed Persons | # 研究开发人员劳动报酬<br># Payment for Research and Development Staff |
|---|---|---|---|---|---|
| **15966** | **5215** | **953116** | **931105** | 22011 | 24596 |
| | | | | | |
| 716 | 749 | 9891 | 7202 | 2689 | 2689 |
| 414 | 916 | 76246 | 75021 | 1225 | 6490 |
| 958 | 1448 | 407188 | 405304 | 1884 | 8615 |
| 4159 | 669 | 237932 | 234083 | 3849 | 1564 |
| 7292 | 1433 | 221859 | 209495 | 12364 | 5238 |
| | | | | | |
| 11233 | 2650 | 789841 | 772039 | 17802 | 16174 |
| 774 | 928 | 32239 | 29418 | 2821 | 3392 |
| 1514 | 1612 | 124214 | 122928 | 1286 | 4952 |
| | | | | | |
| 18 | 25 | 6102 | 6000 | 102 | 78 |
| | | | | | |
| 8 | | 7675 | 7613 | 62 | |
| 4018 | 4615 | 559440 | 552891 | 6549 | 22244 |
| 18 | 25 | 6102 | 6000 | 102 | 78 |
| 3887 | 4412 | 382616 | 377045 | 5571 | 21473 |
| 113 | 178 | 170722 | 169846 | 876 | 693 |
| 1199 | | 186482 | 185561 | 921 | |
| 1244 | 6 | 50515 | 44167 | 6348 | 12 |
| | | | | | |
| 279 | | 12689 | 12554 | 135 | |
| | | | | | |
| | | | | | |
| | | 3113 | 3113 | | |
| 6791 | 594 | 133202 | 125206 | 7996 | 2340 |
| | | | | | |
| 6092 | 7 | 50538 | 44237 | 6301 | 16 |
| 7447 | 5208 | 902578 | 886868 | 15710 | 24580 |
| 5110 | 2472 | 692907 | 682102 | 10805 | 15580 |
| 2206 | 1645 | 123491 | 119435 | 4056 | 5493 |
| 63 | 1028 | 77059 | 76361 | 698 | 3353 |
| 68 | 35 | 7256 | 7105 | 151 | 98 |
| | 28 | 1865 | 1865 | | 56 |

# 4—24 企业集团经济效益指标（2007年）

单位：%

| 指标 | Item | 资产负责率 Asset-Liability Ratio | 劳动生产率（万元/人） Labour Productivity（10 000 yuan/person） |
|---|---|---|---|
| **总计** | **Total** | **64.1** | **45.7** |
| **按企业集团审批部门分** | **Grouped by Examining and Approving Department** | | |
| 国务院 | The State Council | 42.2 | 28.5 |
| 国务院主管部门 | The Competent Department of the State Council | 59.7 | 58.4 |
| 省级人民政府 | Provincial People's Government | 66.7 | 52.3 |
| 省级人民政府主管部门 | Competent Department of Provincial People's Government | 70.1 | 44.7 |
| 其他 | Others | 56.6 | 34.7 |
| **按母公司控股情况分** | **Grouped by Share-holding Situation of Parent Company** | | |
| 国有控股 | State-owned Holding | 64.6 | 50.5 |
| 集体控股 | Collective-owned Holding | 53.7 | 31.2 |
| 私人控股 | Private Holding | 62.6 | 30.0 |
| 港澳台商控股 | Hong Kong, Macao and Taiwan's Holding | | |
| 外商控股 | Foreign Funded Holing | 50.3 | 44.9 |
| **按企业集团主营行业分** | **Grouped by Sector of Major Business** | | |
| 农、林、牧、渔业 | Farming,Forestry,Animal Husbandry and Fishery | 79.3 | 19.5 |
| 工业 | Industry | 62.7 | 57.1 |
| 采矿业 | Mining and Quarrying | 50.3 | 44.9 |
| 制造业 | Manufacturing | 59.7 | 55.1 |
| 电力、燃气及水的生产和供应业 | Eclectic,Gas and Water Production and Supply Industry | 70.4 | 65.4 |
| 建筑业 | Construction | 83.4 | 12.9 |
| 交通运输、仓储和邮政业 | Transportation,Storage and Postal | 53.1 | 19.2 |
| 信息传输、计算机服务和软件业 | Message Transmission, Computer and Software Service | | |
| 批发和零售业 | Wholesale and Retail Trade | 77.5 | 115.4 |
| 住宿和餐饮业 | Hotel and Catering | | |
| 金融业 | Finance | | |
| 房地产业 | Real Estate | 76.8 | 33.0 |
| 其他 | Others | 64.6 | 62.9 |
| **按母公司登记注册类型分** | **Grouped by Registration Status and Region of Parent Company** | | |
| 国有企业 | State-owned Enterprise | 55.2 | 18.5 |
| 公司制企业 | Corporate System Enterprise | 64.8 | 47.9 |
| 国有独资企业 | State-owned Exclusive Investment Company | 67.2 | 56.2 |
| 其他有限责任公司 | Other Limited Liability Corporations | 64.7 | 30.5 |
| 股份有限公司 | Share-holding Corporation Ltd | 47.8 | 30.9 |
| 中外合资企业 | Sino-foreign Joint venture | 49.7 | 43.6 |
| 外商投资股份有限公司 | Foreign Funded Share-holding Co.,Ltd. | 68.1 | 30.8 |
| 港澳台合资企业 | Hongkong,Macao and Taiwan Funded Enterprises | | |
| 港澳台商投资股份有限公司 | Hong Kong, Macao and Taiwan Investment Company | | |
| 其他 | Others | | |

# Economic Efficiency Indicators of Enterprises Group（2007）

（%）

| 销售利润率 Profit Ratio of Sales | 成本费用利润率 Ratio of Profits to Cost | 资产利税率 Ratio of Pre-tax Profits to Assets | 总资产使用率 Assets Using Rate | 流动资产比率 Ratio of Circulating Funds | 资金利润率 Ratio of Profits to Fund | 净资产收益率 Ratio of Interests to Net Assets | 总资产报酬率 Ratio of Reward to Total Assets |
|---|---|---|---|---|---|---|---|
| **6.0** | **6.5** | **8.3** | **74.8** | **39.4** | **6.9** | **74.5** | 6.0 |
| 6.2 | 6.7 | 9.3 | 74.9 | 41.1 | 6.0 | 15.9 | 5.4 |
| 6.2 | 6.7 | 13.1 | 127.6 | 50.9 | 14.6 | 226.8 | 9.6 |
| 6.1 | 6.8 | 8.9 | 84.2 | 45.6 | 8.9 | 133.8 | 6.2 |
| 3.7 | 3.8 | 7.0 | 71.2 | 27.7 | 3.4 | 23.8 | 4.8 |
| 8.3 | 8.8 | 7.6 | 55.3 | 38.5 | 6.9 | 8.3 | 6.2 |
| 5.4 | 5.8 | 7.7 | 75.7 | 37.4 | 6.4 | 135.5 | 5.6 |
| 6.8 | 7.3 | 12.8 | 95.5 | 44.4 | 8.3 | 14.3 | 7.7 |
| 8.8 | 9.7 | 10.1 | 66.7 | 48.6 | 8.3 | 17.8 | 7.8 |
| 22.7 | 32.2 | 30.7 | 102.1 | 41.4 | 31.4 | 41.8 | 24.3 |
| 4.9 | 5.2 | 1.6 | 26.0 | 56.3 | 2.0 | -100.0 | 1.4 |
| 6.3 | 6.8 | 10.4 | 85.7 | 38.2 | 7.6 | 85.6 | 7.3 |
| 22.7 | 32.2 | 30.7 | 102.1 | 41.4 | 31.4 | 41.8 | 24.3 |
| 7.4 | 8.2 | 11.9 | 91.2 | 47.0 | 9.8 | 89.2 | 8.7 |
| 1.9 | 1.9 | 5.7 | 71.4 | 16.6 | 1.8 | 18.5 | 3.4 |
| 0.3 | 0.3 | 5.1 | 148.0 | 82.0 | 0.4 | -100.0 | 0.5 |
| 7.1 | 7.8 | 5.0 | 48.8 | 16.8 | 5.3 | -100.0 | 4.4 |
| 1.7 | 1.8 | 4.7 | 172.8 | 63.3 | 3.7 | -100.0 | 4.3 |
| -18.5 | -24.9 | -1.8 | 12.5 | 86.4 | -2.5 | -100.0 | -1.9 |
| 7.9 | 8.6 | 5.7 | 46.5 | 36.5 | 7.7 | 11.2 | 4.8 |
| 2.1 | 1.9 | 2.4 | 30.1 | 23.4 | 1.0 | 6.7 | 2.9 |
| 6.1 | 6.7 | 8.8 | 78.6 | 40.8 | 7.3 | 74.6 | 6.3 |
| 4.9 | 5.3 | 8.0 | 83.8 | 39.3 | 6.4 | 146.9 | 5.5 |
| 5.7 | 6.1 | 6.8 | 61.4 | 45.0 | 5.2 | 16.3 | 5.3 |
| 17.2 | 19.1 | 16.0 | 63.9 | 44.6 | 16.0 | 14.1 | 12.6 |
| 18.8 | 25.0 | 27.7 | 107.1 | 43.4 | 27.7 | 38.0 | 21.4 |
| 5.0 | 4.7 | 7.8 | 77.4 | 62.4 | 5.8 | 60.0 | 5.7 |

# 4—25 国有控股企业集团财务指标（2007年）

单位：万元

| 指标 | Item | 单位数（个）Number of Enterprises (unit) | 资产总计 Total Assets |
|---|---|---|---|
| **总计** | **Total** | **33** | **18894236** |
| **按企业集团审批部门分** | **Grouped by Examining and Approving Department** | | |
| 国务院 | The State Council | | |
| 国务院主管部门 | The Competent Department of the State Council | 2 | 1121026 |
| 省级人民政府 | Provincial People's Government | 10 | 9243742 |
| 省级人民政府主管部门 | Competent Department of Provincial People's Government | 7 | 4098528 |
| 其他 | Others | 14 | 4430940 |
| **按企业集团主营行业分** | **Grouped by Sector of Major Business** | | |
| 农、林、牧、渔业 | Farming,Forestry,Animal Husbandry and Fishery | 1 | 198944 |
| 工业 | Industry | 21 | 10419304 |
| 采矿业 | Mining and Quarrying | | |
| 制造业 | Manufacturing | 18 | 6439289 |
| 电力、燃气及水的生产和供应业 | Eclectic,Gas and Water Production and Supply Industry | 3 | 3980015 |
| 建筑业 | Construction | 1 | 748522 |
| 交通运输、仓储和邮政业 | Transportation,Storage and Postal | 3 | 553760 |
| 信息传输、计算机服务和软件业 | Message Transmission, Computer and Software Service | | |
| 批发和零售业 | Wholesale and Retail Trade | 3 | 347282 |
| 住宿和餐饮业 | Hotel and Catering | | |
| 金融业 | Finance | | |
| 房地产业 | Real Estate | | |
| 其他 | Others | 4 | 6626424 |
| **按母公司登记注册类型分** | **Grouped by Registration Status and Region of Parent Company** | | |
| 国有企业 | State-owned Enterprise | 4 | 1775829 |
| 公司制企业 | Corporate System Enterprise | 29 | 17118407 |
| 国有独资企业 | State-owned Exclusive Investment Company | 19 | 15539725 |
| 其他有限责任公司 | Other Limited Liability Corporations | 5 | 367198 |
| 股份有限公司 | Share-holding Corporation Ltd | 5 | 1211484 |
| 中外合资企业 | Sino-foreign Joint venture | | |
| 外商投资股份有限公司 | Foreign Funded Share-holding Co.,Ltd. | | |
| 港澳台合资企业 | Hongkong,Macao and Taiwan Funded Enterprises | | |
| 港澳台商投资股份有限公司 | Hong Kong, Macao and Taiwan Investment Company | | |
| 其他 | Others | | |

## Financial Indicators of State-owned Holding Enterprises Group（2007）

（10 000 yuan）

| 固定资产<br>Fixed Assets | 累计折旧<br>Accumulative Depreciation | # 本年折旧<br># Depreciation in the Current Year | 累计对外投资<br>Accumulative External Investment | # 本年对外投资<br># External Investment for Current Year | 存货<br>Stock | 流动资产年平均余额<br>Average Balance of Circulating Funds | 应收帐款<br>Bill Payable | 负债合计<br>Total of Liabilite |
|---|---|---|---|---|---|---|---|---|
| **7998354** | **3021436** | **537480** | **1255490** | **167349** | **1743102** | **7068404** | **1744506** | **12206441** |
| | | | | | | | | |
| 208351 | 168907 | 19223 | 12274 | 2000 | 313542 | 570816 | 81873 | 668784 |
| 2235470 | 1156248 | 174058 | 532766 | 50160 | 972557 | 4222386 | 1408412 | 6209249 |
| 3477821 | 1084246 | 237516 | 99099 | 27101 | 120805 | 896865 | 72667 | 2999901 |
| 2076712 | 612035 | 106683 | 611351 | 88088 | 336198 | 1378337 | 181554 | 2328507 |
| | | | | | | | | |
| 18523 | 4705 | 618 | 5921 | 5615 | 37156 | 113380 | 1434 | 166311 |
| 5903716 | 2152097 | 400217 | 198474 | 57965 | 1129138 | 3629550 | 381200 | 6593791 |
| | | | | | | | | |
| 2459171 | 1071407 | 161974 | 110726 | 36479 | 1060778 | 2967492 | 320114 | 3793271 |
| 3444545 | 1080690 | 238243 | 87748 | 21486 | 68360 | 662058 | 61086 | 2800520 |
| 71319 | 14075 | 1245 | 3303 | 76 | 40487 | 614836 | 259656 | 630929 |
| 422299 | 97504 | 29048 | 30468 | 9495 | 11309 | 70467 | 8590 | 262828 |
| | | | | | | | | |
| 69583 | 19724 | 1667 | 22844 | 4033 | 52031 | 221725 | 21009 | 271551 |
| | | | | | | | | |
| 1512914 | 733331 | 104685 | 994480 | 90165 | 472981 | 2418446 | 1072617 | 4281031 |
| | | | | | | | | |
| 925052 | 270660 | 55751 | 492605 | 45889 | 34103 | 414741 | 39950 | 980461 |
| 7073302 | 2750776 | 481729 | 762885 | 121460 | 1708999 | 6653663 | 1704556 | 11225980 |
| 6421362 | 2471421 | 445993 | 716733 | 99534 | 1599124 | 6106375 | 1611199 | 10448900 |
| 108529 | 104634 | 6164 | 12780 | 2693 | 65079 | 153500 | 26441 | 226856 |
| 543411 | 174721 | 29572 | 33372 | 19233 | 44796 | 393788 | 66916 | 550224 |

4—25 续表 1

单位：万元

| 指标 | Item | # 流动负债<br># Current Liabilities | 所有者权益合计<br>Total Owner's Equity |
|---|---|---|---|
| **总计** | **Total** | **7310403** | **6687795** |
| **按企业集团审批部门分** | **Grouped by Examining and Approving Department** | | |
| 国务院 | The State Council | | |
| 国务院主管部门 | The Competent Department of the State Council | 596651 | 452242 |
| 省级人民政府 | Provincial People's Government | 4597643 | 3034493 |
| 省级人民政府主管部门 | Competent Department of Provincial People's Government | 605654 | 1098627 |
| 其他 | Others | 1510455 | 2102433 |
| **按企业集团主营行业分** | **Grouped by Sector of Major Business** | | |
| 农、林、牧、渔业 | Farming,Forestry,Animal Husbandry and Fishery | 136205 | 32633 |
| 工业 | Industry | 3629078 | 3825513 |
| 采矿业 | Mining and Quarrying | | |
| 制造业 | Manufacturing | 3356106 | 2646018 |
| 电力、燃气及水的生产和供应业 | Eclectic,Gas and Water Production and Supply Industry | 272972 | 1179495 |
| 建筑业 | Construction | 623738 | 117593 |
| 交通运输、仓储和邮政业 | Transportation,Storage and Postal | 125180 | 290932 |
| 信息传输、计算机服务和软件业 | Message Transmission, Computer and Software Service | | |
| 批发和零售业 | Wholesale and Retail Trade | 239805 | 75731 |
| 住宿和餐饮业 | Hotel and Catering | | |
| 金融业 | Finance | | |
| 房地产业 | Real Estate | | |
| 其他 | Others | 2556397 | 2345393 |
| **按母公司登记注册类型分** | **Grouped by Registration Status and Region of Parent Company** | | |
| 国有企业 | State-owned Enterprise | 457907 | 795368 |
| 公司制企业 | Corporate System Enterprise | 6852496 | 5892427 |
| 国有独资企业 | State-owned Exclusive Investment Company | 6261227 | 5090825 |
| 其他有限责任公司 | Other Limited Liability Corporations | 221270 | 140342 |
| 股份有限公司 | Share-holding Corporation Ltd | 369999 | 661260 |
| 中外合资企业 | Sino-foreign Joint venture | | |
| 外商投资股份有限公司 | Foreign Funded Share-holding Co.,Ltd. | | |
| 港澳台合资企业 | Hongkong,Macao and Taiwan Funded Enterprises | | |
| 港澳台商投资股份有限公司 | Hong Kong, Macao and Taiwan Investment Company | | |
| 其他 | Others | | |

Continued

(10 000 yuan)

| # 少数股东权益 # Minority Interest | 股本（实收资本） Share Capital（Capitals Paid-in） | 营业收入 Business Income | # 营业成本 # Cost of Business | 营业税金及附加 Tax and Addition of Business | 新产品销售收入 Sales Income of New Products | 出口销售总额 Total Sales Exports | 销售费用 Selling Expenses | 管理费用 Management Expenses |
|---|---|---|---|---|---|---|---|---|
| **970323** | **2094465** | **14310907** | **11994160** | **143947** | **1803597** | **524309** | **307122** | **744166** |
| 160037 | 128854 | 1430127 | 1179203 | 9456 | 429009 | 102216 | 54172 | 79876 |
| 670953 | 1021727 | 7725037 | 6218498 | 87307 | 1086569 | 318614 | 199232 | 417859 |
| 22797 | 458691 | 2936176 | 2731470 | 25364 | 3538 | 10553 | 11049 | 69203 |
| 116536 | 485193 | 2219567 | 1864989 | 21820 | 284481 | 92926 | 42669 | 177228 |
|  | 17315 | 17142 | 8118 | 533 |  |  | 332 | 6965 |
| 434808 | 1154345 | 9388733 | 7854549 | 77102 | 1174624 | 386490 | 176300 | 503730 |
| 330168 | 728945 | 6546285 | 5195844 | 52562 | 1174624 | 379945 | 167893 | 445325 |
| 104640 | 425400 | 2842448 | 2658705 | 24540 |  | 6545 | 8407 | 58405 |
|  | 55937 | 1092459 | 1022158 | 34244 |  | 6016 | 3864 | 29494 |
| 1871 | 50800 | 123713 | 90468 | 3559 |  |  | 102 | 11593 |
| 47135 | 34399 | 608402 | 529106 | 1085 |  | 17488 | 17589 | 22171 |
| 486509 | 781669 | 3080458 | 2489761 | 27424 | 628973 | 114315 | 108935 | 170213 |
| 20242 | 240258 | 535342 | 464777 | 3577 | 14923 | 870 | 3899 | 51896 |
| 950081 | 1854207 | 13775565 | 11529383 | 140370 | 1788674 | 523439 | 303223 | 692270 |
| 896729 | 1619169 | 13028813 | 10927765 | 135141 | 1744287 | 495803 | 270338 | 628442 |
| 17455 | 137483 | 208112 | 169158 | 1739 | 11022 | 13687 | 13999 | 18865 |
| 35897 | 97555 | 538640 | 432460 | 3490 | 33365 | 13949 | 18886 | 44963 |

4—25 续表 2

单位：万元

| 指标 | Item | # 税金<br># Tax | 劳动、待业保险费<br>Labor, Jobless and Premium |
|---|---|---|---|
| **总计** | **Total** | **25155** | **63911** |
| **按企业集团审批部门分** | **Grouped by Examining and Approving Department** | | |
| 国务院 | The State Council | | |
| 国务院主管部门 | The Competent Department of the State Council | 1099 | 5658 |
| 省级人民政府 | Provincial People's Government | 13651 | 36233 |
| 省级人民政府主管部门 | Competent Department of Provincial People's Government | 1906 | 2687 |
| 其他 | Others | 8499 | 19333 |
| **按企业集团主营行业分** | **Grouped by Sector of Major Business** | | |
| 农、林、牧、渔业 | Farming,Forestry,Animal Husbandry and Fishery | 660 | 1065 |
| 工业 | Industry | 10761 | 28472 |
| 采矿业 | Mining and Quarrying | | |
| 制造业 | Manufacturing | 9729 | 26029 |
| 电力、燃气及水的生产和供应业 | Eclectic,Gas and Water Production and Supply Industry | 1032 | 2443 |
| 建筑业 | Construction | 779 | 8273 |
| 交通运输、仓储和邮政业 | Transportation,Storage and Postal | 203 | 2564 |
| 信息传输、计算机服务和软件业 | Message Transmission, Computer and Software Service | | |
| 批发和零售业 | Wholesale and Retail Trade | 431 | 1893 |
| 住宿和餐饮业 | Hotel and Catering | | |
| 金融业 | Finance | | |
| 房地产业 | Real Estate | | |
| 其他 | Others | 12321 | 21644 |
| **按母公司登记注册类型分** | **Grouped by Registration Status and Region of Parent Company** | | |
| 国有企业 | State-owned Enterprise | 1176 | 8042 |
| 公司制企业 | Corporate System Enterprise | 23979 | 55869 |
| 国有独资企业 | State-owned Exclusive Investment Company | 22056 | 50733 |
| 其他有限责任公司 | Other Limited Liability Corporations | 390 | 1586 |
| 股份有限公司 | Share-holding Corporation Ltd | 1533 | 3550 |
| 中外合资企业 | Sino-foreign Joint venture | | |
| 外商投资股份有限公司 | Foreign Funded Share-holding Co.,Ltd. | | |
| 港澳台合资企业 | Hongkong,Macao and Taiwan Funded Enterprises | | |
| 港澳台商投资股份有限公司 | Hong Kong, Macao and Taiwan Investment Company | | |
| 其他 | Others | | |

Continued

(10 000 yuan)

| 职工教育费 Payment for Staff Education | 财务费用 Finance Charge | # 利息支出 # Interest Expenditure | 投资收益 Investment Income | 利润总额 Total Profits | 应交所得税 Income Tax Payable | 应交增值税 Added-value Payable | 固定资产投资完成额 Sum of Completed Investment in Fixed Asset | 研究开发费用 Research and Development Expenses |
|---|---|---|---|---|---|---|---|---|
| **5520** | **299408** | **279224** | **203770** | **776364** | **117581** | **542826** | **1463185** | **95102** |
| 809 | 20205 | 18062 | 1474 | 89200 | 16538 | 47732 | 37946 | 31792 |
| 2270 | 105409 | 98608 | 69379 | 445616 | 62627 | 250665 | 659647 | 31597 |
| 318 | 98677 | 90087 | 7159 | 53113 | 8942 | 158248 | 597809 | 9712 |
| 2123 | 75117 | 72467 | 125758 | 188435 | 29474 | 86181 | 167783 | 22001 |
| 39 | 157 | 105 | 40 | 809 | 98 | 180 | 14868 | |
| 2299 | 210894 | 196504 | 125402 | 503037 | 70397 | 433309 | 1070856 | 47374 |
| 2103 | 123160 | 116300 | 115234 | 448763 | 63748 | 285727 | 455266 | 34741 |
| 196 | 87734 | 80204 | 10168 | 54274 | 6649 | 147582 | 615590 | 12633 |
| 377 | 852 | 638 | 158 | 2437 | 429 | 1029 | 1684 | 98 |
| 273 | 5521 | 5349 | 2497 | 14817 | 2221 | 271 | | |
| 79 | 5533 | 4674 | 718 | 10371 | 2076 | 5383 | | |
| 2453 | 76451 | 71954 | 74955 | 244893 | 42360 | 102654 | 375777 | 47630 |
| 1056 | 43581 | 40716 | 7109 | 10990 | 1671 | 28762 | 62248 | 690 |
| 4464 | 255827 | 238508 | 196661 | 765374 | 115910 | 514064 | 1400937 | 94412 |
| 4124 | 233367 | 215807 | 85871 | 642520 | 95961 | 472994 | 1321857 | 88437 |
| 85 | 3621 | 3501 | 4339 | 7074 | 810 | 10452 | 25663 | 5587 |
| 255 | 18839 | 19200 | 106451 | 115780 | 19139 | 30618 | 53417 | 388 |

# 4—26 各行业企业集团主要财务指标（2007年）

## Main Financial Indicators of Enterprise Groups by Industry（2007）

单位：万元 （10 000 yuan）

| 指标 | Item | 资产总计 Total Assets | 营业收入 Business Income | 利润总额 Total Profits | 从业人员（人） Employment(person) |
|---|---|---|---|---|---|
| 农业 | Agriculture | 198944 | 17142 | 809 | 2466 |
| 畜牧业 | Animal Husbandry | 33476 | 43283 | 2124 | 634 |
| 农副食品加工业 | Processing of Food from Agricultural Products | 2464346 | 1851398 | 181175 | 51843 |
| 食品制造业 | Manufacture of Foods | 62255 | 77921 | 2569 | 3094 |
| 纺织业 | Manufacture of Textile | 169593 | 98751 | -3602 | 7947 |
| 造纸及纸制品业 | Manufacture of Paper and Paper Products | 82066 | 71139 | 13419 | 3167 |
| 化学原料及化学制品制造业 | Manufacture of Chemical Raw Material and Chemical Products | 913478 | 353687 | 96414 | 9439 |
| 医药制造业 | Manufacture of Medicines | 793093 | 256281 | 22430 | 8201 |
| 塑料制品业 | Manufacture of Plastics | 2857 | 2507 | -20 | 248 |
| 非金属矿物制品业 | Manufacture of Non-metallic Mineral Products | 201636 | 155489 | 1278 | 9359 |
| 黑色金属冶炼及压延加工业 | Manufacture and Processing of Ferrous Metals | 2608458 | 3242589 | 193816 | 18904 |
| 有色金属冶炼及压延加工业 | Manufacture & Processing of Non-ferrous Metals | 612947 | 648900 | 35046 | 18178 |
| 专用设备制造业 | Manufacture of Special Purpose Machinery | 150390 | 100838 | 3530 | 4685 |
| 交通运输设备制造业 | Manufacture of Transport Equipment | 1391528 | 1765761 | 96964 | 22038 |
| 电气机械及器材制造业 | Manufacture of Electrical Machinery & Equipment | 75503 | 116481 | 7736 | 785 |
| 通信设备、计算机及其他电子设备制造业 | Manufacture of Communication Equipment, Computer and Other Electronic Equipment | 21158 | 7140 | 172 | 392 |
| 仪器仪表及文化、办公用机械制造业 | Manufacture of Measuring Instruments and Machinery for Cultural Activity & Office Work | 33995 | 10271 | 289 | 897 |
| 电力、热力的生产和供应业 | Production and Supply of Electric Power and Heat Power | 3980015 | 2842448 | 54274 | 43451 |
| 房屋和土木工程建筑业 | Construction of Buildings & Civil Engineering | 761241 | 1126385 | 3023 | 87626 |
| 道路运输业 | Transport Via Road | 326066 | 281846 | 14599 | 15251 |
| 城市公共交通业 | Urban Public Traffic | 51014 | 48767 | 2543 | 3256 |
| 水上运输业 | Water Transport | 454291 | 96848 | 13551 | 2913 |
| 装卸搬运和其他运输服务业 | Loading, Unloading, Portage and Other Transport Services | 70695 | 12427 | 693 | 1539 |
| 批发业 | Wholesale Trade | 99376 | 105692 | 2958 | 1105 |
| 零售业 | Retail Trade | 253098 | 503210 | 7295 | 4171 |
| 房地产业 | Real Estate | 278158 | 34667 | -6412 | 1049 |
| 商务服务业 | Business Services | 5072701 | 2683391 | 234680 | 28175 |

# 4—27 营业收入5亿元以上的企业集团主要财务指标（2007年）

## Main Financial Indicators of Enterprises Group by Business Income Above 500 Million Yuan（2007）

单位：万元 （10 000 yuan）

| 指 标 | Item | 资产总计 Total Assets | 营业收入 Business Income |
|---|---|---|---|
| **总计** | **Total** | **21222078** | **16537617** |
| **按企业集团审批部门分** | **Grouped by Examining and Approving Department** | | |
| 国务院 | The State Council | 219394 | 164299 |
| 国务院主管部门 | The Competent Department of the State Council | 1121026 | 1430127 |
| 省级人民政府 | Provincial People's Government | 9441289 | 7965541 |
| 省级人民政府主管部门 | Competent Department of Provincial People's Government | 5028622 | 3756484 |
| 其他 | Others | 5411747 | 3221166 |
| **按母公司控股情况分** | **Grouped by Share-holding Situation of Parent Company** | | |
| 国有控股 | State-owned Holding | 18247997 | 14131177 |
| 集体控股 | Collective-owned Holding | 481122 | 449180 |
| 私人控股 | Private Holding | 2323672 | 1784406 |
| 港澳台商控股 | Hong Kong, Macao and Taiwan's Holding | | |
| 外商控股 | Foreign Funded Holing | 169287 | 172854 |
| **按企业集团主营行业分** | **Grouped by Sector of Major Business** | | |
| 农、林、牧、渔业 | Farming,Forestry,Animal Husbandry and Fishery | | |
| 工业 | Industry | 12885779 | 11472320 |
| 采矿业 | Mining and Quarrying | 169287 | 172854 |
| 制造业 | Manufacturing | 8736477 | 8457018 |
| 电力、燃气及水的生产和供应业 | Eclectic,Gas and Water Production and Supply Industry | 3980015 | 2842448 |
| 建筑业 | Construction | 748522 | 1092459 |
| 交通运输、仓储和邮政业 | Transportation,Storage and Postal | 653279 | 289276 |
| 信息传输、计算机服务和软件业 | Message Transmission, Computer and Software Service | | |
| 批发和零售业 | Wholesale and Retail Trade | 308074 | 603104 |
| 住宿和餐饮业 | Hotel and Catering | | |
| 金融业 | Finance | | |
| 房地产业 | Real Estate | | |
| 其他 | Others | 6626424 | 3080458 |
| **按母公司登记注册类型分** | **Grouped by Registration Status and Region of Parent Company** | | |
| 国有企业 | State-owned Enterprise | 1693549 | 482156 |
| 公司制企业 | Corporate System Enterprise | 19528529 | 16055461 |
| 国有独资企业 | State-owned Exclusive Investment Company | 15162465 | 12965566 |
| 其他有限责任公司 | Other Limited Liability Corporations | 2357572 | 1686517 |
| 股份有限公司 | Share-holding Corporation Ltd | 1839205 | 1230524 |
| 中外合资企业 | Sino-foreign Joint venture | 169287 | 172854 |
| 外商投资股份有限公司 | Foreign Funded Share-holding Co.,Ltd. | | |
| 港澳台合资企业 | Hongkong,Macao and Taiwan Funded Enterprises | | |
| 港澳台商投资股份有限公司 | Hong Kong, Macao and Taiwan Investment Company | | |
| 其他 | Others | | |

4—27 续表 Continued

单位：万元 （10 000 yuan）

| 指 标 | Item | 利润总额 Total Profits | 从业人员（人） Employment (person) |
|---|---|---|---|
| **总计** | **Total** | **1033465** | **338278** |
| **按企业集团审批部门分** | **Grouped by Examining and Approving Department** | | |
| 国务院 | The State Council | 10234 | 5755 |
| 国务院主管部门 | The Competent Department of the State Council | 89200 | 24503 |
| 省级人民政府 | Provincial People's Government | 487070 | 151499 |
| 省级人民政府主管部门 | Competent Department of Provincial People's Government | 139336 | 77406 |
| 其他 | Others | 307625 | 79115 |
| **按母公司控股情况分** | **Grouped by Share-holding Situation of Parent Company** | | |
| 国有控股 | State-owned Holding | 775897 | 268629 |
| 集体控股 | Collective-owned Holding | 28883 | 13610 |
| 私人控股 | Private Holding | 189511 | 52189 |
| 港澳台商控股 | Hong Kong, Macao and Taiwan's Holding | | |
| 外商控股 | Foreign Funded Holing | 39174 | 3850 |
| **按企业集团主营行业分** | **Grouped by Sector of Major Business** | | |
| 农、林、牧、渔业 | Farming,Forestry,Animal Husbandry and Fishery | | |
| 工业 | Industry | 751666 | 188239 |
| 采矿业 | Mining and Quarrying | 39174 | 3850 |
| 制造业 | Manufacturing | 658218 | 140938 |
| 电力、燃气及水的生产和供应业 | Eclectic,Gas and Water Production and Supply Industry | 54274 | 43451 |
| 建筑业 | Construction | 2437 | 85040 |
| 交通运输、仓储和邮政业 | Transportation,Storage and Postal | 23746 | 11046 |
| 信息传输、计算机服务和软件业 | Message Transmission, Computer and Software Service | | |
| 批发和零售业 | Wholesale and Retail Trade | 10723 | 4966 |
| 住宿和餐饮业 | Hotel and Catering | | |
| 金融业 | Finance | | |
| 房地产业 | Real Estate | | |
| 其他 | Others | 244893 | 48987 |
| **按母公司登记注册类型分** | **Grouped by Registration Status and Region of Parent Company** | | |
| 国有企业 | State-owned Enterprise | 10093 | 23879 |
| 公司制企业 | Corporate System Enterprise | 1023372 | 314399 |
| 国有独资企业 | State-owned Exclusive Investment Company | 643818 | 226315 |
| 其他有限责任公司 | Other Limited Liability Corporations | 126580 | 45459 |
| 股份有限公司 | Share-holding Corporation Ltd | 213800 | 38775 |
| 中外合资企业 | Sino-foreign Joint venture | 39174 | 3850 |
| 外商投资股份有限公司 | Foreign Funded Share-holding Co.,Ltd. | | |
| 港澳台合资企业 | Hongkong,Macao and Taiwan Funded Enterprises | | |
| 港澳台商投资股份有限公司 | Hong Kong, Macao and Taiwan Investment Company | | |
| 其他 | Others | | |

## 4—28 资产总计5亿元以上的企业集团主要财务指标（2007年）

## Main Financial Indicators of Enterprises Group by Total Assets Above 500 Million Yuan（2007）

单位：万元 （10 000 yuan）

| 指标 | Item | 资产总计 Total Assets | 营业收入 Business Income |
|---|---|---|---|
| **总计** | **Total** | **22531476** | **16803389** |
| **按企业集团审批部门分** | **Grouped by Examining and Approving Department** | | |
| 国务院 | The State Council | 219394 | 164299 |
| 国务院主管部门 | The Competent Department of the State Council | 1121026 | 1430127 |
| 省级人民政府 | Provincial People's Government | 9441289 | 7965541 |
| 省级人民政府主管部门 | Competent Department of Provincial People's Government | 5435134 | 3807753 |
| 其他 | Others | 6314633 | 3435669 |
| **按母公司控股情况分** | **Grouped by Share-holding Situation of Parent Company** | | |
| 国有控股 | State-owned Holding | 18704776 | 14204539 |
| 集体控股 | Collective-owned Holding | 481122 | 449180 |
| 私人控股 | Private Holding | 3066265 | 1962795 |
| 港澳台商控股 | Hong Kong, Macao and Taiwan's Holding | | |
| 外商控股 | Foreign Funded Holing | 169287 | 172854 |
| **按企业集团主营行业分** | **Grouped by Sector of Major Business** | | |
| 农、林、牧、渔业 | Farming,Forestry,Animal Husbandry and Fishery | 198944 | 17142 |
| 工业 | Industry | 13606621 | 11637499 |
| 采矿业 | Mining and Quarrying | 169287 | 172854 |
| 制造业 | Manufacturing | 9457319 | 8622197 |
| 电力、燃气及水的生产和供应业 | Eclectic,Gas and Water Production and Supply Industry | 3980015 | 2842448 |
| 建筑业 | Construction | 748522 | 1092459 |
| 交通运输、仓储和邮政业 | Transportation,Storage and Postal | 779451 | 347311 |
| 信息传输、计算机服务和软件业 | Message Transmission, Computer and Software Service | | |
| 批发和零售业 | Wholesale and Retail Trade | 308074 | 603104 |
| 住宿和餐饮业 | Hotel and Catering | | |
| 金融业 | Finance | | |
| 房地产业 | Real Estate | 263440 | 25416 |
| 其他 | Others | 6626424 | 3080458 |
| **按母公司登记注册类型分** | **Grouped by Registration Status and Region of Parent Company** | | |
| 国有企业 | State-owned Enterprise | 1747055 | 520904 |
| 公司制企业 | Corporate System Enterprise | 20784421 | 16282485 |
| 国有独资企业 | State-owned Exclusive Investment Company | 15515598 | 13015746 |
| 其他有限责任公司 | Other Limited Liability Corporations | 3136257 | 1849845 |
| 股份有限公司 | Share-holding Corporation Ltd | 1910195 | 1202948 |
| 中外合资企业 | Sino-foreign Joint venture | 169287 | 172854 |
| 外商投资股份有限公司 | Foreign Funded Share-holding Co.,Ltd. | 53084 | 41092 |
| 港澳台合资企业 | Hongkong,Macao and Taiwan Funded Enterprises | | |
| 港澳台商投资股份有限公司 | Hong Kong, Macao and Taiwan Investment Company | | |
| 其他 | Others | | |

4—28 续表 Continued

单位：万元 (10 000 yuan)

| 指 标 | Item | 利润总额 Total Profits | 从业人员（人） Employment (person) |
|---|---|---|---|
| **总计** | **Total** | **1016645** | **357689** |
| **按企业集团审批部门分** | **Grouped by Examining and Approving Department** | | |
| 国务院 | The State Council | 10234 | 5755 |
| 国务院主管部门 | The Competent Department of the State Council | 89200 | 24503 |
| 省级人民政府 | Provincial People's Government | 487070 | 151499 |
| 省级人民政府主管部门 | Competent Department of Provincial People's Government | 139833 | 80896 |
| 其他 | Others | 290308 | 95036 |
| **按母公司控股情况分** | **Grouped by Share-holding Situation of Parent Company** | | |
| 国有控股 | State-owned Holding | 771772 | 277289 |
| 集体控股 | Collective-owned Holding | 28883 | 13610 |
| 私人控股 | Private Holding | 184072 | 62513 |
| 港澳台商控股 | Hong Kong, Macao and Taiwan's Holding | | |
| 外商控股 | Foreign Funded Holing | 39174 | 3850 |
| **按企业集团主营行业分** | **Grouped by Sector of Major Business** | | |
| 农、林、牧、渔业 | Farming,Forestry,Animal Husbandry and Fishery | 809 | 2466 |
| 工业 | Industry | 736695 | 200252 |
| 采矿业 | Mining and Quarrying | 39174 | 3850 |
| 制造业 | Manufacturing | 643247 | 152951 |
| 电力、燃气及水的生产和供应业 | Eclectic,Gas and Water Production and Supply Industry | 54274 | 43451 |
| 建筑业 | Construction | 2437 | 85040 |
| 交通运输、仓储和邮政业 | Transportation,Storage and Postal | 27397 | 15290 |
| 信息传输、计算机服务和软件业 | Message Transmission, Computer and Software Service | | |
| 批发和零售业 | Wholesale and Retail Trade | 10723 | 4966 |
| 住宿和餐饮业 | Hotel and Catering | | |
| 金融业 | Finance | | |
| 房地产业 | Real Estate | -6309 | 688 |
| 其他 | Others | 244893 | 48987 |
| **按母公司登记注册类型分** | **Grouped by Registration Status and Region of Parent Company** | | |
| 国有企业 | State-owned Enterprise | 10417 | 27228 |
| 公司制企业 | Corporate System Enterprise | 1006228 | 330461 |
| 国有独资企业 | State-owned Exclusive Investment Company | 641708 | 230759 |
| 其他有限责任公司 | Other Limited Liability Corporations | 108246 | 56492 |
| 股份有限公司 | Share-holding Corporation Ltd | 215064 | 38028 |
| 中外合资企业 | Sino-foreign Joint venture | 39174 | 3850 |
| 外商投资股份有限公司 | Foreign Funded Share-holding Co.,Ltd. | 2036 | 1332 |
| 港澳台合资企业 | Hongkong,Macao and Taiwan Funded Enterprises | | |
| 港澳台商投资股份有限公司 | Hong Kong, Macao and Taiwan Investment Company | | |
| 其他 | Others | | |

# 4—29 营业收入和资产总计5亿元以上的企业集团主要财务指标（2007年）

## Main Financial Indicators of Enterprises Group by Business Income and Total Assets Above 500 Million Yuan（2007）

单位：万元　　　　（10 000 yuan）

| 指　　标 | Item | 资产总计 Total Assets | 营业收入 Business Income |
|---|---|---|---|
| **总计** | **Total** | **21179880** | **16481463** |
| **按企业集团审批部门分** | **Grouped by Examining and Approving Department** | | |
| 国务院 | The State Council | 219394 | 164299 |
| 国务院主管部门 | The Competent Department of the State Council | 1121026 | 1430127 |
| 省级人民政府 | Provincial People's Government | 9441289 | 7965541 |
| 省级人民政府主管部门 | Competent Department of Provincial People's Government | 4986424 | 3700330 |
| 其他 | Others | 5411747 | 3221166 |
| **按母公司控股情况分** | **Grouped by Share-holding Situation of Parent Company** | | |
| 国有控股 | State-owned Holding | 18205799 | 14075023 |
| 集体控股 | Collective-owned Holding | 481122 | 449180 |
| 私人控股 | Private Holding | 2323672 | 1784406 |
| 港澳台商控股 | Hong Kong, Macao and Taiwan's Holding | | |
| 外商控股 | Foreign Funded Holing | 169287 | 172854 |
| **按企业集团主营行业分** | **Grouped by Sector of Major Business** | | |
| 农、林、牧、渔业 | Farming,Forestry,Animal Husbandry and Fishery | | |
| 工业 | Industry | 12843581 | 11416166 |
| 采矿业 | Mining and Quarrying | 169287 | 172854 |
| 制造业 | Manufacturing | 8694279 | 8400864 |
| 电力、燃气及水的生产和供应业 | Eclectic,Gas and Water Production and Supply Industry | 3980015 | 2842448 |
| 建筑业 | Construction | 748522 | 1092459 |
| 交通运输、仓储和邮政业 | Transportation,Storage and Postal | 653279 | 289276 |
| 信息传输、计算机服务和软件业 | Message Transmission, Computer and Software Service | | |
| 批发和零售业 | Wholesale and Retail Trade | 308074 | 603104 |
| 住宿和餐饮业 | Hotel and Catering | | |
| 金融业 | Finance | | |
| 房地产业 | Real Estate | | |
| 其他 | Others | 6626424 | 3080458 |
| **按母公司登记注册类型分** | **Grouped by Registration Status and Region of Parent Company** | | |
| 国有企业 | State-owned Enterprise | 1693549 | 482156 |
| 公司制企业 | Corporate System Enterprise | 19486331 | 15999307 |
| 国有独资企业 | State-owned Exclusive Investment Company | 15162465 | 12965566 |
| 其他有限责任公司 | Other Limited Liability Corporations | 2357572 | 1686517 |
| 股份有限公司 | Share-holding Corporation Ltd | 1797007 | 1174370 |
| 中外合资企业 | Sino-foreign Joint venture | 169287 | 172854 |
| 外商投资股份有限公司 | Foreign Funded Share-holding Co.,Ltd. | | |
| 港澳台合资企业 | Hongkong,Macao and Taiwan Funded Enterprises | | |
| 港澳台商投资股份有限公司 | Hong Kong, Macao and Taiwan Investment Company | | |
| 其他 | Others | | |

4—29 续表 Continued

单位：万元 (10 000 yuan)

| 指 标 | Item | 利润总额 Total Profits | 从业人员（人） Employment (person) |
|---|---|---|---|
| **总计** | **Total** | **1030367** | **336188** |
| **按企业集团审批部门分** | **Grouped by Examining and Approving Department** | | |
| 国务院 | The State Council | 10234 | 5755 |
| 国务院主管部门 | The Competent Department of the State Council | 89200 | 24503 |
| 省级人民政府 | Provincial People's Government | 487070 | 151499 |
| 省级人民政府主管部门 | Competent Department of Provincial People's Government | 136238 | 75316 |
| 其他 | Others | 307625 | 79115 |
| **按母公司控股情况分** | **Grouped by Share-holding Situation of Parent Company** | | |
| 国有控股 | State-owned Holding | 772799 | 266539 |
| 集体控股 | Collective-owned Holding | 28883 | 13610 |
| 私人控股 | Private Holding | 189511 | 52189 |
| 港澳台商控股 | Hong Kong, Macao and Taiwan's Holding | | |
| 外商控股 | Foreign Funded Holing | 39174 | 3850 |
| **按企业集团主营行业分** | **Grouped by Sector of Major Business** | | |
| 农、林、牧、渔业 | Farming,Forestry,Animal Husbandry and Fishery | | |
| 工业 | Industry | 748568 | 186149 |
| 采矿业 | Mining and Quarrying | 39174 | 3850 |
| 制造业 | Manufacturing | 655120 | 138848 |
| 电力、燃气及水的生产和供应业 | Eclectic,Gas and Water Production and Supply Industry | 54274 | 43451 |
| 建筑业 | Construction | 2437 | 85040 |
| 交通运输、仓储和邮政业 | Transportation,Storage and Postal | 23746 | 11046 |
| 信息传输、计算机服务和软件业 | Message Transmission, Computer and Software Service | | |
| 批发和零售业 | Wholesale and Retail Trade | 10723 | 4966 |
| 住宿和餐饮业 | Hotel and Catering | | |
| 金融业 | Finance | | |
| 房地产业 | Real Estate | | |
| 其他 | Others | 244893 | 48987 |
| **按母公司登记注册类型分** | **Grouped by Registration Status and Region of Parent Company** | | |
| 国有企业 | State-owned Enterprise | 10093 | 23879 |
| 公司制企业 | Corporate System Enterprise | 1020274 | 312309 |
| 国有独资企业 | State-owned Exclusive Investment Company | 643818 | 226315 |
| 其他有限责任公司 | Other Limited Liability Corporations | 126580 | 45459 |
| 股份有限公司 | Share-holding Corporation Ltd | 210702 | 36685 |
| 中外合资企业 | Sino-foreign Joint venture | 39174 | 3850 |
| 外商投资股份有限公司 | Foreign Funded Share-holding Co.,Ltd. | | |
| 港澳台合资企业 | Hongkong,Macao and Taiwan Funded Enterprises | | |
| 港澳台商投资股份有限公司 | Hong Kong, Macao and Taiwan Investment Company | | |
| 其他 | Others | | |

# 4—30　企业集团单位数

## Number of Enterprises Group

单位：个　　(unit)

| 指　标 | Item | 2003 | 2004 | 2005 | 2006 |
|---|---|---|---|---|---|
| **总计** | **Total** | **49** | **49** | 50 | 60 |
| **按企业集团审批部门分** | **Grouped by Examining and Approving Department** | | | | |
| 国务院 | The State Council | 1 | 1 | 1 | 1 |
| 国务院主管部门 | The Competent Department of the State Council | 4 | 5 | 4 | 4 |
| 省级人民政府 | Provincial People's Government | 15 | 15 | 14 | 14 |
| 省级人民政府主管部门 | Competent Department of Provincial People's Government | 11 | 10 | 12 | 15 |
| 其他 | Others | 18 | 18 | 19 | 26 |
| **按母公司控股情况分** | **Grouped by Share-holding Situation of Parent Company** | | | | |
| 国有控股 | State-owned Holding | 37 | 32 | 31 | 34 |
| 集体控股 | Collective-owned Holding | 4 | 4 | 3 | 5 |
| 私人控股 | Private Holding | | | 16 | 20 |
| 港澳台商控股 | Hong Kong, Macao and Taiwan's Holding | | | | |
| 外商控股 | Foreign Funded Holing | 8 | 13 | | 1 |
| **按企业集团主营行业分** | **Grouped by Sector of Major Business** | | | | |
| 农、林、牧、渔业 | Farming,Forestry,Animal Husbandry and Fishery | 1 | 1 | 1 | 2 |
| 工业 | Industry | 32 | 31 | 32 | 38 |
| 采矿业 | Mining and Quarrying | 1 | | | |
| 制造业 | Manufacturing | 30 | 31 | 32 | 36 |
| 电力、燃气及水的生产和供应业 | Eclectic,Gas and Water Production and Supply Industry | 1 | | | 2 |
| 建筑业 | Construction | 5 | 4 | 3 | 3 |
| 交通运输、仓储和邮政业 | Transportation,Storage and Postal | 5 | 6 | 8 | 11 |
| 信息传输、计算机服务和软件业 | Message Transmission, Computer and Software Service | 4 | 3 | 3 | 4 |
| 批发和零售业 | Wholesale and Retail Trade | | 1 | 1 | |
| 住宿和餐饮业 | Hotel and Catering | | | | |
| 金融业 | Finance | | | | |
| 房地产业 | Real Estate | 1 | 1 | 1 | 1 |
| 其他 | Others | 1 | 2 | 1 | 1 |
| **按母公司登记注册类型分** | **Grouped by Registration Status and Region of Parent Company** | | | | |
| 国有企业 | State-owned Enterprise | 8 | 5 | 3 | 4 |
| 公司制企业 | Corporate System Enterprise | 39 | 43 | 47 | 56 |
| 国有独资企业 | State-owned Exclusive Investment Company | 19 | 18 | 18 | 21 |
| 其他有限责任公司 | Other Limited Liability Corporations | 15 | 19 | 21 | 23 |
| 股份有限公司 | Share-holding Corporation Ltd | 5 | 6 | 8 | 10 |
| 中外合资企业 | Sino-foreign Joint venture | | | | 2 |
| 外商投资股份有限公司 | Foreign Funded Share-holding Co.,Ltd. | | | | |
| 港澳台合资企业 | Hongkong,Macao and Taiwan Funded Enterprises | | | | |
| 港澳台商投资股份有限公司 | Hong Kong, Macao and Taiwan Investment Company | | | | |
| 其他 | Others | 2 | 1 | | |

# 4—31 企业集团财务指标

## Financial Indicators of Enterprise Group

单位：万元 （10 000 yuan）

| 指 标 | Item | 2003 | 2004 | 2005 | 2006 |
|---|---|---|---|---|---|
| 企业集团单位数（个） | Number of Enterprises Group（unit） | 49 | 49 | 50 | 59 |
| # 亏损企业集团数（个） | Several Loss-making Enterprises Group（unit） | 16 | 9 | 11 | 10 |
| 资产总计 | Total Assets | 6671106 | 8972070 | 10118629 | 16180638 |
| 固定资产 | Fixed Assets | 2958552 | 4191276 | 4987332 | 9111556 |
| 累计折旧 | Accumulative Depreciation | 1083271 | 1468468 | 1641645 | 2921640 |
| # 本年折旧 | # Depreciation in the Current Year | 143220 | 229205 | 243933 | 469309 |
| 累计对外投资 | Accumulative External Investment | 802924 | 926138 | 786524 | 970856 |
| # 本年对外投资 | # External Investment for Current Year | 38921 | 130909 | 123339 | 186360 |
| 存货 | Stock | | 1257108 | 1412604 | 1634014 |
| 流动资产年平均余额 | Average Balance of Circulating Funds | 3016962 | 3657673 | 4569502 | 6196602 |
| 应收帐款 | Bill Payable | | 714952 | 821464 | 968687 |
| 负债合计 | Total of Liabilite | 3637217 | 4924258 | 5908297 | 10211539 |
| # 流动负债 | # Current Liabilities | 3062546 | 3857872 | 4523101 | 6700082 |
| # 银行借款 | # Bank Loan | | | | 4411390 |
| 所有者（股东）权益合计 | Total Owner's Equity | 2842309 | 4047812 | 4210332 | 5969099 |
| # 少数股东权益 | # Minority Interest | | | | 757881 |
| 股本（实收资本） | Share Capital（Capitals Paid-in） | 1597639 | 1477594 | 1518962 | 2392694 |
| 营业收入 | Business Income | 4778874 | 6662038 | 8024824 | 12699656 |
| # 营业成本 | # Cost of Business | 3697113 | 5062359 | 6298429 | 10261011 |
| 营业税金及附加 | Tax and Addition of Business | 50428 | 60717 | 71101 | 120598 |
| 新产品销售收入 | Sales Income of New Products | | 882658 | 1048249 | 1390247 |
| 出口销售总额 | Total Sales Exports | 268507 | 310795 | 335080 | 479426 |
| 销售费用 | Selling Expenses | | | | |
| 管理费用 | Management Expenses | | | | 696749 |
| # 税金 | # Tax | 8239 | 13024 | 37461 | 35380 |
| 劳动、待业保险费 | Labor, Jobless and Premium | 54477 | 66789 | 126868 | 89994 |
| 职工教育费 | Payment for Staff Education | | 4317 | 4552 | 12801 |
| 财务费用 | Finance Charge | | | | 273358 |
| # 利息支出 | # Interest Expenditure | 80098 | 98524 | 117258 | 258897 |
| 投资收益 | Investment Income | 9832 | 55477 | 25910 | 61309 |
| 利润总额 | Total Profits | 234845 | 450395 | 319257 | 503092 |
| # 亏损企业集团亏损额 | # Money-lossing Enterprise Group Losses | -37567 | -29328 | -42698 | -27294 |
| 应交所得税 | Income Tax Payable | 55300 | 138519 | 68019 | 126534 |
| 应交增值税 | Added-value Payable | 193386 | 511563 | 289583 | 546951 |
| 固定资产投资完成额 | Sum of Completed Investment in Fixed Asset | 377100 | 485381 | 798526 | 1267452 |
| 研究开发费用 | Research and Development Expenses | 61856 | 49941 | 60979 | 73188 |

# 4—32　企业集团劳动工资指标

## Indicators of Labor Wages in Enterprises Group

| 指　　标 | Item | 2003 | 2004 |
|---|---|---|---|
| **全区企业集团** | **Enterprise Group of the Whole District** | | |
| **单位数（个）** | **Number of Enterprises（unit）** | **49** | **49** |
| **从业人员（人）** | **Number of Enterprises（person）** | **206957** | **217036** |
| # 在岗职工 | # Fully-employed Staff and Workers | 198794 | 208464 |
| 其他从业人员 | Other Employed Persons | 8163 | 8572 |
| **从业人员劳动报酬（万元）** | **Payment for Employment（10 000 yuan）** | **339350** | **419624** |
| # 在岗职工劳动报酬 | # Payment for Fully-Employed Staff and Workers | 332921 | 406027 |
| 其他从业人员劳动报酬 | Payment for Other Employed Persons | 6429 | 13597 |
| **国有及控股企业集团** | **State-Run and Holding Enterprise Group** | | |
| **单位数（个）** | **Number of Enterprises（unit）** | **37** | **32** |
| **从业人员（人）** | **Employment（person）** | **178596** | **176282** |
| # 在岗职工 | # Fully-employed Staff and Workers | 171694 | 169393 |
| 其他从业人员 | Other Employed Persons | 6902 | 6889 |
| **从业人员劳动报酬（万元）** | **Payment for Employment（10 000 yuan）** | **311323** | **375994** |
| # 在岗职工 | # Payment for Fully-Employed Staff and Workers | 305999 | 363419 |
| 其他从业人员 | Payment for Other Employed Persons | 5324 | 12575 |

| 指　　标 | Item | 2005 | 2006 |
|---|---|---|---|
| **全区企业集团** | **Enterprise Group of the Whole District** | | |
| **单位数（个）** | **Number of Enterprises（unit）** | **50** | **60** |
| **从业人员（人）** | **Employment（person）** | **225836** | **317496** |
| # 在岗职工 | # Fully-employed Staff and Workers | 216443 | 302342 |
| 其他从业人员 | Other Employed Persons | 9393 | 15154 |
| **从业人员劳动报酬（万元）** | **Payment for Employment（10 000 yuan）** | **492178** | **720103** |
| # 在岗职工 | # Payment for Fully-Employed Staff and Workers | 485478 | 705614 |
| 其他从业人员 | Payment for Other Employed Persons | 6700 | 14489 |
| **国有及控股企业集团** | **State-Run and Holding Enterprise Group** | | |
| **单位数** | **Number of Enterprises（unit）** | **31** | **34** |
| **从业人员（人）** | **Employment（person）** | **180143** | **246842** |
| # 在岗职工 | # Fully-employed Staff and Workers | 172271 | 233171 |
| 其他从业人员 | Other Employed Persons | 7872 | 13671 |
| **从业人员劳动报酬（万元）** | **Payment for Employment（10 000 yuan）** | **438043** | **607951** |
| # 在岗职工 | # Payment for Fully-Employed Staff and Workers | 432240 | 594594 |
| 其他从业人员 | Payment for Other Employed Persons | 5803 | 13357 |

# 4—33 企业集团成员企业单位数

## Unit Number of Enterprise Group Member Enterprise

单位：万元

| 指　标 | Item | 2003 | 2004 | 2005 | 2006 |
|---|---|---|---|---|---|
| **总计** | **Total** | **378** | **368** | **384** | **599** |
| **按企业集团主营行业分** | **Grouped by Sector of Major Business** | | | | |
| 农、林、牧、渔业 | Farming,Forestry,Animal Husbandry and Fishery | 13 | 10 | 13 | 15 |
| 工业 | Industry | 183 | 193 | 192 | 277 |
| 采矿业 | Mining and Quarrying | 4 | 3 | 3 | 4 |
| 制造业 | Manufacturing | 172 | 184 | 183 | 187 |
| 电力、燃气及水的生产和供应业 | Eclectic,Gas and Water Production and Supply Industry | 7 | 6 | 6 | 86 |
| 建筑业 | Construction | 26 | 23 | 22 | 21 |
| 交通运输、仓储和邮政业 | Transportation,Storage and Postal | 29 | 30 | 42 | 61 |
| 信息传输、计算机服务和软件业 | Message Transmission, Computer and Software Service | | | | 1 |
| 批发和零售业 | Wholesale and Retail Trade | 88 | 60 | 58 | 70 |
| 住宿和餐饮业 | Hotel and Catering | | 10 | 10 | 13 |
| 金融业 | Finance | | | 2 | 2 |
| 房地产业 | Real Estate | 12 | 16 | 14 | 16 |
| 其他 | Others | 27 | 26 | 30 | 39 |
| **按母公司登记注册类型分** | **Grouped by Registration Status and Region of Parent Company** | | | | |
| 国有企业 | State-owned Enterprise | 56 | 54 | 54 | 114 |
| 公司制企业 | Corporate System Enterprise | 299 | 294 | 307 | 379 |
| 国有独资企业 | State-owned Exclusive Investment Company | 97 | 82 | 83 | 107 |
| 其他有限责任公司 | Other Limited Liability Corporations | 148 | 160 | 165 | 204 |
| 股份有限公司 | Share-holding Corporation Ltd | 34 | 38 | 42 | 40 |
| 中外合资企业 | Sino-foreign Joint venture | 12 | 10 | 12 | 12 |
| 外商投资股份有限公司 | Foreign Funded Share-holding Co.,Ltd. | | | | 4 |
| 港澳台合资企业 | Hongkong,Macao and Taiwan Funded Enterprises | 8 | 4 | 5 | 12 |
| 港澳台商投资股份有限公司 | Hong Kong, Macao and Taiwan Investment Company | | | | 0 |
| 其他 | Others | 23 | 20 | 23 | 22 |

## 4—34 国有控股企业集团财务指标

## Financial Indicators of State-owned Holding Enterprises Group

单位：万元 （10 000 yuan）

| 指　标 | Item | 2003 | 2004 | 2005 | 2006 |
|---|---|---|---|---|---|
| 企业集团单位数（个） | Number of Enterprises Group（unit） | 37 | 32 | 31 | 34 |
| # 亏损企业集团数（个） | Several Loss-making Enterprises Group（unit） | 13 | 7 | 9 | 5 |
| 资产总计 | Total Assets | 6234319 | 8056882 | 8724375 | 14124972 |
| 固定资产 | Fixed Assets | 2706596 | 3722539 | 4303057 | 8100172 |
| 累计折旧 | Accumulative Depreciation | 989444 | 1323166 | 1439862 | 2571212 |
| # 本年折旧 | # Depreciation in the Current Year | 127964 | 206645 | 209188 | 433525 |
| 累计对外投资 | Accumulative External Investment | 796898 | 916698 | 770407 | 929796 |
| # 本年对外投资 | # External Investment for Current Year | 36399 | 130859 | 122349 | 169481 |
| 存货 | Stock | | 1065006 | 1202195 | 1321508 |
| 流动资产年平均余额 | Average Balance of Circulating Funds | 2810108 | 3307489 | 3978222 | 5296139 |
| 应收帐款 | Bill Payable | | 662522 | 718632 | 795820 |
| 负债合计 | Total of Liabilite | 3399631 | 4435758 | 5189637 | 9080300 |
| # 流动负债 | # Current Liabilities | 2853695 | 3463877 | 3931529 | 5799100 |
| # 银行借款 | # Bank Loan | | | | 4032369 |
| 所有者（股东）权益合计 | Total Owner's Equity | 2666939 | 3621124 | 3534738 | 5044672 |
| # 少数股东权益 | # Minority Interest | | | | 638960 |
| 股本（实收资本） | Share Capital（Capitals Paid-in） | 1479639 | 1246796 | 1247241 | 2021226 |
| 营业收入 | Business Income | 4359829 | 6020345 | 7138226 | 11298542 |
| # 营业成本 | # Cost of Business | 3394929 | 4626621 | 5708234 | 9304909 |
| 营业税金及附加 | Tax and Addition of Business | 46543 | 53429 | 60575 | 105493 |
| 新产品销售收入 | Sales Income of New Products | | 821104 | 922855 | 1188798 |
| 出口销售总额 | Total Sales Exports | 219363 | 242747 | 235540 | 357045 |
| 销售费用 | Selling Expenses | | | | |
| 管理费用 | Management Expenses | | | | 570000 |
| # 税金 | # Tax | 7571 | 10621 | 33934 | 31545 |
| 劳动、待业保险费 | Labor, Jobless and Premium | 51447 | 62983 | 121202 | 79876 |
| 职工教育费 | Payment for Staff Education | | 3776 | 3819 | 11578 |
| 财务费用 | Finance Charge | | | | 241188 |
| # 利息支出 | # Interest Expenditure | 73667 | 87466 | 100386 | 228736 |
| 投资收益 | Investment Income | 9084 | 51369 | 22871 | 63403 |
| 利润总额 | Total Profits | 202692 | 378927 | 209243 | 410251 |
| # 亏损企业集团亏损额 | # Money-lossing Enterprise Group Losses | -37162 | -29208 | -42594 | -13743 |
| 应交所得税 | Income Tax Payable | 47486 | 126686 | 49626 | 105602 |
| 应交增值税 | Added-value Payable | 167465 | 475116 | 229678 | 447483 |
| 固定资产投资完成额 | Sum of Completed Investment in Fixed Asset | 345347 | 446085 | 749468 | 1205243 |
| 研究开发费用 | Research and Development Expenses | 61856 | 40964 | 48867 | 59224 |

# 4—35 规模以下工业主要指标

## Main Indicators of Industrial Enterprises Under Designated Size

单位：亿元

| 指　　标 | Item | 2004 | 2005 |
|---|---|---|---|
| **总体估计量** | **Population Estimator** | | |
| 单位数（万个） | Number of Enterprises（10 000 unit） | 21.85 | 24.00 |
| 期末从业人数（万人） | Number of Employed Persons at the Year-end（10 000 persons） | 144.69 | 164.17 |
| 工业总产值（当年价格） | Gross Industrrial Ouptput Value（current prices） | 1127.56 | 1136.75 |
| **企业子总体估计量** | **Population Estimator Of Enterprise** | | |
| 企业数（万个） | Number of Enterprises（10 000 unit） | 1.53 | 1.95 |
| 期末从业人数（万人） | Number of Employed Persons at the Year-end（10 000 persons） | 39.42 | 55.78 |
| 工业总产值（当年价格） | Gross Industrrial Ouptput Value（current prices） | 407.72 | 411.07 |
| 主营业务收入 | Revenue from Principal Business | 381.60 | 391.07 |
| 应交税金 | Payable Tax | 13.79 | 14.31 |
| 工资总额 | Total Wages | 26.77 | 41.27 |
| 折旧 | Depreciation | 10.80 | 13.45 |
| **个体子总体估计量** | **Population Estimator Of Individual** | | |
| 单位数（万个） | Number of Enterprises（10 000 unit） | 20.32 | 22.05 |
| 期末从业人数（万人） | Number of Employed Persons at the Year-end（10 000 persons） | 105.27 | 108.39 |
| 营业收入 | Business Income | 719.84 | 725.68 |

| 指　　标 | Item | 2006 | 2007 |
|---|---|---|---|
| **总体估计量** | **Population Estimator** | | |
| 单位数（万个） | Number of Enterprises（10 000 unit） | 26.08 | 26.33 |
| 期末从业人数（万人） | Number of Employed Persons at the Year-end（10 000 persons） | 166.51 | 156.52 |
| 工业总产值（当年价格） | Gross Industrrial Ouptput Value（current prices） | 1329.71 | 1515.51 |
| **企业子总体估计量** | **Population Estimator Of Enterprise** | | |
| 企业数（万个） | Number of Enterprises（10 000 unit） | 1.44 | 1.15 |
| 期末从业人数（万人） | Number of Employed Persons at the Year-end（10 000 persons） | 49.44 | 46.74 |
| 工业总产值（当年价格） | Gross Industrrial Ouptput Value（current prices） | 471.85 | 503.58 |
| 主营业务收入 | Revenue from Principal Business | 452.52 | 475.03 |
| 应交税金 | Payable Tax | 18.96 | 25.57 |
| 工资总额 | Total Wages | 45.10 | 93.85 |
| 折旧 | Depreciation | 17.25 | 87.17 |
| **个体子总体估计量** | **Population Estimator Of Individual** | | |
| 单位数（万个） | Number of Enterprises（10 000 unit） | 24.64 | 25.18 |
| 期末从业人数（万人） | Number of Employed Persons at the Year-end（10 000 persons） | 117.07 | 109.78 |
| 营业收入 | Business Income | 857.86 | 1011.93 |

注：1. 以上数据是以广西为总体进行抽样调查推估而得，其中工业总产值为抽样核心指标，抽样误差较小；而其他指标不是抽样核心指标，抽样误差可能较大。2. 2004年数据为经济普查数据。3. 2007年更换了新的企业样本，因此2007年的企业估计量与2006年的企业估计量有所出入。

Source:1.The above data are surveyed and projections base on samples for Guangxi,The projected value of the indicators ar certain sampling erro.2.The data of 2004are economic census dat.3.Will change the new enterprise sample in 2007,So the estimator of enterprise of 2007 and estimator of enterprise of 2006 disagree.

# 4—36 部分服务业企业和个体户主要经济指标

## Main Economic Indicators of Some Service Enterprises and Self-employed Households People

单位：万元　　　　(10 000 yuan)

| 指　标 | Item | 2006 | 2007 |
|---|---|---|---|
| **部分服务业企业（推估数）** | **Some Service Enterprise（Estimate and Count）** | | |
| 企业数（个） | Number of Enterprises（unit） | 7278 | 8241 |
| 资产总计 | Total Assets | 8571673 | 6301554 |
| 固定资产原价 | Orginal Value of Fixed Assets | 1555053 | 156335 |
| 本期固定资产折旧 | Depreciation of the Year | 127061 | 142447 |
| 全部营业收入 | Revenue of Total Business | 1268993 | 1713297 |
| # 主营业务收入 | # Revenue of Main Business | 1159256 | 1514043 |
| 主营业务成本 | Cost of Main Business | 787382 | 1166020 |
| 主营业务税金及附加 | Sales Tax and Surcharges | 39692 | 38338 |
| 费用合计 | Total Cost | 286938 | 371036 |
| 营业利润 | Operating Profits | 35093 | 34245 |
| 利润总额 | Total Profit | 85040 | 98394 |
| 应付工资总额 | Total Wages Payable of the Year | 132580 | 165688 |
| 从业人员平均人数（人） | Annual Average Number of Employment（person） | 127177 | 155332 |
| **个体户（推估数）** | **Self-employed Households People（Estimate and Count）** | | |
| 个体户数（个） | Number of Self-employed Households People（unit） | 139551 | 174748 |
| 从业人员平均人数（人） | Annual Average Number of Employment（person） | 288775 | 371263 |
| # 外雇人员 | # Number of Employees | 99318 | 137702 |
| 资产总计 | Total Assets | 5102858 | 477621 |
| 固定资产原价 | Orginal Value of Fixed Assets | 345008 | 609093 |
| 营业支出 | Cost of Business | 431599 | 313444 |
| 营业额（收入） | Operating Revenue（Income） | 596084 | 683017 |

# 主要统计指标解释

**企业集团** 是以母子公司为主体，通过投资及生产经营协作等多种方式，与众多的企事业单位共同组成的经济联合体。

**母 公 司** 是企业集团中起主导作用的核心企业，通过投资和生产经营协作等多种联结纽带，决定和影响着集团内其他成员企业，是居于控制地位的控股公司。

**所属成员企业（单位）** 指企业集团所属的成员企事业单位，包括企业集团的母公司、全资子公司（单位）、绝对控股子公司（单位）、相对控股子公司（单位），不包括参股企业、协作企业（单位）。但如果企业集团的子公司（单位）是一个纯粹管理型的公司，那么该子公司的二级控股子公司（单位）可作为企业集团所属成员单位进行统计。上述企业集团的各类子公司（单位）中应包括在中国境内和境外的子公司（单位）。

**登记注册类型** 是指在工商行政管理机关登记注册的具有法人资格的各类企业。包括国有企业、国有独资公司、其他有限责任公司、股份有限公司、中外合资企业、港澳台合资企业、其它。

**国有企业** 是指企业全部资产归国家所有，并按《中华人民共和国企业法人登记管理条例》规定登记注册的非公司制的经济组织。不包括有限责任公司中的国有独资公司。

**国有独资公司** 是指国家授权的投资机构或者国家授权的部门单独投资设立的有限责任公司。

**其他有限责任公司** 是指根据《中华人民共和国公司登记管理条例》规定登记注册，由两个以上，五十个以下的股东共同出资，每个股东以其所认缴的出资额对公司承担有限责任，公司以其全部资产对其债务承担责任的经济组织。其他有限责任公司不包括国有独资公司。

**股份有限公司** 是指根据《中华人民共和国公司登记管理条例》规定登记注册，其全部注册资本由等额股份构成并通过发行股票筹集资本，股东以其认购的股份对公司承担有限责任，公司以其全部资产对其债务承担责任的经济组织。

**中外合资企业** 是指外国企业或外国人与中国内地企业依照《中华人民共和国中外合资经营企业法》及有关法律的规定，按合同规定的比例投资设立，分享利润和分担风险的企业。

**港澳台合资企业** 是指港澳台地区投资者与内地企业依照《中华人民共和国中外合资经营企业法》及有关法律的规定，按规定的比例投资设立，分享利润和分担风险的企业。

**少数股东权益** 指子公司所有者权益中由母公司以外的其他投资者拥有的份额，在合并资产负债表中应单独列示。

**股东（所有者）权益合计** 指企业集团投资人对企业净资产的所有权，企业集团净资产等于企业集团全部资产减去负债合计和少数股东权益后的余额，其中包括企业投资人对企业的最初投入以及资本公积金、盈余公积金和未分配利润。

**股本（实收资本）** 指股份制企业集团以发行股票的方式筹集的资本。非股份制企业集团指实际收到的投资人投入的资本。

**主营业务收入** 指企业集团从事某种主要生产、经营活动所取得的营业收入。本项指标在各行业会计制度中的名称叫法不同，但一律按各行业会计制度或报表定义的口径进行填报。农业企业是指“主营业务收入”；工业企业是指“产品销售收入”；交通运输企业指“主营业务收入”；建筑企业指“工程结算收入”；批发零售贸易企业指“商品销售收入”；房地产企业指“房地产经营收入”；其他企业指“经营（营业）收入”。

**从业人员** 指在企业集团（包括母公司和子公司）工作并领取工资或其他形式的劳动报酬的全部人员数，包括在岗职工、再就业的离退休人员以及在企业集团中工作的外方人员和港澳台方人员、兼职人员、借用的外单位人员和第二职业者。不包括离开本企业集团仍保留劳动关系的职工。

**企业景气调查** 是通过对部分企业家定期进行问卷调查，并根据企业家对企业经营状况及宏观经济形势的判断和预期来编制景气指数，从而对现实经济运行状况及其发展趋势进行分析和预测的一种统计调查方法。

**景气指数** 又称为景气度，它是对企业景气调查中的定性指标通过定量方法加工汇总，综合反映某一特定调查群体或某一社会经济现象所处的状态或发展趋势的一种指标。通过其上升和下降的动态变化，反映经济发展状态及其变化过程。景气指数取值于0--200之间，100为景气指数的临界值；当景气指数大于100时，表明经济状况趋于上升或改善，处于景气状态；当景气指数小于100时，表明经济状况趋于下降或恶化，处于不景气状态。

**企业家信心指数** 也称宏观经济景气指数，是根据企业家对企业外部市场经济环境与宏观政策的认识、看法、判断与预期而编制的指数，用以综合反映企业家对宏观经济环境的感受与信心。

**企业景气指数** 也称企业综合生产经营景气指数，是根据企业家对本企业综合生产经营情况的判断与预期而编制的指数，用以反映企业的综合生产经营状况。

## Explanatory Notes on Main Statistical Indicators

**Enterprises Group** an economic association consists of numerous enterprises and institution, with parent company and subsidiary company as its main body, they join together by means of various methods, investment and business cooperation, etc.

**Parent Company** the nuclear enterprise, which plays a leading role in enterprises group. It occupies the holding company position, determines and affects other members of group by various ties of join, investment and business cooperation, etc.

**Subordinate Enterprises** （Units） refer to enterprises and institutions under enterprises group, include parent company of enterprises group, subsidiary companies（units） with exclusive investment, absolutely holding shares companies（units）, relatively holding shares companies（units）, exclude own shares enterprises, cooperate enterprises（units）, If the subsidiary company（unit） is a pure management company, the companies（units） under the subsidiary company can be statistics as subordinate enterprises （units）. The above-mention subsidiary company （units） include all companies those within and out of the boundaries of China.

**Registration Status of Enterprises** refer to different enterprises, which have registered in industrial and commercial administration agencies. Include State-owned enterprises, Sole State-Funded enterprises, other limited liability corporation, share-holding corporation Ltd. Joint-venture enterprises with foreign investment, Joint-venture enterprises with funds from Hong Kong, Macao and Taiwan, and Others.

**State-owned Enterprises** refer to non-corporation economic units where the entire assets are owned by the State and which have registered in accordance with the Regulation of the People's Republic of China on the Management of Registration of Corporation Enterprises. Excluded from this category are sole State-funded corporation in the limited liability Corporations.

**Exclusive State-Funded Company** refer to limited liability Corporations established with exclusive investment from investment institutions or departments authorized by the State.

**Other Limited Liability Corporations** refer to economic units established with investment from 2-50 investors and registered in accordance with the Regulation of the People's Republic of China on the Management of Registration of Corporations, each investor bearing limited liability to the corporation depending on its share of investment, and the corporation bearing liability to its debt to the maximum of its total assets. Excluded from this category are exclusive State-funded Corporations.

**Share-holding Corporations Ltd.** Refer to economic units registered in accordance with the Regulation of the People's Republic of China on the Management of Registration of Corporations, with total registered capitals divided into equal shares and raised through issuing stocks. Each investor bears limited liability to the corporation depending on the holding shares, and the corporation bears liability to its debt to the maximum of its total assets.

**Joint-venture Enterprises with Foreign Investment** refer to enterprises jointly established by foreign enterprises or foreigners with enterprises in the mainland of China in accordance with the Low of the People's Republic of China on Sino-foreign Joint Venture Enterprises and other relevant lows, where the share of investment, profits and risks is stipulated in the contract.

**Joint-venture Enterprises with Funds from Hong Kong, Macao and Taiwan** refer to enterprises jointly established by investor from Hong Kong, Macao and Taiwan with enterprises in the mainland of China in accordance with the Low of the People's Republic of China on Sino-foreign Joint Venture Enterprises and other relevant lows, where the share of investment, profits and risks is stipulated in the contract.

**Minority Share-holder's Equity** refer to the owner shares of subsidiary company which not owned to parent company but to other investors, it must be arranged independently on merge balance sheet.

**Total of Share-holder's （or Owner's） equity** refer to enterprises group investor's title to net funds, the balance of total liabilities and minority share-holding equity from entire funds is net funds, it includes initial investment, accumulation fund, surplus of accumulation and undistributed profits.

**Capital Stock（Capital Obtained）** refer to capital raised through issuing stocks by the joint-stock enterprises group. It refers to capital actually received from investors in non-joint-stock enterprises group.

**Major Business Revenue** refer to the revenue earned from certain major action of production and management by enterprises group. This indicator has different account name in various sectors, but it must be filled and submitted in accordance with account system of various sector, or the concepts, definitions and coverage of report schedule. It refers to major business revenue in agriculture enterprises; It refers to production sales revenue in industry enterprises; It refers to major business revenue in transport enterprises; It refers to revenue of project settle accounts in construction; It refers to commodity sales revenue in wholesale and retail trade enterprises; It refers to real Estate operation revenue in real Estate trade enterprises; In other enterprises it refers to business revenue.

**Employed Persons** refer to all persons who work in ,and receive wages or other remuneration payment from enterprises group （include parent company and subsidiary company）, they include fully employed staff and workers, re-employed retirees, foreigners and Chinese compatriots from Hong Kong, Macao and Taiwan part-time employees, employees of other units working temporarily at current posts, and employees holding the second job, but exclude staff and workers who have left their work units while keeping their labour contract （employment relation） unchanged.

**Enterprises Climate Survey** It is a statistics survey, which compile the climate index by regular paper survey to a section of entrepreneurs, based on entrepreneur's judgement and forecast to the production situation of their own enterprises and the macro-economy situation, and thus we can analyse and predict the current situation and future trend of the economic performance.

**Business climate index** It is the quantitative disposition and compilation of the qualitative economic indicators of the business climate survey, which can improve a comprehensive description of the real situation or the future trend of a special survey group or a social and economic phenomenon. The business climate index is ranging from 0 to 200. 100 is the critical value, when the climate index is larger than 100, it shows that the economic performance is picking up or improving. When it is lower than 100, it shows that the economic performance is declining or worsening.

**Entrepreneur confidence index** also called as the macro-economy climate index. It is a index based on entrepreneur's recognition, opinion, judgement and forecast to the market circumstances and macro-policies, It is a comprehensive description of the entrepreneur's impression and confidents of the macro-economy circumstances .

**Business climate index** also called as the comprehensive production and management climate index of enterprises. It is compiled basing on entrepreneur's judgement on production situation of their own expectation for the future performance. It is the description of the comprehensive production and management situation of the enterprises.

# 5

# 农业调查

## Agriculture Survey

## 5—1 主要粮食作物播种面积、单产和总产量

Sown Area, Unit Output and Yield of Main Grain Crops

| 年份 Year | 全年粮食 Sown Area of Grain Crops | | | 早稻 Early Rice | | |
|---|---|---|---|---|---|---|
| | 播种面积（千公顷）Sown Area (1000 hectares) | 每公顷产量（公斤/公顷）Per Hectare Output (kg/hectare) | 总产量（万吨）Total Yield (10 000 ton) | 播种面积（千公顷）Sown Area (1000 hectares) | 每公顷产量（公斤/公顷）Per Hectare Output (kg/hectare) | 总产量（万吨）Total Yield (10 000 ton) |
| 1985 | 3447.3 | 3240.5 | 1117.1 | 1153.2 | 4701.7 | 542.2 |
| 1986 | 3530.6 | 3166.9 | 1118.1 | 1157.9 | 4556.4 | 527.6 |
| 1987 | 3539.5 | 3418.6 | 1210.0 | 1145.5 | 4863.2 | 557.1 |
| 1988 | 3510.7 | 2976.6 | 1045.0 | 1128.5 | 4691.9 | 529.5 |
| 1989 | 3596.9 | 3533.0 | 1270.8 | 1178.4 | 5070.4 | 597.5 |
| 1990 | 3639.9 | 3744.8 | 1363.1 | 1190.3 | 5287.9 | 629.4 |
| 1991 | 3567.7 | 3758.7 | 1341.0 | 1124.1 | 5473.9 | 615.3 |
| 1992 | 3521.8 | 4028.9 | 1418.9 | 1153.6 | 5710.8 | 658.8 |
| 1993 | 3538.8 | 4115.8 | 1456.5 | 1137.1 | 5678.5 | 645.7 |
| 1994 | 3633.6 | 3502.0 | 1272.5 | 1134.1 | 4554.3 | 516.5 |
| 1995 | 3662.7 | 4117.7 | 1508.2 | 1148.4 | 5846.4 | 671.4 |
| 1996 | 3708.0 | 4070.4 | 1509.3 | 1152.4 | 5795.7 | 667.9 |
| 1997 | 3738.5 | 4132.1 | 1544.8 | 1155.3 | 5983.7 | 691.3 |
| 1998 | 3757.7 | 4143.8 | 1557.1 | 1147.9 | 5551.9 | 637.3 |
| 1999 | 3725.5 | 4227.6 | 1575.0 | 1116.4 | 5966.6 | 666.1 |
| 2000 | 3655.9 | 4180.9 | 1528.5 | 1078.1 | 5865.9 | 632.4 |
| 2001 | 3641.9 | 4150.0 | 1511.4 | 1141.5 | 5148.5 | 587.7 |
| 2002 | 3556.9 | 4180.0 | 1486.8 | 1130.3 | 5383.5 | 608.5 |
| 2003 | 3470.0 | 4222.2 | 1465.1 | 1118.5 | 5353.6 | 598.8 |
| 2004 | 3511.2 | 3983.0 | 1398.5 | 1098.9 | 5217.0 | 573.3 |
| 2005 | 3496.2 | 4254.0 | 1487.3 | 1131.3 | 5056.1 | 572.0 |
| 2006 | 3133.2 | 4556.4 | 1427.6 | 1053.3 | 5261.6 | 554.2 |
| 2007 | 2984.0 | 4680.0 | 1396.6 | 991.5 | 5414.0 | 536.8 |

5—1 续表 Continued

| 年 份<br>Year | 晚稻 Late Rice | | | 玉米 Corn | | |
|---|---|---|---|---|---|---|
| | 播种面积（千公顷）Sown Area（1000 hectares） | 每公顷产量（公斤/公顷）Per Hectare Output（kg/hectare） | 总产量（万吨）Total Yield（10 000 ton） | 播种面积（千公顷）Sown Area（1000 hectares） | 每公顷产量（公斤/公顷）Per Hectare Output（kg/hectare） | 总产量（万吨）Total Yield（10 000 ton） |
| 1985 | 1124.5 | 3616.7 | 406.7 | | | |
| 1986 | 1180.9 | 3407.6 | 402.4 | | | |
| 1987 | 1172.7 | 3855.2 | 452.1 | | | |
| 1988 | 1151.2 | 3015.1 | 347.1 | | | |
| 1989 | 1134.5 | 3963.0 | 449.6 | | | |
| 1990 | 1174.5 | 4330.4 | 508.6 | | | |
| 1991 | 1182.4 | 4217.7 | 498.7 | | | |
| 1992 | 1160.2 | 4453.5 | 516.7 | | | |
| 1993 | 1131.8 | 4547.6 | 514.7 | | | |
| 1994 | 1132.2 | 3413.7 | 386.5 | | | |
| 1995 | 1136.9 | 4546.6 | 516.9 | | | |
| 1996 | 1143.3 | 4537.7 | 518.8 | | | |
| 1997 | 1143.8 | 4416.0 | 505.1 | | | |
| 1998 | 1140.0 | 5064.0 | 577.3 | | | |
| 1999 | 1123.8 | 4825.6 | 542.3 | | | |
| 2000 | 1068.7 | 4775.9 | 510.4 | 610.7 | 3016.2 | 184.2 |
| 2001 | 1147.3 | 4915.9 | 564.0 | 556.9 | 3025.7 | 168.5 |
| 2002 | 1142.0 | 4659.4 | 532.1 | 520.3 | 3094.4 | 161.0 |
| 2003 | 1110.2 | 4800.0 | 532.9 | 531.1 | 3007.0 | 159.7 |
| 2004 | 1125.0 | 4245.3 | 477.6 | 586.6 | 3002.0 | 176.1 |
| 2005 | 1108.4 | 4767.2 | 528.4 | 575.7 | 3682.5 | 212.0 |
| 2006 | 1038.8 | 4944.2 | 513.6 | 516.3 | 3844.7 | 198.5 |
| 2007 | 986.7 | 4969.1 | 490.3 | 490.4 | 4161.9 | 204.1 |

## 5—2 主要畜禽生产情况

## Production Condition of Major Livestock and Fowl

| 指 标<br>Item | 年末存栏（万头）Number of Livestock and Fowl in Stock at the Year-end（10 000 heads） | | 全年出栏（万只）Number of Livestock and Fowl Out of Stock at the Yearly（10 000 heads） | | 肉产量（万吨）Output of Meat（10 000 ton） | |
|---|---|---|---|---|---|---|
| | 2006 | 2007 | 2006 | 2007 | 2006 | 2007 |
| 生猪 | 2259.9 | 2169.5 | 2957.2 | 2767.3 | 210.3 | 206.2 |
| 牛 | 403.8 | 396.8 | 117.1 | 125.4 | 10.9 | 11.7 |
| 羊 | 151.4 | 155.1 | 166.5 | 176.0 | 2.5 | 2.7 |
| 家禽 | 23957.5 | 25938.8 | 60123.0 | 64538.1 | 94.5 | 105.3 |

注：由于同农业普查数据衔接，2006年粮食和主要畜禽数据以本年鉴数据为准。2006年以前的数据没有进行衔接。

Note: Because of connecting with the agricultural census data, grain and main beasts and birds' relevant data of condition of production are subject to this yearbook data in 2006.The data before 2006 will not be connected .

# 5—3 农户实际购买农业生产资料价格指数

## Price Indices of Agricultural Means of Actual Purchase by Peasants

| 类别 | Item | 2007 | | | | | | | |
|---|---|---|---|---|---|---|---|---|---|
| | | 一季度 First Quarter | | 二季度 Second Quarter | | 三季度 Third Quarter | | 四季度 Fourth Quarter | |
| | | 本季度 Curret Season | 累计 Amount | 本季度 Curret Season | 累计 Amount | 本季度 Curret Season | 累计 Amount | 本季度 Curret Season | 累计 Amount |
| 小麦种子 | Wheat Seed | | | | | | | | |
| 稻谷种子 | Rice Seed | 98.3 | 98.3 | 101.6 | 99.7 | 107.6 | 102.5 | 84.6 | 102.2 |
| 玉米种子 | Corn Seed | 99.4 | 99.4 | 102.2 | 97.1 | 100.4 | 97.7 | 84.1 | 96.7 |
| 仔猪 | Baby Pig | 121.2 | 121.2 | 156.0 | 137.8 | 239.3 | 157.4 | 284.6 | 172.4 |
| 酒糟 | Vinasse | | | | | | | | |
| 豆饼 | Soybean Cake | 93.5 | 93.5 | 110.6 | 104.8 | 112.0 | 106.9 | 126.7 | 110.0 |
| 氮肥 | Nitrogen Fertilizer | 99.8 | 99.8 | 99.9 | 100.1 | 99.6 | 99.7 | 95.1 | 99.9 |
| 磷肥 | Phosphatic Ferfilizer | 109.0 | 109.0 | 104.8 | 105.6 | 100.9 | 105.0 | 107.8 | 105.9 |
| 钾肥 | Potassic Fertilizer | 102.5 | 102.5 | 103.7 | 103.8 | 104.8 | 104.1 | 103.5 | 104.0 |
| 复合肥料 | Compound Fertilizer | 105.4 | 105.4 | 104.0 | 104.1 | 105.6 | 104.8 | 106.7 | 105.1 |
| 杀虫剂 | Insecticide | 97.6 | 97.6 | 104.7 | 104.0 | 106.8 | 104.9 | 108.2 | 104.7 |
| 杀菌剂 | Fungicide | 108.0 | 108.0 | 108.6 | 108.0 | 109.6 | 107.9 | 105.6 | 107.1 |
| 除草剂 | Weedicide | 103.6 | 103.6 | 101.8 | 102.2 | 100.0 | 101.5 | 98.7 | 101.8 |
| 农用薄膜 | Agricultural Film | 103.6 | 103.6 | 104.6 | 103.6 | 107.8 | 103.9 | 105.0 | 103.9 |
| 农用机油 | Agricultural Engine Oil | 108.4 | 108.4 | 100.3 | 104.2 | 103.6 | 102.9 | 108.3 | 103.4 |
| 农用柴油 | Agricultural Diesel Oil | 105.8 | 105.8 | 102.3 | 103.7 | 100.5 | 102.4 | 106.9 | 103.5 |
| 农业用电 | Agricultural Electricity | 100.9 | 100.9 | 101.1 | 100.9 | 97.7 | 99.7 | 100.0 | 99.7 |
| 排灌费 | Drainage and Irrigation Cost | | | 116.4 | 116.4 | 118.2 | 114.8 | 124.7 | 115.4 |
| 机播作业费 | Sowing Machine Job Cost | 120.6 | 120.6 | 109.8 | 112.3 | 108.1 | 111.3 | 100.0 | 112.6 |
| 机收作业费 | Harvesting Machine Job Cost | | | | | 113.2 | 113.2 | 103.6 | 107.4 |

| 类别 | Item | 2006 | | | | | | | |
|---|---|---|---|---|---|---|---|---|---|
| | | 一季度 First Quarter | | 二季度 Second Quarter | | 三季度 Third Quarter | | 四季度 Fourth Quarter | |
| | | 本季度 Curret Season | 累计 Amount | 本季度 Curret Season | 累计 Amount | 本季度 Curret Season | 累计 Amount | 本季度 Curret Season | 累计 Amount |
| 小麦种子 | Wheat Seed | | | | | | | 105.0 | 105.0 |
| 稻谷种子 | Rice Seed | 100.0 | 100.0 | 102.0 | 101.0 | 99.0 | 100.0 | 102.0 | 100.0 |
| 玉米种子 | Corn Seed | 98.0 | 98.0 | 103.0 | 100.0 | 95.0 | 99.0 | 99.0 | 98.0 |
| 仔猪 | Baby Pig | 93.0 | 93.0 | 92.0 | 94.0 | 90.0 | 94.0 | 102.0 | 95.0 |
| 酒糟 | Vinasse | 100.0 | 100.0 | 100.0 | 98.0 | 100.0 | 98.0 | 100.0 | 100.0 |
| 豆饼 | Soybean Cake | 99.0 | 99.0 | 103.0 | 102.0 | 101.0 | 101.0 | 103.0 | 102.0 |
| 氮肥 | Nitrogen Fertilizer | 101.0 | 101.0 | 101.0 | 101.0 | 100.0 | 101.0 | 103.0 | 101.0 |
| 磷肥 | Phosphatic Ferfilizer | 102.0 | 102.0 | 103.0 | 103.0 | 99.0 | 102.0 | 101.0 | 102.0 |
| 钾肥 | Potassic Fertilizer | 101.0 | 101.0 | 102.0 | 102.0 | 104.0 | 103.0 | 104.0 | 103.0 |
| 复合肥料 | Compound Fertilizer | 103.0 | 103.0 | 102.0 | 102.0 | 102.0 | 102.0 | 101.0 | 101.0 |
| 杀虫剂 | Insecticide | 100.0 | 100.0 | 102.0 | 102.0 | 103.0 | 102.0 | 103.0 | 103.0 |
| 杀菌剂 | Fungicide | 100.0 | 100.0 | 102.0 | 101.0 | 103.0 | 102.0 | 102.0 | 102.0 |
| 除草剂 | Weedicide | 99.0 | 99.0 | 103.0 | 101.0 | 102.0 | 102.0 | 104.0 | 103.0 |
| 农用薄膜 | Agricultural Film | 101.0 | 101.0 | 102.0 | 101.0 | 101.0 | 101.0 | 102.0 | 102.0 |
| 农用机油 | Agricultural Engine Oil | 102.0 | 102.0 | 109.0 | 106.0 | 121.0 | 112.0 | 111.0 | 115.0 |
| 农用柴油 | Agricultural Diesel Oil | 107.0 | 107.0 | 114.0 | 111.0 | 115.0 | 113.0 | 114.0 | 114.0 |
| 农业用电 | Agricultural Electricity | 103.0 | 103.0 | 100.0 | 101.0 | 112.0 | 103.0 | 109.0 | 104.0 |
| 排灌费 | Drainage and Irrigation Cost | 103.0 | 103.0 | 100.0 | 101.0 | 101.0 | 101.0 | 109.0 | 103.0 |
| 机播作业费 | Sowing Machine Job Cost | 112.0 | 112.0 | 115.0 | 113.0 | 111.0 | 113.0 | 107.0 | 113.0 |
| 机收作业费 | Harvesting Machine Job Cost | | | | | 118.0 | 118.0 | 104.0 | 114.0 |

# 5—4　早稻中间消耗

## Mid-consumption of Early Rice

单位：元/亩　　　　(yuan/mu)

| 指　标 | Item | 2003 | 2004 | 2005 | 2006 | 2007 |
|---|---|---|---|---|---|---|
| 平均每单位产值 | Average Output Value Per Unit | 388.03 | 545.85 | 548.40 | 614.33 | 659.22 |
| 平均每单位中间消耗 | Average Mid-consumption Per Unit | 136.22 | 163.25 | 196.86 | 223.90 | 232.08 |
| 物质消耗 | Materials Consumption | 120.78 | 143.57 | 177.81 | 197.29 | 206.85 |
| 用种量 | Consumption fo Seed | 17.07 | 17.96 | 24.98 | 25.06 | 26.82 |
| 饲料 | Forage | | | | | |
| 肥料 | Fertilizer | 74.56 | 91.20 | 112.26 | 121.89 | 124.85 |
| 燃料 | Fuels | 3.26 | 3.62 | 4.62 | 6.88 | 6.96 |
| 农膜 | Farming Film | 1.92 | 2.49 | 3.24 | 4.20 | 3.74 |
| 农药 | Pesticides | 16.16 | 19.12 | 22.70 | 26.70 | 30.78 |
| 养殖用药 | Cultivate Use Medicine | | | | | |
| 水费 | Water Charge | 2.51 | 2.05 | 2.26 | 3.01 | 3.77 |
| 用电量 | Eletricity Consumed | 0.35 | 0.68 | 0.12 | 0.14 | 0.20 |
| 棚架材料费 | Shed Material Charge | 0.04 | 0.07 | 0.07 | 0.01 | 0.01 |
| 小农具 | Small Farm Tools | 2.22 | 3.52 | 3.60 | 4.30 | 4.40 |
| 办公用品 | Office Commodity | | 0.07 | | 0.04 | |
| 其他 | Other | 2.69 | 2.77 | 3.96 | 5.06 | 5.33 |
| 技术服务 | Technical Service | 15.44 | 19.69 | 19.05 | 26.61 | 25.23 |
| 修理 | Repair | 0.53 | 1.09 | 1.59 | 2.36 | 1.66 |
| 运输 | Transport | 0.89 | 0.87 | 0.04 | 0.45 | 0.43 |
| 邮电 | Post and Telecommunications | | | | | |
| 排灌 | Drain and Irrigate | 1.53 | 3.28 | 2.64 | 3.07 | 3.89 |
| 机械作业 | Mechanical Work | 9.09 | 11.37 | 10.21 | 16.25 | 16.62 |
| 配种费 | Breed-matching Expense | | | | | |
| 防疫费 | Payment for Epidemic Prevention | | | | | |
| 咨询费 | Advisory Fee | | | | | 0.06 |
| 管理费 | Management Fee | 1.62 | 0.82 | | | |
| 其他 | Other | 1.78 | 2.25 | 4.57 | 4.49 | 2.57 |

# 5—5 晚稻中间消耗

## Mid-consumption of Late Rice

单位：元/亩 （yuan/mu）

| 指　标 | Item | 2003 | 2004 | 2005 | 2006 | 2007 |
|---|---|---|---|---|---|---|
| 平均每单位产值 | Average Output Value Per Unit | 368.96 | 481.77 | 490.04 | 598.35 | 646.38 |
| 平均每单位中间消耗 | Average Mid-consumption Per Unit | 139.46 | 169.70 | 211.31 | 224.80 | 240.24 |
| 物质消耗 | Materials Consumption | 117.91 | 144.53 | 189.12 | 198.91 | 208.26 |
| 用种量 | Consumption fo Seed | 17.14 | 18.14 | 29.57 | 31.15 | 29.32 |
| 饲料 | Forage | | | | | |
| 肥料 | Fertilizer | 73.78 | 94.31 | 118.92 | 120.71 | 128.91 |
| 燃料 | Fuels | 4.36 | 6.05 | 6.85 | 8.78 | 8.53 |
| 农膜 | Farming Film | 0.38 | 0.58 | 0.70 | 0.44 | 1.13 |
| 农药 | Pesticides | 15.14 | 18.47 | 24.08 | 26.31 | 27.76 |
| 养殖用药 | Cultivate Use Medicine | | | | | |
| 水费 | Water Charge | 1.79 | 1.36 | 2.72 | 1.82 | 4.07 |
| 用电量 | Eletricity Consumed | 0.24 | 0.37 | 0.11 | 0.22 | 0.06 |
| 棚架材料费 | Shed Material Charge | | 0.01 | | | |
| 小农具 | Small Farm Tools | 2.63 | 2.26 | 2.44 | 3.39 | 3.34 |
| 办公用品 | Office Commodity | | 0.01 | 0.11 | 0.37 | 0.10 |
| 其他 | Other | 2.44 | 2.98 | 3.61 | 5.72 | 5.04 |
| 技术服务 | Technical Service | 21.56 | 25.17 | 22.19 | 25.90 | 31.98 |
| 修理 | Repair | 1.44 | 0.54 | 1.26 | 1.74 | 1.51 |
| 运输 | Transport | 1.72 | 1.91 | 0.47 | 0.32 | 0.34 |
| 邮电 | Post and Telecommunications | | | | 0.12 | 0.15 |
| 排灌 | Drain and Irrigate | 3.34 | 7.17 | 2.81 | 4.40 | 5.07 |
| 机械作业 | Mechanical Work | 12.48 | 13.03 | 12.72 | 15.47 | 20.58 |
| 配种费 | Breed-matching Expense | | | | | |
| 防疫费 | Payment for Epidemic Prevention | | | | | |
| 咨询费 | Advisory Fee | | | | | 0.02 |
| 管理费 | Management Fee | 1.46 | 1.13 | | | |
| 其他 | Other | 1.12 | 1.40 | 4.92 | 3.85 | 4.31 |

# 5—6 玉米中间消耗

## Mid-consumption of Corn

单位：元/亩 （yuan/mu）

| 指　　标 | Item | 2003 | 2004 | 2005 | 2006 | 2007 |
|---|---|---|---|---|---|---|
| 平均每单位产值 | Average Output Value Per Unit | 238.32 | 325.78 | 332.47 | 343.15 | 453.16 |
| 平均每单位中间消耗 | Average Mid-consumption Per Unit | 88.70 | 120.10 | 150.77 | 140.37 | 158.55 |
| 物质消耗 | Materials Consumption | 83.15 | 113.38 | 142.40 | 132.73 | 152.91 |
| 用种量 | Consumption fo Seed | 13.21 | 19.54 | 30.49 | 32.70 | 33.46 |
| 饲料 | Forage | | | | | 0.06 |
| 肥料 | Fertilizer | 58.79 | 80.36 | 99.14 | 86.00 | 105.31 |
| 燃料 | Fuels | 0.83 | 1.51 | 0.59 | 0.35 | 0.54 |
| 农膜 | Farming Film | 0.58 | 0.98 | 1.94 | 0.61 | 0.23 |
| 农药 | Pesticides | 3.87 | 6.07 | 4.73 | 5.47 | 3.86 |
| 养殖用药 | Cultivate Use Medicine | | | | | |
| 水费 | Water Charge | | | 0.01 | 0.06 | |
| 用电量 | Eletricity Consumed | | | | 0.02 | 0.02 |
| 棚架材料费 | Shed Material Charge | | 0.12 | | | |
| 小农具 | Small Farm Tools | 0.79 | 1.50 | 2.31 | 2.81 | 3.85 |
| 办公用品 | Office Commodity | | | | 0.11 | |
| 其他 | Other | 5.07 | 3.30 | 3.18 | 4.60 | 5.58 |
| 技术服务 | Technical Service | 5.55 | 6.72 | 8.37 | 7.64 | 5.64 |
| 修理 | Repair | 0.87 | 0.79 | 0.52 | 0.58 | 0.76 |
| 运输 | Transport | 0.32 | 0.34 | 0.06 | 0.12 | 0.15 |
| 邮电 | Post and Telecommunications | | | | | |
| 排灌 | Drain and Irrigate | 0.32 | 0.86 | 0.16 | 0.31 | 0.70 |
| 机械作业 | Mechanical Work | 0.14 | 1.77 | 6.35 | 6.63 | 4.03 |
| 配种费 | Breed-matching Expense | | | | | |
| 防疫费 | Payment for Epidemic Prevention | | | | | |
| 咨询费 | Advisory Fee | | 0.06 | | | |
| 管理费 | Management Fee | 2.54 | 1.69 | | | |
| 其他 | Other | 1.36 | 1.21 | 1.29 | | |

# 5—7 甘蔗中间消耗

## Mid-consumption of Sugarcane

单位：元/亩 (yuan/mu)

| 指　标 | Item | 2003 | 2004 | 2005 | 2006 | 2007 |
|---|---|---|---|---|---|---|
| 平均每单位产值 | Average Output Value Per Unit | 658.86 | 794.04 | 759.93 | 1234.89 | 1212.45 |
| 平均每单位中间消耗 | Average Mid-consumption Per Unit | 390.67 | 455.60 | 398.53 | 485.20 | 566.48 |
| 物质消耗 | Materials Consumption | 276.22 | 338.23 | 363.59 | 445.69 | 502.62 |
| 用种量 | Consumption fo Seed | 41.58 | 43.28 | 61.91 | 93.48 | 76.98 |
| 饲料 | Forage | | | | | |
| 肥料 | Fertilizer | 174.60 | 226.40 | 233.10 | 286.93 | 366.77 |
| 燃料 | Fuels | 1.27 | 1.70 | 0.22 | 0.27 | |
| 农膜 | Farming Film | 7.82 | 8.75 | 8.20 | 8.06 | 0.10 |
| 农药 | Pesticides | 12.49 | 13.62 | 38.59 | 36.29 | 41.72 |
| 养殖用药 | Cultivate Use Medicine | | | | | |
| 水费 | Water Charge | 10.71 | 13.35 | 2.07 | 0.23 | 0.05 |
| 用电量 | Eletricity Consumed | 0.38 | 0.41 | 0.07 | 0.07 | |
| 棚架材料费 | Shed Material Charge | | | | | |
| 小农具 | Small Farm Tools | 2.10 | 3.15 | 0.85 | 0.69 | 0.44 |
| 办公用品 | Office Commodity | | | | 0.03 | 0.01 |
| 其他 | Other | 25.28 | 27.56 | 18.58 | 19.62 | 16.54 |
| 技术服务 | Technical Service | 114.44 | 117.36 | 34.94 | 39.51 | 63.86 |
| 修理 | Repair | 0.49 | 0.57 | 0.04 | 0.07 | 0.01 |
| 运输 | Transport | 4.58 | 5.94 | 0.81 | 0.92 | 2.06 |
| 邮电 | Post and Telecommunications | | | | | |
| 排灌 | Drain and Irrigate | 3.67 | 4.08 | 0.62 | 0.62 | 0.11 |
| 机械作业 | Mechanical Work | 9.85 | 11.27 | 19.40 | 23.40 | 30.80 |
| 配种费 | Breed-matching Expense | | | | | |
| 防疫费 | Payment for Epidemic Prevention | | | | | |
| 咨询费 | Advisory Fee | 0.01 | 0.01 | | | |
| 管理费 | Management Fee | 47.43 | 49.07 | 7.35 | 7.23 | 15.64 |
| 其他 | Other | 48.43 | 46.43 | 6.70 | 7.28 | 15.24 |

# 5—8 猪中间消耗

## Mid-consumption of Hogs

单位：元/头 （yuan/head）

| 指　标 | Item | 2003 | 2004 | 2005 | 2006 | 2007 |
|---|---|---|---|---|---|---|
| 平均每单位产值 | Average Output Value Per Unit | 547.93 | 804.47 | 831.23 | 742.31 | 1116.74 |
| 平均每单位中间消耗 | Average Mid-consumption Per Unit | 375.52 | 568.49 | 570.68 | 508.38 | 767.83 |
| 物质消耗 | Materials Consumption | 352.16 | 543.67 | 546.10 | 481.05 | 737.58 |
| 用种量 | Consumption fo Seed | 153.78 | 255.60 | 185.42 | 139.72 | 334.86 |
| 饲料 | Forage | 194.56 | 283.64 | 348.22 | 328.54 | 392.65 |
| 肥料 | Fertilizer | | | | | |
| 燃料 | Fuels | 1.48 | 1.92 | 1.14 | 1.16 | 1.52 |
| 农膜 | Farming Film | | | | | |
| 农药 | Pesticides | | | | | |
| 养殖用药 | Cultivate Use Medicine | 1.61 | 1.58 | 2.51 | 3.17 | 1.57 |
| 水费 | Water Charge | 0.24 | 0.21 | 0.40 | 0.55 | 0.57 |
| 用电量 | Eletricity Consumed | 0.08 | 0.04 | 0.69 | 1.21 | 1.15 |
| 棚架材料费 | Shed Material Charge | | | | | |
| 小农具 | Small Farm Tools | 0.10 | 0.14 | 0.88 | 1.62 | 1.37 |
| 办公用品 | Office Commodity | | | 0.41 | 0.54 | 0.52 |
| 其他 | Other | 0.30 | 0.55 | 6.43 | 4.54 | 3.87 |
| 技术服务 | Technical Service | 23.36 | 24.82 | 24.58 | 27.34 | 30.25 |
| 修理 | Repair | 0.04 | | 0.86 | 0.59 | 0.56 |
| 运输 | Transport | 0.19 | 0.35 | 0.56 | 0.98 | 0.88 |
| 邮电 | Post and Telecommunications | 0.07 | 0.12 | 0.12 | 0.14 | 0.14 |
| 排灌 | Drain and Irrigate | | | | | |
| 机械作业 | Mechanical Work | 0.34 | 0.59 | 0.11 | | |
| 配种费 | Breed-matching Expense | | 0.01 | 0.01 | 0.01 | 0.01 |
| 防疫费 | Payment for Epidemic Prevention | 4.47 | 1.43 | 2.56 | 1.78 | 1.95 |
| 咨询费 | Advisory Fee | | | 0.02 | 0.05 | 0.02 |
| 管理费 | Management Fee | 7.52 | 7.56 | 4.78 | 5.37 | 5.80 |
| 其他 | Other | 10.73 | 14.77 | 15.57 | 18.42 | 20.89 |

# 5—9 鸡中间消耗

## Mid-consumption of Chicken

单位：元/只 (yuan/head)

| 指　　标 | Item | 2003 | 2004 | 2005 | 2006 | 2007 |
|---|---|---|---|---|---|---|
| 平均每单位产值 | Average Output Value Per Unit | 17.54 | 27.29 | 28.63 | 30.34 | 36.83 |
| 平均每单位中间消耗 | Average Mid-consumption Per Unit | 12.67 | 15.98 | 19.66 | 21.81 | 22.32 |
| 物质消耗 | Materials Consumption | 12.02 | 15.46 | 19.23 | 21.27 | 21.76 |
| 用种量 | Consumption fo Seed | 1.70 | 1.98 | 1.93 | 2.44 | 2.69 |
| 饲料 | Forage | 9.79 | 12.53 | 16.44 | 17.62 | 17.50 |
| 肥料 | Fertilizer | | | | | |
| 燃料 | Fuels | | 0.01 | | 0.01 | 0.01 |
| 农膜 | Farming Film | | | | | |
| 农药 | Pesticides | | | | | |
| 养殖用药 | Cultivate Use Medicine | 0.46 | 0.60 | 0.62 | 0.66 | 0.88 |
| 水费 | Water Charge | | | | 0.01 | 0.01 |
| 用电量 | Eletricity Consumed | | | | | |
| 棚架材料费 | Shed Material Charge | | | | | |
| 小农具 | Small Farm Tools | 0.03 | 0.12 | 0.05 | 0.14 | 0.20 |
| 办公用品 | Office Commodity | | | | | |
| 其他 | Other | 0.04 | 0.22 | 0.18 | 0.39 | 0.47 |
| 技术服务 | Technical Service | 0.65 | 0.52 | 0.43 | 0.55 | 0.56 |
| 修理 | Repair | | | | | |
| 运输 | Transport | 0.01 | 0.01 | | 0.02 | 0.01 |
| 邮电 | Post and Telecommunications | | | | | |
| 排灌 | Drain and Irrigate | | | | | |
| 机械作业 | Mechanical Work | | | | | |
| 配种费 | Breed-matching Expense | | | | | |
| 防疫费 | Payment for Epidemic Prevention | 0.64 | 0.48 | 0.43 | 0.53 | 0.54 |
| 咨询费 | Advisory Fee | | | | | 0.01 |
| 管理费 | Management Fee | | | | | |
| 其他 | Other | 0.01 | 0.03 | | | |

# 5—10 鸭中间消耗

## Mid-consumption of Duck

单位：元/只 （yuan/head）

| 指　　标 | Item | 2003 | 2004 | 2005 | 2006 | 2007 |
|---|---|---|---|---|---|---|
| 平均每单位产值 | Average Output Value Per Unit | 24.87 | 21.96 | 23.35 | 26.33 | 32.72 |
| 平均每单位中间消耗 | Average Mid-consumption Per Unit | 11.69 | 15.46 | 19.02 | 20.09 | 21.93 |
| 物质消耗 | Materials Consumption | 11.47 | 15.14 | 18.70 | 19.71 | 21.51 |
| 用种量 | Consumption fo Seed | 1.78 | 2.16 | 2.36 | 2.47 | 3.12 |
| 饲料 | Forage | 9.15 | 12.22 | 15.74 | 16.39 | 17.46 |
| 肥料 | Fertilizer | | | | | |
| 燃料 | Fuels | | 0.01 | | | |
| 农膜 | Farming Film | | | | | |
| 农药 | Pesticides | | | | | |
| 养殖用药 | Cultivate Use Medicine | 0.28 | 0.34 | 0.46 | 0.50 | 0.63 |
| 水费 | Water Charge | | | 0.01 | 0.01 | 0.03 |
| 用电量 | Eletricity Consumed | | | | | |
| 棚架材料费 | Shed Material Charge | | | | | |
| 小农具 | Small Farm Tools | 0.09 | 0.11 | 0.05 | 0.14 | 0.10 |
| 办公用品 | Office Commodity | | | | | |
| 其他 | Other | 0.15 | 0.29 | 0.08 | 0.20 | 0.18 |
| 技术服务 | Technical Service | 0.22 | 0.33 | 0.32 | 0.38 | 0.42 |
| 修理 | Repair | 0.02 | | | | |
| 运输 | Transport | 0.01 | 0.01 | 0.02 | 0.04 | 0.05 |
| 邮电 | Post and Telecommunications | | | | | |
| 排灌 | Drain and Irrigate | | | | | |
| 机械作业 | Mechanical Work | | | | | |
| 配种费 | Breed-matching Expense | | | | | |
| 防疫费 | Payment for Epidemic Prevention | 0.18 | 0.30 | 0.31 | 0.34 | 0.37 |
| 咨询费 | Advisory Fee | | | | | |
| 管理费 | Management Fee | | | | | |
| 其他 | Other | | 0.01 | | | |

## 主要统计指标解释

**粮食产量**　指全社会的产量。包括国有经济经营的、集体统一经营的和农民家庭经营的粮食产量，还包括工矿企业办的农场和其他生产单位的产量。粮食除包括稻谷、小麦、玉米、高粱、谷子及其他杂粮外，还包括薯类和豆类。其产量计算方法，豆类按去豆荚后的干豆计算；薯类（包括甘薯和马铃薯，不包括芋头和木薯）1963 年以前按每 4 公斤鲜薯折 1 公斤粮食计算，从 1964 年开始改为按 5 公斤鲜薯折 1 公斤粮食计算。城市郊区作为蔬菜的薯类（如马铃薯等）按鲜品计算，并且不作粮食统计。其他粮食一律按脱粒后的原粮计算。1989 年以前全国粮食产量数据主要靠全面报表取得，1989 年开始使用抽样调查数据。

**猪、牛、羊肉产量**　指当年出栏并已屠宰、除去头蹄下水后带骨肉（即胴体重）的重量。包括全社会范围内的产量。1996 年前为各级逐级上报数据。1996 年第一次农业普查以后，由于畜牧业产品年报数据与普查数据之间存在一定的差距，国家统计局农调总队对畜牧业年报数据与普查数据进行衔接。1999 年以后，国家统计局开展了猪、牛、羊、禽等主要畜禽品种的抽样调查，并用抽样数据作为国家定案数据使用。未开展抽样调查的品种，仍使用各级统计部门逐级上报数据。

**期初（末）畜禽存栏头（只）数**　指报告期初（末）农村各种合作经济组织和国营农场、农民个人、机关、团体、学校、工矿企业、部队等单位以及城镇居民饲养的大牲畜、猪、羊、家禽等畜禽的存栏数。数据上报方式及数据调整情况同猪、牛、羊肉产量。

**常用耕地**　是指耕地总资源中专门种植农作物并经常进行耕种、能够正常收获的土地。包括当年实际耕种的熟地；弃耕、休闲不满三年，随时可以复耕的地；开荒利用三年以上的土地。在统计口径上包括南方小于 1 米、北方小于 2 米宽的沟、渠、路和田埂。不包括临时种植农作物的坡度在 25 度以上的陡坡地；在河套、湖畔、库区临时开发的成片或零星土地；也不包括已列为国家和省（区、市）退耕计划但临时耕种的土地。常用耕地是国家需要重点保护的耕地，是反映我国农业综合生产能力的一个重要指标。

**农作物播种面积**　指实际播种或移植有农作物的面积。凡是实际种植有农作物的面积，不论种植在耕地上还是种植在非耕地上，均包括在农作物播种面积中。在播种季节基本结束后，因遭灾而重新改种和补种的农作物面积，也包括在内。它是反映我国耕地面积利用情况的一个重要指标。目前，农作物播种面积主要包括粮食、棉花、油料、糖料、麻类、烟叶、蔬菜和瓜类、药材和其他农作物九大类。

# Explanatory Notes on Main Statistical Indicators

**Grain Output** refers to the total output in the whole country including grains produced by state farms, collective units, rural households, as well as by farms affiliated to industrial and mining enterprises and other production units. Grain includes rice, wheat, corn, sorghum, millet and other miscellaneous grains as well as tubers and bean. Output of beans refers to dry beans without pods. The output of tubers（sweet potatoes and potatoes, not including taros and cassava） was converted into that of grain at the ratio 4:1, i.e. 4 kilograms of fresh tubers was equivalent to 1 kilogram of grain up to 1963. Since 1964 the ratio for conversion has been 5:1. Tubers supplied as vegetables （such as potatoes） in cities and suburbs are calculated as fresh vegetables and their output is not included in the output of grain. Output of all other grains refers to husked grain. Data on grain production before 1989 were obtained through Comprehensive Statistical Reporting System. Since 1989, data from sample surveys are used.

**Output of Pork, Beef, and Mutton** refers to the meat of slaughtered hogs, cattle, sheep and goats with head, feet, and offal taken away. Data refers to the production of the whole country. The first agriculture census of China in 1996 revealed some discrepancy between the production of animal products from the annual reports and that from the census. Efforts were made by the Rural Socio-economic Survey Organization of NBS to adjust the output value of animal husbandry to make the figures from the annual reports consistent with the census data. Since 1999, NBS conducted sample survey for the major animal husbandry products, such as hogs, cattle, sheep and goats and fowls, and the data from sample surveys are used as national finalized data. Those products, which are not covered by the sample survey, are still reported by statistical agencies level by level.

**Number of Livestock or Poultry in Stock at Beginning （or End）** refers to the total number of large animals, pigs, sheep, fowls, etc. raised by rural cooperative organizations, state farms, rural individuals, government agencies, schools, industrial and mining enterprises, army, and urban residents at the beginning （or end） of the reference period. Data reporting system and data adjustment are the same as that in the output of pork, beef and mutton.

**Regularly Cultivated Land** refers to farmland among the total land resources, which is exclusively used for farming and is under regular cultivation with harvest in normal years. Included are currently cultivated land, land that has been abandoned or put in idle for less than 3 years and could be re-used for cultivation at any time, and new-claimed land that has been put into cultivation for more than 3 years. According to statistical coverage, it includes the gouges, dykes, roads and ridges of field with 1 meter wide in Southern areas and 2 meters wide in Northern areas. Excluded under this category are steep slope land over 25 degrees under temporary cultivation, land (large or small plots) that is claimed along river bends, lake sides or banks of reservoirs, as well as land that has been designated under the "Green for Grain" programme of the state and provincial governments but is still temporarily under cultivation. The regularly cultivated land is the key protection land of the nation, an important indicator reflecting the comprehensive productivity of agriculture of China.

**Sown Area of Crops** refers to area of land sown or transplanted with crops regardless of being in cultivated area or non-cultivated area. Area of land re-sown due to natural disasters is also included. This is an important indicator that can reflect the utilization condition of the cultivated land in China. At present, the sown area of crops mainly include the following 9 categories of crops: grain, cotton, oil-bearing crops, sugar crops, fiber crops, Tobacco, Vegetables and melons, medicinal materials and other farm crops.

# 附录一
# APPENDIX Ⅰ

## 全国及各省市区主要统计调查指标
## Main Statistical Survey Indicators By Province, Municipality And Autonomous Region

# 附录1—1 全国及各省市区城镇居民家庭人均收入

## Per Capita Income of Urban Households by Provinces and Regions

单位：元　　　　　　　　　　　　　　　　　　　　　　　　　　　　（yuan）

| 地区 | Region | 总收入 Total Income | | 工薪收入 Income of Wages and Salaries | | 经营收入 Net Business Income | |
|---|---|---|---|---|---|---|---|
| | | 2006 | 2007 | 2006 | 2007 | 2006 | 2007 |
| 全国 | National | 12719.19 | 15155.04 | 8766.96 | 10234.76 | 809.56 | 1342.81 |
| 北京 | Beijing | 22417.16 | 24682.90 | 16284.17 | 17318.72 | 236.37 | 707.06 |
| 天津 | Tianjin | 15476.04 | 17828.15 | 9259.72 | 10882.24 | 742.97 | 897.14 |
| 河北 | Hebei | 10887.19 | 12508.82 | 7065.29 | 8325.67 | 779.27 | 881.82 |
| 山西 | Shanxi | 10793.89 | 13018.29 | 7877.30 | 9057.81 | 377.03 | 1027.65 |
| 内蒙古 | Inner Mongolia | 10811.87 | 13778.85 | 7552.68 | 9300.62 | 955.60 | 1936.32 |
| 辽宁 | Liaoning | 11230.03 | 13438.43 | 6611.44 | 8213.06 | 688.16 | 849.66 |
| 吉林 | Jilin | 10245.28 | 12495.24 | 6576.52 | 7641.21 | 786.22 | 1505.82 |
| 黑龙江 | Heilongjiang | 9721.90 | 11062.82 | 6028.06 | 6945.95 | 1032.13 | 1155.85 |
| 上海 | Shanghai | 22808.57 | 26101.54 | 16016.40 | 18996.58 | 958.50 | 1493.77 |
| 江苏 | Jiangsu | 15248.66 | 17707.71 | 9501.35 | 10791.22 | 1259.84 | 1683.90 |
| 浙江 | Zhejiang | 19954.03 | 22583.83 | 13015.77 | 14509.69 | 2172.13 | 3070.22 |
| 安徽 | Anhui | 10574.51 | 12718.36 | 7430.86 | 8683.96 | 680.25 | 998.07 |
| 福建 | Fujian | 15102.39 | 16983.26 | 10164.49 | 11175.25 | 956.46 | 1586.26 |
| 江西 | Jiangxi | 10014.61 | 12688.80 | 6897.94 | 8411.73 | 653.39 | 1440.78 |
| 山东 | Shandong | 13222.85 | 15931.23 | 10442.06 | 11814.19 | 558.18 | 1358.23 |
| 河南 | Henan | 10339.20 | 12082.99 | 6861.49 | 8058.81 | 770.40 | 872.16 |
| 湖北 | Hubei | 10533.34 | 12421.75 | 7573.56 | 8809.80 | 486.90 | 693.10 |
| 湖南 | Hunan | 11146.07 | 14148.91 | 7401.73 | 8612.48 | 929.83 | 2343.41 |
| 广东 | Guangdong | 17725.56 | 20354.19 | 13031.33 | 14659.44 | 1339.38 | 2395.52 |
| 广西 | Guangxi | 10624.30 | 13183.56 | 7419.40 | 9075.18 | 890.81 | 1125.83 |
| 海南 | Hainan | 10081.70 | 12207.83 | 6954.45 | 8113.01 | 727.12 | 1201.59 |
| 重庆 | Chongqing | 12548.91 | 13445.85 | 9266.42 | 9717.48 | 525.23 | 791.19 |
| 四川 | Sichuan | 10117.00 | 12009.81 | 6675.99 | 8147.31 | 644.00 | 871.35 |
| 贵州 | Guizhou | 9439.31 | 11092.21 | 6507.12 | 7750.15 | 886.32 | 844.94 |
| 云南 | Yunnan | 10848.10 | 12296.42 | 6881.39 | 8019.69 | 536.72 | 965.35 |
| 西藏 | Tibet | 9540.86 | 11984.39 | 7512.25 | 10370.42 | 389.88 | 540.95 |
| 陕西 | Shaanxi | 9938.19 | 11532.75 | 6958.23 | 8292.38 | 309.04 | 395.82 |
| 甘肃 | Gansu | 9586.46 | 10859.69 | 7008.40 | 8140.72 | 403.57 | 519.58 |
| 青海 | Qinghai | 9803.13 | 11511.63 | 6316.64 | 7849.44 | 564.08 | 652.19 |
| 宁夏 | Ningxia | 10002.03 | 11793.08 | 6450.79 | 7667.77 | 978.99 | 1262.91 |
| 新疆 | Xinjiang | 9689.07 | 11378.32 | 7490.69 | 9012.19 | 594.81 | 706.85 |

附录1—1　续表　Continued

单位：元　(yuan)

| 地　区 | Region | 财产性收入 Income from Properties | | 转移性收入 Income from Transfers | | 可支配收入 Disposable Income | |
|---|---|---|---|---|---|---|---|
| | | 2006 | 2007 | 2006 | 2007 | 2006 | 2007 |
| 全　国 | National | 244.01 | 192.82 | 2898.66 | 3384.60 | 11759.45 | 13785.79 |
| 北　京 | Beijing | 270.52 | 228.68 | 5626.09 | 6427.54 | 19977.52 | 21988.71 |
| 天　津 | Tianjin | 165.05 | 136.69 | 5308.30 | 5912.08 | 14283.09 | 16357.35 |
| 河　北 | Hebei | 113.49 | 104.60 | 2929.14 | 3196.73 | 10304.56 | 11690.47 |
| 山　西 | Shanxi | 159.43 | 140.77 | 2380.14 | 2792.06 | 10027.70 | 11564.95 |
| 内蒙古 | Inner Mongolia | 209.77 | 206.35 | 2093.82 | 2335.56 | 10357.99 | 12377.84 |
| 辽　宁 | Liaoning | 146.49 | 179.41 | 3783.94 | 4196.30 | 10369.61 | 12300.39 |
| 吉　林 | Jilin | 117.26 | 64.15 | 2765.28 | 3284.07 | 9775.07 | 11285.52 |
| 黑龙江 | Heilongjiang | 99.33 | 42.69 | 2562.37 | 2918.34 | 9182.31 | 10245.28 |
| 上　海 | Shanghai | 300.26 | 32.56 | 5533.42 | 5578.63 | 20667.91 | 23622.73 |
| 江　苏 | Jiangsu | 259.57 | 242.24 | 4227.90 | 4990.35 | 14084.26 | 16378.01 |
| 浙　江 | Zhejiang | 888.78 | 621.97 | 3877.35 | 4381.95 | 18265.10 | 20573.82 |
| 安　徽 | Anhui | 148.27 | 158.86 | 2315.13 | 2877.25 | 9771.05 | 11473.58 |
| 福　建 | Fujian | 508.74 | 361.78 | 3472.69 | 3859.28 | 13753.28 | 15505.42 |
| 江　西 | Jiangxi | 106.95 | 74.90 | 2356.34 | 2761.39 | 9551.12 | 11451.69 |
| 山　东 | Shandong | 220.66 | 241.60 | 2001.96 | 2517.21 | 12192.24 | 14264.70 |
| 河　南 | Henan | 129.72 | 106.81 | 2577.60 | 3045.21 | 9810.26 | 11477.05 |
| 湖　北 | Hubei | 122.79 | 165.75 | 2350.08 | 2753.10 | 9802.65 | 11485.80 |
| 湖　南 | Hunan | 287.22 | 170.91 | 2527.30 | 3022.10 | 10504.67 | 12293.54 |
| 广　东 | Guangdong | 565.47 | 320.75 | 2789.37 | 2978.48 | 16015.58 | 17699.30 |
| 广　西 | Guangxi | 189.81 | 215.33 | 2124.28 | 2767.22 | 9898.75 | 12200.44 |
| 海　南 | Hainan | 231.24 | 193.02 | 2168.90 | 2700.21 | 9395.13 | 10996.87 |
| 重　庆 | Chongqing | 192.87 | 98.71 | 2564.39 | 2838.48 | 11569.74 | 12590.78 |
| 四　川 | Sichuan | 260.22 | 181.35 | 2536.79 | 2809.79 | 9350.11 | 11098.28 |
| 贵　州 | Guizhou | 120.92 | 106.78 | 1924.96 | 2390.34 | 9116.61 | 10678.40 |
| 云　南 | Yunnan | 467.25 | 197.61 | 2962.74 | 3113.77 | 10069.89 | 11496.11 |
| 西　藏 | Tibet | 217.95 | 26.90 | 1420.78 | 1046.13 | 8941.08 | 11130.93 |
| 陕　西 | Shaanxi | 175.41 | 55.87 | 2495.52 | 2788.68 | 9267.70 | 10763.34 |
| 甘　肃 | Gansu | 32.14 | 45.84 | 2142.35 | 2153.55 | 8920.59 | 10012.34 |
| 青　海 | Qinghai | 62.93 | 40.66 | 2859.48 | 2969.33 | 9000.35 | 10276.06 |
| 宁　夏 | Ningxia | 89.19 | 67.41 | 2483.06 | 2794.99 | 9177.26 | 10859.33 |
| 新　疆 | Xinjiang | 58.39 | 42.78 | 1545.18 | 1616.49 | 8871.27 | 10313.44 |

## 附录1—2　全国及各省市区城镇居民家庭人均总支出

## Per Capita Total Expenditures of Urban Households by Provinces and Regions

单位：元　　　　　　　　　　　　　　　　　　　　　　　　　　　　　　　(yuan)

| 地　区 | Region | 总支出 Total Expenditure | | 消费支出 Total Consumption Expenditure | | 购房与建房支出 Expenditure on House-purchase and Building | |
|---|---|---|---|---|---|---|---|
| | | 2006 | 2007 | 2006 | 2007 | 2006 | 2007 |
| 全　国 | National | 11881.79 | 13760.27 | 8696.55 | 9997.47 | 972.13 | 922.91 |
| 北　京 | Beijing | 20239.72 | 21624.18 | 14825.41 | 15330.44 | 1902.70 | 1926.08 |
| 天　津 | Tianjin | 15900.27 | 17028.65 | 10548.05 | 12028.88 | 2645.38 | 1947.74 |
| 河　北 | Hebei | 9972.60 | 10970.20 | 7343.49 | 8234.97 | 1051.32 | 786.24 |
| 山　西 | Shanxi | 10206.41 | 12216.08 | 7170.94 | 8101.84 | 599.15 | 776.82 |
| 内蒙古 | Inner Mongolia | 9883.73 | 12948.46 | 7666.61 | 9281.46 | 540.19 | 773.75 |
| 辽　宁 | Liaoning | 10910.62 | 12497.55 | 7987.49 | 9429.73 | 972.18 | 575.00 |
| 吉　林 | Jilin | 9535.17 | 11782.14 | 7352.64 | 8560.30 | 453.89 | 399.62 |
| 黑龙江 | Heilongjiang | 8850.79 | 10237.02 | 6655.43 | 7519.28 | 465.20 | 526.20 |
| 上　海 | Shanghai | 21108.94 | 23715.10 | 14761.75 | 17255.38 | 2952.93 | 2451.48 |
| 江　苏 | Jiangsu | 13793.04 | 15306.86 | 9628.59 | 10715.15 | 1588.05 | 1675.99 |
| 浙　江 | Zhejiang | 18984.39 | 20097.04 | 13348.51 | 14091.19 | 1950.80 | 1840.53 |
| 安　徽 | Anhui | 10449.66 | 12850.58 | 7294.73 | 8531.90 | 852.71 | 1625.03 |
| 福　建 | Fujian | 14319.37 | 14595.26 | 9807.71 | 11055.13 | 1818.45 | 630.81 |
| 江　西 | Jiangxi | 8719.20 | 10751.84 | 6645.54 | 7810.73 | 475.20 | 454.65 |
| 山　东 | Shandong | 11717.46 | 13753.48 | 8468.40 | 9666.61 | 937.20 | 1044.01 |
| 河　南 | Henan | 8722.49 | 10039.21 | 6685.18 | 7826.72 | 413.77 | 454.64 |
| 湖　北 | Hubei | 9839.73 | 11476.66 | 7397.32 | 8701.18 | 492.28 | 364.10 |
| 湖　南 | Hunan | 11123.47 | 13519.78 | 8169.30 | 8990.72 | 741.05 | 549.62 |
| 广　东 | Guangdong | 16675.51 | 19627.17 | 12432.22 | 14336.87 | 1159.43 | 967.87 |
| 广　西 | Guangxi | 9277.69 | 10941.51 | 6791.95 | 8151.26 | 843.61 | 422.16 |
| 海　南 | Hainan | 9065.96 | 10853.75 | 7126.78 | 8292.89 | 274.46 | 421.94 |
| 重　庆 | Chongqing | 12157.10 | 13196.98 | 9398.69 | 9890.31 | 800.28 | 1088.99 |
| 四　川 | Sichuan | 10063.89 | 11643.24 | 7524.81 | 8691.99 | 664.15 | 747.37 |
| 贵　州 | Guizhou | 8654.79 | 9760.98 | 6848.39 | 7758.69 | 305.55 | 211.56 |
| 云　南 | Yunnan | 9839.36 | 10378.87 | 7379.81 | 7921.83 | 596.01 | 435.92 |
| 西　藏 | Tibet | 7741.13 | 9170.20 | 6192.57 | 7532.07 | 617.85 | 351.61 |
| 陕　西 | Shaanxi | 10022.36 | 10672.95 | 7553.28 | 8427.06 | 816.56 | 428.05 |
| 甘　肃 | Gansu | 9205.01 | 10558.06 | 6974.21 | 7875.78 | 498.42 | 746.01 |
| 青　海 | Qinghai | 8787.67 | 9861.80 | 6530.11 | 7512.39 | 409.78 | 97.44 |
| 宁　夏 | Ningxia | 10582.13 | 11473.99 | 7205.57 | 7817.28 | 1337.00 | 1423.65 |
| 新　疆 | Xinjiang | 8583.77 | 10514.36 | 6730.01 | 7874.27 | 170.00 | 427.43 |

附录1—2 续表 Continued

单位：元 (yuan)

| 地区 | Region | 转移性支出 Transferred Expenditure | | 财产性支出 Property Expenditure | | 社会保障支出 Social Security Expentiduture | |
|---|---|---|---|---|---|---|---|
| | | 2006 | 2007 | 2006 | 2007 | 2006 | 2007 |
| 全国 | National | 1348.39 | 1582.39 | 29.72 | 41.93 | 835.00 | 969.15 |
| 北京 | Beijing | 1551.27 | 2202.68 | 9.57 | 20.77 | 1950.77 | 2037.78 |
| 天津 | Tianjin | 1559.94 | 1615.39 | 49.90 | 98.55 | 1097.00 | 1338.09 |
| 河北 | Hebei | 1052.95 | 1182.23 | 8.76 | 15.90 | 516.08 | 578.00 |
| 山西 | Shanxi | 1744.21 | 1976.78 | 2.96 | 13.93 | 689.15 | 796.84 |
| 内蒙古 | Inner Mongolia | 1274.89 | 1549.79 | 3.03 | 4.95 | 399.01 | 536.73 |
| 辽宁 | Liaoning | 1175.04 | 1425.80 | 6.82 | 49.62 | 769.08 | 1017.40 |
| 吉林 | Jilin | 1317.47 | 1685.48 | 0.17 | 4.37 | 410.99 | 435.70 |
| 黑龙江 | Heilongjiang | 1235.36 | 1415.96 | 0.62 | 12.41 | 494.18 | 582.56 |
| 上海 | Shanghai | 1503.53 | 1877.19 | 119.29 | 159.37 | 1771.44 | 1971.67 |
| 江苏 | Jiangsu | 1564.65 | 1756.89 | 17.89 | 29.71 | 993.85 | 1107.88 |
| 浙江 | Zhejiang | 2154.89 | 2331.30 | 143.41 | 192.51 | 1386.78 | 1641.51 |
| 安徽 | Anhui | 1551.77 | 1525.60 | 6.67 | 5.17 | 743.79 | 943.85 |
| 福建 | Fujian | 1493.41 | 1600.97 | 34.99 | 52.20 | 1164.82 | 1255.46 |
| 江西 | Jiangxi | 1182.72 | 1300.54 | 4.76 | 6.47 | 410.98 | 474.66 |
| 山东 | Shandong | 1352.39 | 1456.07 | 8.25 | 8.35 | 951.21 | 1013.47 |
| 河南 | Henan | 1144.62 | 1211.07 | 9.01 | 8.17 | 469.92 | 538.60 |
| 湖北 | Hubei | 1299.03 | 1548.48 | 1.59 | 5.69 | 649.51 | 818.40 |
| 湖南 | Hunan | 1660.35 | 2228.34 | 11.73 | 6.12 | 541.04 | 593.99 |
| 广东 | Guangdong | 1541.20 | 1845.38 | 120.42 | 134.90 | 1422.24 | 1606.85 |
| 广西 | Guangxi | 1020.03 | 1492.76 | 12.35 | 13.63 | 609.76 | 860.71 |
| 海南 | Hainan | 1105.39 | 1058.20 | 0.60 | 0.40 | 558.73 | 664.54 |
| 重庆 | Chongqing | 1040.08 | 1387.23 | 76.05 | 105.31 | 842.00 | 720.46 |
| 四川 | Sichuan | 1120.86 | 1348.37 | 47.64 | 25.02 | 706.44 | 830.48 |
| 贵州 | Guizhou | 1196.85 | 1414.12 | 6.00 | 3.09 | 298.01 | 347.73 |
| 云南 | Yunnan | 1187.57 | 1337.99 | 7.17 | 2.83 | 668.80 | 680.31 |
| 西藏 | Tibet | 378.85 | 492.40 | 0.12 | 0.28 | 551.75 | 761.12 |
| 陕西 | Shaanxi | 1031.87 | 1088.28 | 4.06 | 9.72 | 616.60 | 669.21 |
| 甘肃 | Gansu | 1119.55 | 1148.70 | 1.71 | 6.79 | 611.12 | 780.79 |
| 青海 | Qinghai | 1102.21 | 1104.10 | 2.70 | 0.21 | 742.88 | 1064.34 |
| 宁夏 | Ningxia | 1223.77 | 1305.57 | 37.43 | 51.81 | 778.36 | 875.69 |
| 新疆 | Xinjiang | 907.29 | 1201.03 | 2.59 | 4.13 | 773.88 | 932.18 |

# 附录1—3　全国及各省市区城镇居民家庭人均消费支出

## Per Capita Consumption Expenditures of Urban Households by Provinces and Regions

单位：元　　　　　　　　　　　　　　　　　　　　　　　　　　　　（yuan）

| 地区 | Region | 消费性支出 Consumption Expenditure | | 食品 Food | | # 粮油类 Grain and Oil | | 肉禽蛋水产类 Poutry, Eggs and Quatic Products | |
|---|---|---|---|---|---|---|---|---|---|
| | | 2006 | 2007 | 2006 | 2007 | 2006 | 2007 | 2006 | 2007 |
| 全　国 | National | 8696.55 | 9997.47 | 3111.92 | 3628.03 | 395.69 | 465.24 | 816.09 | 1030.88 |
| 北　京 | Beijing | 14825.41 | 15330.44 | 4560.52 | 4934.05 | 435.27 | 542.78 | 891.13 | 1127.43 |
| 天　津 | Tianjin | 10548.05 | 12028.88 | 3680.22 | 4249.31 | 406.54 | 442.22 | 902.85 | 1068.94 |
| 河　北 | Hebei | 7343.49 | 8234.97 | 2492.26 | 2789.85 | 385.47 | 416.34 | 584.56 | 702.59 |
| 山　西 | Shanxi | 7170.94 | 8101.84 | 2252.50 | 2600.37 | 406.72 | 482.61 | 404.90 | 497.27 |
| 内蒙古 | Inner Mongolia | 7666.61 | 9281.46 | 2323.55 | 2824.89 | 358.00 | 399.68 | 466.77 | 612.25 |
| 辽　宁 | Liaoning | 7987.49 | 9429.73 | 3102.13 | 3560.21 | 477.51 | 473.23 | 819.05 | 962.40 |
| 吉　林 | Jilin | 7352.64 | 8560.30 | 2457.21 | 2842.68 | 372.94 | 459.83 | 577.84 | 721.08 |
| 黑龙江 | Heilongjiang | 6655.43 | 7519.28 | 2215.68 | 2633.18 | 385.40 | 463.36 | 521.34 | 675.76 |
| 上　海 | Shanghai | 14761.75 | 17255.38 | 5248.95 | 6125.45 | 452.38 | 560.70 | 1351.91 | 1665.95 |
| 江　苏 | Jiangsu | 9628.59 | 10715.15 | 3462.66 | 3928.71 | 394.07 | 427.60 | 958.99 | 1169.59 |
| 浙　江 | Zhejiang | 13348.51 | 14091.19 | 4393.40 | 4892.58 | 394.69 | 437.98 | 1156.59 | 1336.32 |
| 安　徽 | Anhui | 7294.73 | 8531.90 | 3091.28 | 3384.38 | 393.98 | 449.97 | 788.30 | 880.28 |
| 福　建 | Fujian | 9807.71 | 11055.13 | 3854.26 | 4296.22 | 467.81 | 540.19 | 1519.14 | 1799.42 |
| 江　西 | Jiangxi | 6645.54 | 7810.73 | 2636.93 | 3192.61 | 407.12 | 471.34 | 726.10 | 982.73 |
| 山　东 | Shandong | 8468.40 | 9666.61 | 2711.65 | 3180.64 | 349.46 | 422.92 | 686.45 | 903.44 |
| 河　南 | Henan | 6685.18 | 7826.72 | 2215.32 | 2707.44 | 365.37 | 445.39 | 481.89 | 641.94 |
| 湖　北 | Hubei | 7397.32 | 8701.18 | 2868.39 | 3455.98 | 392.92 | 516.89 | 685.04 | 918.04 |
| 湖　南 | Hunan | 8169.30 | 8990.72 | 2850.94 | 3243.88 | 416.52 | 508.65 | 757.29 | 940.71 |
| 广　东 | Guangdong | 12432.22 | 14336.87 | 4503.86 | 5056.68 | 435.56 | 517.92 | 1479.91 | 1819.26 |
| 广　西 | Guangxi | 6791.95 | 8151.26 | 2857.40 | 3398.09 | 369.47 | 423.54 | 1154.34 | 1326.40 |
| 海　南 | Hainan | 7126.78 | 8292.89 | 3097.71 | 3546.67 | 311.01 | 347.67 | 1293.63 | 1531.02 |
| 重　庆 | Chongqing | 9398.69 | 9890.31 | 3415.92 | 3674.28 | 377.60 | 474.90 | 844.55 | 1069.71 |
| 四　川 | Sichuan | 7524.81 | 8691.99 | 2838.22 | 3580.14 | 382.49 | 483.16 | 749.06 | 1075.82 |
| 贵　州 | Guizhou | 6848.39 | 7758.69 | 2649.02 | 3122.46 | 338.99 | 422.74 | 642.36 | 854.76 |
| 云　南 | Yunnan | 7379.81 | 7921.83 | 3102.46 | 3562.33 | 347.29 | 365.88 | 645.21 | 833.34 |
| 西　藏 | Tibet | 6192.57 | 7532.07 | 3107.90 | 3836.51 | 450.21 | 596.70 | 802.27 | 1051.19 |
| 陕　西 | Shaanxi | 7553.28 | 8427.06 | 2588.91 | 3063.69 | 392.55 | 474.55 | 434.55 | 566.37 |
| 甘　肃 | Gansu | 6974.21 | 7875.78 | 2408.37 | 2824.42 | 351.67 | 441.63 | 424.82 | 526.28 |
| 青　海 | Qinghai | 6530.11 | 7512.39 | 2366.42 | 2803.45 | 343.02 | 406.21 | 534.19 | 648.24 |
| 宁　夏 | Ningxia | 7205.57 | 7817.28 | 2444.98 | 2760.74 | 382.28 | 442.90 | 464.90 | 565.37 |
| 新　疆 | Xinjiang | 6730.01 | 7874.27 | 2386.97 | 2760.69 | 380.84 | 428.58 | 541.27 | 684.88 |

附录1—3 续表 1 Continued

单位：元 (yuan)

| 地区 | Region | 蔬菜类 Vegtables | | 调味品 Flavoring | | 糖烟酒饮料类 Suger, Tobacco Wine and Other Beverages | | 干鲜瓜果类 Dried and Fresh Melons and Fruits | |
|---|---|---|---|---|---|---|---|---|---|
| | | 2006 | 2007 | 2006 | 2007 | 2006 | 2007 | 2006 | 2007 |
| 全国 | National | 298.53 | 348.61 | 39.88 | 45.53 | 346.45 | 397.99 | 240.15 | 272.24 |
| 北京 | Beijing | 314.29 | 365.67 | 78.37 | 85.04 | 526.74 | 622.47 | 447.14 | 489.57 |
| 天津 | Tianjin | 308.16 | 351.32 | 61.28 | 67.73 | 378.34 | 433.53 | 303.39 | 361.90 |
| 河北 | Hebei | 279.27 | 318.00 | 34.47 | 38.80 | 368.48 | 390.68 | 215.83 | 228.49 |
| 山西 | Shanxi | 242.62 | 288.15 | 28.47 | 32.44 | 275.07 | 347.79 | 178.78 | 196.19 |
| 内蒙古 | Inner Mongolia | 191.41 | 225.99 | 29.44 | 33.33 | 285.67 | 368.39 | 188.67 | 218.86 |
| 辽宁 | Liaoning | 348.55 | 357.19 | 55.02 | 60.32 | 425.29 | 436.22 | 319.74 | 305.82 |
| 吉林 | Jilin | 284.29 | 338.96 | 38.51 | 46.14 | 276.22 | 280.10 | 278.33 | 315.82 |
| 黑龙江 | Heilongjiang | 216.98 | 238.81 | 36.92 | 41.81 | 209.38 | 240.42 | 225.66 | 255.45 |
| 上海 | Shanghai | 402.28 | 442.96 | 55.05 | 63.64 | 582.91 | 653.62 | 377.97 | 450.44 |
| 江苏 | Jiangsu | 320.25 | 381.11 | 42.72 | 46.80 | 400.12 | 458.92 | 224.55 | 248.37 |
| 浙江 | Zhejiang | 364.56 | 385.03 | 37.98 | 39.62 | 604.43 | 649.16 | 334.33 | 362.03 |
| 安徽 | Anhui | 295.57 | 325.87 | 38.40 | 20.02 | 517.86 | 574.43 | 204.67 | 207.24 |
| 福建 | Fujian | 352.93 | 390.12 | 47.41 | 52.08 | 334.33 | 362.99 | 262.93 | 277.33 |
| 江西 | Jiangxi | 320.19 | 388.13 | 31.44 | 35.72 | 237.71 | 331.49 | 207.32 | 254.63 |
| 山东 | Shandong | 239.25 | 289.96 | 33.26 | 42.14 | 272.78 | 304.07 | 251.00 | 297.43 |
| 河南 | Henan | 245.65 | 299.83 | 32.51 | 38.94 | 254.72 | 304.29 | 168.51 | 213.18 |
| 湖北 | Hubei | 348.32 | 415.43 | 39.19 | 50.08 | 347.13 | 428.52 | 175.10 | 218.79 |
| 湖南 | Hunan | 297.16 | 350.46 | 29.66 | 37.03 | 313.83 | 316.14 | 249.27 | 245.02 |
| 广东 | Guangdong | 356.94 | 411.77 | 38.40 | 40.79 | 289.01 | 349.43 | 271.42 | 306.04 |
| 广西 | Guangxi | 280.82 | 300.01 | 27.68 | 30.16 | 160.87 | 220.26 | 191.38 | 234.38 |
| 海南 | Hainan | 291.54 | 342.16 | 35.70 | 37.26 | 192.30 | 202.47 | 176.08 | 203.54 |
| 重庆 | Chongqing | 339.16 | 360.84 | 47.85 | 57.82 | 390.91 | 367.53 | 229.25 | 228.85 |
| 四川 | Sichuan | 297.83 | 393.25 | 47.41 | 66.49 | 325.20 | 411.62 | 194.44 | 246.65 |
| 贵州 | Guizhou | 262.80 | 318.56 | 34.13 | 40.25 | 404.31 | 388.28 | 202.19 | 236.50 |
| 云南 | Yunnan | 338.86 | 380.77 | 31.80 | 39.18 | 468.81 | 507.50 | 207.99 | 224.51 |
| 西藏 | Tibet | 311.35 | 465.89 | 27.91 | 36.75 | 696.82 | 742.31 | 150.12 | 187.67 |
| 陕西 | Shaanxi | 235.08 | 300.18 | 37.49 | 46.35 | 285.02 | 315.15 | 193.88 | 234.79 |
| 甘肃 | Gansu | 250.00 | 304.05 | 34.98 | 42.63 | 304.09 | 347.51 | 207.70 | 246.97 |
| 青海 | Qinghai | 229.61 | 260.09 | 29.57 | 34.83 | 296.68 | 323.70 | 183.81 | 204.91 |
| 宁夏 | Ningxia | 230.35 | 257.64 | 30.12 | 35.63 | 281.62 | 322.18 | 230.40 | 256.73 |
| 新疆 | Xinjiang | 230.53 | 243.77 | 27.37 | 29.52 | 221.84 | 240.62 | 226.60 | 267.00 |

附录1—3 续表 2 Continued

单位：元 （yuan）

| 地区 | Region | 糕点、奶及奶制品 Pastry,Milk and Food Service | | 其他食品 Other Food | | 饮食服务 Food Service | | 衣着 Clothing | |
|---|---|---|---|---|---|---|---|---|---|
| | | 2006 | 2007 | 2006 | 2007 | 2006 | 2007 | 2006 | 2007 |
| 全　国 | National | 214.42 | 234.73 | 68.16 | 69.95 | 692.55 | 762.85 | 901.78 | 1042.00 |
| 北　京 | Beijing | 448.57 | 453.32 | 99.53 | 71.67 | 1319.48 | 1176.11 | 1442.42 | 1512.88 |
| 天　津 | Tianjin | 256.29 | 301.27 | 83.38 | 90.27 | 979.98 | 1132.10 | 864.89 | 1024.15 |
| 河　北 | Hebei | 194.73 | 218.05 | 18.46 | 34.27 | 410.99 | 442.62 | 849.58 | 975.94 |
| 山　西 | Shanxi | 219.69 | 237.83 | 37.29 | 38.56 | 458.95 | 479.53 | 1016.69 | 1064.61 |
| 内蒙古 | Inner Mongolia | 161.94 | 175.10 | 122.73 | 168.62 | 518.93 | 622.65 | 1168.93 | 1396.86 |
| 辽　宁 | Liaoning | 211.00 | 229.57 | 39.53 | 51.36 | 406.45 | 684.11 | 846.91 | 1017.65 |
| 吉　林 | Jilin | 153.06 | 177.47 | 43.43 | 53.29 | 432.59 | 449.99 | 907.61 | 1127.09 |
| 黑龙江 | Heilongjiang | 146.44 | 159.00 | 44.38 | 47.84 | 429.18 | 510.72 | 971.44 | 1021.45 |
| 上　海 | Shanghai | 409.90 | 483.74 | 134.81 | 81.67 | 1481.75 | 1722.72 | 1026.87 | 1330.05 |
| 江　苏 | Jiangsu | 234.09 | 249.32 | 111.64 | 97.76 | 776.23 | 849.24 | 886.82 | 990.03 |
| 浙　江 | Zhejiang | 233.65 | 252.75 | 81.39 | 71.59 | 1185.78 | 1358.12 | 1383.63 | 1406.20 |
| 安　徽 | Anhui | 232.26 | 271.96 | 62.26 | 61.46 | 557.98 | 593.16 | 869.55 | 906.47 |
| 福　建 | Fujian | 218.24 | 228.37 | 53.14 | 39.80 | 598.33 | 605.93 | 784.71 | 940.72 |
| 江　西 | Jiangxi | 180.90 | 215.57 | 92.57 | 103.49 | 433.59 | 409.50 | 725.72 | 915.09 |
| 山　东 | Shandong | 253.66 | 282.69 | 76.55 | 84.89 | 549.23 | 553.11 | 1091.22 | 1238.34 |
| 河　南 | Henan | 175.36 | 208.55 | 46.14 | 63.19 | 445.17 | 492.12 | 919.31 | 1053.13 |
| 湖　北 | Hubei | 182.97 | 216.29 | 57.82 | 47.96 | 639.91 | 643.98 | 877.01 | 1046.62 |
| 湖　南 | Hunan | 162.92 | 156.40 | 78.87 | 98.10 | 545.42 | 591.37 | 868.23 | 1017.59 |
| 广　东 | Guangdong | 245.40 | 237.44 | 68.12 | 57.54 | 1319.09 | 1316.50 | 719.26 | 814.57 |
| 广　西 | Guangxi | 141.10 | 174.53 | 49.09 | 67.21 | 482.65 | 621.62 | 477.67 | 656.69 |
| 海　南 | Hainan | 126.03 | 154.25 | 30.84 | 26.88 | 640.58 | 701.43 | 375.42 | 452.85 |
| 重　庆 | Chongqing | 233.68 | 239.54 | 74.60 | 46.47 | 878.31 | 828.63 | 1038.98 | 1171.15 |
| 四　川 | Sichuan | 189.74 | 217.19 | 54.26 | 66.66 | 597.78 | 619.30 | 754.93 | 949.74 |
| 贵　州 | Guizhou | 157.64 | 171.01 | 93.69 | 95.27 | 512.90 | 595.08 | 832.74 | 910.30 |
| 云　南 | Yunnan | 130.41 | 121.43 | 59.00 | 63.07 | 873.10 | 1026.65 | 745.08 | 859.65 |
| 西　藏 | Tibet | 287.78 | 320.14 | 33.01 | 78.39 | 348.44 | 357.47 | 734.83 | 880.10 |
| 陕　西 | Shaanxi | 205.24 | 235.10 | 68.13 | 89.39 | 736.97 | 801.80 | 768.47 | 910.29 |
| 甘　肃 | Gansu | 174.38 | 184.09 | 109.19 | 126.12 | 551.55 | 605.14 | 854.00 | 939.89 |
| 青　海 | Qinghai | 153.46 | 190.36 | 98.51 | 137.48 | 497.58 | 597.62 | 724.96 | 898.54 |
| 宁　夏 | Ningxia | 174.43 | 199.27 | 91.76 | 97.30 | 559.12 | 583.72 | 874.39 | 994.47 |
| 新　疆 | Xinjiang | 178.78 | 192.80 | 49.95 | 51.18 | 529.78 | 622.34 | 953.03 | 1183.69 |

附录1—3 续表 3 Continued

单位：元 (yuan)

| 地区 | Region | 服装 Clothes 2006 | 服装 Clothes 2007 | 衣着材料 Clothes Material 2006 | 衣着材料 Clothes Material 2007 | 鞋类 Shoes 2006 | 鞋类 Shoes 2007 | 其他衣着用品 Other Clothing Articles 2006 | 其他衣着用品 Other Clothing Articles 2007 |
|---|---|---|---|---|---|---|---|---|---|
| 全国 | National | 646.69 | 747.93 | 9.40 | 10.13 | 205.76 | 242.64 | 32.75 | 33.91 |
| 北京 | Beijing | 990.96 | 1042.96 | 13.30 | 15.61 | 364.40 | 387.77 | 56.84 | 52.48 |
| 天津 | Tianjin | 606.70 | 717.60 | 13.86 | 13.80 | 199.71 | 243.17 | 35.21 | 40.11 |
| 河北 | Hebei | 591.39 | 664.18 | 12.51 | 12.88 | 207.31 | 256.35 | 30.64 | 34.87 |
| 山西 | Shanxi | 748.96 | 765.53 | 11.21 | 10.29 | 214.80 | 242.96 | 38.92 | 41.49 |
| 内蒙古 | Inner Mongolia | 825.40 | 996.32 | 6.91 | 6.26 | 258.23 | 311.99 | 65.38 | 66.77 |
| 辽宁 | Liaoning | 582.36 | 652.65 | 9.34 | 17.58 | 214.20 | 286.90 | 34.95 | 50.99 |
| 吉林 | Jilin | 640.20 | 774.93 | 7.74 | 13.23 | 221.90 | 282.45 | 28.43 | 44.45 |
| 黑龙江 | Heilongjiang | 657.73 | 684.65 | 7.06 | 6.49 | 256.88 | 281.37 | 41.46 | 40.21 |
| 上海 | Shanghai | 752.88 | 984.12 | 17.97 | 14.66 | 205.73 | 286.28 | 37.48 | 32.61 |
| 江苏 | Jiangsu | 640.90 | 721.12 | 9.68 | 9.66 | 192.51 | 217.09 | 35.52 | 34.62 |
| 浙江 | Zhejiang | 1057.49 | 1069.58 | 10.52 | 11.00 | 271.73 | 285.12 | 35.23 | 32.73 |
| 安徽 | Anhui | 626.22 | 619.75 | 11.13 | 17.40 | 201.64 | 232.68 | 27.04 | 28.25 |
| 福建 | Fujian | 605.53 | 721.20 | 2.94 | 4.07 | 153.30 | 192.36 | 19.19 | 19.70 |
| 江西 | Jiangxi | 531.59 | 686.58 | 10.38 | 9.88 | 156.65 | 193.16 | 21.75 | 20.86 |
| 山东 | Shandong | 777.25 | 884.37 | 11.65 | 9.98 | 243.41 | 283.56 | 50.33 | 52.79 |
| 河南 | Henan | 671.27 | 771.35 | 8.45 | 9.57 | 204.12 | 236.43 | 29.75 | 29.92 |
| 湖北 | Hubei | 622.43 | 761.59 | 9.87 | 10.46 | 208.99 | 239.52 | 28.45 | 26.90 |
| 湖南 | Hunan | 624.89 | 741.08 | 8.99 | 9.11 | 205.41 | 234.61 | 23.16 | 26.17 |
| 广东 | Guangdong | 525.16 | 605.01 | 1.74 | 2.03 | 162.62 | 179.28 | 25.21 | 24.06 |
| 广西 | Guangxi | 354.45 | 489.82 | 4.95 | 7.66 | 99.70 | 139.86 | 14.76 | 15.00 |
| 海南 | Hainan | 288.52 | 345.16 | 0.68 | 0.83 | 74.18 | 93.30 | 10.49 | 11.94 |
| 重庆 | Chongqing | 764.33 | 853.57 | 6.10 | 6.36 | 232.02 | 270.09 | 29.53 | 34.42 |
| 四川 | Sichuan | 533.57 | 681.09 | 10.83 | 8.57 | 177.81 | 224.75 | 24.66 | 28.85 |
| 贵州 | Guizhou | 592.69 | 643.56 | 11.40 | 11.70 | 198.35 | 222.60 | 25.92 | 28.37 |
| 云南 | Yunnan | 564.91 | 624.73 | 6.65 | 7.94 | 154.21 | 207.09 | 17.93 | 18.50 |
| 西藏 | Tibet | 493.56 | 615.90 | 7.23 | 9.24 | 221.64 | 239.85 | 10.27 | 13.23 |
| 陕西 | Shaanxi | 543.21 | 659.97 | 12.24 | 10.77 | 177.78 | 204.78 | 27.63 | 27.34 |
| 甘肃 | Gansu | 591.69 | 669.66 | 12.55 | 13.95 | 187.54 | 211.85 | 53.39 | 36.47 |
| 青海 | Qinghai | 510.09 | 654.78 | 7.77 | 5.92 | 161.41 | 192.08 | 40.55 | 38.99 |
| 宁夏 | Ningxia | 631.94 | 731.47 | 13.37 | 14.47 | 192.98 | 211.65 | 28.07 | 29.35 |
| 新疆 | Xinjiang | 665.28 | 833.30 | 13.93 | 17.62 | 222.74 | 272.91 | 38.91 | 45.51 |

附录1—3 续表 4 Continued

单位：元 (yuan)

| 地区 | Region | 衣着加工服务费 Clothes Processing Bed Articles | | 家庭设备用品及服务 Expenditure for Consumption | | 耐用消费品 Druable Consumer Goods | | 室内装饰品 Interior Decorations | |
|---|---|---|---|---|---|---|---|---|---|
| | | 2006 | 2007 | 2006 | 2007 | 2006 | 2007 | 2006 | 2007 |
| 全国 | National | 7.18 | 7.39 | 498.48 | 601.80 | 233.88 | 285.54 | 19.78 | 17.78 |
| 北京 | Beijing | 16.92 | 14.06 | 977.47 | 981.13 | 507.03 | 478.44 | 38.82 | 28.31 |
| 天津 | Tianjin | 9.41 | 9.46 | 634.39 | 760.56 | 329.82 | 423.16 | 40.23 | 40.81 |
| 河北 | Hebei | 7.72 | 7.66 | 460.27 | 546.75 | 264.50 | 320.01 | 25.80 | 19.52 |
| 山西 | Shanxi | 2.80 | 4.34 | 441.82 | 477.74 | 241.29 | 270.53 | 20.43 | 15.70 |
| 内蒙古 | Inner Mongolia | 13.02 | 15.52 | 464.55 | 561.71 | 220.38 | 247.82 | 33.11 | 26.66 |
| 辽宁 | Liaoning | 6.06 | 9.54 | 362.10 | 439.28 | 120.25 | 204.69 | 27.47 | -22.83 |
| 吉林 | Jilin | 9.34 | 12.03 | 318.65 | 407.35 | 127.36 | 151.05 | 17.01 | 20.77 |
| 黑龙江 | Heilongjiang | 8.30 | 8.74 | 319.37 | 355.67 | 126.71 | 139.42 | 14.14 | 7.82 |
| 上海 | Shanghai | 12.80 | 12.38 | 877.59 | 959.49 | 458.26 | 437.64 | 32.85 | -33.34 |
| 江苏 | Jiangsu | 8.21 | 7.54 | 647.52 | 707.31 | 306.64 | 336.98 | 15.27 | 12.51 |
| 浙江 | Zhejiang | 8.65 | 7.77 | 615.45 | 666.02 | 288.09 | 315.66 | 23.08 | 21.88 |
| 安徽 | Anhui | 3.52 | 8.40 | 336.99 | 465.68 | 167.08 | 204.51 | 6.81 | 17.21 |
| 福建 | Fujian | 3.74 | 3.39 | 525.65 | 645.40 | 253.84 | 308.97 | 12.54 | 11.18 |
| 江西 | Jiangxi | 5.35 | 4.61 | 451.32 | 587.40 | 210.80 | 291.18 | 14.72 | 9.63 |
| 山东 | Shandong | 8.57 | 7.65 | 526.29 | 661.03 | 275.97 | 358.79 | 21.46 | 29.12 |
| 河南 | Henan | 5.71 | 5.86 | 431.02 | 549.14 | 230.19 | 288.01 | 15.68 | 14.70 |
| 湖北 | Hubei | 7.27 | 8.15 | 401.22 | 550.16 | 162.55 | 234.27 | 9.17 | 12.51 |
| 湖南 | Hunan | 5.78 | 6.62 | 513.63 | 603.18 | 235.60 | 248.54 | 13.48 | -17.14 |
| 广东 | Guangdong | 4.53 | 4.18 | 633.03 | 853.18 | 229.38 | 355.14 | 26.45 | 15.99 |
| 广西 | Guangxi | 3.82 | 4.34 | 360.62 | 491.03 | 167.40 | 229.47 | 7.92 | 6.78 |
| 海南 | Hainan | 1.55 | 1.63 | 405.81 | 519.99 | 168.02 | 241.37 | 13.97 | 10.87 |
| 重庆 | Chongqing | 7.01 | 6.71 | 615.74 | 706.77 | 305.04 | 385.64 | 31.75 | 15.42 |
| 四川 | Sichuan | 8.06 | 6.49 | 505.83 | 562.02 | 241.46 | 259.33 | 17.35 | 10.07 |
| 贵州 | Guizhou | 4.38 | 4.07 | 446.53 | 463.56 | 159.55 | 162.60 | 12.48 | 9.77 |
| 云南 | Yunnan | 1.39 | 1.40 | 335.14 | 280.62 | 158.15 | 146.49 | 7.75 | 4.55 |
| 西藏 | Tibet | 2.13 | 1.87 | 211.10 | 271.29 | 59.21 | 41.89 | 17.16 | 17.95 |
| 陕西 | Shaanxi | 7.61 | 7.44 | 478.58 | 513.08 | 262.52 | 259.13 | 20.31 | 13.92 |
| 甘肃 | Gansu | 8.83 | 7.96 | 403.80 | 505.16 | 211.20 | 250.69 | 21.60 | 22.95 |
| 青海 | Qinghai | 5.14 | 6.76 | 420.31 | 484.71 | 216.26 | 230.31 | 25.92 | 28.56 |
| 宁夏 | Ningxia | 8.03 | 7.54 | 480.70 | 480.84 | 260.87 | 229.25 | 24.35 | 29.38 |
| 新疆 | Xinjiang | 12.17 | 14.35 | 364.11 | 475.23 | 139.97 | 201.08 | 24.47 | 42.47 |

附录1—3　续表 5 Continued

单位：元　　　　　　　　　　　　　　　　　　　　　　　　　　　　　　　　　　（yuan）

| 地　区 | Region | 床上用品 Bed Articles | | 家庭日用杂品 Family Daily Use Goods | | 家具材料 Furniture Material | | 家庭服务 Household Service | |
|---|---|---|---|---|---|---|---|---|---|
| | | 2006 | 2007 | 2006 | 2007 | 2006 | 2007 | 2006 | 2007 |
| 全　国 | National | 44.66 | 52.02 | 158.38 | 196.04 | 3.42 | 10.52 | 38.36 | 39.90 |
| 北　京 | Beijing | 69.23 | -69.11 | 286.50 | -336.44 | 6.61 | -8.11 | 69.29 | 60.72 |
| 天　津 | Tianjin | 41.75 | 54.18 | 171.92 | 192.03 | 2.55 | 5.06 | 48.12 | 45.33 |
| 河　北 | Hebei | 47.46 | -57.61 | 101.84 | -113.67 | 1.65 | -14.68 | 19.02 | 21.59 |
| 山　西 | Shanxi | 27.44 | 28.66 | 110.39 | 130.22 | 7.82 | 13.09 | 34.46 | 19.55 |
| 内蒙古 | Inner Mongolia | 44.17 | 53.17 | 143.82 | 197.75 | 2.59 | 14.45 | 20.49 | 21.86 |
| 辽　宁 | Liaoning | 52.55 | 61.46 | 130.72 | 117.55 | 5.85 | 12.50 | 25.26 | 20.58 |
| 吉　林 | Jilin | 32.59 | 50.77 | 121.85 | 156.37 | 1.25 | 6.83 | 18.59 | 21.57 |
| 黑龙江 | Heilongjiang | 34.21 | -37.34 | 120.24 | | 1.52 | -6.79 | 22.55 | 21.43 |
| 上　海 | Shanghai | 82.04 | 85.48 | 209.34 | 282.09 | 2.38 | 2.61 | 92.72 | 118.33 |
| 江　苏 | Jiangsu | 53.77 | -60.60 | 209.95 | 226.87 | 3.76 | 6.32 | 58.13 | 64.50 |
| 浙　江 | Zhejiang | 59.56 | 76.53 | 161.78 | 174.73 | 17.60 | 11.82 | 65.33 | 65.40 |
| 安　徽 | Anhui | 27.65 | 50.73 | 115.22 | 160.06 | 1.38 | 16.06 | 18.86 | 17.45 |
| 福　建 | Fujian | 41.12 | 47.48 | 164.17 | 224.10 | 2.62 | -5.96 | 51.36 | 47.69 |
| 江　西 | Jiangxi | 37.88 | 44.19 | 159.70 | 206.77 | 0.32 | 10.85 | 27.90 | 24.78 |
| 山　东 | Shandong | 44.15 | 46.27 | 160.76 | 195.19 | 4.17 | 11.10 | 19.79 | 20.56 |
| 河　南 | Henan | 43.25 | -49.84 | 118.19 | -164.11 | 3.35 | 13.06 | 20.35 | 19.43 |
| 湖　北 | Hubei | 33.94 | 32.06 | 163.98 | 224.38 | 0.50 | 22.08 | 31.09 | 25.17 |
| 湖　南 | Hunan | | -57.17 | 177.52 | -226.53 | 3.06 | -10.17 | 39.55 | 43.79 |
| 广　东 | Guangdong | 58.96 | 62.91 | 228.19 | 302.33 | 2.72 | 10.09 | 87.33 | 106.71 |
| 广　西 | Guangxi | 31.85 | 38.03 | 128.07 | 176.99 | 0.07 | 13.70 | 25.32 | 26.06 |
| 海　南 | Hainan | 34.31 | 28.10 | 159.10 | 207.54 | 1.33 | 6.97 | 29.09 | 25.13 |
| 重　庆 | Chongqing | 56.81 | 70.07 | 154.26 | 189.03 | 12.28 | 5.31 | 55.60 | 41.30 |
| 四　川 | Sichuan | 39.42 | 44.25 | 165.23 | 209.22 | 0.78 | 10.50 | 41.58 | 28.66 |
| 贵　州 | Guizhou | 37.61 | 39.73 | 205.60 | 222.49 | 3.17 | 9.33 | 28.12 | 19.80 |
| 云　南 | Yunnan | 58.44 | 26.53 | 90.81 | 87.91 | 0.16 | 1.61 | 19.83 | 13.52 |
| 西　藏 | Tibet | 43.58 | -73.90 | 78.90 | 124.47 | 5.02 | 4.68 | 7.23 | 8.40 |
| 陕　西 | Shaanxi | 34.83 | 38.77 | 140.98 | 172.87 | 0.46 | 3.91 | 19.48 | 24.47 |
| 甘　肃 | Gansu | 36.17 | 41.44 | 112.57 | 151.55 | 4.49 | 20.20 | 17.77 | 18.66 |
| 青　海 | Qinghai | 30.29 | 32.35 | 123.61 | 160.47 | 6.47 | 15.13 | 17.76 | 17.87 |
| 宁　夏 | Ningxia | 32.10 | 31.82 | 141.77 | -162.67 | 0.28 | 10.09 | 21.33 | 20.19 |
| 新　疆 | Xinjiang | 24.18 | 27.31 | 144.63 | -173.47 | 6.12 | -6.45 | 24.74 | 24.45 |

附录1—3 续表 6 Continued

单位：元 (yuan)

| 地区 | Region | 医疗保健 Medicine and Medical Service | | 医疗器具 Medical Equipment | | 保健器具 Healthful Equipments | | 药品费 Medicine Expense | |
|---|---|---|---|---|---|---|---|---|---|
| | | 2006 | 2007 | 2006 | 2007 | 2006 | 2007 | 2006 | 2007 |
| 全国 | National | 620.54 | 699.09 | 6.02 | 6.58 | 12.39 | 13.27 | 331.92 | 364.37 |
| 北京 | Beijing | 1322.36 | 1294.07 | 13.25 | 10.87 | 29.59 | 29.74 | 638.65 | 677.23 |
| 天津 | Tianjin | 1049.33 | 1163.98 | 8.12 | 5.14 | 17.94 | 36.64 | 601.24 | 641.85 |
| 河北 | Hebei | 737.43 | 833.51 | 7.28 | 10.46 | 19.85 | 18.82 | 379.08 | 454.42 |
| 山西 | Shanxi | 589.97 | 640.22 | 2.15 | 6.66 | 11.63 | 11.68 | 307.38 | 341.65 |
| 内蒙古 | Inner Mongolia | 555.00 | 719.13 | 3.98 | 5.46 | 10.08 | 7.97 | 311.02 | 399.88 |
| 辽宁 | Liaoning | 767.13 | 879.08 | 6.75 | 12.20 | 14.78 | 17.84 | 354.58 | 375.14 |
| 吉林 | Jilin | 671.44 | 854.80 | 3.69 | 8.19 | 11.69 | 21.97 | 340.53 | 388.77 |
| 黑龙江 | Heilongjiang | 634.30 | 729.55 | 4.92 | 5.22 | 10.99 | 15.44 | 350.08 | 391.76 |
| 上海 | Shanghai | 762.92 | 857.11 | 19.30 | 7.32 | 22.48 | 39.86 | 326.97 | 343.44 |
| 江苏 | Jiangsu | 600.69 | 689.37 | 9.21 | 5.26 | 18.09 | 20.22 | 287.41 | 329.39 |
| 浙江 | Zhejiang | 852.27 | 859.06 | 6.49 | 5.57 | 16.18 | 7.52 | 418.62 | 395.48 |
| 安徽 | Anhui | 441.42 | 554.44 | 0.88 | 4.49 | 6.37 | 9.71 | 246.13 | 269.16 |
| 福建 | Fujian | 513.61 | 502.41 | 4.85 | 1.52 | 16.77 | 6.89 | 262.29 | 226.77 |
| 江西 | Jiangxi | 357.03 | 385.91 | 3.82 | 6.96 | 5.61 | 2.00 | 203.25 | 221.09 |
| 山东 | Shandong | 624.06 | 708.58 | 6.93 | 13.96 | 14.14 | 13.20 | 312.84 | 331.90 |
| 河南 | Henan | 520.57 | 626.55 | 6.70 | 8.99 | 11.06 | 10.94 | 321.51 | 382.30 |
| 湖北 | Hubei | 517.19 | 525.32 | 8.76 | 2.90 | 5.70 | 6.89 | 274.72 | 267.49 |
| 湖南 | Hunan | 632.52 | 668.53 | 2.21 | 2.96 | 10.64 | 14.38 | 376.44 | 386.63 |
| 广东 | Guangdong | 707.86 | 752.52 | 9.85 | 8.46 | 12.67 | 13.66 | 411.30 | 413.71 |
| 广西 | Guangxi | 401.06 | 542.07 | 1.30 | 3.25 | 4.65 | 4.62 | 234.30 | 304.73 |
| 海南 | Hainan | 369.33 | 503.78 | 1.22 | 0.60 | 9.71 | 1.70 | 174.13 | 281.14 |
| 重庆 | Chongqing | 705.72 | 749.51 | 3.06 | 5.57 | 12.65 | 6.27 | 392.81 | 419.25 |
| 四川 | Sichuan | 449.87 | 511.78 | 1.84 | 1.88 | 13.82 | 7.36 | 283.81 | 314.80 |
| 贵州 | Guizhou | 329.77 | 354.52 | 2.00 | 2.73 | 3.15 | 2.22 | 207.94 | 210.93 |
| 云南 | Yunnan | 600.08 | 631.70 | 8.66 | 6.98 | 10.01 | 9.13 | 307.19 | 370.83 |
| 西藏 | Tibet | 221.70 | 272.81 | 0.63 | 0.98 | 1.90 | 1.18 | 108.56 | 151.57 |
| 陕西 | Shaanxi | 612.30 | 678.38 | 4.82 | 3.90 | 7.26 | 8.15 | 384.16 | 431.41 |
| 甘肃 | Gansu | 562.74 | 564.25 | 4.26 | 3.36 | 8.18 | 7.79 | 301.14 | 323.80 |
| 青海 | Qinghai | 542.93 | 613.24 | 1.70 | 4.73 | 2.54 | 23.36 | 251.51 | 255.87 |
| 宁夏 | Ningxia | 578.75 | 645.98 | 4.90 | 2.70 | 4.66 | 2.68 | 381.35 | 427.80 |
| 新疆 | Xinjiang | 472.35 | 598.78 | 1.83 | 0.97 | 4.17 | 3.61 | 238.20 | 288.11 |

附录1—3 续表 7 Continued

单位：元 (yuan)

| 地区 | Region | 滋补保健品 Nourishing Healthful Products | | 医疗费 Medical Care Expense | | 其他 Others | | 交通和通讯 Transport and Communications | |
|---|---|---|---|---|---|---|---|---|---|
| | | 2006 | 2007 | 2006 | 2007 | 2006 | 2007 | 2006 | 2007 |
| 全国 | National | 71.36 | 82.40 | 191.65 | 222.48 | 7.20 | 9.99 | 1147.12 | 1357.41 |
| 北京 | Beijing | 211.54 | 155.86 | 411.94 | 400.00 | 17.39 | 20.36 | 2173.26 | 2328.51 |
| 天津 | Tianjin | 74.17 | 73.85 | 339.06 | 399.69 | 8.80 | 6.81 | 1092.87 | 1309.94 |
| 河北 | Hebei | 77.69 | 91.87 | 240.31 | 246.02 | 13.22 | 11.94 | 875.43 | 1010.51 |
| 山西 | Shanxi | 54.07 | 21.31 | 206.91 | 240.95 | 7.83 | 17.96 | 825.18 | 1027.99 |
| 内蒙古 | Inner Mongolia | 42.89 | 42.51 | 183.73 | 257.40 | 3.28 | 5.91 | 928.48 | 1123.82 |
| 辽宁 | Liaoning | 107.57 | 123.83 | 268.70 | 324.72 | 14.76 | 25.34 | 797.64 | 1033.36 |
| 吉林 | Jilin | 102.66 | 103.98 | 211.39 | 322.94 | 1.48 | 8.96 | 815.02 | 873.88 |
| 黑龙江 | Heilongjiang | 45.23 | 64.92 | 217.63 | 246.71 | 5.45 | 5.49 | 665.01 | 746.03 |
| 上海 | Shanghai | 193.97 | 228.55 | 191.53 | 230.40 | 8.67 | 7.55 | 2332.83 | 3153.72 |
| 江苏 | Jiangsu | 104.82 | 129.42 | 175.06 | 196.46 | 6.10 | 8.63 | 1203.45 | 1303.02 |
| 浙江 | Zhejiang | 215.92 | 235.05 | 186.52 | 204.73 | 8.53 | 10.71 | 2492.01 | 2473.40 |
| 安徽 | Anhui | 14.47 | 58.81 | 172.45 | 202.78 | 1.12 | 9.49 | 788.25 | 891.38 |
| 福建 | Fujian | 72.78 | 65.02 | 154.15 | 196.05 | 2.76 | 6.17 | 1232.70 | 1606.90 |
| 江西 | Jiangxi | 29.84 | 33.51 | 112.45 | 118.82 | 2.05 | 3.51 | 600.16 | 732.97 |
| 山东 | Shandong | 82.29 | 89.91 | 197.18 | 246.93 | 10.68 | 12.67 | 1175.57 | 1333.63 |
| 河南 | Henan | 33.83 | 28.30 | 143.64 | 190.55 | 3.83 | 5.48 | 762.08 | 858.33 |
| 湖北 | Hubei | 30.38 | 32.21 | 188.94 | 205.02 | 8.69 | 10.81 | 763.14 | 903.02 |
| 湖南 | Hunan | 55.75 | 70.98 | 176.43 | 185.30 | 11.05 | 8.28 | 965.09 | 986.89 |
| 广东 | Guangdong | 93.62 | 99.54 | 170.84 | 206.92 | 9.58 | 10.22 | 2394.66 | 2966.08 |
| 广西 | Guangxi | 27.87 | 32.65 | 130.96 | 191.49 | 1.97 | 5.33 | 785.01 | 932.87 |
| 海南 | Hainan | 27.43 | 29.52 | 153.88 | 185.95 | 2.96 | 4.87 | 1154.87 | 1401.89 |
| 重庆 | Chongqing | 64.39 | 70.28 | 225.53 | 235.78 | 7.28 | 12.36 | 976.02 | 1118.79 |
| 四川 | Sichuan | 36.65 | 31.93 | 108.63 | 144.07 | 5.13 | 11.74 | 1009.35 | 1074.91 |
| 贵州 | Guizhou | 13.49 | 12.99 | 98.58 | 120.92 | 4.61 | 4.72 | 775.07 | 895.04 |
| 云南 | Yunnan | 23.29 | 32.11 | 247.30 | 207.57 | 3.62 | 5.07 | 1076.93 | 1034.71 |
| 西藏 | Tibet | 22.32 | 23.49 | 85.59 | 92.75 | 2.69 | 2.84 | 694.21 | 866.33 |
| 陕西 | Shaanxi | 25.81 | 23.48 | 187.27 | 207.99 | 2.98 | 3.45 | 824.46 | 866.76 |
| 甘肃 | Gansu | 32.08 | 38.90 | 210.04 | 184.50 | 7.05 | 5.91 | 703.07 | 861.47 |
| 青海 | Qinghai | 20.41 | 10.76 | 258.61 | 312.26 | 8.17 | 6.26 | 753.07 | 785.27 |
| 宁夏 | Ningxia | 33.76 | 25.99 | 150.86 | 180.73 | 3.21 | 6.08 | 774.57 | 859.04 |
| 新疆 | Xinjiang | 34.40 | 38.36 | 190.50 | 261.36 | 3.26 | 6.36 | 765.72 | 890.30 |

附录1—3 续表 8 Continued

单位：元 （yuan）

| 地区 | Region | 交通 Transport 2006 | 交通 Transport 2007 | 通信 Communications 2006 | 通信 Communications 2007 | 教育文化娱乐服务 Education, Culture and Recreation Services 2006 | 教育文化娱乐服务 Education, Culture and Recreation Services 2007 | 文化娱乐用品 Recreation, and Cultural Facilities 2006 | 文化娱乐用品 Recreation, and Cultural Facilities 2007 |
|---|---|---|---|---|---|---|---|---|---|
| 全国 | National | 606.92 | 759.12 | 540.20 | 598.28 | 1203.03 | 1329.16 | 310.26 | 343.17 |
| 北京 | Beijing | 1232.07 | 1401.13 | 941.18 | 927.38 | 2514.76 | 2383.96 | 809.41 | 788.83 |
| 天津 | Tianjin | 520.62 | 689.06 | 572.25 | 620.88 | 1452.17 | 1639.83 | 432.74 | 498.69 |
| 河北 | Hebei | 453.56 | 522.18 | 421.87 | 488.33 | 827.72 | 895.06 | 243.91 | 312.87 |
| 山西 | Shanxi | 354.47 | 544.38 | 470.71 | 483.61 | 1007.92 | 1054.05 | 260.58 | 247.85 |
| 内蒙古 | Inner Mongolia | 458.34 | 613.08 | 470.15 | 510.74 | 1052.65 | 1245.09 | 307.47 | 351.84 |
| 辽宁 | Liaoning | 330.32 | 486.68 | 467.33 | 546.68 | 853.92 | 1052.94 | 206.67 | 290.47 |
| 吉林 | Jilin | 398.10 | 414.30 | 416.91 | 459.58 | 890.22 | 997.75 | 235.27 | 242.95 |
| 黑龙江 | Heilongjiang | 261.85 | 321.53 | 403.16 | 424.50 | 843.94 | 938.21 | 209.70 | 222.86 |
| 上海 | Shanghai | 1395.54 | 2079.06 | 937.29 | 1074.66 | 2431.74 | 2653.67 | 702.85 | 740.99 |
| 江苏 | Jiangsu | 747.28 | 811.86 | 456.17 | 491.16 | 1467.36 | 1699.26 | 404.61 | 474.30 |
| 浙江 | Zhejiang | 1628.22 | 1531.10 | 863.78 | 942.30 | 1946.15 | 2158.32 | 448.58 | 465.09 |
| 安徽 | Anhui | 289.64 | 396.59 | 498.61 | 494.79 | 869.23 | 1169.99 | 200.70 | 259.91 |
| 福建 | Fujian | 523.85 | 837.87 | 708.85 | 769.02 | 1321.33 | 1426.34 | 370.62 | 370.38 |
| 江西 | Jiangxi | 189.01 | 242.40 | 411.15 | 490.57 | 894.58 | 973.38 | 212.52 | 215.70 |
| 山东 | Shandong | 703.84 | 827.40 | 471.74 | 506.23 | 1201.97 | 1191.18 | 354.57 | 383.45 |
| 河南 | Henan | 259.45 | 320.64 | 502.64 | 537.69 | 847.12 | 936.55 | 231.62 | 235.78 |
| 湖北 | Hubei | 321.12 | 413.65 | 442.02 | 489.36 | 997.74 | 1120.29 | 221.30 | 243.89 |
| 湖南 | Hunan | 451.08 | 451.17 | 514.01 | 535.72 | 1182.18 | 1285.24 | 269.64 | 288.02 |
| 广东 | Guangdong | 1593.77 | 2012.62 | 800.89 | 953.46 | 1813.86 | 1994.86 | 406.00 | 468.75 |
| 广西 | Guangxi | 415.37 | 512.25 | 369.64 | 420.62 | 850.90 | 1050.04 | 230.76 | 301.42 |
| 海南 | Hainan | 720.90 | 937.64 | 433.98 | 464.25 | 791.24 | 837.83 | 206.84 | 216.61 |
| 重庆 | Chongqing | 336.57 | 520.37 | 639.46 | 598.42 | 1449.49 | 1237.35 | 354.83 | 321.04 |
| 四川 | Sichuan | 511.17 | 532.73 | 498.17 | 542.17 | 976.33 | 1031.81 | 221.29 | 221.29 |
| 贵州 | Guizhou | 279.39 | 386.34 | 495.68 | 508.70 | 938.37 | 1035.96 | 226.57 | 235.94 |
| 云南 | Yunnan | 530.64 | 478.32 | 546.28 | 556.39 | 754.69 | 705.51 | 190.87 | 163.41 |
| 西藏 | Tibet | 193.93 | 285.67 | 500.28 | 580.65 | 359.34 | 441.02 | 35.93 | 88.70 |
| 陕西 | Shaanxi | 373.69 | 410.75 | 450.77 | 456.02 | 1280.14 | 1230.74 | 280.33 | 284.74 |
| 甘肃 | Gansu | 276.42 | 399.12 | 426.65 | 462.35 | 1034.42 | 1058.66 | 277.38 | 238.53 |
| 青海 | Qinghai | 338.29 | 350.05 | 414.78 | 435.22 | 793.72 | 953.87 | 199.33 | 273.70 |
| 宁夏 | Ningxia | 324.11 | 418.98 | 450.46 | 440.06 | 846.72 | 863.36 | 284.18 | 263.91 |
| 新疆 | Xinjiang | 344.70 | 449.70 | 421.03 | 440.60 | 819.72 | 896.79 | 230.45 | 241.16 |

附录1—3 续表 9 Continued

单位：元 (yuan)

| 地区 | Region | 文化娱乐服务 Education and Cultural Services | | 教育 Education | | 居住 Residence | | 住房 Accomadation | |
|---|---|---|---|---|---|---|---|---|---|
| | | 2006 | 2007 | 2006 | 2007 | 2006 | 2007 | 2006 | 2007 |
| 全国 | National | 280.78 | 347.59 | 611.99 | 638.40 | 904.19 | 982.28 | 285.07 | 302.19 |
| 北京 | Beijing | 730.74 | 718.21 | 974.61 | 876.92 | 1212.89 | 1246.19 | 575.68 | 605.89 |
| 天津 | Tianjin | 269.88 | 367.53 | 749.54 | 773.62 | 1368.20 | 1417.45 | 524.64 | 499.86 |
| 河北 | Hebei | 167.70 | 186.51 | 416.11 | 395.69 | 864.92 | 917.19 | 205.52 | 176.08 |
| 山西 | Shanxi | 207.44 | 223.87 | 539.90 | 582.34 | 830.38 | 991.77 | 325.8 | 346.89 |
| 内蒙古 | Inner Mongolia | 229.48 | 339.91 | 515.70 | 553.34 | 802.26 | 941.79 | 203.92 | 320.83 |
| 辽宁 | Liaoning | 136.01 | 152.96 | 511.24 | 609.51 | 909.42 | 1047.04 | 257.29 | 250.77 |
| 吉林 | Jilin | 163.10 | 174.23 | 491.85 | 580.57 | 984.95 | 1062.46 | 227.36 | 202.49 |
| 黑龙江 | Heilongjiang | 149.99 | 158.15 | 484.25 | 557.20 | 755.32 | 784.51 | 179.29 | 169.92 |
| 上海 | Shanghai | 503.60 | 709.11 | 1225.29 | 1203.57 | 1435.72 | 1412.10 | 682.98 | 586.54 |
| 江苏 | Jiangsu | 341.02 | 498.50 | 721.73 | 726.46 | 997.53 | 1020.09 | 490.1 | 488.81 |
| 浙江 | Zhejiang | 444.94 | 495.34 | 1052.63 | 1197.90 | 1229.25 | 1168.08 | 478.42 | 400.94 |
| 安徽 | Anhui | 125.42 | 242.15 | 543.11 | 667.93 | 694.17 | 850.24 | 214.6 | 287.44 |
| 福建 | Fujian | 317.84 | 427.20 | 632.87 | 628.76 | 1233.49 | 1261.18 | 480.84 | 454.59 |
| 江西 | Jiangxi | 261.53 | 284.09 | 420.53 | 473.60 | 742.93 | 728.76 | 253.93 | 164.9 |
| 山东 | Shandong | 214.86 | 231.38 | 632.53 | 576.35 | 838.17 | 1027.58 | 217.71 | 322.71 |
| 河南 | Henan | 192.24 | 245.50 | 423.26 | 455.28 | 737.00 | 795.39 | 173.09 | 215 |
| 湖北 | Hubei | 219.39 | 284.91 | 557.05 | 591.50 | 752.56 | 856.97 | 186.67 | 244.44 |
| 湖南 | Hunan | 339.29 | 374.77 | 573.25 | 622.45 | 871.70 | 869.59 | 278.28 | 259.74 |
| 广东 | Guangdong | 604.23 | 714.08 | 803.63 | 812.03 | 1254.69 | 1444.91 | 307.48 | 360.82 |
| 广西 | Guangxi | 221.85 | 299.22 | 398.29 | 449.39 | 826.86 | 803.04 | 276.86 | 217.29 |
| 海南 | Hainan | 145.31 | 188.37 | 439.09 | 432.85 | 743.60 | 819.02 | 218.92 | 259.56 |
| 重庆 | Chongqing | 278.06 | 320.18 | 816.61 | 596.13 | 954.56 | 968.45 | 302.46 | 347.11 |
| 四川 | Sichuan | 274.85 | 296.67 | 480.19 | 513.85 | 728.43 | 690.27 | 200.47 | 130.54 |
| 贵州 | Guizhou | 287.84 | 310.01 | 423.95 | 490.01 | 627.23 | 718.65 | 118.06 | 171.3 |
| 云南 | Yunnan | 242.22 | 240.42 | 321.59 | 301.68 | 585.35 | 673.07 | 155.97 | 240.03 |
| 西藏 | Tibet | 51.50 | 88.74 | 271.90 | 263.58 | 612.67 | 628.35 | 64.94 | 76.75 |
| 陕西 | Shaanxi | 226.36 | 260.05 | 773.45 | 685.95 | 746.59 | 831.27 | 231.68 | 291.99 |
| 甘肃 | Gansu | 211.93 | 297.06 | 545.11 | 523.07 | 716.35 | 768.28 | 222.18 | 233.27 |
| 青海 | Qinghai | 257.73 | 260.98 | 336.66 | 419.19 | 653.04 | 641.93 | 198.57 | 154.43 |
| 宁夏 | Ningxia | 236.07 | 223.53 | 326.47 | 375.92 | 890.97 | 910.68 | 309.59 | 288.13 |
| 新疆 | Xinjiang | 127.29 | 166.62 | 461.98 | 489.01 | 698.66 | 736.99 | 194.32 | 224.08 |

附录1—3　续表 10 Continued

单位：元　　　　(yuan)

| 地区 | Region | 水电燃料及其他 Water, Electricity and Other Fuels | | 居住服务费 Residental Service Fees | | 杂项商品和服务 Miscellaneous Goods | | 杂项商品 Miscellaneous Goods | | 服务 Services | |
|---|---|---|---|---|---|---|---|---|---|---|---|
| | | 2006 | 2007 | 2006 | 2007 | 2006 | 2007 | 2006 | 2007 | 2006 | 2007 |
| 全国 | National | 569.36 | 620.84 | 49.76 | 59.25 | 309.49 | 357.70 | 195.74 | 227.43 | 113.75 | 130.27 |
| 北京 | Beijing | 585.61 | 573.83 | 51.60 | 66.47 | 621.74 | 649.66 | 427.74 | 438.13 | 194.00 | 211.53 |
| 天津 | Tianjin | 756.73 | 858.27 | 86.83 | 59.33 | 405.99 | 463.64 | 238.16 | 304.16 | 167.82 | 159.48 |
| 河北 | Hebei | 632.65 | 708.64 | 26.75 | 32.46 | 235.88 | 266.16 | 122.78 | 156.92 | 113.10 | 109.23 |
| 山西 | Shanxi | 454.90 | 586.42 | 49.68 | 58.46 | 206.48 | 245.07 | 112.02 | 137.10 | 94.47 | 107.97 |
| 内蒙古 | Inner Mongolia | 522.96 | 540.96 | 75.37 | 80.00 | 371.19 | 468.17 | 231.75 | 312.21 | 139.44 | 155.96 |
| 辽宁 | Liaoning | 626.17 | 760.37 | 25.96 | 35.90 | 348.23 | 400.16 | 165.24 | 218.26 | 182.99 | 181.90 |
| 吉林 | Jilin | 726.59 | 801.53 | 31.00 | 58.44 | 307.56 | 394.29 | 169.16 | 223.18 | 138.40 | 171.11 |
| 黑龙江 | Heilongjiang | 546.99 | 580.55 | 29.04 | 34.04 | 250.37 | 310.67 | 161.83 | 205.98 | 88.55 | 104.69 |
| 上海 | Shanghai | 619.05 | 656.24 | 133.68 | 169.32 | 645.13 | 763.80 | 445.60 | 551.66 | 199.53 | 212.14 |
| 江苏 | Jiangsu | 478.72 | 493.75 | 28.71 | 37.52 | 362.56 | 377.37 | 223.56 | 231.68 | 139.00 | 145.68 |
| 浙江 | Zhejiang | 698.07 | 713.17 | 52.75 | 53.97 | 436.37 | 467.52 | 275.22 | 305.43 | 161.14 | 162.09 |
| 安徽 | Anhui | 457.21 | 507.20 | 22.35 | 55.61 | 203.83 | 309.30 | 113.43 | 177.92 | 90.40 | 131.38 |
| 福建 | Fujian | 700.32 | 750.86 | 52.33 | 55.73 | 341.96 | 375.98 | 183.84 | 211.87 | 158.12 | 164.11 |
| 江西 | Jiangxi | 473.99 | 535.89 | 15.01 | 27.96 | 236.87 | 294.60 | 146.61 | 184.85 | 90.26 | 109.76 |
| 山东 | Shandong | 573.00 | 652.44 | 47.46 | 52.43 | 299.48 | 325.64 | 204.98 | 226.57 | 94.50 | 99.07 |
| 河南 | Henan | 525.51 | 523.76 | 38.40 | 56.64 | 252.76 | 300.19 | 166.01 | 187.00 | 86.75 | 113.19 |
| 湖北 | Hubei | 539.35 | 573.88 | 26.54 | 38.65 | 220.08 | 242.82 | 154.66 | 164.10 | 65.41 | 78.71 |
| 湖南 | Hunan | 562.29 | 573.24 | 31.14 | 36.60 | 285.00 | 315.82 | 187.07 | 200.89 | 97.93 | 114.92 |
| 广东 | Guangdong | 802.46 | 923.17 | 144.75 | 160.91 | 405.00 | 454.09 | 273.05 | 291.30 | 131.95 | 162.79 |
| 广西 | Guangxi | 522.35 | 547.62 | 27.65 | 38.14 | 232.43 | 277.43 | 155.59 | 171.17 | 76.84 | 106.26 |
| 海南 | Hainan | 477.53 | 500.49 | 47.15 | 58.96 | 188.80 | 210.85 | 135.48 | 154.79 | 53.32 | 56.06 |
| 重庆 | Chongqing | 583.30 | 548.48 | 68.80 | 72.86 | 242.26 | 264.01 | 178.24 | 192.74 | 64.02 | 71.26 |
| 四川 | Sichuan | 477.50 | 498.48 | 50.46 | 61.26 | 261.85 | 291.32 | 159.13 | 175.79 | 102.72 | 115.53 |
| 贵州 | Guizhou | 486.08 | 521.36 | 23.09 | 25.99 | 249.66 | 258.21 | 169.94 | 172.45 | 79.72 | 85.76 |
| 云南 | Yunnan | 401.42 | 411.35 | 27.96 | 21.68 | 180.07 | 174.23 | 111.51 | 107.97 | 68.56 | 66.26 |
| 西藏 | Tibet | 538.10 | 536.66 | 9.62 | 14.94 | 250.82 | 335.66 | 114.60 | 135.56 | 136.22 | 200.09 |
| 陕西 | Shaanxi | 475.44 | 501.09 | 39.46 | 38.18 | 253.84 | 332.84 | 164.01 | 196.97 | 89.83 | 135.87 |
| 甘肃 | Gansu | 464.04 | 491.07 | 30.12 | 43.94 | 291.46 | 353.65 | 183.65 | 228.23 | 107.81 | 125.41 |
| 青海 | Qinghai | 401.79 | 434.48 | 52.69 | 53.02 | 275.66 | 331.38 | 191.03 | 227.74 | 84.62 | 103.64 |
| 宁夏 | Ningxia | 537.98 | 561.41 | 43.40 | 61.14 | 314.49 | 302.17 | 214.71 | 205.32 | 99.77 | 96.85 |
| 新疆 | Xinjiang | 470.01 | 476.88 | 34.33 | 36.04 | 269.45 | 331.80 | 190.27 | 250.80 | 79.18 | 81.00 |

# 附录1—4 全国及各省市区农村居民家庭人均总收入

## Per Capita Total Income of Rural Households by Provinces and Regions

单位：元 （yuan）

| 地　区 | Region | 2003 | 2004 | 2005 | 2006 | 2007 |
|---|---|---|---|---|---|---|
| 全　国 | National | 3582.4 | 4039.6 | 4631.2 | 5025.1 | 5791.1 |
| 北　京 | Beijing | 6477.5 | 7110.2 | 8855.6 | 9821.3 | 11106.3 |
| 天　津 | Tianjin | 5900.3 | 6502.2 | 7459.7 | 8586.2 | 9394.7 |
| 河　北 | Hebei | 3785.5 | 4213.5 | 4986.0 | 5426.8 | 6164.0 |
| 山　西 | Shanxi | 2879.3 | 3235.3 | 3628.3 | 3992.9 | 4680.9 |
| 内蒙古 | Inner Mongolia | 3862.0 | 4441.3 | 5345.9 | 5802.5 | 6787.3 |
| 辽　宁 | Liaoning | 4485.5 | 4888.0 | 6028.3 | 6521.4 | 7680.4 |
| 吉　林 | Jilin | 3862.1 | 4439.0 | 5154.2 | 5734.1 | 6609.2 |
| 黑龙江 | Heilongjiang | 4268.2 | 5012.3 | 6042.9 | 6238.7 | 7732.4 |
| 上　海 | Shanghai | 7227.1 | 7623.2 | 8960.4 | 9817.5 | 10951.2 |
| 江　苏 | Jiangsu | 5202.4 | 5915.1 | 6682.3 | 7267.4 | 8111.3 |
| 浙　江 | Zhejiang | 6666.8 | 7432.3 | 8805.0 | 9453.9 | 10825.6 |
| 安　徽 | Anhui | 2842.6 | 3373.7 | 3669.0 | 4130.1 | 4831.8 |
| 福　建 | Fujian | 4640.1 | 5041.2 | 5499.3 | 5982.0 | 6775.4 |
| 江　西 | Jiangxi | 3181.0 | 3683.7 | 4211.8 | 4555.9 | 5346.8 |
| 山　东 | Shandong | 4482.2 | 5037.5 | 5677.0 | 6188.5 | 7150.3 |
| 河　南 | Henan | 3036.2 | 3536.2 | 3945.7 | 4459.4 | 5196.8 |
| 湖　北 | Hubei | 3378.8 | 3826.3 | 4221.8 | 4580.8 | 5365.8 |
| 湖　南 | Hunan | 3515.5 | 3995.4 | 4489.4 | 4737.0 | 5360.1 |
| 广　东 | Guangdong | 4946.7 | 5379.7 | 5957.8 | 6292.7 | 6876.9 |
| 广　西 | Guangxi | 2916.2 | 3280.5 | 3717.5 | 3998.2 | 4586.6 |
| 海　南 | Hainan | 3428.7 | 3702.5 | 4129.6 | 4507.1 | 5136.9 |
| 重　庆 | Chongqing | 2922.1 | 3341.2 | 3783.0 | 3814.2 | 4532.4 |
| 四　川 | Sichuan | 3255.8 | 3743.7 | 4158.2 | 4342.8 | 5097.0 |
| 贵　州 | Guizhou | 2147.3 | 2410.6 | 2660.6 | 2799.4 | 3218.0 |
| 云　南 | Yunnan | 2554.4 | 2843.0 | 3179.1 | 3593.6 | 4215.1 |
| 西　藏 | Tibet |  | 2408.5 | 2869.9 | 3158.1 | 3700.7 |
| 陕　西 | Shaanxi | 2281.0 | 2579.3 | 3037.0 | 3337.6 | 3816.2 |
| 甘　肃 | Gansu | 2336.8 | 2593.3 | 2888.0 | 3105.8 | 3340.9 |
| 青　海 | Qinghai | 2410.0 | 2692.5 | 2942.1 | 3208.5 | 3663.5 |
| 宁　夏 | Ningxia | 3268.0 | 3684.8 | 4179.7 | 4565.4 | 5245.2 |
| 新　疆 | Xinjiang | 3564.1 | 3777.9 | 4604.9 | 5166.2 | 6068.8 |

# 附录1—5 全国及各省市区农村居民家庭人均总支出

## Per Capita Total Expenditures of Rural Households by Provinces and Regions

单位：元 （yuan）

| 地 区 | Region | 2003 | 2004 | 2005 | 2006 | 2007 |
|---|---|---|---|---|---|---|
| 全 国 | National | 3025.0 | 3430.1 | 4126.9 | 4485.4 | 5137.7 |
| 北 京 | Beijing | 5242.3 | 5790.7 | 7119.0 | 7626.1 | 8399.5 |
| 天 津 | Tianjin | 3836.9 | 4316.3 | 4943.0 | 5812.4 | 6151.1 |
| 河 北 | Hebei | 2618.0 | 2957.2 | 3711.0 | 4251.4 | 4812.3 |
| 山 西 | Shanxi | 2091.8 | 2347.0 | 2719.4 | 3231.0 | 3860.7 |
| 内蒙古 | Inner Mongolia | 3583.9 | 4115.8 | 5091.9 | 5491.5 | 6485.1 |
| 辽 宁 | Liaoning | 3618.7 | 3888.8 | 5672.5 | 5959.4 | 6922.2 |
| 吉 林 | Jilin | 3379.4 | 3658.1 | 4669.8 | 5209.5 | 6295.4 |
| 黑龙江 | Heilongjiang | 3863.9 | 4352.8 | 6151.3 | 6070.3 | 7631.6 |
| 上 海 | Shanghai | 6931.0 | 7579.3 | 8717.2 | 9344.1 | 10428.8 |
| 江 苏 | Jiangsu | 3858.6 | 4371.5 | 5281.3 | 5933.8 | 6836.8 |
| 浙 江 | Zhejiang | 5906.5 | 6573.5 | 8041.3 | 8790.0 | 9835.7 |
| 安 徽 | Anhui | 2378.8 | 2765.3 | 3360.3 | 3762.6 | 4192.2 |
| 福 建 | Fujian | 3737.9 | 4105.3 | 4514.4 | 4910.2 | 5604.4 |
| 江 西 | Jiangxi | 2731.1 | 3117.3 | 3776.5 | 3975.8 | 4506.0 |
| 山 东 | Shandong | 3521.4 | 3999.2 | 4561.3 | 5090.5 | 5863.2 |
| 河 南 | Henan | 2384.4 | 2726.8 | 3107.0 | 3637.7 | 4212.6 |
| 湖 北 | Hubei | 2755.3 | 3180.5 | 3675.7 | 3999.5 | 4565.4 |
| 湖 南 | Hunan | 3184.3 | 3729.1 | 4289.5 | 4503.1 | 5009.9 |
| 广 东 | Guangdong | 3888.4 | 4315.7 | 5081.0 | 5205.3 | 5585.4 |
| 广 西 | Guangxi | 2631.3 | 3000.5 | 3696.7 | 3740.5 | 4240.0 |
| 海 南 | Hainan | 2502.1 | 2665.2 | 3127.1 | 3495.2 | 3924.3 |
| 重 庆 | Chongqing | 2333.9 | 2773.4 | 3273.4 | 3294.0 | 3756.1 |
| 四 川 | Sichuan | 2828.4 | 3304.0 | 3742.8 | 3882.6 | 4498.9 |
| 贵 州 | Guizhou | 1840.5 | 2093.7 | 2490.7 | 2629.5 | 2960.4 |
| 云 南 | Yunnan | 2320.4 | 2635.7 | 3017.0 | 3686.9 | 4399.7 |
| 西 藏 | Tibet | 1434.3 | 2041.1 | 2389.2 | 2713.7 | 3054.1 |
| 陕 西 | Shaanxi | 2189.1 | 2492.5 | 3111.3 | 3486,3 | 4067.7 |
| 甘 肃 | Gansu | 2053.1 | 2261.1 | 2828.9 | 2957.1 | 3162.9 |
| 青 海 | Qinghai | 2286.6 | 2563.1 | 2966.2 | 3170.8 | 3638.6 |
| 宁 夏 | Ningxia | 3029.8 | 3535.5 | 4126.9 | 4358.6 | 5050.7 |
| 新 疆 | Xinjiang | 3082.8 | 3419.6 | 4302.3 | 4758.2 | 5774.1 |

# 附录1—6 全国及各省市区农村居民家庭人均纯收入

## Per Capita Annual Net Income of Rural Households by Provinces and Regions

单位：元 （yuan）

| 地 区 | Region | 2003 | 2004 | 2005 | 2006 | 2007 |
|---|---|---|---|---|---|---|
| 全 国 | National | 2622.2 | 2936.4 | 3254.9 | 3587.0 | 4140.4 |
| 北 京 | Beijing | 5601.5 | 6170.3 | 7346.3 | 8275.5 | 9439.6 |
| 天 津 | Tianjin | 4566.0 | 5019.5 | 5579.9 | 6227.9 | 7010.1 |
| 河 北 | Hebei | 2853.4 | 3171.1 | 3481.6 | 3801.8 | 4293.4 |
| 山 西 | Shanxi | 2299.2 | 2589.6 | 2890.7 | 3180.9 | 3665.7 |
| 内蒙古 | Inner Mongolia | 2267.6 | 2606.4 | 2988.9 | 3341.9 | 3953.1 |
| 辽 宁 | Liaoning | 2934.4 | 3307.1 | 3690.2 | 4090.4 | 4773.4 |
| 吉 林 | Jilin | 2530.4 | 2999.6 | 3264.0 | 3641.1 | 4191.3 |
| 黑龙江 | Heilongjiang | 2508.9 | 3005.2 | 3221.3 | 3552.4 | 4132.3 |
| 上 海 | Shanghai | 6653.9 | 7066.3 | 8247.8 | 9138.7 | 10144.6 |
| 江 苏 | Jiangsu | 4239.3 | 4753.9 | 5276.3 | 5813.2 | 6561.0 |
| 浙 江 | Zhejiang | 5389.0 | 5944.1 | 6660.0 | 7334.8 | 8265.2 |
| 安 徽 | Anhui | 2127.5 | 2499.3 | 2641.0 | 2969.1 | 3556.3 |
| 福 建 | Fujian | 3733.9 | 4089.4 | 4450.4 | 4834.8 | 5467.1 |
| 江 西 | Jiangxi | 2457.5 | 2786.8 | 3128.9 | 3459.5 | 4044.7 |
| 山 东 | Shandong | 3150.5 | 3507.4 | 3930.5 | 4368.3 | 4985.3 |
| 河 南 | Henan | 2235.7 | 2553.1 | 2870.6 | 3261.0 | 3851.6 |
| 湖 北 | Hubei | 2566.8 | 2890.0 | 3099.2 | 3419.4 | 3997.5 |
| 湖 南 | Hunan | 2532.9 | 2837.8 | 3117.7 | 3389.6 | 3904.2 |
| 广 东 | Guangdong | 4054.6 | 4365.9 | 4690.5 | 5079.8 | 5624.0 |
| 广 西 | Guangxi | 2094.5 | 2305.2 | 2494.7 | 2770.5 | 3224.1 |
| 海 南 | Hainan | 2588.1 | 2817.6 | 3004.0 | 3255.5 | 3791.4 |
| 重 庆 | Chongqing | 2214.5 | 2510.4 | 2809.3 | 2873.8 | 3509.3 |
| 四 川 | Sichuan | 2229.9 | 2518.9 | 2802.8 | 3002.4 | 3546.7 |
| 贵 州 | Guizhou | 1564.7 | 1721.6 | 1877.0 | 1984.6 | 2374.0 |
| 云 南 | Yunnan | 1697.1 | 1864.2 | 2041.8 | 2250.5 | 2634.1 |
| 西 藏 | Tibet | 1690.8 | 1861.3 | 2077.9 | 2435.0 | 2788.2 |
| 陕 西 | Shaanxi | 1675.7 | 1866.5 | 2052.6 | 2260.2 | 2644.7 |
| 甘 肃 | Gansu | 1673.0 | 1852.2 | 1979.9 | 2134.1 | 2328.9 |
| 青 海 | Qinghai | 1794.1 | 1957.7 | 2151.5 | 2358.4 | 2683.8 |
| 宁 夏 | Ningxia | 2043.3 | 2320.0 | 2508.9 | 2760.1 | 3180.8 |
| 新 疆 | Xinjiang | 2106.2 | 2244.9 | 2482.2 | 2737.3 | 3183.0 |

# 附录1—7 全国及各省市区农村居民家庭人均经营收入

## Per Capita Household Business Income of Rural Households by Provinces and Regions

单位：元 （yuan）

| 地 区 | Region | 2003 | 2004 | 2005 | 2006 | 2007 |
|---|---|---|---|---|---|---|
| 全 国 | National | 2455.0 | 2804.5 | 3164.4 | 3310.0 | 3776.7 |
| 北 京 | Beijing | 2273.9 | 2489.3 | 3203.0 | 3407.0 | 3847.5 |
| 天 津 | Tianjin | 3460.6 | 3890.3 | 4455.5 | 5031.5 | 5280.8 |
| 河 北 | Hebei | 2551.7 | 2906.5 | 3415.4 | 3637.8 | 4084.9 |
| 山 西 | Shanxi | 1874.3 | 2122.6 | 2268.7 | 2393.4 | 2822.0 |
| 内蒙古 | Inner Mongolia | 3394.1 | 3857.3 | 4557.2 | 4834.7 | 5576.7 |
| 辽 宁 | Liaoning | 3156.9 | 3498.5 | 4379.6 | 4515.5 | 5394.8 |
| 吉 林 | Jilin | 3288.4 | 3681.8 | 4205.5 | 4573.0 | 5137.8 |
| 黑龙江 | Heilongjiang | 3676.5 | 4313.8 | 5148.7 | 5175.2 | 6399.2 |
| 上 海 | Shanghai | 1265.9 | 1305.9 | 1351.7 | 1340.2 | 1452.8 |
| 江 苏 | Jiangsu | 2703.7 | 3127.0 | 3470.6 | 3626.4 | 4020.1 |
| 浙 江 | Zhejiang | 3486.6 | 3907.2 | 4792.8 | 5033.6 | 5850.3 |
| 安 徽 | Anhui | 1882.8 | 2323.7 | 2471.3 | 2719.3 | 3033.9 |
| 福 建 | Fujian | 2856.5 | 3088.4 | 3333.8 | 3549.3 | 4046.5 |
| 江 西 | Jiangxi | 2037.1 | 2523.3 | 2805.0 | 2895.9 | 3450.7 |
| 山 东 | Shandong | 3164.7 | 3628.2 | 3957.0 | 4174.5 | 4779.3 |
| 河 南 | Henan | 2267.8 | 2679.3 | 2965.6 | 3278.8 | 3721.0 |
| 湖 北 | Hubei | 2527.0 | 2918.9 | 3167.3 | 3252.6 | 3743.4 |
| 湖 南 | Hunan | 2254.6 | 2631.3 | 2908.5 | 2899.4 | 3202.0 |
| 广 东 | Guangdong | 2601.3 | 2768.6 | 2944.2 | 2847.4 | 3023.1 |
| 广 西 | Guangxi | 2024.5 | 2318.4 | 2710.9 | 2898.7 | 3296.7 |
| 海 南 | Hainan | 2939.3 | 3119.6 | 3433.8 | 3688.1 | 4180.4 |
| 重 庆 | Chongqing | 1821.4 | 2191.4 | 2441.5 | 2208.5 | 2563.7 |
| 四 川 | Sichuan | 2329.9 | 2746.6 | 2970.7 | 2862.7 | 3348.6 |
| 贵 州 | Guizhou | 1540.2 | 1779.9 | 1894.4 | 1881.1 | 2116.5 |
| 云 南 | Yunnan | 2067.8 | 2348.6 | 2652.6 | 2952.4 | 3459.2 |
| 西 藏 | Tibet |  | 1646.0 | 1973.8 | 2125.2 | 2579.3 |
| 陕 西 | Shaanxi | 1502.9 | 1720.9 | 2071.1 | 2265.9 | 2478.3 |
| 甘 肃 | Gansu | 1763.3 | 1958.4 | 2159.4 | 2251.6 | 2429.4 |
| 青 海 | Qinghai | 1801.5 | 2056.3 | 2129.2 | 2208.6 | 2424.9 |
| 宁 夏 | Ningxia | 2446.4 | 2853.5 | 3200.8 | 3444.2 | 3896.2 |
| 新 疆 | Xinjiang | 3319.6 | 3485.4 | 4253.0 | 4737.4 | 5482.8 |

# 附录1—8 全国及各省市区农村居民家庭人均经营费用支出

## Per Capita Household Business Expenditure of Rural Households by Provinces and Regions

单位：元 (yuan)

| 地 区 | Region | 2003 | 2004 | 2005 | 2006 | 2007 |
|---|---|---|---|---|---|---|
| 全 国 | National | 755.4 | 923.9 | 1189.7 | 1242.3 | 1432.7 |
| 北 京 | Beijing | 685.9 | 750.0 | 1268.6 | 1286.3 | 1383.5 |
| 天 津 | Tianjin | 1112.7 | 1276.7 | 1624.2 | 2094.3 | 2079.3 |
| 河 北 | Hebei | 710.5 | 844.5 | 1242.8 | 1400.3 | 1627.8 |
| 山 西 | Shanxi | 451.5 | 533.0 | 626.8 | 689.6 | 872.4 |
| 内蒙古 | Inner Mongolia | 1279.9 | 1548.2 | 2084.8 | 2162.1 | 2501.3 |
| 辽 宁 | Liaoning | 1261.1 | 1352.4 | 2061.1 | 2126.6 | 2609.2 |
| 吉 林 | Jilin | 1007.2 | 1201.6 | 1591.8 | 1792.4 | 2045.1 |
| 黑龙江 | Heilongjiang | 1375.7 | 1809.0 | 2591.1 | 2430.3 | 3282.9 |
| 上 海 | Shanghai | 393.4 | 398.0 | 533.6 | 527.6 | 667.4 |
| 江 苏 | Jiangsu | 728.4 | 951.8 | 1185.1 | 1193.6 | 1274.9 |
| 浙 江 | Zhejiang | 938.2 | 1150.6 | 1750.3 | 1678.4 | 2087.3 |
| 安 徽 | Anhui | 523.8 | 698.3 | 861.6 | 973.1 | 1062.2 |
| 福 建 | Fujian | 733.1 | 767.4 | 857.8 | 922.2 | 1106.4 |
| 江 西 | Jiangxi | 568.3 | 754.8 | 931.7 | 951.7 | 1148.6 |
| 山 东 | Shandong | 1059.1 | 1291.9 | 1496.0 | 1571.7 | 1852.0 |
| 河 南 | Henan | 614.3 | 822.3 | 944.7 | 1054.1 | 1194.5 |
| 湖 北 | Hubei | 602.5 | 765.0 | 1038.1 | 1071.5 | 1262.0 |
| 湖 南 | Hunan | 691.4 | 901.0 | 1106.0 | 1069.9 | 1150.6 |
| 广 东 | Guangdong | 765.4 | 905.5 | 1154.2 | 1095.1 | 1123.3 |
| 广 西 | Guangxi | 716.5 | 879.5 | 1125.8 | 1120.1 | 1243.9 |
| 海 南 | Hainan | 720.2 | 783.5 | 984.9 | 1100.8 | 1208.9 |
| 重 庆 | Chongqing | 550.6 | 696.4 | 839.0 | 791.1 | 846.3 |
| 四 川 | Sichuan | 860.3 | 1073.8 | 1188.2 | 1167.9 | 1368.5 |
| 贵 州 | Guizhou | 473.3 | 585.9 | 675.7 | 699.9 | 723.0 |
| 云 南 | Yunnan | 717.7 | 860.1 | 1015.4 | 1208.1 | 1423.9 |
| 西 藏 | Tibet | 204.9 | 320.9 | 447.6 | 430.2 | 572.6 |
| 陕 西 | Shaanxi | 464.1 | 583.6 | 858.5 | 947.2 | 1011.6 |
| 甘 肃 | Gansu | 534.3 | 611.9 | 790.7 | 849.0 | 884.5 |
| 青 海 | Qinghai | 443.9 | 575.7 | 643.2 | 703.3 | 795.9 |
| 宁 夏 | Ningxia | 969.6 | 1122.0 | 1418.4 | 1551.2 | 1769.9 |
| 新 疆 | Xinjiang | 1209.9 | 1311.5 | 1928.6 | 2226.8 | 2630.3 |

# 附录1—9 全国及各省市区农村居民家庭人均现金收入

## Per Capita Cash Income of Rural Households by Provinces and Regions

单位：元 （yuan）

| 地　区 | Region | 2003 | 2004 | 2005 | 2006 | 2007 |
|---|---|---|---|---|---|---|
| 全　国 | National | 2929.5 | 3234.2 | 3915.5 | 4301.9 | 4958.4 |
| 北　京 | Beijing | 6316.2 | 6973.1 | 8724.2 | 9643.9 | 10859.2 |
| 天　津 | Tianjin | 5532.1 | 6007.6 | 7032.5 | 8105.8 | 8960.8 |
| 河　北 | Hebei | 3202.5 | 3434.6 | 4317.7 | 4729.1 | 5371.3 |
| 山　西 | Shanxi | 2255.1 | 2524.4 | 3053.1 | 3419.8 | 4040.3 |
| 内蒙古 | Inner Mongolia | 2934.1 | 3292.6 | 4235.1 | 4674.5 | 5483.2 |
| 辽　宁 | Liaoning | 3771.5 | 4061.5 | 5491.4 | 5783.5 | 6854.0 |
| 吉　林 | Jilin | 3118.9 | 3224.2 | 4451.5 | 4712.9 | 5530.3 |
| 黑龙江 | Heilongjiang | 3700.1 | 3662.9 | 5321.2 | 5577.8 | 6675.2 |
| 上　海 | Shanghai | 6936.3 | 7262.1 | 8723.5 | 9592.6 | 10772.1 |
| 江　苏 | Jiangsu | 4652.7 | 5187.3 | 6035.3 | 6544.2 | 7392.1 |
| 浙　江 | Zhejiang | 6316.0 | 7069.9 | 8445.3 | 9093.2 | 10496.6 |
| 安　徽 | Anhui | 2255.3 | 2587.9 | 3043.2 | 3530.0 | 4092.1 |
| 福　建 | Fujian | 4158.4 | 4432.5 | 4963.4 | 5471.8 | 6136.4 |
| 江　西 | Jiangxi | 2542.6 | 2885.5 | 3460.2 | 3807.7 | 4451.8 |
| 山　东 | Shandong | 3887.3 | 4321.9 | 5114.4 | 5636.4 | 6433.9 |
| 河　南 | Henan | 2228.3 | 2563.1 | 3015.7 | 3536.6 | 4109.4 |
| 湖　北 | Hubei | 2560.5 | 2971.0 | 3454.2 | 3793.2 | 4499.0 |
| 湖　南 | Hunan | 2867.0 | 3135.1 | 3692.5 | 3930.3 | 4455.2 |
| 广　东 | Guangdong | 4376.9 | 4794.3 | 5381.7 | 5726.7 | 6255.7 |
| 广　西 | Guangxi | 2323.2 | 2602.7 | 2994.1 | 3254.5 | 3769.9 |
| 海　南 | Hainan | 2880.3 | 3117.0 | 3604.1 | 3912.5 | 4451.8 |
| 重　庆 | Chongqing | 2019.6 | 2267.6 | 2653.1 | 2834.6 | 3406.0 |
| 四　川 | Sichuan | 2327.8 | 2668.0 | 3086.5 | 3367.0 | 3939.8 |
| 贵　州 | Guizhou | 1463.6 | 1622.5 | 1953.5 | 2097.1 | 2347.3 |
| 云　南 | Yunnan | 1709.8 | 1859.7 | 2175.1 | 2664.8 | 3190.6 |
| 西　藏 | Tibet |  | 1563.8 | 1925.3 | 2229.1 | 2576.3 |
| 陕　西 | Shaanxi | 1849.7 | 2077.0 | 2576.0 | 2833.0 | 3300.0 |
| 甘　肃 | Gansu | 1644.2 | 1863.6 | 2217.4 | 2401.7 | 2567.5 |
| 青　海 | Qinghai | 1740.3 | 1957.1 | 2287.5 | 2592.6 | 2905.0 |
| 宁　夏 | Ningxia | 2624.5 | 2979.3 | 3463.4 | 3728.6 | 4316.8 |
| 新　疆 | Xinjiang | 2930.4 | 2945.2 | 3921.2 | 4465.3 | 5248.8 |

# 附录1—10 全国及各省市区农村居民家庭人均现金支出

## Per Capita Cash Expenditure of Rural Households by Provinces and Regions

单位：元 (yuan)

| 地 区 | Region | 2003 | 2004 | 2005 | 2006 | 2007 |
|---|---|---|---|---|---|---|
| 全 国 | National | 2537.4 | 2862.5 | 3567.3 | 3931.8 | 4533.1 |
| 北 京 | Beijing | 5173.5 | 5733.7 | 7041.6 | 7555.1 | 8282.7 |
| 天 津 | Tianjin | 3702.1 | 4158.1 | 4811.7 | 5697.5 | 6036.6 |
| 河 北 | Hebei | 2326.7 | 2603.8 | 3372.0 | 3913.5 | 4456.9 |
| 山 西 | Shanxi | 1812.7 | 2028.5 | 2432.0 | 2958.1 | 3571.2 |
| 内蒙古 | Inner Mongolia | 2879.1 | 3307.7 | 4174.0 | 4656.6 | 5466.3 |
| 辽 宁 | Liaoning | 3115.3 | 3334.1 | 5227.2 | 5447.0 | 6353.2 |
| 吉 林 | Jilin | 2952.0 | 3253.1 | 4202.0 | 4754.5 | 5785.5 |
| 黑龙江 | Heilongjiang | 3482.4 | 3870.4 | 5692.0 | 5634.1 | 7149.8 |
| 上 海 | Shanghai | 6642.3 | 7271.6 | 8520.0 | 9137.1 | 10237.3 |
| 江 苏 | Jiangsu | 3393.3 | 3853.1 | 4776.1 | 5397.2 | 6289.4 |
| 浙 江 | Zhejiang | 5617.0 | 6309.9 | 7753.7 | 8523.7 | 9583.9 |
| 安 徽 | Anhui | 1928.7 | 2270.3 | 2887.9 | 3324.6 | 3732.7 |
| 福 建 | Fujian | 3449.7 | 3674.7 | 4127.9 | 4508.7 | 5115.0 |
| 江 西 | Jiangxi | 2152.5 | 2458.6 | 3169.1 | 3350.6 | 3833.5 |
| 山 东 | Shandong | 3087.8 | 3483.5 | 4197.1 | 4712.0 | 5491.1 |
| 河 南 | Henan | 1885.3 | 2229.7 | 2657.9 | 3211.2 | 3782.6 |
| 湖 北 | Hubei | 2128.0 | 2482.6 | 2974.5 | 3267.1 | 3740.6 |
| 湖 南 | Hunan | 2607.8 | 2977.3 | 3552.8 | 3765.5 | 4245.1 |
| 广 东 | Guangdong | 3418.5 | 3801.0 | 4543.0 | 4693.1 | 5059.4 |
| 广 西 | Guangxi | 2122.9 | 2380.4 | 3078.5 | 3121.1 | 3522.5 |
| 海 南 | Hainan | 2000.2 | 2138.0 | 2609.9 | 2953.4 | 3255.3 |
| 重 庆 | Chongqing | 1672.0 | 1896.9 | 2344.0 | 2407.2 | 2774.5 |
| 四 川 | Sichuan | 1985.9 | 2324.2 | 2746.5 | 2941.6 | 3462.6 |
| 贵 州 | Guizhou | 1213.3 | 1396.8 | 1823.1 | 1948.9 | 2112.3 |
| 云 南 | Yunnan | 1616.5 | 1821.1 | 2146.8 | 2763.5 | 3338.2 |
| 西 藏 | Tibet | 938.9 | 1213.8 | 1360.3 | 1927.9 | 2175.9 |
| 陕 西 | Shaanxi | 1923.0 | 2153.3 | 2769.3 | 3119.2 | 3670.1 |
| 甘 肃 | Gansu | 1611.7 | 1732.2 | 2170.1 | 2327.0 | 2521.1 |
| 青 海 | Qinghai | 1679.4 | 1950.5 | 2286.1 | 2495.2 | 2920.7 |
| 宁 夏 | Ningxia | 2457.3 | 2861.3 | 3426.8 | 3643.8 | 4306.9 |
| 新 疆 | Xinjiang | 2599.4 | 2904.9 | 3855.3 | 4317.6 | 5290.0 |

# 附录1—11 全国及各省市区农村居民家庭人均生活消费支出

## Per Capita Living Expenditure of Rural Households by Provinces and Regions

单位：元 （yuan）

| 地　区 | Region | 2003 | 2004 | 2005 | 2006 | 2007 |
|---|---|---|---|---|---|---|
| 全　国 | National | 1943.3 | 2184.7 | 2555.4 | 2829.0 | 3223.9 |
| 北　京 | Beijing | 4147.3 | 4616.9 | 5315.7 | 5724.5 | 6399.3 |
| 天　津 | Tianjin | 2319.5 | 2642.1 | 3036.0 | 3341.1 | 3538.3 |
| 河　北 | Hebei | 1600.1 | 1834.9 | 2165.7 | 2495.3 | 2786.8 |
| 山　西 | Shanxi | 1434.4 | 1636.5 | 1877.7 | 2253.3 | 2682.6 |
| 内蒙古 | Inner Mongolia | 1770.6 | 2082.6 | 2446.2 | 2772.0 | 3256.2 |
| 辽　宁 | Liaoning | 1884.1 | 2073.0 | 2805.9 | 3066.9 | 3368.2 |
| 吉　林 | Jilin | 1815.6 | 1971.2 | 2306.0 | 2700.7 | 3065.4 |
| 黑龙江 | Heilongjiang | 1661.7 | 1837.4 | 2544.6 | 2618.2 | 3117.4 |
| 上　海 | Shanghai | 5669.6 | 6328.8 | 7277.9 | 8006.0 | 8844.9 |
| 江　苏 | Jiangsu | 2704.4 | 2992.5 | 3567.1 | 4135.2 | 4786.2 |
| 浙　江 | Zhejiang | 4285.1 | 4659.1 | 5433.0 | 6057.2 | 6801.6 |
| 安　徽 | Anhui | 1596.3 | 1813.7 | 2196.2 | 2420.9 | 2754.0 |
| 福　建 | Fujian | 2715.5 | 3015.6 | 3292.6 | 3591.4 | 4053.5 |
| 江　西 | Jiangxi | 1907.6 | 2095.5 | 2483.7 | 2676.6 | 2994.5 |
| 山　东 | Shandong | 2133.2 | 2389.3 | 2735.8 | 3143.8 | 3621.6 |
| 河　南 | Henan | 1508.7 | 1664.1 | 1891.6 | 2229.3 | 2676.4 |
| 湖　北 | Hubei | 1801.6 | 2089.0 | 2430.2 | 2732.5 | 3090.0 |
| 湖　南 | Hunan | 2139.2 | 2472.3 | 2756.4 | 3013.3 | 3377.4 |
| 广　东 | Guangdong | 2927.3 | 3240.8 | 3707.7 | 3886.0 | 4202.3 |
| 广　西 | Guangxi | 1751.2 | 1928.6 | 2349.6 | 2413.9 | 2747.5 |
| 海　南 | Hainan | 1644.8 | 1745.4 | 1969.1 | 2232.2 | 2556.6 |
| 重　庆 | Chongqing | 1583.3 | 1853.9 | 2142.1 | 2205.2 | 2526.7 |
| 四　川 | Sichuan | 1747.0 | 2015.7 | 2274.2 | 2395.0 | 2747.3 |
| 贵　州 | Guizhou | 1185.2 | 1296.3 | 1552.4 | 1627.1 | 1913.7 |
| 云　南 | Yunnan | 1405.7 | 1571.0 | 1789.0 | 2195.6 | 2637.2 |
| 西　藏 | Tibet | 1030.1 | 1470.7 | 1723.8 | 2002.2 | 2217.6 |
| 陕　西 | Shaanxi | 1455.4 | 1618.1 | 1896.5 | 2181.0 | 2559.6 |
| 甘　肃 | Gansu | 1336.8 | 1464.3 | 1819.6 | 1855.5 | 2017.2 |
| 青　海 | Qinghai | 1563.1 | 1676.4 | 1976.0 | 2179.0 | 2446.5 |
| 宁　夏 | Ningxia | 1637.1 | 1926.8 | 2094.5 | 2247.0 | 2528.8 |
| 新　疆 | Xinjiang | 1465.3 | 1689.9 | 1924.4 | 2032.4 | 2350.6 |

# 附录1—12 广西与全国主要分类指数

## Consumer Price Indices by Category in China and Guangxi

（以上年同期价格为100） (Preceding year=100)

| 指　　标 | Item | 2004 | | 2005 | |
|---|---|---|---|---|---|
| | | 全国平均 National Average | 广西 Guangxi | 全国平均 National Average | 广西 Guangxi |
| **居民消费价格指数** | **Consumer Price Index** | **103.9** | **104.4** | **101.8** | **102.4** |
| 食品 | Food | 109.9 | 112.2 | 102.9 | 102.7 |
| 粮食 | Grain | 126.4 | 125.5 | 101.4 | 101.6 |
| 肉禽及其制品 | Meal, Poultry and Their Products | 117.6 | 118.5 | 102.5 | 103.1 |
| 蛋 | Eggs | 120.2 | 120.1 | 104.6 | 103.7 |
| 水产品 | Aquatic Products | 112.7 | 112.3 | 105.9 | 108.0 |
| 鲜菜 | Fresh Vegetables | 93.9 | 101.1 | 110.4 | 108.2 |
| 鲜果 | Fresh Fruits | 102.2 | 102.0 | 101.6 | 99.8 |
| 烟酒及用品 | Tobacco, Liquor and Articles | 101.2 | 100.2 | 100.4 | 99.9 |
| 衣着 | Clothing | 98.5 | 98.0 | 98.3 | 97.1 |
| 家庭设备用品及服务 | Household Facilities, Articles and Services | 98.6 | 99.6 | 99.9 | 99.9 |
| 医疗保健及个人用品 | Health Care and Personal Articles | 99.7 | 101.1 | 99.9 | 100.2 |
| 交通和通信 | Transportation and Communication | 98.5 | 97.7 | 99.0 | 101.1 |
| 娱乐教育文化用品及服务 | Recreation, Education and Culture Articles | 101.3 | 98.6 | 102.2 | 106.6 |
| 居住 | Residence | 104.9 | 105.2 | 105.4 | 104.0 |
| **商品零售价格指数** | **Retail Price Index** | **102.8** | **103.9** | **100.8** | **101.1** |
| 食品 | Food | 109.9 | 112.7 | 103.1 | 102.9 |
| 饮料、烟酒 | Beverages, Tobacco and Liquor | 101.0 | 100.0 | 100.5 | 101.0 |
| 服装、鞋帽 | Garments, Shoes and Hats | 98.2 | 97.3 | 97.9 | 97.5 |
| 纺织品 | Textiles | 100.0 | 98.4 | 99.8 | 101.2 |
| 家用电器及音像器材 | Household Appliances, Music and Video Equipment | 94.7 | 93.8 | 96.3 | 96.4 |
| 文化办公用品 | Cultural and Office Appliances | 96.9 | 96.0 | 96.7 | 95.8 |
| 日用品 | Articles for Daily Use | 99.6 | 99.9 | 100.2 | 101.8 |
| 体育娱乐用品 | Sports and Recreation Articles | 98.2 | 97.5 | 98.4 | 100.7 |
| 交通、通信用品 | Transportation and Communication Appliances | 91.8 | 90.3 | 91.7 | 89.5 |
| 家具 | Furniture | 98.8 | 99.4 | 99.1 | 100.5 |
| 化妆品 | Cosmetics | 98.9 | 100.5 | 99.3 | 98.9 |
| 金银珠宝 | Gold, Silver and Jewelry | 111.6 | 109.3 | 104.4 | 106.1 |
| 中西药品及医疗保健用品 | Traditional Chinese and Western Medicines and Health Care Articles | 96.7 | 100.3 | 97.6 | 97.3 |
| 书报杂志及电子出版物 | Books, Newspapers, Magazines and Electronic Publications | 101.0 | 102.4 | 100.3 | 100.5 |
| 燃料 | Fuels | 112.4 | 112.0 | 115.4 | 115.0 |
| 建筑材料及五金电料 | Building Materials and Hardware | 103.7 | 105.1 | 102.1 | 102.6 |
| **农业生产资料价格指数** | **Price Index of Means of Agricultural Production** | **110.6** | **115.3** | **108.3** | **110.5** |

附录1—12 续表 Continued

（以上年同期价格为100） (Preceding year=100)

| 指标 | Item | 2006 | | 2007 | |
|---|---|---|---|---|---|
| | | 全国平均 National Average | 广西 Guangxi | 全国平均 National Average | 广西 Guangxi |
| **居民消费价格指数** | **Consumer Price Index** | **101.5** | **101.3** | **104.8** | **106.1** |
| 食品 | Food | 102.3 | 101.9 | 112.3 | 114.1 |
| 粮食 | Grain | 102.7 | 101.0 | 106.3 | 106.4 |
| 肉禽及其制品 | Meal, Poultry and Their Products | 97.1 | 95.8 | 131.7 | 132.7 |
| 蛋 | Eggs | 96.0 | 98.7 | 121.8 | 123.8 |
| 水产品 | Aquatic Products | 101.2 | 101.4 | 105.1 | 105.7 |
| 鲜菜 | Fresh Vegetables | 108.2 | 107.0 | 107.3 | 106.1 |
| 鲜果 | Fresh Fruits | 121.5 | 122.2 | 100.1 | 97.3 |
| 烟酒及用品 | Tobacco, Liquor and Articles | 100.6 | 98.8 | 101.7 | 101.1 |
| 衣着 | Clothing | 99.4 | 97.6 | 99.4 | 102.7 |
| 家庭设备用品及服务 | Household Facilities, Articles and Services | 101.2 | 100.9 | 101.9 | 101.4 |
| 医疗保健及个人用品 | Health Care and Personal Articles | 101.1 | 105.6 | 102.1 | 103.0 |
| 交通和通信 | Transportation and Communication | 99.9 | 99.1 | 99.1 | 99.9 |
| 娱乐教育文化用品及服务 | Recreation, Education and Culture Articles | 99.5 | 99.1 | 99.0 | 100.1 |
| 居住 | Residence | 104.6 | 104.4 | 104.5 | 105.6 |
| **商品零售价格指数** | **Retail Price Index** | **101.0** | **100.3** | **103.8** | **104.8** |
| 食品 | Food | 102.6 | 102.0 | 112.3 | 114.1 |
| 饮料、烟酒 | Beverages, Tobacco and Liquor | 100.7 | 99.4 | 101.8 | 101.3 |
| 服装、鞋帽 | Garments, Shoes and Hats | 99.8 | 97.0 | 99.4 | 102.7 |
| 纺织品 | Textiles | 100.0 | 97.8 | 100.2 | 97.7 |
| 家用电器及音像器材 | Household Appliances, Music and Video Equipment | 97.3 | 95.1 | 97.4 | 96.7 |
| 文化办公用品 | Cultural and Office Appliances | 97.6 | 96.6 | 97.0 | 97.7 |
| 日用品 | Articles for Daily Use | 100.8 | 99.7 | 101.1 | 101.9 |
| 体育娱乐用品 | Sports and Recreation Articles | 98.5 | 97.7 | 97.4 | 99.6 |
| 交通、通信用品 | Transportation and Communication Appliances | 92.3 | 91.4 | 92.7 | 91.5 |
| 家具 | Furniture | 100.1 | 100.2 | 101.6 | 100.8 |
| 化妆品 | Cosmetics | 99.8 | 101.0 | 100.2 | 100.8 |
| 金银珠宝 | Gold, Silver and Jewelry | 119.7 | 118.9 | 107.9 | 106.9 |
| 中西药品及医疗保健用品 | Traditional Chinese and Western Medicines and Health Care Articles | 99.1 | 101.5 | 102.0 | 103.7 |
| 书报杂志及电子出版物 | Books, Newspapers, Magazines and Electronic Publications | 100.2 | 98.9 | 99.7 | 98.5 |
| 燃料 | Fuels | 112.4 | 113.0 | 104.2 | 104.3 |
| 建筑材料及五金电料 | Building Materials and Hardware | 103.0 | 100.7 | 105.1 | 106.9 |
| **农业生产资料价格指数** | **Price Index of Means of Agricultural Production** | **101.5** | **101.0** | **107.7** | **114.4** |

# 附录1—13 全国及各省市区居民消费价格指数

## Consumer Price Indices by Provinces and Regions

（以上年同期价格为100） (Preceding year=100)

| 地区 | Region | 2003 | | 2004 | | 2005 | | 2006 | | 2007 | |
|---|---|---|---|---|---|---|---|---|---|---|---|
| | | 指数 Index | 排位 Rank | 指数 Index | 排位 Rank | 指数 Index | 排位 Rank | 指数 Index | 排位 Rank | 指数 Index | 排位 Rank |
| 全国平均 | National Average | 101.2 | | 103.9 | | 101.8 | | 101.5 | | 104.8 | |
| 北京 | Beijing | 100.2 | 15 | 101.0 | 22 | 101.5 | 8 | 100.9 | 14 | 102.4 | 21 |
| 天津 | Tianjin | 101.0 | 10 | 102.3 | 20 | 101.5 | 8 | 101.5 | 8 | 104.2 | 17 |
| 河北 | Hebei | 102.2 | 2 | 104.3 | 7 | 101.8 | 6 | 101.7 | 6 | 104.7 | 13 |
| 山西 | Shanxi | 101.8 | 5 | 104.1 | 8 | 102.3 | 3 | 102.0 | 3 | 104.6 | 14 |
| 内蒙古 | Inner Mongolia | 102.2 | 2 | 102.9 | 18 | 102.4 | 2 | 101.5 | 8 | 104.6 | 14 |
| 辽宁 | Liaoning | 101.7 | 6 | 103.5 | 14 | 101.4 | 9 | 101.2 | 11 | 105.1 | 10 |
| 吉林 | Jilin | 101.2 | 8 | 104.1 | 8 | 101.5 | 8 | 101.4 | 9 | 104.8 | 12 |
| 黑龙江 | Heilongjiang | 100.9 | 11 | 103.8 | 11 | 101.2 | 11 | 101.9 | 4 | 105.4 | 7 |
| 上海 | Shanghai | 100.1 | 16 | 102.2 | 21 | 101.0 | 12 | 101.2 | 11 | 103.2 | 20 |
| 江苏 | Jiangsu | 101.0 | 10 | 104.1 | 8 | 102.1 | 5 | 101.6 | 7 | 104.3 | 16 |
| 浙江 | Zhejiang | 101.9 | 4 | 103.9 | 10 | 101.3 | 10 | 101.1 | 12 | 104.2 | 17 |
| 安徽 | Anhui | 101.7 | 6 | 104.5 | 5 | 101.4 | 9 | 101.2 | 11 | 105.3 | 8 |
| 福建 | Fujian | 100.8 | 12 | 104.0 | 9 | 102.2 | 4 | 100.8 | 15 | 105.2 | 9 |
| 江西 | Jiangxi | 100.8 | 12 | 103.5 | 14 | 101.7 | 7 | 101.2 | 11 | 104.8 | 12 |
| 山东 | Shandong | 101.1 | 9 | 103.6 | 13 | 101.7 | 7 | 101.0 | 13 | 104.4 | 15 |
| 河南 | Henan | 101.6 | 7 | 105.4 | 2 | 102.1 | 5 | 101.3 | 10 | 105.4 | 7 |
| 湖北 | Hubei | 102.2 | 2 | 104.9 | 4 | 102.9 | 1 | 101.6 | 7 | 104.8 | 12 |
| 湖南 | Hunan | 102.4 | 1 | 105.1 | 3 | 102.3 | 3 | 101.4 | 9 | 105.6 | 5 |
| 广东 | Guangdong | 100.6 | 13 | 103.0 | 17 | 102.3 | 3 | 101.8 | 5 | 103.7 | 18 |
| 广西 | Guangxi | 101.1 | 9 | 104.4 | 6 | 102.4 | 2 | 101.3 | 10 | 106.1 | 3 |
| 海南 | Hainan | 100.1 | 16 | 104.4 | 6 | 101.5 | 8 | 101.5 | 8 | 105.0 | 11 |
| 重庆 | Chongqing | 100.6 | 13 | 103.7 | 12 | 100.8 | 13 | 102.4 | 1 | 104.7 | 13 |
| 四川 | Sichuan | 101.7 | 6 | 104.9 | 4 | 101.7 | 7 | 102.3 | 2 | 105.9 | 4 |
| 贵州 | Guizhou | 101.2 | 8 | 104.0 | 9 | 101.0 | 12 | 101.7 | 6 | 106.4 | 2 |
| 云南 | Yunnan | 101.2 | 8 | 106.0 | 1 | 101.4 | 9 | 101.9 | 4 | 105.9 | 4 |
| 西藏 | Tibet | 100.9 | 11 | 102.7 | 19 | 101.5 | 8 | 102.0 | 3 | 103.4 | 19 |
| 陕西 | Shaanxi | 101.7 | 6 | 103.1 | 16 | 101.2 | 11 | 101.5 | 8 | 105.1 | 10 |
| 甘肃 | Gansu | 101.1 | 9 | 102.3 | 20 | 101.7 | 7 | 101.3 | 10 | 105.5 | 6 |
| 青海 | Qinghai | 102.0 | 3 | 103.2 | 15 | 100.8 | 13 | 101.6 | 7 | 106.6 | 1 |
| 宁夏 | Ningxia | 101.7 | 6 | 103.7 | 12 | 101.5 | 8 | 101.9 | 4 | 105.4 | 7 |
| 新疆 | Xinjiang | 100.4 | 14 | 102.7 | 19 | 100.7 | 14 | 101.3 | 10 | 105.5 | 6 |

# 附录1—14 全国及各省市区商品零售价格指数

## Retail Price Indices by Provinces and Regions

（以上年同期价格为100） (Preceding year=100)

| 地区 | Region | 2003 指数 Index | 2003 排位 Rank | 2004 指数 Index | 2004 排位 Rank | 2005 指数 Index | 2005 排位 Rank | 2006 指数 Index | 2006 排位 Rank | 2007 指数 Index | 2007 排位 Rank |
|---|---|---|---|---|---|---|---|---|---|---|---|
| 全国平均 | National Average | 99.9 | | 102.8 | | 100.8 | | 101.0 | | 103.8 | |
| 北京 | Beijing | 98.2 | 21 | 99.2 | 23 | 99.7 | 16 | 100.2 | 16 | 100.8 | 22 |
| 天津 | Tianjin | 97.4 | 22 | 100.8 | 21 | 99.9 | 15 | 100.4 | 14 | 103.2 | 18 |
| 河北 | Hebei | 100.2 | 8 | 103.2 | 8 | 101.1 | 7 | 101.5 | 5 | 104.1 | 11 |
| 山西 | Shanxi | 100.3 | 7 | 103.1 | 9 | 100.3 | 13 | 101.2 | 8 | 104.2 | 10 |
| 内蒙古 | Inner Mongolia | 99.6 | 14 | 102.7 | 13 | 101.5 | 5 | 101.4 | 6 | 103.6 | 15 |
| 辽宁 | Liaoning | 98.9 | 20 | 101.9 | 18 | 100.1 | 14 | 101.3 | 7 | 104.4 | 8 |
| 吉林 | Jilin | 100.5 | 5 | 103.5 | 6 | 101.1 | 7 | 101.5 | 5 | 103.3 | 17 |
| 黑龙江 | Heilongjiang | 99.7 | 13 | 102.8 | 12 | 100.4 | 12 | 101.5 | 5 | 105.6 | 2 |
| 上海 | Shanghai | 99.0 | 19 | 100.9 | 20 | 99.4 | 17 | 100.2 | 16 | 102.4 | 20 |
| 江苏 | Jiangsu | 99.8 | 12 | 102.2 | 16 | 100.3 | 13 | 100.8 | 11 | 102.9 | 19 |
| 浙江 | Zhejiang | 99.6 | 14 | 102.7 | 13 | 100.9 | 8 | 100.8 | 11 | 103.8 | 13 |
| 安徽 | Anhui | 101.3 | 1 | 102.7 | 13 | 100.6 | 11 | 100.8 | 11 | 104.5 | 7 |
| 福建 | Fujian | 99.1 | 18 | 102.7 | 13 | 100.6 | 11 | 100.5 | 13 | 104.3 | 8 |
| 江西 | Jiangxi | 100.1 | 9 | 103.0 | 10 | 100.9 | 8 | 101.2 | 8 | 104.0 | 12 |
| 山东 | Shandong | 100.2 | 8 | 102.8 | 12 | 100.6 | 11 | 100.6 | 12 | 103.6 | 15 |
| 河南 | Henan | 101.3 | 1 | 105.7 | 1 | 101.7 | 4 | 100.9 | 10 | 104.4 | 8 |
| 湖北 | Hubei | 101.2 | 2 | 104.1 | 3 | 102.1 | 2 | 101.1 | 9 | 104.2 | 10 |
| 湖南 | Hunan | 100.6 | 4 | 103.9 | 4 | 102.3 | 1 | 101.3 | 7 | 104.3 | 9 |
| 广东 | Guangdong | 100.0 | 10 | 102.9 | 11 | 101.8 | 3 | 101.5 | 5 | 103.4 | 16 |
| 广西 | Guangxi | 100.2 | 8 | 103.9 | 4 | 101.1 | 7 | 100.3 | 15 | 104.8 | 6 |
| 海南 | Hainan | 100.4 | 6 | 103.4 | 7 | 100.9 | 8 | 101.3 | 7 | 103.8 | 13 |
| 重庆 | Chongqing | 99.5 | 15 | 101.4 | 19 | 98.7 | 18 | 101.6 | 4 | 103.7 | 14 |
| 四川 | Sichuan | 100.1 | 9 | 103.7 | 5 | 100.6 | 11 | 101.7 | 3 | 105.3 | 3 |
| 贵州 | Guizhou | 100.0 | 10 | 103.2 | 8 | 101.3 | 6 | 100.9 | 10 | 104.2 | 10 |
| 云南 | Yunnan | 99.9 | 11 | 104.7 | 2 | 100.1 | 14 | 100.8 | 11 | 104.4 | 9 |
| 西藏 | Tibet | 99.4 | 16 | 100.7 | 22 | 100.8 | 9 | 100.2 | 16 | 101.7 | 21 |
| 陕西 | Shaanxi | 100.5 | 5 | 102.5 | 15 | 100.1 | 14 | 101.8 | 2 | 105.0 | 5 |
| 甘肃 | Gansu | 100.2 | 8 | 102.1 | 17 | 99.9 | 15 | 101.2 | 8 | 104.4 | 9 |
| 青海 | Qinghai | 100.8 | 3 | 102.6 | 14 | 100.7 | 10 | 102.0 | 1 | 106.0 | 1 |
| 宁夏 | Ningxia | 99.5 | 15 | 102.8 | 12 | 100.4 | 12 | 101.3 | 7 | 104.1 | 11 |
| 新疆 | Xinjiang | 99.2 | 17 | 100.7 | 22 | 99.4 | 17 | 101.8 | 2 | 105.1 | 4 |

# 附录1—15 全国和36个大中城市居民消费价格指数

## Price Indices of Consumer in China and 36 Largeand and Medium-sized Cities

（以上年同期价格为100） (Preceding year=100)

| 地区 | Region | 2003 | | 2004 | | 2005 | | 2006 | | 2007 | |
|---|---|---|---|---|---|---|---|---|---|---|---|
| | | 指数 Index | 排位 Rank | 指数 Index | 排位 Rank | 指数 Index | 排位 Rank | 指数 Index | 排位 Rank | 指数 Index | 排位 Rank |
| 全国平均 | National Average | 100.7 | | 102.4 | | 101.4 | | 101.5 | | 103.9 | |
| 北京 | Beijing | 100.2 | 17 | 101.0 | 22 | 101.5 | 11 | 100.9 | 14 | 102.4 | 21 |
| 天津 | Tianjin | 101.0 | 10 | 102.3 | 15 | 101.5 | 11 | 101.5 | 9 | 104.2 | 13 |
| 石家庄 | Shijiazhuang | 102.0 | 3 | 102.5 | 13 | 101.5 | 11 | 101.8 | 6 | 104.3 | 12 |
| 太原 | Taiyuan | 101.9 | 4 | 103.9 | 5 | 101.1 | 14 | 101.6 | 8 | 104.1 | 14 |
| 呼和浩特 | Hohhot | 101.7 | 6 | 102.4 | 14 | 102.2 | 5 | 101.7 | 7 | 103.7 | 17 |
| 沈阳 | Shenyang | 100.9 | 11 | 102.2 | 16 | 100.7 | 18 | 101.8 | 6 | 104.5 | 10 |
| 大连 | Dalian | 100.6 | 14 | 102.6 | 12 | 101.4 | 12 | 101.4 | 10 | 104.0 | 15 |
| 长春 | Changchun | 101.0 | 10 | 104.1 | 4 | 101.7 | 9 | 101.3 | 11 | 103.7 | 16 |
| 哈尔滨 | Harbin | 100.1 | 18 | 103.1 | 9 | 100.5 | 20 | 101.1 | 13 | 104.1 | 14 |
| 上海 | Shanghai | 100.1 | 18 | 102.2 | 16 | 101.0 | 15 | 101.2 | 12 | 103.2 | 20 |
| 南京 | Nanjing | 101.4 | 8 | 103.0 | 10 | 102.1 | 6 | 101.7 | 7 | 103.7 | 16 |
| 杭州 | Hangzhou | 99.5 | 21 | 102.5 | 13 | 101.7 | 9 | 101.2 | 12 | 103.5 | 18 |
| 宁波 | Ningbo | 101.2 | 9 | 102.7 | 11 | 102.0 | 7 | 101.9 | 5 | 103.9 | 16 |
| 合肥 | Hefei | 101.2 | 9 | 102.2 | 16 | 100.9 | 16 | 100.9 | 14 | 105.6 | 3 |
| 福州 | Fuzhou | 99.4 | 22 | 103.9 | 5 | 102.5 | 2 | 100.3 | 17 | 104.1 | 123 |
| 厦门 | Xiamen | 101.0 | 10 | 103.1 | 9 | 101.0 | 15 | 100.8 | 15 | 104.6 | 9 |
| 南昌 | Nanchang | 100.5 | 15 | 103.2 | 8 | 101.0 | 15 | 101.9 | 5 | 104.3 | 12 |
| 济南 | Jinan | 99.9 | 19 | 102.5 | 13 | 101.1 | 14 | 100.9 | 14 | 103.9 | 17 |
| 青岛 | Qingdao | 101.4 | 8 | 102.1 | 17 | 102.3 | 4 | 100.9 | 14 | 104.5 | 10 |
| 郑州 | Zhengzhou | 102.0 | 3 | 105.7 | 2 | 102.4 | 3 | 101.4 | 10 | 105.6 | 3 |
| 武汉 | Wuhan | 102.3 | 1 | 103.3 | 7 | 102.7 | 1 | 101.4 | 10 | 104.1 | 13 |
| 长沙 | Changsha | 100.9 | 11 | 103.2 | 8 | 101.9 | 8 | 101.1 | 13 | 104.9 | 7 |
| 广州 | Guangzhou | 100.1 | 18 | 101.7 | 19 | 101.5 | 11 | 102.3 | 3 | 103.4 | 19 |
| 深圳 | Shenzhen | 100.7 | 13 | 101.3 | 20 | 101.6 | 10 | 102.2 | 4 | 104.1 | 13 |
| 南宁 | Nanning | 100.8 | 12 | 104.2 | 3 | 101.1 | 14 | 102.5 | 1 | 104.4 | 11 |
| 海口 | Haikou | 99.8 | 20 | 103.0 | 10 | 101.3 | 13 | 101.3 | 11 | 104.4 | 11 |
| 重庆 | Chongqing | 100.6 | 14 | 103.7 | 6 | 100.8 | 17 | 102.4 | 2 | 104.7 | 8 |
| 成都 | Chengdu | 102.1 | 2 | 103.9 | 5 | 102.3 | 4 | 101.8 | 6 | 105.2 | 5 |
| 贵阳 | Guiyang | 100.8 | 12 | 102.1 | 17 | 100.7 | 18 | 101.1 | 13 | 105.1 | 6 |
| 昆明 | Kunming | 101.6 | 7 | 106.5 | 1 | 102.0 | 7 | 101.6 | 8 | 105.8 | 2 |
| 拉萨 | Lasa | 100.4 | 16 | 101.8 | 18 | 101.3 | 13 | 100.6 | 16 | 103.2 | 20 |
| 西安 | Xi'an | 100.5 | 15 | 102.3 | 15 | 100.3 | 21 | 101.6 | 8 | 104.7 | 8 |
| 兰州 | Lanzhou | 100.9 | 11 | 101.1 | 21 | 100.6 | 19 | 101.7 | 7 | 105.3 | 4 |
| 西宁 | Xining | 101.8 | 5 | 102.6 | 12 | 99.9 | 22 | 101.8 | 6 | 106.4 | 1 |
| 银川 | Yinchuan | 101.7 | 6 | 103.2 | 8 | 101.7 | 9 | 101.6 | 8 | 105.3 | 4 |
| 乌鲁木齐 | Urumqi | 100.6 | 14 | 100.9 | 23 | 99.5 | 23 | 100.1 | 18 | 104.6 | 9 |

# 附录1—16 全国和36个大中城市商品零售价格指数

## Price Indices of Retail in China and 36 Large and Medium-sized Cities

（以上年同期价格为100） (Preceding year=100)

| 地区 | Region | 2003 | | 2004 | | 2005 | | 2006 | | 2007 | |
|---|---|---|---|---|---|---|---|---|---|---|---|
| | | 指数 Index | 排位 Rank | 指数 Index | 排位 Rank | 指数 Index | 排位 Rank | 指数 Index | 排位 Rank | 指数 Index | 排位 Rank |
| 全国平均 | National Average | 99.2 | | 101.0 | | 100.0 | | 100.7 | | 102.6 | |
| 北京 | Beijing | 98.2 | 21 | 99.2 | 23 | 99.7 | 16 | 100.2 | 16 | 100.8 | 22 |
| 天津 | Tianjin | 97.4 | 25 | 100.8 | 18 | 99.9 | 14 | 100.4 | 14 | 103.2 | 11 |
| 石家庄 | Shijiazhuang | 99.7 | 13 | 101.3 | 14 | 101.0 | 6 | 101.8 | 3 | 104.4 | 3 |
| 太原 | Taiyuan | 100.9 | 5 | 102.0 | 8 | 100.2 | 12 | 100.6 | 13 | 102.9 | 14 |
| 呼和浩特 | Hohhot | 100.1 | 9 | 101.7 | 10 | 101.7 | 1 | 101.6 | 4 | 102.7 | 16 |
| 沈阳 | Shenyang | 99.7 | 13 | 100.7 | 19 | 99.3 | 19 | 101.9 | 2 | 103.2 | 11 |
| 大连 | Dalian | 99.4 | 15 | 101.5 | 12 | 99.5 | 17 | 101.4 | 6 | 101.9 | 21 |
| 长春 | Changchun | 100.7 | 6 | 102.7 | 4 | 101.3 | 3 | 101.5 | 5 | 102.1 | 20 |
| 哈尔滨 | Harbin | 98.9 | 19 | 100.9 | 17 | 99.2 | 20 | 100.3 | 15 | 103.7 | 6 |
| 上海 | Shanghai | 99.0 | 18 | 100.9 | 17 | 99.4 | 18 | 100.2 | 16 | 102.4 | 17 |
| 南京 | Nanjing | 98.1 | 22 | 98.1 | 25 | 96.7 | 24 | 98.9 | 20 | 99.9 | 23 |
| 杭州 | Hangzhou | 98.1 | 22 | 101.6 | 11 | 100.3 | 11 | 100.2 | 16 | 103.1 | 12 |
| 宁波 | Ningbo | 101.6 | 2 | 102.0 | 8 | 101.1 | 5 | 101.8 | 3 | 103.3 | 10 |
| 合肥 | Hefei | 101.4 | 4 | 100.8 | 18 | 99.7 | 16 | 100.6 | 13 | 104.6 | 2 |
| 福州 | Fuzhou | 97.6 | 24 | 102.4 | 6 | 101.1 | 5 | 99.9 | 17 | 103.1 | 12 |
| 厦门 | Xiamen | 99.0 | 18 | 100.8 | 18 | 99.0 | 21 | 100.3 | 15 | 103.9 | 5 |
| 南昌 | Nanchang | 99.7 | 13 | 101.3 | 14 | 100.0 | 13 | 101.9 | 2 | 103.5 | 8 |
| 济南 | Jinan | 98.0 | 23 | 100.6 | 20 | 100.4 | 10 | 100.3 | 15 | 102.2 | 19 |
| 青岛 | Qingdao | 98.3 | 20 | 99.0 | 24 | 99.3 | 19 | 99.7 | 18 | 102.7 | 16 |
| 郑州 | Zhengzhou | 101.5 | 3 | 105.6 | 1 | 101.2 | 4 | 100.9 | 11 | 102.7 | 16 |
| 武汉 | Wuhan | 100.4 | 7 | 101.0 | 16 | 100.9 | 7 | 100.7 | 12 | 103.0 | 13 |
| 长沙 | Changsha | 99.2 | 16 | 101.3 | 14 | 100.4 | 10 | 101.1 | 9 | 102.3 | 18 |
| 广州 | Guangzhou | 99.1 | 17 | 102.1 | 7 | 101.6 | 2 | 101.2 | 8 | 102.9 | 14 |
| 深圳 | Shenzhen | 100.0 | 10 | 100.7 | 19 | 101.2 | 4 | 101.8 | 3 | 103.5 | 8 |
| 南宁 | Nanning | 99.5 | 14 | 102.7 | 4 | 100.3 | 11 | 101.0 | 10 | 103.1 | 12 |
| 海口 | Haikou | 99.9 | 11 | 102.6 | 5 | 100.4 | 10 | 100.6 | 13 | 103.4 | 9 |
| 重庆 | Chongqing | 99.5 | 14 | 101.4 | 13 | 98.7 | 23 | 101.6 | 4 | 103.7 | 6 |
| 成都 | Chengdu | 100.2 | 8 | 101.4 | 13 | 99.8 | 15 | 101.2 | 8 | 104.2 | 4 |
| 贵阳 | Guiyang | 97.6 | 24 | 100.4 | 21 | 100.2 | 12 | 100.3 | 15 | 102.8 | 15 |
| 昆明 | Kunming | 100.7 | 6 | 104.6 | 2 | 100.5 | 9 | 99.7 | 18 | 103.4 | 9 |
| 拉萨 | Lasa | 99.9 | 11 | 100.0 | 22 | 100.4 | 10 | 99.6 | 19 | 101.2 | 21 |
| 西安 | Xi'an | 100.0 | 10 | 101.9 | 9 | 99.7 | 16 | 101.5 | 5 | 103.7 | 6 |
| 兰州 | Lanzhou | 99.2 | 16 | 101.0 | 16 | 98.8 | 22 | 100.3 | 15 | 103.1 | 12 |
| 西宁 | Xining | 101.9 | 1 | 103.2 | 3 | 100.9 | 7 | 102.6 | 1 | 105.7 | 1 |
| 银川 | Yinchuan | 99.8 | 12 | 102.0 | 8 | 100.6 | 8 | 101.3 | 7 | 103.6 | 7 |
| 乌鲁木齐 | Urumqi | 100.2 | 8 | 101.1 | 15 | 99.9 | 14 | 99.9 | 17 | 104.6 | 2 |

# 附录1—17 全国及各省市区工业品出厂价格指数（2007年）

（以上年同期为100）

| 地 区 | Region | 全年<br>Annual Year | 1月<br>January | 2月<br>February | 3月<br>March | 4月<br>April |
|---|---|---|---|---|---|---|
| 全 国 | National | 103.1 | 103.3 | 102.6 | 102.7 | 102.9 |
| 北 京 | Beijing | 99.7 | 101.2 | 100.1 | 100.0 | 99.6 |
| 天 津 | Tianjin | 101.5 | 101.1 | 99.4 | 100.4 | 99.9 |
| 河 北 | Hebei | 106.9 | 104.8 | 104.6 | 103.7 | 103.9 |
| 山 西 | Shanxi | 107.4 | 104.6 | 105.7 | 107.2 | 106.9 |
| 内蒙古 | Inner Mongolia | 105.6 | 104.8 | 105.2 | 105.0 | 105.1 |
| 辽 宁 | Liaoning | 104.4 | 104.5 | 104.0 | 104.1 | 103.8 |
| 吉 林 | Jilin | 102.7 | 103.2 | 102.1 | 101.9 | 102.1 |
| 黑龙江 | Heilongjiang | 105.3 | 106.9 | 100.5 | 101.0 | 102.8 |
| 上 海 | Shanghai | 101.2 | 102.4 | 102.2 | 102.5 | 101.9 |
| 江 苏 | Jiangsu | 102.6 | 102.4 | 102.3 | 102.4 | 102.7 |
| 浙 江 | Zhejiang | 102.4 | 104.1 | 103.2 | 103.3 | 103.1 |
| 安 徽 | Anhui | 103.6 | 104.1 | 103.9 | 104.2 | 103.8 |
| 福 建 | Fujian | 100.8 | 100.3 | 100.1 | 100.4 | 100.4 |
| 江 西 | Jiangxi | 106.2 | 112.0 | 110.5 | 108.8 | 107.8 |
| 山 东 | Shandong | 103.3 | 102.9 | 102.2 | 102.2 | 102.5 |
| 河 南 | Henan | 105.2 | 105.0 | 104.4 | 104.3 | 104.1 |
| 湖 北 | Hubei | 103.8 | 103.1 | 103.4 | 103.1 | 103.2 |
| 湖 南 | Hunan | 106.1 | 106.0 | 105.0 | 105.7 | 105.7 |
| 广 东 | Guangdong | 101.3 | 101.9 | 101.3 | 101.6 | 101.7 |
| 广 西 | Guangxi | 104.5 | 104.4 | 103.5 | 103.1 | 103.1 |
| 海 南 | Hainan | 102.7 | 104.4 | 102.4 | 102.0 | 101.7 |
| 重 庆 | Chongqing | 103.5 | 103.4 | 103.2 | 103.6 | 103.0 |
| 四 川 | Sichuan | 103.9 | 103.7 | 103.1 | 103.2 | 103.0 |
| 贵 州 | Guizhou | 105.0 | 103.6 | 103.1 | 103.4 | 104.0 |
| 云 南 | Yunnan | 105.7 | 105.6 | 104.8 | 104.9 | 105.4 |
| 西 藏 | Tibet | 101.1 | 100.4 | 100.1 | 100.0 | 100.6 |
| 陕 西 | Shaanxi | 102.9 | 105.4 | 104.5 | 103.5 | 101.0 |
| 甘 肃 | Gansu | 105.5 | 108.5 | 108.3 | 106.5 | 106.1 |
| 青 海 | Qinghai | 104.2 | 107.0 | 104.4 | 101.1 | 101.9 |
| 宁 夏 | Ningxia | 103.7 | 105.4 | 104.6 | 103.9 | 103.3 |
| 新 疆 | Xinjiang | 106.3 | 107.2 | 104.7 | 101.9 | 103.8 |

# Ex-Factory Price Indices of Industrial Products by Provinces and Regions（2007）

(Preceding year=100)

| 5月 May | 6月 June | 7月 July | 8月 August | 9月 September | 10月 October | 11月 November | 12月 December |
|---|---|---|---|---|---|---|---|
| 102.8 | 102.5 | 102.4 | 102.6 | 102.7 | 103.2 | 104.6 | 105.4 |
| 99.5 | 98.3 | 98.5 | 98.5 | 99.5 | 99.0 | 100.6 | 102.0 |
| 99.9 | 99.0 | 99.4 | 100.8 | 101.0 | 103.0 | 105.8 | 108.1 |
| 104.8 | 104.2 | 104.4 | 106.6 | 108.4 | 109.7 | 112.1 | 116.0 |
| 106.9 | 106.9 | 107.5 | 107.2 | 108.3 | 108.7 | 109.4 | 109.8 |
| 105.4 | 105.0 | 105.1 | 105.2 | 106.0 | 106.1 | 107.1 | 108.0 |
| 103.7 | 103.0 | 102.9 | 103.5 | 104.1 | 105.1 | 106.7 | 108.1 |
| 102.7 | 102.5 | 102.4 | 102.5 | 101.8 | 102.1 | 104.0 | 105.0 |
| 103.4 | 101.1 | 102.3 | 103.3 | 101.2 | 105.4 | 115.4 | 119.9 |
| 101.3 | 100.7 | 100.2 | 100.5 | 100.1 | 100.3 | 100.7 | 101.1 |
| 102.4 | 102.1 | 102.0 | 102.5 | 102.4 | 102.9 | 103.4 | 104.2 |
| 102.1 | 102.1 | 101.5 | 101.4 | 101.5 | 101.7 | 102.1 | 102.5 |
| 102.3 | 102.4 | 102.8 | 102.9 | 103.2 | 104.0 | 104.7 | 105.3 |
| 100.6 | 100.9 | 101.1 | 101.0 | 101.0 | 101.1 | 101.3 | 101.9 |
| 104.0 | 103.4 | 103.7 | 104.0 | 104.4 | 104.2 | 105.5 | 106.0 |
| 102.4 | 102.3 | 102.3 | 103.2 | 103.3 | 103.6 | 105.9 | 107.3 |
| 103.5 | 103.7 | 104.2 | 105.0 | 105.0 | 106.5 | 107.9 | 109.3 |
| 103.0 | 102.7 | 102.8 | 104.5 | 104.6 | 105.0 | 105.2 | 105.5 |
| 105.7 | 105.7 | 106.0 | 106.3 | 105.9 | 106.0 | 107.3 | 107.5 |
| 101.5 | 101.1 | 100.6 | 100.7 | 100.8 | 101.1 | 101.3 | 101.9 |
| 103.2 | 103.6 | 102.3 | 104.0 | 105.9 | 106.5 | 106.9 | 108.1 |
| 101.5 | 102.0 | 102.9 | 102.5 | 101.9 | 102.6 | 103.9 | 104.3 |
| 102.1 | 103.2 | 103.2 | 103.7 | 104.0 | 103.8 | 104.1 | 104.6 |
| 103.0 | 103.2 | 103.3 | 104.0 | 104.2 | 104.9 | 105.1 | 106.2 |
| 105.1 | 105.0 | 105.3 | 105.4 | 105.2 | 105.4 | 106.8 | 107.3 |
| 104.5 | 105.2 | 106.2 | 107.3 | 107.2 | 106.3 | 106.2 | 105.3 |
| 100.6 | 101.3 | 101.5 | 101.8 | 100.8 | 101.4 | 101.3 | 103.7 |
| 101.4 | 101.5 | 102.2 | 102.6 | 101.4 | 103.0 | 103.7 | 104.5 |
| 105.2 | 104.9 | 104.7 | 103.1 | 103.6 | 102.7 | 105.6 | 106.7 |
| 101.8 | 102.3 | 104.0 | 103.0 | 103.8 | 105.2 | 107.7 | 107.8 |
| 102.7 | 103.8 | 103.7 | 102.5 | 102.3 | 102.7 | 104.4 | 105.0 |
| 103.3 | 100.5 | 102.9 | 103.5 | 102.0 | 105.6 | 116.1 | 123.9 |

# 附录1—18 全国及各省市区原材料、燃料、动力购进价格指数（2007年）

（以上年同期为100）

| 地　区 | Region | 全年 Annual Year | 1月 January | 2月 February | 3月 March | 4月 April |
|---|---|---|---|---|---|---|
| 全　国 | National | 104.4 | 104.7 | 104.0 | 103.7 | 103.7 |
| 北　京 | Beijing | 105.0 | 105.9 | 102.1 | 101.2 | 102.4 |
| 天　津 | Tianjin | 105.7 | 103.9 | 102.6 | 103.9 | 103.9 |
| 河　北 | Hebei | 107.8 | 107.0 | 106.4 | 106.4 | 106.5 |
| 山　西 | Shanxi | 105.3 | 103.1 | 102.8 | 103.3 | 103.8 |
| 内蒙古 | Inner Mongolia | 104.8 | 103.7 | 103.4 | 103.3 | 103.7 |
| 辽　宁 | Liaoning | 104.8 | 104.4 | 103.6 | 103.6 | 103.6 |
| 吉　林 | Jilin | 105.2 | 103.7 | 103.8 | 103.0 | 103.5 |
| 黑龙江 | Heilongjiang | 105.0 | 107.6 | 105.1 | 105.3 | 104.9 |
| 上　海 | Shanghai | 104.1 | 106.5 | 105.9 | 105.1 | 104.6 |
| 江　苏 | Jiangsu | 105.0 | 104.0 | 102.4 | 102.4 | 103.3 |
| 浙　江 | Zhejiang | 105.3 | 105.4 | 105.3 | 104.8 | 104.6 |
| 安　徽 | Anhui | 105.1 | 104.0 | 103.7 | 103.5 | 104.1 |
| 福　建 | Fujian | 104.3 | 104.6 | 103.4 | 102.8 | 103.3 |
| 江　西 | Jiangxi | 107.9 | 109.2 | 107.2 | 107.4 | 107.6 |
| 山　东 | Shandong | 104.8 | 103.5 | 103.2 | 102.8 | 102.7 |
| 河　南 | Henan | 106.4 | 106.1 | 105.9 | 106.3 | 106.2 |
| 湖　北 | Hubei | 104.5 | 104.3 | 103.4 | 104.3 | 104.5 |
| 湖　南 | Hunan | 106.1 | 106.2 | 105.1 | 105.2 | 105.3 |
| 广　东 | Guangdong | 103.3 | 103.3 | 102.7 | 103.2 | 102.0 |
| 广　西 | Guangxi | 106.1 | 108.0 | 104.3 | 104.4 | 105.4 |
| 海　南 | Hainan | 105.0 | 103.8 | 104.5 | 104.8 | 105.8 |
| 重　庆 | Chongqing | 106.2 | 106.0 | 105.6 | 106.7 | 104.8 |
| 四　川 | Sichuan | 105.7 | 104.5 | 104.7 | 104.3 | 104.8 |
| 贵　州 | Guizhou | 107.5 | 109.7 | 109.3 | 107.1 | 106.3 |
| 云　南 | Yunnan | 108.2 | 109.5 | 107.0 | 107.1 | 108.3 |
| 西　藏 | Tibet | | | | | |
| 陕　西 | Shaanxi | 106.3 | 105.7 | 105.4 | 105.1 | 104.6 |
| 甘　肃 | Gansu | 104.3 | 103.9 | 104.3 | 104.6 | 104.9 |
| 青　海 | Qinghai | 104.4 | 103.4 | 102.7 | 102.0 | 102.3 |
| 宁　夏 | Ningxia | 107.1 | 107.4 | 106.4 | 105.9 | 105.8 |
| 新　疆 | Xinjiang | 103.8 | 102.1 | 101.1 | 100.4 | 102.4 |

# Indices of Purchasing Prices of Raw Materials, Fuels and Power by Provinces and Regions（2007）

（Preceding year=100）

| 5月<br>May | 6月<br>June | 7月<br>July | 8月<br>August | 9月<br>September | 10月<br>October | 11月<br>November | 12月<br>December |
|---|---|---|---|---|---|---|---|
| 103.6 | 103.4 | 103.6 | 103.8 | 103.6 | 104.5 | 106.3 | 108.1 |
| 103.9 | 105.6 | 104.0 | 103.5 | 102.1 | 107.0 | 110.5 | 112.2 |
| 103.8 | 104.0 | 104.4 | 105.0 | 105.6 | 108.3 | 110.6 | 112.1 |
| 106.5 | 106.5 | 107.5 | 108.2 | 107.8 | 108.0 | 109.8 | 112.5 |
| 104.5 | 104.2 | 105.4 | 105.2 | 106.6 | 107.7 | 108.1 | 109.3 |
| 103.9 | 103.8 | 104.0 | 104.6 | 105.6 | 105.6 | 107.2 | 108.7 |
| 103.9 | 103.8 | 103.8 | 104.8 | 104.7 | 105.5 | 107.3 | 109.0 |
| 103.5 | 104.5 | 104.9 | 105.5 | 105.5 | 106.2 | 108.4 | 110.0 |
| 102.5 | 102.8 | 103.5 | 103.6 | 102.2 | 105.5 | 108.4 | 108.8 |
| 104.2 | 103.7 | 103.4 | 103.4 | 102.9 | 102.5 | 103.3 | 104.2 |
| 102.9 | 103.1 | 103.5 | 104.8 | 104.7 | 105.8 | 109.6 | 113.6 |
| 104.2 | 104.8 | 104.4 | 104.6 | 104.2 | 105.3 | 107.4 | 108.2 |
| 104.2 | 104.7 | 104.6 | 105.5 | 105.1 | 105.8 | 107.0 | 109.3 |
| 102.7 | 102.3 | 104.4 | 104.6 | 103.2 | 105.4 | 106.9 | 108.1 |
| 106.2 | 106.9 | 106.9 | 107.1 | 108.1 | 108.5 | 108.7 | 110.8 |
| 103.3 | 103.3 | 103.7 | 104.8 | 105.7 | 106.5 | 107.8 | 110.2 |
| 105.2 | 105.3 | 105.9 | 106.0 | 106.7 | 107.2 | 108.2 | 108.2 |
| 104.9 | 103.9 | 103.5 | 103.7 | 104.1 | 104.9 | 105.9 | 106.7 |
| 105.4 | 105.5 | 105.5 | 106.3 | 106.2 | 106.5 | 107.8 | 108.0 |
| 102.8 | 102.5 | 102.6 | 103.0 | 103.1 | 103.4 | 104.7 | 105.8 |
| 104.5 | 105.3 | 104.3 | 105.4 | 106.0 | 107.2 | 108.2 | 110.6 |
| 107.0 | 104.8 | 104.2 | 103.7 | 103.4 | 105.1 | 105.7 | 107.0 |
| 104.4 | 105.1 | 105.6 | 106.5 | 106.9 | 107.1 | 107.3 | 108.8 |
| 104.7 | 106.0 | 105.6 | 105.6 | 106.1 | 106.1 | 107.4 | 109.0 |
| 105.4 | 106.3 | 106.9 | 107.2 | 107.0 | 106.5 | 107.4 | 110.4 |
| 108.3 | 107.8 | 108.2 | 108.3 | 108.6 | 108.1 | 108.1 | 109.6 |
| | | | | | | | |
| 105.0 | 105.1 | 105.7 | 106.4 | 107.4 | 107.5 | 108.5 | 109.5 |
| 103.8 | 103.7 | 104.5 | 105.5 | 104.6 | 103.1 | 103.5 | 105.6 |
| 103.0 | 103.6 | 104.9 | 104.2 | 105.8 | 106.8 | 107.3 | 107.3 |
| 105.7 | 106.2 | 105.8 | 106.9 | 106.8 | 107.3 | 109.8 | 111.7 |
| 102.0 | 100.1 | 102.9 | 103.1 | 102.5 | 107.5 | 110.9 | 110.5 |

# 附录1—19　全国及各省市区工业品出厂价格指数

## Ex-Factory Price Indices of Industrial Products by Provinces and Regions

（上年＝100）　　　　　　　　　　　　　　　　　　　　　　　　　　（Preceding year=100）

| 地　区 | Region | 2002 | 2003 | 2004 | 2005 | 2006 |
|---|---|---|---|---|---|---|
| 全　国 | National | 97.8 | 102.3 | 106.1 | 104.9 | 103.0 |
| 北　京 | Beijing | 96.6 | 101.5 | 103.0 | 101.3 | 99.1 |
| 天　津 | Tianjin | 95.9 | 102.5 | 104.1 | 100.1 | 100.6 |
| 河　北 | Hebei | 99.4 | 107.1 | 111.6 | 104.4 | 100.8 |
| 山　西 | Shanxi | 103.6 | 112.2 | 116.1 | 110.2 | 101.0 |
| 内蒙古 | Inner Mongolia | 99.3 | 103.2 | 105.1 | 105.1 | 103.0 |
| 辽　宁 | Liaoning | 97.8 | 103.6 | 107.1 | 105.1 | 104.1 |
| 吉　林 | Jilin | 98.6 | 102.5 | 105.0 | 104.3 | 101.7 |
| 黑龙江 | Heilongjiang | 97.8 | 111.9 | 113.1 | 116.7 | 109.9 |
| 上　海 | Shanghai | 96.4 | 101.4 | 103.6 | 101.7 | 100.6 |
| 江　苏 | Jiangsu | 97.6 | 102.3 | 106.5 | 102.6 | 101.5 |
| 浙　江 | Zhejiang | 96.9 | 100.6 | 105.0 | 102.3 | 103.8 |
| 安　徽 | Anhui | 99.8 | 103.5 | 108.2 | 103.3 | 103.1 |
| 福　建 | Fujian | 97.2 | 100.7 | 102.6 | 100.2 | 99.2 |
| 江　西 | Jiangxi | 98.5 | 104.0 | 109.7 | 108.8 | 109.7 |
| 山　东 | Shandong | 98.8 | 103.5 | 106.4 | 103.7 | 102.3 |
| 河　南 | Henan | 98.6 | 105.0 | 110.2 | 106.1 | 104.3 |
| 湖　北 | Hubei | 98.2 | 103.5 | 105.7 | 104.5 | 102.9 |
| 湖　南 | Hunan | 99.2 | 102.6 | 108.0 | 106.0 | 104.3 |
| 广　东 | Guangdong | 96.5 | 99.3 | 101.7 | 101.5 | 101.4 |
| 广　西 | Guangxi | 95.6 | 102.8 | 109.7 | 104.9 | 109.6 |
| 海　南 | Hainan | 98.7 | 99.5 | 100.0 | 99.5 | 100.8 |
| 重　庆 | Chongqing | 97.6 | 100.6 | 103.3 | 103.0 | 102.2 |
| 四　川 | Sichuan | 97.7 | 100.5 | 105.4 | 104.0 | 101.9 |
| 贵　州 | Guizhou | 98.9 | 103.4 | 108.0 | 107.2 | 104.3 |
| 云　南 | Yunnan | 98.2 | 101.4 | 108.8 | 104.5 | 104.6 |
| 西　藏 | Tibet |  |  |  |  | 106.0 |
| 陕　西 | Shaanxi | 100.7 | 105.7 | 107.3 | 110.4 | 109.6 |
| 甘　肃 | Gansu | 97.9 | 110.0 | 114.3 | 109.6 | 109.8 |
| 青　海 | Qinghai | 97.6 | 105.5 | 111.2 | 110.2 | 109.5 |
| 宁　夏 | Ningxia | 99.7 | 103.9 | 110.0 | 106.2 | 106.2 |
| 新　疆 | Xinjiang | 97.3 | 115.1 | 116.4 | 116.6 | 114.4 |

# 附录1—20 全国及各省市区固定资产投资价格指数（2007年）

## Price Indices of Investment in Fixed Assets by Provinces and Regions（2007）

（上年＝100） （Preceding year=100）

| 地　区 | Region | 固定资产投资 Investment in Fixed Assets | 建筑安装工程 Construction and Installation | 设备、工器具 Purchase of Equipment, Tools and Instruments | 其他费用 Others |
|---|---|---|---|---|---|
| 全　国 | National | 103.9 | 105.1 | 100.2 | 104.2 |
| 北　京 | Beijing | 102.8 | 104.1 | 98.9 | 102.1 |
| 天　津 | Tianjin | 102.6 | 103.5 | 99.1 | 103.6 |
| 河　北 | Hebei | 103.8 | 105.4 | 100.7 | 102.4 |
| 山　西 | Shanxi | 104.1 | 106.0 | 100.6 | 102.4 |
| 内蒙古 | Inner Mongolia | 103.8 | 104.6 | 100.3 | 105.2 |
| 辽　宁 | Liaoning | 104.3 | 106.1 | 100.2 | 104.2 |
| 吉　林 | Jilin | 103.9 | 105.2 | 99.9 | 105.9 |
| 黑龙江 | Heilongjiang | 104.5 | 105.5 | 99.9 | 109.1 |
| 上　海 | Shanghai | 103.5 | 104.6 | 99.4 | 104.1 |
| 江　苏 | Jiangsu | 104.9 | 107.8 | 99.7 | 104.5 |
| 浙　江 | Zhejiang | 104.4 | 105.6 | 100.5 | 105.2 |
| 安　徽 | Anhui | 105.4 | 107.4 | 100.4 | 103.7 |
| 福　建 | Fujian | 105.9 | 107.1 | 99.6 | 109.2 |
| 江　西 | Jiangxi | 105.4 | 106.9 | 100.5 | 106.2 |
| 山　东 | Shandong | 104.0 | 105.5 | 100.8 | 104.6 |
| 河　南 | Henan | 104.6 | 106.3 | 101.4 | 101.9 |
| 湖　北 | Hubei | 104.1 | 104.9 | 101.5 | 104.2 |
| 湖　南 | Hunan | 105.8 | 107.6 | 101.4 | 103.4 |
| 广　东 | Guangdong | 102.4 | 103.8 | 99.5 | 100.5 |
| 广　西 | Guangxi | 102.3 | 103.0 | 101.0 | 101.1 |
| 海　南 | Hainan | 106.1 | 109.9 | 100.2 | 102.2 |
| 重　庆 | Chongqing | 105.5 | 106.0 | 100.2 | 107.8 |
| 四　川 | Sichuan | 104.7 | 106.4 | 101.0 | 103.4 |
| 贵　州 | Guizhou | 103.5 | 105.4 | 100.2 | 100.9 |
| 云　南 | Yunnan | 104.2 | 104.5 | 100.5 | 107.0 |
| 西　藏 | Tibet | | | | |
| 陕　西 | Shaanxi | 104.0 | 105.6 | 100.6 | 100.6 |
| 甘　肃 | Gansu | 102.8 | 103.9 | 101.8 | 102.3 |
| 青　海 | Qinghai | 104.2 | 104.6 | 102.9 | 102.6 |
| 宁　夏 | Ningxia | 103.2 | 104.1 | 100.4 | 101.0 |
| 新　疆 | Xinjiang | 104.4 | 105.5 | 101.6 | 102.8 |

# 附录1—21 全国及各省市区固定资产投资价格指数

## Price Indices of Investment in Fixed Assets by Provinces and Regions

（上年=100） (Preceding year=100)

| 地区 | Region | 2002 | 2003 | 2004 | 2005 | 2006 |
|---|---|---|---|---|---|---|
| 全国 | National | 100.2 | 102.2 | 105.6 | 101.6 | 101.5 |
| 北京 | Beijing | 100.4 | 102.2 | 104.3 | 100.7 | 100.4 |
| 天津 | Tianjin | 99.5 | 102.6 | 107.3 | 101.2 | 100.7 |
| 河北 | Hebei | 99.5 | 102.3 | 107.0 | 101.9 | 101.7 |
| 山西 | Shanxi | 100.5 | 102.9 | 105.2 | 103.0 | 101.5 |
| 内蒙古 | Inner Mongolia | 101.0 | 102.6 | 105.0 | 103.7 | 103.3 |
| 辽宁 | Liaoning | 100.7 | 102.5 | 104.8 | 102.8 | 102.1 |
| 吉林 | Jilin | 101.2 | 101.1 | 104.1 | 102.0 | 102.2 |
| 黑龙江 | Heilongjiang | 100.2 | 102.3 | 105.0 | 102.2 | 102.1 |
| 上海 | Shanghai | 100.3 | 102.4 | 106.7 | 100.8 | 100.1 |
| 江苏 | Jiangsu | 101.7 | 104.3 | 109.4 | 100.9 | 101.2 |
| 浙江 | Zhejiang | 100.5 | 103.5 | 105.9 | 100.3 | 101.5 |
| 安徽 | Anhui | 101.1 | 103.5 | 106.1 | 101.0 | 101.9 |
| 福建 | Fujian | 99.7 | 101.4 | 103.4 | 100.7 | 102.0 |
| 江西 | Jiangxi | 100.0 | 105.1 | 107.4 | 100.5 | 103.2 |
| 山东 | Shandong | 101.1 | 102.9 | 107.4 | 102.9 | 101.8 |
| 河南 | Henan | 98.7 | 103.8 | 110.1 | 101.4 | 101.6 |
| 湖北 | Hubei | 99.8 | 103.3 | 106.0 | 102.2 | 101.8 |
| 湖南 | Hunan | 100.3 | 102.8 | 105.5 | 103.6 | 103.1 |
| 广东 | Guangdong | 99.7 | 102.2 | 106.4 | 101.6 | 100.7 |
| 广西 | Guangxi | 100.3 | 101.8 | 104.6 | 101.4 | 101.2 |
| 海南 | Hainan | 98.2 | 103.2 | 105.6 | 101.2 | 101.0 |
| 重庆 | Chongqing | 100.7 | 102.9 | 105.1 | 102.3 | 101.7 |
| 四川 | Sichuan | 100.5 | 102.2 | 106.8 | 103.9 | 102.9 |
| 贵州 | Guizhou | 100.2 | 102.3 | 104.9 | 101.4 | 101.1 |
| 云南 | Yunnan | 100.0 | 102.2 | 108.0 | 104.6 | 101.8 |
| 西藏 | Tibet | | | | | |
| 陕西 | Shaanxi | 102.0 | 101.7 | 104.5 | 103.7 | 102.6 |
| 甘肃 | Gansu | 100.2 | 101.7 | 105.5 | 102.2 | 104.1 |
| 青海 | Qinghai | 103.2 | 102.0 | 102.8 | 102.1 | 102.4 |
| 宁夏 | Ningxia | 100.7 | 102.3 | 104.9 | 102.1 | 101.3 |
| 新疆 | Xinjiang | 100.2 | 103.4 | 104.5 | 102.8 | 102.2 |

# 附录1—22 全国和35个大中城市房地产价格指数（2007年）

# Price Indices of Real Estate in China and 35 Large and Medium-sized Cities（2007）

（上年=100） (Preceding year=100)

| 地 区 | Region | 房屋销售价格指数 Selling Price Indices of Houses | 新建商品住房价格指数 Price Indices of New-built Commercial House | 二手住房价格指数 Price Indices of Second-hand House |
|---|---|---|---|---|
| 全 国 | National | 107.6 | 108.2 | 107.4 |
| 北 京 | Beijing | 111.4 | 112.8 | 110.2 |
| 天 津 | Tianjin | 106.9 | 107.3 | 106.7 |
| 石家庄 | Shijiazhuang | 107.6 | 109.2 | 106.1 |
| 太 原 | Taiyuan | 104.4 | 104.8 | 104.3 |
| 呼和浩特 | Hohhot | 104.4 | 104.3 | 104.6 |
| 沈 阳 | Shenyang | 106.1 | 106.6 | 106.5 |
| 大 连 | Dalian | 107.2 | 107.6 | 108.5 |
| 长 春 | Changchun | 106.4 | 107.6 | 106.6 |
| 哈尔滨 | Harbin | 106.8 | 105.0 | 107.2 |
| 上 海 | Shanghai | 103.4 | 103.4 | 103.9 |
| 南 京 | Nanjing | 106.6 | 108.3 | 105.0 |
| 杭 州 | Hangzhou | 107.3 | 108.3 | 105.8 |
| 宁 波 | Ningbo | 108.6 | 110.5 | 108.0 |
| 合 肥 | Hefei | 101.8 | 102.2 | 100.8 |
| 福 州 | Fuzhou | 106.8 | 108.1 | 104.0 |
| 厦 门 | Xiamen | 107.0 | 107.3 | 106.7 |
| 南 昌 | Nanchang | 106.8 | 107.8 | 106.8 |
| 济 南 | Jinan | 105.2 | 105.7 | 104.6 |
| 青 岛 | Qingdao | 106.6 | 107.0 | 106.2 |
| 郑 州 | Zhengzhou | 106.3 | 105.8 | 109.6 |
| 武 汉 | Wuhan | 105.2 | 106.5 | 103.5 |
| 长 沙 | Changsha | 108.4 | 109.6 | 107.4 |
| 广 州 | Guangzhou | 106.6 | 107.8 | 105.2 |
| 深 圳 | Shenzhen | 116.3 | 113.9 | 116.7 |
| 南 宁 | Nanning | 107.6 | 109.8 | 103.3 |
| 海 口 | Haikou | 106.6 | 107.7 | 103.8 |
| 重 庆 | Chongqing | 106.9 | 108.0 | 104.5 |
| 成 都 | Chengdu | 107.6 | 109.1 | 104.3 |
| 贵 阳 | Guiyang | 106.9 | 107.8 | 105.8 |
| 昆 明 | Kunming | 103.5 | 102.9 | 104.7 |
| 西 安 | Xi'an | 106.4 | 107.2 | 106.2 |
| 兰 州 | Lanzhou | 106.0 | 107.7 | 103.6 |
| 西 宁 | Xining | 103.8 | 104.9 | 103.3 |
| 银 川 | Yinchuan | 103.9 | 104.3 | 103.8 |
| 乌鲁木齐 | Urumqi | 109.0 | 111.1 | 108.0 |

# 附录1—23 全国和35个大中城市房地产价格指数

## Price Indices of Real Estate in China and 35 Large and Medium-sized Cities

（上年＝100） (Preceding year=100)

| 地　区 | Region | 房屋销售价格指数 Selling Price Indices of Houses | | | | |
|---|---|---|---|---|---|---|
| | | 2002 | 2003 | 2004 | 2005 | 2006 |
| 全　国 | National | 103.7 | 104.8 | 109.7 | 107.6 | 105.5 |
| 北　京 | Beijing | 100.3 | 100.3 | 103.7 | 106.7 | 108.8 |
| 天　津 | Tianjin | 101.6 | 104.1 | 113.5 | 106.0 | 106.7 |
| 石家庄 | Shijiazhuang | 101.4 | 100.3 | 103.6 | 105.6 | 104.3 |
| 太　原 | Taiyuan | 103.3 | 102.8 | 106.4 | 105.6 | 103.9 |
| 呼和浩特 | Hohhot | 102.3 | 100.7 | 105.2 | 111.8 | 109.5 |
| 沈　阳 | Shenyang | 100.1 | 107.6 | 115.9 | 107.5 | 106.6 |
| 大　连 | Dalian | 98.4 | 100.7 | 104.6 | 109.2 | 110.9 |
| 长　春 | Changchun | 97.2 | 100.2 | 100.2 | 101.9 | 101.6 |
| 哈尔滨 | Harbin | 101.1 | 100.2 | 104.7 | 104.6 | 103.3 |
| 上　海 | Shanghai | 107.3 | 120.1 | 115.9 | 109.7 | 98.7 |
| 南　京 | Nanjing | 103.0 | 109.8 | 115.3 | 108.1 | 104.3 |
| 杭　州 | Hangzhou | 106.9 | 106.1 | 111.7 | 109.7 | 102.6 |
| 宁　波 | Ningbo | 116.4 | 116.6 | 113.9 | 106.4 | 102.2 |
| 合　肥 | Hefei | 104.0 | 104.1 | 105.6 | 106.2 | 101.3 |
| 福　州 | Fuzhou | 101.1 | 101.1 | 103.6 | 104.4 | 106.7 |
| 厦　门 | Xiamen | 103.0 | 102.8 | 107.3 | 108.0 | 107.0 |
| 南　昌 | Nanchang | 111.6 | 104.8 | 107.3 | 108.3 | 106.2 |
| 济　南 | Jinan | 102.5 | 103.1 | 110.3 | 107.6 | 104.3 |
| 青　岛 | Qingdao | 107.6 | 114.6 | 115.3 | 110.9 | 106.9 |
| 郑　州 | Zhengzhou | 101.9 | 102.0 | 104.0 | 107.0 | 105.7 |
| 武　汉 | Wuhan | 101.9 | 103.8 | 108.4 | 106.8 | 103.0 |
| 长　沙 | Changsha | 101.1 | 100.5 | 103.3 | 102.8 | 105.3 |
| 广　州 | Guangzhou | 99.6 | 99.3 | 102.7 | 104.7 | 106.2 |
| 深　圳 | Shenzhen | 100.4 | 102.2 | 104.6 | 107.2 | 112.3 |
| 南　宁 | Nanning | 102.5 | 102.1 | 105.7 | 104.9 | 104.1 |
| 海　口 | Haikou | 101.9 | 102.7 | 105.9 | 102.5 | 102.8 |
| 重　庆 | Chongqing | 102.1 | 106.1 | 113.9 | 107.2 | 103.0 |
| 成　都 | Chengdu | 101.3 | 102.9 | 107.9 | 109.8 | 107.1 |
| 贵　阳 | Guiyang | 101.6 | 101.3 | 102.6 | 102.6 | 104.4 |
| 昆　明 | Kunming | 100.0 | 99.1 | 102.3 | 102.9 | 101.3 |
| 西　安 | Xi'an | 101.1 | 101.4 | 105.0 | 104.3 | 103.6 |
| 兰　州 | Lanzhou | 104.3 | 101.8 | 108.7 | 105.6 | 104.7 |
| 西　宁 | Xining | 102.2 | 101.9 | 104.0 | 103.4 | 102.8 |
| 银　川 | Yinchuan | 103.6 | 102.1 | 104.4 | 102.7 | 102.3 |
| 乌鲁木齐 | Urumqi | 99.2 | 99.9 | 100.7 | 100.9 | 101.2 |

# 附录1—24　全国及各省市区企业家信心指数

## Confidence Index of Entrepreneur by Provices and Regions

| 地　区 | Region | 2006 一季度 First Quarter | 2006 二季度 Second Quarter | 2006 三季度 Third Quarter | 2006 四季度 Fourth Quarter | 2007 一季度 First Quarter | 2007 二季度 Second Quarter | 2007 三季度 Third Quarter | 2007 四季度 Fourth Quarter |
|---|---|---|---|---|---|---|---|---|---|
| 全　国 | National | | | | | | | | |
| 北　京 | Beijing | 135.2 | 135.2 | 133.8 | 137.5 | 138.4 | 142.6 | 142.3 | 136.1 |
| 天　津 | Tianjin | 130.4 | 134.0 | 132.2 | 133.2 | 134.7 | 136.4 | 138.2 | 130.6 |
| 河　北 | Hebei | 122.6 | 134.2 | 127.0 | 130.8 | 140.2 | 140.3 | 138.9 | 131.1 |
| 山　西 | Shanxi | 124.1 | 124.1 | 124.6 | 128.7 | 132.4 | 132.3 | 130.6 | 128.2 |
| 内蒙古 | Inner Mongolia | 142.1 | 145.9 | 149.7 | 147.8 | 158.2 | 153.8 | 154.7 | 156.0 |
| 辽　宁 | Liaoning | 134.1 | 137.0 | 138.2 | 136.4 | 140.6 | 147.9 | 146.6 | 137.7 |
| 吉　林 | Jilin | 130.4 | 134.0 | 133.2 | 133.7 | 143.4 | 144.8 | 145.5 | 141.7 |
| 黑龙江 | Heilongjiang | 133.9 | 130.6 | 133.3 | 133.7 | 133.1 | 134.6 | 137.0 | 137.1 |
| 上　海 | Shanghai | 125.3 | 124.4 | 127.9 | 133.9 | 138.1 | 141.2 | 142.6 | 136.7 |
| 江　苏 | Jiangsu | 129.4 | 130.1 | 127.8 | 135.4 | 141.7 | 142.0 | 139.9 | 136.9 |
| 浙　江 | Zhejiang | 138.6 | 132.3 | 137.2 | 146.7 | 149.2 | 150.1 | 146.2 | 145.2 |
| 安　徽 | Anhui | 134.9 | 135.5 | 136.5 | 139.0 | 143.7 | 144.8 | 143.2 | 142.5 |
| 福　建 | Fujian | 128.2 | 126.6 | 129.3 | 131.4 | 134.6 | 135.2 | 135.8 | 133.4 |
| 江　西 | Jiangxi | 134.7 | 128.3 | 130.6 | 133.4 | 144.2 | 141.0 | 138.5 | 135.7 |
| 山　东 | Shandong | 140.6 | 141.5 | 140.4 | 143.1 | 149.2 | 150.8 | 148.8 | 147.0 |
| 河　南 | Henan | 130.0 | 127.3 | 126.2 | 130.2 | 137.3 | 134.6 | 135.7 | 134.9 |
| 湖　北 | Hubei | 128.6 | 127.5 | 126.9 | 129.8 | 139.3 | 140.5 | 142.6 | 139.5 |
| 湖　南 | Hunan | 129.8 | 135.5 | 130.8 | 136.2 | 138.3 | 137.8 | 137.9 | 135.5 |
| 广　东 | Guangdong | 137.3 | 138.2 | 137.6 | 141.4 | 144.8 | 145.4 | 146.9 | 144.7 |
| 广　西 | Guangxi | 126.6 | 121.7 | 124.8 | 128.1 | 132.8 | 130.4 | 133.3 | 131.5 |
| 海　南 | Hainan | 137.6 | 125.4 | 122.0 | 134.1 | 127.5 | 135.0 | 138.4 | 140.2 |
| 重　庆 | Chongqing | 128.6 | 125.6 | 124.5 | 132.1 | 134.7 | 139.0 | 137.3 | 136.2 |
| 四　川 | Sichuan | 131.3 | 127.5 | 131.2 | 132.1 | 132.8 | 135.9 | 135.0 | 136.5 |
| 贵　州 | Guizhou | 118.7 | 118.9 | 124.2 | 121.4 | 125.4 | 122.3 | 131.4 | 129.7 |
| 云　南 | Yunnan | 132.1 | 125.2 | 128.0 | 130.2 | 137.5 | 134.5 | 135.9 | 132.2 |
| 西　藏 | Tibet | | | | | | | | |
| 陕　西 | Shaanxi | 137.1 | 140.2 | 139.8 | 142.0 | 150.6 | 148.1 | 152.7 | 152.7 |
| 甘　肃 | Gansu | 122.2 | 121.8 | 129.6 | 127.1 | 130.4 | 141.0 | 135.0 | 134.2 |
| 青　海 | Qinghai | 133.6 | 137.0 | 139.0 | 138.4 | 132.1 | 134.3 | 137.0 | 135.9 |
| 宁　夏 | Ningxia | 119.6 | 119.3 | 127.5 | 126.4 | 125.8 | 131.9 | 137.1 | 128.5 |
| 新　疆 | Xinjiang | 132.0 | 133.1 | 133.9 | 133.8 | 136.5 | 136.6 | 140.2 | 140.8 |

# 附录1—25 全国及各省市区企业综合经营景气指数

## Overall Climate Index by Provices and Regions

| 地 区 | Region | 2006 | | | | 2007 | | | |
|---|---|---|---|---|---|---|---|---|---|
| | | 一季度 First Quarter | 二季度 Second Quarter | 三季度 Third Quarter | 四季度 Fourth Quarter | 一季度 First Quarter | 二季度 Second Quarter | 三季度 Third Quarter | 四季度 Fourth Quarter |
| 全 国 | National | | | | | | | | |
| 北 京 | Beijing | 129.3 | 139.4 | 142.1 | 143.0 | 145.8 | 153.8 | 158.5 | 158.7 |
| 天 津 | Tianjin | 129.0 | 127.3 | 124.7 | 142.0 | 134.2 | 137.5 | 137.7 | 135.9 |
| 河 北 | Hebei | 123.1 | 137.1 | 133.7 | 130.1 | 136.2 | 143.2 | 141.3 | 131.7 |
| 山 西 | Shanxi | 124.4 | 125.3 | 126.1 | 128.8 | 129.0 | 128.7 | 131.7 | 130.6 |
| 内蒙古 | Inner Mongolia | 139.8 | 144.9 | 144.9 | 144.7 | 154.2 | 154.7 | 154.2 | 150.8 |
| 辽 宁 | Liaoning | 135.7 | 140.5 | 143.2 | 142.5 | 143.8 | 149.9 | 150.0 | 144.4 |
| 吉 林 | Jilin | 127.3 | 134.2 | 131.0 | 135.2 | 139.7 | 148.8 | 144.0 | 147.1 |
| 黑龙江 | Heilongjiang | 134.5 | 130.7 | 136.7 | 133.5 | 130.1 | 136.7 | 138.5 | 142.1 |
| 上 海 | Shanghai | 130.1 | 134.8 | 132.8 | 138.5 | 135.9 | 148.9 | 143.7 | 144.8 |
| 江 苏 | Jiangsu | 129.8 | 133.1 | 132.6 | 142.9 | 141.2 | 148.7 | 142.7 | 139.9 |
| 浙 江 | Zhejiang | 133.1 | 138.4 | 143.8 | 151.8 | 148.8 | 154.8 | 150.9 | 148.4 |
| 安 徽 | Anhui | 134.5 | 138.2 | 137.6 | 144.2 | 146.1 | 152.6 | 148.0 | 153.0 |
| 福 建 | Fujian | 124.8 | 127.8 | 129.6 | 132.4 | 132.4 | 135.5 | 133.9 | 132.8 |
| 江 西 | Jiangxi | 129.8 | 131.8 | 133.9 | 135.6 | 140.2 | 143.5 | 137.7 | 140.1 |
| 山 东 | Shandong | 141.9 | 144.8 | 143.4 | 145.9 | 146.0 | 147.7 | 148.5 | 147.3 |
| 河 南 | Henan | 126.5 | 129.9 | 131.2 | 134.4 | 135.6 | 134.3 | 134.3 | 133.7 |
| 湖 北 | Hubei | 122.5 | 127.3 | 125.8 | 128.1 | 133.7 | 138.1 | 136.1 | 138.1 |
| 湖 南 | Hunan | 128.8 | 136.2 | 136.4 | 136.7 | 132.7 | 142.0 | 131.2 | 135.5 |
| 广 东 | Guangdong | 137.5 | 140.9 | 141.9 | 144.6 | 143.2 | 146.5 | 149.9 | 147.0 |
| 广 西 | Guangxi | 133.9 | 116.0 | 119.1 | 125.4 | 125.9 | 127.7 | 125.4 | 127.9 |
| 海 南 | Hainan | 133.7 | 130.3 | 131.7 | 131.7 | 139.2 | 143.1 | 143.2 | 139.7 |
| 重 庆 | Chongqing | 120.2 | 128.1 | 121.7 | 138.6 | 130.0 | 134.8 | 135.7 | 140.0 |
| 四 川 | Sichuan | 128.0 | 130.0 | 134.7 | 137.5 | 133.2 | 136.4 | 136.5 | 139.1 |
| 贵 州 | Guizhou | 115.0 | 123.1 | 125.3 | 121.9 | 118.2 | 124.6 | 130.1 | 127.3 |
| 云 南 | Yunnan | 123.9 | 122.2 | 125.8 | 129.0 | 133.0 | 135.3 | 132.8 | 134.2 |
| 西 藏 | Tibet | | | | | | | | |
| 陕 西 | Shaanxi | 126.1 | 136.6 | 138.5 | 139.9 | 143.2 | 145.2 | 144.9 | 144.9 |
| 甘 肃 | Gansu | 113.0 | 125.5 | 140.6 | 124.3 | 126.3 | 138.4 | 140.2 | 128.7 |
| 青 海 | Qinghai | 128.0 | 134.4 | 142.6 | 143.7 | 116.5 | 127.4 | 133.6 | 123.5 |
| 宁 夏 | Ningxia | 116.6 | 121.6 | 131.9 | 129.5 | 117.1 | 132.4 | 141.1 | 129.4 |
| 新 疆 | Xinjiang | 117.8 | 128.3 | 133.7 | 127.5 | 123.9 | 135.0 | 135.8 | 133.8 |

# 附录1—26 全国及各省市区企业集团单位数

## Number of Enterprises Group by Provinces and Regions

单位：个 (unit)

| 地区 | Region | 2003 | 2004 | 2005 | 2006 |
|---|---|---|---|---|---|
| 全国 | National | 2692 | 2764 | 2845 | 2856 |
| 北京 | Beijing | 246 | 274 | 280 | 257 |
| 天津 | Tianjin | 176 | 175 | 162 | 123 |
| 河北 | Hebei | 61 | 75 | 69 | 61 |
| 山西 | Shanxi | 45 | 46 | 52 | 53 |
| 内蒙古 | Inner Mongolia | 23 | 24 | 22 | 39 |
| 辽宁 | Liaoning | 66 | 65 | 73 | 87 |
| 吉林 | Jilin | 41 | 39 | 36 | 33 |
| 黑龙江 | Heilongjiang | 79 | 72 | 41 | 47 |
| 上海 | Shanghai | 165 | 158 | 153 | 160 |
| 江苏 | Jiangsu | 178 | 182 | 202 | 213 |
| 浙江 | Zhejiang | 276 | 287 | 329 | 385 |
| 安徽 | Anhui | 64 | 76 | 75 | 88 |
| 福建 | Fujian | 239 | 249 | 240 | 235 |
| 江西 | Jiangxi | 48 | 48 | 48 | 41 |
| 山东 | Shandong | 292 | 283 | 330 | 305 |
| 河南 | Henan | 108 | 115 | 116 | 109 |
| 湖北 | Hubei | 41 | 43 | 57 | 59 |
| 湖南 | Hunan | 39 | 38 | 38 | 41 |
| 广东 | Guangdong | 143 | 135 | 159 | 154 |
| 广西 | Guangxi | 25 | 27 | 29 | 33 |
| 海南 | Hainan | 10 | 10 | 8 | 9 |
| 重庆 | Chongqing | 50 | 48 | 46 | 45 |
| 四川 | Sichuan | 67 | 80 | 78 | 74 |
| 贵州 | Guizhou | 12 | 13 | 15 | 15 |
| 云南 | Yunnan | 34 | 40 | 36 | 41 |
| 西藏 | Tibet | 6 | 6 | 6 | 6 |
| 陕西 | Shaanxi | 58 | 54 | 51 | 44 |
| 甘肃 | Gansu | 31 | 32 | 29 | 28 |
| 青海 | Qinghai | 24 | 24 | 24 | 24 |
| 宁夏 | Ningxia | 19 | 19 | 16 | 19 |
| 新疆 | Xinjiang | 26 | 27 | 25 | 28 |

# 附录1—27　全国及各省市区企业集团资产总计

## Total Assets of Enterprises Group by Provinces and Regions

单位：亿元　　　　(100 million yuan)

| 地　区 | Region | 2003 | 2004 | 2005 | 2006 |
|---|---|---|---|---|---|
| 全　国 | National | 170170 | 194721 | 230763 | 271215 |
| 北　京 | Beijing | 85022 | 96951 | 112731 | 132917 |
| 天　津 | Tianjin | 3297 | 3727 | 4116 | 5306 |
| 河　北 | Hebei | 2174 | 2769 | 2828 | 3172 |
| 山　西 | Shanxi | 2092 | 2650 | 3334 | 4207 |
| 内蒙古 | Inner Mongolia | 1277 | 1154 | 1154 | 1634 |
| 辽　宁 | Liaoning | 3324 | 3786 | 4710 | 5949 |
| 吉　林 | Jilin | 1828 | 1865 | 1946 | 2049 |
| 黑龙江 | Heilongjiang | 2466 | 2479 | 2613 | 2672 |
| 上　海 | Shanghai | 15105 | 17036 | 18373 | 21134 |
| 江　苏 | Jiangsu | 6105 | 6837 | 8775 | 10159 |
| 浙　江 | Zhejiang | 4608 | 6352 | 8593 | 10911 |
| 安　徽 | Anhui | 1821 | 2395 | 2734 | 3436 |
| 福　建 | Fujian | 1987 | 2298 | 2622 | 2979 |
| 江　西 | Jiangxi | 875 | 784 | 938 | 1013 |
| 山　东 | Shandong | 6548 | 7905 | 11811 | 12914 |
| 河　南 | Henan | 2480 | 2950 | 3400 | 3729 |
| 湖　北 | Hubei | 3823 | 4472 | 5193 | 5852 |
| 湖　南 | Hunan | 912 | 1081 | 1335 | 1587 |
| 广　东 | Guangdong | 14269 | 14256 | 18488 | 21065 |
| 广　西 | Guangxi | 528 | 754 | 848 | 1131 |
| 海　南 | Hainan | 479 | 598 | 597 | 645 |
| 重　庆 | Chongqing | 976 | 1270 | 1524 | 1955 |
| 四　川 | Sichuan | 2116 | 3160 | 3625 | 4179 |
| 贵　州 | Guizhou | 396 | 456 | 940 | 994 |
| 云　南 | Yunnan | 1347 | 1692 | 1898 | 2582 |
| 西　藏 | Tibet | 39 | 30 | 32 | 34 |
| 陕　西 | Shaanxi | 1424 | 1605 | 1957 | 2726 |
| 甘　肃 | Gansu | 634 | 712 | 806 | 955 |
| 青　海 | Qinghai | 249 | 287 | 310 | 364 |
| 宁　夏 | Ningxia | 330 | 373 | 315 | 426 |
| 新　疆 | Xinjiang | 1639 | 2035 | 2215 | 2539 |

# 附录1—28 全国及各省市区企业集团营业收入

## Business Income of Enterprises Group by Provinces and Regions

单位：亿元 （100 million yuan）

| 地区 | Region | 2003 | 2004 | 2005 | 2006 |
|---|---|---|---|---|---|
| 全国 | National | 100095 | 126387 | 155509 | 189638 |
| 北京 | Beijing | 42511 | 53960 | 65847 | 81200 |
| 天津 | Tianjin | 1902 | 2212 | 2434 | 3738 |
| 河北 | Hebei | 1457 | 2379 | 2392 | 2535 |
| 山西 | Shanxi | 1071 | 1621 | 2263 | 2886 |
| 内蒙古 | Inner Mongolia | 571 | 677 | 846 | 1127 |
| 辽宁 | Liaoning | 1964 | 2473 | 3533 | 4257 |
| 吉林 | Jilin | 1610 | 1756 | 1906 | 2304 |
| 黑龙江 | Heilongjiang | 903 | 1039 | 1333 | 1693 |
| 上海 | Shanghai | 9551 | 10931 | 11901 | 12746 |
| 江苏 | Jiangsu | 5860 | 7737 | 9877 | 12183 |
| 浙江 | Zhejiang | 5237 | 7090 | 9241 | 12450 |
| 安徽 | Anhui | 1122 | 1785 | 2123 | 2709 |
| 福建 | Fujian | 1417 | 1821 | 2166 | 2638 |
| 江西 | Jiangxi | 616 | 680 | 834 | 1082 |
| 山东 | Shandong | 5948 | 8075 | 11358 | 12983 |
| 河南 | Henan | 1588 | 2234 | 2887 | 3661 |
| 湖北 | Hubei | 1972 | 2357 | 3038 | 3531 |
| 湖南 | Hunan | 592 | 756 | 1027 | 1304 |
| 广东 | Guangdong | 8568 | 9281 | 11301 | 12650 |
| 广西 | Guangxi | 400 | 584 | 722 | 969 |
| 海南 | Hainan | 184 | 255 | 172 | 238 |
| 重庆 | Chongqing | 605 | 930 | 1088 | 1347 |
| 四川 | Sichuan | 1324 | 1840 | 2488 | 3053 |
| 贵州 | Guizhou | 179 | 231 | 439 | 486 |
| 云南 | Yunnan | 608 | 946 | 1159 | 1779 |
| 西藏 | Tibet | 18 | 8 | 14 | 15 |
| 陕西 | Shaanxi | 796 | 959 | 1112 | 1544 |
| 甘肃 | Gansu | 312 | 427 | 508 | 716 |
| 青海 | Qinghai | 84 | 109 | 137 | 166 |
| 宁夏 | Ningxia | 154 | 207 | 171 | 279 |
| 新疆 | Xinjiang | 968 | 1029 | 1194 | 1372 |

# 附录1—29 全国及各省市区企业集团利润总额

## Total Profits of Enterprises Group by Provinces and Regions

单位：亿元 （100 million yuan）

| 地 区 | Region | 2003 | 2004 | 2005 | 2006 |
|---|---|---|---|---|---|
| 全 国 | National | 5549 | 8296 | 10391 | 13076 |
| 北 京 | Beijing | 2735 | 4417 | 5890 | 7154 |
| 天 津 | Tianjin | 54 | 69 | 96 | 160 |
| 河 北 | Hebei | 65 | 95 | 81 | 105 |
| 山 西 | Shanxi | 41 | 85 | 111 | 153 |
| 内蒙古 | Inner Mongolia | 21 | 32 | 50 | 85 |
| 辽 宁 | Liaoning | 54 | 163 | 186 | 250 |
| 吉 林 | Jilin | 91 | 72 | 39 | 70 |
| 黑龙江 | Heilongjiang | 2 | 10 | 24 | 26 |
| 上 海 | Shanghai | 578 | 828 | 772 | 860 |
| 江 苏 | Jiangsu | 249 | 324 | 420 | 565 |
| 浙 江 | Zhejiang | 293 | 387 | 475 | 638 |
| 安 徽 | Anhui | 75 | 96 | 90 | 138 |
| 福 建 | Fujian | 78 | 83 | 102 | 140 |
| 江 西 | Jiangxi | 18 | 32 | 49 | 93 |
| 山 东 | Shandong | 259 | 382 | 555 | 659 |
| 河 南 | Henan | 79 | 114 | 145 | 201 |
| 湖 北 | Hubei | 143 | 244 | 246 | 301 |
| 湖 南 | Hunan | 30 | 35 | 29 | 47 |
| 广 东 | Guangdong | 430 | 458 | 489 | 720 |
| 广 西 | Guangxi | 23 | 41 | 30 | 43 |
| 海 南 | Hainan | -9 | 3 | 0 | 5 |
| 重 庆 | Chongqing | 21 | 32 | 35 | 46 |
| 四 川 | Sichuan | 63 | 71 | 154 | 175 |
| 贵 州 | Guizhou | 15 | 19 | 33 | 42 |
| 云 南 | Yunnan | 49 | 91 | 99 | 147 |
| 西 藏 | Tibet | 1 | 1 | | |
| 陕 西 | Shaanxi | 36 | 65 | 112 | 133 |
| 甘 肃 | Gansu | 13 | 16 | 30 | 53 |
| 青 海 | Qinghai | 5 | 8 | 14 | 25 |
| 宁 夏 | Ningxia | 3 | 1 | 6 | 12 |
| 新 疆 | Xinjiang | 34 | 23 | 27 | 31 |

# 附录1—30　全国及各省市区企业集团从业人员

## Employment in Enterprises Group by Provinces and Regions

单位：万人　　　　　　　　　　　　　　　　　　　　　　　　　　（10 000 person）

| 地　区 | Region | 2003 | 2004 | 2005 | 2006 |
|---|---|---|---|---|---|
| 全　国 | National | 2585 | 2671 | 2836 | 3010 |
| 北　京 | Beijing | 882 | 901 | 945 | 1013 |
| 天　津 | Tianjin | 44 | 42 | 42 | 43 |
| 河　北 | Hebei | 63 | 69 | 64 | 64 |
| 山　西 | Shanxi | 69 | 76 | 82 | 84 |
| 内蒙古 | Inner Mongolia | 31 | 30 | 30 | 32 |
| 辽　宁 | Liaoning | 64 | 62 | 70 | 76 |
| 吉　林 | Jilin | 36 | 35 | 33 | 30 |
| 黑龙江 | Heilongjiang | 146 | 145 | 139 | 143 |
| 上　海 | Shanghai | 144 | 140 | 136 | 137 |
| 江　苏 | Jiangsu | 122 | 132 | 154 | 166 |
| 浙　江 | Zhejiang | 104 | 117 | 145 | 200 |
| 安　徽 | Anhui | 57 | 62 | 62 | 64 |
| 福　建 | Fujian | 45 | 50 | 54 | 55 |
| 江　西 | Jiangxi | 33 | 22 | 25 | 24 |
| 山　东 | Shandong | 170 | 175 | 202 | 204 |
| 河　南 | Henan | 85 | 89 | 93 | 92 |
| 湖　北 | Hubei | 49 | 48 | 57 | 58 |
| 湖　南 | Hunan | 22 | 24 | 25 | 31 |
| 广　东 | Guangdong | 137 | 142 | 156 | 161 |
| 广　西 | Guangxi | 15 | 16 | 17 | 23 |
| 海　南 | Hainan | 2 | 3 | 3 | 4 |
| 重　庆 | Chongqing | 21 | 29 | 34 | 36 |
| 四　川 | Sichuan | 51 | 58 | 69 | 66 |
| 贵　州 | Guizhou | 16 | 16 | 19 | 18 |
| 云　南 | Yunnan | 30 | 33 | 35 | 38 |
| 西　藏 | Tibet | 1 | 1 | | |
| 陕　西 | Shaanxi | 26 | 31 | 32 | 33 |
| 甘　肃 | Gansu | 18 | 17 | 17 | 16 |
| 青　海 | Qinghai | 4 | 6 | 5 | 6 |
| 宁　夏 | Ningxia | 14 | 15 | 9 | 10 |
| 新　疆 | Xinjiang | 86 | 83 | 81 | 80 |

# 附录1—31 全国粮食作物播种面积

## Sown Area of Grain Grops by Regions

单位：千公顷 （1 000 hectares）

| 年 份<br>Year | 粮食作物播种面积<br>Sown Area of Grain Crops | 稻谷<br>Rice | 小麦<br>Wheat | 玉米<br>Corn | 大豆<br>Soybean | 薯类<br>Tubers |
|---|---|---|---|---|---|---|
| 1949 | 109959 | 25709 | 12515 | 12915 | 8319 | 7011 |
| 1952 | 123979 | 28382 | 24780 | 12566 | 11679 | 8688 |
| 1957 | 133633 | 32241 | 27542 | 14943 | 12748 | 10495 |
| 1962 | 121621 | 26935 | 24075 | 12819 | 9504 | 12171 |
| 1965 | 119627 | 29825 | 24709 | 15671 | 8593 | 11175 |
| 1970 | 119267 | 32358 | 25458 | 15831 | 7985 | 10717 |
| 1975 | 121062 | 35729 | 27661 | 18598 | 6999 | 10969 |
| 1978 | 120587 | 34421 | 29183 | 19961 | 7144 | 11796 |
| 1979 | 119263 | 33873 | 29357 | 20133 | 7247 | 10952 |
| 1980 | 117234 | 33878 | 28844 | 20087 | 7226 | 10153 |
| 1981 | 114958 | 33295 | 28307 | 19425 | 8024 | 9620 |
| 1982 | 113462 | 33071 | 27955 | 18543 | 8419 | 9370 |
| 1983 | 114047 | 33136 | 29050 | 18824 | 7567 | 9402 |
| 1984 | 112884 | 33178 | 29576 | 18537 | 7286 | 8988 |
| 1985 | 108845 | 32070 | 29218 | 17694 | 7718 | 8572 |
| 1986 | 110933 | 32266 | 29616 | 19124 | 8295 | 8685 |
| 1987 | 111268 | 32193 | 28798 | 20212 | 8445 | 8868 |
| 1988 | 110123 | 31987 | 28785 | 19692 | 8120 | 9054 |
| 1989 | 112205 | 32700 | 29841 | 20353 | 8057 | 9097 |
| 1990 | 113466 | 33064 | 30753 | 21401 | 7560 | 9121 |
| 1991 | 112314 | 32590 | 30948 | 21574 | 7041 | 9078 |
| 1992 | 110560 | 32090 | 30496 | 21044 | 7221 | 9057 |
| 1993 | 110509 | 30355 | 30235 | 20694 | 9454 | 9220 |
| 1994 | 109544 | 30171 | 28981 | 21152 | 9222 | 9270 |
| 1995 | 110060 | 30744 | 28860 | 22776 | 8127 | 9519 |
| 1996 | 112548 | 31406 | 29611 | 24498 | 7471 | 9797 |
| 1997 | 112912 | 31765 | 30057 | 23775 | 8346 | 9785 |
| 1998 | 113787 | 31214 | 29774 | 25239 | 8500 | 10000 |
| 1999 | 113161 | 31283 | 28855 | 25904 | 7962 | 10355 |
| 2000 | 108463 | 29962 | 26653 | 23056 | 9307 | 10538 |
| 2001 | 106080 | 28812 | 24664 | 24282 | 9482 | 10217 |
| 2002 | 103891 | 28202 | 23908 | 24634 | 8720 | 9881 |
| 2003 | 99410 | 26508 | 21997 | 24068 | 9313 | 9702 |
| 2004 | 101606 | 28379 | 21626 | 25446 | 9589 | 9457 |
| 2005 | 104278 | 28847 | 22793 | 26358 | 9591 | 9503 |
| 2006 | 105068 | 28938 | 23723 | 28463 | 9304 | 7877 |
| 2007 | 105748 | 28919 | 23831 | 29478 | 8754 | 8082 |

# 附录1—32　全国粮食作物总产量

## Total Output of Grain Grops by Regions

单位：万吨　　　　（10 000 tons）

| 年份<br>Year | 粮食作物总产量<br>Total Output of Grain Crops | 稻谷<br>Rice | 小麦<br>Wheat | 玉米<br>Corn | 大豆<br>Soybean | 薯类<br>Tubers |
|---|---|---|---|---|---|---|
| 1949 | 11318 | 4865 | 1381 | 1242 | 509 | 985 |
| 1952 | 16392 | 6843 | 1813 | 1685 | 952 | 1633 |
| 1957 | 19505 | 8678 | 2364 | 2144 | 1005 | 2192 |
| 1962 | 15441 | 6299 | 1667 | 1626 | 651 | 2345 |
| 1965 | 19453 | 8772 | 2522 | 2366 | 614 | 1986 |
| 1970 | 23996 | 10999 | 2919 | 3303 | 871 | 2668 |
| 1975 | 28452 | 12556 | 4531 | 4722 | 724 | 2857 |
| 1978 | 30477 | 13693 | 5384 | 5595 | 757 | 3174 |
| 1979 | 33212 | 14375 | 6273 | 6004 | 746 | 2846 |
| 1980 | 32056 | 13991 | 5521 | 6260 | 794 | 2873 |
| 1981 | 32502 | 14396 | 5964 | 5921 | 933 | 2597 |
| 1982 | 35450 | 16160 | 6847 | 6056 | 903 | 2705 |
| 1983 | 38728 | 16887 | 8139 | 6821 | 976 | 2925 |
| 1984 | 40731 | 17826 | 8782 | 7341 | 970 | 2848 |
| 1985 | 37911 | 16857 | 8581 | 6383 | 1050 | 2604 |
| 1986 | 39151 | 17222 | 9004 | 7086 | 1161 | 2534 |
| 1987 | 40298 | 17426 | 8590 | 7924 | 1247 | 2821 |
| 1988 | 39408 | 16911 | 8543 | 7735 | 1165 | 2697 |
| 1989 | 40755 | 18013 | 9081 | 7893 | 1023 | 2730 |
| 1990 | 44624 | 18933 | 9823 | 9682 | 1100 | 2743 |
| 1991 | 43529 | 18381 | 9595 | 9877 | 971 | 2716 |
| 1992 | 44266 | 18622 | 10159 | 9538 | 1030 | 2844 |
| 1993 | 45649 | 17751 | 10639 | 10270 | 1531 | 3181 |
| 1994 | 44510 | 17593 | 9930 | 9928 | 1600 | 3025 |
| 1995 | 46662 | 18523 | 10221 | 11199 | 1350 | 3263 |
| 1996 | 50454 | 19510 | 11057 | 12747 | 1322 | 3536 |
| 1997 | 49417 | 20073 | 12329 | 10431 | 1473 | 3192 |
| 1998 | 51230 | 19871 | 10973 | 13295 | 1515 | 3604 |
| 1999 | 50839 | 19849 | 11388 | 12809 | 1425 | 3641 |
| 2000 | 46218 | 18791 | 9964 | 10600 | 1541 | 3685 |
| 2001 | 45264 | 17758 | 9387 | 11409 | 1541 | 3563 |
| 2002 | 45706 | 17454 | 9029 | 12131 | 1651 | 3666 |
| 2003 | 43070 | 16066 | 8649 | 11583 | 1539 | 3513 |
| 2004 | 46947 | 17909 | 9195 | 13029 | 1740 | 3558 |
| 2005 | 48402 | 18059 | 9745 | 13937 | 1635 | 3469 |
| 2006 | 49804 | 18172 | 10847 | 15160 | 1508 | 2701 |
| 2007 | 50160 | 18603 | 10930 | 15230 | 1273 | 2808 |

# 附录1—33 全国及各省市区粮食作物播种面积

## Sown Area of Grain Grops by Provinces and Regions

单位：千公顷 （1 000 hectares）

| 地　区 | Region | 1995 | 2000 | 2005 | 2006 | 2007 | 2007年比2006年增长 Growth Rate in 2007 over 2006 | |
|---|---|---|---|---|---|---|---|---|
| | | | | | | | 绝对数 Value | % |
| 全　国 | National | 110060.4 | 108462.5 | 104278.4 | 105067.7 | 105748.4 | 680.7 | 0.6 |
| 北　京 | Beijing | 434.1 | 308.3 | 192.2 | 219.6 | 197.5 | -22.1 | -10.1 |
| 天　津 | Tianjin | 443.3 | 345.9 | 287.7 | 284.3 | 292.0 | 7.7 | 2.7 |
| 河　北 | Hebei | 6829.5 | 6918.7 | 6240.2 | 6271.7 | 6168.2 | -103.5 | -1.6 |
| 山　西 | Shanxi | 3151.5 | 3186.5 | 3033.6 | 2833.3 | 3028.2 | 194.9 | 6.9 |
| 内蒙古 | Inner Mongolia | 4143.2 | 4435.9 | 4373.6 | 4936.8 | 5119.9 | 183.1 | 3.7 |
| 辽　宁 | Liaoning | 3030.9 | 2858.6 | 3052.0 | 3089.7 | 3127.2 | 37.5 | 1.2 |
| 吉　林 | Jilin | 3576.9 | 3833.7 | 4294.5 | 4236.6 | 4334.7 | 98.1 | 2.3 |
| 黑龙江 | Heilongjiang | 7500.2 | 7852.5 | 8650.8 | 10525.7 | 10820.5 | 294.7 | 2.8 |
| 上　海 | Shanghai | 343.9 | 258.8 | 166.1 | 165.5 | 169.6 | 4.1 | 2.5 |
| 江　苏 | Jiangsu | 5755.2 | 5304.3 | 4909.5 | 5110.8 | 5215.6 | 104.8 | 2.1 |
| 浙　江 | Zhejiang | 2814.4 | 2300.3 | 1510.8 | 1253.2 | 1219.6 | -33.6 | -2.7 |
| 安　徽 | Anhui | 5852.5 | 6183.8 | 6410.9 | 6443.4 | 6477.8 | 34.4 | 0.5 |
| 福　建 | Fujian | 2017.3 | 1828.5 | 1441.3 | 1226.9 | 1201.0 | -25.9 | -2.1 |
| 江　西 | Jiangxi | 3509.3 | 3322.0 | 3441.5 | 3547.1 | 3525.3 | -21.9 | -0.6 |
| 山　东 | Shandong | 8131.6 | 7363.2 | 6711.7 | 7109.1 | 7046.5 | -62.6 | -0.9 |
| 河　南 | Henan | 8810.0 | 9029.6 | 9153.4 | 9455.9 | 9468.0 | 12.1 | 0.1 |
| 湖　北 | Hubei | 4776.7 | 4156.2 | 3926.8 | 3902.3 | 3981.4 | 79.2 | 2.0 |
| 湖　南 | Hunan | 5115.6 | 5029.9 | 4838.6 | 4545.4 | 4531.3 | -14.1 | -0.3 |
| 广　东 | Guangdong | 3472.3 | 3311.1 | 2786.5 | 2466.7 | 2479.5 | 12.9 | 0.5 |
| 广　西 | Guangxi | 3662.7 | 3655.9 | 3496.2 | 3133.2 | 2984.0 | -149.2 | -4.8 |
| 海　南 | Hainan | 574.9 | 542.0 | 423.8 | 379.1 | 402.6 | 23.6 | 6.2 |
| 重　庆 | Chongqing | | 2773.4 | 2501.3 | 2155.5 | 2195.8 | 40.3 | 1.9 |
| 四　川 | Sichuan | 9933.7 | 6854.5 | 6564.8 | 6455.5 | 6450.0 | -5.5 | -0.1 |
| 贵　州 | Guizhou | 2864.5 | 3151.3 | 3073.7 | 2836.0 | 2821.8 | -14.2 | -0.5 |
| 云　南 | Yunnan | 3643.0 | 4238.7 | 4253.9 | 4022.1 | 3994.5 | -27.7 | -0.7 |
| 西　藏 | Tibet | 188.2 | 201.4 | 177.7 | 171.7 | 171.8 | 0.1 | 0.1 |
| 陕　西 | Shaanxi | 3807.7 | 3821.5 | 3263.9 | 3081.3 | 3099.8 | 18.5 | 0.6 |
| 甘　肃 | Gansu | 2928.7 | 2798.2 | 2587.2 | 2598.8 | 2687.0 | 88.2 | 3.4 |
| 青　海 | Qinghai | 384.3 | 322.7 | 245.6 | 301.6 | 301.8 | 0.2 | 0.1 |
| 宁　夏 | Ningxia | 761.8 | 807.1 | 775.9 | 793.5 | 856.3 | 62.9 | 7.9 |
| 新　疆 | Xinjiang | 1602.5 | 1468.2 | 1492.8 | 1515.4 | 1379.1 | -136.3 | -9.0 |
| **广西居全国位次** | **Order of Precedence of Guangxi in the Country** | **12** | **14** | **13** | **14** | **17** | | |

# 附录1—34 全国及各省市区粮食作物总产量

## Total Output of Grain Grops by Provinces and Regions

单位：万吨　　　　　　　　　　　　　　　　　　　　　　　　　　　　(10 000 tons)

| 地　区 | Region | 1995 | 2000 | 2005 | 2006 | 2007 | 2007年比2006年增长 Growth Rate in 2007 over 2006 | |
|---|---|---|---|---|---|---|---|---|
| | | | | | | | 绝对数 Value | % |
| 全　国 | National | 46661.8 | 46217.5 | 48402.2 | 49804.2 | 50160.3 | 356.1 | 0.7 |
| 北　京 | Beijing | 259.8 | 144.2 | 94.9 | 109.2 | 102.1 | -7.1 | -6.5 |
| 天　津 | Tianjin | 207.5 | 124.1 | 137.5 | 141.9 | 147.2 | 5.3 | 3.7 |
| 河　北 | Hebei | 2739.2 | 2551.1 | 2598.6 | 2780.6 | 2841.6 | 61.0 | 2.2 |
| 山　西 | Shanxi | 917.1 | 853.4 | 978.0 | 1024.5 | 1007.1 | -17.5 | -1.7 |
| 内蒙古 | Inner Mongolia | 1055.4 | 1241.9 | 1662.2 | 1806.8 | 1810.7 | 3.9 | 0.2 |
| 辽　宁 | Liaoning | 1423.5 | 1140.0 | 1745.8 | 1797.0 | 1835.0 | 38.0 | 2.1 |
| 吉　林 | Jilin | 1992.4 | 1638.0 | 2581.2 | 2725.8 | 2453.8 | -272.0 | -10.0 |
| 黑龙江 | Heilongjiang | 2552.1 | 2545.5 | 3092.0 | 3843.5 | 3462.9 | -380.6 | -9.9 |
| 上　海 | Shanghai | 210.4 | 174.0 | 105.4 | 111.3 | 109.2 | -2.1 | -1.9 |
| 江　苏 | Jiangsu | 3286.3 | 3106.6 | 2834.6 | 3096.0 | 3132.2 | 36.2 | 1.2 |
| 浙　江 | Zhejiang | 1430.9 | 1217.7 | 814.7 | 769.5 | 728.6 | -40.9 | -5.3 |
| 安　徽 | Anhui | 2580.7 | 2472.1 | 2605.3 | 2853.7 | 2901.4 | 47.7 | 1.7 |
| 福　建 | Fujian | 919.7 | 854.7 | 715.2 | 632.9 | 635.1 | 2.2 | 0.3 |
| 江　西 | Jiangxi | 1607.4 | 1614.6 | 1757.0 | 1896.5 | 1904.0 | 7.5 | 0.4 |
| 山　东 | Shandong | 4246.4 | 3837.7 | 3917.4 | 4093.0 | 4148.8 | 55.8 | 1.4 |
| 河　南 | Henan | 3466.5 | 4101.5 | 4582.0 | 5112.3 | 5245.2 | 132.9 | 2.6 |
| 湖　北 | Hubei | 2463.8 | 2218.5 | 2177.4 | 2099.1 | 2185.4 | 86.3 | 4.1 |
| 湖　南 | Hunan | 2691.6 | 2767.9 | 2678.6 | 2654.2 | 2692.2 | 38.0 | 1.4 |
| 广　东 | Guangdong | 1734.8 | 1760.1 | 1395.0 | 1242.4 | 1284.7 | 42.3 | 3.4 |
| 广　西 | Guangxi | 1508.2 | 1528.5 | 1487.3 | 1427.6 | 1396.6 | -31.0 | -2.2 |
| 海　南 | Hainan | 201.8 | 199.6 | 153.0 | 161.9 | 177.5 | 15.6 | 9.6 |
| 重　庆 | Chongqing | | 1106.9 | 1168.2 | 808.4 | 1088.0 | 279.6 | 34.6 |
| 四　川 | Sichuan | 4365.0 | 3372.0 | 3211.1 | 2859.7 | 3027.0 | 167.3 | 5.9 |
| 贵　州 | Guizhou | 948.9 | 1161.3 | 1152.1 | 1038.0 | 1100.9 | 62.9 | 6.1 |
| 云　南 | Yunnan | 1188.9 | 1467.8 | 1514.9 | 1457.6 | 1460.7 | 3.1 | 0.2 |
| 西　藏 | Tibet | 70.0 | 96.2 | 93.4 | 92.4 | 93.9 | 1.5 | 1.6 |
| 陕　西 | Shaanxi | 913.4 | 1089.1 | 1043.0 | 1041.9 | 1067.9 | 26.0 | 2.5 |
| 甘　肃 | Gansu | 644.2 | 713.5 | 836.9 | 808.1 | 824.0 | 16.0 | 2.0 |
| 青　海 | Qinghai | 114.2 | 82.7 | 93.3 | 99.7 | 106.2 | 6.5 | 6.5 |
| 宁　夏 | Ningxia | 203.2 | 252.7 | 299.8 | 322.4 | 323.5 | 1.1 | 0.3 |
| 新　疆 | Xinjiang | 718.5 | 783.7 | 876.6 | 896.4 | 867.0 | -29.3 | -3.3 |
| **广西居全国位次** | **Order of Precedence of Guangxi in the Country** | **13** | **13** | **15** | **15** | **15** | | |

# 附录1—35 全国及各省市区稻谷播种面积

## Sown Area of Rice by Provinces and Regions

单位：千公顷 （1 000 hectares）

| 地 区 | Region | 1995 | 2000 | 2005 | 2006 | 2007 | 2007年比2006年增长 Growth Rate in 2007 over 2006 | |
|---|---|---|---|---|---|---|---|---|
| | | | | | | | 绝对数 Value | % |
| 全 国 | National | 30744.1 | 29961.7 | 28847.2 | 28937.9 | 28918.8 | -19.1 | -0.1 |
| 北 京 | Beijing | 23.3 | 14.1 | 0.8 | 0.7 | 0.5 | -0.2 | -24.6 |
| 天 津 | Tianjin | 48.1 | 35.4 | 16.7 | 14.1 | 14.4 | 0.3 | 2.0 |
| 河 北 | Hebei | 128.7 | 143.9 | 87.7 | 88.7 | 84.5 | -4.2 | -4.7 |
| 山 西 | Shanxi | 6.4 | 4.5 | 2.7 | 1.5 | 1.5 | 0.0 | 0.7 |
| 内蒙古 | Inner Mongolia | 78.6 | 118.4 | 84.5 | 72.0 | 79.9 | 7.8 | 10.9 |
| 辽 宁 | Liaoning | 472.6 | 489.7 | 568.4 | 624.9 | 660.6 | 35.7 | 5.7 |
| 吉 林 | Jilin | 429.6 | 584.8 | 654.0 | 656.3 | 669.9 | 13.6 | 2.1 |
| 黑龙江 | Heilongjiang | 835.1 | 1605.9 | 1650.3 | 1992.2 | 2253.2 | 261.0 | 13.1 |
| 上 海 | Shanghai | 210.0 | 176.1 | 112.7 | 110.6 | 109.1 | -1.5 | -1.4 |
| 江 苏 | Jiangsu | 2250.3 | 2203.5 | 2209.3 | 2216.0 | 2228.1 | 12.1 | 0.5 |
| 浙 江 | Zhejiang | 2137.8 | 1598.0 | 1028.5 | 994.5 | 954.3 | -40.2 | -4.0 |
| 安 徽 | Anhui | 2156.1 | 2236.7 | 2149.1 | 2207.7 | 2205.2 | -2.5 | -0.1 |
| 福 建 | Fujian | 1406.3 | 1222.3 | 951.6 | 890.6 | 868.7 | -21.9 | -2.5 |
| 江 西 | Jiangxi | 3014.9 | 2832.0 | 3129.0 | 3239.3 | 3194.3 | -45.0 | -1.4 |
| 山 东 | Shandong | 121.1 | 176.8 | 119.8 | 127.3 | 130.5 | 3.2 | 2.5 |
| 河 南 | Henan | 450.5 | 459.6 | 511.1 | 571.3 | 600.0 | 28.7 | 5.0 |
| 湖 北 | Hubei | 2408.6 | 1995.3 | 2077.4 | 1975.1 | 1978.8 | 3.8 | 0.2 |
| 湖 南 | Hunan | 4084.0 | 3896.1 | 3795.2 | 3931.7 | 3897.2 | -34.5 | -0.9 |
| 广 东 | Guangdong | 2699.8 | 2467.4 | 2137.6 | 1941.9 | 1939.0 | -2.9 | -0.2 |
| 广 西 | Guangxi | 2420.7 | 2301.6 | 2360.4 | 2238.1 | 2126.7 | -111.4 | -5.0 |
| 海 南 | Hainan | 393.6 | 367.5 | 300.4 | 296.4 | 298.3 | 1.9 | 0.6 |
| 重 庆 | Chongqing | | 776.6 | 748.0 | 672.3 | 652.1 | -20.2 | -3.0 |
| 四 川 | Sichuan | 3003.3 | 2123.8 | 2087.5 | 2081.9 | 2036.2 | -45.7 | -2.2 |
| 贵 州 | Guizhou | 741.0 | 750.5 | 721.7 | 679.6 | 676.2 | -3.4 | -0.5 |
| 云 南 | Yunnan | 941.0 | 1073.6 | 1049.3 | 1029.7 | 990.2 | -39.5 | -3.8 |
| 西 藏 | Tibet | 1.0 | 1.0 | 1.0 | 1.0 | 1.0 | 0.0 | 2.0 |
| 陕 西 | Shaanxi | 139.3 | 144.8 | 147.1 | 120.9 | 115.3 | -5.6 | -4.6 |
| 甘 肃 | Gansu | 6.8 | 7.2 | 5.1 | 5.3 | 5.3 | 0.0 | -0.6 |
| 青 海 | Qinghai | | | | | | | |
| 宁 夏 | Ningxia | 62.1 | 76.7 | 71.3 | 88.3 | 77.0 | -11.3 | -12.8 |
| 新 疆 | Xinjiang | 73.4 | 78.1 | 69.3 | 68.0 | 71.0 | 3.0 | 4.3 |
| **广西居全国位次** | **Order of Precedence of Guangxi in the Country** | **6** | **4** | **3** | **3** | **6** | | |

# 附录1—36　全国及各省市区稻谷产量

## Output of Rice by Provinces and Regions

单位：万吨　　　　(10 000 tons)

| 地　区 | Region | 1995 | 2000 | 2005 | 2006 | 2007 | 2007年比2006年增长 Growth Rate in 2007 over 2006 | |
|---|---|---|---|---|---|---|---|---|
| | | | | | | | 绝对数 Value | % |
| 全　国 | National | 18522.6 | 18790.8 | 18058.8 | 18171.8 | 18603.4 | 431.6 | 2.4 |
| 北　京 | Beijing | 16.8 | 9.4 | 0.5 | 0.4 | 0.3 | -0.1 | -25.6 |
| 天　津 | Tianjin | 38.9 | 14.5 | 12.2 | 10.3 | 10.0 | -0.3 | -2.9 |
| 河　北 | Hebei | 90.3 | 65.8 | 51.6 | 51.2 | 57.6 | 6.4 | 12.4 |
| 山　西 | Shanxi | 4.2 | 3.3 | 0.9 | 0.7 | 0.6 | -0.1 | -12.0 |
| 内蒙古 | Inner Mongolia | 39.6 | 72.2 | 62.2 | 51.8 | 60.2 | 8.4 | 16.2 |
| 辽　宁 | Liaoning | 261.8 | 377.1 | 416.5 | 426.6 | 505.0 | 78.4 | 18.4 |
| 吉　林 | Jilin | 296.9 | 374.8 | 473.3 | 487.3 | 500.0 | 12.7 | 2.6 |
| 黑龙江 | Heilongjiang | 469.9 | 1042.2 | 1121.5 | 1360.0 | 1417.9 | 57.9 | 4.3 |
| 上　海 | Shanghai | 158.6 | 137.2 | 85.5 | 89.7 | 86.0 | -3.7 | -4.1 |
| 江　苏 | Jiangsu | 1798.6 | 1801.3 | 1706.7 | 1778.0 | 1761.1 | -16.9 | -1.0 |
| 浙　江 | Zhejiang | 1218.8 | 990.2 | 644.8 | 682.4 | 636.9 | -45.5 | -6.7 |
| 安　徽 | Anhui | 1269.9 | 1221.6 | 1250.8 | 1333.1 | 1356.4 | 23.3 | 1.7 |
| 福　建 | Fujian | 724.9 | 632.8 | 526.6 | 499.0 | 501.0 | 2.0 | 0.4 |
| 江　西 | Jiangxi | 1486.5 | 1491.9 | 1667.2 | 1808.8 | 1806.4 | -2.4 | -0.1 |
| 山　东 | Shandong | 91.2 | 110.8 | 95.8 | 105.0 | 110.2 | 5.2 | 4.9 |
| 河　南 | Henan | 295.8 | 318.8 | 359.8 | 404.6 | 436.5 | 31.9 | 7.9 |
| 湖　北 | Hubei | 1730.7 | 1497.2 | 1535.3 | 1437.9 | 1485.9 | 48.0 | 3.3 |
| 湖　南 | Hunan | 2438.4 | 2392.5 | 2296.2 | 2414.5 | 2425.7 | 11.2 | 0.5 |
| 广　东 | Guangdong | 1471.6 | 1423.4 | 1117.0 | 1015.9 | 1046.1 | 30.2 | 3.0 |
| 广　西 | Guangxi | 1260.0 | 1226.5 | 1169.1 | 1150.1 | 1112.5 | -37.6 | -3.3 |
| 海　南 | Hainan | 160.9 | 150.2 | 110.6 | 134.2 | 136.4 | 2.2 | 1.6 |
| 重　庆 | Chongqing | | 532.9 | 521.5 | 344.9 | 491.6 | 146.7 | 42.5 |
| 四　川 | Sichuan | 2097.9 | 1634.3 | 1505.7 | 1336.7 | 1419.7 | 83.0 | 6.2 |
| 贵　州 | Guizhou | 425.2 | 477.4 | 472.8 | 424.2 | 449.8 | 25.7 | 6.1 |
| 云　南 | Yunnan | 511.9 | 568.2 | 646.3 | 612.9 | 589.7 | -23.2 | -3.8 |
| 西　藏 | Tibet | 0.5 | 0.6 | 0.6 | 0.6 | 0.6 | 0.0 | -6.8 |
| 陕　西 | Shaanxi | 64.2 | 94.7 | 89.2 | 71.2 | 73.0 | 1.8 | 2.5 |
| 甘　肃 | Gansu | 5.3 | 6.2 | 4.1 | 4.0 | 3.4 | -0.6 | -15.2 |
| 青　海 | Qinghai | | | | | | | |
| 宁　夏 | Ningxia | 46.2 | 62.4 | 61.1 | 76.6 | 60.5 | -16.1 | -21.0 |
| 新　疆 | Xinjiang | 47.2 | 60.4 | 53.8 | 59.3 | 62.5 | 3.3 | 5.5 |
| **广西居全国位次** | **Order of Precedence of Guangxi in the Country** | **8** | **7** | **7** | **8** | **8** | | |

# 附录1—37 全国及各省市区小麦播种面积

## Sown Area of Wheat by Provinces and Regions

单位：千公顷 (1 000 hectares)

| 地区 | Region | 1995 | 2000 | 2005 | 2006 | 2007 | 2007年比2006年增长 Growth Rate in 2007 over 2006 | |
|---|---|---|---|---|---|---|---|---|
| | | | | | | | 绝对数 Value | % |
| 全国 | National | 28860.2 | 26653.3 | 22792.6 | 23723.4 | 23830.6 | 107.2 | 0.5 |
| 北京 | Beijing | 172.2 | 121.7 | 53.3 | 63.1 | 41.4 | -21.7 | -34.4 |
| 天津 | Tianjin | 141.2 | 121.7 | 98.9 | 103.4 | 104.9 | 1.4 | 1.4 |
| 河北 | Hebei | 2500.7 | 2678.8 | 2377.1 | 2504.5 | 2412.4 | -92.1 | -3.7 |
| 山西 | Shanxi | 917.0 | 893.2 | 721.0 | 659.6 | 712.3 | 52.7 | 8.0 |
| 内蒙古 | Inner Mongolia | 1016.7 | 617.1 | 460.6 | 483.6 | 533.4 | 49.8 | 10.3 |
| 辽宁 | Liaoning | 171.3 | 117.6 | 22.3 | 8.0 | 12.4 | 4.4 | 55.5 |
| 吉林 | Jilin | 80.4 | 77.3 | 9.5 | 1.1 | 5.4 | 4.3 | 390.0 |
| 黑龙江 | Heilongjiang | 1116.3 | 590.2 | 248.5 | 243.5 | 233.0 | -10.5 | -4.3 |
| 上海 | Shanghai | 61.1 | 57.1 | 29.9 | 31.4 | 37.5 | 6.1 | 19.5 |
| 江苏 | Jiangsu | 2150.4 | 1954.6 | 1684.4 | 1912.7 | 2039.1 | 126.5 | 6.6 |
| 浙江 | Zhejiang | 208.2 | 177.6 | 67.1 | 45.4 | 49.3 | 3.8 | 8.4 |
| 安徽 | Anhui | 1992.7 | 2126.4 | 2108.3 | 2307.8 | 2330.3 | 22.5 | 1.0 |
| 福建 | Fujian | 69.1 | 38.7 | 5.9 | 4.8 | 4.5 | -0.4 | -7.6 |
| 江西 | Jiangxi | 60.0 | 51.4 | 15.9 | 11.8 | 11.2 | -0.6 | -4.8 |
| 山东 | Shandong | 4010.9 | 3748.2 | 3278.7 | 3666.6 | 3629.1 | -37.5 | -1.0 |
| 河南 | Henan | 4814.0 | 4922.3 | 4962.7 | 5208.5 | 5213.3 | 4.9 | 0.1 |
| 湖北 | Hubei | 1179.9 | 845.1 | 716.2 | 1016.9 | 1096.3 | 79.3 | 7.8 |
| 湖南 | Hunan | 168.7 | 118.6 | 65.7 | 13.5 | 13.6 | 0.1 | 0.7 |
| 广东 | Guangdong | 26.5 | 13.7 | 6.5 | 1.2 | 1.0 | -0.2 | -16.7 |
| 广西 | Guangxi | 21.6 | 19.5 | 10.7 | 3.9 | 3.9 | -0.1 | -1.4 |
| 海南 | Hainan | | | | 0.0 | 0.0 | 0.0 | |
| 重庆 | Chongqing | | 466.2 | 279.7 | 164.8 | 199.7 | 34.9 | 21.1 |
| 四川 | Sichuan | 2332.0 | 1605.0 | 1262.3 | 1287.2 | 1316.8 | 29.6 | 2.3 |
| 贵州 | Guizhou | 562.0 | 567.4 | 410.6 | 243.9 | 242.7 | -1.2 | -0.5 |
| 云南 | Yunnan | 625.0 | 645.6 | 532.3 | 437.7 | 426.8 | -10.9 | -2.5 |
| 西藏 | Tibet | 51.9 | 51.9 | 42.0 | 41.5 | 40.3 | -1.2 | -2.9 |
| 陕西 | Shaanxi | 1600.2 | 1537.2 | 1211.5 | 1159.3 | 1144.6 | -14.6 | -1.3 |
| 甘肃 | Gansu | 1357.3 | 1192.2 | 1000.8 | 958.5 | 982.1 | 23.6 | 2.5 |
| 青海 | Qinghai | 206.0 | 165.6 | 96.8 | 151.8 | 154.0 | 2.3 | 1.5 |
| 宁夏 | Ningxia | 294.3 | 292.6 | 276.0 | 250.3 | 233.7 | -16.5 | -6.6 |
| 新疆 | Xinjiang | 952.6 | 838.8 | 737.2 | 737.2 | 605.8 | -131.5 | -17.8 |
| **广西居全国位次** | **Order of Precedence of Guangxi in the Country** | **29** | **29** | **27** | **28** | **29** | | |

# 附录1—38 全国及各省市区小麦产量

## Output of Wheat by Provinces and Regions

单位：万吨 （10 000 tons）

| 地区 | Region | 1995 | 2000 | 2005 | 2006 | 2007 | 2007年比2006年增长 Growth Rate in 2007 over 2006 | |
|---|---|---|---|---|---|---|---|---|
| | | | | | | | 绝对数 Value | % |
| 全国 | National | 10220.7 | 9963.6 | 9744.5 | 10846.6 | 10929.8 | 83.2 | 0.8 |
| 北京 | Beijing | 100.4 | 66.9 | 26.7 | 30.0 | 20.4 | -9.6 | -32.1 |
| 天津 | Tianjin | 65.4 | 59.5 | 47.4 | 49.9 | 50.6 | 0.7 | 1.4 |
| 河北 | Hebei | 1060.3 | 1208.0 | 1150.3 | 1189.7 | 1193.7 | 4.0 | 0.3 |
| 山西 | Shanxi | 270.1 | 215.2 | 202.3 | 227.1 | 220.2 | -6.9 | -3.1 |
| 内蒙古 | Inner Mongolia | 262.2 | 181.8 | 143.6 | 172.2 | 175.6 | 3.4 | 2.0 |
| 辽宁 | Liaoning | 63.3 | 35.8 | 7.9 | 3.1 | 5.3 | 2.2 | 70.0 |
| 吉林 | Jilin | 19.1 | 16.3 | 2.7 | 0.3 | 1.6 | 1.3 | 416.7 |
| 黑龙江 | Heilongjiang | 271.0 | 95.8 | 94.0 | 93.0 | 68.8 | -24.2 | -26.0 |
| 上海 | Shanghai | 23.8 | 24.7 | 9.9 | 11.3 | 14.6 | 3.3 | 29.0 |
| 江苏 | Jiangsu | 892.6 | 796.4 | 728.5 | 901.6 | 973.8 | 72.2 | 8.0 |
| 浙江 | Zhejiang | 54.1 | 55.1 | 21.8 | 15.7 | 18.4 | 2.7 | 16.8 |
| 安徽 | Anhui | 699.1 | 707.1 | 808.1 | 1039.0 | 1111.3 | 72.3 | 7.0 |
| 福建 | Fujian | 18.6 | 11.0 | 2.0 | 1.6 | 1.5 | -0.1 | -6.7 |
| 江西 | Jiangxi | 7.5 | 7.9 | 2.7 | 2.0 | 2.0 | -0.1 | -2.9 |
| 山东 | Shandong | 2060.7 | 1860.0 | 1800.5 | 2013.0 | 1995.6 | -17.4 | -0.9 |
| 河南 | Henan | 1754.2 | 2236.0 | 2577.7 | 2936.5 | 2980.2 | 43.7 | 1.5 |
| 湖北 | Hubei | 363.6 | 233.7 | 208.9 | 311.1 | 353.2 | 42.1 | 13.5 |
| 湖南 | Hunan | 27.1 | 23.3 | 13.4 | 2.9 | 3.2 | 0.3 | 10.3 |
| 广东 | Guangdong | 6.9 | 3.9 | 1.9 | 0.3 | 0.3 | | |
| 广西 | Guangxi | 2.8 | 2.7 | 1.8 | 0.6 | 0.6 | | -2.8 |
| 海南 | Hainan | | | | | | | |
| 重庆 | Chongqing | | 101.3 | 78.6 | 47.6 | 61.1 | 13.5 | 28.3 |
| 四川 | Sichuan | 730.9 | 532.1 | 427.4 | 443.6 | 451.7 | 8.1 | 1.8 |
| 贵州 | Guizhou | 107.8 | 103.5 | 73.0 | 45.1 | 47.9 | 2.7 | 6.1 |
| 云南 | Yunnan | 137.5 | 152.4 | 106.9 | 93.0 | 91.2 | -1.8 | -1.9 |
| 西藏 | Tibet | 24.9 | 30.7 | 25.6 | 26.5 | 26.5 | -0.1 | -0.2 |
| 陕西 | Shaanxi | 410.4 | 418.6 | 401.2 | 390.1 | 359.1 | -31.0 | -7.9 |
| 甘肃 | Gansu | 254.2 | 266.1 | 264.8 | 260.7 | 237.4 | -23.3 | -8.9 |
| 青海 | Qinghai | 69.5 | 43.9 | 39.3 | 59.4 | 61.4 | 2.0 | 3.4 |
| 宁夏 | Ningxia | 68.9 | 74.5 | 79.4 | 83.3 | 61.6 | -21.7 | -26.1 |
| 新疆 | Xinjiang | 393.9 | 399.5 | 396.2 | 396.2 | 341.3 | -55.0 | -13.9 |
| **广西居全国位次** | **Order of Precedence of Guangxi in the Country** | **29** | **30** | **30** | **28** | **29** | | |

# 附录1—39　全国及各省市区玉米播种面积

## Sown Area of Corn by Provinces and Regions

单位：千公顷　　　　　　　　　　　　　　　　　　　　　　　　　　　　(1 000 hectares)

| 地　区 | Region | 1995 | 2000 | 2005 | 2006 | 2007 | 2007年比2006年增长 Growth Rate in 2007 over 2006 | |
|---|---|---|---|---|---|---|---|---|
| | | | | | | | 绝对数 Value | % |
| 全　国 | National | 22775.7 | 23056.1 | 26358.3 | 28463.0 | 29477.5 | 1014.5 | 3.6 |
| 北　京 | Beijing | 207.8 | 135.8 | 119.7 | 135.8 | 139.0 | 3.2 | 2.3 |
| 天　津 | Tianjin | 158.6 | 131.2 | 138.8 | 150.9 | 162.2 | 11.3 | 7.5 |
| 河　北 | Hebei | 2290.8 | 2478.6 | 2677.4 | 2799.9 | 2862.6 | 62.7 | 2.2 |
| 山　西 | Shanxi | 768.2 | 793.7 | 1183.7 | 1260.4 | 1270.5 | 10.1 | 0.8 |
| 内蒙古 | Inner Mongolia | 992.1 | 1298.2 | 1805.8 | 1916.7 | 2012.5 | 95.8 | 5.0 |
| 辽　宁 | Liaoning | 1517.5 | 1422.5 | 1792.5 | 1983.1 | 1998.6 | 15.5 | 0.8 |
| 吉　林 | Jilin | 2344.1 | 2197.3 | 2775.2 | 2880.7 | 2853.7 | -27.0 | -0.9 |
| 黑龙江 | Heilongjiang | 2411.2 | 1801.3 | 2220.2 | 3305.1 | 3883.6 | 578.4 | 17.5 |
| 上　海 | Shanghai | 8.1 | 5.2 | 4.3 | 3.9 | 3.9 | 0.0 | -0.3 |
| 江　苏 | Jiangsu | 462.0 | 423.2 | 370.2 | 378.2 | 391.2 | 13.0 | 3.4 |
| 浙　江 | Zhejiang | 39.3 | 52.2 | 62.9 | 22.0 | 23.6 | 1.6 | 7.2 |
| 安　徽 | Anhui | 552.4 | 485.9 | 670.2 | 623.2 | 710.4 | 87.2 | 14.0 |
| 福　建 | Fujian | 29.6 | 36.8 | 39.1 | 33.3 | 34.7 | 1.4 | 4.2 |
| 江　西 | Jiangxi | 41.1 | 25.3 | 16.5 | 14.8 | 15.5 | 0.8 | 5.4 |
| 山　东 | Shandong | 2694.8 | 2413.9 | 2731.4 | 2844.4 | 2854.2 | 9.8 | 0.3 |
| 河　南 | Henan | 1957.5 | 2201.3 | 2508.3 | 2751.7 | 2779.2 | 27.6 | 1.0 |
| 湖　北 | Hubei | 393.8 | 424.1 | 389.6 | 431.9 | 436.3 | 4.4 | 1.0 |
| 湖　南 | Hunan | 137.9 | 278.5 | 277.3 | 196.1 | 220.2 | 24.1 | 12.3 |
| 广　东 | Guangdong | 65.5 | 189.3 | 136.7 | 118.8 | 132.8 | 14.0 | 11.8 |
| 广　西 | Guangxi | 550.1 | 610.7 | 575.7 | 516.3 | 490.4 | -25.8 | -5.0 |
| 海　南 | Hainan | 17.1 | 18.0 | 12.9 | 16.3 | 17.6 | 1.3 | 8.1 |
| 重　庆 | Chongqing | | 500.6 | 460.3 | 440.5 | 453.7 | 13.2 | 3.0 |
| 四　川 | Sichuan | 1715.8 | 1235.5 | 1196.6 | 1291.7 | 1330.5 | 38.8 | 3.0 |
| 贵　州 | Guizhou | 646.7 | 727.3 | 719.5 | 734.9 | 731.2 | -3.7 | -0.5 |
| 云　南 | Yunnan | 988.0 | 1129.7 | 1182.6 | 1251.2 | 1282.1 | 30.9 | 2.5 |
| 西　藏 | Tibet | 2.8 | 3.2 | 3.3 | 3.4 | 3.3 | -0.1 | -2.7 |
| 陕　西 | Shaanxi | 902.6 | 1057.0 | 1097.1 | 1129.8 | 1154.0 | 24.2 | 2.1 |
| 甘　肃 | Gansu | 346.2 | 464.4 | 484.8 | 517.7 | 492.0 | -25.7 | -5.0 |
| 青　海 | Qinghai | | 2.1 | 1.1 | 1.9 | 2.3 | 0.4 | 22.4 |
| 宁　夏 | Ningxia | 95.0 | 131.1 | 178.3 | 182.5 | 206.0 | 23.5 | 12.9 |
| 新　疆 | Xinjiang | 439.2 | 382.4 | 526.1 | 526.1 | 529.8 | 3.7 | 0.7 |
| **广西居全国位次** | **Order of Precedence of Guangxi in the Country** | **14** | **13** | **14** | **16** | **16** | | |

# 附录1—40 全国及各省市区玉米产量

## Output of Corn by Provinces and Regions

单位：万吨 （10 000 tons）

| 地 区 | Region | 1995 | 2000 | 2005 | 2006 | 2007 | 2007年比2006年增长 Growth Rate in 2007 over 2006 | |
|---|---|---|---|---|---|---|---|---|
| | | | | | | | 绝对数 Value | % |
| 全 国 | National | 11198.6 | 10600.0 | 13936.5 | 15160.3 | 15230.0 | 69.7 | 0.5 |
| 北 京 | Beijing | 133.0 | 58.7 | 62.6 | 72.9 | 76.5 | 3.6 | 5.0 |
| 天 津 | Tianjin | 80.5 | 41.0 | 73.2 | 79.7 | 85.1 | 5.4 | 6.8 |
| 河 北 | Hebei | 1183.4 | 994.5 | 1193.8 | 1348.8 | 1421.8 | 73.0 | 5.4 |
| 山 西 | Shanxi | 403.5 | 354.8 | 616.1 | 666.0 | 640.4 | -25.6 | -3.8 |
| 内蒙古 | Inner Mongolia | 518.4 | 629.2 | 1066.2 | 1130.0 | 1155.3 | 25.3 | 2.2 |
| 辽 宁 | Liaoning | 824.7 | 551.1 | 1135.5 | 1211.5 | 1167.8 | -43.7 | -3.6 |
| 吉 林 | Jilin | 1478.5 | 993.2 | 1800.7 | 2037.1 | 1800.0 | -237.1 | -11.6 |
| 黑龙江 | Heilongjiang | 1212.6 | 790.8 | 1042.9 | 1517.0 | 1442.0 | -75.0 | -4.9 |
| 上 海 | Shanghai | 4.6 | 3.7 | 2.8 | 2.7 | 2.5 | -0.2 | -6.7 |
| 江 苏 | Jiangsu | 270.8 | 236.8 | 174.8 | 197.0 | 197.3 | 0.3 | 0.1 |
| 浙 江 | Zhejiang | 14.2 | 20.3 | 25.9 | 9.4 | 10.0 | 0.6 | 6.4 |
| 安 徽 | Anhui | 271.9 | 219.0 | 264.9 | 267.7 | 250.0 | -17.7 | -6.6 |
| 福 建 | Fujian | 6.9 | 11.1 | 13.2 | 11.1 | 11.8 | 0.7 | 6.5 |
| 江 西 | Jiangxi | 8.9 | 8.5 | 6.3 | 6.1 | 6.4 | 0.3 | 4.9 |
| 山 东 | Shandong | 1543.0 | 1467.5 | 1735.4 | 1749.3 | 1816.5 | 67.2 | 3.8 |
| 河 南 | Henan | 957.8 | 1075.0 | 1298.0 | 1541.8 | 1582.5 | 40.7 | 2.6 |
| 湖 北 | Hubei | 150.1 | 216.7 | 194.9 | 203.8 | 205.1 | 1.3 | 0.6 |
| 湖 南 | Hunan | 38.9 | 125.1 | 134.0 | 100.2 | 116.3 | 16.1 | 16.1 |
| 广 东 | Guangdong | 21.9 | 76.1 | 61.5 | 53.7 | 59.2 | 5.5 | 10.2 |
| 广 西 | Guangxi | 155.2 | 184.2 | 212.0 | 198.5 | 204.1 | 5.6 | 2.8 |
| 海 南 | Hainan | 3.7 | 5.2 | 5.4 | 6.1 | 7.0 | 0.9 | 14.8 |
| 重 庆 | Chongqing | | 197.5 | 233.1 | 200.5 | 234.2 | 33.7 | 16.8 |
| 四 川 | Sichuan | 629.6 | 547.4 | 580.8 | 553.1 | 602.8 | 49.7 | 9.0 |
| 贵 州 | Guizhou | 238.6 | 342.2 | 344.3 | 336.7 | 357.1 | 20.4 | 6.1 |
| 云 南 | Yunnan | 339.3 | 473.3 | 449.3 | 478.0 | 498.6 | 20.6 | 4.3 |
| 西 藏 | Tibet | 1.1 | 1.4 | 1.7 | 1.7 | 1.7 | 0.0 | -2.4 |
| 陕 西 | Shaanxi | 282.3 | 413.7 | 459.7 | 456.1 | 493.9 | 37.8 | 8.3 |
| 甘 肃 | Gansu | 125.9 | 210.5 | 248.5 | 218.6 | 242.7 | 24.1 | 11.0 |
| 青 海 | Qinghai | | 1.2 | 0.9 | 1.4 | 1.3 | -0.1 | -4.0 |
| 宁 夏 | Ningxia | 60.8 | 82.0 | 121.4 | 127.1 | 146.6 | 19.5 | 15.3 |
| 新 疆 | Xinjiang | 238.7 | 268.5 | 376.7 | 376.7 | 393.7 | 17.0 | 4.5 |
| **广西居全国位次** | **Order of Precedence of Guangxi in the Country** | **16** | **19** | **17** | **18** | **18** | | |

# 附录1—41 全国及各省市区粮食作物单位面积产量

## Output of Grain Grops Per Hectare by Provinces and Regions

单位：公斤/公顷 (kg/hectare)

| 地 区 | Region | 1990 | 1995 | 2000 | 2005 | 2006 | 2007 | 07年为06年百分比 Per Centum in 2007 over 2006 |
|---|---|---|---|---|---|---|---|---|
| 全 国 | National | 4399 | 4332 | 4620 | 4642 | 4740 | 4743 | 100.1 |
| 北 京 | Beijing | 4870 | 4105 | 4544 | 4938 | 4972 | 5168 | 104.0 |
| 天 津 | Tianjin | 4427 | 4622 | 4660 | 4779 | 4991 | 5039 | 101.0 |
| 河 北 | Hebei | 3756 | 4017 | 4131 | 4164 | 4434 | 4607 | 103.9 |
| 山 西 | Shanxi | 3074 | 3384 | 3630 | 3224 | 3616 | 3326 | 92.0 |
| 内蒙古 | Inner Mongolia | 3237 | 3359 | 3600 | 3801 | 3660 | 3537 | 96.6 |
| 辽 宁 | Liaoning | 5308 | 5462 | 5917 | 5720 | 5816 | 5868 | 100.9 |
| 吉 林 | Jilin | 5485 | 5630 | 5821 | 6010 | 6434 | 5661 | 88.0 |
| 黑龙江 | Heilongjiang | 3547 | 3096 | 3548 | 3574 | 3652 | 3200 | 87.6 |
| 上 海 | Shanghai | 6953 | 6662 | 6871 | 6346 | 6725 | 6439 | 95.7 |
| 江 苏 | Jiangsu | 5954 | 5305 | 5925 | 5774 | 6058 | 6006 | 99.1 |
| 浙 江 | Zhejiang | 5680 | 5557 | 5740 | 5393 | 6141 | 5975 | 97.3 |
| 安 徽 | Anhui | 4539 | 3597 | 4346 | 4064 | 4429 | 4479 | 101.1 |
| 福 建 | Fujian | 4682 | 4848 | 4968 | 4962 | 5158 | 5288 | 102.5 |
| 江 西 | Jiangxi | 4861 | 4753 | 4964 | 5105 | 5347 | 5401 | 101.0 |
| 山 东 | Shandong | 4763 | 5355 | 5694 | 5837 | 5757 | 5888 | 102.3 |
| 河 南 | Henan | 4691 | 4000 | 4749 | 5006 | 5406 | 5540 | 102.5 |
| 湖 北 | Hubei | 5272 | 5399 | 5657 | 5545 | 5379 | 5489 | 102.0 |
| 湖 南 | Hunan | 5376 | 5393 | 5553 | 5536 | 5839 | 5941 | 101.7 |
| 广 东 | Guangdong | 5141 | 5160 | 4983 | 5006 | 5037 | 5181 | 102.9 |
| 广 西 | Guangxi | 4180 | 4222 | 3983 | 4254 | 4556 | 4680 | 102.7 |
| 海 南 | Hainan | 3712 | 3776 | 4029 | 3610 | 4271 | 4408 | 103.2 |
| 重 庆 | Chongqing | 4148 | 4403 | 4548 | 4670 | 3750 | 4955 | 132.1 |
| 四 川 | Sichuan | 4713 | 4782 | 4859 | 4891 | 4430 | 4693 | 105.9 |
| 贵 州 | Guizhou | 3362 | 3655 | 3785 | 3748 | 3660 | 3901 | 106.6 |
| 云 南 | Yunnan | 3424 | 3616 | 3630 | 3561 | 3624 | 3657 | 100.9 |
| 西 藏 | Tibet | 5036 | 5196 | 5339 | 5256 | 5381 | 5464 | 101.5 |
| 陕 西 | Shaanxi | 2960 | 3101 | 3318 | 3196 | 3381 | 3445 | 101.9 |
| 甘 肃 | Gansu | 2977 | 3158 | 3179 | 3235 | 3109 | 3067 | 98.6 |
| 青 海 | Qinghai | 3207 | 3500 | 3617 | 3799 | 3305 | 3518 | 106.4 |
| 宁 夏 | Ningxia | 3426 | 3355 | 3669 | 3864 | 4063 | 3778 | 93.0 |
| 新 疆 | Xinjiang | 5517 | 5631 | 5633 | 5872 | 5915 | 6287 | 106.3 |
| **广西居全国位次** | **Order of Precedence of Guangxi in the Country** | **19** | **17** | **22** | **19** | **17** | **19** | |

# 附录1—42 全国及各省市区稻谷单位面积产量

## Output of Rice Per Hectare by Provinces and Regions

单位：公斤/公顷 （kg/hectare）

| 地区 | Region | 1990 | 1995 | 2000 | 2005 | 2006 | 2007 | 07年为06年百分比 Per Centum in 2007 over 2006 |
|---|---|---|---|---|---|---|---|---|
| 全国 | National | 6189 | 6061 | 6311 | 6260 | 6280 | 6433 | 102.4 |
| 北京 | Beijing | 6444 | 6250 | 6250 | 6250 | 6232 | 6154 | 98.7 |
| 天津 | Tianjin | 7517 | 8143 | 8102 | 7305 | 7321 | 6969 | 95.2 |
| 河北 | Hebei | 5018 | 5437 | 5665 | 5884 | 5770 | 6810 | 118.0 |
| 山西 | Shanxi | 5714 | 3871 | 4231 | 3333 | 4762 | 4163 | 87.4 |
| 内蒙古 | Inner Mongolia | 6236 | 6716 | 6737 | 7361 | 7192 | 7537 | 104.8 |
| 辽宁 | Liaoning | 7301 | 7020 | 7378 | 7328 | 6827 | 7645 | 112.0 |
| 吉林 | Jilin | 5555 | 5882 | 7292 | 7237 | 7425 | 7464 | 100.5 |
| 黑龙江 | Heilongjiang | 5887 | 6529 | 7117 | 6796 | 6827 | 6293 | 92.2 |
| 上海 | Shanghai | 8204 | 7740 | 8005 | 7587 | 8109 | 7883 | 97.2 |
| 江苏 | Jiangsu | 8627 | 7630 | 7919 | 7725 | 8024 | 7904 | 98.5 |
| 浙江 | Zhejiang | 6650 | 6605 | 6681 | 6269 | 6862 | 6674 | 97.3 |
| 安徽 | Anhui | 6494 | 4886 | 6067 | 5820 | 6038 | 6151 | 101.9 |
| 福建 | Fujian | 5148 | 5437 | 5539 | 5534 | 5603 | 5767 | 102.9 |
| 江西 | Jiangxi | 5209 | 5066 | 5213 | 5328 | 5584 | 5655 | 101.3 |
| 山东 | Shandong | 7044 | 6918 | 7283 | 7997 | 8247 | 8441 | 102.3 |
| 河南 | Henan | 7169 | 4775 | 7044 | 7040 | 7082 | 7275 | 102.7 |
| 湖北 | Hubei | 7608 | 7431 | 7548 | 7390 | 7280 | 7509 | 103.1 |
| 湖南 | Hunan | 5984 | 6071 | 6149 | 6050 | 6141 | 6224 | 101.4 |
| 广东 | Guangdong | 5478 | 5494 | 5251 | 5225 | 5231 | 5395 | 103.1 |
| 广西 | Guangxi | 5054 | 5104 | 4768 | 4953 | 5139 | 5231 | 101.8 |
| 海南 | Hainan | 4044 | 4180 | 4398 | 3682 | 4528 | 4572 | 101.0 |
| 重庆 | Chongqing | 6491 | 6624 | 6800 | 6972 | 5130 | 7538 | 146.9 |
| 四川 | Sichuan | 7243 | 7214 | 7364 | 7213 | 6421 | 6973 | 108.6 |
| 贵州 | Guizhou | 4735 | 6375 | 6657 | 6551 | 6241 | 6652 | 106.6 |
| 云南 | Yunnan | 5016 | 6096 | 5887 | 6159 | 5952 | 5955 | 100.0 |
| 西藏 | Tibet | 3529 | 6000 | 5455 | 6000 | 6020 | 5500 | 91.4 |
| 陕西 | Shaanxi | 6153 | 5412 | 5967 | 6064 | 5891 | 6332 | 107.5 |
| 甘肃 | Gansu | 8889 | 7500 | 7959 | 8039 | 7571 | 6458 | 85.3 |
| 青海 | Qinghai | | | | | | | |
| 宁夏 | Ningxia | 8730 | 7923 | 8152 | 8569 | 8678 | 7862 | 90.6 |
| 新疆 | Xinjiang | 7907 | 7545 | 5883 | 7763 | 8716 | 8812 | 101.1 |
| **广西居全国位次** | **Order of Precedence of Guangxi in the Country** | **25** | **25** | **28** | **28** | **27** | **28** | |

# 附录1—43　全国及各省市区小麦单位面积产量

## Output of Wheat Per Hectare by Provinces and Regions

单位：公斤/公顷　　(kg/hectare)

| 地　区 | Region | 1990 | 1995 | 2000 | 2005 | 2006 | 2007 | 07年为06年百分比 Per Centum in 2007 over 2006 |
|---|---|---|---|---|---|---|---|---|
| 全　国 | National | 3777 | 3932 | 4252 | 4275 | 4572 | 4586 | 100.3 |
| 北　京 | Beijing | 5127 | 5140 | 5179 | 5009 | 4758 | 4931 | 103.6 |
| 天　津 | Tianjin | 4599 | 4585 | 4785 | 4793 | 4826 | 4825 | 100.0 |
| 河　北 | Hebei | 4488 | 4646 | 4873 | 4839 | 4750 | 4948 | 104.2 |
| 山　西 | Shanxi | 3047 | 3553 | 3654 | 2806 | 3443 | 3091 | 89.8 |
| 内蒙古 | Inner Mongolia | 2615 | 2487 | 2639 | 3118 | 3561 | 3292 | 92.5 |
| 辽　宁 | Liaoning | 2309 | 3085 | 4320 | 3543 | 3875 | 4236 | 109.3 |
| 吉　林 | Jilin | 3435 | 2715 | 2982 | 2842 | 2727 | 2876 | 105.4 |
| 黑龙江 | Heilongjiang | 3428 | 1729 | 3255 | 3783 | 3820 | 2952 | 77.3 |
| 上　海 | Shanghai | 3312 | 3410 | 3653 | 3311 | 3613 | 3900 | 108.0 |
| 江　苏 | Jiangsu | 3756 | 3756 | 4295 | 4325 | 4714 | 4776 | 101.3 |
| 浙　江 | Zhejiang | 2696 | 2909 | 3193 | 3249 | 3462 | 3731 | 107.8 |
| 安　徽 | Anhui | 3324 | 3195 | 3836 | 3833 | 4502 | 4769 | 105.9 |
| 福　建 | Fujian | 2851 | 3182 | 3065 | 3390 | 3300 | 3332 | 101.0 |
| 江　西 | Jiangxi | 1509 | 1408 | 1518 | 1698 | 1735 | 1768 | 101.9 |
| 山　东 | Shandong | 4554 | 5040 | 5338 | 5492 | 5490 | 5499 | 100.2 |
| 河　南 | Henan | 4630 | 4771 | 5109 | 5194 | 5638 | 5717 | 101.4 |
| 湖　北 | Hubei | 2160 | 2742 | 2924 | 2917 | 3059 | 3222 | 105.3 |
| 湖　南 | Hunan | 1834 | 1912 | 1916 | 2040 | 2148 | 2353 | 109.5 |
| 广　东 | Guangdong | 2991 | 2759 | 2833 | 2923 | 2500 | 3000 | 120.0 |
| 广　西 | Guangxi | 1406 | 1382 | 1624 | 1682 | 1557 | 1534 | 98.5 |
| 海　南 | Hainan | | | | | | | |
| 重　庆 | Chongqing | 2401 | 2597 | 2795 | 2810 | 2888 | 3058 | 105.9 |
| 四　川 | Sichuan | 3151 | 3232 | 3311 | 3386 | 3446 | 3430 | 99.5 |
| 贵　州 | Guizhou | 1746 | 1573 | 1789 | 1778 | 1850 | 1972 | 106.6 |
| 云　南 | Yunnan | 2219 | 2192 | 2240 | 2008 | 2125 | 2137 | 100.6 |
| 西　藏 | Tibet | 6205 | 6445 | 6429 | 6095 | 6394 | 6572 | 102.8 |
| 陕　西 | Shaanxi | 2987 | 3207 | 3559 | 3312 | 3365 | 3137 | 93.2 |
| 甘　肃 | Gansu | 2890 | 2835 | 2917 | 2646 | 2720 | 2417 | 88.9 |
| 青　海 | Qinghai | 3172 | 3439 | 3630 | 4060 | 3914 | 3986 | 101.8 |
| 宁　夏 | Ningxia | 2592 | 2368 | 2882 | 2877 | 3328 | 2634 | 79.1 |
| 新　疆 | Xinjiang | 5105 | 5202 | 5138 | 5374 | 5375 | 5634 | 104.8 |
| **广西居全国位次** | **Order of Precedence of Guangxi in the Country** | **30** | **30** | **29** | **30** | **30** | **30** | |

# 附录1—44 全国及各省市区玉米单位面积产量

## Output of Corn Per Hectare by Provinces and Regions

单位：公斤/公顷 （kg/hectare）

| 地区 | Region | 1990 | 1995 | 2000 | 2005 | 2006 | 2007 | 07年为06年百分比 Per Centum in 2007 over 2006 |
|---|---|---|---|---|---|---|---|---|
| 全国 | National | 4924 | 4813 | 5120 | 5287 | 5326 | 5167 | 97.0 |
| 北京 | Beijing | 5287 | 4282 | 4652 | 5230 | 5368 | 5507 | 102.6 |
| 天津 | Tianjin | 4853 | 5188 | 5059 | 5274 | 5283 | 5246 | 99.3 |
| 河北 | Hebei | 4016 | 4314 | 4401 | 4459 | 4817 | 4967 | 103.1 |
| 山西 | Shanxi | 4886 | 5210 | 5614 | 5205 | 5284 | 5040 | 95.4 |
| 内蒙古 | Inner Mongolia | 5259 | 5585 | 5658 | 5904 | 5896 | 5741 | 97.4 |
| 辽宁 | Liaoning | 5993 | 6322 | 6753 | 6335 | 6109 | 5843 | 95.6 |
| 吉林 | Jilin | 5970 | 6148 | 6238 | 6489 | 7072 | 6308 | 89.2 |
| 黑龙江 | Heilongjiang | 4684 | 4046 | 4311 | 4697 | 4590 | 3713 | 80.9 |
| 上海 | Shanghai | 6667 | 6957 | 6190 | 6512 | 6854 | 6410 | 93.5 |
| 江苏 | Jiangsu | 5995 | 4366 | 5567 | 4722 | 5208 | 5042 | 96.8 |
| 浙江 | Zhejiang | 4272 | 4143 | 4128 | 4118 | 4262 | 4229 | 99.2 |
| 安徽 | Anhui | 5477 | 4154 | 4844 | 3953 | 4296 | 3519 | 81.9 |
| 福建 | Fujian | 3094 | 3144 | 3360 | 3376 | 3337 | 3410 | 102.2 |
| 江西 | Jiangxi | 3274 | 3600 | 3333 | 3818 | 4129 | 4109 | 99.5 |
| 山东 | Shandong | 5201 | 5865 | 6106 | 6354 | 6150 | 6364 | 103.5 |
| 河南 | Henan | 5129 | 3211 | 4339 | 5175 | 5603 | 5694 | 101.6 |
| 湖北 | Hubei | 4795 | 4911 | 5010 | 5003 | 4718 | 4700 | 99.6 |
| 湖南 | Hunan | 4368 | 4438 | 4579 | 4832 | 5110 | 5282 | 103.4 |
| 广东 | Guangdong | 3770 | 3913 | 4068 | 4499 | 4517 | 4455 | 98.6 |
| 广西 | Guangxi | 3094 | 3007 | 3002 | 3682 | 3845 | 4162 | 108.2 |
| 海南 | Hainan | 3168 | 3065 | 3431 | 4186 | 3749 | 3980 | 106.1 |
| 重庆 | Chongqing | 4139 | 4544 | 4948 | 5064 | 4552 | 5162 | 113.4 |
| 四川 | Sichuan | 4347 | 4454 | 4754 | 4854 | 4282 | 4531 | 105.8 |
| 贵州 | Guizhou | 4876 | 4661 | 4726 | 4785 | 4582 | 4884 | 106.6 |
| 云南 | Yunnan | 4088 | 3748 | 3831 | 3799 | 3820 | 3889 | 101.8 |
| 西藏 | Tibet | 4722 | 4848 | 4848 | 5152 | 5015 | 5030 | 100.3 |
| 陕西 | Shaanxi | 3745 | 3935 | 3886 | 4190 | 4037 | 4280 | 106.0 |
| 甘肃 | Gansu | 4354 | 4983 | 5024 | 5126 | 4222 | 4932 | 116.8 |
| 青海 | Qinghai | 6667 |  | 7500 | 8182 | 7407 | 5808 | 78.4 |
| 宁夏 | Ningxia | 6725 | 6801 | 6264 | 6809 | 6966 | 7115 | 102.1 |
| 新疆 | Xinjiang | 6633 | 6781 | 6979 | 7160 | 7161 | 7431 | 103.8 |
| **广西居全国位次** | **Order of Precedence of Guangxi in the Country** | **30** | **30** | **31** | **30** | **28** | **25** |  |

# 附录二

# APPENDIX Ⅱ

## 中国、韩国、日本、印度与东盟国家主要经济指标

## Main Economic Indicators of China Korea Rep., Japan India And Asean Countries

# 附录2—1 国土面积与人口密度（2006年）

## Area of Territory and Population Density（2006）

资料来源：联合国粮农组织数据库和世界银行数据库。
Source:FAO database and World Bank database.

| 国　家 | Country of Area | 国土面积（万平公里）Area of Territory（10 000 sq.km） | 年中人口（万人）Mid-year Population（10 000 persons） | 人口密度（人/平方公里）Population Density（persons/sq.km）（2007） |
|---|---|---|---|---|
| 中　国 | China | 960.0 | 131180.0 | 141 |
| 韩　国 | Korea,Rep. | 9.9 | 4841.8 | 490 |
| 日　本 | Japan | 37.8 | 12756.5 | 350 |
| 印　度① | India① | 328.7 | 110981.1 | 373 |
| 老　挝 | Laos | 23.7 | 576.5 | 25 |
| 柬埔寨 | Cambodia | 18.1 | 1435.1 | 81 |
| 越　南 | Viet Nam | 32.9 | 8410.8 | 271 |
| 缅　甸 | Myanmar | 67.7 | 5096.2 | 78 |
| 泰　国 | Thailand | 51.3 | 6472.4 | 127 |
| 马来西亚 | Malaysia | 33.0 | 2576.7 | 78 |
| 新加坡 | Singapore | 0.1 | 439.3 | 6376 |
| 文　莱 | Brunei Darussalam | 0.6 | 38.1 | 72 |
| 菲律宾 | Philippines | 30.0 | 8459.0 | 284 |
| 印度尼西亚 | Indonesia | 190.5 | 22304.2 | 123 |

注：①不包括查莫克什米尔和锡金地区。
Note:①Excluding Jammu,Kashmir and Sikkim.

# 附录2—2 能源储量（2004年）

## Energy Resources and Reserves（2004）

资料来源：联合国《能源统计年鉴》2004年。
Source:UN Energy Statistics Yearbook 2004.

单位：万吨　（10 000 tons）

| 国　家 | Country of Area | 烟煤和无烟煤 Bituminous Coal/Anthracite | | | 亚烟煤和褐煤 Sub-bituminous Coal/Lignite | | |
|---|---|---|---|---|---|---|---|
| | | 探明储量 Proved Amount in Place | 可开采储量 Poroved Recoverable Reserves | 估计储量 Estimated Additional Amount | 探明储量 Proved Amount in Place | 可开采储量 Poroved Recoverable Reserves | 估计储量 Estimated Additional Amount |
| 中　国 | China | 11450000 | 6220000 | 36320000 | 10880000 | 5230000 | 30470000 |
| 韩　国 | Korea,Rep. | 13800 | 8200 | 27200 | | | |
| 日　本 | Japan | 827700 | 78500 | | 17500 | 1700 | |
| 印　度 | India | 19689200 | 7473300 | 8608800 | 2600000 | 200000 | 393200 |
| 老　挝 | Laos | | | | | | |
| 柬埔寨 | Cambodia | | | | | | |
| 越　南 | Viet Nam | 31200 | 15000 | | | | |
| 缅　甸 | Myanmar | 500 | 200 | 12000 | | | 8000 |
| 泰　国 | Thailand | | | | 231500 | 200000 | 300000 |
| 马来西亚 | Malaysia | 1500 | 400 | 7800 | 12600 | | 57500 |
| 新加坡 | Singapore | | | | | | |
| 文　莱 | Brunei Darussalam | | | | | | |
| 菲律宾 | Philippines | 4000 | 2400 | 800 | 34300 | 27500 | 3700 |
| 印度尼西亚 | Indonesia | | 77000 | | 133100 | 445000 | 629900 |

附录2—2　续表　Continued

单位：万吨　　(10 000 tons)

| 国　家 | Country of Area | 泥煤 Peat：探明储量 Proved Amount in Place | 泥煤 Peat：可开采储量 Poroved Recoverable Reserves | 泥煤 Peat：估计储量 Estimated Additional Amount | 可开采储量 Proved Recoverable Reserves：天然气（亿立方米）Natural Gas ($10^8$ cu.m.) | 可开采储量 Proved Recoverable Reserves：原油和液化天然气 Grude Oil and NGL | 可开采储量 Proved Recoverable Reserves：油页岩 Oil Shale |
|---|---|---|---|---|---|---|---|
| 中　国 | China | 468700 | 32800 | 95200 | 17100 | 330000 | |
| 韩　国 | Korea,Rep. | | | | | | |
| 日　本 | Japan | | | | 320 | 900 | |
| 印　度 | India | | | | 6880 | 74000 | |
| 老　挝 | Laos | 19000 | 9400 | 76000 | | | |
| 柬埔寨 | Cambodia | | | | | | |
| 越　南 | Viet Nam | | | | 1450 | 33800 | |
| 缅　甸 | Myanmar | | | | 3110 | 700 | |
| 泰　国 | Thailand | | | | 1880 | 7900 | 170000 |
| 马来西亚 | Malaysia | | | | 22710 | 39300 | |
| 新加坡 | Singapore | | | | | | |
| 文　莱 | Brunei Darussalam | | | | 4000 | 18400 | |
| 菲律宾 | Philippines | | | | 800 | 600 | |
| 印度尼西亚 | Indonesia | 4900000 | | | 20500 | 70500 | |

| 国　家 | Country of Area | 可开采储量 Proved Recoverable Reserves：油砂 Bituminous Sands | 铀矿（吨）Uranium (tons)：理论储量 Reasonably Assured Resources | 铀矿（吨）Uranium (tons)：估计储量 Estimated Additional Resources | 水电理论装机容量（亿千瓦小时/年）Hyrdropower Gross Theoretical Capability (100 million kwh/year) |
|---|---|---|---|---|---|
| 中　国 | China | 25100 | 3506 | 14690 | 59220000 |
| 韩　国 | Korea,Rep. | | 11800 | 3000 | 720000 |
| 日　本 | Japan | | 6600 | | 7180000 |
| 印　度 | India | | 40980 | 18935 | 26380000 |
| 老　挝 | Laos | | | | 2320000 |
| 柬埔寨 | Cambodia | | | | 830000 |
| 越　南 | Viet Nam | | 1005 | 5435 | 3000000 |
| 缅　甸 | Myanmar | | | | 3660000 |
| 泰　国 | Thailand | | 5 | 5 | 560000 |
| 马来西亚 | Malaysia | | | | 2300000 |
| 新加坡 | Singapore | | | | |
| 文　莱 | Brunei Darussalam | | | | |
| 菲律宾 | Philippines | | | | 4700000 |
| 印度尼西亚 | Indonesia | | 4620 | 1155 | 21470000 |

# 附录2—3　土地利用情况

## Land Utilization

国外来源：联合国粮农组织数据库。
Source:FAO Database.

单位：万公顷　　(10 000 hectares)

| 国　家 | Country or Area | 2000 | 2005 | 国　家 | Country or Area | 2000 | 2005 |
|---|---|---|---|---|---|---|---|
| **中　国** | **China** | | | **缅甸** | **Myanmar** | | |
| 陆地面积① | Land Area① | 96000 | 96000 | 陆地面积 | Land Area | 6576 | 6576 |
| 耕地面积 | Arable Area | 13004 | 13004 | 耕地面积 | Arable Area | 991 | 1007 |
| 永久性作物面积 | Permanent Crop Area | | | 永久性作物面积 | Permanent Crop Area | 59 | 89 |
| 永久性牧场面积 | Permanent Pasture Area | 40000 | 40000 | 永久性牧场面积 | Permanent Pasture Area | 31 | 31 |
| 其他面积 | Other Area | | | 其他面积 | Other Area | 5494 | 5449 |
| **韩国** | **Korea,Rep.** | | | **泰国** | **Thailand** | | |
| 陆地面积 | Land Area | 987 | 987 | 陆地面积 | Land Area | 5109 | 5109 |
| 耕地面积 | Arable Area | 172 | 164 | 耕地面积 | Arable Area | 1587 | 1420 |
| 永久性作物面积 | Permanent Crop Area | 20 | 20 | 永久性作物面积 | Permanent Crop Area | 338 | 360 |
| 永久性牧场面积 | Permanent Pasture Area | 6 | 6 | 永久性牧场面积 | Permanent Pasture Area | 80 | 80 |
| 其他面积 | Other Area | 790 | 798 | 其他面积 | Other Area | 3104 | 3249 |
| **日本** | **Japan** | | | **马来西亚** | **Malaysia** | | |
| 陆地面积 | Land Area | 3645 | 3645 | 陆地面积 | Land Area | 3286 | 3286 |
| 耕地面积 | Arable Area | 447 | 436 | 耕地面积 | Arable Area | 182 | 180 |
| 永久性作物面积 | Permanent Crop Area | 36 | 33 | 永久性作物面积 | Permanent Crop Area | 579 | 579 |
| 永久性牧场面积 | Permanent Pasture Area | 43 | | 永久性牧场面积 | Permanent Pasture Area | 29 | 29 |
| 其他面积 | Other Area | 3119 | | 其他面积 | Other Area | 2497 | 2499 |
| **印度** | **India** | | | **新加坡** | **Singapore** | | |
| 陆地面积 | Land Area | 29732 | 29732 | 陆地面积 | Land Area | 7 | 7 |
| 耕地面积 | Arable Area | 16056 | 15965 | 耕地面积 | Arable Area | | |
| 永久性作物面积 | Permanent Crop Area | 920 | 1000 | 永久性作物面积 | Permanent Crop Area | | |
| 永久性牧场面积 | Permanent Pasture Area | 1104 | 1053 | 永久性牧场面积 | Permanent Pasture Area | | |
| 其他面积 | Other Area | 11652 | 11714 | 其他面积 | Other Area | 7 | 7 |
| **老挝** | **Laos** | | | **文莱** | **Brunei Darussalam** | | |
| 陆地面积 | Land Area | 2308 | 2308 | 陆地面积 | Land Area | 53 | 53 |
| 耕地面积 | Arable Area | 88 | 100 | 耕地面积 | Arable Area | 1 | 1 |
| 永久性作物面积 | Permanent Crop Area | 8 | 8 | 永久性作物面积 | Permanent Crop Area | 0.4 | 1 |
| 永久性牧场面积 | Permanent Pasture Area | 88 | 88 | 永久性牧场面积 | Permanent Pasture Area | 1 | 1 |
| 其他面积 | Other Area | 2124 | 2112 | 其他面积 | Other Area | 51 | 50 |
| **柬埔寨** | **Cambodia** | | | **菲律宾** | **Philippines** | | |
| 陆地面积 | Land Area | 1765 | 1765 | 陆地面积 | Land Area | 2982 | 2982 |
| 耕地面积 | Arable Area | 370 | 370 | 耕地面积 | Arable Area | 565 | 570 |
| 永久性作物面积 | Permanent Crop Area | 14 | 16 | 永久性作物面积 | Permanent Crop Area | 500 | 500 |
| 永久性牧场面积 | Permanent Pasture Area | 150 | 150 | 永久性牧场面积 | Permanent Pasture Area | 150 | 150 |
| 其他面积 | Other Area | 1231 | 1230 | 其他面积 | Other Area | 1767 | 1762 |
| **越南** | **Viet Nam** | | | **印度尼西亚** | **Indonesia** | | |
| 陆地面积 | Land Area | 3111 | 3101 | 陆地面积 | Land Area | 18116 | 18116 |
| 耕地面积 | Arable Area | 620 | 660 | 耕地面积 | Arable Area | 2050 | 2300 |
| 永久性作物面积 | Permanent Crop Area | 194 | 235 | 永久性作物面积 | Permanent Crop Area | 1310 | 1360 |
| 永久性牧场面积 | Permanent Pasture Area | 64 | 64 | 永久性牧场面积 | Permanent Pasture Area | 1118 | 1120 |
| 其他面积 | Other Area | 2233 | 2142 | 其他面积 | Other Area | 13638 | 13336 |

注：①指国土面积。
Note:①Refer to the area of territory.

# 附录2—4 能源消费

## Commerical Energy Use

资料来源：世界银行数据库。
Source:World Bank Database.

| 国家 | Country of Area | 消费总量（万吨标准油当量）Commercial Energy Use（10000 tons standard oil equivalent） | | 人均消费量（千克标准油当量）Commercial Energy Use per Capita（kg of standard oil equivalent） | |
|---|---|---|---|---|---|
| | | 2000 | 2004 | 2000 | 2004 |
| 中国 | China | 112258 | 160935 | 889 | 1242 |
| 韩国 | Korea,Rep. | 19089 | 21305 | 4061 | 4431 |
| 日本 | Japan | 52894 | 53320 | 4169 | 4173 |
| 印度 | India | 51198 | 57285 | 504 | 531 |
| 老挝 | Laos | | | | |
| 柬埔寨 | Cambodia | | | | |
| 越南 | Viet Nam | 3742 | 5022 | 477 | 611 |
| 缅甸 | Myanmar | 1266 | 1414 | 265 | 283 |
| 泰国 | Thailand | 7457 | 9707 | 1214 | 1524 |
| 马来西亚 | Malaysia | 4882 | 5674 | 2123 | 2279 |
| 新加坡 | Singapore | 2225 | 2559 | 5538 | 6034 |
| 文莱 | Brunei Darussalam | 254 | 270 | 7623 | 7370 |
| 菲律宾 | Philippines | 4242 | 4427 | 560 | 542 |
| 印度尼西亚 | Indonesia | 14591 | 17404 | 707 | 800 |

# 附录2—5 国内生产总值（美元）

## Gross Domestic Product（USD）

资料来源:世界银行数据库。
Source:World Bank Database.

单位：亿美元 （100 million USD）

| 国家 | Country of Area | 1990 | 2000 | 2005 | 2006 |
|---|---|---|---|---|---|
| 中国 | China | 3546 | 11985 | 22439 | 26681 |
| 韩国 | Korea,Rep. | 2638 | 5117 | 7914 | 8880 |
| 日本 | Japan | 30181 | 46496 | 45340 | 43401 |
| 印度 | India | 3169 | 4602 | 8057 | 9063 |
| 老挝 | Laos | 9 | 17 | 29 | 34 |
| 柬埔寨 | Cambodia | 11 | 37 | 62 | 72 |
| 越南 | Viet Nam | 65 | 312 | 529 | 609 |
| 缅甸 | Myanmar | | | | |
| 泰国 | Thailand | 853 | 1227 | 1762 | 2062 |
| 马来西亚 | Malaysia | 440 | 903 | 1308 | 1489 |
| 新加坡 | Singapore | 368 | 927 | 1167 | 1322 |
| 文莱 | Brunei Darussalam | 36 | 43 | | |
| 菲律宾 | Philippines | 443 | 754 | 984 | 1169 |
| 印度尼西亚 | Indonesia | 1144 | 1650 | 2870 | 3645 |

# 附录2—6　国内生产总值产业构成

## Composition of Gross Domestic Product by Industries

资料来源:世界银行数据库。
Source:World Bank Database

单位：%　　　　(%)

| 国　家 | Country of Area | 第一产业 Primary Industry | | 第二产业 Secondary Industry | | 第三产业 Tertiary Indstry | |
|---|---|---|---|---|---|---|---|
| | | 2000 | 2006 | 2000 | 2006 | 2000 | 2006 |
| 中　国 | China | 14.8 | 11.9 | 45.9 | 47.0 | 39.3 | 41.1 |
| 韩　国 | Korea,Rep. | 4.9 | 3.2 | 40.7 | 39.6 | 54.4 | 57.2 |
| 日　本 | Japan | 1.8 | 1.7① | 32.4 | 30.2① | 65.8 | 68.1① |
| 印　度 | India | 23.4 | 17.5 | 26.2 | 27.7 | 50.5 | 54.7 |
| 老　挝 | Laos | 52.6 | 44.8② | 22.6 | 29.5② | 24.5 | 25.7② |
| 柬埔寨 | Cambodia | 37.9 | | 23.0 | | 39.1 | |
| 越　南 | Viet Nam | 24.5 | 20.9② | 36.7 | 41② | 38.7 | 38.2② |
| 缅　甸 | Myanmar | 57.2 | | 9.7 | | 33.1 | |
| 泰　国 | Thailand | 9.0 | 9.8 | 42.0 | 45.8 | 49.0 | 44.4 |
| 马来西亚 | Malaysia | 8.8 | 8.3 | 50.7 | 51.6 | 40.5 | 40.1 |
| 新加坡 | Singapore | 0.1 | 0.1 | 35.6 | 34.7 | 64.3 | 65.2 |
| 文　莱 | Brunei Darussalam | 2.7 | | 47.8 | | 49.5 | |
| 菲律宾 | Philippines | 15.8 | 13.6 | 32.3 | 33.2 | 52.0 | 53.2 |
| 印度尼西亚 | Indonesia | 15.6 | 11.9 | 45.9 | 41.7 | 38.5 | 46.3 |

注：①2004年数据。②2005年数据。
Note:①Data refers to 2004.②Data refers to 2005.

# 附录2—7　年中人口数

## Mid-year Population

资料来源:世界银行数据库。
Source:World Bank Database.

单位：万人　　　　(10 000 persons)

| 国　家 | Country of Area | 年中人口数 Mid-yer Population | | | | 人口增长率(%) Population Growth Rate(%) | |
|---|---|---|---|---|---|---|---|
| | | 2000 | 2004 | 2005 | 2006 | 年均人口增长率(2000-2006年) Average Annual Growth Rate (2000-2006) | 2006年增长率 Growth Rate in 2006 |
| 中　国 | China | 126743 | 129988 | 130756 | 131180 | 0.6 | 0.6 |
| 韩　国 | Korea,Rep. | 4701 | 4808 | 4829 | 4842 | 0.5 | 0.3 |
| 日　本 | Japan | 12687 | 12776 | 12777 | 12756 | 0.1 | -0.2 |
| 印　度 | India | 101592 | 107972 | 109458 | 110981 | 1.5 | 1.4 |
| 老　挝 | Laos | 528 | 579 | 592 | 577 | 1.7 | 1.8 |
| 柬埔寨 | Cambodia | 1274 | 1380 | 1407 | 1435 | 2.0 | 2.0 |
| 越　南 | Viet Nam | 7852 | 8216 | 8312 | 8411 | 1.2 | 1.2 |
| 缅　甸 | Myanmar | 4772 | 5000 | 5052 | 5096 | 1.1 | 0.9 |
| 泰　国 | Thailand | 6144 | 6369 | 6423 | 6472 | 0.9 | 0.8 |
| 马来西亚 | Malaysia | 2300 | 2489 | 2535 | 2577 | 1.9 | 1.6 |
| 新加坡 | Singapore | 402 | 424 | 434 | 439 | 1.5 | 1.2 |
| 文　莱 | Brunei Darussalam | 33 | 37 | 37 | 38 | 2.2 | 1.9 |
| 菲律宾 | Philippines | 7577 | 8162 | 8305 | 8459 | 1.9 | 1.8 |
| 印度尼西亚 | Indonesia | 20626 | 21759 | 22056 | 22304 | 1.3 | 1.1 |

## 附录2—8 城市人口比重

## Urban Population as Percentage of Total

资料来源:世界银行数据库。
Source:World Bank Database

单位：% (%)

| 国 家 | Country of Area | 2000 | 2003 | 2004 | 2005 | 2006 |
|---|---|---|---|---|---|---|
| 中 国 | China | 35.8 | 38.6 | 39.5 | 40.4 | 41.3 |
| 韩 国 | Korea,Rep. | 79.6 | 80.3 | 80.6 | 80.8 | 81.0 |
| 日 本 | Japan | 65.2 | 65.6 | 65.7 | 65.8 | 66.0 |
| 印 度 | India | 27.7 | 28.3 | 28.5 | 28.7 | 29.0 |
| 老 挝 | Laos | 18.9 | 19.9 | 20.3 | 20.6 | 21.0 |
| 柬 埔 寨 | Cambodia | 16.9 | 18.6 | 19.1 | 19.7 | 20.3 |
| 越 南 | Viet Nam | 24.3 | 25.6 | 26.0 | 26.4 | 26.9 |
| 缅 甸 | Myanmar | 28.0 | 29.6 | 30.1 | 30.6 | 31.3 |
| 泰 国 | Thailand | 31.1 | 31.8 | 32.1 | 32.3 | 32.6 |
| 马来西亚 | Malaysia | 61.8 | 65.1 | 66.2 | 67.3 | 68.2 |
| 新 加 坡 | Singapore | 100.0 | 100.0 | 100.0 | 100 | 100.0 |
| 文 莱 | Brunei Darussalam | 71.1 | 72.5 | 73.0 | 73.5 | 73.9 |
| 菲 律 宾 | Philippines | 58.5 | 61.0 | 61.9 | 62.7 | 63.4 |
| 印度尼西亚 | Indonesia | 42.0 | 45.7 | 46.9 | 48.1 | 49.2 |

## 附录2—9 农业人口比重

## Agriculture Population as Percentage of Toal

资料来源:联合国粮农组织数据库。
Source:FAO Database.

单位：% (%)

| 国 家 | Country of Area | 2000 | 2002 | 2003 | 2004 | 2005 |
|---|---|---|---|---|---|---|
| 中 国 | China | 66.6 | 65.5 | 64.9 | 64.3 | 63.7 |
| 韩 国 | Korea,Rep. | 8.8 | 7.7 | 7.2 | 6.8 | 6.4 |
| 日 本 | Japan | 3.9 | 3.4 | 3.2 | 3.0 | 2.9 |
| 印 度 | India | 53.7 | 52.7 | 52.3 | 51.8 | 51.3 |
| 老 挝 | Laos | 76.5 | 76.1 | 75.9 | 75.8 | 75.6 |
| 柬 埔 寨 | Cambodia | 70.1 | 69.3 | 69.0 | 68.6 | 68.2 |
| 越 南 | Viet Nam | 67.3 | 66.5 | 66.1 | 65.7 | 65.3 |
| 缅 甸 | Myanmar | 70.2 | 69.6 | 69.3 | 68.9 | 68.6 |
| 泰 国 | Thailand | 49.0 | 47.4 | 46.6 | 45.8 | 45.0 |
| 马来西亚 | Malaysia | 17.7 | 16.3 | 15.7 | 15.0 | 14.4 |
| 新 加 坡 | Singapore | 0.1 | 0.1 | 0.1 | 0.1 | 0.1 |
| 文 莱 | Brunei Darussalam | 0.9 | 0.6 | 0.6 | 0.5 | 0.5 |
| 菲 律 宾 | Philippines | 39.4 | 38.1 | 37.5 | 36.9 | 36.4 |
| 印度尼西亚 | Indonesia | 44.1 | 42.8 | 42.1 | 41.5 | 40.8 |

# 附录2—10　经济活动人口

## Economically Active Population

资料来源:世界银行数据库。
Source:World Bank Database

单位：万人　　　　(10 000 persons)

| 国　家 | Country of Area | 1990 | 2000 | 2004 | 2005 | 2006 |
|---|---|---|---|---|---|---|
| 中　国 | China | 65014 | 73893 | 76798 | 77605 | 78250 |
| 韩　国 | Korea,Rep. | 1914 | 2262 | 2412 | 2438 | 2456 |
| 日　本 | Japan | 6391 | 6758 | 6696 | 6659 | 6598 |
| 印　度 | India | 33512 | 39622 | 42717 | 43504 | 44312 |
| 老　挝 | Laos | 154 | 202 | 229 | 235 | 231 |
| 柬 埔 寨 | Cambodia | 438 | 585 | 661 | 682 | 702 |
| 越　南 | Viet Nam | 3130 | 3971 | 4312 | 4404 | 4498 |
| 缅　甸 | Myanmar | 2001 | 2484 | 2690 | 2743 | 2792 |
| 泰　国 | Thailand | 3044 | 3359 | 3527 | 3573 | 3610 |
| 马来西亚 | Malaysia | 713 | 969 | 1073 | 1102 | 1128 |
| 新 加 坡 | Singapore | 156 | 206 | 216 | 221 | 225 |
| 文　莱 | Brunei Darussalam | 11 | 15 | 16 | 16 | 17 |
| 菲 律 宾 | Philippines | 2343 | 3077 | 3592 | 3712 | 3833 |
| 印度尼西亚 | Indonesia | 7526 | 9738 | 10513 | 10721 | 10922 |

# 附录2—11　就业人数

## Employment

资料来源:国际劳工组织数据库。
Source:International Labour Organization Database.

单位：万人　　　　(10 000 persons)

| 国　家 | Country of Area | 1990 | 2000 | 2004 | 2005 | 2006 |
|---|---|---|---|---|---|---|
| 中　国 | China | 63909 | 72085 | 75200 | 75825 | 76400 |
| 韩　国① | Korea,Rep.① | 1809 | 2116 | 2256 | 2286 | 2315 |
| 日　本 | Japan | 6249 | 6446 | 6329 | 6356 | 6382 |
| 印　度 | India | | 36897 | | | |
| 老　挝 | Laos | | | | 274 | |
| 柬 埔 寨② | Cambodia② | | 528 | 656 | | |
| 越　南 | Viet Nam | | 3837 | 4232 | | |
| 缅　甸① | Myanmar① | 1522 | | | | |
| 泰　国① | Thailand① | 3084④ | 3300④ | 3571 | 3630 | 3634 |
| 马来西亚①③ | Malaysia①③ | 669 | 932 | 998 | 1005 | 1028 |
| 新 加 坡 | Singapore | | | 163 | | 180 |
| 文　莱 | Brunei Darussalam | | | | | |
| 菲 律 宾① | Philippines① | 2253 | 2778 | 3174 | 3288 | 3319 |
| 印度尼西亚 | Indonesia | 7585 | 8984 | 9372 | 9495 | 9518 |

注：①13岁及以上。②15岁至64岁。③15至64岁。④13岁及以上。
Note:①Excluding armed forces.②Persons aged 10 years and above.③Persons aged 15 to 64Persons aged 15 to 64.
④Persons aged 13 years and above.

## 附录2—12 按三次产业分的就业构成

## Composition of Employment by Type of Industry

资料来源:世界银行数据库。
Source:World Bank Database

单位：% (%)

| 国家 | Country of Area | 第一产业 Primary Industry | | 第二产业 Secondary Industry | | 第三产业 Tertiary Industry | |
|---|---|---|---|---|---|---|---|
| | | 2000 | 2005 | 2000 | 2005 | 2000 | 2005 |
| 中国 | China | 46.3 | 44.1① | 17.3 | 17.7① | 12.7 | 16.1① |
| 韩国 | Korea,Rep. | 10.6 | 7.9 | 28.1 | 26.8 | 61.2 | 65.1 |
| 日本 | Japan | 5.1 | 4.4 | 31.2 | 27.9 | 63.1 | 66.4 |
| 印度 | India | | | | | | |
| 老挝 | Laos | | | | | | |
| 柬埔寨 | Cambodia | 73.7 | 60.3① | 8.4 | 12.5① | 17.1 | 27.0① |
| 越南 | Viet Nam | 65.3 | 57.9① | 12.4 | 17.4① | 22.3 | 24.7① |
| 缅甸 | Myanmar | | | | | | |
| 泰国 | Thailand | 48.5 | 42.6 | 17.9 | 20.2 | 32.9 | 37.1 |
| 马来西亚 | Malaysia | 18.4 | 14.8① | 32.2 | 30.1① | 49.5 | 52.5① |
| 新加坡 | Singapore | 0.2 | 0.3① | 34.2 | 29.5 | 65.4 | 69.6 |
| 文莱 | Brunei Darussalam | 1.4② | | 21.4② | | 77.2② | |
| 菲律宾 | Philippines | 37.4 | 37.0 | 16.0 | 14.9 | 46.5 | 48.1 |
| 印度尼西亚 | Indonesia | 45.1 | 44.0 | 17.5 | 18.0 | 37.3 | 38.0 |

注：①2004年数据。②2001年数据。
Note: ①Data refers to 2004.②Data refers to 2001.

## 附录2—13 全社会劳动生产率

## Gross Labour Productivity

资料来源：世界银行数据库、国际劳工组织数据库。
Source: World Bank Database,International Labour Organization Database.

单位：美元/人 (USD/person)

| 国家 | Country of Area | 1990 | 2000 | 2003 | 2004 | 2005 | 2006 |
|---|---|---|---|---|---|---|---|
| 中国 | China | 590 | 1671 | 2215 | 2582 | 2971 | 3505 |
| 韩国 | Korea,Rep. | 14800 | 24696 | 27451 | 30450 | 34855 | 38604 |
| 日本 | Japan | 48770 | 72042 | 66918 | 72517 | 71485 | 68145 |
| 印度 | India | | | | | | |
| 老挝 | Laos | | | | | | |
| 柬埔寨 | Cambodia | | | | | | |
| 越南 | Viet Nam | | 815 | 973 | 1085 | | |
| 缅甸 | Myanmar | | | | | | |
| 泰国 | Thailand | 2777 | 3771 | 4138 | 4585 | 4894 | 5678 |
| 马来西亚 | Malaysia | 6734 | 9947 | 10714 | 11936 | 13061 | 14659 |
| 新加坡 | Singapore | | | 58098 | 66348 | | |
| 文莱 | Brunei Darussalam | | | | | | |
| 菲律宾 | Philippines | | | | | | |
| 印度尼西亚 | Indonesia | 1533 | 1847 | 2574 | 2784 | 3042 | 3834 |

# 附录2—14 货币供应量

## Money Supply

资料来源:世界银行数据库。
Source:World Bank Database.

单位：亿本币 （100 million local currency units）

| 国　家 | Country or Area | 1990 | 2000 | 国　家 | Country or Area | 1990 | 2000 |
|---|---|---|---|---|---|---|---|
| **中　国** | **China** | | | **缅　甸** | **Myanmar** | | |
| 广义货币 | Quasi-Money and Money | 15293 | 134610 | 广义货币 | Quasi-Money and Money | 424 | 8005 |
| 准货币 | Quasi-Money | 8342 | 81463 | 准货币 | Quasi-Money | 118 | 3356 |
| 货币 | Money | 6951 | 53147 | 货币 | Money | 306 | 4650 |
| **韩　国** | **Korea,Rep.** | | | **泰　国** | **Thailand** | | |
| 广义货币 | Quasi-Money and Money | 687075 | 4130489 | 广义货币 | Quasi-Money and Money | 16631 | 56381 |
| 准货币 | Quasi-Money | 528023 | 3660519 | 准货币 | Quasi-Money | 14742 | 51426 |
| 货币 | Money | 159052 | 469970 | 货币 | Money | 1888 | 4955 |
| **日　本** | **Japan** | | | **马来西亚** | **Malaysia** | | |
| 广义货币 | Quasi-Money and Money | 8420010 | 12265220 | 广义货币 | Quasi-Money and Money | 767 | 4373 |
| 准货币 | Quasi-Money | 7069640 | 9263392 | 准货币 | Quasi-Money | 513 | 3579 |
| 货币 | Money | 1350370 | 3001829 | 货币 | Money | 254 | 794 |
| **印　度** | **India** | | | **新 加 坡** | **Singapore** | | |
| 广义货币 | Quasi-Money and Money | 24302 | 116934 | 广义货币 | Quasi-Money and Money | 618 | 1709 |
| 准货币 | Quasi-Money | 15767 | 81975 | 准货币 | Quasi-Money | 466 | 1376 |
| 货币 | Money | 8536 | 34959 | 货币 | Money | 153 | 333 |
| **老　挝** | **Laos** | | | **文　莱** | **Brunei Darussalam** | | |
| 广义货币 | Quasi-Money and Money | 443 | 22556 | 广义货币 | Quasi-Money and Money | | 89 |
| 准货币 | Quasi-Money | 193 | 19113 | 准货币 | Quasi-Money | | 61 |
| 货币 | Money | 251 | 3444 | 货币 | Money | | 28 |
| **柬 埔 寨** | **Cambodia** | | | **菲 律 宾** | **Philippines** | | |
| 广义货币 | Quasi-Money and Money | | 18305 | 广义货币 | Quasi-Money and Money | 3689 | 20652 |
| 准货币 | Quasi-Money | | 12909 | 准货币 | Quasi-Money | 2760 | 16747 |
| 货币 | Money | | 5396 | 货币 | Money | 929 | 3905 |
| **越　南** | **Viet Nam** | | | **印度尼西亚** | **Indonesia** | | |
| 广义货币 | Quasi-Money and Money | | 1969944 | 广义货币 | Quasi-Money and Money | 853535 | 7488453 |
| 准货币 | Quasi-Money | | 1060054 | 准货币 | Quasi-Money | 615501 | 5879222 |
| 货币 | Money | | 909890 | 货币 | Money | 238034 | 1609231 |

附录2—14 续表 Continued

资料来源:世界银行数据库。
Source:World Bank Database.

单位：亿本币 (100 million local currency units)

| 国 家 | Country or Area | 2005 | 2006 | 国 家 | Country or Area | 2005 | 2006 |
|---|---|---|---|---|---|---|---|
| **中 国** | **China** | | | **缅 甸** | **Myanmar** | | |
| 广义货币 | Quasi-Money and Money | 298000 | 346000 | 广义货币 | Quasi-Money and Money | 26500 | |
| 准货币 | Quasi-Money | 191000 | 220000 | 准货币 | Quasi-Money | 6980 | |
| 货币 | Money | 107000 | 126000 | 货币 | Money | 19500 | |
| **韩 国** | **Korea,Rep.** | | | **泰 国** | **Thailand** | | |
| 广义货币 | Quasi-Money and Money | 5670000 | 5920000 | 广义货币 | Quasi-Money and Money | 76500 | 81600 |
| 准货币 | Quasi-Money | 4900000 | 5060000 | 准货币 | Quasi-Money | 67800 | 72800 |
| 货币 | Money | 773000 | 858000 | 货币 | Money | 8630 | 8800 |
| **日 本** | **Japan** | | | **马来西亚** | **Malaysia** | | |
| 广义货币 | Quasi-Money and Money | 10500000 | 10400000 | 广义货币 | Quasi-Money and Money | 6370 | 7100 |
| 准货币 | Quasi-Money | 6070000 | 5990000 | 准货币 | Quasi-Money | 5140 | 5720 |
| 货币 | Money | 4390000 | 4400000 | 货币 | Money | 1230 | 1380 |
| **印 度** | **India** | | | **新加坡** | **Singapore** | | |
| 广义货币 | Quasi-Money and Money | 238000 | 290000 | 广义货币 | Quasi-Money and Money | 2200 | 2620 |
| 准货币 | Quasi-Money | 166000 | 204000 | 准货币 | Quasi-Money | 1740 | 2100 |
| 货币 | Money | 72100 | 86000 | 货币 | Money | 461 | 522 |
| **老 挝** | **Laos** | | | **文 莱** | **Brunei Darussalam** | | |
| 广义货币 | Quasi-Money and Money | 55603 | | 广义货币 | Quasi-Money and Money | 92 | |
| 准货币 | Quasi-Money | 40014 | | 准货币 | Quasi-Money | 56 | |
| 货币 | Money | 15589 | | 货币 | Money | 36 | |
| **柬埔寨** | **Cambodia** | | | **菲律宾** | **Philippines** | | |
| 广义货币 | Quasi-Money and Money | 46700 | 69700 | 广义货币 | Quasi-Money and Money | 28600 | 34200 |
| 准货币 | Quasi-Money | 33600 | 53100 | 准货币 | Quasi-Money | 22400 | 26500 |
| 货币 | Money | 13100 | 16600 | 货币 | Money | 6200 | 7720 |
| **越 南** | **Viet Nam** | | | **印度尼西亚** | **Indonesia** | | |
| 广义货币 | Quasi-Money and Money | 6490000 | 8410000 | 广义货币 | Quasi-Money and Money | 12000000 | 13800000 |
| 准货币 | Quasi-Money | 4070000 | 5490000 | 准货币 | Quasi-Money | 9300000 | 10300000 |
| 货币 | Money | 2420000 | 2920000 | 货币 | Money | 2710000 | 3470000 |

## 附录2—15　年平均存款利率和货款利率

Deposit Rates & Lending Rates（Period Averages in Percent Pen Year)

资料来源:世界银行数据库。
Source:World Bank Database.

单位：%　　(%)

| 国　家 | Country of Area | 存款利率 Deposit Rates | | | 货款利率 Lending Rates | | |
|---|---|---|---|---|---|---|---|
| | | 2000 | 2005 | 2006 | 2000 | 2005 | 2006 |
| 中　国 | China | 2.25 | 2.25 | 2.52 | 5.85 | 5.58 | 6.12 |
| 韩　国 | Korea,Rep. | 7.94 | 3.72 | 4.50 | 8.55 | 5.59 | 5.99 |
| 日　本 | Japan | 0.07 | 0.27 | 0.68 | 2.07 | 1.68 | 1.66 |
| 印　度 | India | | | | 12.29 | 10.75 | 11.19 |
| 老　挝 | Laos | 12.00 | 4.75 | 5.00 | 32.00 | 26.83 | 30.00 |
| 柬埔寨 | Cambodia | 6.83 | 1.92 | 1.84 | 17.34 | 17.33 | 16.40 |
| 越　南 | Viet Nam | 3.65 | 7.15 | 7.63 | 10.55 | 11.03 | 11.18 |
| 缅　甸 | Myanmar | 9.75 | 9.50 | | 15.25 | 15.00 | |
| 泰　国 | Thailand | 3.29 | 1.88 | 4.44 | 7.83 | 5.79 | 7.35 |
| 马来西亚 | Malaysia | 3.36 | 3.00 | 3.15 | 7.67 | 5.95 | 6.49 |
| 新加坡 | Singapore | 1.71 | 0.44 | 0.57 | 5.83 | 5.30 | 5.31 |
| 文　莱 | Brunei Darussalam | | | | | | |
| 菲律宾 | Philippines | 8.31 | 5.56 | 5.29 | 10.91 | 10.18 | 9.78 |
| 印度尼西亚 | Indonesia | 12.50 | 8.08 | 11.41 | 18.46 | 14.05 | 15.98 |

## 附录2—16　居民消费支出及增长率

Household Consumption Expendiure and Its Growth Rate

资料来源:世界银行数据库。
Source:World Bank Database.

| 国　家 | Country of Area | 居民消费支出（现价、亿美元）Household Consumption Expenditure（current USD） | | 人均居民消费支出（2000年价格、美元）Household Consumption Expenditure per Capita（constant 2000 USD） | | 1991－2005年均住户最终消费支出增长率（%）Average Annual Growth Rate of Household Final Consumption Expenditure of 1991-2005（%） | 1991－2005年均人均住户最终消费支出增长率 Average Annual Growth Rate of Household Final Consumption Expenditure per Capita of 1991-2005（%） |
|---|---|---|---|---|---|---|---|
| | | 1990 | 2005 | 1990 | 2005 | | |
| 中　国 | China | 1807 | 8653 | 211 | 592 | 7.8 | 6.8 |
| 韩　国 | Korea,Rep. | 1342 | 4166 | 3834 | 6604 | 4.8 | 4.0 |
| 日　本 | Japan | 15853 | 26335① | 18163 | 21571① | 1.6② | 1.4② |
| 印　度 | India | 2158 | 4680 | 223 | 352 | 4.8 | 3.0 |
| 老　挝 | Laos | | | | | | |
| 柬埔寨 | Cambodia | 10 | 52 | | 343 | 5.1③ | 3.3③ |
| 越　南 | Viet Nam | 55 | 336 | | 348 | 4.1⑤ | 3.2⑤ |
| 缅　甸 | Myanmar | | | | | | |
| 泰　国 | Thailand | 483 | 1005 | 863 | 1385 | 4.8 | 3.7 |
| 马来西亚 | Malaysia | 228 | 739 | 1244 | 2077 | 6.3 | 3.8 |
| 新加坡 | Singapore | 171 | 489 | | | 0.6 | |
| 文　莱 | Brunei Darussalam | | | | | | |
| 菲律宾 | Philippines | 316 | 685 | 612 | 802 | 4.0 | 1.9 |
| 印度尼西亚 | Indonesia | 650 | 1840 | 320 | 562 | 6.0 | 4.5 |

注：①2004年数据。②1991-2004年增长率。③1994-2005年增长率。④1996-2005年增长率。⑤1995-2005年增长率。
Note:①Data refer to 2004.②Data refer to 1991-2004.③Data refer to 1994-2005.④Data refer to 1996-2005.⑤Data refer to 1995-2005.

# 附录2—17 居民消费价格指数

## Consumer Price Indices

资料来源：国际劳工组织数据库。

Source:ILO database.

| 国　家 | Country or Area | 2002 | 2003 | 2004 | 2005 | 2006 |
|---|---|---|---|---|---|---|
| **中　国** | **China** | | | | | |
| 总指数 | Total Index | 99.9 | 101.1 | 105.0 | 106.9 | 108.5 |
| 食　品 | Food | 99.4 | 102.8 | 113.0 | 116.2 | 118.9 |
| **韩　国** | **Korea,Rep.** | | | | | |
| 总指数 | Total Index | 106.9 | 110.7 | 114.7 | 117.8 | 120.4 |
| 食　品 | Food | 107.7 | 112.4 | 119.5 | 122.8 | 123.4 |
| **日　本** | **Japan** | | | | | |
| 总指数 | Total Index | 98.4 | 98.1 | 98.1 | 97.8 | 98.1 |
| 食　品 | Food | 98.6 | 98.4 | 99.3 | 98.4 | 98.9 |
| **印　度②** | **India②** | | | | | |
| 总指数 | Total Index | 108.2 | 112.5 | 116.6 | 121.5 | 127.7 |
| 食　品 | Food | 104.9 | 108.4 | 111.5 | 115.0 | 125 1 |
| **老　挝** | **Laos** | | | | | |
| 总指数 | Total Index | 107.7 | 119.3 | 137.7 | 152.1 | 163.0 |
| 食　品 | Food | 106.6 | 117.0 | 134.8 | 148.8 | 160.2 |
| **柬埔寨** | **Cambodia** | | | | | |
| 总指数 | Total Index | 99.4 | 102.7 | 103.9 | 107.9 | 114.1 |
| 食　品 | Food | 98.0 | 99.7 | 101.2 | 107.6 | 116.6 |
| **越　南** | **Viet Nam** | | | | | |
| 总指数 | Total Index | 103.7 | 107.0 | 115.0 | | |
| 食　品① | Food① | 106.1 | 108.7 | 119.8 | | |
| **缅　甸** | **Myanmar** | | | | | |
| 总指数 | Total Index | 190.2 | 259.8 | 271.6 | 297.1 | |
| 食　品 | Food | 201.2 | 274.3 | 277.5 | 303.2 | |
| **泰　国** | **Thailand** | | | | | |
| 总指数 | Total Index | 102.3 | 104.1 | 107.0 | 111.8 | 117.0 |
| 食　品 | Food | 101.0 | 104.7 | 109.4 | 114.9 | 120.1 |
| **马来西亚** | **Malaysia** | | | | | |
| 总指数 | Total Index | 103.2 | 104.4 | 105.9 | 109.1 | 113.0 |
| 食　品 | Food | 101.4 | 102.7 | 105.0 | 108.8 | 112.5 |
| **新加坡** | **Singapore** | | | | | |
| 总指数 | Total Index | 100.6 | 101.1 | 102.8 | 103.2 | 104.2 |
| 食　品 | Food | 100.5 | 101.1 | 103.2 | 104.6 | 106.2 |
| **文　莱** | **Brunei Darussalam** | | | | | |
| 总指数 | Total Index | 100.6 | 98.3 | 98.6 | 100.5 | |
| 食　品 | Food | 100.8 | 100.0 | 101.7 | 102.2 | |
| **菲律宾** | **Philippines** | | | | | |
| 总指数 | Total Index | 110.1 | 113.9 | 120.6 | 129.8 | 137.9 |
| 食　品 | Food | 107.1 | 109.4 | 116.3 | 123.8 | 130.6 |
| **印度尼西亚** | **Indonesia** | | | | | |
| 总指数 | Total Index | 124.7 | 133.0 | 141.3 | 156.0 | 176.5 |
| 食　品 | Food | 120.2 | 121.2 | 128.3 | 140.3 | 161.9 |

注：①包括烟酒。②指产业工人。

Note:①Including alcoholic beverages and tobacco.②Industrial workers.

# 附录2—18 个人收入分配

## Personal Income Distribution

资料来源:世界银行数据库。
Source:World Bank Database.

| 国家 | Country or Area | 年份 Year | 基尼系数 GINI Index | 各组占全部收入或消费的比重（%） As Percentage of Total Income or Consumption（%） 最低的20% Lowest 20% | 第二个20% Second 20% |
|---|---|---|---|---|---|
| 中国 | China | 2004 | 0.47 | 4.25 | 8.48 |
| 韩国 | Korea,Rep. | 1998 | 0.32 | 7.91 | 13.56 |
| 日本 | Japan | 1993 | 0.25 | 10.58 | 14.21 |
| 印度 | India | 2004 | 0.37 | 8.08 | 11.27 |
| 老挝 | Laos | 2002 | 0.35 | 8.07 | 11.88 |
| 柬埔寨 | Cambodia | 2004 | 0.42 | 6.82 | 10.23 |
| 越南 | Viet Nam | 2004 | 0.37 | 7.14 | 11.13 |
| 缅甸 | Myanmar | | | | |
| 泰国 | Thailand | 2002 | 0.42 | 6.34 | 9.89 |
| 马来西亚 | Malaysia | 1997 | 0.49 | 4.37 | 8.13 |
| 新加坡 | Singapore | 1998 | 0.42 | 5.04 | 9.42 |
| 文莱 | Brunei Darussalam | | | | |
| 菲律宾 | Philippines | 2003 | 0.45 | 5.44 | 9.08 |
| 印度尼西亚 | Indonesia | 2002 | 0.34 | 8.41 | 11.92 |

| 国家 | Country or Area | 年份 Year | 各组占全部收入或消费的比重（%） As Percentage of Total Income or Consumption（%） 第三个20% Third 20% | 第四个20% Fourth 20% | 最高的20% Highest 20% |
|---|---|---|---|---|---|
| 中国① | China① | 2004 | 13.68 | 21.73 | 51.86 |
| 韩国 | Korea,Rep. | 1998 | 17.95 | 23.13 | 37.45 |
| 日本 | Japan | 1993 | 17.58 | 21.98 | 35.65 |
| 印度 | India | 2004 | 14.94 | 20.37 | 45.34 |
| 老挝 | Laos | 2002 | 15.62 | 21.13 | 43.30 |
| 柬埔寨 | Cambodia | 2004 | 13.74 | 19.62 | 49.59 |
| 越南 | Viet Nam | 2004 | 15.14 | 21.78 | 44.81 |
| 缅甸 | Myanmar | | | | |
| 泰国 | Thailand | 2002 | 13.97 | 20.78 | 49.02 |
| 马来西亚 | Malaysia | 1997 | 12.85 | 20.31 | 54.34 |
| 新加坡 | Singapore | 1998 | 14.55 | 22.02 | 48.97 |
| 文莱 | Brunei Darussalam | | | | |
| 菲律宾 | Philippines | 2003 | 13.57 | 21.27 | 50.63 |
| 印度尼西亚 | Indonesia | 2002 | 15.41 | 20.98 | 43.29 |

注：①世界银行数据。
Note:①Data from World Bank.

# 附录2—19 贫困线和贫困人口比重

## Poverty Line and Population Below Poverty Lines

资料来源:世界银行数据库。
Source:World Bank Database.

单位：% (%)

| 国 家 | Country or Area | 低于国家贫困线人口所占比重 Population below the Poverty Line | | | |
|---|---|---|---|---|---|
| | | 调查年份 Survey Year | 全国 National | 乡村 Rural | 城市 Urban |
| 中 国 | China | 1998 | 4.6 | 4.6 | 2.0 |
| 韩 国 | Korea,Rep. | | | | |
| 日 本 | Japan | | | | |
| 印 度 | India | 2000 | 28.6 | 30.2 | 24.7 |
| 老 挝 | Laos | | | | |
| 柬 埔 寨 | Cambodia | 2004 | 35.0 | 38.0 | 18.0 |
| 越 南 | Viet Nam | 2002 | 28.9 | 35.6 | 6.6 |
| 缅 甸 | Myanmar | | | | |
| 泰 国 | Thailand | 1998 | 13.6 | | |
| 马来西亚 | Malaysia | | | | |
| 新 加 坡 | Singapore | | | | |
| 文 莱 | Brunei Darussalam | | | | |
| 菲 律 宾 | Philippines | 1997 | 36.8 | 50.7 | 21.5 |
| 印度尼西亚 | Indonesia | 1999 | 27.1 | 34.4 | 16.1 |

| 国 家 | Country or Area | 调查年份 Survey Year | 国际贫困线 International Poverty Line | | | |
|---|---|---|---|---|---|---|
| | | | 日均1国际元以下人口所占比重 Population below \$1（PPP）a Day | 日均1国际元以下人口贫困度 Poverty Gap at \$1（PPP）a Day | 日均2国际元以下人口所占比重 Population below \$2（PPP）a Day | 日均2国际元以下人口贫困度 Poverty Gap at \$2（PPP）a Day |
| 中 国 | China | 2004 | 9.9 | 2.1 | 34.9 | 12.5 |
| 韩 国 | Korea,Rep. | 1998 | 2.0 | 0.5 | 2.0 | 0.5 |
| 日 本 | Japan | | | | | |
| 印 度 | India | 2004 | 34.3 | 7.9 | 80.4 | 35.0 |
| 老 挝 | Laos | | | | | |
| 柬 埔 寨 | Cambodia | 2004 | 66.0 | 27.2 | 89.8 | 54.2 |
| 越 南 | Viet Nam | | | | | |
| 缅 甸 | Myanmar | | | | | |
| 泰 国 | Thailand | 2002 | 2.0 | 0.5 | 25.1 | 6.2 |
| 马来西亚 | Malaysia | 1997 | 2.0 | 0.5 | 9.3 | 2.0 |
| 新 加 坡 | Singapore | | | | | |
| 文 莱 | Brunei Darussalam | | | | | |
| 菲 律 宾 | Philippines | 2003 | 14.8 | 2.9 | 43.0 | 16.3 |
| 印度尼西亚 | Indonesia | 2002 | 7.5 | 0.9 | 52.4 | 15.7 |

# 附录2—20 人均每天食品消费量①（2006年）

## Food Consumption per Capita per Day①（2006）

资料来源：联合国粮农组织数据库。
Source:FAO database.

单位：克 (g)

| 国 家 | Country of Area | 谷物 Cereals | 薯类② Starchy roots | 糖料作物③ Sugar crops | 杂豆 Pulses | 坚果 Nuts | 蔬菜 Vegetables | 水果④ Fruit |
|---|---|---|---|---|---|---|---|---|
| 中 国 | China | 519.55 | 207.88 | 212.41 | 3.59 | 3.41 | 676.37 | 126.34 |
| 韩 国 | Korea,Rep. | 596.14 | 52.72 | 341.39 | 4.69 | 4.10 | 651.93 | 130.70 |
| 日 本 | Japan | 475.07 | 105.15 | 325.86 | 10.62 | 3.45 | 350.13 | 131.54 |
| 老 挝 | Laos | 547.92 | 61.81 | 534.13 | 30.98 | 2.82 | 179.52 | 94.84 |
| 柬埔寨 | Cambodia | | | | | | | |
| 越 南 | Viet Nam | 750.12 | 100.94 | 226.60 | 6.48 | 0.58 | 85.13 | 67.55 |
| 缅 甸 | Myanmar | 826.23 | 35.79 | 282.89 | 7.29 | 13.89 | 220.56 | 160.80 |
| 泰 国 | Thailand | 1021.30 | 29.75 | 374.32 | 48.67 | 2.95 | 214.62 | 66.37 |
| 马来西亚 | Malaysia | 451.18 | 397.87 | 1085.12 | 10.51 | 1.00 | 69.62 | 170.48 |
| 新加坡 | Singapore | 464.62 | 61.67 | 1037.47 | 6.99 | 2.08 | 128.18 | 149.26 |
| 文 莱 | Brunei Darussalam | | | | | | | |
| 菲律宾 | Philippines | | | | | | | |
| 印 度 | India | 542.51 | 75.82 | 621.51 | 4.15 | 0.64 | 165.70 | 265.27 |
| 印度尼西亚 | Indonesia | 673.62 | 180.53 | 366.80 | 3.41 | 1.19 | 84.30 | 149.00 |

| 国 家 | Country of Area | 茶 Tea | 调味料 Spices | 肉类 Meat | 动物脂肪 Animal fats | 禽蛋 Bird eggs | 奶类 Milk | 鱼类 Fish |
|---|---|---|---|---|---|---|---|---|
| 中 国② | China② | 1.28 | 0.67 | 165.90 | | 50.27 | 49.18 | 70.99 |
| 韩 国 | Korea,Rep. | 0.13 | 1.93 | 95.75 | 4.98 | 30.46 | 109.35 | 141.36 |
| 日 本 | Japan | 3.42 | 3.19 | 95.28 | 1.29 | 51.16 | 206.79 | 177.92 |
| 老 挝 | Laos | 1.67 | 7.60 | 12.61 | 0.50 | 4.96 | 181.79 | 13.11 |
| 柬埔寨 | Cambodia | | | | | | | |
| 越 南 | Viet Nam | 0.01 | 2.46 | 45.43 | 0.57 | 3.03 | 9.81 | 63.39 |
| 缅 甸 | Myanmar | 0.68 | 2.80 | 90.34 | 3.76 | 6.34 | 27.23 | 64.78 |
| 泰 国 | Thailand | 1.51 | 3.89 | 47.99 | 1.00 | 7.61 | 45.53 | 64.01 |
| 马来西亚 | Malaysia | 0.29 | 3.67 | 65.45 | 1.35 | 23.72 | 67.39 | 85.12 |
| 新加坡 | Singapore | 1.79 | 10.60 | 128.91 | 1.53 | 32.58 | 117.87 | 163.00 |
| 文 莱 | Brunei Darussalam | | | | | | | |
| 菲律宾 | Philippines | 2.82 | 7.84 | 172.91 | 1.03 | 41.19 | 193.32 | 100.48 |
| 印 度 | India | 0.02 | 0.91 | 82.63 | 6.30 | 18.35 | 49.38 | 86.88 |
| 印度尼西亚 | Indonesia | 0.85 | 3.40 | 32.03 | 0.92 | 10.22 | 20.61 | 58.21 |

注：①食品消费数据还原为初级产品。②指甘薯和马铃薯。③不包括甜菜。④不包括瓜类。
Note: ①The food consumption have been coverted back into primary equivalents.②Data refer.③Excluding sugar beet. ④Excluding melons.

# 附录2—21　主要农作物收获面积（2006年）

## Harvest Areas of Major Farm Crops（2006）

资料来源：联合国粮农组织数据库。
Source:FAO database.

单位：千公顷　　(1000 hectares)

| 国　家 | Country of Area | 谷物总计 Cereals,Total | 稻谷 Rice,Paddy | 小麦 Wheat | 玉米 Maize |
|---|---|---|---|---|---|
| 中　国 | China | 83949.6 | 29380.0 | 23450.1 | 27143.0 |
| 韩　国 | Korea,Rep. | 1051.7 | 955.2 | 1.7 | 13.7 |
| 日　本 | Japan | 2006.1 | 1688.0 | 218.3 | … |
| 印　度 | India | 96640.0 | 43700.0 | 26480.0 | 7590.0 |
| 老　挝 | Laos | 846.0 | 760.0 | | |
| 柬埔寨 | Cambodia | 2621.7 | 2516.4 | | 105.3 |
| 越　南 | Viet Nam | 8357.6 | 7324.4 | | 1031.6 |
| 缅　甸 | Myanmar | 7868.0 | 7200.0 | 120.0 | 275.0 |
| 泰　国 | Thailand | 11116.7 | 10072.5 | 1.4 | 898.1 |
| 马来西亚 | Malaysia | 670.0 | 645.0 | | 25.0 |
| 新加坡 | Singapore | | | | |
| 文　莱 | Brunei Darussalam | 0.5 | 0.5 | | |
| 菲律宾 | Philippines | 6730.7 | 4159.9 | | 2570.7 |
| 印度尼西亚 | Indonesia | 14746.4 | 11400.0 | | 3346.4 |

| 国　家 | Country of Area | 大豆 Soybeans | 根茎类作物 Roots and Tubers | 花生 Groundnuts an Sheel | 油菜籽 Rapessed |
|---|---|---|---|---|---|
| 中　国 | China | 9100.1 | 9964.5 | 4722.0 | 6740.0 |
| 韩　国 | Korea,Rep. | 90.2 | 40.6 | 3.0 | 0.7 |
| 日　本 | Japan | 142.0 | 155.6 | 8.6 | 0.8 |
| 印　度 | India | 7710.0 | 1749.2 | 5800.0 | 7280.0 |
| 老　挝 | Laos | | 26.1 | 16.0 | |
| 柬埔寨 | Cambodia | 64.4 | 108.0 | 13.6 | |
| 越　南 | Viet Nam | 185.8 | 691.5 | 249.3 | |
| 缅　甸 | Myanmar | 122.0 | 59.5 | 650.0 | |
| 泰　国 | Thailand | 143.8 | 1090.6 | 66.0 | |
| 马来西亚 | Malaysia | | 49.4 | 0.3 | |
| 新加坡 | Singapore | | | | |
| 文　莱 | Brunei Darussalam | | 0.6 | | |
| 菲律宾 | Philippines | 0.8 | 368.0 | 27.6 | |
| 印度尼西亚 | Indonesia | 581.6 | 1526.5 | 706.6 | |

附录2—21 续表 Continued

单位：千公顷 （1000 hectares）

| 国 家 | Country of Area | 芝麻 Sesame Seed | 纤维植物 Fibre Crops Primary | 籽棉 Seed Cotton | 麻及麻类纤维 Jute & Jutelike Fibres |
|---|---|---|---|---|---|
| 中 国① | China① | 640.8 | 5619.0 | 5416.0 | 32.0 |
| 韩 国 | Korea,Rep. | 31.1 | | | |
| 日 本 | Japan | … | | | |
| 印 度 | India | 1900.0 | 9850.0 | 9139.0 | 950.0 |
| 老 挝 | Laos | 10.0 | 2.5 | | |
| 柬埔寨 | Cambodia | 18.9 | 0.6 | 0.2 | 0.4 |
| 越 南 | Viet Nam | 45.0 | 31.7 | 20.5 | 5.9 |
| 缅 甸 | Myanmar | 1570.0 | 315.9 | 285.0 | 30.9 |
| 泰 国 | Thailand | 65.4 | 32.0 | 8.7 | 20.4 |
| 马来西亚 | Malaysia | | | | |
| 新加坡 | Singapore | | | | |
| 文 莱 | Brunei Darussalam | | | | |
| 菲律宾 | Philippines | | 5.8 | 2.0 | |
| 印度尼西亚 | Indonesia | | 22.3 | 22.0 | |

| 国 家 | Country of Area | 甘蔗 Sugar Cane | 甜菜 Sugar Beets | 茶叶 Tea | 水果(不包括瓜类) Fruit Excluding Melons |
|---|---|---|---|---|---|
| 中 国① | China① | 1220.0 | 157.9 | 1117.5 | 10540.5 |
| 韩 国 | Korea,Rep. | | | 1.4 | 160.2 |
| 日 本 | Japan | 23.0 | 67.4 | 48.5 | 213.6 |
| 印 度 | India | 4200.0 | | 490.0 | 3952.6 |
| 老 挝 | Laos | 7.2 | | | 28.2 |
| 柬埔寨 | Cambodia | 8.3 | | | 64.4 |
| 越 南 | Viet Nam | 285.1 | | 122.7 | 481.3 |
| 缅 甸 | Myanmar | 140.0 | | 72.0 | 349.1 |
| 泰 国 | Thailand | 936.2 | | 20.0 | 836.7 |
| 马来西亚 | Malaysia | 12.0 | | 3.5 | 96.6 |
| 新加坡 | Singapore | | | | |
| 文 莱 | Brunei Darussalam | | | | 0.9 |
| 菲律宾 | Philippines | 392.3 | | | 1092.9 |
| 印度尼西亚 | Indonesia | 370.0 | | 116.2 | 1166.6 |

# 附录2—22　主要农产品产量（2006年）

## Production of Major Farm Crops（2006）

资料来源：联合国粮农组织数据库。
Source:FAO database.

单位：万吨　　　　（10 000 tons）

| 国　家 | Country of Area | 谷物总计 Cereals,Total | 稻谷 Rice,Paddy | 小麦 Wheat | 玉米 Maize |
|---|---|---|---|---|---|
| 中　国 | China | 44535.5 | 18407.0 | 10447.0 | 14562.5 |
| 韩　国 | Korea,Rep. | 665.3 | 630.5 | 0.6 | 6.5 |
| 日　本 | Japan | 1174.1 | 1069.5 | 83.7 | … |
| 印　度 | India | 23913.0 | 13651.0 | 6935.0 | 1471.0 |
| 老　挝 | Laos | 303.3 | 266.0 | | |
| 柬 埔 寨 | Cambodia | 664.1 | 626.4 | | 37.7 |
| 越　南 | Viet Nam | 3964.8 | 3582.7 | | 381.9 |
| 缅　甸 | Myanmar | 2647.4 | 2520.0 | 14.8 | 95.0 |
| 泰　国 | Thailand | 3314.6 | 2926.9 | 0.1 | 369.6 |
| 马来西亚 | Malaysia | 223.4 | 215.4 | | 8.0 |
| 新 加 坡 | Singapore | | | | |
| 文　莱 | Brunei Darussalam | 0.1 | 0.1 | | |
| 菲 律 宾 | Philippines | 2140.9 | 1532.7 | | 608.2 |
| 印度尼西亚 | Indonesia | 6601.1 | 5440.0 | | 1161.1 |

| 国　家 | Country of Area | 大豆 Soybeans | 根茎类作物 Roots and Tubers | 花生 Groundnuts an Sheel | 油菜籽 Rapessed |
|---|---|---|---|---|---|
| 中　国 | China | 1550.0 | 17643.3 | 1472.2 | 1264.9 |
| 韩　国 | Korea,Rep. | 15.6 | 91.7 | 0.6 | 0.1 |
| 日　本 | Japan | 22.9 | 404.0 | 2.0 | 0.1 |
| 印　度 | India | 827.0 | 3248.5 | 498.0 | 813.0 |
| 老　挝 | Laos | | 21.6 | 1.8 | |
| 柬 埔 寨 | Cambodia | 9.8 | 225.5 | 2.4 | |
| 越　南 | Viet Nam | 25.8 | 953.9 | 46.5 | |
| 缅　甸 | Myanmar | 12.0 | 76.3 | 91.0 | |
| 泰　国 | Thailand | 22.5 | 2284.2 | 11.7 | |
| 马来西亚 | Malaysia | | 44.7 | 0.2 | |
| 新 加 坡 | Singapore | | | | |
| 文　莱 | Brunei Darussalam | | 0.3 | | |
| 菲 律 宾 | Philippines | 0.1 | 260.6 | 2.9 | |
| 印度尼西亚 | Indonesia | 74.9 | 2313.9 | 1470.0 | |

附录2—22 续表 Continued

单位：万吨 （10 000 tons）

| 国 家 | Country of Area | 芝麻 Sesame Seed | 纤维植物 Fibre Crops Primary | 籽棉 Seed Cotton | 麻及麻类纤维 Jute & Jutelike Fibres |
|---|---|---|---|---|---|
| 中 国 | China | 66.6 | 755.3 | 2019.0 | 8.7 |
| 韩 国 | Korea,Rep. | 1.5 | | | |
| 日 本 | Japan | … | | | |
| 印 度 | India | 62.8 | 560.5 | 1069.2 | 204.1 |
| 老 挝 | Laos | 0.8 | 0.2 | | |
| 柬埔寨 | Cambodia | 1.0 | 0.1 | … | 0.1 |
| 越 南 | Viet Nam | 2.2 | 1.9 | 2.6 | 1.0 |
| 缅 甸 | Myanmar | 58.0 | 8.5 | 18.2 | 2.6 |
| 泰 国 | Thailand | 4.1 | 3.5 | 1.0 | 3.1 |
| 马来西亚 | Malaysia | | | | |
| 新加坡 | Singapore | | | | |
| 文 莱 | Brunei Darussalam | | | | |
| 菲律宾 | Philippines | | 0.5 | 0.2 | |
| 印度尼西亚 | Indonesia | | 1.1 | 3.2 | |

| 国 家 | Country of Area | 甘蔗 Sugar Cane | 甜菜 Sugar Beets | 茶叶 Tea | 水果(不包括瓜类) Fruit Excluding Melons |
|---|---|---|---|---|---|
| 中 国 | China | 10068.4 | 1053.6 | 104.9 | 9341.0 |
| 韩 国 | Korea,Rep. | | | 0.2 | 272.7 |
| 日 本 | Japan | 125.0 | 392.3 | 9.2 | 512.3 |
| 印 度 | India | 28117.0 | | 89.3 | 4352.5 |
| 老 挝 | Laos | 24.0 | | | 21.1 |
| 柬埔寨 | Cambodia | 14.2 | | | 34.6 |
| 越 南 | Viet Nam | 1567.9 | | 14.2 | 569.1 |
| 缅 甸 | Myanmar | 730.0 | | 2.5 | 175.2 |
| 泰 国 | Thailand | 4765.8 | | 0.6 | 864.8 |
| 马来西亚 | Malaysia | 90.0 | | 0.3 | 132.1 |
| 新加坡 | Singapore | | | | |
| 文 莱 | Brunei Darussalam | | | | 0.5 |
| 菲律宾 | Philippines | 2434.5 | | | 1358.2 |
| 印度尼西亚 | Indonesia | 3015.0 | | 17.1 | 1540.6 |

# 附录2—23　畜产品产量（2006年）

## Output of Livestock Products（2006）

资料来源：联合国粮农组织数据库。
Source:FAO database.

单位：万吨　　　　（10 000 tons）

| 国家 | Country of Area | 肉类总产量 Meat,Total | 牛肉 Beef and Buffal Meat | 羊肉 Sheep and Goat Meat | 猪肉 Pig Meat | 禽肉 Poultry Meat | 蛋类 Eggs Primary |
|---|---|---|---|---|---|---|---|
| 中国 | China | 8173.3 | 752.3 | 470.1 | 5292.7 | 1576.1 | 2985.6 |
| 韩国 | Korea,Rep. | 165.3 | 22.4 | 0.3 | 86.0 | 56.3 | 54.3 |
| 日本 | Japan | 308.8 | 49.7 | … | 124.7 | 133.7 | 249.7 |
| 印度 | India | 610.3 | 282.1 | 71.4 | 50.3 | 206.5 | 260.4 |
| 老挝 | Laos | 9.8 | 4.1 | 0.1 | 3.6 | 2.0 | 1.3 |
| 柬埔寨 | Cambodia | 22.2 | 7.0 | | 12.7 | 2.5 | 1.7 |
| 越南 | Viet Nam | 315.1 | 28.4 | 1.0 | 244.6 | 40.8 | 22.5 |
| 缅甸 | Myanmar | 110.2 | 12.9 | 2.1 | 32.8 | 62.3 | 20.1 |
| 泰国 | Thailand | 212.6 | 23.8 | 0.1 | 70.0 | 118.6 | 82.3 |
| 马来西亚 | Malaysia | 125.1 | 2.6 | 0.1 | 20.6 | 101.9 | 45.3 |
| 新加坡 | Singapore | 9.8 | | | 1.6 | 7.6 | 2.2 |
| 文莱 | Brunei Darussalam | 2.0 | 0.3 | … | … | 1.6 | 0.6 |
| 菲律宾 | Philippines | 239.3 | 23.7 | 3.5 | 146.7 | 65.4 | 60.2 |
| 印度尼西亚 | Indonesia | 248.5 | 42.9 | 10.5 | 59.5 | 135.5 | 113.4 |

| 国家 | Country of Area | 鸡蛋 Hen Eggs | 奶类总产量 Milk,Total | 牛奶 Cow Milk | 羊毛 Wool,Greasy | 蜂蜜 Honey | 蜂蜡 Beeswax |
|---|---|---|---|---|---|---|---|
| 中国 | China | 2532.6 | 3646.7 | 3224.9 | 38.9 | 30.6 | |
| 韩国 | Korea,Rep. | 51.5 | 218.9 | 218.4 | | 2.4 | |
| 日本 | Japan | 249.7 | 813.4 | 813.4 | | 0.3 | |
| 印度 | India | 260.4 | 9566.5 | 3977.5 | 4.5 | 5.2 | |
| 老挝 | Laos | | 0.6 | | | | |
| 柬埔寨 | Cambodia | 1.3 | 2.3 | 2.3 | | | |
| 越南 | Viet Nam | 22.5 | 24.6 | 21.5 | | 1.4 | |
| 缅甸 | Myanmar | 18.7 | 99.1 | 80.8 | … | … | |
| 泰国 | Thailand | 51.3 | 82.6 | 82.6 | | 0.3 | |
| 马来西亚 | Malaysia | 44.2 | 4.5 | 3.8 | … | | |
| 新加坡 | Singapore | 2.1 | | | | | |
| 文莱 | Brunei Darussalam | 0.6 | … | … | | | |
| 菲律宾 | Philippines | 53.0 | 1.2 | 1.2 | | | |
| 印度尼西亚 | Indonesia | 93.2 | 89.2 | 57.8 | 2.4 | | |

# 附录2—24　渔类产量（2005年）

## Fishery Output（2005）

资料来源：联合国粮农组织数据库。
Source:FAO database.

单位：万吨　　（10 000 tons）

| 国　　家 | Country of Area | 渔类总计 Total Fish Catch | 海洋类 Total Marine Fish | 淡水类 Freshwater Aquatic Products |
|---|---|---|---|---|
| 中　　国 | China | 3034.5 | 1060.9 | 1973.6 |
| 韩　　国 | Korea,Rep. | 124.7 | 123.6 | 1.1 |
| 日　　本 | Japan | 310.7 | 309.3 | 1.5 |
| 印　　度 | India | 556.9 | 237.4 | 319.4 |
| 老　　挝 | Laos | | | |
| 柬 埔 寨 | Cambodia | 38.6 | 3.7 | 34.9 |
| 越　　南 | Viet Nam | 245.9 | 136.8 | 109.2 |
| 缅　　甸 | Myanmar | 214.6 | 118.2 | 96.4 |
| 泰　　国 | Thailand | 266.2 | 209.0 | 57.2 |
| 马来西亚 | Malaysia | 112.1 | 105.5 | 6.6 |
| 新 加 坡 | Singapore | 0.3 | 0.2 | 0.1 |
| 文　　莱 | Brunei Darussalam | 0.2 | 0.2 | … |
| 菲 律 宾 | Philippines | 222.0 | 196.2 | 25.7 |
| 印度尼西亚 | Indonesia | 450.0 | 355.7 | 94.3 |

# 附录2—25　工业生产指数

## Index of Industrial Production

资料来源：联合国统计月报数据库。
Source:Database of UN Monthly Bullentin of Statistics.

2000年＝100　　（200=100）

| 国　　家 | Country or Area | 2001 | 2002 | 2003 | 2004 | 2005 | 2006 |
|---|---|---|---|---|---|---|---|
| 中　　国① | China① | 108.9 | 118.5 | 137.2 | 162.9 | 192.9 | 228.1 |
| 韩　　国 | Korea,Rep. | 100.6 | 108.8 | 114.5 | 126.2 | 134.1 | 147.6 |
| 日　　本 | Japan | 93.6 | 92.5 | 95.4 | 100.5 | 101.7 | 106.3 |
| 印　　度 | India | 102.7 | 108.6 | 116.2 | 126 | 136.2 | 151.6 |
| 老　　挝 | Laos | | | | | | |
| 柬 埔 寨 | Cambodia | | | | | | |
| 越　　南 | Viet Nam | | | | | | |
| 缅　　甸 | Myanmar | | | | | | |
| 泰　　国 | Thailand | | | | | | |
| 马来西亚 | Malaysia | 95.9 | 100.2 | 109.6 | 122.5 | 127.5 | 133.9 |
| 新 加 坡 | Singapore | 90.9 | 98 | 100.7 | 112.8 | 123 | 135.6 |
| 文　　莱 | Brunei Darussalam | | | | | | |
| 菲 律 宾 | Philippines | | | | | | |
| 印度尼西亚 | Indonesia | | | | | | |

注：①工业增加值指数。
Note:①Index of industrial value added.

# 附录2—26 能源平衡表

## Energy Balance Sheet

资料来源：联合国《能源统计年鉴》2003、2004年。

Source:UN Energy Statistics Yearbook 2003、2004.

单位：标准煤万吨 （10 000 TCE）

| 国家 | Country of Area | 年份 Year | 一次能源生产量 Primary Energy Production | | | | |
|---|---|---|---|---|---|---|---|
| | | | 总计 Total | 固体 Solids | 液体 Liquids | 气体 Gas | 电能 Electricity |
| 中　国① | China① | 2000 | 102331 | 71214 | 23293 | 4466 | 3358 |
| | | 2001 | 130569 | 98544 | 23423 | 4980 | 3623 |
| | | 2002 | 136891 | 103825 | 23857 | 5363 | 3846 |
| | | 2003 | 156872 | 122877 | 24229 | 5749 | 4017 |
| | | 2004 | 177489 | 142166 | 25125 | 5271 | 4927 |
| 韩　国 | Korea,Rep. | 2000 | 4389 | 267 | | | 4123 |
| | | 2001 | 1674 | 245 | | | 1428 |
| | | 2002 | 1742 | 213 | | | 1528 |
| | | 2003 | 1889 | 212 | | | 1677 |
| | | 2004 | 1887 | 205 | | | 1682 |
| 日　本 | Japan | 2000 | 14266 | 246 | 89 | 349 | 13584 |
| | | 2001 | 6257 | 266 | 85 | 782 | 5124 |
| | | 2002 | 5689 | | 87 | 805 | 4797 |
| | | 2003 | 5125 | | 96 | 751 | 4278 |
| | | 2004 | 5565 | | 42 | 732 | 4791 |
| 印　度 | India | 2000 | 37025 | 26919 | 5208 | 3333 | 1565 |
| | | 2001 | 37361 | 27978 | 5193 | 3022 | 1168 |
| | | 2002 | 38793 | 29135 | 5329 | 3269 | 1059 |
| | | 2003 | 40824 | 30854 | 5314 | 3467 | 1188 |
| | | 2004 | 42887 | 32703 | 5437 | 3439 | 1307 |
| 老　挝 | Laos | 2000 | 37 | 23 | | | 15 |
| | | 2001 | 43 | 28 | | | 15 |
| | | 2002 | 44 | 29 | | | 15 |
| | | 2003 | 44 | 29 | | | 15 |
| | | 2004 | 44 | 29 | | | 15 |
| 柬埔寨 | Cambodia | 2000 | 1 | | | | 1 |
| | | 2001 | … | | | | … |
| | | 2002 | … | | | | … |
| | | 2003 | … | | | | … |
| | | 2004 | … | | | | … |
| 越　南 | Viet Nam | 2000 | 3973 | 1161 | 2373 | 178 | 261 |
| | | 2001 | 4161 | 1296 | 2455 | 178 | 232 |
| | | 2002 | 4641 | 1590 | 2452 | 367 | 232 |
| | | 2003 | 4789 | 1670 | 2447 | 430 | 242 |
| | | 2004 | 6487 | 2550 | 2978 | 732 | 227 |

附录2—26　续表 1 Continued

单位：标准煤万吨　　　　　　　　　　　　　　　　　　　　　　　　　　　　（10 000 TCE）

| 国　家 | Country of Area | 年份 Year | 一次能源生产量 Primary Energy Production 总计 Total | 固体 Solids | 液体 Liquids | 气体 Gas | 电能 Electricity |
|---|---|---|---|---|---|---|---|
| 缅　甸 | Myanmar | 2000 | 978 | 51 | 82 | 822 | 23 |
| | | 2001 | 1010 | 59 | 96 | 833 | 22 |
| | | 2002 | 1066 | 49 | 126 | 863 | 27 |
| | | 2003 | 1302 | 87 | 141 | 1047 | 28 |
| | | 2004 | 1349 | 90 | 146 | 1085 | 29 |
| 泰　国 | Thailand | 2000 | 4413 | 1113 | 1041 | 2184 | 74 |
| | | 2001 | 4758 | 1233 | 1104 | 2343 | 77 |
| | | 2002 | 4992 | 1232 | 1225 | 2444 | 92 |
| | | 2003 | 5132 | 1184 | 1445 | 2413 | 90 |
| | | 2004 | 5206 | 1261 | 1478 | 2392 | 74 |
| 马来西亚 | Malaysia | 2000 | 10972 | 35 | 4771 | 6076 | 91 |
| | | 2001 | 11083 | 49 | 5042 | 5913 | 79 |
| | | 2002 | 11559 | 32 | 5364 | 6099 | 65 |
| | | 2003 | 12055 | 15 | 5586 | 6383 | 71 |
| | | 2004 | 12915 | 38 | 5364 | 7441 | 72 |
| 新 加 坡 | Singapore | | | | | | |
| 文　莱 | Brunei Darussalam | 2000 | 3002 | | 1499 | 1503 | |
| | | 2001 | 2964 | | 1443 | 1521 | |
| | | 2002 | 3043 | | 1516 | 1527 | |
| | | 2003 | 3220 | | 1574 | 1646 | |
| | | 2004 | 3195 | | 1567 | 1629 | |
| 菲 律 宾 | Philippines | 2000 | 1625 | 92 | 8 | 1 | 1524 |
| | | 2001 | 326 | 83 | 9 | 18 | 216 |
| | | 2002 | 591 | 112 | 40 | 226 | 212 |
| | | 2003 | 690 | 124 | 3 | 345 | 218 |
| | | 2004 | 733 | 168 | 3 | 330 | 232 |
| 印度尼西亚 | Indonesia | 2000 | 30710 | 7682 | 12579 | 10000 | 449 |
| | | 2001 | 31559 | 9251 | 12428 | 9707 | 173 |
| | | 2002 | 32950 | 10306 | 11999 | 10458 | 186 |
| | | 2003 | 34141 | 10932 | 12145 | 10892 | 172 |
| | | 2004 | 33524 | 11970 | 11686 | 9681 | 187 |

附录2—26 续表 2 Continued

单位：标准煤万吨 （10 000 TCE）

| 国 家 | Country of Area | 年份 Year | 库存变化 Changes in Stocks | 进口 Imports | 出口 Exports | 国际运输燃料 Bunkers 空运 Air | 国际运输燃料 Bunkers 海运 Sea | 平衡差额 Balance |
|---|---|---|---|---|---|---|---|---|
| 中 国 | China | 2000 | -650 | 14438 | 8274 | | 595 | 7320 |
| | | 2001 | 11 | 13077 | 10806 | 50 | 562 | 7209 |
| | | 2002 | 729 | 14940 | 10402 | 56 | 562 | 8265 |
| | | 2003 | 684 | 18312 | 11552 | 49 | 358 | 9243 |
| | | 2004 | 1095 | 25577 | 10368 | 18 | 41 | 11517 |
| 韩 国 | Korea,Rep. | 2000 | 506 | 27486 | 4945 | 81 | 895 | 3272 |
| | | 2001 | 318 | 27534 | 4697 | 94 | 878 | 2744 |
| | | 2002 | 446 | 27059 | 3588 | 132 | 838 | 2509 |
| | | 2003 | 784 | 27311 | 3258 | 172 | 935 | 2513 |
| | | 2004 | 320 | 28499 | 3691 | 187 | 1029 | 3004 |
| 日 本 | Japan | 2000 | 506 | 59520 | 723 | 917 | 747 | 2935 |
| | | 2001 | -419 | 58709 | 756 | 874 | 635 | 2315 |
| | | 2002 | -201 | 60009 | 698 | 991 | 666 | 1806 |
| | | 2003 | -56 | 61416 | 692 | 960 | 731 | 2718 |
| | | 2004 | -133 | 62440 | 722 | 993 | 766 | 2540 |
| 印 度 | India | 2000 | -364 | 13356 | 519 | 100 | | 4535 |
| | | 2001 | -263 | 13798 | 1111 | 335 | 13 | 3966 |
| | | 2002 | 105 | 14680 | 1192 | 333 | 6 | 4760 |
| | | 2003 | 140 | 15324 | 1847 | 353 | 5 | 4759 |
| | | 2004 | 232 | 17022 | 2130 | 395 | 8 | 5012 |
| 老 挝 | Laos | 2000 | | 20 | 9 | | | |
| | | 2001 | | 20 | 9 | | | |
| | | 2002 | | 21 | 9 | | | |
| | | 2003 | | 21 | 9 | | | |
| | | 2004 | | 21 | 9 | | | |
| 柬埔寨 | Cambodia | 2000 | | 25 | | | | |
| | | 2001 | | 25 | | | | |
| | | 2002 | | 26 | | | | |
| | | 2003 | | 25 | | | | |
| | | 2004 | | 25 | | | | |
| 越 南 | Viet Nam | 2000 | 176 | 1255 | 2690 | 14 | | 8 |
| | | 2001 | -30 | 1304 | 2933 | 21 | | … |
| | | 2002 | | 1445 | 3070 | 25 | | … |
| | | 2003 | | 1491 | 3082 | 23 | | … |
| | | 2004 | 100 | 1647 | 3860 | 38 | | … |

附录2—26　续表 3 Continued

单位：标准煤万吨　　(10 000 TCE)

| 国　家 | Country of Area | 年份 Year | 库存变化 Changes in Stocks | 进口 Imports | 出口 Exports | 国际运输燃料 Bunkers 空运 Air | 海运 Sea | 平衡差额 Balance |
|---|---|---|---|---|---|---|---|---|
| 缅　甸 | Myanmar | 2000 | -10 | 204 | 677 | 9 | | 35 |
| | | 2001 | 2 | 164 | 730 | 10 | | 44 |
| | | 2002 | -39 | 137 | 745 | 10 | | 64 |
| | | 2003 | -13 | 132 | 908 | 12 | | 18 |
| | | 2004 | -14 | 136 | 941 | 12 | | 19 |
| 泰　国 | Thailand | 2000 | -216 | 5783 | 972 | | | 687 |
| | | 2001 | -48 | 6551 | 1062 | | | 623 |
| | | 2002 | -195 | 6866 | 1156 | | | 746 |
| | | 2003 | -134 | 7456 | 1124 | | | 1055 |
| | | 2004 | -140 | 8387 | 1223 | | | 966 |
| 马来西亚 | Malaysia | 2000 | 41 | 2342 | 5998 | 225 | 30 | 421 |
| | | 2001 | -70 | 2688 | 6136 | 252 | 22 | 735 |
| | | 2002 | 105 | 2554 | 6224 | 255 | 13 | 629 |
| | | 2003 | -84 | 2870 | 6547 | 265 | 10 | 1080 |
| | | 2004 | -128 | 3668 | 7018 | 296 | 12 | 879 |
| 新 加 坡 | Singapore | 2000 | 87 | 11506 | 5042 | 183 | 2646 | 1677 |
| | | 2001 | 247 | 12017 | 5080 | 183 | 2888 | 1498 |
| | | 2002 | 12 | 12291 | 5496 | 177 | 2852 | 1709 |
| | | 2003 | -440 | 12075 | 5974 | 180 | 2952 | 1252 |
| | | 2004 | -179 | 13853 | 6613 | 184 | 3342 | 1784 |
| 文　莱 | Brunei Darussalam | 2000 | -15 | | 2588 | | | 76 |
| | | 2001 | 4 | … | 2654 | | | -34 |
| | | 2002 | -4 | 1 | 2724 | | | -50 |
| | | 2003 | -2 | … | 2863 | | | -60 |
| | | 2004 | 5 | … | 2795 | | | -73 |
| 菲 律 宾 | Philippines | 2000 | 17 | 3238 | 139 | 77 | 30 | 292 |
| | | 2001 | -74 | 3345 | 82 | 85 | 31 | 257 |
| | | 2002 | -59 | 3151 | 138 | 87 | 32 | 66 |
| | | 2003 | 17 | 3090 | 126 | 84 | 27 | 141 |
| | | 2004 | -36 | 3088 | 88 | 88 | 20 | 124 |
| 印度尼西亚 | Indonesia | 2000 | -473 | 3161 | 16388 | 60 | 11 | 3602 |
| | | 2001 | -205 | 3584 | 21613 | 72 | 11 | -410 |
| | | 2002 | -186 | 3977 | 21329 | 123 | 10 | -348 |
| | | 2003 | 43 | 3791 | 22075 | 148 | 42 | 481 |
| | | 2004 | | 4973 | 23483 | 189 | 50 | 255 |

附录2—26 续表 4 Continued

单位：标准煤万吨 （10 000 TCE）

| 国家 | Country of Area | 年份 Year | 人消费量（千克） Consumption per Capita (kilograms) | 能源消费量 Conumption 总计 Total | 固体 Solids | 液体 Liquids | 气体 Gas | 电能 Electricity |
|---|---|---|---|---|---|---|---|---|
| 中国 | China | 2000 | 794 | 101231 | 68804 | 24706 | 4466 | 3256 |
| | | 2001 | 979 | 125008 | 91581 | 25249 | 4658 | 3519 |
| | | 2002 | 1026 | 131816 | 96776 | 26227 | 5058 | 3755 |
| | | 2003 | 1187 | 153299 | 115127 | 28693 | 5553 | 3927 |
| | | 2004 | 1386 | 180026 | 135716 | 34497 | 4961 | 4852 |
| 韩国 | Korea,Rep. | 2000 | 4691 | 22176 | 6140 | 9273 | 2641 | 4123 |
| | | 2001 | 4326 | 20478 | 6739 | 9459 | 2852 | 1428 |
| | | 2002 | 4469 | 21289 | 7093 | 9481 | 3186 | 1528 |
| | | 2003 | 4485 | 21539 | 7196 | 9324 | 3342 | 1677 |
| | | 2004 | 4607 | 22154 | 7675 | 8854 | 3943 | 1682 |
| 日本 | Japan | 2000 | 5357 | 67960 | 15202 | 28774 | 10401 | 13584 |
| | | 2001 | 4783 | 60806 | 15500 | 29222 | 10961 | 5124 |
| | | 2002 | 4846 | 61738 | 16003 | 29978 | 10960 | 4797 |
| | | 2003 | 4822 | 61495 | 16469 | 29102 | 11647 | 4278 |
| | | 2004 | 4943 | 63118 | 18021 | 28832 | 11473 | 4791 |
| 印度 | India | 2000 | 449 | 45590 | 29120 | 11556 | 3333 | 1581 |
| | | 2001 | 445 | 45998 | 30343 | 11449 | 3022 | 1185 |
| | | 2002 | 448 | 47078 | 31433 | 11301 | 3269 | 1075 |
| | | 2003 | 459 | 49044 | 32901 | 11467 | 3467 | 1209 |
| | | 2004 | 483 | 52132 | 35182 | 12183 | 3439 | 1328 |
| 老挝 | Laos | 2000 | 93 | 48 | 23 | 18 | | 8 |
| | | 2001 | 100 | 54 | 28 | 18 | | 8 |
| | | 2002 | 100 | 55 | 29 | 18 | | 9 |
| | | 2003 | 98 | 55 | 29 | 18 | | 9 |
| | | 2004 | 93 | 57 | 29 | 19 | | 9 |
| 柬埔寨 | Cambodia | 2000 | 21 | 26 | | 25 | | 1 |
| | | 2001 | 20 | 26 | | 25 | | … |
| | | 2002 | 20 | 26 | | 26 | | … |
| | | 2003 | 20 | 26 | | 25 | | … |
| | | 2004 | 19 | 26 | | 25 | | … |
| 越南 | Viet Nam | 2000 | 301 | 2338 | 781 | 1119 | 178 | 261 |
| | | 2001 | 321 | 2541 | 897 | 1234 | 178 | 232 |
| | | 2002 | 375 | 2992 | 985 | 1408 | 367 | 232 |
| | | 2003 | 390 | 3176 | 1040 | 1464 | 430 | 242 |
| | | 2004 | 503 | 4136 | 1490 | 1687 | 732 | 227 |

附录2—26　续表 5 Continued

单位：标准煤万吨 (10 000 TCE)

| 国　家 | Country of Area | 年份 Year | 人消费量（千克） Consumption per Capita (kilograms) | 能源消费量 Conumption 总计 Total | 固体 Solids | 液体 Liquids | 气体 Gas | 电能 Electricity |
|---|---|---|---|---|---|---|---|---|
| 缅　甸 | Myanmar | 2000 | 99 | 471 | 6 | 252 | 190 | 23 |
| | | 2001 | 80 | 388 | 7 | 204 | 154 | 22 |
| | | 2002 | 86 | 422 | 8 | 228 | 160 | 27 |
| | | 2003 | 103 | 509 | 14 | 255 | 212 | 28 |
| | | 2004 | 105 | 527 | 14 | 264 | 220 | 29 |
| 泰　国 | Thailand | 2000 | 1417 | 8752 | 1584 | 4601 | 2458 | 108 |
| | | 2001 | 1541 | 9672 | 1821 | 4593 | 3149 | 110 |
| | | 2002 | 1599 | 10150 | 1824 | 4836 | 3367 | 123 |
| | | 2003 | 1678 | 10542 | 1897 | 5114 | 3414 | 117 |
| | | 2004 | 1811 | 11544 | 2123 | 5840 | 3470 | 111 |
| 马来西亚 | Malaysia | 2000 | 2836 | 6598 | 330 | 2732 | 3445 | 91 |
| | | 2001 | 3013 | 6698 | 416 | 2833 | 3370 | 79 |
| | | 2002 | 3039 | 6887 | 525 | 2897 | 3400 | 65 |
| | | 2003 | 3078 | 7107 | 762 | 2799 | 3475 | 71 |
| | | 2004 | 3616 | 8505 | 1328 | 3112 | 4000 | 65 |
| 新 加 坡 | Singapore | 2000 | 4512 | 1871 | | 1683 | 188 | |
| | | 2001 | 5114 | 2121 | | 1838 | 284 | |
| | | 2002 | 4920 | 2045 | | 1585 | 460 | |
| | | 2003 | 4937 | 2157 | | 1445 | 712 | |
| | | 2004 | 4974 | 2109 | 1 | 1269 | 839 | |
| 文　莱 | Brunei Darussalam | 2000 | 10862 | 353 | | 144 | 210 | |
| | | 2001 | 10128 | 339 | | 138 | 202 | |
| | | 2002 | 10986 | 375 | | 177 | 198 | |
| | | 2003 | 12080 | 419 | | 218 | 201 | |
| | | 2004 | 12803 | 469 | | 244 | 225 | |
| 菲 律 宾 | Philippines | 2000 | 564 | 4308 | 597 | 2186 | 1 | 1524 |
| | | 2001 | 422 | 3290 | 847 | 2209 | 18 | 216 |
| | | 2002 | 437 | 3477 | 814 | 2224 | 226 | 212 |
| | | 2003 | 419 | 3386 | 773 | 2050 | 345 | 218 |
| | | 2004 | 433 | 3537 | 870 | 2104 | 330 | 232 |
| 印度尼西亚 | Indonesia | 2000 | 679 | 14283 | 1979 | 7079 | 4777 | 449 |
| | | 2001 | 675 | 14061 | 2584 | 7283 | 4021 | 173 |
| | | 2002 | 755 | 15998 | 3002 | 7369 | 5441 | 186 |
| | | 2003 | 705 | 15143 | 2039 | 7285 | 5646 | 172 |
| | | 2004 | 667 | 14521 | 1423 | 8498 | 4413 | 187 |

# 附录2—27　能源利用效率

## Energy Efficiency

数据来源：世界银行数据库。
Source:World Bank Database.

| 国　家 | Country of Area | 单位国内生产总值能耗（标准油吨/万美元）Energy Consumption per Unit of GDP（ton of oil equivalent per 10 000 US$） | | |
|---|---|---|---|---|
| | | 1990 | 2000 | 2001 |
| 中　国 | China | 24.43 | 9.37 | 8.46 |
| 韩　国 | Korea,Rep. | 3.51 | 3.73 | 4.02 |
| 日　本 | Japan | 1.48 | 1.14 | 1.27 |
| 印　度 | India | 11.41 | 11.13 | 10.87 |
| 老　挝 | Laos | | | |
| 柬埔寨 | Cambodia | | | |
| 越　南 | Viet Nam | 37.58 | 12.01 | 12.14 |
| 缅　甸 | Myanmar | | | |
| 泰　国 | Thailand | 5.14 | 6.08 | 6.77 |
| 马来西亚 | Malaysia | 5.14 | 5.41 | 5.85 |
| 新加坡 | Singapore | 3.63 | 2.40 | 2.69 |
| 文　莱 | Brunei Darussalam | 5.06 | 5.89 | 5.68 |
| 菲律宾 | Philippines | 5.90 | 5.59 | 5.85 |
| 印度尼西亚 | Indonesia | 8.53 | 8.84 | 9.70 |

| 国　家 | Country of Area | 单位国内生产总值能耗（标准油吨/万美元）Energy Consumption per Unit of GDP（ton of oil equivalent per 10 000 US$） | | |
|---|---|---|---|---|
| | | 2002 | 2003 | 2004 |
| 中　国 | China | 8.34 | 8.42 | 8.33 |
| 韩　国 | Korea,Rep. | 3.69 | 3.39 | 3.13 |
| 日　本 | Japan | 1.34 | 1.22 | 1.16 |
| 印　度 | India | 10.51 | 9.12 | 8.23 |
| 老　挝 | Laos | | | |
| 柬埔寨 | Cambodia | | | |
| 越　南 | Viet Nam | 12.14 | 11.18 | 11.09 |
| 缅　甸 | Myanmar | | | |
| 泰　国 | Thailand | 6.57 | 6.22 | 6.02 |
| 马来西亚 | Malaysia | 5.51 | 5.45 | 4.79 |
| 新加坡 | Singapore | 2.77 | 2.36 | 2.38 |
| 文　莱 | Brunei Darussalam | 5.45 | 5.66 | 4.91 |
| 菲律宾 | Philippines | 5.51 | 5.28 | 5.11 |
| 印度尼西亚 | Indonesia | 8.22 | 7.01 | 6.78 |

# 附录2—28 电力装机容量

## Net Installed Capacity of Electricity Generationg Plants

数据来源：世界银行数据库。
Source:World Bank Database.

单位：万千瓦 (10 000 kilowatts)

| 国家 | Country of Area | 年份 Year | 总装机容量 Self-producers and Public Utilities 总计 Total | 热电 Thermal | 水电 Hydro | 核电 Nuclear | 地热 Geothermal |
|---|---|---|---|---|---|---|---|
| 中国 | China | 2000 | 29857 | 22343 | 7297 | 217 | |
| | | 2001 | 31906 | 23754 | 7935 | 217 | |
| | | 2002 | 33919 | 25301 | 8301 | 317 | |
| | | 2003 | 35662 | 26555 | 8608 | 500 | |
| | | 2004 | 41916 | 30490 | 10826 | 600 | |
| 韩国 | Korea,Rep. | 2000 | 5368 | 3682 | 315 | 1372 | … |
| | | 2001 | 5662 | 3903 | 388 | 1372 | … |
| | | 2002 | 5962 | 4002 | 388 | 1572 | … |
| | | 2003 | 6203 | 4244 | 388 | 1572 | … |
| | | 2004 | 6569 | 4498 | 388 | 1672 | 11 |
| 日本 | Japan | 2000 | 25201 | 15981 | 4632 | 4525 | 63 |
| | | 2001 | 26365 | 17023 | 4636 | 4591 | 116 |
| | | 2002 | 26812 | 17439 | 4640 | 4591 | 142 |
| | | 2003 | 27058 | 17622 | 4671 | 4574 | 190 |
| | | 2004 | 27527 | 17897 | 4674 | 4712 | 244 |
| 印度 | India | 2000 | 11778 | 8838 | 2520 | 286 | 134 |
| | | 2001 | 12189 | 9145 | 2631 | 272 | 142 |
| | | 2002 | 12574 | 9498 | 2632 | 272 | 172 |
| | | 2003 | 13138 | 9650 | 2957 | 272 | 260 |
| | | 2004 | 13753 | 9980 | 3100 | 277 | 396 |
| 老挝 | Laos | 2000 | 28 | 2 | 27 | | |
| | | 2001 | 28 | 2 | 27 | | |
| | | 2002 | 28 | 2 | 27 | | |
| | | 2003 | 28 | 2 | 27 | | |
| | | 2004 | 28 | 2 | 27 | | |
| 柬埔寨 | Cambodia | 2000 | 4 | 3 | 1 | | |
| | | 2001 | 4 | 3 | 1 | | |
| | | 2002 | 4 | 3 | 1 | | |
| | | 2003 | 4 | 3 | 1 | | |
| | | 2004 | 4 | 3 | 1 | | |
| 越南 | Viet Nam | 2000 | 503 | 204 | 292 | | 8 |
| | | 2001 | 513 | 214 | 292 | | 8 |
| | | 2002 | 540 | 240 | 292 | | 9 |
| | | 2003 | 586 | 285 | 292 | | 9 |
| | | 2004 | 680 | 347 | 324 | | 10 |

附录2—28 续表 1 Continued

单位：万千瓦 (10 000 kilowatts)

| 国家 | Country of Area | 年份 Year | 总装机容量 Self-producers and Public Utilities | | | | |
|---|---|---|---|---|---|---|---|
| | | | 总计 Total | 热电 Thermal | 水电 Hydro | 核电 Nuclear | 地热 Geothermal |
| 缅 甸 | Myanmar | 2000 | 152 | 118 | 34 | | |
| | | 2001 | 116 | 82 | 34 | | |
| | | 2002 | 120 | 81 | 38 | | |
| | | 2003 | 120 | 81 | 38 | | |
| | | 2004 | 120 | 81 | 38 | | |
| 泰 国 | Thailand | 2000 | 2765 | 2471 | 294 | | … |
| | | 2001 | 2804 | 2510 | 294 | | … |
| | | 2002 | 2951 | 2657 | 294 | | … |
| | | 2003 | 3016 | 2718 | 297 | | … |
| | | 2004 | 3759 | 3411 | 348 | | … |
| 马来西亚 | Malaysia | 2000 | 1382 | 1171 | 212 | | |
| | | 2001 | 1508 | 1300 | 208 | | |
| | | 2002 | 1663 | 1457 | 207 | | |
| | | 2003 | 1663 | 1457 | 207 | | |
| | | 2004 | 2292 | 2084 | 209 | | |
| 新加坡 | Singapore | 2000 | 661 | 661 | | | |
| | | 2001 | 752 | 752 | | | |
| | | 2002 | 885 | 885 | | | |
| | | 2003 | 885 | 885 | | | |
| | | 2004 | 885 | 885 | | | |
| 文 莱 | Brunei Darussalam | 2000 | 77 | 77 | | | |
| | | 2001 | 77 | 77 | | | |
| | | 2002 | 87 | 87 | | | |
| | | 2003 | 87 | 87 | | | |
| | | 2004 | 87 | 87 | | | |
| 菲律宾 | Philippines | 2000 | 1173 | 501 | 322 | | 350 |
| | | 2001 | 1341 | 894 | 253 | | 193 |
| | | 2002 | 1473 | 1026 | 253 | | 193 |
| | | 2003 | 1515 | 1034 | 288 | | 193 |
| | | 2004 | 1557 | 1041 | 323 | | 193 |
| 印度尼西亚 | Indonesia | 2000 | 2541 | 2065 | 439 | | 36 |
| | | 2001 | 2528 | 2054 | 438 | | 36 |
| | | 2002 | 2528 | 2054 | 438 | | 36 |
| | | 2003 | 2581 | 2090 | 454 | | 38 |
| | | 2004 | 2608 | 2113 | 457 | | 38 |

附录2—28 续表 2 Continued

单位：万千瓦 (10 000 kilowatts)

| 国家 | Country of Area | 年份 Year | 自备电厂装机容量 Self-producers 总计 Total | 热电 Thermal | 水电 Hydro | 核电 Nuclear | 地热 Geothermal |
|---|---|---|---|---|---|---|---|
| 中国 | China | | | | | | |
| 韩国 | Korea,Rep. | 2000 | 523 | 523 | | | … |
| | | 2001 | 576 | 576 | | | … |
| | | 2002 | 581 | 581 | | | … |
| | | 2003 | 598 | 598 | | | … |
| | | 2004 | 583 | 573 | | | 11 |
| 日本 | Japan | 2000 | 3145 | 2981 | 136 | 17 | 12 |
| | | 2001 | 3356 | 3131 | 142 | 17 | 66 |
| | | 2002 | 3648 | 3397 | 142 | 17 | 92 |
| | | 2003 | 3863 | 3584 | 139 | … | 140 |
| | | 2004 | 4156 | 3823 | 140 | … | 194 |
| 印度 | India | 2000 | 1616 | 1604 | 5 | | 7 |
| | | 2001 | 1697 | 1685 | 5 | | 8 |
| | | 2002 | 1836 | 1822 | 5 | | 10 |
| | | 2003 | 1874 | 1853 | 6 | | 15 |
| | | 2004 | 1910 | 1890 | 6 | | 15 |
| 老挝 | Laos | | | | | | |
| 柬埔寨 | Cambodia | | | | | | |
| 越南 | Viet Nam | | | | | | |
| 缅甸 | Myanmar | 2000 | 37 | 36 | … | | |
| 泰国 | Thailand | 2000 | 505 | 505 | | | |
| | | 2001 | 515 | 515 | | | |
| | | 2002 | 535 | 535 | | | |
| | | 2003 | 535 | 535 | | | |
| | | 2004 | 1168 | 1168 | | | |
| 马来西亚 | Malaysia | 2000 | 512 | 509 | 4 | | |
| | | 2001 | 520 | 520 | | | |
| | | 2002 | 595 | 595 | | | |
| | | 2003 | 595 | 595 | | | |
| | | 2004 | 1222 | 1222 | | | |
| 新加坡 | Singapore | | | | | | |
| 文莱 | Brunei Darussalam | 2000 | 7 | 7 | | | |
| | | 2001 | 6 | 6 | | | |
| | | 2002 | 6 | 6 | | | |
| | | 2003 | 6 | 6 | | | |
| | | 2004 | 6 | 6 | | | |
| 菲律宾 | Philippines | 2000 | 3 | 1 | 2 | | |
| | | 2001 | 3 | 1 | 2 | | |
| | | 2002 | 3 | 1 | 2 | | |
| | | 2003 | 3 | 1 | 2 | | |
| | | 2004 | 3 | 1 | 2 | | |
| 印度尼西亚 | Indonesia | 2000 | 464 | 327 | 138 | | |
| | | 2001 | 461 | 324 | 137 | | |
| | | 2002 | 461 | 324 | 137 | | |
| | | 2003 | 461 | 324 | 137 | | |
| | | 2004 | 461 | 324 | 137 | | |

# 附录2—29 主要工业产品产量

## Output of Major Industrial Products

资料来源：联合国统计月报、《工业产品统计年鉴》2004年、《英国汽车工业》2006年，联合国粮农组织数据库。
Source: UN Monthly Bulletin of Statistics and Industrial Commodity Statistics Yearbook 2004;Motor Industry of Great Britain 2006;FAO database.

| 国 家 | Country of Area | 钢（万吨） Steel (10 000 tons) | | 煤（万吨） Coal (10 000 tons) | | 原油（万吨） Crude Petroleum (10 000 tons) | |
|---|---|---|---|---|---|---|---|
| | | 2000 | 2006 | 2000 | 2006 | 2000 | 2006 |
| 中 国 | China | 12724 | 42270 | 84938 | 205546 | 16223 | 18472 |
| 韩 国 | Korea,Rep. | 4311 | 4850 | 415 | 284 | | |
| 日 本 | Japan | 10602 | 11623 | | | 62 | 77 |
| 印 度 | India | 2692 | 4400 | 33257 | 45062 | 3242 | 3365 |
| 老 挝 | Laos | | | 23 | 29① | | |
| 柬埔寨 | Cambodia | | | | | | |
| 越 南 | Viet Nam | 11 | 54② | 1161 | 2550① | 1627 | 2030① |
| 缅 甸 | Myanmar | 3 | 3② | 58 | 101① | 56 | 100① |
| 泰 国 | Thailand | 210 | 540 | 1772 | 1900 | 306 | 1034 |
| 马来西亚 | Malaysia | 365 | 550 | 38 | 79③ | 3248 | 3284 |
| 新加坡 | Singapore | 60 | 56② | | | | |
| 文 莱 | Brunei Darussalam | | | | | 928 | 970① |
| 菲律宾 | Philippines | 43 | 50② | 136 | 249① | 6 | 2① |
| 印度尼西亚 | Indonesia | 285 | 380 | 7682 | 14106③ | 6977 | 5143 |

| 国 家 | Country of Area | 发电量（亿千瓦小时） Electricity (100 million kwh) | | 水泥（万吨） Cement (10 000 tons) | | 化肥（万吨） Chemical Ferilizer (10 000 tons) | |
|---|---|---|---|---|---|---|---|
| | | 2000 | 2006 | 2000 | 2006 | 2000 | 2006 |
| 中 国 | China | 13131 | 27494 | 58340 | 119933 | 3615 | 4299 |
| 韩 国 | Korea,Rep. | 2952 | | 5125 | 5398 | 55 | 45 |
| 日 本 | Japan | 9407 | 8720③ | 8130 | 6930 | 119 | 107 |
| 印 度 | India | 5007 | 6517 | 9500 | 15227 | 1419 | 1531 |
| 老 挝 | Laos | 12 | 13① | 9 | 25① | | |
| 柬埔寨 | Cambodia | 2 | 1① | | | | |
| 越 南 | Viet Nam | 266 | 460① | 2112④ | 3128 | 24 | 67 |
| 缅 甸 | Myanmar | 51 | 64① | 40 | 56 | 1 | … |
| 泰 国 | Thailand | 671 | 678 | 2550 | 3874 | 19 | 17 |
| 马来西亚 | Malaysia | 667 | 873③ | 1145 | 1951 | 68 | 63 |
| 新加坡 | Singapore | 317 | 368① | 115 | 15① | | |
| 文 莱 | Brunei Darussalam | 28 | 32① | 24 | 24① | | |
| 菲律宾 | Philippines | 453 | 560① | 1250 | 1204 | 40 | 27 |
| 印度尼西亚 | Indonesia | 995 | 1035① | 3131 | 3311 | 308 | 299 |

附录2—29 续表 Continued

| 国家 | Country of Area | 棉布（万平方米）Woven Cotton Fabrics（10 000 sq.m） | | 汽车（万辆）Motor Vehicles（10 000 vehicles） | | 天然气（万亿焦耳）Natural Gas（terajoule） | | 新闻纸（万吨）Newsprint（10 000 tons） | |
|---|---|---|---|---|---|---|---|---|---|
| | | 2000 | 2006 | 2000 | 2006 | 2000 | 2006 | 2000 | 2006 |
| 中国 | China | 2271456 | 5235964 | 207 | 728 | 1083444 | 2317488 | 145 | 394 |
| 韩国 | Korea,Rep. | | | 311 | 384 | | | 182 | 165 |
| 日本 | Japan | 66360 | 39840 | 1014 | 1148 | 100620 | 135468 | 342 | 375 |
| 印度 | India | 1967040 | 2496840 | 79 | 196 | 1137396 | 1109412③ | 59 | 102 |
| 老挝 | Laos | | | | | | | | |
| 柬埔寨 | Cambodia | | | | | | | | |
| 越南 | Viet Nam | | | | 3 | | | 4 | 3.5① |
| 缅甸 | Myanmar | 3 | | | | | | | 0.5① |
| 泰国 | Thailand | | | 41 | 119 | 787752 | 924348③ | 12 | 13.1① |
| 马来西亚 | Malaysia | | | 29 | 50 | 1766088 | 2402160③ | 25 | 25.3① |
| 新加坡 | Singapore | | | | | | | | |
| 文莱 | Brunei Darussalam | | | | | | | 28 | 29.9① |
| 菲律宾 | Philippines | | | | | | | | |
| 印度尼西亚 | Indonesia | | | 35 | 50③ | 3212484 | 3354876 | 48 | 55.7① |

| 国家 | Country of Area | 家用冰箱（万台）Refrigerators for Household Use（10 000 units） | | 家用电视机（万台）Television Sets（10 000 units） | | 家用洗衣机（万台）Washing machines for Household Use（10 000 units） | | 电话（万台）Telephones（10 000 units） | |
|---|---|---|---|---|---|---|---|---|---|
| | | 2000 | 2006 | 2000 | 2006 | 2000 | 2006 | 2000 | 2006 |
| 中国 | China | 1279 | 3008 | 4501 | 7530 | 1443 | 1599④ | 9598 | 19516 |
| 韩国 | Korea,Rep. | 630 | 712 | 1005 | 734 | 327 | 498 | 690 | 209 |
| 日本 | Japan | 422 | 286② | 338 | 305 | 418 | 313 | 1305 | |
| 印度 | India | 201 | 372② | 240 | 357 | | | 846 | 369② |
| 老挝 | Laos | | | | | | | | |
| 柬埔寨 | Cambodia | | | | | | | | |
| 越南 | Viet Nam | 18 | 62 | | | | | 5 | 21 |
| 缅甸 | Myanmar | | | | | | | | |
| 泰国 | Thailand | | | | | | | | |
| 马来西亚 | Malaysia | 22 | 19② | 1055 | 992 | | | | |
| 新加坡 | Singapore | | | | | | | | |
| 文莱 | Brunei Darussalam | | | | | | | | |
| 菲律宾 | Philippines | | | | | | | | |
| 印度尼西亚 | Indonesia | 77 | | | 2368④ | 11 | 10④ | | |

注：①2004年数据。②2003年数据。③2005年数据。④2002年数据。

Note:①Data refers to 2004.②Data refers to 2003.③Data refers to 2005.④Data refers to 2002.

# 附录2—30 货物出口总额

## Merchandise Exports

资料来源：世界贸易组织数据库。
Source:World Trade Organization Database.

单位：亿美元 (100 million USD)

| 国 家 | Country of Area | 1990 | 2000 | 2004 | 2005 | 2006 |
|---|---|---|---|---|---|---|
| 中 国 | China | 621 | 2492 | 5933 | 7620 | 9691 |
| 韩 国 | Korea,Rep. | 650 | 1723 | 2538 | 2844 | 3257 |
| 日 本 | Japan | 2876 | 4792 | 5657 | 5949 | 6471 |
| 印 度 | India | 180 | 424 | 764 | 995 | 1202 |
| 老 挝 | Laos | 1 | 3 | 4 | 5 | 10 |
| 柬 埔 寨 | Cambodia | 1 | 14 | 28 | 31 | 38 |
| 越 南 | Viet Nam | 24 | 145 | 265 | 324 | 396 |
| 缅 甸 | Myanmar | 3 | 16 | 24 | 38 | 45 |
| 泰 国 | Thailand | 231 | 691 | 962 | 1102 | 1306 |
| 马来西亚 | Malaysia | 295 | 982 | 1265 | 1409 | 1606 |
| 新 加 坡 | Singapore | 527 | 1378 | 1986 | 2296 | 2718 |
| 文 莱 | Brunei Darussalam | 22 | 39 | 51 | 62 | 78 |
| 菲 律 宾 | Philippines | 81 | 398 | 397 | 413 | 470 |
| 印度尼西亚 | Indonesia | 257 | 654 | 722 | 862 | 1040 |

# 附录2—31 货物进口总额

## Merchandise Imports

资料来源：世界贸易组织数据库。
Source:World Trade Organization Database.

单位：亿美元 (100 million USD)

| 国 家 | Country of Area | 1990 | 2000 | 2004 | 2005 | 2006 |
|---|---|---|---|---|---|---|
| 中 国 | China | 533 | 2251 | 5612 | 6600 | 7916 |
| 韩 国 | Korea,Rep. | 698 | 1605 | 2245 | 2612 | 3093 |
| 日 本 | Japan | 2354 | 3795 | 4545 | 5149 | 5775 |
| 印 度 | India | 236 | 515 | 991 | 1394 | 1744 |
| 老 挝 | Laos | 2 | 5 | 5 | 8 | 11 |
| 柬 埔 寨 | Cambodia | 2 | 19 | 32 | 39 | 49 |
| 越 南 | Viet Nam | 28 | 156 | 320 | 370 | 444 |
| 缅 甸 | Myanmar | 3 | 24 | 22 | 19 | 21 |
| 泰 国 | Thailand | 330 | 619 | 944 | 1182 | 1286 |
| 马来西亚 | Malaysia | 293 | 820 | 1053 | 1146 | 1310 |
| 新 加 坡 | Singapore | 608 | 1345 | 1736 | 2000 | 2387 |
| 文 莱 | Brunei Darussalam | 10 | 11 | 14 | 15 | 18 |
| 菲 律 宾 | Philippines | 130 | 370 | 440 | 474 | 520 |
| 印度尼西亚 | Indonesia | 218 | 436 | 550 | 749 | 784 |

# 附录2—32　出口货物构成（2005年）

## Exports by Commodity Groups（2005）

资料来源：世界贸易组织数据库。
Source:World Trade Organization Database.

单位：%　　(%)

| 国　　家 | Country of Area | 农业原材料 Agricultural Raw Materials | 食品 Food | 燃料 Fuel | 矿物和金属 Ores and Metals | 制成品 Manufactures |
|---|---|---|---|---|---|---|
| 中　　国① | China① | 0.5 | 3.2 | 2.3 | 1.9 | 91.9 |
| 韩　　国 | Korea,Rep. | 0.8 | 1.1 | 5.5 | 1.7 | 90.8 |
| 日　　本 | Japan | 0.5 | 0.5 | 0.8 | 1.8 | 92.0 |
| 印　　度 | India | 1.5 | 8.9 | 11.4 | 6.9 | 70.3 |
| 老　　挝 | Laos | | | | | |
| 柬 埔 寨② | Cambodia② | 1.8 | 1.1 | 3.2 | 3.2 | 97.1 |
| 越　　南 | Viet Nam | | | | | |
| 缅　　甸 | Myanmar | | | | | |
| 泰　　国 | Thailand | 4.5 | 11.6 | 4.1 | 1.2 | 76.8 |
| 马来西亚 | Malaysia | 2.5 | 7.0 | 13.3 | 1.2 | 74.6 |
| 新 加 坡 | Singapore | 0.3 | 1.7 | 12.0 | 1.1 | 81.1 |
| 文　　莱 | Brunei Darussalam | | | | | |
| 菲 律 宾 | Philippines | 0.5 | 6.1 | 1.9 | 2.3 | 89.1 |
| 印度尼西亚 | Indonesia | 5.0 | 11.7 | 27.5 | 8.4 | 47.1 |

注：①世界银行数据。②2004年数据。
Note:①Data from World Bank.②Data refers to 2004.

# 附录2—33　进口货物构成（2005年）

## Imports by Commodity Groups（2005）

资料来源：世界贸易组织数据库。
Source:World Trade Organization Databas

单位：%　　(%)

| 国　　家 | Country of Area | 农业原材料 Agricultural Raw Materials | 食品 Food | 燃料 Fuel | 矿物和金属 Ores and Metals | 制成品 Manufactures |
|---|---|---|---|---|---|---|
| 中　　国① | China① | 3.6 | 3.3 | 9.7 | 8.1 | 75.1 |
| 韩　　国 | Korea,Rep. | 1.9 | 4.4 | 25.5 | 6.8 | 60.9 |
| 日　　本 | Japan | 2.0 | 10.4 | 25.6 | 6.1 | 54.3 |
| 印　　度 | India | 2.0 | 3.3 | 36.3 | 5.0 | 52.4 |
| 老　　挝 | Laos | | | | | |
| 柬 埔 寨② | Cambodia② | 2.4 | 7.9 | 9.9 | 0.3 | 79.3 |
| 越　　南 | Viet Nam | | | | | |
| 缅　　甸 | Myanmar | | | | | |
| 泰　　国 | Thailand | 2.0 | 4.0 | 17.7 | 3.9 | 69.6 |
| 马来西亚 | Malaysia | 1.2 | 5.2 | 8.0 | 3.7 | 80.0 |
| 新 加 坡 | Singapore | 0.4 | 2.8 | 17.8 | 1.6 | 76.5 |
| 文　　莱 | Brunei Darussalam | | | | | |
| 菲 律 宾 | Philippines | 0.9 | 7.3 | 13.9 | 2.4 | 75.2 |
| 印度尼西亚 | Indonesia | 3.5 | 8.1 | 30.6 | 3.1 | 54.7 |

注：①世界银行数据。②2004年数据。
Note:①Data from World Bank.②Data refers to 2004.

# 附录2—34　农产品进出口额

## Imports and Exports of Agriculture Products

资料来源：世界银行数据库。
Source:World Bank Database.

单位：亿美元　　　　(100 million USD)

| 国　　家 | Country of Area | 进口额 Imports | | | 出口额 Exports | | |
|---|---|---|---|---|---|---|---|
| | | 2000 | 2003 | 2004 | 2000 | 2003 | 2004 |
| 中　　国 | China | 154 | 235 | 329 | 131 | 169 | 173 |
| 韩　　国 | Korea,Rep. | 83 | 97 | 106 | 15 | 19 | 21 |
| 日　　本 | Japan | 362 | 370 | 415 | 16 | 17 | 19 |
| 印　　度 | India | 29 | 49 | 51 | 50 | 65 | 71 |
| 老　　挝 | Laos | 1 | 1 | 1 | 0 | 0 | 0 |
| 柬 埔 寨 | Cambodia | 2 | 1 | 2 | 0 | 0 | 1 |
| 越　　南 | Viet Nam | 14 | 15 | 20 | 23 | 25 | 33 |
| 缅　　甸 | Myanmar | 3 | 4 | 4 | 4 | 4 | 4 |
| 泰　　国 | Thailand | 27 | 35 | 38 | 73 | 103 | 119 |
| 马来西亚 | Malaysia | 38 | 43 | 58 | 58 | 96 | 109 |
| 新 加 坡 | Singapore | 40 | 40 | 44 | 28 | 26 | 30 |
| 文　　莱 | Brunei Darussalam | 2 | 2 | 2 | … | … | … |
| 菲 律 宾 | Philippines | 26 | 29 | 31 | 15 | 20 | 21 |
| 印度尼西亚 | Indonesia | 41 | 44 | 52 | 49 | 70 | 94 |

# 附录2—35　国际旅游人数

## Number of Arrivals and Departures of International Tourism

资料来源：世界银行数据库。
Source:World Bank Database.

单位：万人　　　　(10 000 persons)

| 国　　家 | Country of Area | 国外游客到达人数 Number of Arrivals | | | 出国旅游人数 Number of Departures | | |
|---|---|---|---|---|---|---|---|
| | | 2000 | 2004 | 2005 | 2000 | 2004 | 2005 |
| 中　　国① | China① | 3123 | 4176 | 4681 | 1047 | 2885 | 3103 |
| 韩　　国 | Korea,Rep. | 532 | 582 | 602 | 551 | 883 | 1008 |
| 日　　本 | Japan | 476 | 614 | 673 | 1782 | 1683 | 1740 |
| 印　　度 | India | 265 | 346 | 392 | 442 | 620 | |
| 老　　挝 | Laos | 19 | 41 | 67 | 19 | 41 | 67 |
| 柬 埔 寨 | Cambodia | 47 | 106 | 142 | 4 | 24 | |
| 越　　南 | Viet Nam | 214 | 293 | 347 | | | |
| 缅　　甸 | Myanmar | 21 | 24 | 23 | 21 | 24 | 23 |
| 泰　　国 | Thailand | 958 | 1174 | 1157 | 191 | 271 | 305 |
| 马来西亚 | Malaysia | 1022 | 1570 | 1643 | 3053 | 3076 | |
| 新 加 坡 | Singapore | 606 | 655 | 708 | 444 | 517 | |
| 文　　莱 | Brunei Darussalam | | | | | | |
| 菲 律 宾 | Philippines | 199 | 229 | 262 | 167 | 192 | 214 |
| 印度尼西亚 | Indonesia | 506 | 532 | 500 | | 394 | 411 |

注：①过夜旅客人数。
Note:① Data of overnight tourists.

# 附录2—36 国际收支（2006年）

## Balance of Payments（2006）

资料来源:国际货币基金组织数据库。

Source:International Monetary Fund Database.

单位：亿美元 （100 million USD）

| 国家 | Country of Area | 经常帐户 Current Account,n.i.e. | 货物 Goods 出口 Exports f.o.b. | 货物 Goods 进口 Imports f.o.b. | 货物 Goods 差额 Trade Balance | 服务 Services 贷方 Credit | 服务 Services 借方 Debit |
|---|---|---|---|---|---|---|---|
| 中国 | China | 2498.66 | 9696.82 | -7519.36 | 2177.46 | 919.99 | -1008.33 |
| 韩国 | Korea,Rep. | 60.92 | 3318.45 | -3026.31 | 292.14 | 518.73 | -706.37 |
| 日本 | Japan | 1705.17 | 6158.13 | -5345.09 | 813.03 | 1172.98 | -1355.56 |
| 印度 | India | -94.15 | 1236.17 | -1808.60 | -572.43 | 753.54 | -493.72 |
| 老挝 | Laos | | | | | | |
| 柬埔寨 | Cambodia | -3.37 | 36.93 | -47.49 | -10.56 | 12.96 | -7.90 |
| 越南 | Viet Nam | | | | | | |
| 缅甸 | Myanmar | 8.02 | 45.55 | -23.43 | 22.11 | 2.80 | -5.63 |
| 泰国 | Thailand | 32.30 | 1282.12 | -1134.00 | 148.13 | 241.30 | -320.53 |
| 马来西亚 | Malaysia | 254.88 | 1608.42 | -1241.44 | 366.98 | 218.31 | -237.20 |
| 新加坡 | Singapore | 363.25 | 2749.71 | -2302.26 | 447.45 | 590.74 | -619.27 |
| 文莱 | Brunei Darussalam | | | | | | |
| 菲律宾 | Philippines | 50.22 | 461.58 | -531.13 | -69.55 | 54.03 | -60.72 |
| 印度尼西亚 | Indonesia | 99.37 | 1035.14 | -738.68 | 296.46 | 115.18 | -216.25 |

| 国家 | Country of Area | 货物和服务差额 Balance on Goods and Services | 收入 Income 贷方 Redit | 收入 Income 借方 Debit | 货物、服务和收入差额 Balance on Goods, Services and | 经常转移 Current Transfers 贷方 Redit | 经常转移 Current Transfers 借方 Debit |
|---|---|---|---|---|---|---|---|
| 中国 | China | 2089.12 | 512.40 | -394.85 | 2206.67 | 315.78 | -23.78 |
| 韩国 | Korea,Rep. | 104.51 | 135.96 | -141.34 | 99.12 | 93.37 | -131.57 |
| 日本 | Japan | 630.46 | 1658.02 | -476.47 | 1812.01 | 61.84 | -168.68 |
| 印度 | India | -312.61 | 77.95 | -120.59 | -355.25 | 274.49 | -13.40 |
| 老挝 | Laos | | | | | | |
| 柬埔寨 | Cambodia | -5.50 | 0.90 | -3.80 | -8.40 | 5.27 | -0.25 |
| 越南 | Viet Nam | | | | | | |
| 缅甸 | Myanmar | 19.28 | 0.98 | -13.46 | 6.80 | 1.61 | -0.39 |
| 泰国 | Thailand | 68.90 | 47.47 | -117.75 | -1.38 | 37.64 | -3.96 |
| 马来西亚 | Malaysia | 348.09 | 84.63 | -131.92 | 300.80 | 3.13 | -49.04 |
| 新加坡 | Singapore | 418.93 | 303.39 | -345.23 | 377.08 | 1.44 | -15.27 |
| 文莱 | Brunei Darussalam | | | | | | |
| 菲律宾 | Philippines | -76.24 | 43.90 | -49.33 | -81.67 | 135.12 | -3.23 |
| 印度尼西亚 | Indonesia | 195.39 | 25.77 | -170.42 | 50.74 | 60.79 | -12.16 |

附录2—36 续表 1 Continued

单位：亿美元 （100 million USD）

| 国家 | Country of Area | 资本帐户 Capital Account,n.i.e. | 贷方 Redit | 借方 Debi | 金融帐户 Financial Account,n.i.e. | 直接投资 FDI 国外 Direct Investment Abroad | 在报告经济体内 Dir.Invest.in Rep.Econ.,n.i.e. |
|---|---|---|---|---|---|---|---|
| 中国 | China | 40.20 | 41.02 | -0.82 | 60.16 | -178.29 | 780.95 |
| 韩国 | Korea,Rep. | -30.33 | 2.81 | -33.14 | 216.54 | -71.26 | 36.45 |
| 日本 | Japan | -47.57 | 7.54 | -55.11 | -1023.43 | -501.71 | -67.84 |
| 印度 | India | | | | 377.76 | -96.70 | 174.53 |
| 老挝 | Laos | | | | | | |
| 柬埔寨 | Cambodia | 2.68 | 3.21 | -0.53 | 3.24 | -0.08 | 4.83 |
| 越南 | Viet Nam | | | | | | |
| 缅甸 | Myanmar | 1.53 | 1.53 | | 1.20 | | 6.97 |
| 泰国 | Thailand | | | | 78.74 | -7.87 | 107.50 |
| 马来西亚 | Malaysia | | | | -118.94 | -60.43 | 60.64 |
| 新加坡 | Singapore | -2.26 | | | -207.50 | -86.30 | 241.90 |
| 文莱 | Brunei Darussalam | | | | | | |
| 菲律宾 | Philippines | 1.36 | 1.80 | -0.44 | -8.06 | -1.03 | 23.45 |
| 印度尼西亚 | Indonesia | 3.50 | 3.50 | | -13.77 | -27.03 | 55.79 |

| 国家 | Country of Area | 证券投资 Portfolio Investment 资产 Assets | 股本证券 Equity Securities | 债务证券 Debt Securities | 负债 Liabilities | 股本证券 Equity Securities | 债务证券 Debt Securities |
|---|---|---|---|---|---|---|---|
| 中国 | China | -1104.19 | -14.54 | -1089.65 | 428.61 | 428.61 | |
| 韩国 | Korea,Rep. | -269.08 | -152.01 | -117.06 | 84.35 | -84.16 | 168.51 |
| 日本 | Japan | -710.36 | -250.37 | -459.99 | 1985.56 | 714.37 | 1271.19 |
| 印度 | India | | | | 95.49 | 95.49 | |
| 老挝 | Laos | | | | | | |
| 柬埔寨 | Cambodia | -0.12 | -0.12 | | | | |
| 越南 | Viet Nam | | | | | | |
| 缅甸 | Myanmar | | | | | | |
| 泰国 | Thailand | -15.64 | -2.08 | -13.56 | 57.71 | 53.00 | 4.72 |
| 马来西亚 | Malaysia | -21.23 | -18.90 | -2.34 | 55.93 | 23.92 | 32.02 |
| 新加坡 | Singapore | -214.50 | -119.93 | -94.24 | 72.76 | 38.52 | 33.82 |
| 文莱 | Brunei Darussalam | | | | | | |
| 菲律宾 | Philippines | -4.61 | -0.49 | -4.12 | 42.73 | 23.88 | 18.85 |
| 印度尼西亚 | Indonesia | -19.33 | -0.89 | -18.44 | 60.58 | 18.98 | 41.61 |

附录2—36 续表 2 Continued

单位：亿美元 (100 million USD)

| 国家 | Country of Area | 金融衍生工具 Financial Derivatives | | 金融帐户 Financial Accornt | |
|---|---|---|---|---|---|
| | | 资产 Assets | 负债 Liabilities | 其他投资：资产 Other Investment Assets | 货币当局 Money Authorities |
| 中国 | China | | | -318.09 | -35.27 |
| 韩国 | Korea,Rep. | 43.31 | -84.02 | -87.59 | -12.99 |
| 日本 | Japan | 1434.81 | -1410.26 | -862.39 | |
| 印度 | India | | | -0.44 | |
| 老挝 | Laos | | | | |
| 柬埔寨 | Cambodia | | | -5.40 | -0.71 |
| 越南 | Viet Nam | | | | |
| 缅甸 | Myanmar | | | | |
| 泰国 | Thailand | | | -99.38 | |
| 马来西亚 | Malaysia | 0.08 | 0.21 | -85.31 | |
| 新加坡 | Singapore | | | -493.68 | |
| 文莱 | Brunei Darussalam | | | | |
| 菲律宾 | Philippines | 1.59 | -2.97 | -47.05 | |
| 印度尼西亚 | Indonesia | | | -25.88 | |

| 国家 | Country of Area | 金融帐户 Financial Accornt | | | |
|---|---|---|---|---|---|
| | | 政府 General Government | 银行 Banks | 其他部门 Other Sectors | 其他投资：债务 Other Investment liab.,n.i.e. |
| 中国 | China | | 30.49 | -313.31 | 451.18 |
| 韩国 | Korea,Rep. | -3.90 | -35.76 | -34.95 | 564.38 |
| 日本 | Japan | 34.79 | -74.99 | -822.20 | -891.24 |
| 印度 | India | -0.36 | -44.89 | 44.81 | 204.88 |
| 老挝 | Laos | | | | |
| 柬埔寨 | Cambodia | | -1.40 | -3.30 | 4.01 |
| 越南 | Viet Nam | | | | |
| 缅甸 | Myanmar | | | | -0.26 |
| 泰国 | Thailand | -0.11 | -87.65 | -11.63 | 36.42 |
| 马来西亚 | Malaysia | -0.01 | -42.91 | -42.39 | -68.83 |
| 新加坡 | Singapore | | -289.27 | -205.18 | 272.28 |
| 文莱 | Brunei Darussalam | | | | |
| 菲律宾 | Philippines | | -21.63 | -25.42 | -20.17 |
| 印度尼西亚 | Indonesia | | 17.19 | -10.02 | -57.92 |

附录2—36 续表 3 Continued

单位：亿美元 (100 million USD)

| 国家 | Country of Area | 金融帐户 Financial Accornt 其他投资：债务 Other Investment liab.,n.i.e. 货币当局 Money Authorities | 政府 General Government | 银行 Banks | 其他部门 Other Sectors | 净误差与遗漏 Net Errors and Omissions | 国际收支总盈余 Overall Balance |
|---|---|---|---|---|---|---|---|
| 中国 | China | 41.01 | 4.83 | 252.79 | 152.55 | -130.48 | -2468.55 |
| 韩国 | Korea,Rep. | 15.96 | -8.71 | 434.36 | 122.77 | -26.24 | -220.89 |
| 日本 | Japan | | -254.39 | -488.33 | -148.53 | -314.37 | -319.82 |
| 印度 | India | 4.53 | 14.33 | 34.31 | 151.71 | -46.23 | -237.37 |
| 老挝 | Laos | | | | | | |
| 柬埔寨 | Cambodia | | 1.23 | 0.24 | 2.55 | -0.46 | -2.08 |
| 越南 | Viet Nam | | | | | | |
| 缅甸 | Myanmar | -0.08 | -0.32 | 0.18 | -0.04 | -6.32 | -4.23 |
| 泰国 | Thailand | | -4.28 | 1.09 | 39.61 | 15.64 | -126.69 |
| 马来西亚 | Malaysia | | -21.94 | -36.13 | -10.76 | -67.31 | -68.64 |
| 新加坡 | Singapore | | | 215.79 | 57.61 | 16.63 | -170.07 |
| 文莱 | Brunei Darussalam | | | | | | |
| 菲律宾 | Philippines | -6.45 | 1.81 | -9.32 | -6.21 | 4.73 | -48.25 |
| 印度尼西亚 | Indonesia | | -60.84 | 4.13 | -1.22 | 24.60 | -113.70 |

# 附录2—37 外商直接投资

## Foreign Direct Investment

资料来源:联合国贸易和发展会议数据库.

Source:UNCTAD Database.

单位：亿美元 (100 million USD)

| 国家 | Country of Area | 外商直接投资 FDI Inflows | | | 对外直接投资 FDI Outflows | | |
|---|---|---|---|---|---|---|---|
| | | 2000 | 2005 | 2006 | 2000 | 2005 | 2006 |
| 中国 | China | 407.2 | 724.1 | 694.7 | 9.16① | 122.61① | 161.30① |
| 韩国 | Korea,Rep. | 90.0 | 70.5 | 49.5 | 50.0 | 43.0 | 71.3 |
| 日本 | Japan | 83.2 | 27.8 | -65.1 | 315.6 | 457.8 | 502.7 |
| 印度 | India | 35.9 | 66.8 | 168.8 | 5.1 | 25.0 | 96.8 |
| 老挝 | Laos | 0.3 | 0.3 | 1.9 | 0.0 | | |
| 柬埔寨 | Cambodia | 1.5 | 3.8 | 4.8 | 0.1 | 0.1 | 0.1 |
| 越南 | Viet Nam | 12.9 | 20.2 | 23.2 | | 0.7 | 0.7 |
| 缅甸 | Myanmar | 2.1 | 2.4 | 1.4 | | | |
| 泰国 | Thailand | 33.5 | 89.6 | 97.5 | -0.2 | 5.5 | 7.9 |
| 马来西亚 | Malaysia | 37.9 | 39.7 | 60.6 | 20.3 | 29.7 | 60.4 |
| 新加坡 | Singapore | 164.8 | 150.0 | 242.1 | 59.2 | 50.3 | 86.3 |
| 文莱 | Brunei Darussalam | 5.5 | 2.9 | 4.3 | 0.2 | 0.4 | 0.4 |
| 菲律宾 | Philippines | 22.4 | 18.5 | 23.5 | 1.3 | 1.9 | 1.0 |
| 印度尼西亚 | Indonesia | -45.5 | 83.4 | 55.6 | 1.5 | 30.7 | 34.2 |

注:①为非金融类对外直接投资。

Note:①Non-finance overseas direct investment.

# 主要统计指标解释

**人口密度** 指由年中人口除以国土面积得来。国土面积是指一个国家包括内陆水域和沿海水域在内的总面积。

**土地面积** 是指土地的总面积，不包括内陆水域的面积。“内陆水域”的定义一般包括主要的河流与湖泊。

**耕地** 是指种植短期作物的土地（种植两季作物的土地面积只计算一次），供割草或放牧的短期性草场，供应市场的菜园和自用菜园，以及暂时休闲的土地（少于5年）。而转换耕作方式而休闲的土地不包括在此类。

**多年生作物土地** 是种有长期生长的作物而在每次收获后不需要再种植的土地，如可可、咖啡和橡胶；它包括生长灌木、果树、坚果杈和藤本植物的土地，但不包括用材林所占的土地。

**探明储量** 指已探明可开采的原煤、原油、天然气的储量。

**增加值总额** 等于总产出减去中间消耗。用于衡量单个生产者、行业或部门生产活动对国内生产总值的贡献；增加值总额是国民核算帐户（SNA）中初次收入形成的来源，因此被（从生产帐户）结转到初次收入分配帐户中进行反映。

**经济活动人口** 指在特定参考期内，被划分为就业或失业的人员，即可提供劳动的人员。如果参考期较短，如一天或一周，经常被称作劳动力或当前活动人口；如果参考期长，如一年，经常称之为通常活动人口。

在不同国家，经济活动人口统计范围有差异，如对军人、神职人员、在家庭企业工作而不拿报酬的人员、首次寻找工作者、季节性就业或兼职就业者处理不同，在某些国家，上述人员均为非经济活动人口。值得注意的是，经济活动人口不包括无论是在寻找工作或未工作的学生和退休人员、家务劳动者和生活完全依赖其他人的人员。大多数国家统计范围不包括共同生活在某个集体的人员，如犯人和修道院修女。

除非特别注明，本书中的经济活动人口中、就业人口和失业人口均为15岁及以上人口。

**货币供应量** 货币（Money）指流通中现金和除中央政府以外的常住机构活期存款构成；准货币（Quasi-Money）指除中央政府以外的外汇现汇与期汇存款和外汇现汇储蓄与期汇存款之和，即由常住居民的现汇、储蓄、与外汇存款构成。货币（Money）通称为$M_1$，而货币和准货币之和通称为广义货币，相当于$M_2$。

**基尼系数** 反映个人或家庭收入分配（或消费）与完全平均收入分配之间差异程度的指标，介于“0”和“1”之间。“0”表示收入分配绝对平均，即每个家庭或每个人都得到同样份额的收入；“1”表示收入分配极端不平等，一个家庭或个人拥有全社会的收入。

**工业生产指数** 按国际标准产业分类的大类，包括矿业，制造业，电力、煤气、水，不包括建筑业，工业生产指数体现按美元不变价计算的增加值的变化趋势，采用拉氏公式计算，基期为1995年。

**一次能源生产量** 固体能源指硬煤、褐煤、泥炭和油岩；电能指水电、核电、地热发电、潮汐发电和太阳能发电。

**库存变化、进口和出口** 包括所有的一次能源和商业能源。

**国际运输燃料** 指供给国际运输的飞机或轮船的燃料，空运燃料包括航空汽油和喷气发动机燃料，海运燃料，包括硬煤、柴油等。

**能源消费量** 固体能源消费量指一次形式的固体燃料消费、二次形式的燃料的净进口和库存变化；液体能源消费量指各种形式的液体能源的消费；气体能源消费量指天然气的消费、煤气的净进口和库存变化。电能消费指一次形式的电能的消费和电能的净进口。

消费量＝产量+进口-出口-国际运输燃料-库存变化

**平衡差额** 在“能源平衡表”中的“平衡差额”一项是为了使能源的生产和消费总量平衡，它一般是由于排除非能源用石油和无法取得的库存数据引起的。

**出口** 即货物离开一国的统计疆界。在通常的贸易体系中，一国的统计疆界与它的经济领土是一致的。在特殊的贸易体系中，一国的统计疆界只包括一部分经济领土，一般这部分与货物自由贸易区是一致的。自由贸易地区是一国经济疆界的一部分，在此间货物可以无进口税限制地流通。

**进口** 货物进入一国统计疆界。

# Explanatory Notes on Main Statistical Indicators

**Population Density** comes from population in mid-year divided by area of country soil is the total area incuding inland water area and marginal sea area.

**Land Area (in Hectares)** is a country total area, excluding area under inland water bodies, national claims to continental shelf, and exclusive economic zones. In most cases the definition of inland water bodies includes major rivers and lakes.

**Arable Land** includes land defined by the FAO as land under temporary crops (double-cropped areas are counted once), temporary meadows for mowing or for pasture, land under market or kitchen gardens, and land temporarily fallow. Land abandoned as a result of shifting cultivation is excluded.

**Permanent Cropland** is land cultivated with crops that occupy the land for long periods and need not be replanted after each harvest, such as cocoa, coffee, and rubber. This category includes land under flowering shrubs, fruit trees, nut trees, and vines, but excludes land under trees grown for wood or timber.

**Proved Amount in Place** is the tonnage of crude coal, crude petroleum, nature gas that has been both carefully measured and assessed.

**Gross Value Added** is the value of output less the value of intermediate consumption; it is a measure of the contribution to GDP made by an individual producer, industry or sector; gross value added is the source from which the primary incomes of the SNA are generated and is therefore carried forward into the primary distribution of income account.

**The Economically Active Population** are all those persons who during the specified reference period are classified either as employed or as unemployed, i.e. who supply labour. If the reference period is short, e.g. a day or a week, the terms 'labour force' or 'currently active population' are frequently used. It the reference period is long, e.g. a year, then term 'usually active population' may be used.

The coverage of the statistics presented differs between countries because of the treatment of groups such as armed forces, members of religious orders, persons who contribute to family enterprises without pay, persons seeking their first job seasonal workers or persons engaged in part-tim economic activities. In certain countries, all or some of these groups are excluded from the economically active population. It should be noted that the economically active population does not include students and retired persons who do not work or seek work, persons wholly dependent upon others. In practice for most countries the statistics will also exclude persons living in collective households, such as prisons and convents.

Unless otherwise specified, in this yerabook, economically active population, employment population and unemployment population are all above 15 years old.

**Money Supply** equals the sum of currency outside deposit money banks and demand deposits other than those of the central government. Quasi-Money equals the sum of time & foreign currency outside banks and time, savings & foreign currency deposit, comprising time, savings, and foreign currency deposits of resident sectors other than central government. The data of Money is commonly called $M_1$, while the sum of Money and Quasi-Money gives a broader measure of money which is commonly called $M_2$.

**GINI Index** measures the extent to which the distribution of income (or, in some cases, consumption expenditure) among individuals or households within an economy deviates from a perfectly equal distribution. Thus a GINI index of zero represents perfect equality, while an index of 1 implies perfect inequality.

**Industrial Production Indices** are classified according to tabulation categores, division and combination of division of the revised version of the International Standard Industrial Classification of ALL Economic Activities (ISIC) for mining, manufacturing and electricity, gas and water, excluding construction. The indices indicate trends in value added in constant US dollars. Each series is compiled by use of the Laspeyres. The weight base year is 1995.

**Primary Energy Production** Including in the production of commercial primary energy for solids are hard coal, lignite, peat and oil shale; liquids are comprised of crude petroleum and natural gas liquids; gas comprises natural gas and natural gas liquids; electricity is comprised of primary electricity generation from hydro, nuclear, geothermal, wind, tide wave and solar sources.

**Changes in Stocks, Imports and Exports** refer to all primary and secondary forms of commercial energy.

**Bunkers** Airs bunkers refer to bunkers of aviation gasoline and jet fuel. Se bunkers refer to bunkers of hard coal, gas-diesel oil and residual fuel oil.

**Energy Consumption** Including in the consumption commercial energy for solids are consumption of primary forms of solid fuels, net imports and changes in stocks of secondary fuels; liquids are comprised of consumption of energy petroleum products including feed stocks, natural gasolene, condensate, refinery gas and input of crude petroleum to thermal power plants; gases including the consumption of natural gas, net imports and changes in stocks of gasworks and coke-oven gas; and Electricity is comprised of production of primary electricity and net imports of electricity.

Consumption = Production + Imports－Exports－Bunkers－Changes in stocks

**Balance** An unallocated has been created in order to balance out the difference between the results of the above formula for consumption and the total consumption. This inequality occurs primarily becaues of the exclusion of non-energy petroleum products as well as inadequate or unavailabel stock data.

**Exports Goods** leaving the statistical territory of a country. In the general trade system, the definition of the statistical territory of a country coincides with its economic territory. In the special trade system, the definition of the statistical territory comprises only a particular part of the economic territory ,mainly that part which coincides with the free circulation area for goods. The free circulation area is a part of the economic territory of a country within which goods may be disposed of without customs restrictions.

**Imports Goods** entering the statistical territory of a country.

# 中国统计出版社最新资料书简目

（仅供参考，以最后出书为准）